KB119995

한국 자본시장의 이해

기능과 구조, 법제 환경

한국 자본시장의 이해

기능과 구조, 법제 환경

엄경식 지음

한울
아카데미

부모님께 바칩니다

※ 일러두기

1. 처음 나오는 중요 용어는 고딕체로 표기한다.

   <예 1> **"나스닥 사적시장"**(**NPM**: Nasdaq Private Market)

2. 확정된 번역이 없는 용어는 " " 안에 표기한다.

   <예 2> ① "시장 간 싹쓸이 주문", ② "완전매각"(true sale. "진정 양도"/"법적 매각")

3. 약어가 있는 용어는 기본적으로 <예 3>과 같이 표기한다.

   <예 3> 한국거래소(KRX: Korea Exchange)

   단, 보편적으로 약어가 통용되는 경우에는 <예 3-1>과 같이 표기한다. 이때 우리말 번역의 글자 크기는 중요성에 따라 대소로 달리한다.

   <예 3-1> 에임(AIM: Alternative Investment Market. "대체투자거래소")
   DTCC(Depository Trust & Clearing Corporation. "미국 중앙예탁·청산회사")

   익숙하지 않은 용어가 다음 부(part)에 다시 나올 경우 <예 3-2>와 같이 표기한다.

   <예 3-2> AIM(Alternative Investment Market. "대체투자거래소". 에임)
   DTCC(Depository Trust & Clearing Corporation. "미국 중앙예탁·청산회사")

4. 용어가 주석에 먼저 나오고 본문에 늦게 나올 경우 주석에는 <예 4-1>과 같이, 본문에 처음 나올 경우 한 번 더 <예 4-2>와 같이 표기한다.

   <예 4-1> **"나스닥 사적시장"**(**NPM**: Nasdaq Private Market)

   <예 4-2> **"나스닥 사적시장"**(**NPM**: Nasdaq Private Market)

5. 외국 문헌은 처음 등장할 때만 한국어 발음으로, 원어는 <예 5>와 같이 작게 표기한다.

   <예 5> 키릴렌코·카일·사마디·튀전(Kirilenko, Kyle, Samadi, and Tuzun, 2017)

   괄호 안에 쓰면 <예 5-1>과 같이 표기한다.

   <예 5-1> (키릴렌코·카일·사마디·튀전[Kirilenko, Kyle, Samadi, and Tuzun], 2017)

   두 번째 등장할 때부터는 <예 5-2>와 같이 표기한다.

   <예 5-2> Kirilenko, Kyle, Samadi, and Tuzun(2017)

   만일 외국 문헌 저자 중 한국인이 있으면 한국인만 한국어 성과 이름을 쓴다.

   <예 5-3> 부디쉬·리·존 심(Budish, Lee, and Shim, 2021). * 존 심은 한국인 학자.
   박종호·빈기범·엄경식(Park, Binh, and Eom, 2016).

7. 법이나 주요 용어가 처음 나올 때는 " " 안에 표기한다.

8. "·"는 "~와"를, "/"는 "~ 또는 ~"를 뜻한다.

9. 달러 또는 유로 금액 다음 괄호 안에 표기한 원화 금액은 모두 대략적인 금액을 의미한다.

   <예 6> 1천만 달러(130억 원)

10. 영어로 표기되어 있는데 번역을 하지 않은 그림은 본문에 대강이 서술되어 있거나, 아니면 독자분들이 시각적으로만 감을 가져도 되는 사안이다.

주요 약어

ABS	asset-backed securities	자산유동화증권
AIF	alternative investment fund	대체투자펀드 (유럽)
AIM (에임)	Alternative Investment Market	영국 LSEG 산하 성장형시장
APA	Approved Public Arrangement	인정공시기관 (유럽. 거래시장에 거래보고)
ARM	Approved Reporting Mechanism	인정보고기관 (유럽. 정책당국에 거래보고)
ASX	Australian Securities Exchange	호주증권거래소
AT/algo	algorithmic trading	알고리즘거래
ATS	alternative trading system	대체거래시스템 (미국)
BBO	Best Bid and Offer	수많은 거래시장이 있는 미국에서 개별 거래시장 주문장 내 최우선매수·매도호가
BCN	broker crossing network	브로커 매매체결 네트워크 (유럽)
BIS	Bank for International Settlements	국제결제은행
CAT (캣)	Consolidated Audit Trail	통합검사추적시스템 (미국)
CBOE (씨보)	Chicago Board of Exchange	시카고옵션거래소
CCP	central counterparty	집중상대방거래/중앙청산기구/금융투자상품 거래청산회사
CDO	collateralized debt obligation	부채담보부증권
CDS	credit default swap	신용부도스왑
CFTC	Commodity Futures Trading Commission	미국 상품선물거래위원회
CME	Chicago Mercantile Exchange	시카고상품거래소
co-lo (콜로)	co-location	거래시장 데이터 센터의 일정 공간과 회선을 임대
CPMI	Committee on Payments and Market Infrastructure	지급결제와 시장인프라 위원회
CQS	Consolidated Quotation System	통합호가정보시스템 (미국)
CRS	currency rate swap	통화스왑
CSD	central securities depository	증권예탁기관
CTP	Consolidated Tape Provider	체결정보통합제공업자 (유럽. 일반에게 거래보고)
CTS	Consolidated Tape System	통합체결정보시스템 (미국)
DB	Deutsche Börse	독일거래소
DCM	designated contract market	파생상품거래소 (미국)
DCO	derivatives clearing organization	파생상품청산소 (미국)
DLS	derivatives-linked securities	파생연계증권/(기타)파생결합증권
DLT	distributed ledger technology	분산원장기술
DMA	direct market access	증권회사 전용회선과 서버 사용
DMM	designated market maker	뉴욕거래소 지정시장조성인
DRSP	data reporting service provider	데이터 보고 서비스 제공업자 (유럽)

DTCC	Depository Trust & Clearing Corporation	미국 중앙예탁·청산회사
DTO	derivatives trading obligation	파생상품거래의무 (유럽)
DVC	Double Volume Caps	다크풀 거래량 이중 상한제도 (유럽)
DvP	delivery vs. payment	(증권)인도와 대금지급
EC	European Commission	유럽집행위원회/유럽위원회
ECB	European Central Bank	유럽중앙은행
ECN	electronic communications network	전자거래시스템 (미국)
ELS	equity-linked securities	주가연계증권
EMIR (에미어)	European Markets Infrastructure Regulation	유럽시장인프라규정
ESMA (에스마)	European Securities and Markets Authority	유럽증권시장청
ETF	exchange-traded fund	상장지수집합투자기구/상장지수펀드
ETN	exchange-traded note	상장지수채권
EU	European Union	유럽연합
FINRA	Financial Industry Regulatory Authority	미국 금융산업규제국
FMI	financial market infrastructure	자본시장 인프라
FCA	Financial Conduct Authority	영국 금융행위청
FCM	futures commission merchant	증권회사/선물회사/선물중개회사 (미국)
FSAP	Financial Services Action Plan	금융서비스 통합 실행계획 (유럽)
FSMA	Financial Services and Markets Act 2000	2000년 금융서비스시장법 (영국)
FTT	Financial Transaction Tax	금융거래세 (유럽)
FX	foreign exchange	외환
GEG	global exchange group	글로벌 선도거래소 그룹
HFT	high frequency trading	고빈도거래/초단타매매
HKEX	Hong Kong Exchange	홍콩거래소
IB	investment bank	투자은행
ICE	Intercontinental Exchange	인터콘티넨털거래소 (미국)
ICT	information and communication technology	정보통신기술
IDB	interdealer broker	딜러 간 은행/브로커
IEX	Investors Exchange	(개인)투자자 이익에 봉사하는 거래소 (미국)
IOI	indication of interests	(다크풀에서 사용하는) 주문의향서
IOSCO (아이오스코)	International Organization of Securities Commissions	국제증권감독기구
IPO	initial public offering	최초상장
IRS	interest rate swap	이자율스왑/금리스왑

ISD	Investment Services Directive	투자서비스지침 (유럽)
ISDA (이스다)	International Swaps and Derivatives Association	국제스왑·파생협회
ISO	intermarket sweep order	시장 간 싹쓸이 주문 (미국)
ITS	implementing technical standards	실행기술표준 (유럽)
JPX	Japan Exchange	일본거래소
KOFEX	Korea Futures Exchange	한국선물거래소
KOFIA	Korea Financial Investment Association	한국금융투자협회
KRX	Korea Exchange	한국거래소
KSD	Korea Securities Depository	한국예탁결제원
KSE	Korea Stock Exchange	한국증권거래소
KSM	KRX Startup Market	한국거래소스타트업마켓
LEI	legal entity identifier	(글로벌) 법인식별기호
LIS	Large-In-Scale	대량매매 (유럽)
LP	liquidity provider	유동성제공자
LSE/LSEG	London Stock Exchange/LSE Group	런던증권거래소/런던증권거래소 그룹
LUDU	Limit-Up/Limit-Down	개별주식 서킷브레이커 (미국. 단순화한 VI)
MiFID/MiFIR (미피드/미피르)	Markets in Financial Instruments Directive/Regulation	금융상품투자지침/금융상품투자규정 (유럽)
MTF	multilateral trading facility	다자간거래설비 (유럽)
NASD	National Association of Securities Dealers	전국증권업협회 (미국)
NAV (나브)	net asset value	순자산가치
NBBO	National Best Bid and Offer	전국 최우선매수·매도호가 (미국)
NCA	national competent authority	EU 회원국 금융당국
NMS	National Market System	전국시장시스템 (미국)
NPM	Nasdaq Private Market	나스닥사적시장
NYSE (나이씨)	New York Stock Exchange	뉴욕증권거래소
OTC	over-the-counter	장외시장
OTCBB	OTC Bulletin Board	장외주식 전자호가시스템 (미국)
OTF	organized trading facility	조직화한 거래설비 (유럽)
PEF	private equity fund	경영참여형 사모펀드
PFOF	payment for order flow	주문흐름 대가 (미국. 소매 브로커가 도매 브로커에게 주문을 몰아주고 받는 리베이트)
PI	principal investment	자기자본투자/고유계정거래/자기매매
PRA	Prudential Regulation Authority	건전성감독청 (영국)
PTF	principal/proprietary trading firm	고유계정거래회사/자기자본거래회사/프랍트레이딩회사
Reg ATS	Regulation Alternative Trading System	ATS 규정 (미국)

Reg NMS (렉 엔엠에스)	Regulation National Market System	전국시장시스템규정 (미국)
Repo/RP (리포)	repurchase agreement	환매조건부채권
RFR	risk-free reference rate	무위험지표금리
RFM	request-for-market	투자자가 매수/매도 의사를 보이지 않고 호가 요청해 거래가 연결·성사
RFQ	request-for-quote	투자자가 매수/매도 의사를 보이며 호가 요청해 거래가 연결·성사
RIE	recognised investment exchange	인가 투자거래소 (영국. 정규거래소)
RM	regulated market	규제시장 (유럽. 정규거래소)
RTGS	real-time gross settlement	실시간총량결제
RTS	regulatory technical standards	규제기술표준 (유럽)
SDR	swap data repository	스왑데이터저장소 (미국)
SEC	Securities and Exchange Commission	증권거래위원회 (미국)
SEF (세프)	swap execution facility	스왑체결설비 (미국)
SI	systematic internaliser	시스템적 내부체결기능제공자 (유럽)
SIFI (사이파이)	systemically important financial institution	시스템적으로 중요한 금융기관
SIP	Securities Information Processor	증권정보프로세서 (미국. 증권정보제공회사)
SGX	Singapore Exchange	싱가포르거래소
SME market	small and medium market	중소·성장형시장
SPC/SPV	special purpose company/vehicle	특수목적회사/기구
SRO	self-regulatory organization	자율규제기구/자율규제기관
SSE	Shanghai Stock Exchange	상하이증권거래소
STO	security token offering	디지털자산거래소 발행과 청약 권유 (미국)
STO	share trading obligation	주식거래의무 (유럽)
STP	straight-through process	일괄처리/직통처리
SWX	SIX Swiss Exchange	스위스거래소
TAQ data (택 데이터)	trades and quotes data	호가와 체결 데이터
TR	trade repository	거래정보저장소
TRF	Trade Reporting Facility	장외주식거래보고설비 (미국)
TRS	total return swap	총수익스왑
T2S	TARGET2-Securities	범유럽 단일증권결제시스템
UCITS (유시츠)	undertakings for collective investment in transferable securities	집합투자기구 (펀드)
UTP Plan	Unlisted Trading Privileges Plan	비상장주식 거래권 부여 제도 (미국)
VI	volatility interruptions	변동성완화장치
VSP	virtual single platform	가상 단일시장
VWAP (브이왑)	volume-weighted average price	거래량가중평균가격
WFE	World Federation of Exchanges	세계거래소연맹

▌차례

제4부 선도자본시장 특징과 신경향

책을 펴내며

금융시장(financial market)은 형태가 어떻든 온갖 자금을 거래하는 모든 종류의 시장을 통틀어 이르는 용어입니다. 대개는 거래하는 금융상품 만기에 따라 1년 미만이면 단기 자금시장(money market), 이상이면 장기 자본시장(capital market)이라 구분 짓곤 합니다. 하지만 더 정확하게 말하자면 자본시장은 장·단기와 상관없이 기업이 '설비자금'을 조달하는데 필요한 시장(예: 주식시장, 채권시장, 장내·외파생상품시장, 외환시장)입니다. 고용, 성장과 맞물려 있어 한 나라 실물경제와는 떼려야 뗄 수 없는 관계를 갖지요. 일상에서 무심코 금융시장과 별 구분 없이 혼용하지만, 자본시장이란 용어는 이처럼 구체적이고 광범위하며 시장의 경제적 파급력 또한 엄청납니다.

한 나라의 자본시장을 이해하려면 첫째, 기업이 상업적/혁신적이라 중히 여기는 착상을 상품화할 때 소요자금을 시장에서 얼마나 편리하고 효율적으로 조달할 수 있는지, 둘째, 그 과정에서 자금공급자인 투자자, 특히 일반투자자는 어떻게, 어느 정도 보호받으며, 셋째, 시장운영자나 관계 기관은 거래시장을 포함해 자본시장 인프라(FMI)를 얼마나 투명하고 건전하게 유지해내는지를 먼저 파악해야 합니다. 덧붙여, 여러 차례 금융위기를 거치며 우리 모두 생생히 경험했듯이 한 나라의 자본시장 위기가 세계경제 근간을 뒤흔들 수 있을 만큼 세계자본시장은 서로 긴밀히 얽히고설켜 있습니다. 때문에, 최근 들어 자국 내 자본시장 불건전성이 일차로 국가경제 전체 시스템 위기로 전이되지 않게 끔 방책을 세우는 일도 정책담당자의 중요임무가 되었습니다. 이에 따라, 넷째, 자국 자본시장에 대한 기본 철학을 세우고 이를 바탕으로 시장 인프라와 시스템 안정성을 가꿔나가는 정책담당자의 고민과 의지의 결과물, 즉 관련 법제를 파악하는 일 또한 자본시장을 이해하는 핵심 사항이 되었습니다.

자본시장을 위와 같이 다양한 각도에서 체계적으로 인식해 이해하려면 관련 기능과 구조, 인프라 제공기관, 법제 환경 등을 넘나들며 '규범적 시각'에서 총체적으로 살펴봐야 합니다. 필자가 지향하는 방식으로 이 책에서는 이를 주식시장을 중심으로 다음과 같이 논의합니다.

- **〈제1부〉** 자본시장이 무엇인지 금융시장 구분을 통해 상대적으로 정의하고 주요 금융상품(예: 주식, 채권, 장내·외파생상품)을 핵심만 설명합니다. 더불어, 자본시장 기능(예: 매매체결, 청산, 결제·예탁, 기타[IT, 거래정보 보고·저장])별 구조와 인프라 제공기관(예: 거래소/거래시장[ATS 포함], 청산·결제기관, 결제·예탁기관, IT 제공기관, 데이터·지수/거래정보 보고·저장기관)을 소개하고, 이와 관련해 기본 개념, 용어, 사회적 기능과 역할을 간략히 논의합니다.
- **〈제2부〉와 〈제3부〉** 세계자본시장을 선도하는 영국과 미국, 그리고 몇몇 EU(독일, 프랑스) 시장의 (과거와) 현재 모습, 특징, 이를 가능케 한 동인을 기능, 구조, 인프라 제공기관(제2부)과 법제 환경(제3부) 측면에서 각각 세부적으로 살펴봅니다. 자본시장 인프라 제공기관 간 인수·합병이 수도 없이 오가기에 약간 과장하여 글로벌 자본시장 삼국지라 부를 만한 부분입니다.
- **〈제4부〉** 제2부와 제3부 내용을 종합해 지난 20여 년 글로벌 선도자본시장에서 펼쳐진 패러다임 변화와 특징, 주요 쟁점을 논설합니다. 세계자본시장의 현재와 '단기' 미래 모습을 확인하고 한국자본시장 발전에 유용한 시사점을 파악해 정리한 후, 이어지는 제5부 논의에 기준점으로 삼습니다.
- **〈제5부〉** 실물경제와 달리 선도자본시장과 크게는 약 30여 년 격차를 보이는 한국자본시장의 구조와 법제, 그 현실과 문제점 및 과제를 글로벌 선도자본시장과 비교 논의합니다.

제4부와 제5부 내용은 필자가 이 책에서 독자와 소통하고 싶어 하는 이야기의 결정체이며, 제1부에서 제3부까지 내용은 이를 준비하는 성격을 갖습니다. 자본시장에 대해 이미 상당한 이해를 갖춘 독자는 제4부와 제5부에 집중해 읽으셔도 전체를 이해하는

데 무리가 없습니다. 이런 연유로 자주 쓰이는 용어와 약어도 마치 각 부에 처음 나오는 것처럼 반복 표기해두었습니다.

방대한 내용의 자본시장을 짧은 지면에 모두 설명할 수 없어 이 책에서는 위에서 언급한 필자의 의도를 독자에게 되도록 쉽게 전달하는 데 초점을 맞췄습니다. 때문에, 몇몇 사안에 대해서는 논의 맥락을 흐트러뜨리지 않는 선에서 최대한 간략히 설명할 수밖에 없었습니다. 금융상품, 현실 투자용 각종 세부 제도와 규칙이 한 예입니다. 주식시장 외 다른 주요 자본시장(채권시장, 장내·외파생상품시장, 외환시장)에 대한 설명도 여기에 해당합니다. 다행히 최근 이들 시장의 구조와 기능별 인프라, 법제 환경이 주식시장에 급속히 수렴하고 있어, 별도 설명 없이 필요한 때마다 조금씩 서술해도 최소한의 의미는 전달할 수 있었습니다. 한편, 이 책은 자본시장 중에서도 세계를 선도하는 미국과 유럽자본시장에 집중해 서술합니다. 아시아 주요 자본시장(싱가포르, 일본, 호주, 홍콩)은 미국과 유럽 선도자본시장을 계속 본따라(benchmarking) 변신하는 모양새를 보입니다. 따라서 이들 시장 역시 문맥상 필요한 때에만 그때그때 간략히 설명해두었습니다.

한국자본시장은 선도자본시장, 특히 미국과 영국주식시장을 그것도 아주 먼발치에서 뒤쫓아가는 처지입니다. 지난 20여 년간 시장구조상 크게 변한 게 없어, 2007년 이후 이들 주식시장에서 치열하게 논의하며 진행해온 주요 시장구조 사안은 한국 현실과는 완전히 동떨어진 현상일 뿐입니다. 더 나아가 한국은 자본시장법은 영국과 호주를 본따르고 시장은 미국을 바라보면서, 자본시장 인프라 제공기관의 세부 제도와 규칙은 엉뚱하게도 전혀 다른 일본을 따라갑니다. 이 책에서 설명·논의하는 사안 대부분이 우리(특히 젊은 세대)에게는 남의 나라 일로 비칠 수밖에 없습니다. 따라서 관행, 금융상품, 구조 및 법제에 '생소한' 외국 용어(주로 영어)가 정말 자주 등장합니다. 당연히 번역에 합의가 거의 이루어지지 않았습니다. 게다가 자본시장은 태생적으로 글로벌시장을 지향합니다. 아마 독자 여러분도 대부분 이를 무대로 활동하거나/활동하고 싶어 하거나 조금이라도 관계하며 일상을 영위하리라 짐작합니다. 이에, 안타깝지만 이들 외국 용어는 원어를 그대로 사용했습니다. 하지만 그렇다 해도 외국 용어가 본문 각 부에 처음 등장할 때는 기존 번역이나 필자의 번역을 원어(약자가 있으면 약자까지 포함)와 함께 한 번씩은 반복 기술했습니다(예: "지정시장조성인"[DMM: designated market maker. 舊 스페셜리스트[specialist]]). 우리

말 번역이 적절하지 않을 때는 발음과 설명을 곁들여 원어로 직접 표기했습니다(예: peg order["페그 주문". 특수 형태 지정가주문. 지정가가 해당 거래시장의 주문장 내 최우선매수·매도호가[BBO]를 계속 추적하며 자동으로 조정·결정]).

자본시장에 관해서는 과거 "증권시장론"이라는 이름의 교과서나 "주식투자 입문서" 같은 실무용 서적이 이따금씩 발간되곤 했습니다. 하지만 2000년대 이후 펼쳐지는 세계 자본시장 모습을 포괄하며 그 의미를 이해하려는 일반서적은 국내(어떤 의미에서는 국외)에 아직 등장하지 않았습니다. 아마도 자본시장과 관련해 IT나 법제 환경이 구조적으로 너무 빨리 심하게 변해 이를 시의적절하게 담아내기가 어려웠기 때문이지 않았을까요? 아니면 한국자본시장이 계속 답보상태여서 굳이 새로운 책이 필요하지 않았을 수도 있겠네요. 이 같은 상황에서 필자의 작업이 다소 무모할 수 있겠지만, 한편으로는 그래서 더 의미 있는 도전이라고 생각했습니다. 운 좋게도 필자는 2019년 초 "미국·유럽 자본시장의 환경변화와 대한민국의 과제: Post-Crisis, Post-Crash, 시장미시구조 관점"이라는 제목으로 응집된 내용의 전문가용 책을 발간한 적이 있습니다(한국거래소 발간, 비매품). 여기서 얻은 경험은 이번에 일반인을 위한 저술을 시도하는 데 큰 힘이 되었습니다. 당시에는 독자층을 전문가 집단으로 제한했으나, 이번에는 필자가 강의하며 이야기를 주고받던 학부 2~3학년생 정도의 사전지식과 경험을 지닌 분을 주요 독자층으로 염두에 두었습니다. 따라서 자본시장 금융상품(예: 주식, 채권 등)과 관련 기관(예: 거래소, 금융위원회 등)에 대해 조금이라도 기초 지식이 있고 자본시장의 일상적 핵심 사안에 관심을 가진 분이라면 모두 독자일 수 있다고 생각합니다. 이에 서술 수준도 신문, 잡지, 블로그, 뉴스에 등장하는 주요 현상이나 용어를 정독해 읽어낼 수 있을 정도에 맞췄습니다. 하지만 지난번보다 훨씬 어려운 작업이어서 필자의 본래 의도에 얼마나 다가갈 수 있었는지 몹시 조심스럽습니다.

세계자본시장은 시간을 가늠하기 어려울 정도로 빨리 변합니다. 3년 가까이 씨름한 집필을 마칠 즈음 꽤 많은 부분을 수정해야 했습니다. 더군다나 영국("FSMA 2000" 개정)과 미국("Reg NMS" 규칙 개정과 Rule 615 신설 등)은 2023년 중으로 자본시장 관련 핵심 법제를 개정하거나 신규 추가할 예정입니다. 시장미시구조의 기술적 근간을 뒤흔들 수 있는 내용입니다. 최선을 다해 관련 내용을 포함하려 했지만, 책이 발간되어 세상에 나올 때는 또다시 변해버린 이야기일 것 같아 벌써부터 두렵기도 하네요. 더군다나 여러 나라 법제를 비전문가 시선에 맞춰 정리하고 의미를 파악해야 했습니다. 법을 전공하지 않은 필자에게는 크나큰 도전이었습니다.

'한국자본시장의 바람직한 거시·미시구조', 이는 필자가 학자로서 고민하며 답을 찾고 세상에 알리려 노력해온 전부입니다. 아쉽게도 한국자본시장에는 공적인 경제 문제를 집단 이기주의에 매몰해 정치적으로 해결하려는 풍토가 꽤나 깊숙이 자리 잡고 있습니다. 뜻을 같이하는 동료가 드문 현실에서 의견을 교환할 길이 없어 아집에 빠지지는 않았을까 걱정스럽습니다. 그렇지만 한국자본시장 발전만을 마음에 담아 객관적 시선으로 최선을 다하고자 했습니다.

많은 분께서 도움을 주셨습니다. 시장미시구조론을 체계적으로 이해하는데 지렛대 역할을 해주신 Bob Anderson 교수님, 공부하기 시작하면서부터 조건 없이 줄곧 지지해주신 가족과 세 분 누님, 윤견수 교수님, Barry Jenkins 선생님, Jack Allen 선생님, 한국자본시장 현실을 깊이 알아가며 연구할 수 있도록 도와주시고 늘 격려해주신 남상구 은사님, 실무를 정확히 알 수 있도록 도와주신 류성곤 상무님, 박상환 사장님, 안일찬 부장님, 정지석 박사님, 관심사는 다르지만 언제나 응원을 아끼지 않은 친우 김광민, 이영준, 김철환 교수님, 이석준 박사님, 윤존도 교수님, 최무영 교수님, 김두환 교수님, 백규태 박사님, 이상구 박사님, 양철웅 교수님, 한영티그리스 후배, 연구원과 학교에서 즐겁고 진지하게 함께 연구할 수 있었던 박종호 교수님, 강형철 교수님, 빈기범 교수님, 김한수 박사님, 강상구 교수님 등 여러 선후배 동료 학자분께 머리 숙여 깊이 감사드립니다. 초고를 완성하고 발간을 고민할 때 선뜻 손 내밀어주신 한울엠플러스 김종수 사장님과 임직원 여러분께도 진심으로 감사드립니다. 모쪼록 현장 한복판에서 한국자본시장을 선도자본시장으로 가꿔나가고 또 여러 관련 분야에서 이를 지켜보며 성원하는 모든 분께 이 책이 조금이나마 도움 될 수 있기를 마음 깊이 소망합니다.

2023년 2월 버클리에서

엄 경 식

제1부

자본시장 이해에 필요한 기본 개념

제1장
자본시장

1. 금융시장 구분 의의와 범위

사전이나 문헌을 살펴보면 대부분 금융시장(financial market)을 "가계, 기업, 금융기관, 정부 등 경제주체가 금융상품 거래를 통해 필요자금을 조달하고 여유자금을 운용하는 물리적·추상적 장소다"라고 정의한다. 자금조달이라는 본원적이고 전통적인 측면을 강조한 설명이다. 그러나 세계경제가 점점 통합해가는 과정에서 수많은 금융기법과 위험이 새롭게 속속 등장했고, 이를 활용한 헤지(hedge. [위험] 완화/제거)나 투자용 금융상품 수요도 함께 폭발적으로 증가했다. 불과 얼마 전까지만 해도 정의에서조차 비켜나 있었지만, 오늘날 이들 신종 금융상품 거래시장 규모는 전통적·사전적 의미의 금융시장을 압도할 만큼 커졌다. 따라서 현대적 의미의 금융시장은 전통적 형태와 새로운 형태를 개념상 모두 포괄해야 한다. 일상적인 말로 표현하면 온갖 자금을 거래하는 모든 시장이라고나 할까? 하지만 이 같은 정의는 너무 방대하기도 하고 또 모호하기도 하다. 그래서 보통은 금융상품이 지닌 여러 특징을 서로 다른 각도에서 강조하며 좀 더 구체적인 용어를 사용한다(〈그림 1-1〉 참조).

예를 들어, 대개 만기가 1년 미만인 금융상품을 거래하면 단기금융시장 또는 자금시장(money market)이라 하고, 1년 이상 또는 만기가 없는 금융상품(예: 주식)을 거래하면 장기금융시장 또는 '전통적 의미'의 자본시장(capital market)이라고 한다. 기업 관점에서 보면 전자는 운전자금을 조달하고 단기위험을 헤지하는 시장이고, 후자는 설비자금을 조달하고 장기위험을 헤지하는 시장이다. 금융시장을 구분하는 가장 대표적인 방식으로 금융시장과 실물경제 간 긴밀한 연계를 보여준다. 또한, 금융시장을 거래형태에 따라

〈그림 1-1〉 금융시장 구분과 자본시장 범위

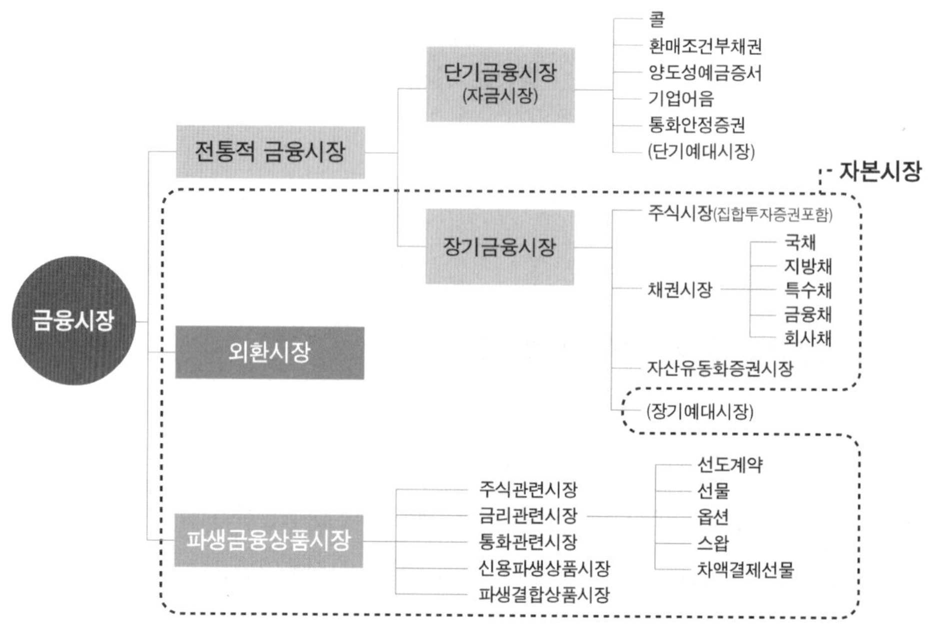

직접금융시장과 간접금융시장, 거래단계에 따라 발행시장과 유통시장, 규제 강도에 따라 장내금융시장과 장외금융시장과 같이 구분하기도 한다. 물론 콜시장, 주식시장, 채권시장, 파생상품시장처럼 단순히 거래상품 유형만으로 금융시장을 구분할 수도 있다(제1장 2절~4절 참조).

이 책은 글로벌 선도자본시장과 한국자본시장을 기능과 구조, 인프라와 법제 환경을 중심으로 이해하는 데 그 목적이 있다. 제1부는 서론에 해당하며 나머지 제2부~제5부 본격 논의를 더 쉽고 효율적으로 해나가는데 필요한 기본 개념을 담는다. 이 중 특히 자본시장은 처음부터 개념이나 범위를 명확히 해둘 필요가 있다. 이 책의 존재 이유이기도 하고 실생활에서 흔히들 금융시장과 별 구분 없이 사용하기 때문이다. 여기 제1장에서는 금융시장과의 관계 속에서 자본시장을 개관한다. 구체적으로, 바로 위에서 언급했듯이 아주 다양하고 포괄적 의미를 갖는 금융시장 내에서 '현대적 의미'의 자본시장은 어느 정도 범위를 차지하며, 거기서는 어떤 금융상품을 거래하고 이들 상품의 특징은 무엇인지 등을 '간략히' 설명한다. 간혹 개별 금융상품의 사회적 의미도 언급하기는 하지만, 되도록 이 책의 논의에 도움 되는 한도 내에서만 서술의 초점을 맞춘다. 금융상품의 이름, 정의, 종류 및 구분은 **"자본시장과 금융투자업에 관한 법률"**(이하 **"자본시장법"**. **FISCMA: The Financial Investment Services and Capital Markets Act.** 2009년 2월 시행)을 따르며 다른 법에서 규율하는 상품(예: **자산유동화증권**[**ABS**: asset-backed securities])은 가능한 한 관련법에서 정해놓은 용어를 사용한다.

2. 단기금융시장 — 자금시장

만기 1년 미만/(이하)의 금융상품인 콜(call), 환매조건부채권(repo/RP: repurchase agreement. **리포**), 기업어음(CP: commercial paper), 양도성예금증서(CD: certificate of deposit) 등을 사용해 자금을 거래하는 시장이다(〈그림 1-1〉 참조). 이들 금융상품의 만기는 대부분 3개월 이내이며, 일반적으로 금융기관 간, 금융기관과 기업 간에 거래가 이루어진다(금융기관의 여·수신업무 중 단기예금과 단기대출시장도 자금시장에 속한다).

자금시장은 경제주체가 일시적으로 자금이 부족할 때 이를 재빨리 조절할 수 있게 단기 유동성을 제공한다. 이로써 금융시장에 갑자기 발생할 수 있는 증권가격의 급변동이나 경제주체의 (흑자) 부도처럼 구태여 겪지 않아도 될 위험을 줄여준다. 나아가 자금시장의 몇몇 금리는 중앙은행의 통화정책 지표(예: 7일물 RP 매도금리)로서 한 나라의 금리 수준을 조절하는 데 활용되기도 한다.

한국자금시장에서 거래하는 주요 금융상품을 살펴보면 다음과 같다.

- **〈콜〉** 만기 1일에서 90일 이내로 금융기관끼리 자금을 대여하거나(콜론. call loan) 차입하는(콜머니. call money) 초단기금융상품. 직거래보다는 자금중개회사[1]를 통

1 자본시장법에 따라 금융위원회 인가를 받아 설립한다. 금융기관 간 콜자금, 채권, 외국환, 장외파생상품 중개 등을 주 업무로 하며, 현재 서울외국환중개(주), KIDB자금중개(주), 한국자금중개(주) 등 3개사가 각축을 벌이고 있다.

한 중개거래가 대부분이며, 만기가 1일인 익일물 거래 비중이 압도적. 외국에서는 주로 은행으로 시장 참여를 제한해 "은행 간 자금시장"이라고 부르지만, 한국에서는 은행, (종금), 증권, 자산운용, 보험 등 거의 모든 금융기관이 참여.

- **〈환매조건부채권, repo/RP〉** 금융기관이 만기에 자신의 재매입을 조건으로 보유 채권을 매도하고, 만기에 조건대로 환매 대금(원금+약정이자)을 지급하며 재매입하는 채권. RP 매도자는 보유 채권을 담보로 (채권을 급히 매각했더라면 발생했을지도 모를 잠재적 자본손실위험을 피하면서) 손쉽게 필요자금을 조달할 수 있고, RP 매수자는 채권 투자에 수반되는 위험을 부담하지 않으면서 여유자금을 안전하게 운용할 수 있음. 거래상대방에 따라 대고객 RP, (금융)기관 간 RP, 한국은행 RP로 구분. 만기 제한은 없지만 7일물이 대표적이며, 7일물 RP 매도금리는 한국은행과 금융기관 간 금융거래 기준금리로 사용. 자금중개회사와 증권회사가 중개거래를 담당.
- **〈양도성예금증서, CD〉** 은행 정기예금에 양도성을 부여한 증서. 은행이 개인, 법인, 다른 은행 등을 상대로 발행. 만기는 최소 30일 이상으로 제한. 3개월과 6개월 만기가 주종을 이루며 중도환매는 할 수 없음. 자금중개회사, 종금사, 증권회사가 중개업무를 담당. 은행의 변동대출금리는 대부분 CD 금리에 연동. CD 금리는 통계자료가 확실치 않던 시기에 단기금리 대용변수(proxy)로 널리 활용. 2021년 3분기부터 **국채·통안채 익일물 RP 금리**가 **무위험지표금리(RFR**: risk-free reference rate)[2]로 사용되면서 CD 금리를 대체.
- **〈기업어음(CP)과 단기사채(STB: short-term bond)〉** CP는 우량기업이 자신의 신용을 바탕으로 단기자금을 조달하려고 '상거래와 관계없이' 발행한 융통어음. 기업이

---

2 **리보(LIBOR**: London Inter-bank Offered Rate. 런던 은행 간 금리)는 오랫동안 세계 단기금융시장 상황을 대변했다. 그러나 2012년 참여 은행 여럿이 짜고 금리를 조작한 것이 드러나 지표로서 지위를 잃고 2022년부터 산출이 중단되었다. 이 여파로 미국, 영국, **유럽연합(EU**: European Union)은 **소퍼(SOFR**: Secured Overnight Financing Rate. "국채담보 익일물 RP 금리"), **소니아(SONIA**: Sterling Overnight Index Average. "무담보 익일물 금리"), **에스터(€STR**: Euro Short-Term Rate. "무담보 익일물 금리")를 각각 산출해 RFR로 대체·사용하고 있다.

신용평가사로부터 평가등급을 받고 CP를 발행하면, 증권회사 등이 이를 할인해 판매하고, 보험사, 은행, 자산운용사 등이 매입해 만기까지 보유. 만기는 대개 최장 1년 이하지만(자본시장법에 만기 규제는 없음), 2주 내 초단기나 3개월 또는 6개월이 대부분을 차지.[3]

단기사채는 인터넷뱅킹으로 발행·유통하는 180일 미만의 단기회사채임. 실물 발행에 따른 CP의 법적·실무적 한계(예: 물류비용, 위조, 변조, 분실)를 극복하고 궁극적으로 CP를 대체하며 자금시장을 활성화하고자 2013년 1월 도입. 도입 당시 전단채(전자단기사채)로 불리다 2019년 9월 단기사채로 이름이 바뀜. 증권신고서를 등록하지 않아도 되는 장점 때문에 만기는 초단기(3일~1주일)나 3개월 미만이 대부분. CP는 어음, 단기사채는 채권임.[4]

- **〈통화안정증권(MSB: monetary stabilization bond)〉** 통화량을 조절하고자 한국은행이 금융기관이나 일반대중을 상대로 발행하는 채무증권. 한국은행은 시중 유동성 과잉으로 기준금리가 목표에 미치지 못하면 보험사, 은행, 자산운용사, 증권회사 등을 상대로 이 증권을 발행해(한국은행 본점과 지역본부에서 일반대중을 대상으로 판매하기도 함) 시장에 유통하고 시중 통화량을 흡수. 반대로 시중 유동성이 크게 부족할 때는 통화안정증권을 매입해 시장에 통화량을 공급. 만기는 14일(2주)에서 2년까지 11종으로 정형화되어 있음.

3 **자산유동화기업어음(ABCP**: asset-backed CP)처럼 ABS와 CP 구조를 결합한 단기금융상품도 있다(ABS에 대해서는 **제1장 3절 사항** 참조). 대출금, 매출채권, 프로젝트파이낸싱(PF: project financing)처럼 기업이 장기에 걸쳐 현금화할 수밖에 없는 자산을 기초자산으로 삼아 유동화전문회사(SPC: special purpose company. ABS conduit)가 ABS 형태로 신용보강(예: 제3자가 개입해 매입 약정 또는 보증 제공)을 한 후 발행·현금화하는 CP(예: 3개월 만기)이다. 비등록유동화상품으로 규제가 약해 한국 사회에 여러 차례 큰 분란을 일으킨 상품이다. 최근(2022년 9월 28일)에는 강원도 지자체가 보증한(즉, 신용보강 해준) ABCP가 경제적이지 않은 이유로 부도 처리되어 순식간에 단기금융시장과 회사채시장을 얼어붙게 하는 한편, 부동산 PF 위험에 과도하게 노출된 증권회사, 더 나아가 국내 단기금융시장의 구조적 취약성을 얼떨결에 드러내기도 했다(이른바, "레고랜드 사태").

4 이외, 인터넷뱅킹으로 발행·유통되는 전자어음(electric bill)이란 단기금융상품도 있다. CP와는 달리, 상거래로 발생하는 매출채권을 기반으로 하며 발행기업과 배서자 구조로 되어 있다. 중소기업은 신용도나 제반 비용 등의 문제로 CP나 단기사채를 발행하기 어렵다. 전자어음은 이들 중소기업이 겪는 자금조달 애로를 다소나마 해소해주려고 2005년 9월 도입되었다. 2023년부터는 모든 법인이 종이 대신 반드시 전자어음을 사용해야 하며 배서도 총 20회에서 5회로 축소된다. 참고로 CP, 단기사채, 전자어음에 적용되는 법률은 제각각이다.

3. 장기금융시장과 파생상품·외환시장 — 자본시장

장기예대시장/장기대부시장은 만기 1년 이상 금융기관 대출시장이다. 은행에 익숙한 독자에게 자본시장이라 하면 쉽게 떠올릴 정도로 오랫동안 이를 대표해왔다. 하지만 세계 전역으로 신흥자본시장(emerging capital market)이 대거 확산하면서, 2000년대 이후 자본시장이란 주식(stock)·채권(bond)을 발행해 자금을 조달하고 이들 증권을 유통하는 시장을 의미하게 되었다(즉, 이제 장기예대시장/장기대부시장은 더는 자본시장이 아니다). 여기에 더해 선물(futures), 옵션(options), 스왑(swaps) 등 증권과 밀접하게 연계된 상품을 거래하는 파생상품시장(derivatives market), 글로벌 증권거래에 필수인 외환시장(FX market)[5]도 '광의의 자본시장'으로 인식하기에 이르렀다. 특별한 언급이 없으면, 이 책에서도 자본시장은 증권시장, 파생상품시장, (외환시장)을 의미한다(〈그림 1-1〉 참조).

자본시장에서 거래하는 금융상품을 언급할 때마다 증권(securities)이라는 용어를 수도 없이 들어봤을 것이다. 증권은 말 그대로 재산적 가치를 지닌 증서로, 주식, 채권, 집합투자증권(펀드에서 발행), 파생결합증권[6] 등을 말한다. 그렇다면 파생상품(derivatives)은 무엇일까? 이 대목에서 자본시장법을 들여다보면 둘 관계를 좀 더 쉽게 이해할 수 있다(〈그림 1-2〉 참조). 자본시장법에서는 금융상품 대신 **금융투자상품**이란 용어를 사용하고, 이를 "① [투자자가] 이익을 얻거나 손실을 회피할 목적으로 ② [발행자/상대방이 ...] 특정 시점에 금전이나 그 밖의 재산적 가치가 있는 것[...]을 지급하기로 약정[하여] 취득하는 권리로서, ③ [투자자의 원본손실 가능성(즉, 투자성)]이 있는 것"으로 규정한 다음, 다시 증권과 파생상품으로 세분한다. 세분 기준은 투자자의 원본초과손실 가능성이다. 원본을 초과하는 손실이 없으면 증권이고, 원본을 초과해 손실이 발생할 수 있으면 파생상품이다.[7] 자본시장법은 증권 종류에 대해서도 "채무증권, 지분증권, 수익증권, 투

5 금융기관이나 기업은 환율변동위험에 항상 노출되어 있다. 이 때문에 외화에 직접 투자하거나 아니면 통화파생상품을 활용해 환위험을 헤지한다. 외환시장이 자본시장에 포함되는 주요 논거이다.

6 손익구조에 따라 종류가 무척 다양하며, **주가연계증권**(ELS: equity-linked securities), **파생연계증권**(DLS: derivatives-linked securities. (기타)파생결합증권), **상장지수채권**(ETN: exchange-traded note) 등이 주요 상품이다(제1장 3절 바항 참조).

〈그림 1-2〉 자본시장법에서 규정한 금융투자상품 구분

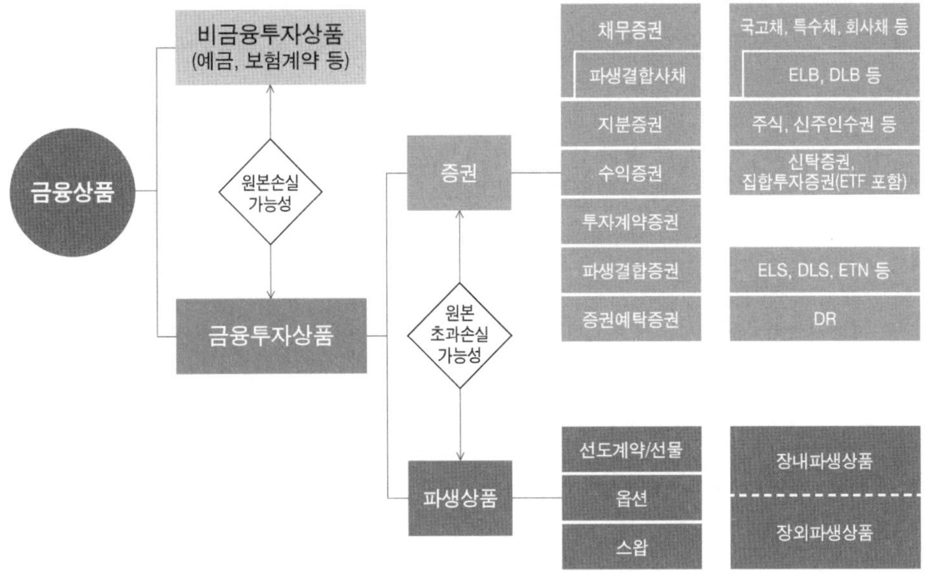

* 원본손실 가능성(즉, 투자성)이 있으면 금융투자상품, 아니면 비금융투자상품. 금융투자상품 중 원본초과손실 가능성이 있으면 파생상품, 아니면 증권.

자계약증권, 파생결합증권, 증권예탁증권"으로 명기하며 소위 "예시적 포괄주의 방식"을 따른다. 참고로, 자본시장법 규제체계는 **포괄주의**(negative system. 원칙적 허용, 예외적 제한)를 근간으로 한다(제16장 후술).[8] 덧붙여 위에 서술한 내용을 논거로 사람들은 자본시장법상 금융(투자)상품 정의는 투자성 강조와 예시적 포괄성을 특징으로 한다고 한다.

너무 현학적으로 흐른 듯하다. 본론으로 돌아와, 주식, 채권, 파생상품 등 자본시장의

7 표준옵션(plain vanilla option) 매수자는 '이론상' 원본을 초과해 손실을 볼 가능성은 없다. 손해 볼 것 같으면 권리행사를 포기하면 되기 때문이다. 하지만 '현실에서는' 행사를 안 하는 것보다 해야 손해를 덜 보는 경우가 발생할 수 있어서 극히 낮은 확률이지만 원본초과손실 가능성도 있다고 한다. 빈약한 논리에도 파생상품을 원본초과손실로 정의하는 것에 대해 법학계에서도 논의가 꽤나 치열하다고 한다.

8 포괄주의는 모든 사항을 자유롭게 허용하되 제한하거나 금지하는 사항만을 법에 나열하는 방식이다. 혁신 금융상품이 다양하게 출현하려면 꼭 필요한 전제조건이다. 반면, **열거주의**(positive system)는 모든 사항을 금지하되 예외적으로 허용하는 사항만을 법에 나열하는 방식이다.

주요 금융상품에 대해 기초적인 논의를 시작해보자. 이들 금융상품의 의미는 관련 기관을 주식회사로 상정하면 이해하기가 훨씬 더 수월하다. 핵심 금융상품인 주식과 채권을 예로 하고 고수익 제품 아이디어를 가진 사업가가 있다고 가정해보자. 그녀는 자신이 모아두었던 종잣돈으로 작은 회사를 차린 후 이를 상품으로 출시해 꽤 성공을 거뒀다. 그렇긴 해도 사업자금만 충당할 수 있다면 제조설비를 확충해 장기적으로 훨씬 더 많은 수익을 낼 수 있다고 확신에 차 있다. 자, 이 경우 그녀가 택할 수 있는 자금조달 방법에는 무엇이 있을까? 다음 몇 가지를 생각해 볼 수 있다. 먼저, 가까운 지인들에게 차용증을 주고 돈을 빌리는 것이다. 요즘 유행하는 **크라우드펀딩**(crowdfunding)[9]도 괜찮아 보이고 아니면, 은행과 계약을 맺고 대출을 받을 수도 있다. 하지만 자본시장이 잘 갖춰져 있고 자신의 회사가 주식회사 형태라면 그녀는 주식이나 채권을 발행해 이들 방식보다는 훨씬 더 많은 자금을 조달할 수 있다. 왜냐하면, 정도 차이는 있지만, 주식이나 채권 둘 다 불특정 다수에게서 소액 여유자금을 투자받아 대규모 자본을 확보하는데 최적화된 금융상품이기 때문이다.[10] 자금수요자인 기업과 공급자인 투자자가 직접 연계되므로 비용면에서도 보통은 은행 대출보다 저렴하다.

이하에서는 한국자본시장에서 발행·유통되는 주요 금융상품을 간략하게 설명한다. 금융상품은 자본시장법에서 규율하는 금융투자상품에 한정한다(ABS만 예외로 추가).

---

9 **"새싹기업"**(startup. 스타트업/신생기업)이 인터넷 **펀딩 포털**(funding portal)을 이용해 다수의 (이웃 또는 지역 사회) 소액투자자에게 자금을 조달하는 방식이다.

10 네덜란드 동인도회사(VOC: Vereenigde Oostindische Compagnie. 1602년 설립)는 세계 최초 근대적 의미의 주식회사로 알려져 있다. 제국주의 초기, 네덜란드 상인은 대형선단을 꾸려 중국, 인도네시아, 신대륙 등지와 약탈적 상업 교역을 하며 이득을 챙기려 했다. 하지만 왕실 재정의 후원만으로는 이 비용을 감당할 수가 없었기에 생각 끝에 국민 모두에게서 투자를 받기로 했다. 지극히 네덜란드 상인다운 생각이었다. 투자자가 엄청나게 몰려 소유 구분, 이익 배분 측면에서 문제가 나타나자 이를 자본금이라는 신개념을 동원해 해결하면서 세계 최초로 주식(투자에 대한 소유를 확인해주는 증서)이 탄생했다. 원거리 항해 교역은 성공하면 막대한 이득을 올리지만, 난파나 피습 등으로 실패하면 원금조차 건질 수 없다. 동인도회사는 가능한 많은 투자자로부터 각기 소액투자를 받아 이 같은 위험을 분산하려 했다.

가. 주식

주식회사가 투자자에게 자금을 받고 발행해주는 증서로 자본시장법상 지분증권(equity securities)에 해당한다. 후술하는 채권처럼 단순히 자금을 빌리는 게 아니라, 회사 소유권의 일부, 즉 지분을 나눠주는 증서이다.[11] 여기서 주식회사란 영리를 목적으로 다수의 투자자가 함께 출자해 회사를 설립하면서 소유권(주식)은 나누어 갖되 채무에 대해서는 출자분만큼만(유한) 책임을 지는 회사 형태를 말한다.

지분은 1주 단위로 분할되며, 주주는 각자 보유한 주식 비중만큼 회사를 소유하므로 그만큼의 비중으로 권리를 행사할 수 있다. 의결권, 이익배당청구권, 신주인수권, 잔여재산청구권이 주주가 갖는 권리이며, 일정 기간마다 지급하는 배당과 자본이득/손실(capital gains or losses. 시장가격과 투자액 차이)이 주주에게 돌아가는 투자보수이다. 유통시장에서 결정되는 시장가격은 자신의 투자액보다 상승할 수도 있고 하락할 수도 있다(발행시장과 유통시장에 대해서는 **제1장 4절 나항** 참조). 이처럼 가치가 변하는 것을 재무학에서는 **위험(risk)**이라 정의한다("미래 바람직하지 않은 결과가 나올 잠재성"으로 더 쉽게 정의할 수도 있다. 위험은 추정해야지 측정할 수는 없다). 따라서 재무학의 정의에 따르면 주식은 위험자산(risky asset)이다.

보통주(common stock)와 우선주(preferred stock. 의결권은 없으나 대신 우선해서 배당을 받음), 가치주(value stock)와 성장주(growth stock)는 주식의 대표적인 종류/구분이다. 전자는 법적 구분이고, 후자는 현실 투자 세계의 구분이다. 가치주는 실적은 좋은데 상대적으로 저평가된 주식을, 성장주는 실적은 좋지 않으나 미래가치 때문에 고평가된 주식

11 마르크스(Karl Marx)조차 주식을 발행한 적이 있다고 한다. 심지어 요즘 용어로 마르크스는 데이트레이더(day trader), 엥겔스(Friedrich Engels)는 펀드매니저와 비슷했다고도 한다(캐나다 정론지 "The Globe and Mail"의 맥도널드[Larry MacDonald] 기사. 2019.11.13.). 당시 **런던증권거래소(LSE**: London Stock Exchange)에 상장된 우량주를 대상으로 말이다. 마르크스는 독일과 프랑스에서 혁명에 실패하자 런던으로 건너가 당 재건에 전력투구한다. 이때 당 기관지 발행이 무엇보다 중요했는데 그는 이 소요자금을 지인들에게 주식을 발행해 조달하고 1850년 마침내 당 기관지 "新라인신문: 정치경제평론"(Neue Rheinische Zeitung: Politisch-ökonomische Revue)을 발행했다. 지금으로 말하면 사모발행(private placement)을 한 것이다. 사회주의를 확산시키려 마르크스가 자본주의 꽃이라 불리는 주식을 활용했다는 것은 놀라운 역설이다. 금융자본이란 개념은 마르크스가 이론화해본 적은 없다. 하지만 20세기 마르크스주의 이론에서도 유효한 범주로 논구된 바 있는 형태의 자본이다.

을 의미한다. 한편, 주식을 발행하면 해당 기업의 재무상태표(B/S: balance sheet. 舊 대차대조표)상 자본금은 증가한다.

나. 채권

(발행주체, 종류, 만기, 이자 지급 방식 등이 국가마다 천차만별이다. 일반적 관점을 견지하되 원활하게 설명할 수 있도록 국내 채권에 초점을 맞춘다). 채권은 정부, 공공기관, 특수법인, (상법상) 주식회사가 비교적 장기로 불특정 다수에게 대규모 자금을 조달하고자 원금과 미리 정해진 이자 지급을 약속하며 발행하는 유가증권이다. 일종의 차용증으로 자본시장법상 채무증권(debt securities)이다. 그러나 보통의 차용증과는 달리 법의 제약과 보호를 받는다. 예를 들어 첫째, 발행은 위에 언급한 경제주체로 한정한다. 둘째, 국채를 발행하려면 정부는 국회 동의를 얻어야 하고, 회사채를 발행하려면 기업은 금융위원회 등록 후 금융감독원(FSS: Financial Supervisory Service)에 유가증권신고서를 미리 제출해야 한다. 셋째, 어음, 수표 등과는 달리, 채권은 유통시장에서 자유롭게 거래할 수 있다. 한편, 채권보유자는 주식보유자처럼 회사경영에 참여할 수 없다. 해당 기업에 채권 발행은 재무상태표상 부채 증가를 의미하며, 기업이 해산하면 주식에 우선해 원리금을 변제받는다.

크게 국채와 회사채로 나뉘지만, 채권 종류는 엄청나게 다양하다. 주요 기준별로 나눠 정리해보면 대략 다음과 같다.

- **〈발행주체〉** 국채(정부), 지방채(지방자치단체), 특수채(정부 투자기관, 공기업), 금융채(은행채, 카드채 등으로 금융권역에 따라 세분하기도 함), 회사채(일반 주식회사).
- **〈이자 지급 방식〉** 할인채(선이자 적용), 복리채(만기에 원리금 일시 지급), 이표채(분기, 반기 등 일정 주기로 금리이자[이표/쿠폰. coupon] 지급).
- **〈발행주체 신용등급〉** 투자적격등급 채권, 투자부적격등급 채권(예: 정크본드[junk bond]). 정크본드에 대한 국제표준은 없음. 일반적으로 글로벌 신용평가기관인 무

디스(Moody's) 신용등급 Ba1 이하 또는 S&P(Standard & Poor's. **스탠다드앤푸어스**) 신용등급 BB+ 이하 채권을 지칭.

- **〈만기〉** 중기채(3~5년), 장기채(10년 이상) 등. 선도국과는 달리, 한국의 경우 장기채는 적고 중기채는 많은 편임. 아주 이색적인 장기채도 있음. 예를 들어, 디즈니(Disney)는 100년 만기 채권을 발행한 적이 있고, 영국에는 만기 없이 영구히 이자만 지급하는 영구채(consol bond. **콘솔**)가 국채로 존재했었음. 콘솔은 1752년 최초 발행됐고 이후에도 여러 차례 (특히 전쟁 수행 자금조달용으로) 발행된 적이 있으나, 2015년 2월 모두 최종환매(final redemption).

다. 선물·옵션 — 장내파생상품

파생상품이란 가격이 해당 거래 기초가 되는 원래 자산, 즉 기초자산(underlying asset)의 가격변동에 따라 결정되는(파생되는. derived) 금융상품을 말한다. 기초자산이 귀금속(예: 금), 농·축산물(예: 밀, 돼지, 소), 원자재(예: 광물, 원유) 등 실물자산이면 상품파생상품(commodity derivatives), 주가, 금리, 환율 등 금융자산 가격이거나, 또는 신용위험과 연계돼 있으면 금융파생상품(financial derivatives)이라고 한다.[12] 계약구조에 따라서는 선도(forwards. 예: 외환시장 선물환), 선물, 옵션, 스왑 등으로, 규제 강도/거래장소에 따라서는 장내파생상품과 장외파생상품으로 구분한다.

농·축산업자, 금융기관, 기업, 투자자 등 경제주체는 작황, 금리, 환율, 신용, 주가 등 여러 영역에서 난데없이 바람직하지 않은 변화가 발생하는 바람에 손실을 크게 입곤 한다. 파생상품은 이러한 위험을 피하려고 고안됐으며 자원이 고갈되고 금융상품이 다양해질수록 그 중요성은 더욱 커지고 종류 또한 다양해진다.

파생상품 발달 초기에는 농·축산물, 원자재 같은 실물자산이 주된 기초자산이었지만,

12 기초자산에 대한 예로 자본시장법은 금융투자상품, 통화(외국통화 포함), 일반상품(농산물, 축산물 등), 신용위험을 제시한다.

요즘에는 지수(index)로 수치화할 수 있다면 모두 다 파생상품 기초자산이 될 수 있다. 기후파생상품(weather derivatives)처럼 말이다. 한국에서는 겨울용 김장배추와 관련된 상황을 파생상품에 대한 설명으로 흔히들 예시한다. 봄에 배추 농가는 중개인과 소위 밭떼기라는 일종의 선도계약을 해 두곤 한다. 이를 이용해 농가는 작황 변화에 따른 가격변동 위험을 피할 수 있고 중개인은 자신이 예측한 가격에 근거해 이득을 볼 가능성에 베팅(betting)할 수 있다. 이 같은 선도계약을 표준화해(standardizing) 파생상품거래소에 상장한 상품이 선물이고 보험 형태로 틀을 바꿔 정형화해 상장한 상품이 옵션이다. 상장이란 정규시장/정규거래시장(거래소) 안(內)으로 들여와 상품으로 올려놓고 불특정 다수가 거래에 참여해도 좋다고 감독당국이 허락했음을 의미한다. 따라서 선물·옵션은 장내파생상품으로서 당국의 엄격한 관리·감독을 받지만, 선도계약은 장외파생상품이므로 그러한 관리·감독 대상은 아니다. 밭떼기는 상품으로 상장되지 못했다. 수요가 크지 않아 경제성이 없었거나 우리의 금융상품 개발 능력이 못 미쳤거나, 아니면 둘 다였을 수 있다.

수많은 종류의 파생상품이 있지만, 기본은 선도와 옵션이다. 앞서 언급한 바와 같이 선물은 선도거래를 표준화해 상장한 상품이고, 뒤에 설명하겠지만 스왑은 연속적 선도거래라 할 수 있기 때문이다. 따라서 모든 파생상품은 선도나 옵션 개념을 단독으로 아니면 둘을 복합적으로 활용해 손익구조를 파악하면 이해하기가 수월하다.

한국거래소(KRX: Korea Exchange) 파생상품시장에서 거래하는 선물·옵션을 좀 구체적으로 살펴보면 다음과 같다. (KRX 파생상품시장을 이해하는데 필요한 논의는 제14장 3절을 참조).

- **〈선물〉** 특정 기초자산(예: 코스피200지수, 개별주식)을 만기일에 지금 정해놓은 가격으로 인·수도할 것을 표준화한 계약. 계약이행 의무가 거래상대방 모두에게 있는 쌍무계약. 선도거래와는 달리 대상 상품의 품질과 수량, 인·수도 조건, 가격변동폭 등을 사전에 표준화해놓음. 정규시장에서만 거래하고, 계약이행을 보장해줄 청산소/청산기관(clearing house)이 반드시 있어야 하며,[13] 증거금(margin), 일일정산(MTM: marking-to-market)[14] 같은 제도를 갖춰 시장 안정성과 투자자 보호도 확실히 해야 함. 현물결제(physical settlement. 실물인·수도)와 현금결제(cash settlement) 방식을 병행 사용하지만, 대부분 거래는 만기 이전 반대매매(covering)를 해 중도 청산. 반대매매란 선물계약이 매수포지션에 있으면 이를 매도하고, 매도포지션에 있으면 매수해 미결제약정(open interest)을 소멸시키는 것을 말함. 만일 만기 이후에도 계속 보유하려면 근월물(nearby contract)을 매도·청산하고 차근월물(next nearby contract)을 매입·보유해 포지션을 전환해야 함. 이를 롤오버(rollover. 만기연장)라 하며 이때 직·간접비용이 수반됨(구체적 논의는 후속 바항["**ELW, ELS/DLS, ETN—파생결합증권**"] 참조).

KRX 파생상품시장 주요 상장 선물로는 지수선물(주가지수/변동성지수를 대상. 예: 코스피200선물, 코스닥150선물, 코스피200변동성지수선물), 통화선물(예: 미국달러선물, 유로선물), 채권/금리선물(예: 3년국채선물), 개별주식선물(예: 포스코 주식선물), 상품선물(금선물, 돈육선물) 등이 있음.

- **〈옵션〉** 특정 기초자산(예: 코스피200지수, 개별주식)을 만기일에 지금 정해놓은 행사가격(exercise price)으로 매수/매도할 수 있는 권리를 표준화한 계약.[15] 기초자산을 매수할 수 있는 권리인 콜옵션(call option)과 매도할 수 있는 권리인 풋옵션(put option)이 따로따로 존재하며, 이 두 옵션을 행사가격별로 또다시 다양하게 정형화해 거래. 옵션매수자는 옵션매도자에게 프리미엄/옵션가격(premium)[16]을 지급하고 특정

---

13 청산소는 금융상품거래의 계약이행을 보증하는 제3자로서 **자본시장**의 중요 **인프라(FMI**: financial market infrastructure) 제공기관이다(**제2장 2절 다항** 참조). 별도로 독립적인 장내시장 청산기관이 없는 한국에서는 KRX 청산결제본부가 자본시장법에 따라 장내 청산기능을 담당·수행한다(**제14장 4절 가항** 참조).

14 선물거래에서 증거금은 계좌를 개설할 때 증권회사/선물회사/선물중개회사(FCM: futures commission merchant)가 매매당사자에게 계약이행 보증용으로 요구하는 소정의 보증금을 말하며, 일일정산은 선물계약 체결 후 선물가격 변화에 따른 차익/차손을 매일매일 반영해 계약이행을 준수하게끔 하는 증거금 관리를 뜻한다. 일일정산 결과, 투자자는 추가증거금 납부 요청(**마진콜**[margin call])을 받기도 한다. 이를 완수하지 못하면 반대매매를 통해 강제청산 조치를 당한다.

15 미국형 옵션(American options)은 만기 전 언제라도 권리행사가 가능하다. 한국은 이를 채택하고 있지 않다. 한국의 모든 옵션은 만기일에만 권리를 행사할 수 있는 유럽형 옵션(European options)이다.

16 프리미엄은 내재가치/본질가치(intrinsic value)와 시간가치(time value)로 구성된다. 내재가치는 풋[콜]옵션의 경우 행사가격[기초자산의 현재 시장가격]에서 기초자산의 현재 시장가격[행사가격]을 뺀 차액이다. 시간가치는 프리미엄에서 내재가치를 뺀 차액으로 만기까지 기초자산 가격이 변해 이익이 나올 가능성에 대한 기대치이다. 만기일에 가까워질수록 시간가치는 감소하며 만기일에 소멸한다.

행사가격의 옵션을 매입(반면, 선물매수자는 계약 때 어떤 대가도 치르지 않음). 이후 상황이 자신에게 유리하게 전개되면 권리를 행사해 이득을 취하고 반대로 전개되면 권리 행사를 포기할 수 있음(이러한 보험 성격 때문에 옵션가격을 프리미엄[보험료]이라고 부름). 반면, 옵션매도자는 옵션매수자가 권리를 행사하면 이미 프리미엄을 받았기 때문에 손실을 보더라도 반드시 응해야 하고, 대신 권리행사를 포기하면 지급받은 프리미엄을 자연스레 이득으로 취함.[17] 이처럼 옵션은 기초자산 가격변화에 비대칭 손익 구조를 보이며, 매수자는 권리만, 매도자는 의무만 가짐(이에 비해, 선물에서는 매수자와 매도자가 권리와 의무를 동시에 가짐).

옵션은 기본적으로 헤지 수요 때문에 만들어짐. 주식이나 선물을 보유/매수한 후 가격변동을 헤지하고자 풋옵션을 매수하는 구조가 옵션의 근본이라 할 수 있음(콜옵션을 헤지용으로 매수할 일은 거의 없음). 콜옵션은 투기적 수요용으로 풋옵션에 짝 맞춰 만들어졌다고 볼 수도 있음. 따라서 풋옵션은 매수자(수요자)가, 콜옵션은 매도자(공급자)가 많아 옵션 이론가(예: 블랙-숄즈-머튼 모형[Black-Scholes-Merton option pricing model])와 비교해 풋옵션은 가격이 다소 높고 콜옵션은 다소 낮음.

옵션 기본전략은 **프로텍티브 풋**(protective put)과 **커버드 콜**(covered call)임. 바로 위에서 언급한 것처럼 프로텍티브 풋 전략은 주식, 선물 등 기초자산을 매수하면서 동시에 해당 풋옵션(특정 가격에 팔 권리)을 매수하는 방어전략임. 풋옵션 행사가격으로 기초자산 가격을 보호. 기초자산 가격이 하락할수록 투자자를 더욱더 보호. 최대 손실은 풋옵션 프리미엄임. 커버드 콜 전략은 콜옵션을 매도하고 이 포지션 위험을 방어하려(covering) 동시에 주식, 선물 등 기초자산을 매수하는 전략임. 기초자산의 가격상승 위험을 없애고 프리미엄을 고정 수익으로 얻을 수 있음.

옵션도 선물처럼 정규시장에서만 거래하며 옵션매도자의 계약이행을 보장하는데 필요한 청산소 역시 반드시 있어야 함. 반면, 옵션에는 일일정산이 없으며 증거금은 선물보다 훨씬 적음. 또한 옵션매수자는 언제든 권리행사를 포기할 수 있어 계

17 주식 관련 옵션매도자는 주식 흐름을 주도할 수 있어야 하므로 자본력이 큰 외국인이나 기관투자자가 옵션 매도를 주도한다.

약불이행 관련 위험 소지가 없으므로 옵션매도자보다 증거금이 더욱 적음. 한편, 옵션매수자는 권리보유자로서 반대매매, 권리행사, 권리포기 중 자유롭게 선택할 수 있지만, 옵션매도자는 의무부담자인 까닭에 자신의 의무를 소멸시키는 방법으로 반대매매만 선택할 수 있음. 결제는 대부분 현금결제 방식을 따르지만, 미국달러옵션처럼 실물인·수도 방식도 병행 사용.

KRX 파생상품시장 주요 상장 옵션으로는 지수옵션(주가지수 대상. 예: 코스피200옵션, 코스닥150옵션), 통화옵션(미국달러옵션), 개별주식옵션(예: 현대자동차 주식옵션) 등이 있음.

라. 스왑 — 장외파생상품

자본시장에서 스왑은 금융스왑(financial swaps)[18]을 의미한다. 거래 쌍방이 만기까지 서로 비교우위에 있는 기초자산(예: [채권]이자율/금리, 통화/외환, 신용위험)의 미래현금흐름(future cash flow)을 맞바꾸는 파생상품 계약으로 계약시점과 만기에 원금을 교환할 수도, 그렇지 않을 수도 있다. 현금흐름 발생시점마다 계약이 갱신되는 일종의 연속적 선도거래라 할 수 있다. 여하튼, 양자 간 계약이므로 종류는 천차만별이고, 당연히 '세부' 표준화가 어려워 아직은 **장외시장(OTC**: over-the-counter)에서 거래가 이루어진다. 계약서 작성이 매우 중요한 이유이다. 장외파생상품 거래기관은 일반적으로 **국제스왑·파생상품협회(ISDA**: International Swaps and Derivatives Association. **이스다**)가 제공하는 기본/마스터 계약(master agreement)을 거래상대방 기관별로 체결하고 개별상품 거래에는 확인 서신(confirmation. 거래확인서)을 교환하는 방식을 따른다. 확인 서신에는 계약의 핵심사안인 만기, 현금흐름 규모와 계산 방법, 지급일 등이 들어가 있다.

장외거래 특성상 아직 금융스왑 거래량을 정확히 파악하기는 어렵다. 이 때문에 거래금액이나 명목잔액(notional amounts outstanding)을 형편 닿는 대로 일평균 또는 연도

---

18 교환대상이 상품(예: 곡물, 벙커-C유, 원유)인 상품스왑(commodity swap)도 물론 존재한다.

〈그림 1-3〉 글로벌 장외파생상품별 명목잔액

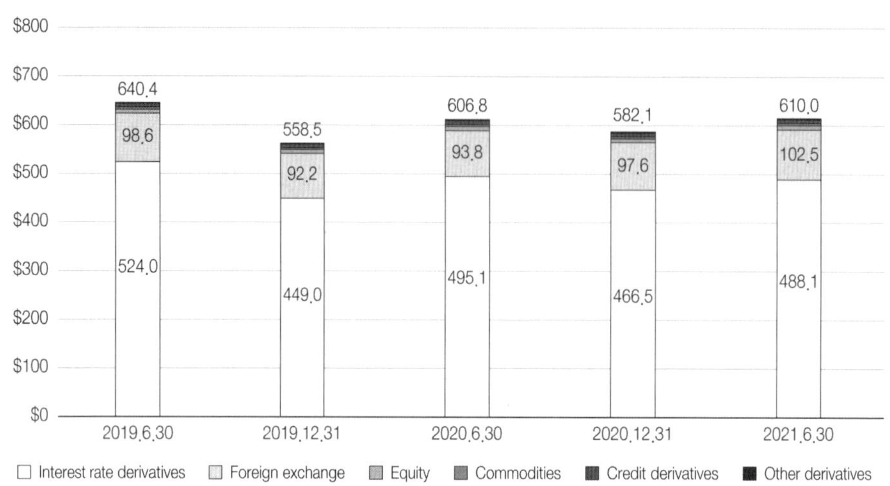

* 자료: ISDA, 2021. "Key Trends in the Size and Composition of OTC Derivatives Markets in the First Half of 2021". (December).

* ISDA 통계는 BIS 자료에 근거. 단위는 1조 달러. 가로축 왼쪽부터 금리스왑(Interest rate derivatives), 통화스왑(Foreign exchange), 주식스왑(Equity), 상품스왑(Commodities), 신용부도스왑(Credit derivatives), 기타 장외파생상품(Other derivatives). 기타 장외파생상품으로는 선도, 이색옵션(exotic option) 등이 있음.

별로 발표한다. ISDA에 따르면 2021년 6월 말 글로벌 장외파생상품 명목잔액은 610조 달러이다. 이 중 **이자율스왑/금리스왑(IRS**: interest rate swap)이 488.1조 달러로 압도적이며, **통화스왑(CRS**: currency rate swap)과 **신용부도스왑(CDS**: credit default swap)이 각각 102.5조 달러와 9.1조 달러로 뒤를 잇는다(〈그림 1-3〉 참조). 그러나 만일 집계할 수만 있다면 통화스왑 통계에 엄청난 액수의 단기 **외환스왑(FX swap)** 거래금액이 추가될 수 있어 이때는 외환·통화스왑과 이자율스왑 거래규모가 엇비슷해질 것이라고 한다. **세계거래소연맹(WFE**: World Federation of Exchanges) 통계자료에 같은 기간 전 세계 정규거래소 거래대금이 총 78조 달러임을 감안하면 이들 스왑 거래규모가 얼마나 큰지 쉽게 가늠해볼 수 있을 것이다.

한편, 한국의 장외파생상품거래 명목잔액은 2019년 말 1경 255조 원이다. 이 중 이자율스왑과 통화스왑이 각각 81%와 15%이며 **신용파생상품**(credit derivatives)을 대표하는 신용부도스왑은 매우 미미하다. 반면, 통계자료에 따라 편차가 있기는 하지만, 거래규모는 일평균 50~77조 원이며 이 중 외환·통화스왑이 53~77%, 이자율스왑이 18~20%, 신용부도스왑이 0.2%를 차지한다.[19] 참고로 이 기간 장내파생상품시장과 주식시장(유가증권시장과 코스닥시장 합계)의 일평균 거래대금은 각각 46.5조 원과 9.3조 원이었다. 세계장외파생상품시장에서 한국 비중은 이자율스왑 0.1%(20위), 외환·통화스왑 0.7%(15위) 정도이다(한국은행 보도자료, 2019.9.17.). 한국경제와 주식시장 규모에 비춰볼 때 다소 낮은 위상이다.

스왑시장은 채권 유통시장, 외환시장 등 다른 장외금융시장처럼 **"2단계 시장"**(two-tier market) 구조로 이루어져 있다(〈그림 7-3〉 참조). 1단계는 고객(예: 기업, 보험사, 연기금, 자산운용사)이 은행과 거래하는 **대(對)고객시장**(customer market. **D2C**)이고, 2단계는 **은행/딜러간시장**(interbank/interdealer market. **D2D**)이다. 은행간시장에서는 탐색비용 때문에 직거래보다는 스왑딜러(한국의 예: 산업은행, 외국계 은행 등 시장조성은행)를 통해 거래한다.

스왑시장으로 대표되는 장외파생상품시장은 원래 청산기관 개입 없이 양자 간 청산(bilateral clearing)을 진행한다. 상대방위험(counterparty risk)에 크게 노출될 수밖에 없다. 그러나 신용파생상품(예: CDS)의 불완전 청산 구조와 불투명 거래가 **"2007~2009년 글로벌 금융위기"**(이하 "2008년 글로벌 금융위기" 또는 "글로벌 금융위기")의 주요 원인으로 지목받으며 이 같은 관행에 큰 변화가 발생했다. 이제 일정 수준 표준화한 모든 장외파생상품 거래는 의무적으로 **중앙청산기구**(**CCP**: central counterparty)에서 청산해야 한다. KRX도 2014년 6월부터 원화이자율스왑 거래에 의무청산을 시작했다.[20] 거래 투명성 또한 급변했다. 미국과 유럽에서는 스왑거래 투명성을 높이고자 이들 상품을 전자

---

19 한국은행, 2019. "2019년도 BIS 주관 「전세계 외환 및 장외파생상품시장 조사(거래금액 부문)」 결과". **보도자료**, (9월 17일). BIS는 이 자료를 3년마다 발표한다.

20 장외파생상품은 만기, 이자 계산 방식(360일 또는 365일) 등 주요 계약사항의 일정 부분이 같으면 표준화된 것으로 간주한다. KRX는 국내에서 유일하게 금융위원회 인가를 받은(자본시장법 제323조의3에 의거) 금융투자상품거래청산회사로서, 국내 장내·외금융/파생상품거래의 CCP 역할을 담당한다. 현재 의무청산 대상 스왑은 원화이자율스왑과 미달러이자율스왑 두 종목이다.

거래플랫폼 시장인 **스왑체결설비**(SEF: swap execution facility. **세프**. 미국)와 **조직화한 거래설비**(OTF: organised trading facility. 유럽)에서 각기 거래하도록 하며 규제시장 영역에 포함시켰다("설비"로 번역하지만 그러한 설비를 갖춘 거래시장을 의미. 제6장 2절 나항, 제7장 2절 나항 참조).

스왑은 이자율/금리, 환율, 신용(예: 회사채 부도)위험 등을 헤지하거나, 아니면 자본조달을 하고 나서 관련 비용을 절감하거나, 또는 투기적 이익을 얻고자 할 때 활용한다. 한국 장외파생상품시장 거의 전체를 차지하는 이자율스왑, 외환·통화스왑, 신용부도스왑의 개요는 다음과 같다.

- **〈이자율스왑/금리스왑, IRS〉** 말 그대로 이자율과 이자율을 맞바꾸는 계약. 명목원금(notional principal amount)에 대해 동일 통화 이자 지급만을 교환. 원금을 교환하지 않아(unfunded) 자금부담과 신용위험이 낮음. 일반적으로 명목원금, 만기, 사용 통화는 같고 이자율 형태(변동 또는 고정)만 다른 채권구조를 가진 두 당사자가 변동금리를 고정금리로, 아니면 고정금리를 변동금리로 교환하는 형식. 국내 이자율스왑 대부분은 원화로 변동금리(91일물 CD 금리)와 고정금리를 맞교환(**〈그림 1-4〉, 〈패널 A〉** 참조). 예를 들어, 앞으로 금리하락을 걱정하는 변동금리채권 보유자가 금리상승을 점쳐 아쉬워하는 고정금리채권(동일 금액, 동일 화폐) 보유자와 일정 기간 이자를 교환하기로 계약을 체결.

  이자율스왑에서 모든 용어(예: **IRS 페이**[pay. **고정금리지급스왑**], **IRS 리시브**[receive. **고정금리수취스왑**])의 기준은 고정금리에 맞춰져 있음. 따라서 고정금리를 **IRS 금리/스왑금리**(IRS rate)라고 함. IRS 페이는 고정금리 이자를 주고(페이) 변동금리 이자를 받는 이자율스왑이고, IRS 리시브는 고정금리 이자를 받고(리시브) 변동금리 이자를 주는 이자율스왑임. (이들 용어는 통화스왑에도 똑같이 적용. 특히, 통화스왑에서도 CRS 금리를 스왑금리라고 표현하므로 문맥을 잘 확인해야 함).

  (이자율)**스왑 스프레드**라는 용어도 자주 등장.[21] 이는 스왑금리와 무위험채권수익률 차이로, 한국에서는 3년 만기 스왑금리와 3년 만기 국고채수익률 차이를 주로 사용. (모든 스왑거래에서 스왑 스프레드란 해당 스왑[예: 이자율, 통화, 신용부도] 금리와

무위험채권수익률 차이를 의미). 만기는 1~10년물까지 가능하나, 1~5년물이 대부분. 최소거래단위 금액은 일반적으로 100억 원이며(대고객거래는 정해져 있지 않음), 고정금리와 변동금리는 3개월마다 교환.

- **〈통화스왑, CRS/CCS(cross-currency swap)〉** (둘 또는 그 이상) 거래당사자 간 계약시점에 서로 다른 통화(예: 변동금리부 달러화와 고정금리부 원화)로 표시된 원금을 교환하고(funded), 계약시점에 약정한 조건으로 일정 기간 이자를 교환(3개월 또는 6개월마다)한 다음, 만기에 '계약시점 환율'로 원금을 재교환하는 계약(〈그림 1-4〉, 〈패널 B〉 참조). 다른 통화로 장기자금을 조달하거나 중장기 환율 또는 금리변동위험에 대한 헤지수단으로 활용. 한미 통화스왑 협정처럼 통화가치를 안정화하려 국가 간 체결하기도 함.

  이에 비해, 외환스왑은 환매조건부 성격의 거래라는 점에서는 통화스왑과 구조가 비슷하지만, 이자 지급 방식과 스왑기간(단기)에서 차이가 남. 외환스왑은 스왑기간에 이자를 교환하지 않고 만기에 '계약시점 약정한 선물환율'로 원금을 재교환.[22] 결국 두 통화 간 이자율 차이는 선물환율에 반영됨(〈그림 1-4〉, 〈패널 C〉 참조). 단기자금을 조달하거나 단기 환율 또는 금리변동위험에 대한 헤지수단으로 활용.

  통화스왑에서 **CRS 페이**, **CRS 리시브**도 이자율스왑처럼 기준이 고정금리에 맞춰져 있음. 따라서 고정금리를 **CRS 금리**/스왑금리(CRS rate)라고 함. CRS 페이는 고정금리 이자를 주고(페이) 변동금리 이자를 받는 통화스왑이고, CRS 리시브는 고정금리 이자를 받고(리시브) 변동금리 이자를 주는 통화스왑임. 한국에서 통화스왑은 이자율스왑과 마찬가지로 1~10년물까지 만기가 가능하나 1~5년물을 주로 거래. 특히, 5년

21 (이자율)스왑 스프레드를 이용해 금리 상황을 설명하는 예를 하나 들어보자. 먼저 스왑딜러가 시장금리 하락을 예상한다고 하면 그/그녀는 변동금리이자를 주고 고정금리이자를 받으려 할 것이다. 이 경우 IRS 리시브 수요 증가로 스왑금리(고정금리)가 하락하면서 이자율스왑 스프레드는 감소한다. 반대로 만일 시장금리 상승을 예상한다면 변동금리이자를 받고 고정금리이자를 주려고 할 것이다. 이 경우 IRS 페이 수요 증가로 스왑금리가 상승하면서 이자율스왑 스프레드는 확대한다.

22 이에 외환스왑을 "현물환(spot exchange. 현물환율)을 매도[매입]하고 동시에 선물환(forward exchange. 선물환율)을 매입[매도]하는 외환거래"라고도 한다.

물 CRS 금리는 시장에서 원화의 달러화 교환가치를 반영하는 중요성을 지님. 최소거래단위 금액은 일반적으로 1천만 달러(130억 원)이며(대고객거래는 정해져 있지 않음), 고정금리부 원화와 변동금리부(예: 3개월 SOFR[소퍼] 사용) 외화 교환이 대부분을 차지.

스왑이라는 거래형태는 통화스왑에서 비롯함. 1981년 **세계은행**(**World Bank**)이 달러(USD) 표시 유로본드(채권)를 신규 발행하며 살로먼브라더스(Salomon Brothers) 중개로 이를 아이비엠(IBM)의 기존 독일 마르크(DEM)와 스위스 프랑(CEF) 표시 유로본드와 교환한 것이 세계 최초 스왑임.

- **〈신용부도스왑, CDS〉** 회사채나 국채(기초자산) 발행자("**준거기관**". reference entity. 예: 기업, 국가)의 파산위험 자체를 사고팔 수 있도록 만든 신용파생상품. 거래당사자 중 일방("**신용보장매수자**". protection buyer. 이하 "매수자")이 만기까지 소정의 보장수수료를 상대방("**신용보장매도자**". protection seller. 이하 "매도자")에게 지급하고,[23] 대신 회사채나 국채에 부도, 채무불이행 등 신용사건(credit event)이 발생하면 매도자한테 보장금액을 받도록 설계한 일종의 보험 계약. 신용부도스왑으로 채권의 권리와 채무불이행위험을 분리할 수 있어 채권을 보유할 때 헤지나 효율적 관리에 활용(물론 투기적 이익 추구에도 활용). 보장수수료는 **CDS 프리미엄**(CDS premium. **CDS 스프레드/CDS 가격**. 수수료율)[24]에 거래금액을 곱한 금액임. 신용도가 높아 부도 가능성이 작을수록 CDS 프리미엄은 하락. 신용부도스왑은 매수자와 매도자 양자 간 거래로 준거기관은 전혀 개입하지 않음. 심지어 자신을 대상으로 스왑이 거래되고 있다는 사실조차 모를 수 있음. 만기 5년물짜리가 전형적이며 유동성도 제일 풍부.

  신용부도스왑은 싱글네임(single-name) 신용파생상품 중 하나임. 신용파생상품은 준거기업 수에 따라 싱글네임과 멀티네임(multi-name) 신용파생상품으로 구분. 싱글네임 신용파생상품은 신용부도스왑, **총수익스왑**(**TRS**: total return

---

23 거꾸로 매도자가 매수자에게 보장수수료를 지급할 수도 있다(두 번째 다음 문단 참조).

24 CDS 프리미엄은 CDS 스프레드와 같다고 볼 수 있다. CDS 프리미엄은 절대 금리를, CDS 스프레드는 CDS 프리미엄과 무위험채권수익률(한국에서는 국고채수익률) 차이를 의미한다.

swap)[25]처럼 준거기업이 1개이며, 멀티네임 신용파생상품은 **합성 CDO**(synthetic collateralized debt obligation. **합성부채담보부증권**. 제1장 3절 사항 참조)처럼 준거기업이 여럿임. 글로벌 신용파생상품 총거래규모 9.1조 달러(1경 1,830조 원. 2021년 6월 말 ISDA 통계) 중 싱글네임 신용파생상품이 3.4조 달러, 멀티네임 신용파생상품이 5.4조 달러를 차지.

매수자가 매도자에게 지급하는 CDS 스프레드(즉, CDS 프리미엄)는 **"기준스프레드"/"쿠폰"**(fixed coupon. "고정수수료")이라 하여 투자등급은 연 100bp(즉, 1%), 투기등급은 연 500bp(즉, 5%)로 표준화되어 있음. 하지만 시장에서 형성되는 CDS 스프레드(**"시장스프레드"**)는 당연히 이와 다름. 만일 시장스프레드가 기준스프레드 이상이면 매수자는 매도자에게 그 차익을 분기별로 나눠 선지급(upfront. "선불수수료") 해야 함. 만일 정상적인 상황과는 달리 기준스프레드 이하이면, 거꾸로 매도자가 매수자에게 분기별로 선지급해야 함. 한편, 계약기간 내 CDS 스프레드 변동을 반영해 계약이행에 필요한 담보자산을 교환(일반적)하기도 함.

일반적으로, 신용사건이 발생하지 않으면 만기까지 현금흐름은 매수자에서 매도자에게 한 방향으로만 진행. 그러나 신용사건이 발생하면 매도자는 매수자에게 현물이나 현금 보장금액을 지급해야 함. 현물결제의 경우 매도자는 기초자산(부도채권)을 액면가로 보상하고 부도채권을 넘겨받으며, 현금결제의 경우에는 부도채권을 넘겨받지 않고 액면가와 잔존가액[26] 차이만 지급. 유럽에서는 현금결제를, 미국에서는 현물결제를 주로 이용(최근 들어 미국도 현금결제를 점점 선호하기 시작).

---

25 라임자산운용 환매 중단 사태(2019년 10월)로 대중의 관심을 크게 끈 신용파생상품이다. 예로써, 증권회사가 헤지펀드에서 고정수수료를 받고 헤지펀드 투자자산(예: 주식, 채권)을 대신 매입해주는데, 이 과정에서 자산 명의자는 증권회사이지만 수익은 헤지펀드로 귀속하는 계약을 들 수 있다(〈그림 1-4〉, 〈패널 D〉 참조). 투자자산에서 발생하는 미래 불확실한 수익과 계약시점에 확정한 수수료(투자자산 금액에 대한 고정이자)를 맞교환하는 파생거래이다. 헤지펀드는 적은 자금(고정이자)으로 많이 (빚을 내) 투자하는 효과(레버리지효과. leverage effect)를 보는 셈이다. 게다가 채무 성격(고정이자 지급)을 띠지만 회계상 부채로 인식하지도 않아 근래 국내 자산운용사, 헤지펀드 등이 적극적으로 관심을 보였다. 참고로, 이 책 발간 중에 세간을 떠들썩하게 하고 있는 "차액결제거래"(CFD: contract for difference)도 레버리지를 동반한 일종의 TRS이다.

26 잔존가액은 채권원금에 회생비율(recovery ratio)을 곱해 계산한다. 회생비율은 준거기관 채권에 신용사건이 발생하여 부도 처리, 청산 등의 절차를 거친 후 채권자에게 지급하는 금액을 채권원금으로 나눈 값이다.

〈그림 1-4〉 스왑 거래구조

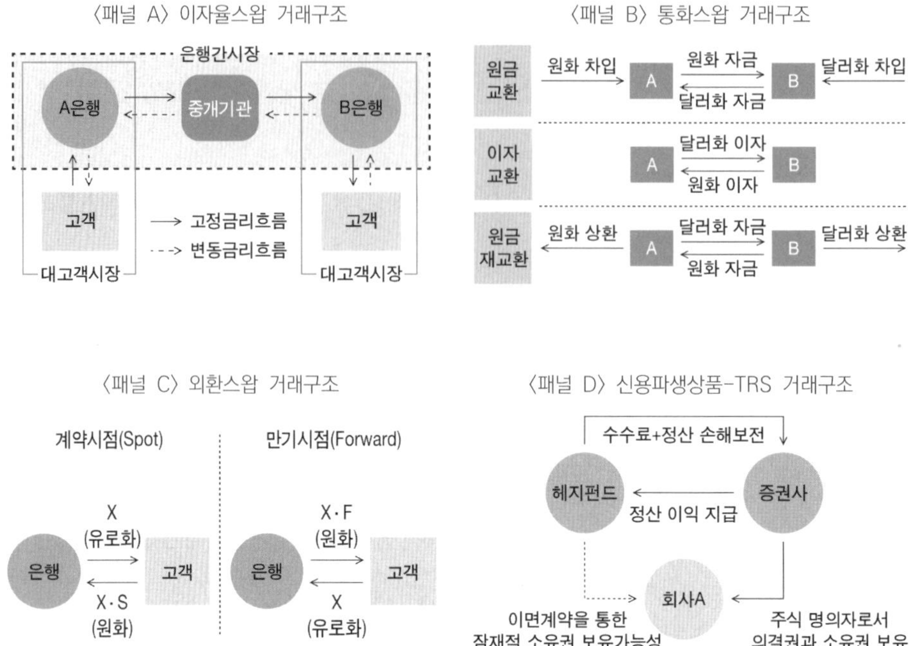

X: 유로화 원금, S: 현물환율, F: 선물환율.

헤지펀드와 증권회사 간 TRS(총수익스왑). 투자자산: 회사 A.

* 자료: 이자율스왑, 통화스왑, 외환스왑, 총수익스왑을 키워드로 인터넷 검색 결과 해당 블로거의 설명에 딸린 그림. 검색창 정보가 너무 길어 전부 인용하지 못한 점 양해 부탁드림.

* **〈패널 A〉** 이자율스왑 예: 시장에서 차입을 계획 중인 A은행 고객(고객 A)과 B은행 고객(고객 B)은 고정금리와 변동금리 조건 중 각각 고정금리(고객 A)와 변동금리(고객 B)에 비교우위를 가짐. 각자 비교우위 조건으로 자금을 차입한 후 은행/중개기관의 주선을 통해 자신들의 차입비용을 절감해줄 수 있는 상대방과 맞바꿈(이자율스왑). 그 결과, 두 고객 모두 차입비용을 절감하며 실질적으로 고객 A는 변동금리로, 고객 B는 고정금리로 자금을 차입.

여러 준거기관의 개별 신용부도스왑을 단순평균 지수로 만들어 이를 거래하기도 함. **CDS 지수**(CDS index)라 하며 표준화 정도가 아주 높아 정규시장에서 거래. 유동성도 풍부해 세계신용부도스왑시장의 절반 이상을 차지. 유럽 아이트랙스(iTraxx. 2001년 시작)와 미국 시디엑스(CDX. 2002년 시작)로 크게 나뉘고, 이 밑으로 신용등급이나 지역에 따라 다양한 지수로 세분되어 있음. 런던에 본사를 둔 마킷

(Markit. 現 IHS Markit[S&P Global 자회사]. 정보서비스업체)은 이들 지수를 생성·관리하고 가격정보를 제공하며 급성장. Markit은 6개월마다 가장 활발하게 거래된 순으로 개별 신용부도스왑을 선정해 지수를 경신.

이 밖에 스왑과 관련해 한국자본시장을 이해하는데 유용한 개념과 현상 하나씩을 더 살펴보면 다음과 같다.

〈스왑베이시스, swap basis〉 스왑베이시스는 CRS 금리에서 IRS 금리를 차감한 값이다. CRS 금리와 IRS 금리는 모두 고정금리이므로, 스왑베이시스를 CRS 페이와 IRS 페이를 가지고 설명하면 개념과 의미를 훨씬 더 쉽게 이해할 수 있다. 앞서 설명했듯이, 국내에서 CRS 금리는 대개 (외국에서 조달한) 달러(변동금리)를 원화(고정금리)로 교환할 때 지급하는 원화 고정금리를 말한다. CRS 페이이다. CRS 페이에서는 달러 원금과 CRS 금리를 주고 대신 원화 원금과 달러 변동금리를 받는다. 만일 국내에서 달러를 조달하기 어려운 상황이면 원화 금리를 적게 주고도 스왑을 할 수 있으므로 CRS 금리는 하락한다. 이렇듯 CRS 금리를 이용해 국내에서 달러 유동성을 짐작해볼 수 있다. IRS 금리는 변동금리로 발행한 채권자금을 고정금리로 대체하는 이자율스왑을 하면서 지급하는 원화 고정금리이다. IRS 페이이다. 이 경우 IRS 금리를 지급하고 원화 변동금리를 받는다(동일 통화이므로 원금교환은 없음). IRS 금리로는 원화 가치 방향성을 알아볼 수 있다. 즉, 원화 가치가 낮아지면 고정금리는 상승한다. 따라서 이 둘을 결합한 스왑베이시스는 한국에서 달러를 얼마나 쉽게 구할 수 있는지를 나타내는 지표로 활용된다.

예를 들어, 스왑베이시스가 미디어에 중요 용어로 등장하는 때는 대개 마이너스(-)인 경우이다. 국내에서 달러 수요가 증가해 즉, 달러 가치가 높고 원화 가치가 낮아져 국내 이자율이 크게 올라가는 상황이다. 달리 말해, 국내에서 달러를 구하는 데 들어가는 비용이 증가하는 상황으로 CRS 금리는 하락하고 IRS 금리는 상승한다. 이때 마이너스 폭이 커져 스왑베이시스가 -400~-500bp 정도에 이르면 보통 금융위기를 걱정하기 시작한다. 이처럼 스왑베이시스는 CDS 스프레드/프리미엄과 함께 외환 건전성을 나타내는 주요 지표로 활용된다.

〈외국은행 국내지점(이하 "**외은지점**") **차익거래**(arbitrage) **현상〉** 외은지점이 주로 사용하는 메커니즘은 "달러 조달, CRS 페이로 원화 교환, 교환금액을 국고채에 투자, 국고채금리와 CRS 금리 차이만큼 무위험 이익을 달성"하는 방식이다. 바로 위 스왑베이시스 설명과 상황이 비슷하다. 달러를 일정 수준 금리로 빌려오기만 하면 손쉽게 무위험 이익을 얻을 수 있다. 이 때문에 국내 금융산업 발전에 외은지점 무용론이 등장하곤 한다.

한창 논란이 일던 때 상황을 한번 좀 구체적으로 살펴보자. 이들 외은지점은 본사 신용을 활용해 "리보 또는 그 이하"(LIBOR flat or under)로 달러를 국내에 들여올 수가 있었다. CRS 페이(CRS 금리로 페이하고 리보로 리시브) 포지션을 취해 달러 원금을 이에 상응하는 원화 금액으로 교환한다. 리보 또는 그 이하로 달러 자금을 조달했으므로 CRS 페이 포지션으로 받는 리보 이자로 일단 이 조달비용을 확보한다. 나머지는 원화를 가지고 이익을 내야 하는데, 이는 바로 CRS 페이로 받은 원화 금액을 국고채에 투자하면 된다. 국고채금리는 리보 또는 그 이하로 맞바꾼 CRS 금리보다 높을 수밖에 없다. 왜냐하면 한국 정부도 리보보다 높은 수준으로(LIBOR over) 달러를 차입하는 마당에 한국 정부가 보증하는 국고채금리 역시 당연히 리보보다 높기 때문이다. 따라서 외은지점의 이 같은 차익거래는 국고채금리와 CRS 금리 차이만큼 무조건 이익이 발생한다. 물론 이에 따른 위험은 굉장히 낮다.

마. 집합투자기구(Fund) 발행 증권 — 집합투자증권

자본시장법(제6조 5항)에 따르면 집합투자(collective investment)란 "2인 이상의 투자자로부터 모은 금전 [등]을 투자자로부터 일상적인 운용지시를 받지 아니하면서 재산적 가치가 있는 [투자 대상 자산]을 취득·처분, 그 밖의 방법으로 운용하고 그 결과를 투자자에게 배분하여 귀속시키는 것"을 말한다. 보통 펀드(fund)라 부르는 **집합투자기구**(collective investment vehicle. 이하 "**펀드**"와 혼용)[27]가 이 같은 집합투자를 수행하는데, 이들 기구의 주요 법적 형태로는 신탁형(투자신탁)과 회사형(투자회사. **뮤추얼펀드** [mutual fund])이 있다.[28] 신탁형은 **수익증권**(beneficiary certificate), 회사형은 지분증

〈그림 1-5〉 집합투자증권 일반적 운영구조

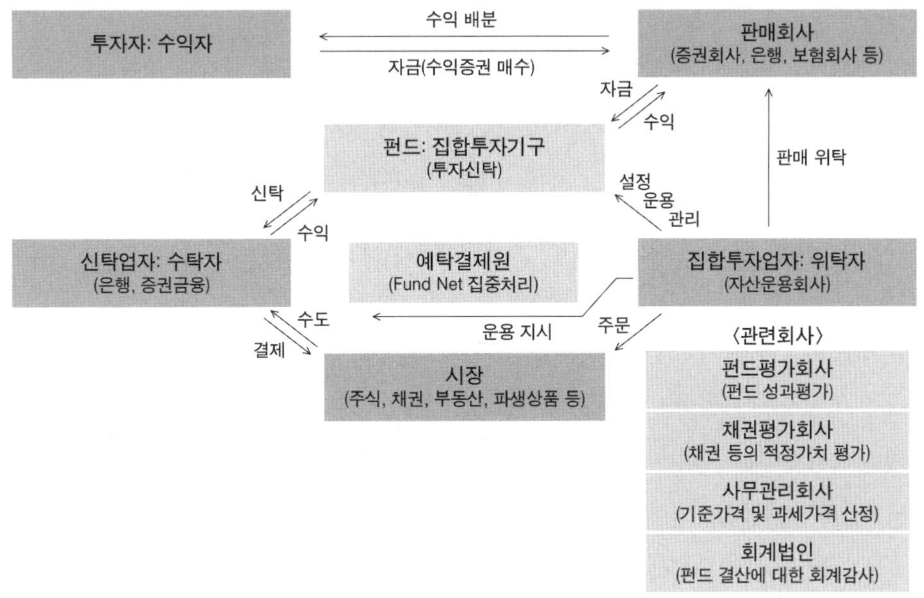

* 자료: 김용민, 2018. "집합투자기구의 구조 및 분류". **조세일보**, (4월 23일).

* 수탁자, 판매회사, 사무관리회사(예탁결제원) 간에 업무 정보를 공유하지는 않음.

권을 각기 발행해 투자자에게 판매·교부하며 이들 증권을 집합투자증권이라 한다. 국내에서 집합투자기구는 거의 다 신탁형이어서 집합투자증권은 대부분 수익증권을 가리킨다. 흔히들 "펀드에 투자한다"라고 말하곤 한다. 엄밀하게 말하면 이는 집합투자기구 자체에 투자해 그 과정에서 증권을 교부받는 것이지, 이들이 발행하는 증권에 투자하는 것을 의미하지는 않는다.

27 집합투자기구에 해당하는 용어는 나라마다 각양각색이다(예: collective investment vehicle; fund; investment fund; investment pool; managed fund). 법적으로 정확한 용어는 **유씨츠**(**UCITS**: undertakings for collective investment in transferable securities, 줄여서 collective investment undertaking)이다.

28 이외 조합형(투자조합)도 있다. 성장형 중소기업이나 벤처기업 투자와 관련해 꽤 익숙하리라 짐작한다. 자본시장법에 명시되어 있기는 하지만, 국내 투자조합(즉, 펀드)은 모두 다 특별법인 "**벤처기업 육성에 관한 특별조치법**"과 "**중소기업 창업 지원법**"에 의거해 결성한다. **창업투자회사**(벤처캐피털 중 하나)가 운용사로서 유망 중소·벤처기업에 투자하여 얻은 이익을 출자지분에 비례하여 조합원에게 배분한다. 조합원은 출자증서를 교부받는다.

집합투자기구(예: 투자신탁)는 일반적으로 투자자(수익자), 집합투자업자(자산운용사), 신탁업자(지정보관회사. 예: 은행), 판매회사(예: 증권회사, 은행) 등으로 운영구조가 이루어져 있다. 각자의 역할과 운영과정을 한번 살펴보자. 〈그림 1-5〉에 제시된 집합투자증권의 일반적 운영구조(특수 형태는 〈그림 1-6〉 참조)를 함께 보면서 따라가면 훨씬 더 이해하기 쉽다. 먼저, 투자자는 판매회사를 통해 집합투자기구(펀드)에 자금을 투자(가입)하고, 해당 펀드는 이 자금을 신탁업자에 위탁해 신탁업자 자신의 고유재산과 분리해 보관하도록 한다. 펀드의 핵심인 자산운용사는 매매 판단과 주문을 담당하며 신탁업자에게 관련 자금을 결제하도록 지시한다. 또한 하루 한 번 펀드 기준가격(=[순자산가치/총좌수]×1,000)을 공시해 투자자가 가입하거나 해지/환매(redemption)할 때 적용하도록 한다. 투자자의 환매는 가입할 때와 마찬가지로 판매회사를 통해 이루어진다. 매도가 아니라 환매라 부르는 이유는 투자자가 펀드 탈퇴를 원하면 보유하고 있는 집합투자증권을 자산운용사에 되파는 구조이기 때문이다.

투자 대상 자산으로는 주식, 채권 등 금융상품 외에도 귀금속, 원자재(예: 원유, 구리, 철), 부동산,[29] 선박, 포도주, 예술품, 영화제작 등 그 범위가 무척이나 다양하다. 심지어 여러 펀드에만 투자하는 **재간접펀드(FoF**: fund of funds)도 있다.

명칭 또한 대단히 많다. 예를 몇 개 들어보자. 먼저, 투자자 수가 50인 이상(즉, 자본시장법상 불특정 다수)이면 공모집합투자기구(**공모펀드**), 49인 이하면 사모집합투자기구(**사모펀드**)이다. 한동안 사모펀드는 경영에 직접 참여해 특정 회사의 기업가치를 높이려고 투자(지분 10% 이상 보유)하는 경영참여형(**PEF**: private equity fund)과 그 외 모든 사모펀드인 전문투자형(**헤지펀드**. hedge fund. 절대 이익 추구)으로 구분했었다. 2021년 상반기 자본시장법 개정으로 이제는 투자자를 기준으로 하여 **일반 사모펀드**와 **기관전용 사모펀드**로 구분한다. 2019~2020년 연이어 터진 라임자산운용과 옵티머스자산운용 환매중단 사태를 수습하는 과정에서 나온 결과물이다(제16장 4절 다항 참조). 물론 불특정 다수가

---

29 자본시장법에 따른 부동산투자펀드와 "**부동산투자회사법**"에 따른 **부동산투자회사(REITs**: real-estate investment trusts. **리츠**)는 운용주체나 방식에서만 차이가 날 뿐 실질적으로는 같은 금융상품이다. REITs는 투자자산 성격상 환금성이 제한되어 발행주식을 반드시 거래소에 상장해야 한다.

〈그림 1-6〉 한국모태펀드와 성장사다리펀드 운용구조

〈패널 A〉 한국모태펀드 운용구조

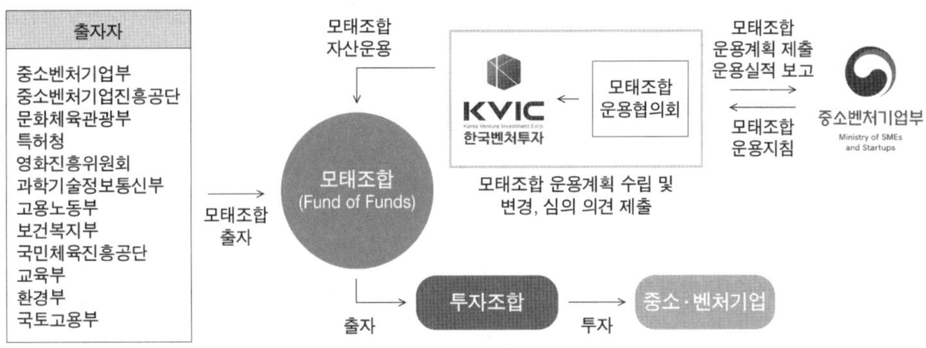

〈패널 B〉 성장사다리펀드 운용구조

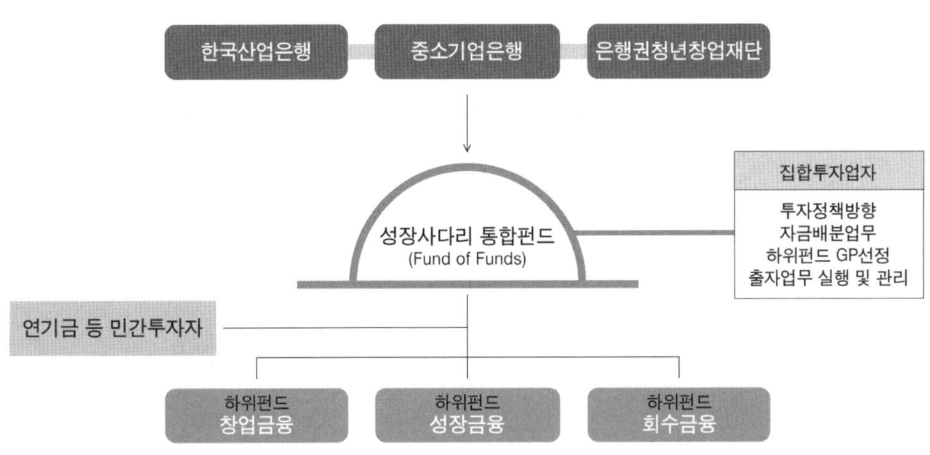

* 자료: 한국벤처투자, 웹사이트(2022년 12월). 한국성장금융투자운용, 웹사이트(2022년 12월).

참여하는 공모펀드가 규제를 훨씬 더 강하게 받는다. 다음, 집합투자기구 측면에서 구분해보자. 설립 후 자금 유출입을 허용해 펀드 규모를 변동시킬 수 있으면 추가형(open type), 없으면 단위형(unit type)이다. 이를 투자자로 관점을 바꿔 분류하면, 환매를 청구할 수 있는 개방형(open-end)과 청구할 수 없는 폐쇄형(closed-end)으로 대응해 부를 수 있다.

펀드 투자는 간접투자의 대명사이다. 전문기관에 일정액의 보수와 수수료를 지급하기만 하면 소액으로도 다양한 자산에 분산투자 하는 것과 똑같은 효과를 낼 수 있다. 물론 원본손실도 날 수 있다. 최근 일반대중에게 크게 각광받는 **상장지수집합투자기구/상장지수펀드(ETF**: exchange-traded fund)는 펀드의 바람직한 특성을 최대한 구현할 수 있도록 설계한 금융상품이다. "21세기 최고 금융상품", "금융투자 민주주의를 구현한 혁신적 발명품"이란 찬사를 받는 ETF를 잠깐 살펴보도록 하자.

- **〈상장지수집합투자기구/상장지수펀드, ETF〉** 거래소에 상장해 일반주식처럼 거래하는 개방형 펀드. 특정 지수(예: 종합주가지수, 산업/섹터지수), 특정 자산(예: 채권, 외환, 원자재), 또는 특정 전략(예: 주가 하락에 베팅) 수익률을 추종하도록 설계. 예를 들어, ETF의 대표 격인 지수 추종(패시브. passive) ETF의 경우, ETF 1좌를 매입하면 해당 ETF가 추종하는 지수구성 종목 전체(예: 코스피200지수 200개 종목)에 투자한 것과 같은 효과가 있음.[30] (최근 들어, 지수를 추종하지 않고 자산운용사의 능력에 의존하는 액티브[active] ETF도 출현).

  가격, **순자산가치(NAV**: net asset value. **나브**), 벤치마크지수 등을 실시간 확인해가며 매매할 수 있어 환금성과 투명성이 매우 높음. 통상 일반 펀드보다 운용보수와 판매수수료가 낮고, 국내 주식형 ETF는 증권거래세 부담도 없음(2022년 9월 현재. 매매차익 과세는 상품마다 다름).

  다른 증권시장과 마찬가지로 ETF 시장도 발행시장과 유통시장으로 구성. 발행시장은 ETF가 설정(creation)·환매되는 시장으로, 기관투자자(법인투자자)의 요청에 따라 **지정참가회사(AP**: authorized participant. 증권회사)가 창구 기능을 담당. 지

30 미국시장을 예로 들면, SPDR S&P 500(**SPY**. 스파이. S&P 500 지수[index. 500대 대기업 종목으로 구성] 추종. 세계 최초 ETF), iShares Russell 2000(IWM. Russell 2000 지수[index. 2,000개 중소기업 종목으로 구성] 추종), Invesco QQQ(**QQQ**. Nasdaq 100 지수[index. 100대 기술주 종목으로 구성] 추종) 등 3종류의 ETF 각각 1좌씩 총 3좌를 **뉴욕증권거래소 아카(NYSE Arca**. 지주회사 **ICE**[Intercontinental Exchange. **인터콘티넨털거래소**] 산하 거래소. ETF 거래에 강점)에서 매입 보유하면 이른바 '주식회사 미국' 또는 미국경제 전체에 투자한 것과 같다고 할 수 있다. 단 3좌로 투자론의 핵심인 분산투자효과(diversification effect)를 최대한 누릴 수 있다.

수 관련 ETF의 설정과 환매는 현물(in-kind)로만 가능. 예를 들어, 주식형 ETF를 설정할 때 법인투자자는 **CU**(creation unit. **설정·환매 단위. 씨유**)에 해당하는 주식바스켓을 집합투자업자(자산운용사)에 납입해야 하고 환매할 때도 CU에 해당하는 주식바스켓을 지급받음.[31] 자산운용사는 설정된 현물바스켓을 자산보관회사에 위탁·보관하고 해당 ETF의 수익증권을 발행해 거래소에 상장. 유통시장은 ETF의 상장 수익증권을 일반투자자가 서로 매매하는 시장임. 한국에서는 상장할 때 의무적으로 **유동성공급자**(**LP**: liquidity provider)를 두어 시장을 조성해야 하며, LP는 AP가 담당.

ETF 가격과 NAV 차이를 NAV로 나눈 절대값을 괴리율(differential), NAV 수익률과 벤치마크지수 수익률 차이를 추적오차(tracking error)라고 함. 추적오차가 기준치를 넘어서면 해당 ETF의 상장폐지 사유가 됨. 상장폐지가 되더라도 신탁재산이 남아 있는 한 투자자는 금전적 손실을 보지는 않음. **인버스 ETF**(inverse ETF)는 지수가 하락하면 ETF 수익률은 오히려 상승하도록 설계한 펀드. 코스피200선물 지수(F-KOSPI 200)에 주식 **공매도**(short sale)[32] 기법을 활용. 국내에서는 개인투자자 공매도가 꽤 어려운 관계로 하락장에서 인버스 ETF 거래가 상당히 활발함. **레버리지 ETF**(leverage ETF)는 파생상품과 채권 등을 활용해 수익률이 기초지수 일별 수익률의 배수(예: 2배)로 증폭·연동하도록 설계한 펀드임. 수익을 크게 낼 수는 있지만, 양날의 검처럼 거꾸로 손실도 크게 볼 수 있음.

---

31 현물로 설정·환매함으로써 펀드 운용비용을 절감하고 추종지수 수익률도 최대한 정확하게 추적할 수 있다.

32 주식거래에서 공매도란 주식을 보유하지 않은 상태에서 매도하는 행위로 정의한다. 그러나 이 같은 순수공매도(naked short sale)는 이제 허용되지 않는다. 대신, 차입공매도(covered short sale)를 일반적 의미의 공매도라 부르는데, 이는 주가 하락이 예상되는 주식을 빌려서(**대차/대주거래**. 대차거래는 외국인·기관투자자가 증권회사·한국예탁결제원·한국증권금융에서, 대주거래는 개인투자자가 증권회사[증권회사는 자체 보유 주식을 활용하거나 한국증권금융에서 빌려옴]에서 빌려오는 거래) 매도하고 추후 주가가 하락하면 재매입해 빌린 주식을 갚아 차익을 거두는 투자기법을 말한다. 한국주식시장에서는 주가가 큰 폭으로 떨어져 사회적으로 쟁점이 될 때마다 어김없이 공매도 분란이 발생한다. 개인투자자는 자신들이 대주거래 접근성과 조건에서 외국인·기관투자자보다 구조적으로 불공평한 상태("기울어진 운동장")에 놓여 있으며(황세운, 2019), 이를 틈 타 외국인·기관투자자가 불공정 전략으로 주가를 더 떨어뜨리기까지 해 손실을 볼 수밖에 없다고 하며 공매도 폐지를 요구할 정도이다. 반면, 세계재무학계 학자들은 주식 공매도가 시장의 정보효율성과 유동성 제고에 이바지한다고 줄곧 주장한다(장·하비브·하산[Jiang, Habib, and Hasan], 2020. 제14장 6절 나항 참조).

"새싹기업"(startup. 스타트업/신생기업), 초·중기 성장형기업 및 중소 벤처기업에 자금을 조달해주는 시장은 한국경제가 견고히 성장해나가는 데 필수 불가결한 하위 자본시장이다. **한국모태펀드**(Korea Fund of Funds)와 **성장사다리펀드**(Growth Ladder Fund)는 이 시장의 양대 인프라 축이다. 출자펀드 규모도 2022년 3월 각각 33.7조 원, 17.8조 원으로 만만치 않다.

한국모태펀드는 2005년 7월 **"벤처기업 육성에 관한 특별조치법"**(이하 "벤처기업법")과 **"중소기업 창업 지원법"**에 근거해 중소벤처기업부(당시 중소기업청) 포함 8개 부처[33]가 설립하였고 운용기간은 2035년까지 30년이다. 운영기관은 중소기업창업투자회사인 **한국벤처투자**이며, 정부예산을 재원(출자)으로 투자조합, 집합투자기구 등 펀드에 투자한다. 한편, 성장사다리펀드는 2013년 8월 자본시장법에 따라 금융위원회가 주도해 설립하였고 운용기간은 2034년까지 20년이다. 운용기관은 사모집합투자업자인 **한국성장금융투자운용**이며, KDB산업은행, IBK, 은행권청년창업재단 출자를 재원으로 역시 투자조합, 집합투자기구 등 펀드에 투자한다.

한국모태펀드와 성장사다리펀드 운영구조는 집합투자기구/펀드 유형 중 재간접펀드[34]에 해당한다(〈그림 1-6〉 참조). 즉, 여러 투자자(출자자)에게서 출자금을 받아 "모(母)펀드" 하나를 조성한 후 개별 투자펀드인 "자(子)펀드"에 출자하는 펀드를 말한다. 기업이나 프로젝트에 대한 투자활동은 이들 자펀드가 수행한다. 두 펀드 모두 자펀드 출자비율에 제한을 두기 때문에 자펀드 운용사는 기관투자자나 일반투자자에게서 나머지 비율의 투자금을 조달(매칭. matching)해야 한다.

---

33 8개 부처는 중소기업진흥공단, 문화체육관광부, 특허청, 영화진흥위원회, 과학기술정보통신부, 고용노동부, 보건복지부, 국민체육진흥공단이며, 2017년 교육부와 환경부, 2019년 해양수산부와 국토교통부가 새로 가입했다. 한편, 같은 기능을 수행해도 규율하는 법이 달라 자본시장법에서는 집합투자기구와 집합투자업자(자산운용사)로, 벤처기업법에서는 투자조합과 창업투자회사(벤처캐피털. venture capital)로 이름을 달리한다.

34 이와 유사한 유형으로 "모자형펀드"가 있다. 기본구조는 모펀드를 설정해 이 모펀드가 시장에 투자하고 자펀드는 모펀드만을 매입하며 투자자는 자펀드에만 투자하는 형태이다. 자산운용회사는 모펀드 운용에만 집중할 수 있으며 자펀드는 별도의 운용행위 없이 모펀드 지분만을 비율대로 취득해 성과를 공유하는 방식이다. 다만 모펀드는 자펀드에만 편입되어야 하고 자펀드는 모펀드 발행증권 외 집합투자증권을 편입할 수 없다. 이름이 비슷한 한국모태펀드와 비교해보면 모펀드와 자펀드의 기능이 반대이다.

〈표 1-1〉 한국모태펀드와 성장사다리펀드 비교

구분	한국모태펀드	성장사다리펀드
담당 부처	중소기업벤처부 (설립 당시 중소기업청)	금융위원회
관할 법	벤처기업법, 중소기업 창업 지원법	자본시장법
운용기관 [형식]	**한국벤처투자** [중소기업창업투자회사]	**한국성장금융투자운용** [사모집합투자업자. **2016년 성장사다리펀드에서 독립**. 따라서 **한국성장금융투자운용 내 성장사다리펀드로 운용**]
출범 [존속기간]	2005년 7월 [30년]	2013년 8월 [20년]
재원, 출자자 [출자규모]	정부예산 [2조 5,100억 원] - (2005년) 중소기업진흥공단, 문화체육관광부, 특허청, 영화진흥위원회, 과학기술정보통신부, 고용노동부, 보건복지부, 국민체육진흥공단 - (2017년) 교육부, 환경부 - (2019년) 해양수산부, 국토교통부	KDB산업은행, IBK, 은행권청년창업재단 [1조 8,500억 원]
운용구조	정책적 산업 육성과 출자부처별 별도 계정 운영	기업 성장단계별 맞춤형 투자
조성 자펀드	총 1,027개 펀드 (33조 7,077억 원 결성. **2022.3.31. 기준**)	성장사다리펀드 포함 총 375개 펀드 (34조 원 결성. **2022.6.30. 기준**)

* 이외 2010년부터 2019년에 걸쳐 여러 정부 부처에서 소위 "관제펀드"로 불리는 12개 펀드를 운용하고 있으나, 펀드 결성은 매우 저조. 최규현, 2020. "전체 벤처자금 40조원 시대, 제2의 벤처붐을 노려라". **아세안익스프레스**, (6월 4일). 이희수, 2020. "한국판 뉴딜펀드 띄운다는데…관제펀드 12개 운영 '엉망'". **매일경제**, (9월 16일).

한국모태펀드와 성장사다리펀드는 새싹기업이나 초·중기 중소 성장형/벤처기업의 자금조달을 지원해준다는 공통의 전략 목표를 갖는다. 그런데도 〈표 1-1〉 요약처럼 관련 법, 주무 부처, 재원, 운용기관 등을 달리한다. 이로써 발생하는 비효율을 우려하며 펀드를 합쳐야 한다는 쓴 소리가 종종 나오곤 한다. 정부 부처 간 이해가 첨예하게 부딪히는 내적 긴장이 현실 세계로 튀어나온 예이다.

바. ELW, ELS/DLS, ETN — 파생결합증권

파생결합증권이란 만기 투자수익이 기초자산(예: 주식, 채권, 통화, 원자재, 신용위험, 지수) 가격(가치)변동과 연계되어 있기는 하지만 가격(가치)변동 그대로가 아니라 투자자 가입 시점에 발행자가 미리 정해놓은 산식과 조건에 따라 결정되는 증권을 말한다. 이른바 **구조화상품**(structured product)[35] 중 하나로, 원본초과손실이 없다는 점에서 파생상품과 구별된다. 구체적인 손익구조가 상당히 다른 여러 상품을 파생결합증권이라 유형화해 한꺼번에 설명하자니 정의가 너무 추상적이고 두루뭉술하다. 따라서 이들 중 구조화 정도가 가장 높은 **주가연계증권**(**ELS**: equity-linked securities)을 예로 하여 파생결합증권만이 지닌 독특한 손익구조, 관련 용어 및 특징을 좀 더 깊이 살펴보고자 한다. 이를 위해 국내에서 많이 활용하는 "**계단식/스텝다운 낙인형 ELS**"(stepdown knock-in ELS)를 다음과 같이 가상해보자. 실제 구조도 이와 비슷하다.

> A사와 B사 주가가 앞으로 3년 동안 가입시점 가격의 40% 밑으로 한 번도 떨어지지 않고 만기일 종가가 65% 밑으로 떨어지지 않으면, 만기에 수익률 24%를 지급. 또한 6개월마다 평가해 해당 6개월 말 두 주식 모두 종가가 85% 밑으로 떨어지지 않으면 (만기 수익률을 해당 기간으로 조정해서) 조기상환(즉, 자동해지).

여기서 85%, 65%, 40%를 **배리어**(barrier. "**기준조건**")라고 한다. 상품명세를 다른 각도에서 서술하면, A사와 B사 중 한 종목에서 주가가 가입기간에 단 한 번이라도 가입시점 가격의 40% 밑으로 떨어지면 만기일 가격에 따라 원금손실이 크게 발생할 수 있다. 이를 "**낙인**"(**knock-in**. K.I.), 40%를 낙인 배리어(녹인 배리어/하방 배리어/하락한계가격/원금손실조건)

35 발행자에게 구조화(structuring)란 투자자가 원하는 "위험-수익 특성"(risk-return profile)을 충족할 요량으로 기존의 여러 금융상품에 파생상품 요소를 끼워 넣어 새로운 형태의 손익구조를 만들어내는 것을 말한다. 이로써 일반투자자는 자본시장의 불완전성 때문에 직접 투자하기 힘든 자산에도 쉽게 접근할 수 있다. 한국자본시장의 구조화상품으로는 자본시장법에 따른 파생결합증권 외에 "**자산유동화에 관한 법률**"에 따른 ABS가 있다(**제1장 3절** 사항 참조).

〈그림 1-7〉 계단식/스텝다운 낙인형 ELS 예

〈예시조건〉 만기/상환평가주기: 3년/6개월, 수익률: 연 6%, 상환 배리어: 90-90-90-80-70-60 (%), 낙인 배리어: 50 (%), 기초자산: 1개, 만기 손실률: -40%~-100%

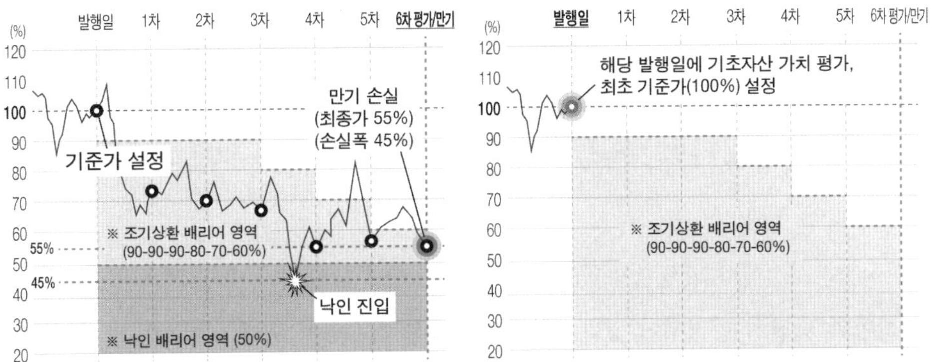

* 자료: [https://moneyriches.tistory.com/54].

라고 한다. 일반적으로 낙인 배리어는 거의 모든 시장참여자가 발생하지 않을 것으로 생각할 만큼 낮게 설정한다. 만일 첫 6개월 말, 즉 1차 자동조기상환 평가일에 A사와 B사 각각의 종가가 85%(조기상환 배리어) 밑으로 떨어지지 않으면 수익률 4%(편의상 단순금리 적용)로 조기상환받는다. 만기가 3년이지만 6개월물 금융상품이 되는 것이다. 만일 A사와 B사 중 하나라도 자동조기상환 평가일에 배리어 밑으로 내려가면 조기상환 없이 다음 자동조기상환 평가일까지 평가가 연기된다. 이 과정은 조건부로 만기상환 평가일까지 계속된다. 만기상환 평가일에 두 종목 모두 종가가 65%(만기상환 배리어) 밑으로 떨어지지 않고 그때까지 낙인(즉, 40% 이하)된 적이 없으면 원금과 수익을 상환받는다. 만일 낙인된 적이 있고 만기일에 65% 미만으로 떨어지면 만기 평가가격에 따라(예: 하락폭 그대로) 원본손실을 본다(손실 발생 여부와 금액은 ELS 구조 설계에 따름. 다른 예는 〈그림 1-7〉 참조).[36]

---

36 ELS는 **"노낙인"**(no knock-in)으로도 구조화할 수 있다. 노낙인은 가입기간에 기초자산가격(위 예의 A사와 B사 주가)이 아주 심하게 하락해도 만기일 배리어만 만족하면 수익을 내는 구조이다. 얼핏 보기에 노낙인 ELS가 유리한 듯하지만, 상품 발행시점이나 배리어 조건 등에 따라 꼭 그렇지만은 않다. 하나 더, **"낙아웃"(knock-out)**이라고 있다. 기초자산가격이 하락해도 손해를 보지 않는 원금보장형으로 보통 만기가 1년이다. 하지만 가입기간에 낙아웃 배리어를 한 번이라도 건드리면 만기에 기초자산가격이 제아무리 높이 올라도 가입설명서에 명시된 '낮은' 확정 수익률만 지급받는다.

〈그림 1-7〉의 예와 같이 파생결합증권 손익구조는 대부분 직관적으로 이해하기 어렵고 때로는 정말 복잡해 보이기도 한다. 어쨌든 간에 원본손실을 매우 크게 볼 가능성도 있으며, 투자자는 가입기간 전개 상황이 가입시점 약속한 조건에 부합해야만 정해진 수익률을 지급받을 수 있다. 이 조건은 발행자(증권회사, 은행)마다 각양각색이다. 또한 파생결합증권은 이들 발행자의 신용에 기반을 둔 상품이다. 물론 다양한 헤지 방식을 활용해 위험관리에 최선을 다하겠지만, 발행자가 지닌 고유위험(예: 유동성, 재무건전성, 평판)에 항상 함께 노출되어 있다.

한국자본시장에서 파생결합증권의 발흥은 2008년 금융위기 이후 계속된 저금리 경제 상황과 밀접히 연결되어 있다. 나름 고수익에 익숙해져 있던 투자자들은 갑작스레 다가온 저금리 금융상품에 큰 매력을 느끼지 못 하였고 어느 정도 위험을 택해서라도 좀 더 큰 이익을 얻고자 했다. 이른바 "중위험-중수익" 특성이 있는 상품 출현을 원했던 것이다. 주요 발행자인 증권회사 또한 위탁수수료(commission fee)에 집중된 수익구조를 벗어나 새로운 업무영역과 수익원을 창출하고 싶어 했다. 세밀할 정도로 다양해진 투자자의 대안투자 수요와 이를 충족하면서 수익구조도 개선하고 싶은 증권회사의 이해가 딱 일치했다. 투자자 위험 성향이라든가 증권회사 상품개발 능력은 그다지 고려 대상이 아니었다. 더불어, 2009년 2월 자본시장법 시행으로 파생결합증권 기초자산 범위가 확대되어 다양한 상품이 출현할 수 있는 제도적 기반도 다져졌다. 당시 국내에 파생결합증권은 **주식워런트증권(ELW**: equity-linked warrant. 2002년 2월 유가증권으로 지정) 정도에 불과했었다. 하지만 2022년 현재 상황은 여기에 더해 ELS, **(기타)파생결합증권/파생연계증권(DLS**: derivatives-linked securities), **상장지수증권/상장지수채권** **(ETN**: exchange-traded note) 등도 활발히 발행·유통되고 있다.

- **〈주식워런트증권, ELW〉** 기초자산인 개별주식 또는 주가지수를 사전에 정해진 행사가격으로 만기에 매도(**풋 ELW**. put ELW)/매수(**콜 ELW**. call ELW)할 수 있는 권리가 부여된 금융투자상품. 풋[콜] ELW 매수자는 기초자산이 행사가격 이하로[이상으로] 하락[상승]하면 이익 발생. 현물이 아닌 권리를 매매하므로 선물·옵션처럼 레버리지효과 발생. KRX 파생상품시장의 상장 옵션과 실질적으로 같지만, 발행자

가 금융투자업자(증권회사)라는 점이 결정적으로 다름(제1장 3절 다항 옵션 참조). 다양한 수익구조(예: 기관투자자의 개별 수요에 맞춘 주문형 상품)로 발행할 수 있는 장점과 증권회사 신용위험에 노출되는 단점이 있음. KRX에 상장되어 주식처럼 매매할 수 있고, LP가 종목별로 시장을 조성.

2005년 12월 KRX 유가증권시장에 처음 등장. 2010년 10월 **홍콩거래소**(**HKEX**: Hong Kong Exchange)에 이어 세계 2위 ELW 시장에 오를 만큼 급성장. 개인투자자의 무분별한 진입과 대규모 손실, **스캘퍼**(scalper. **초단타매매자**)[37]에게 **증권회사 전용회선과 서버**(server) **제공**(**DMA**: direct market access) 등으로 사회적 물의를 빚어 규제가 크게 강화(2010~2011년 3차례에 걸쳐 시장건전화조치 시행). 이후 거래량이 급감했지만, 시장 변동성이 점차 확대되며 2019년부터 과거 수준을 회복.

- **〈주가연계증권, ELS. (기타)파생결합증권/파생연계증권, DLS〉** ELS와 DLS는 기초자산만 다를 뿐 성격이 같은 파생결합증권임. ELS는 개별주가(종목형) 또는 주가지수(지수형)를, DLS는 금리, 귀금속, 농산물, 신용, 원자재, 환율 등을 기초자산으로 삼음.[38] 손익은 여느 파생상품과 똑같이 기초자산 가격변동에 연계해 발생하지만, 손익구조는 발행 전에 산식과 조건으로 이미 명확하게 꾸러미 해놓아 기초자산이나 파생상품과는 완전히 다름(발행자와 투자자의 수익/헤지 전략에 따라 구조가 크게 좌우됨). 대부분은 기초자산 가격이 일정 기간 정해진 구간에서 움직이면 약정수익률을 지급하고 해당 구간을 벗어나면 원본손실을 보는 구조로 설계(바로 위에서 설명한 "A사-B

37 당시 국내 거의 모든 매체는 주식시장의 **스캘핑**(scalping. **초단타매매**)을 부정적으로만 바라봤다. 이들 논리에 따르면, 스캘핑은 컴퓨터 알고리즘으로 다른 투자자보다 더 빨리 가격을 예측해 이익을 선점하는 '나쁜 행위'이다. 하지만 요즘 시각은 이와는 사뭇 다르다. 우선 명칭도 스캘핑 대신 **고빈도거래**(**HFT**: high frequency trading. 초단타매매)를 사용한다. 또한 HFT가 구사하는 투자전략은 매우 다양한데, 이 중에서도 사회 일반은 시장조성전략에 특화해 순기능을 제공하는 역할에 더 주목한다. (물론 HFT의 약탈적 전략[predatory trading strategy]이 여전히 이따금씩 사회적 물의를 일으키기도 하지만[**제11장 1절** 참조]). 한편, 외환시장에서 스캘퍼란 일반적으로 **시장조성인**(market maker)을 뜻한다.

38 이 밖에 판매처가 은행인 **주가연계신탁**(**ELT**: equity-linked trust)과 **파생결합신탁**(DLT: derivatives-linked trust)이 있다. 판매처가 증권회사인 ELS, DLS와 동종상품이다. 판매처에 따라 상품명을 달리해 복잡하다. 한편, **주가연계펀드**(**ELF**: equity-liked fund), **파생결합펀드**(**DLF**: derivatives-linked fund)는 각각 ELS, DLS를 편입한 펀드를 말한다.

사 주가연계 ELS" 예와 바로 다음에서 서술하는 "독일국채 10년물 금리연계 DLS" 예 참조). 국내 ELS 시장은 초기 종목형에서 2008년 금융위기 이후 지수형으로 재편. 이는 종목형 수익률의 편차가 커 낙인 경험을 많이 했기 때문임.

ELS와 DLS는 투자자 선호와 시장 상황에 맞춰(tailor-made) 구조를 유연하게 설계할 수 있음. 일반적으로 주식과 예금·채권 사이의 중위험-중수익 금융상품이며, 소위 "박스권 장세"에서 목표수익률을 낼 확률이 높음. 자동조기상환조건으로 실질 만기는 1년 내로 짧은 편. (한편, **주가연계파생결합사채[ELB**: equity-linked bond]와 **(기타) 파생결합사채[DLB**: derivatives-linked bond]의 경우에는 원금을 보장받고 약간의 예금금리 이상 수익률도 기대해볼 수 있음).

반면, 투자 후 손실 방어 수단이 취약함. 장외거래이고 주로 금융투자회사(특히, 은행보다 자본금이 아주 작은 증권회사) 발행이기 때문에 이들 회사의 유동성이나 신용위험에 함께 노출됨. 일반투자자가 직관적으로 이해하기 힘든 손익구조임에도 이를 충분히 설명·고지하기가 힘들어 불완전판매 위험이 잠재해 있음. 또한 헤지비용과 판매수수료 정보가 제대로 공개되지 않아 도덕적 해이(moral hazard)도 발생하기 쉬움. 더군다나 낙인 배리어 밑으로 하락하면 기초자산 하락률만큼만 손실을 보는 것이 아니라 훨씬 더 높은 비율로 손실을 보기도 함.

- **〈상장지수증권/상장지수채권, ETN〉** 벤치마크지수(기초자산/기초지수) 수익률과 연동한 수익률을 만기(1년 이상 20년 이내)에 추적오차 없이 지급해야 하는 계약상 의무를 가진 채무증권. "추적오차가 없다"라는 것은 만약 벤치마크지수가 1% 상승[하락]하면 ETN 시장가격도 '원칙적으로는' (운용보수 포함해) 1% 상승[하락]하는 구조라는 의미임. 증권회사가 (무담보) 신용으로 발행하는 일종의 선순위 무보증채권(senior and unsecured note)으로 반드시 거래소에 상장해야 함.

  벤치마크지수는 주식, 채권, 통화, 원자재, 변동성 등 아주 다양하며, 여기에 역방향 추종(**인버스 ETN**), 일별 수익률 배수(예: 2배) 추종(**레버리지 ETN**) 등 여러 전략이 합쳐져 다양성은 배가. 변동성 또는 상품(예: 원유) 관련 ETN은 선물로 구성한 벤치마크지수를 추종하므로 근월물에서 차근월물로 포지션을 전환해 만기를 연장할 때 롤오버 비용이 발생. ETN 투자자는 이 같은 특수 구조가 수익률에 미치는 영향

을 반드시 숙지해야 함.[39]

ETN은 지수 추종과 상장 매매라는 점에서 ETF와 특성이 같지만, 만기가 있고, 수익률 추적오차가 없으며, 투자자가 기초자산에 대한 소유권 없이 증권회사 신용을 믿고 자금을 빌려주는 무보증채권 형태라는 점에서 서로 다름. 또한 벤치마크지수 가격과 연동한 수익상환을 증권회사 신용에 의지해 보장한다는 점에서는 ELS/DLS와 같지만, 손익구조가 다르고 거래소 상장으로 접근성과 가격 투명성은 훨씬 뛰어남. 그 밖의 특징은 여느 파생결합증권과 같음. 즉, ETN으로 투자자는 저금리 시대에 필요한 중위험-중수익 구조 투자와 접근하기 어려운 자산에 간접투자 할 수 있는 기회를 얻고, 증권회사는 수익구조를 다변화하고 공모펀드보다 상품을 신속하고 유연하게 발행할 기회를 확보.

ETN에서는 **지표가치**(IV: indicative value)라는 개념을 사용함. 벤치마크지수 수익률에 운용보수 등을 차감한 ETN의 실제 가치로, ETF NAV에 해당. 매 영업일 장종료 후 1일 1회 산출(벤치마크지수 수익률을 장중 실시간으로 반영해 **실시간 일중 지표가치**[IIV: intraday indicative value]도 산출 가능). 괴리율은 IV 대비 ETN 시장가격과 IV 간 차이(={시장가격-IV)/IV}×100)로 정의되며, 시장가격과 실제 가치 차이로 투자할 때 중요 점검 사항(checkpoint)임. 발행 증권회사는 의무적으로 LP를 지정해야 함. 투자자는 거래소 매매 말고도 발행 증권회사에 직접 조기환매를 요청할 수 있음.

증권회사 자기계정으로 운용하기 때문에 발행 증권회사가 파산하면 ETN도 상장폐지되는 신용위험이 존재. 실물자산 편입이 없는 관계로 이때 투자자가 요구할

39 원자재와 같은 상품 관련 ETN은 벤치마크지수가 선물가격에 기반을 두기 때문에 실제 이를 추종하려면 선물 만기 결제일에 롤오버(만기를 연장하고자 근월물을 매도·청산하고 차근월물을 매입·보유하는 포지션 전환. 보통 5거래일에 걸쳐 전환)를 해야 한다. 이때 선물 근월물보다 차근월물 가격이 높은(또는 만기 결제일에서 미래로 멀어질수록 선물가격이 상승하는) 현상을 **콘탱고**(contango), 반대로 낮은 현상은 **백워데이션**(backwardation)이라고 한다. 상품 관련 선물시장에서는 만기에 롤오버를 하지 않으면 현물을 인도받아 보유해야 하는 상황이 발생하므로, 이 같은 잠재적 현물 보유비용을 반영해 콘탱고가 일반적인 상황이다. 따라서 롤오버를 하면 기존 선물(근월물)을 매도·청산하고 새로운 선물(차근월물)을 더 비싸게 매입하므로 그 가격 차이만큼 수익은 감소한다. (달리 말하면, 같은 금액으로 보유 선물계약 수가 감소해 선물가격이 올라도 ETN 지표가치는 그만큼 오르지 못하고 내려갈 때는 더 심하게 빠지는 괴리가 발생한다). 이를 롤오버 비용이라고 한다. 콘탱고 장세에서 ETN을 장기 보유하면 이러한 롤오버 비용은 계속 누적되므로 ETN 지표 수익률이 크게 낮아질 수 있다.

수 있는 권리는 매우 제한적. 예를 들어, 2008년 리먼브라더스(Lehman Brothers) 파산과 함께 이 회사 발행 ETN은 상장폐지됐고 투자자가 회수한 금액은 원금의 9%에 불과했음.

파생결합증권으로 분류한 상품을 새롭게 도입할 때마다 국내에서는 투자자 손실, 불공정거래와 같은 사안으로 대부분 한바탕 홍역을 치르곤 했다. 여기에 국제경제가 요동치기라도 하면 파장은 훨씬 더 컸다. 어림잡아, ELW 사태(2010년), 해외 금리연계 DLS/DLF 사태(2019년. DLF[파생결합펀드. DLS 편입 펀드]), 원유선물 레버리지 ETN 사태(2020년), 니켈 '곱버스' ETN 사태(2022년) 등을 들 수 있다.[40] 파생결합증권시장에서 늘 이런 식으로 반복되는 상황 전개를 이해하고자 2019년 여름 한국 사회를 떠들썩하게 했던 독일국채 10년물 금리연계 DLS 사태의 자초지종을 예로써 한 번 살펴보자.

독일국채 10년물 금리연계 DLS 구조는 6개월 만기로 조기상환은 없으며, 만기 배리어는 -0.25%이다(〈그림 1-8〉 참조). 구체적으로, 만기에 금리가 -0.25% 밑으로 하락하지 않으면 연 4.0% 약정금리를 지급하고, 하락하면(낙인하면) 0.1% 추가 하락할 때마다 원금이 20%씩 손해가 나는 조건이다. (이 조건에서는 금리가 -0.65%까지 하락하면 원금 전부를 잃는다). 요컨대, 이 상품은 금리가 배리어를 넘어 아무리 상승해도 수익은 정해져 있지만 **꼬리위험**(tail risk/fat-tail risk)[41]은 매우 큰 상품이다. 발행 당시 독일국채 10년물 금리는 1.25% 수준였고, 2019년 하반기 만기시점에는 0.3% 정도는 될 거로 업계는 예상했다. 따라서 일반적 상황이 펼쳐졌다면 금리가 배리어까지 하락하지는 않았을 것이다. 왜냐하면 국채, 그것도 독일, 배리어는 마이너스 금리(-0.25%), 더군다나 독일국채 10년물 금리는 2019년 5월 31일 이전까지 역사상 한 번도 -0.25% 이하로 내려간 적이 없었다.[42] 이 상품을 판매한 은행도 매입한 투자자도 만기에 당연히 4.0% 약정수익률을

40 2008년 글로벌 금융위기 당시 국내 산업계를 휩쓸고 간 **키코**(KIKO: knock-in knock out) 파생상품은 기초자산인 환율을 이색옵션(exotic option)과 결합해 구조화한 장외옵션이다. 주로 수출 중소기업의 환헤지 상품으로 판매되어 738개 기업에 걸쳐 3조 2천억 원대가 넘는 피해를 초래하며 사회적으로 큰 파장을 일으켰다.

41 확률분포 모양에 따라 다르지만 꼬리위험이란 대개 표준편차 2~3배 되는 확률로 극히 드물게 발생하지만 일단 발생하면 손실이 엄청난 상황을 뜻한다.

〈그림 1-8〉 독일국채 10년물 금리연계 DLS 구조 예

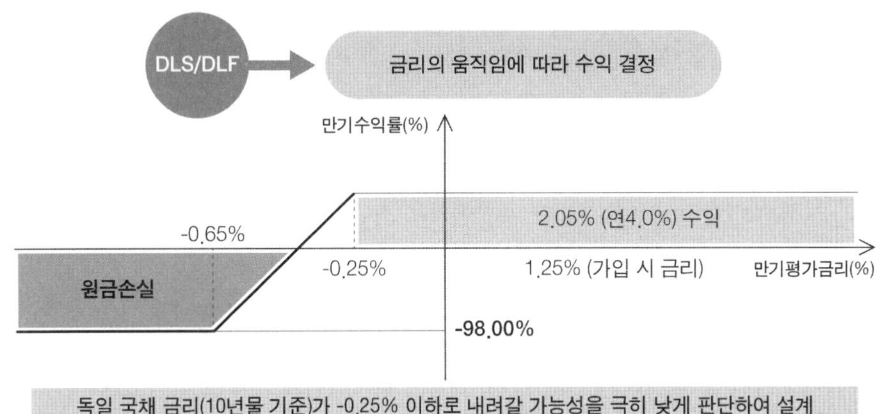

* 자료: 전국투자자교육협의회. [https://www.kcie.or.kr/guide/2/14/web_view?series_idx=&content_idx=612].
* DLF(debt-linked fund): 파생결합펀드.

예상했을 것이다. 그런데 문제는 최근 들어 글로벌 자본시장에서 비정상적인 상황이 너무 자주 발생한다는 사실이다. 재무학에서는 이를 사회학 표현을 빌려 **"예외적 현상의 일상화"**(normalization of deviance)라고 부른다(제11장 2절 참조). 독일국채 10년물 금리는 9월 3일 역사상 최저인 -0.75%까지 떨어졌고, 결국 9월 26일 만기 DLS는 이자만 남고 원금은 100% 손실로 최종 확정됐다. 이후 금리가 -0.2~-0.3% 수준으로 회복되기는 했지만 어쨌든 이 은행에서 판매한 관련 DLS의 만기가 모두 완료된 11월 19일, 이들 DLS 평균 손실률은 무려 -44%에 달했다.

물론 정도 차이는 있지만, 파생결합증권과 관련해 (더 나아가 자본시장에서) 그동안 발생했던 사건·사고는 거의 다 독일국채 10년물 금리연계 DLS 사태와 비슷한 구조적 내막을 보인다. 투자자, 증권회사/은행, 정책담당자/(인프라 제공자) 등 시장참여자 모두

42 2000년 1월 이후 독일국채 10년물 최저 금리는 2016년 7월 8일 -0.1860%였다.

반복되는 상황과 행태를 연출한다. 즉, 파생결합증권에 내재한 높은 투기적 요소와 복잡한 구조, 이 같은 위험에 대해 몰이해와 비이성적 투자행위, 불완전판매, 미흡할 수밖에 없는 규제 인프라, **블랙스완**(black swan. 극히 드물게 갑작스레 발생하지만 일단 발생하면 피해가 엄청나게 큰 사건)처럼 그러나 최근 들어서는 비교적 자주 찾아오는 세계경제 급변동 등이 한데 어울려 발생한다. 이를 시장참여자별로 좀 더 살펴보자.

먼저, 투자자이다. 2008년 글로벌 금융위기로 촉발된 저금리 현상은 코로나19 팬데믹 이전까지 장기간 글로벌 패러다임이었다. 어떻게 해서라도 이를 극복해보려는 투자자의 욕구는 사회적 인간 본연의 모습이라 할 수 있다. 하지만 중수익이든 고수익이든 은행예금 이자 이상 수익을 올리려면 반드시 이에 상응하는 위험에 맞닥뜨릴 각오를 해야 한다. 여기서 위험이란 가치변동으로 "수익이 크게 날 수 있지만 그만큼 손실도 크게 볼 수 있다"라는 재무 교과서적 의미이다. 세상에 공짜는 없다(no free-lunch). 인간 행동의 합리성을 강조하는 이상적인 틀(frame) 속에서도 이럴진대 비합리성이 자연스러울 수밖에 없는 현실에서 투자자는 상황을 더 악화시키는 행태를 보일 것이다. 한 예로, 은행예금과 주식투자에만 익숙한 투자자는 대부분 파생결합증권의 '증권'이라는 표현에 호도되어 상품에 내재한 파생상품적 위험요소를 이해하려 들지 않고 앞뒤를 가리지 않으며 시장에 진입했다. 문제가 됐던 파생결합증권 거의 다가 하방위험(downside risk)을 투자자가 떠안는 구조였음에도 증권이란 표현에 의지해 주식이나 채권처럼 쭉 보유할 수 있다고 잘못 이해하며 말이다. 설령 파생상품적 위험요소를 인지했다 하더라도 대부분은 기초자산 건전성이 투자의 본질임을 잊은 채 수익률만 좇는 행위를 했다. 증권회사/은행, 정책담당자, 심지어는 변덕스러운 세계경제를 원망할 수는 있겠지만 자본시장에서 투자는 일차적으로 투자자 자신의 책임하에 이루어지는 행위라는 것을 잊어서는 안 된다.

다음, 발행 증권회사이다. "수익구조 다변화", 이는 한국자본시장의 한 축인 증권회사의 오랜 염원이다. 업계의 심한 경쟁 속에 신규상품 시장을 선점해야 하는 증권회사/(은행)에게 불완전판매에 대한 유혹은 항시 도사리고 있다. 법으로 강제하고는 있지만, 투자자가 해당 상품의 투자에 적합한지를 평가 분석하거나[43] 상품 위험성과 비용 정보를 충실히 제공하는데 형식적이기 쉽다. 비용이 드는데다가 무엇보다 규제 강도도 약하기에 가능한 일이다. 파생결합증권시장은 전문투자자 못지않은 경험과 지식을 보유하지 않는

한 개인투자자가 진입해서는 안 되는 시장이다. 하지만 기관투자자의 영향력이 낮은 한국자본시장의 구조적 문제점 때문에 한국자본시장은 이들 (비합리적) 개인투자자에 의지해 중위험-중수익 시장을 형성·유지했다고 볼 수 있다. 중위험으로 설계한 상품은 투자자의 비합리적 행동 때문에 실제로는 고위험 상품이 되었다. 파생결합증권이 발행 증권회사와 투자자 간 제로섬(zero sum) 게임이냐 아니면 증권회사 전문성과 이에 대한 투자자의 수요가 일치해 나타난 결과물이냐 하는 논쟁이 있다. 하지만 이에 앞서 과연 증권회사와 투자자의 역량이 파생결합증권 영역이 지닌 위험을 서로 잘 뒷받침할 정도로 성숙했는지를 뒤돌아보는 것이 더 중요하지는 않았을까?

마지막으로, 정책담당자이다. 사건·사고가 끊이지 않는다고 해도 글로벌 파생상품시장과 관련 금융산업은 앞으로도 빠른 속도로 성장해나갈 것이다. 자산가격(가치) 변동성을 헤지하려는 파생상품 본연의 특성에다 금융기법의 혁신과 진화가 계속 더해지면서, 더불어 새로운 투자수단을 공급하는 글로벌 금융기관의 역할도 강화될 것이기 때문이다. 상황이 이럼에도 한국자본시장의 구조나 정책철학은 글로벌 선도자본시장과는 사뭇 다르고 그렇다고 해서 자체적으로 고집스럽게 진화하지도 않았다. 글로벌 대세 뒤편에서 다소 어중간하게 좇아가는 형국이랄까(**제5부** 참조)? 그러니 새로운 상품을 고안해도 (사회 자체가 이에 익숙하지 않아) 부정적 파장을 세세히 고려해 제때 제도를 갖춰내기가 몹시 어려웠을 것이다. 예를 들어, 2020년 4월 WTI(West Texas Intermediate. 서부텍사스 중질유) 원유선물 레버리지 ETN 사태가 일어났을 때 거래소 규정 때문에 LP가 괴리율을 조절할 수 없는, 즉 LP 본연의 역할을 할 수 없는 상황이 발생했다. 이는 정책담당자/(인프라 제공자)가 과거 LP의 부정적 행태를 경험한 후 이에 과도하게 반응해 규정을 개정하는 바람에 발생한 안타까운 경우라 할 수 있다.

앞서 언급한 바와 같이, 세계자본시장에서는 예외적이어야 하는 현상이 생각보다 자주 일어난다. 일례로, 2010년 5월 6일 미국자본시장이 순식간에 붕괴했다 회복한 **플래시**

---

43 투자성향분석은 투자자의 주관적 위험 성향과 객관적 투자 여건을 파악하려고 진행한다. 단순히 해당 상품을 판매하려는 형식적 절차가 아니라, 맞춤형 포트폴리오나 자산관리에 필요한 매우 중요한 절차이다(**제16장 2절** 참조).

크래시(Flash Crash. 2010.5.6. **초단기 시장붕괴**) 같은 현상이 이제는 원인도 모른 채 시시때때로 발생한다(제11장 2절 참조). 세계자본시장, 세계경제가 급변할 때마다 한국자본시장에서는 신종 파생상품과 관련한 사회적 혼란이 반복되곤 한다. 구조적인 해결책에 지혜를 모아야 할 때이다.

사. ABS — 자산유동화증권, 광의의 구조화상품

2007년 미국발 **서브프라임 모기지**(subprime mortgage. **비우량고객 대상 주택담보대출**) 사태, 많이들 생생하게 기억하실 것이다. 당시 미국에서는 금리는 계속해 오르는데 철석같이 믿고 있던 주택가격마저 거품(bubble)이 꺼져버리자 비우량고객은 모기지를 상환할 수 없는 지경에 이르렀다. 방만하게 모기지를 대출한 은행의 재무 상황도 당연히 어려워졌다. 여기까지는 전형적인 상황 전개였다. 하지만 이 같은 (불량)채권을 기초자산으로 발행·유통된 이름도 생소한 ABS(asset-backed securities. 자산유동화증권/유동화증권)로 말미암아 상황은 더욱 건잡을 수 없게 되었다. 이들 구조화상품은 일반대중에게나 생소했지, 업계에서는 이미 고수익증권으로 활발히 거래되며 금융과 경제시스템 내에 뒤엉켜 있었기 때문이다. 결국 서브프라임 모기지를 판매하고 관련 구조화상품에 투자한 금융기관은 극심한 신용경색에 빠져들었고 일부 기관이 파산하며 미국금융시장 시스템 전체를 실질적으로 와해시켰다. 미국에서 일어난 이 사태는 신자유주의하에서 이루어진 금융기관 대형화, 금융시장 세계화 물결을 타고 자연스럽게 글로벌 금융위기로 확산했다(제8장 3절 참조). 도대체 ABS가 뭐길래 이처럼 전 세계 금융시장을 강타했던 걸까?

ABS는 직접 현금화하기 어려운 자산(예: 대출금, 미수금)을 보유한 기관(예: 은행, 기업)이 **유동화전문회사**(SPC/SPV: special purpose company/vehicle. **특수목적회사/기구**. 명목회사)를 설립해 SPC로 하여금 이들 자산을 기초로 일련의 증권화 과정(유동화 과정)을 거치게 한 후 투자자에 판매·현금화하는 방식의 증권(예: 채권, 수익증권)이다(〈그림 1-9〉 참조). **"자산유동화에 관한 법률"**(이하 "자산유동화법") 제정(1998년 9월)과 함께 국내에 등장한 대표적인 구조화상품이다. 여기서 "현금화하기 어려운 자산"(저유동성자산)이란 원래는 채권처럼 시장구조상 유동성이 낮거나 대출금, 매출채권(미수금), 부동산, 건설 프로젝트, 주택담보대출금처럼 자산 특성상 직접 매각하기 어려워 유동성이 낮을 수밖에 없는 (그렇지만 재산적 가치가 높은) 자산을 의미한다. 이 같은 자산을 보유한 기관을 **"자산보유자"**(originator)라고 하며, 은행/신용카드사, 일반기업, 증권회사, 한국주택금융공사, 미국의 경우 패니메이(Fannie Mae. FNMA: Federal National Mortgage Association. 연방주택저당공사) 등이 주요 참여자이다. 자산유동화로 자금을 조달하는 기관으로서 ABS의 '실질적' 발행자이기도 하다. ABS 등장으로 증권화 현상은 세계금융시장에서 가속도가 붙으며 확산해 나갔다.

기본구조를 보다 구체적으로 살펴보면 다음과 같다(〈그림 1-9〉 참조). 자산보유자는 유동화만을 위해 명목회사(paper company)인 SPC를 별도로 설립한 후 보유하고 있는 같은 유형의 여러 저유동성자산을 일괄해(pooling) 서류상으로만 **"완전매각"**(true sale. "진정 양도"/"법적 매각")한다.[44] 이는 자산보유자(SPC 설립주체)와 SPC(ABS 발행자)가 법적이나 경제적으로 완전히 별개 실체이기에 가능한 일이다.[45] SPC가 명목회사인 까닭에 유동화 관련 제반 업무와 자산관리는 **업무수탁자**(trustee. 예: 은행)와 **자산관리자**(servicer. 보통 자산보유자가 맡음)가 각각 대신 수행한다. 위에서 언급한 바와 같이, ABS 기초자산(유동화자산. 유동화 대상 자산)에는 고유위험뿐만 아니라 특성상 현금화가 어려운 유동성위험도 내재해 있어, 투자자가 ABS 원리금 지급 능력에 신뢰할 수 있게끔 적절한 조치를 해놓아야 한다. 이에, SPC는 기초자산에 내재한 위험을 적절히 평가하고 이를 바탕으로 신용을 한층 더 보강해 ABS 신용등급을 우량증권으로 높이는 절차를 밟는다(예: 이 결과 한국에서는 95% 이상이 AAA 등급이 된다). 다음으로 공모·발행에 필요한 신용평가를 마친 후 ABS를 발행해 투자자(예: 금융기관, 헤지펀드, 연기금, 개인투자자)에게 판매하고, 판매대금을 자산보유자에

---

44 기초자산의 법적 소유권이 자산보유자로부터 SPC로 이전되어 자산보유자와 기초자산 간 법률적 관계가 완전히 단절됨을 의미한다. 2001년 엔론(Enron) 사태 발생 이전만 해도 SPC와의 거래는 재무상태표(B/S)에 인식할 필요 없는 부외거래(off-balance sheet transaction)였지만, 이후 회계기준 변경으로 일반적으로 모두 인식해야 한다.

45 자산보유자가 파산해 파산재단이 기초자산을 흡수하면 ABS 투자자는 기초자산에 대한 권리를 상실해 손실을 보게 된다. SPC 설립은 이를 방지하려는 조치이다.

〈그림 1-9〉 ABS 기본구조

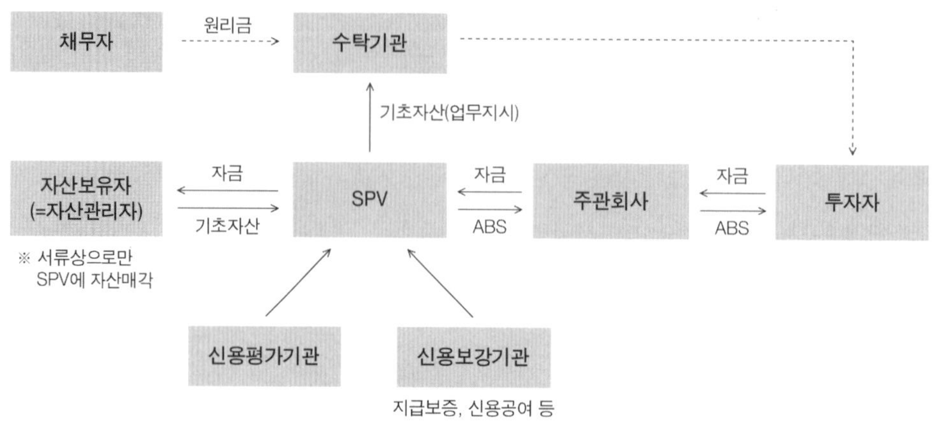

* 자료: [https://blog.naver.com/PostView.nhn?blogId=elvistory&logNo=220625120280].
* 실선: ABS 발행 때 자금흐름. 점선: ABS 발행 이후 원리금이 회수되는 순서.
SPV와 SPC는 같은 용어임. 그림에서처럼 자산관리자와 자산보유자가 언제나 같지는 않음.

게 전달한다. ABS 발행 이후 **원채무자**(borrower. obligor)가 대출금/주택담보대출금, 외상매출금, 할부금 등 해당 채무를 SPC 계좌로 상환하면서[46] SPC/업무수탁자도 ABS 투자자에게 원리금을 지급하기 시작한다. 한데 묶여 기초자산을 구성하는 모든 개별자산의 채무가 만기까지 다 회수되면 SPC도 종료한다.

ABS 신용보강(credit enhancement)은 내부적 또는 외부적으로 이루어진다. 대표적인 내부 신용보강으로는 ABS를 원리금 상환 우선순위에 따라 **선순위**(senior tranche. **트랜치/트랑슈**는 덩어리라는 뜻), **후순위**(subordinated tranche) 등으로 구분해 발행하는 방법이다. 이는 발행증권이 채무불이행에 빠지면 선순위증권이 후순위증권에 앞서 원리금을 변제받는 구조로써 선순위증권에 대한 신용보강 정도는 후순위증권 비율이 높을수록 강해진다.[47] 외부 신용보강은 제3자가 보증을 서는 경우로 국내에서는 주로 은행이나 증권

46 원채무자는 대금 지급을 자산보유자에게 하지 않고 자산관리자가 관리하는 SPC 계좌로 입금한다. 그 이유는 ABS 발행 전에 자산보유자는 보유 채권 매각 사실을 원채무자에게 알리고 그때 이미 대금 지급을 자산보유자가 지정하는 계좌(SPC 계좌)로 할 것을 확약받기 때문이다.

회사가 지급보증인 역할을 한다.

원채무자가 기초자산 채무를 상환하기 시작하면 SPC/업무수탁자는 이 자금을 투자자에게 원리금 형식으로 지급해야 한다. 유동화 과정에서는 이를 두 가지 방식으로 구조화한다. 먼저, **패스-스루**(pass-through) 구조로 투자자가 기초자산에 대해 직접 권리를 갖는 방식이다. 투자자는 기초자산에서 발생하는 현금흐름을 지분비율만큼 지급받으며 동시에 기초자산에 발생할 수 있는 위험(예: 만기위험, 이자율위험, 채무불이행위험)도 떠안는다. 주로 ABS 도입 초기에 많이 사용한 방식이다. 다음, **페이-스루**(pay-through) 구조로 ABS 발행자인 SPC가 기초자산 소유권을 보유하고 투자자는 SPC에 청구권을 갖는 방식이다. 따라서 SPC는 기초자산에서 발생하는 현금흐름을 기초로 해 투자자에게 지급하기는 하지만 발생 현금흐름과는 전혀 다르게 지급할 수 있다. 즉, SPC가 단순히 '패스'하는 것이 아니라 자신의 판단 또는 규칙에 따라 선택적으로 '페이'한다는 의미이다. 만기나 원리금 지급에서 페이-스루 구조가 패스-스루 구조보다 증권을 훨씬 다양하게 발행할 수 있는 장점이 여기에 있다. 선순위, 후순위 등 상환 우선순위를 세분해 발행하는 모든 ABS는 다 페이-스루 구조에 속한다. 페이-스루 구조를 지닌 상품을 망라해 **CXO**라 하며, 여기서 C는 collateralized(담보부), O는 obligation(증권/의무), X는 기초자산에 해당하는 '그 무엇'이다. 바로 밑에 언급하는 CDO, CLO의 'D', 'L'에 해당한다.

ABS는 일반적으로 기초자산 종류나 특성에 따라 구분한다. 기초자산이 채권이면 **부채담보부증권(CBO/CDO**: collateralized bond/debt obligation), 은행 대출금이면 **대출채권담보부증권(CLO**: collateralized loan obligation)이다. 그러나 현실 세계 CDO와 CLO는 일반적으로 투기등급 고위험-고수익 채권과 신용도가 낮은 기업의 **무수익 미회**

47 ABS 발행 후 기초자산에서 회수되는 모든 현금흐름은 선순위증권 원리금 상환에 우선 충당하고 잔여 현금흐름이 있으면 후순위증권에 지급한다. 기초자산 손실을 후순위증권 투자자가 떠안는 구조이다. 또한 일반적으로 선순위증권 만기는 후순위증권보다 짧으며, 후순위증권 이자는 계산은 하지만 지급하지 않고 SPC 내 재투자한다. 후순위증권은 대개 자산보유자가 직접 인수하며 정크본드시장에서 개별적으로 소화되기도 한다. 이제 한국에서도 기업이 자산유동화를 사용해 자금을 조달하려면 해당 기업은 발행 물량 5%에 해당하는 후순위증권을 매입해야 한다(금융위원회, 2020.5.18.). 일종의 **"스킨 인 더 게임"**(skin-in-the-game. 자신이 책임을 안고 직접 사안[문제]에 참여)으로 **위험보유규제**라고 부른다. 선순위증권과 후순위증권 발행비율은 기초자산 부도율, 부도 시 손실률 등을 고려해 결정한다.

수 여신채권(NPL: non-performing loan)을 각각 기초자산으로 한다. ABS로 대중에 가장 널리 알려진 **주택저당담보부증권(MBS:** mortgage-backed security)은 주택담보대출을 기초자산으로 한다. 이 밖에, 증권 형태에 따라 ABS, **자산유동화기업어음(ABCP:** asset-backed commercial paper. 주석 3 참조) 등으로 구분한다. 한편, 국내에서는 자산유동화법 적용 여부에 따라 ABS 시장을 등록유동화시장(ABS. 금융감독위원회 등록)과 비등록유동화시장(예: ABCP. 상법 적용)으로 구분하기도 한다.

2008년 글로벌 금융위기 실마리를 제공했음에도 선도자본시장에서는 ABS를 대체로 안전하고 수익률도 적절한 상품으로 인식한다. 따라서 시장 역시 금융기관/일반기업의 자금조달시장으로 매우 활성화되어 있다. 한국에서는 ABS를 **아시아 금융위기(Asian financial crisis of 1997**. 1997년) 때 금융기관/일반기업의 구조조정을 보다 효과적으로 해내고자 처음 도입하였다. 그러나 지금은 선도자본시장과 마찬가지로 자본조달 수단으로 그 역할이 바뀌었고, 시장 활동 또한 상당한 편이다. 이같이 성장한 데에는 ABS가 지닌 다음과 같은 특징이 어떤 식으로든 크게 작용했다고 볼 수 있다.

첫째, ABS는 자산보유자에 대한 신용이 아니라 기초자산 현금흐름에 대한 신용으로 발행한다. 그런데 기초자산 현금흐름은 완전매각으로 말미암아 자산보유자의 신용위험과는 절연(bankruptcy remoteness)한 상태이다. 더불어 신용보강 절차를 추가로 강하게 밟기 때문에 SPC는 자산보유자의 신용등급보다 훨씬 우수한 등급의 증권을 발행할 수 있고 판매 또한 쉬워진다. 이로써 자산보유자는 보유자산 유동성을 조기에 확보하고 자금조달비용도 낮출 수 있다.

둘째, CDO와 CLO 발행에는 투기등급 채권과 부실 대출금을 각각 기초자산으로 활용한다. 만일 풋백옵션(put-back option. 자산보유자에게 되파는 조건)이 없다면 자산보유자는 법적으로 이들 자산을 SPC에 완전매각 한다는 의미이다. 따라서 이들 기초자산(즉, 위험자산)을 재무상태표(B/S)에 기재할 필요가 없어 자산보유자는 ABS 발행으로 재무구조 개선 효과를 볼 수 있다. 특히 자산보유자가 은행이라면 이는 **국제결제은행(BIS:** Bank for International Settlements)이 권고하는 **자기자본비율**(capital adequacy ratio)[48]을 개선하는 아주 특별한 효과로 연결된다. 기업 또한 부채비율을 악화시키지 않은 채 자금을 조달할 수 있다.

셋째, 기업은 기존의 은행 대출이나 회사채 발행, 증자와는 달리, 보유 중인 자산을 활용해 자금을 조달할 수 있다. 이로써 자금조달 방법을 시장 상황에 맞춰 더욱 유연하게 선택할 수 있다.

넷째, ABS는 신용평가와 강도 높은 신용보강을 거쳐 발행하므로 상대적으로 안전하면서 수익률은 일반회사채보다 대개 조금 높다. 따라서 특정 투자자에게는 안전성 대비 괜찮은 수익을 제공하는 상품이다. 또한 상환 우선순위를 다양하게 나눠 발행한다. 특정 투자자는 이를 활용해 자신의 위험선호에 잘 들어맞는 투자 기회를 얻어낼 수 있다.

다섯째, 앞서 기본구조만 설명해서 그렇지 유동화 구조는 대부분 매우 복잡하다(〈그림 8-1〉 참조). 단적인 예로, 2008년 글로벌 금융위기를 초래한 합성 CDO(멀티네임 신용파생상품) 중에는 이미 유동화 과정을 한 번 거친 선순위증권과 중순위증권(**메자닌**. mezzanine)에 투자한 다음 이를 한데 기초자산으로 묶어 재차 ABS를 발행하거나(**CDO-squared**. CDO^2), 이 과정을 또다시 반복해 3차 발행한(**CDO-tripled**. CDO^3) 복잡하기 그지없는 상품도 있었다. 기초자산이 무엇인지 얼마나 위험한지 등을 파악할 길이 거의 없을 정도였다. 추후 밝혀진 일부 CDO^2와 CDO^3에 사용된 최초 기초자산은 심지어 CDS였다! 한편, 신용보강에 비용이 많이 들기 때문에 유동화 규모가 크지 않다면 금융비용이 상대적으로 과다하게 소요될 수 있다.

여섯째, 자산보유자가 양질의 자산을 SPC에 양도해 유동화하면 자산보유자는 물론 유동성을 확보하게 되지만, 기존 채권자(특히, 무담보 채권자) 관점에서는 암암리에 자신들 채권에 훌륭한 담보 역할을 해주던 일반 재산이 크게 줄어드는 것으로 볼 수도 있다. 이처럼 자산보유자 내 이해관계자 사이에 자산유동화의 효율성과 혜택에 대한 인식 차이로 언제든지 법적 위험이 발생할 수 있다. 한편, 국내에서는 제3자 보증 외부 신용보강을 하면 ABS 발행 등급을 보증인의 신용등급 이상으로 받을 수 없다. 뿐만 아니라, 만일

48 BIS 자기자본비율은 은행의 "위험가중(총)자산 중 자기자본이 차지하는 비율"로 BIS가 은행의 건전성과 안정성을 확보하고자 설정·권고한 국제기준이다. 거래기업 도산으로 은행이 떠안은 부실채권 규모가 갑자기 커져 경영이 위태로워질 경우 위기 극복에 필요한 최소한의 자기자본을 의미한다. 일반적으로 적용 대상 은행은 최소 8% 자기자본비율을 유지해야 한다. 위험가중(총)자산의 정의가 무엇보다 중요하다(**제8장 4절** 참조).

보증인의 신용등급이 하락하기라도 하면 ABS 신용등급도 함께 하락한다.

일곱째, 어떠한 금융상품이든지 본질가치 건전성이 가장 중요하다. ABS도 마찬가지다. ABS는 같은/(비슷한) 유형의 여러 개별자산을 합쳐 기초자산을 구성한다. 이 기초자산이 얼마만큼 건전한지가 궁극에는 쟁점이 된다. 완전매각, 신용평가, 신용보강 등 안전장치가 있음에도 유동화 구조가 복잡해지면 기초자산의 중요성은 더욱 큰 의미를 갖는다. 또 다른 쟁점은 이러한 안전장치에 기대어 자산보유자가 기초자산에 대한 사후관리(monitoring)를 소홀히 할 도덕적 해이가 늘 잠복해 있다는 점이다. 이 때문에 선도자본시장 대부분은 개인투자자의 ABS 투자 진입을 까다롭게 하거나, 위험보유규제(주석 47 참조)를 가해 자산보유자가 일정 수준의 위험을 떠안게끔 조치를 해놓는다.

4. 그 외 금융시장 구분

가. 직접금융시장과 간접금융시장

직접금융시장은 자금수요자가 자기 명의로 발행한 증권을 자금공급자에게 내어주며 직접 자금을 조달하는 시장이다. 증권시장이 대표적인 예로, 여기서 기업, 국가·공공기관 등은 주식·회사채, 국·공채 등을 발행, 이를 여력이 있는 투자자(예: 개인, 금융기관)에게 판매해 필요자금을 조달한다. 이 과정에서 양자 간 중개 서비스를 제공하는 기관(예: 증권회사)을 자본시장법에서는 금융투자업자라고 한다. 일반적으로 간접금융(예: 은행의 기업대출)보다 비용이 적게 들고[49] 자금수요자의 신용 정도에 따라서는 대규모 자금도 비교적 손쉽게 조달할 수 있다. 자금수요자와 자금공급자 둘 다 자신의 책임과 계산하에 직접 거래에

49 2020년 상반기 KRX에서 신규 최초상장(IPO: initial public offering)은 유가증권시장 0건, 코스닥시장 10건(상장비용 1.65~5.98%)이었고, 유상증자(seasoned equity offering)는 유가증권시장 3건(비용부담: 0.73~3.59%), 코스닥시장 7건(비용부담: 1.55~2.55%), 코넥스시장 1건(비용부담: 0.67%)이었다. 회사채는 10건 발행되었고 이 중 대기업 9건의 발행비용은 총액 대비 0.31~0.43%였다. 이에 비해, 같은 기간 은행의 기업대출 금리는 3.4~3.5%였다. 기업은 금융시장 상황 전개에 따라 직·간접 자금조달 수단을 최적화한다.

참여한다. 콜, repo, CD, 통화안정증권 등 주로 금융기관 간 단기금융상품을 거래하는 자금시장도 직접금융시장으로 분류한다. 따라서 이 책에서 논의하는 자본시장은 직접금융시장의 부분집합이라 할 수 있다.

간접금융시장은 장·단기예대시장에 해당하며 〈그림 1-1〉에서 보는 바와 같이 통상 자본시장으로 분류하지는 않는다. 은행, 보험사, 저축은행 등 금융기관이 예금자에게서 조달한 자금을 자금수요자인 기업, 개인 등에게 대출하는 시장이다. 금융기관이 자금수요자 또는 자금공급자의 상대방으로 개입하는 구조여서 양자 간에 직접적인 거래 관계는 성립하지 않는다.

한 나라의 금융시장에서 직접금융 비중이 높으면 (자본)시장중심 금융시스템, 간접금융 비중이 높으면 은행중심 금융시스템이라고 한다(제13장 참조). 금융시장이 어떤 유형을 지향하는지에 따라 그 나라 자본시장 거시구조는 면모가 크게 달라진다(시장거시구조는 제3장 2절 가항 참조). 예를 들어, 국내에서는 정부가 바뀔 때마다 코스닥시장의 위상과 역할에 대해 시끌벅적대곤 한다. 유가증권시장과 경쟁 내지는 부분 경쟁을 시켜야 한다는 둥, 상장 후 유가증권시장에 이전을 장려해야 한다는 둥 말이다. 서로 반대되는 그럴싸한 주장이지만, 안타깝게도 거의 모든 토론자는 이 사안이 한국자본시장의 현재 시스템과 미래 지향점에 맞닿아 있다는 사실을 애써 모르는 체한다. 자본시장 시스템에 대한 장기적인 정책철학/비전을 도외시한 채 자본시장구조를 언급한다면 이는 공염불에 불과할 뿐이다.

한국금융시장은 대부분 개발도상국이 그러하듯이 은행과 정책보증을 중심으로 발전·진화해왔다. 경제가 일정 궤도에 오르면서(2000년대 중반 이후) 정책당국은 시장중심 금융시스템을 지향하겠다는 강력한 의지를 표명했다. 2009년 2월 자본시장법이 탄생한 배경이다. 처음에는 영국의 **"2000년 금융서비스시장법"**(FSMA: "The Financial Services and Markets Act 2000". 2000년 제정 2001년 시행. **금융통합법**. 제5장 4절 나항 참조)처럼 은행, 증권, 보험을 망라한 법체계를 구축하려 했지만, 결과는 증권 관련 7개 법 통합에 그치고 말았다(제16장 1절 참조). 국내 은행중심 금융시스템은 이처럼 지금도 자기방어적 상태에서 여전히 견고하다. 한국자본시장에 대한 모든 논의는 이러한 상황을 염두에 두고 장·단기를 구분해가며 더 솔직하고 구체적으로 이루어져야 한다.

나. 발행시장과 유통시장

금융시장은 거래단계에 따라 장·단기금융상품이 신규 또는 추가 발행되는 시장(**발행시장/1차 시장**. primary market)과 이들 상품이 유통되는 시장(**유통시장/2차 시장**. secondary market. 예: 유가증권시장, 코스닥시장, 코넥스시장, K-OTC시장)으로 구분할 수 있다. 이때 자금수요자는 발행시장에서 투자자에게 증권을 발행·교부해 자금을 직접 공급받고, 이들 최초 투자자들은 다시 유통시장에서 이 증권을 다른 투자자들에게 전매·현금화한다. 만일 유통시장이 존재하지 않으면 현금화할 방도가 없으니 발행시장에서 투자할 수 있다 한들 의미가 (거의) 없다. 결국은 하나의 시장을 의미한다.

발행시장은 기본적으로 기관투자자가 참여하는 시장이다. 일반투자자의 경우 몇몇 투자(예: 공모주 청약)를 제외하고는 발행시장 참여가 제한되며 유통시장에서만 투자할 수 있다. 뉴스에서 거의 실시간으로 접하는 주식가격은 유통시장에서 이루어지는 정보이다.

주식, 회사채 등 증권의 주요 발행자인 기업은 실물 투자에 필요한 자본조달을 발행시장에서 완료한다. 이 책에서 큰 비중을 두고 서술하는 유통시장에서 자본조달이 이루어지지는 않는다. 그렇다 하더라도 유통시장이 발행시장보다 덜 중요한 것은 절대 아니다. 예를 들면, 우선 유통시장이 실물경제에 미치는 영향력은 아주 크다. 유통시장에서 주가가 높으면[낮으면] 경영자는 그동안 숙고해온 실물에 더 적극 투자함으로써[하지 않음으로써] 생산, 고용 등 실물경제에 직접적인 영향을 끼친다. 또한 유통시장은 이미 발행된 금융상품을 쉽게 현금화할 수 있도록 유동성을 높인다. 이로써 발행시장을 더욱 활성화하고, 추후 같은 기업이 증자나 다른 금융상품을 신규 발행할 때 가격 책정에 중요한 지표를 제공한다. 유통시장 없이 발행시장은 존재할 수 없다. 강조하건대, 두 시장은 거래단계에 의한 구분일 뿐 하나의 증권시장이다.

자본시장 논의에서 유통시장 비중은 절대적일 수밖에 없다. 무엇보다도 수많은 개인투자자가 참여하기 때문이다. 한 나라의 존재 이유는 구성원의 복리에 있다. 따라서 개인의 권리를 최우선으로 보호해야 한다. 하물며 국가도 아닌 자본시장은 불특정 다수라 치부하곤 하는 개인투자자 없이 존재할 수 없다. 민간기업이 개인투자자의 소액투자를 하나하나 모아 자금을 직접 조달하기 때문이다. 정책담당자는 이들 개인투자자를 보호하는 데 최우선이어야 하며,[50] 이러한 철칙은 모든 관련 법제에 녹아 있어야 한다. 자본시장 관련 논의에 유통시장 비중이 압도적일 수밖에 없는 이유이다.

다. 장내금융시장과 장외금융시장

장내, 장외라는 용어에서 '장(場)'이란 정부에서 인가받은 **정규거래시장**(regulated market, 정규시장/**규제시장**)을 의미한다. 따라서 장내금융시장, 장외금융시장(**비정규거래시장**/비정규시장 즉, OTC)은 정책담당자의 규제가 강하게 미치느냐, 미치지 않느냐에 따라 구분하는 용어이다. 단순히 물리적으로 장내·외를 의미하지 않는다. 이는 굉장히 중요한 개념으로서 한국자본시장 참여자가 가장 잘못 이해하고 있는 부분이다. 장내금융시장은 시장 건전성(market integrity)과 안정성(market stability), 투자자 보호(investor protection)에 정책담당자가 강력한 의지를 갖는/가져야 하는 시장이다. 반면, OTC는 이를 표명하지 않은 시장이다(OTC 투자자는 이 사실을 항상 주의 깊게 인지해야 한다).

장내금융시장인 정규거래시장은 예전에는 거래소만을 의미했다. 하지만 2000년대 초반 이후 미국에서 **ECN**(electronic communications network. "**전자거래시스템**"), 더 나아가 **대체거래시스템**(**ATS**: alternative trading system)이 발흥하면서 경계가 모호해졌다. '실질적' 의미에서 본다면, 이제 정규거래시장은 미국의 경우 거래소, ATS, **투자은행**(**IB**: investment bank)의 **내부체결기능제공자**(internalizer. **내부화 IB**. 인터널라이저), 유럽의 경우 거래소, **다자간거래설비**(**MTF**: multilateral trading facility), **시스템적 내부체결기능제공자**(**SI**: system internaliser) 등 그 수가 엄청나게 늘어났다. 이는 한국을 제외한 아시아 주요 자본시장(싱가포르, 일본, 호주, 홍콩)에서도 마찬가지로 나타난 현상이다. 자본시장 시스템은 이제 그만큼 복잡해졌다(**제3장 2절 가항, 제2부 관련 부분** 참조).

---

50 덧붙여 시장 건전성과 안정성도 똑같이 중요하게 잘 유지해야 한다. 투자자 보호와 함께 정책담당자가 항상 마음에 새겨두어야 할 금과옥조이기는 하지만(**제8장 1절 가항** 참조), 궁극적으로는 이 둘도 (개인)투자자를 보호하는 또 다른 방식이라 할 수 있다.

자본시장이 성숙해질수록 OTC는 더욱 빠르게 성장한다. 각종 금융거래가 증권화하여 2차, 3차 진화하기 때문이다. 2008년 글로벌 금융위기 때 문제가 됐던 ABS의 경우를 상기해보면 쉽게 이해할 수 있다(제1장 3절 사항 참조). 또한 점점 더 많은 장외금융상품을 장내금융시장에서 유통하기 시작한다. 장외금융상품을 정규거래시장에서 유통하려면 무엇보다 금융상품의 표준화가 이루어져야 한다. 앞서 설명했듯이, OTC에서 거래하던 선도거래를 표준화해 선물로 정규거래소에서 거래하는 것이 좋은 예이다.

제2장
주식거래과정과 기능별 인프라 제공기관

주식 위주로 한정한 이 책의 범위로 말미암아 주식거래과정이라고 했지만, 제목을 "증권/금융상품 거래과정과 기능별 인프라 제공기관"으로 확대한다 한들 전혀 이상하지 않다. 왜냐하면 채권, 장내·외파생상품, FX도 거래과정(trading process)이나 **"자본시장 인프라"(FMI**: financial market infrastructure) 제공기관(provider. 사업자)은 주식과 별 차이가 없기 때문이다. 그동안 거래 관련 **정보통신기술(ICT**: information and communication technology)이 엄청난 속도로 발전해 이들 시장의 인프라나 법제 환경이 주식시장에 많이 수렴했기에 가능한 현상이다(제12장 1절 마항 참조). 물론 시장구조나 FMI 제공기관의 기능 측면에서 보면 이들 시장은 각자 자신만의 특징 일부를 여전히 유지하고 있다. 예를 들어, 특성상 기관투자자 거래 비중이 높은 채권과 FX는 본디 시장구조가 주식과는 크게 달랐다(〈그림 7-3〉 참조). 지금 비록 상당히 비슷해졌다고는 해도 구조상 차이는 계속될 수밖에 없을 것이다. 또한 장내파생상품의 경우도 거래소가 매매체결이라는 고유기능 외에 청산·결제기능을 함께 수행하는 등 FMI 제공기관의 수행 기능이 주식보다는 좀 더 포괄적이다.

1. 주식거래과정

일반적으로 주식거래과정은 주문제출, 매매체결, 청산·결제, 예탁 등 기능별로 구분된다. 흔히들 주문제출과 매매체결을 일선업무(front office), 청산·결제와 예탁을 후선업무(back office)라 하기도 한다.[51]

〈그림 2-1〉 한국과 미국 주식거래과정

〈패널 A〉 한국 주식거래과정 흐름도

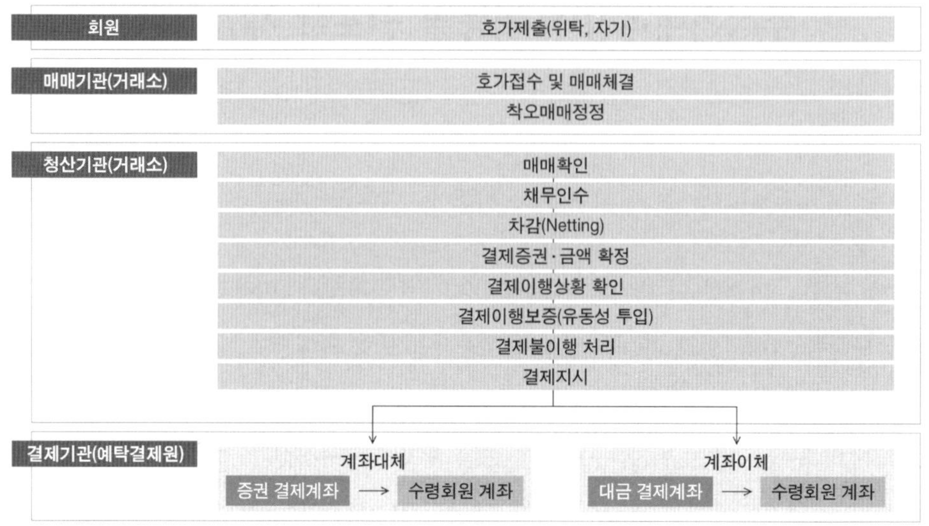

* 자료: 한국거래소(2010).

글로벌시장의 보편적인 주식거래과정을 이해하려면 주식을 매매하는 물리적·추상적 장소인 이른바 **거래시장**(trading center/venue)이 종목당 몇 군데나 있는지를 우선 파악해야 한다. 독자에게는 다소 낯선 개념이지만, 거래시장은 감독당국의 인/허가를 받은 정규거래소와 이와 유사한 방식으로 매매체결기능을 수행하는 새로운 형태의 거래시스템(즉, 회사)을 의미한다. 한국처럼 거래시장이 KRX 한 군데라면 이 같은 질문은 얼토당토않은 이야기이다. 하지만 미국의 경우, 예를 들어 **나스닥**(Nasdaq)에 상장된 애플(Apple) 주식을 투자자가 거래하려면, 중개를 맡은 증권회사는 무려 260여 군데 거래시장[52]의 매매 동향을 정확히 파악한 다음, 해당 주문을 반드시 이들 중 고객(투자자)에게

51 엄밀히 말하면 이는 **고유계정거래/자기매매**(prop trading. **자기자본투자**[**PI**: principal investment])가 가능한 IB나 펀드를 운용하는 자산운용사 시각에서 본 분류이다. 이외, 성과, 유동성, 위험, 한도관리 등 관제업무와 준법감시(compliance)처럼 일선업무를 지원·통제하는 지원업무(middle office)가 있다.

52 17개 정규거래소, 50여 개 ATS(**리트풀**[**lit pool**]과 **다크풀**[**dark pool**]), 200여 개 내부화 IB를 포함한다(제3장 2절 가항, 6장 1절 다항 참조).

〈그림 2-1〉 한국과 미국 주식거래과정(계속)

〈패널 B〉 미국 주식거래과정 흐름도

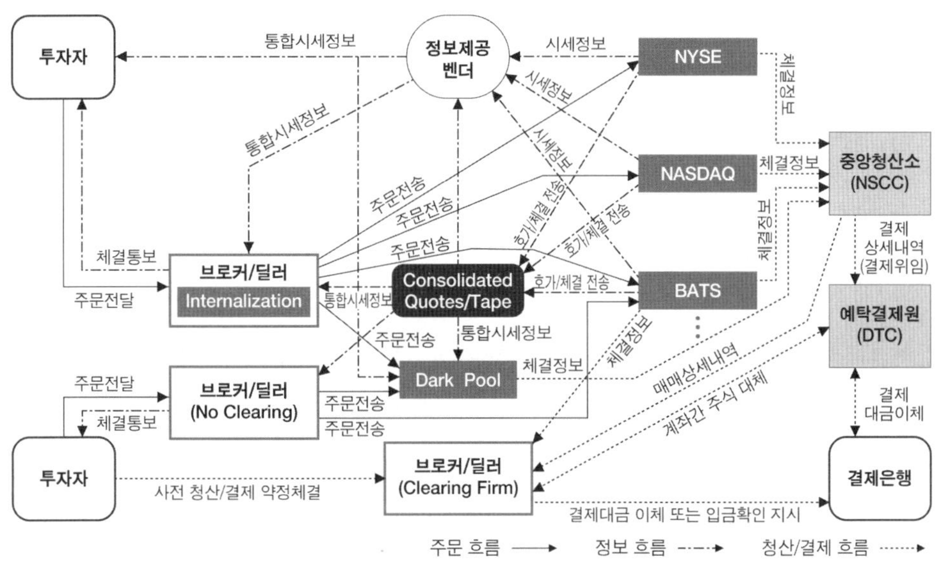

* 자료: 코스콤, 2012. "대체거래소 제도 도입과 한국 자본시장 인프라 변화". 내부보고서.

* 현행 **Reg NMS**(Regulation National Market System. **"전국시장시스템규정"**)하에서 미국의 주식거래과정을 단순화한 도표. NYSE, Nasdaq, BATS(現 Cboe Global Markets) 등 3개 정규거래소, 1개 다크풀(dark pool), 1개 내부화 IB(internalizer), 총 5개 거래시장을 가정한 도표. 하지만 최소 260여 개 거래시장이 실제 존재하므로 이보다는 훨씬 더 복잡함. 개별 FMI 제공기관에 대해서는 **제3장 2절**에서 자세히 설명.

가장 유리한 가격을 제시하는 거래시장에 보내야 한다. 유럽거래소 상장주식도 정도 차이는 있지만 이와 같다. 한국주식시장 상황과는 굉장히 다르다. 시장구조 측면에서 한국주식시장은 선도자본시장에 비해 많게는 30여 년 격차가 있다. 이 같은 지적에 의아해하는 독자는 이제부터 조금씩 이해할 수 있으리라 생각한다. 〈그림 2-1〉로 간단하게나마 한국(〈패널 A〉)과 미국자본시장(〈패널 B〉)의 주식거래과정을 비교해보기 바란다.

물론 거래시장 개수만이 한국자본시장과 차이나는 부분은 아니다. 이 때문에 일반 독자를 대상으로 글로벌 선도자본시장의 주식거래과정을 어떻게 설명해야 할지 다소 막막하기까지 하다. 미국과 유럽 선도자본시장과 한국자본시장에 대해서는 제2부~제4부, 그리고 제5부에서 각각 별도로 설명하므로, 여기서는 좀 더 복잡하고 포괄적인 선도자본시장 형태에 서술을 맞추되 최대한 간략히 함으로써 한국자본시장에 대한 논의도 적절히 포함될 수 있도록 해보고자 한다.

가. 주문제출

(1) 바이사이드와 셀사이드

주문제출은 투자자가 특정 주식을 매매하기로 한 후 주문을 거래시장에 보내는 절차를 말한다. 투자자가 기관(예: 자산운용사[53])이면 주문제출에 이르는 과정은 개인보다 훨씬 더 조직적이다. 이 대목에서 자산운용사 또는 개인과 같은 **바이사이드**(buy-side)와 증권회사와 같은 **셀사이드**(sell-side)에 대한 개념을 잘 파악해야 한다. 여기서 바이(buy)나 셀(sell)은 각각 '주식거래 서비스'(securities exchange service)를 사고판다는 의미이다.

바이사이드 자산운용사가 주식매매에 필요한 주문제출을 확정 지으려면, 종목, 매수/매도 여부, 가격(범위), 수량, 시급성, 주문제출 시 역할 등을 결정해야 한다. 여기서 주문제출 시 역할이란 자산운용사가 주문을 직접 제출할지, 증권회사에 위탁할지, 위탁한다면 증권회사를 브로커(broker)로 활용할지, 아니면 딜러(dealer)로 활용할지를 의미한다. 브로커는 위탁받은 대로 업무를 집행하는 반면, 딜러는 자산운용사의 위탁을 자기 계산하에 집행함으로써 신속성을 보장한다. 따라서 수수료가 더 비싸다. 참고로, 한국에서는 증권회사만이 호가를 제출할 수 있다. 따라서 운용사는 반드시 증권회사를 통해서 주문을 제출해야 한다.

어쨌든 이러한 의사결정과정에서 관련 정보 획득은 필수이다. 바이사이드 자산운용사

53 한국에서는 과거 투자신탁회사(투신사)로 불렸다. 흔히 알고 있는 펀드매니저가 일하는 회사이다. 당시에는 펀드를 설정해 판매까지 했으나, 1999년 이후 이를 분리해야 해서 지금은 상품을 직접 판매하지 못하고 은행, 증권회사, 보험회사 등에 위탁판매 한다.

는 주로 셀사이드 증권회사 소속 애널리스트(analyst. 투자분석가)에게서 정보를 제공받으며, 관행적으로 정보사용료를 별도 구분하지 않고 주식매매 위탁수수료에 포함해(bundling) 일괄 지급하곤 했다. 이같이 뭉뚱그려 지급하는 정보사용료를 **소프트 달러**(soft dollar)라고 한다. 유럽에서는 2018년부터 이를 금지해 주식매매 위탁수수료와 애널리스트 정보사용료를 분리(unbundling. 언번들링) 지급해야 한다(제10장 3절 나항 (7) 참조). 자본시장 글로벌화로 미국도 이에 맞춰 제도를 변경하는 중이다. 사실 셀사이드 애널리스트가 제공하는 정보는 자산운용사가 자신의 비즈니스(즉, 투자)를 수행하려면 자체 생성하거나 구매해야 하는 정보이다. 정책담당자의 시선에서 보면, 주식매매 위탁수수료는 펀드의 최종 구매자인 투자자가 지급하는 비용이지만, 정보사용료는 자산운용사의 비즈니스 비용이다. 유럽의 제도 변화는 정보사용료가 자신이 떠안아야 하는 비용임에도 이를 소프트 달러로 위탁수수료에 얼버무려 투자자에게 은근슬쩍 전가해버리는 업계 관행에 제동을 건 아주 중요한 사건이다.

재차 강조하지만, 세계 주요국 주식거래시장은 한국처럼 한 군데가 아니라 여러 군데며, 심지어 260여 군데에 이르기도 한다. 주식거래를 놓고 이처럼 경쟁이 심해서 각 거래시장은 유동성을 확보하려고 투자자 구미에 맞는 다양한 형태의 주문을 제공한다. 이러한 시장환경에 처해 있는 바이사이드 자산운용사는 주문을 제출하기 전에 어떠한 주문유형(order type)을 어느 거래시장으로 회송(routing)할지를 미리 확정해놓아야 한다. 물론 한국은 거래시장이 KRX 한 군데뿐이므로 주문회송에 고민할 필요가 없다. 주문유형도 **시장가주문**(market order), **지정가주문**(limit order) 등 몇 개 되지 않아 선택에 큰 어려움도 없다. 하지만 앞서 언급한 바와 같이, 미국은 거래시장이 260여 군데 이상이고 **뉴욕증권거래소**(**NYSE**: New York Stock Exchange. **나이씨**)는 130개가 넘는 주문유형을 제공하므로 어떤 형태의 주문을 제출할지 의사결정도 쉬운 일은 아닐 것이다.

바이사이드 투자자가 한국 개인투자자라고 해보자. 한국자본시장에서 개인투자자 비중은 선도자본시장에 비해 월등히 높다(제14장 2절 나항 참조). 개인투자자는 투자에 필요한 정보를 제힘으로 획득하고 이를 바탕으로 특정 종목에 대한 매수/매도, 수량, 가격, 주문유형, 거래시간대 등을 결정한 후, 주문을 KRX 거래회원인 증권회사에 영업장이나, 전화, 컴퓨터(HTS: Home Trading System. 홈트레이딩시스템), 또는 스마트폰(MTS:

Mobile Trading System. 모바일트레이딩시스템) 등을 통해 제출한다. 즉, 투자자의 매수/매도 의사 표현인 주문은 1차로 특정 증권회사 시스템에 보내지고, 해당 증권회사는 이를 독점거래시장인 KRX로 회송한다. 회원 증권회사가 KRX로 주문을 회송할 때 가격을 **호가**(quote)라고 부른다. 만일 미국이나 유럽의 개인투자자 주문이라면 증권회사(즉, 브로커/딜러)는 **"최선체결의무"**(Best Execution. **베스트 엑시큐션**) 규칙에 따라 해당 주문을 여러 거래시장 중 고객에게 가장 유리한 가격/조건을 제공하는 거래시장에 반드시 회송해야 한다(제9장 1절 다항[미국], 제10장 1절 다항 (4)[유럽] 참조).

(2) 대표 주문유형

시장가주문, 지정가주문, **조건부지정가주문**(limit-to-market order)은 세계 거의 모든 주식거래시장이 기본으로 제공하는 전통적인 주문유형이다(〈그림 2-2〉 참조. "대표 주문유형"은 엄경식[2011a, 2019] 참조).

- **〈시장가주문〉** 투자자가 가격을 지정하지 않고 자신이 거래시장에 주문을 제출할 때 형성된 가격으로 즉시 체결을 원하는 주문.[54]
- **〈지정가주문〉** 투자자가 가격을 지정해 '지정가 또는 지정가보다 유리한 가격으로'(at its specific limit or better) 체결을 원하는 주문(예: KRX 보통가주문).
- **〈조건부지정가주문〉** 투자자가 지정가주문 형태로 제출하지만, 상황에 따라 거래소 **주문장**(order book)에서 시장가주문으로 자동 전환되는 주문. 예: 정규거래시간 내내 지정가주문이었다가 종장 단일가매매 때 시장가주문으로 전환. 정규거래시간 동안 지정가에 체결되지 않았더라도 장마감과 함께 당일종가로는 반드시 체결.

54 미국에서는 시장가주문과 거의 같은 형태의 주문인 **"브로커 시장가주문"**(marketable limit order)을 활발히 사용한다. Marketable limit order는 투자자가 브로커(증권회사)에게 주문을 제출한 때가 아니라, 브로커가 이 주문을 시장에서 체결하려 할 때 시장에 형성된 가격으로 체결을 원하는 주문이다. 똑같이 시장에서 형성된 가격으로 체결을 원하지만, 시장가의 시점이 다르다. 미세한 차이지만, 지금같이 HFT가 압도적 비중을 차지하는 상황에서는 marketable limit order의 효용이 시장가주문보다 훨씬 크다.

〈그림 2-2〉 시장가주문과 지정가주문 및 지정가주문에 따른 기회비용과 역선택 비용

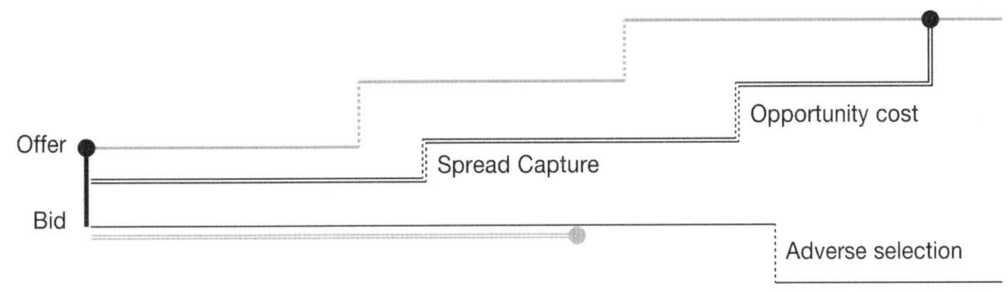

* 자료: Mackintosh, P., 2020. "An Intern's Guide to the Market Structure Galaxy". **Markets Media**, (July 17).

* 예로써, 투자자의 가치평가는 매수호가(**Bid**. 아래쪽 검은 선) 1단계임. (편의상, Bid[Offer]는 높은[낮은] 가격부터 1단계라 함). ① 즉시 체결하려면 시장가주문을 제출. 매도호가(Offer. 위쪽 회색 선) 1단계, 또는 매수물량이 많으면 2, 3단계를 훑으며 체결. 스프레드(Spread. Offer-Bid 차이. 왼쪽 굵은 수직선)만큼 비용 지급. ② 스프레드 비용을 지급하고 싶지 않다면 Bid 1단계에 지정가주문을 제출해 기다림. 이때 투자자는 **기회비용(Opportunity cost)**과 **역선택(Adverse selection)** 문제에 직면. 기다리는 동안 ㉠ 가격이 오르면(예: 위쪽 회색 선 1단계가 2단계로 된다면), 처음에 시장가주문으로 Offer 1단계에서 매수할 수도 있었는데 이제는 최소 Offer 2단계에서 매수해야 함. 이를 기회비용이라 함. ㉡ 만일 가격이 하락하면 투자자는 Bid 1단계에서 시장가주문이었으면 지급해야 하는 스프레드 없이 매매체결. 그러나 만일 가격이 더 하락하면 Bid 2단계에서 더 싸게 매수할 기회를 놓침. 이를 역선택 비용이라 함. (매도일 경우는 위와 반대로 유추).

세계 주요 주식거래시장은 이러한 기본 주문유형에 체결조건(execution condition), 주문유효기간조건(validity constraint), 매매시간대유효조건(trading restriction)을 덧붙여 투자자가 주문을 훨씬 다양하게 제출할 수 있도록 편의를 제공한다.

- **〈체결조건〉** 예: "주문을 즉시 충족할 수 있으면 전량이든 일부든 충족하고 나머지는 취소"(**IOC**: immediate-or-cancel), "주문제출 시점에서 전량을 즉시 성사할 수 있으면 체결하고 그렇지 못하면 주문 전량을 즉시 취소"(**FOK**: fill-or-kill. "**전량충족조건**") 등.
- **〈주문유효기간조건〉** 예: "당일유효"(Day: good-for-day), "주문제출자가 직접 취소할 때까지 유효"(GTC: good-till-cancelled) 등.
- **〈매매시간대유효조건〉** 예: "개장 단일가매매에서만 유효"(opening auction only), "정규거래시간 중 발생하는 단일가매매 시간대에만 유효"(auctions in main trading phase only. 유럽에서 주로 사용) 등.

전통적인 기본 주문유형 외에, 현재 세계 주요 주식거래시장에서 중요시하는 유형으로는 다음과 같은 주문이 있다. 이들 중 일부는 이미 오래전부터 활용돼왔지만, 대부분은 2000년대 중반 이후 선도자본시장 구조가 변모하자 각 소속 시장이 이에 대응해 자신만의 정체성을 정립해나가는 과정에서 새로이 등장했다. 전통적으로 기본유형에 몇 개 조건을 가미해 주문유형을 유지하던 NYSE가 불과 십수 년 사이에 무려 130개가 넘는 주문유형을 제공하고 있음을 떠올려 보기 바란다.

- **〈"가격지정주문"/"역지정주문", stop order〉 "지정가격"**(stop price)에 도달해야 작동·체결 가능. 예를 들어, 지정가격 이하[이상]이면 매도[매수]. 하락장 위험관리 차원에서 손절매(stop-loss)[55] 할 때 주로 활용.
- **〈"은닉주문", hidden order〉** 비공개 지정가주문. 주문 크기가 일정 규모 이상 대형이어야 허용.
- **〈"부분 은닉주문"/"빙산주문", iceberg order〉 대량매매**(block trade) 투자자가 자신의 총주문량을 드러내지 않고 마치 빙산의 일각처럼 일부만 공개.
- **〈"페그주문", peg/pegged (limit) order〉** 특수 형태 지정가주문. 현재 글로벌 선도주식시장에서 중요성이 제일 큰 새로운 형태의 '기본 주문유형'. 종류가 매우 다양한데 이 중 미국의 "mid-point peg order"(**"미드포인트 페그주문"**)는 시장조성인이 시장조성에 적극 활용하는 주문임. 투자자의 지정가가 **"해당 거래시장 주문장 내 최우선매수/매도호가"**(BBO: best buy or offer)를 계속 추적하며 그에 맞춰 자동으로 조정·결정됨. 이때 지정가 한도를 정해둘 수도 있음. 지정가가 계속 변하기 때문에 변한 지정가가 기존의 다른 지정가주문과 같아지면 이 주문에 대해서만은 시간우선을 상실.
- **〈"시장 간 싹쓸이 주문", ISO(intermarket sweep order)〉** 특정 거래시장 A에서 현재 BBO와 자신의 (대량)주문 지정가 사이에 걸쳐 있는 호가를 자동으로 "싹쓸이해 올라가거나 내려가는"(sweep up or down) 주문. Best Execution 의무규정을

55 주가가 매입가보다 하락한 상태에서 추가 손실을 방지하고자 손해를 감수하며 매도하는 투자 행동이다. 자신의 전망이 틀렸음을 인정하는 것으로서 투자자, 특히 개인투자자가 갖추어야 할 매우 중요한 투자원칙 중 하나이다.

준수해야 하므로 나머지 다른 거래시장에도 동시에 주문을 제출해야 함. 따라서 다른 거래시장의 BBO가 더 우선인 상황이 되면 거기 해당 주문을 먼저 소화하고 나서 다시 특정 거래시장 A로 돌아와 계속해 자신의 (대량)주문이 다 소화될 때까지 특정 거래시장 A 주문을 sweep up 또는 sweep down 함(제9장 1절 다항 참조). 특정 거래시장 A는 접수한 (대량)주문을 가급적 회송하지 않고 어떻게든 자체 거래시장 내에서 체결하려고 ISO를 활용.

- **〈"패시브 온리 주문", passive only order〉 런던증권거래소**(**LSE**: London Stock Exchange. 그룹으로 설명할 때는 **LSEG**로 표기)의 주문유형으로 LSE 주문장 내 BBO보다 개선된 가격대에서만 체결을 지원하는 주문. BBO는 소비하지 않고 BBO보다 유리한 가격대에 제출된 비공개호가와는 즉시 체결. 만일 미체결잔량이 있어 공개호가와 체결될 상황에 놓이면 원칙적으로 미체결잔량을 취소.

주문유형을 다양하게 제공한다 해서 시장참여자의 편의성과 시장 효율성이 반드시 함께 좋아지지는 않는다. 미국의 경험에서 유추해보면 주문유형 수는 자본시장 구조와 밀접하게 연관된 듯하다. 잠깐 언급한 바와 같이, 미국주식시장은 대략 260여 군데 거래시장으로 나뉘어 있다. 엄청난 경쟁 속에서 비즈니스 성과를 내려면 남보다 빨리 매매체결을 해낼 수 있는지가 관건이다. 한국과 달리, 미국의 모든 거래시장은 영리를 추구하는 민간기업(주로 상장 [지주]회사)이다. 자신들한테 전체 물량의 50% 이상을 대는 **고빈도거래**(**HFT**: high frequency trading. **초단타매매**) 증권회사의 주문은 형태를 막론하고 어떻게든 효과적으로 부응해줘야 한다. 새로운 주문유형이 경쟁적으로 등장할 수밖에 없었다. 그렇다손 치더라도 1개 거래소가 무려 130여 개 이상의 주문유형을 제공할 정도면 또 다른 시장참여자인 투자자는 큰 혼란을 느낄 것이다. 게다가 Flash Crash 때 특정 주문유형이 시장 효율성과 공정성을 훼손하는데 간접적으로 일조하는 바람에 사회적으로 복잡다기한 주문에 대한 부정적 인식이 꽤 퍼져 버렸다(제9장 3절 가항 참조). 이에, 2016년 미국의 13번째 정규거래소가 된 **IEX**(Investors Exchange. **"(개인)투자자 이익에 봉사하는 거래소"**)는 3개 기본 주문유형(시장가주문, 지정가주문, 페그주문)을 조합한 단 10개 주문유형만을 제공해 시장참여자 모두 귀추를 주목하고 있다(제12장 2절 나항 참조).

〈그림 2-3〉 HTS와 MTS 호가창 게시 예

〈패널 A〉 홈트레이딩시스템(HTS) 호가창 예시

호가 (20분 지연) ‣5단계 ‣10단계

매도잔량	매도호가	매수호가	매수잔량
1,059	1,294,000		
1,776	1,293,000		
1,778	1,292,000		
1,776	1,291,000		
903	**1,290,000**		
		1,289,000	**412**
		1,288,000	639
		1,287,000	614
		1,286,000	2,738
		1,285,000	6,144
29,810	**잔량합계**		**37,793**

현 재 가	1,290,000	거 래 량	166,587
대 비	▼ 10,000	거 래 대 금	215,015(백만)
등 락 율	-0.77	전일거래량	229,628

직전대비	매도잔량	15:27:24	매수잔량	직전대비
	6,460	1,299,000		
	7,337	1,298,000	시 가	1,295,000
	2,830	1,297,000	고 가	1,297,000
	4,874	1,296,000	저 가	1,286,000
	1,017	1,295,000		
	1,059	1,294,000	상 한 가	1,690,000
	1,776	1,293,000	하 한 가	910,000
	1,778	1,292,000	52주최고	1,510,000
	1,776	1,291,000	52주최저	1,033,000
	903	1,290,000	일반(20%)/신용가능	
		1,289,000	412	
		1,288,000	639	
		1,287,000	614	
		1,286,000	2,738	
		1,285,000	6,144	
		1,284,000	2,134	
		1,283,000	5,371	
		1,282,000	4,435	
		1,281,000	9,212	
		1,280,000	6,094	
	29,810	+7,983	37,793	
		시간외	40	-3

〈패널 B〉 모바일트레이딩시스템(MTS) 호가창 예시

신 유한양행 000100 | 66,900 ▲ 300 0.45% | 10단호가 | 예상체결

	매도잔량	호가	정보	
	1,804	67,500	예상가격	67,100
			예상체결량	5,832
	1,192	67,400	전일거래량	1,064,355
			거래량	47,464
	945	67,300	기준가	66,600
	957	67,200	시 가	67,100
			고 가	67,200
	1,118	67,100	저 가	66,600
			상한가	86,500
	1,625	67,000	하한가	46,700
체결강도	40.77%	66,900	535	
66,900	15	66,800	3,415	
67,000	162			
66,900	50	66,700	7,073	
66,900	1	66,600	4,499	
66,900	1			
66,900	10	66,500	1,397	
66,900	6	66,400	1,340	
	12,151	총잔량	24,013	

* 자료: 우리투자증권 HTS. 2020년 11월 3일 오전 9시 59분. 키움증권 MTS. 2020년 8월 13일 오전 9시 8분.

* 종목: 유한양행. 각 단계 호가별 매수/매도잔량은 해당 호가 개별주문의 수량을 합계한 수치임.

KRX에서는 근 30여 년간 시장가주문, 지정가주문, 조건부지정가주문 외에 이렇다 할 (기본) 주문유형을 추가하지 않았다(제15장 3절 참조). 거래소가 유기적이고 동태적으로 발전해야 하는 조직체임을 감안할 때 이제는 KRX 주문유형 방침에 대해 깊이 있게 한번 논의해봐야 하지 않을까?

나. 매매체결

주식거래에서 매매체결(trade execution)은 매수/매도주문의 성사(completion of a buy or sell order)를 의미하며, 매수자와 매도자의 조건이 서로 합치할 때만 발생한다. 이에 비해 일반상품에서는 대개 매도자 일방이 정해놓은 가격과 조건을 매수자가 수락하며 매매가 체결된다. 주식거래에서도 물론 이 같은 경우가 발생할 수 있다. 하지만 보통은 다수의 매수자와 다수의 매도자 쌍방이 동시다발로 자신들의 매매조건을 제시하기 때문에 조건이 서로 합치하는 경우가 극히 드물다(〈그림 2-3〉 참조). 이에 거래소는 매매체결원칙과 방식을 다양하게 설정해 가능한 한 시장 유동성을 풍부하게 하려 애를 쓴다. 유동성이 많으면 많을수록 보다 많은 투자자의 정보가 가격에 더 신속히 반영되고 이로써 가격은 좀 더 정확해지기 때문이다.

(1) 매매체결원칙 — 시장가주문과 가격·시간·수량 우선원칙

제아무리 뭐라 해도 주식시장이 존재하는 이유는 공정하고 합리적으로 주가를 결정하는 데 있다. 이를 효과적으로 달성하고자 모든 거래시장은 매매체결원칙을 정해두고 있으며 이 원칙은 거래시장마다 비슷비슷하다. 일단, 거래시장은 시장가주문을 지정가주문에 우선해 매매체결을 한다. 말 그대로 시장가주문이 가격을 정하지 않고 지금 형성돼 있는 가격에 가능한 빨리 체결을 바라는 주문이기 때문이다.

다음, 지정가주문 간에는 '일반적으로' 가격, 시간, 수량 순으로 우선원칙을 적용한다. 다시 말해, 시장가주문 말고 지정가주문 중에서는 가격이 유리한 주문을 우선 체결한다.[56] 매수주문은 높은 가격이, 매도주문은 낮은 가격이 체결에 유리할 것이다. 가격이 같다면, 1마이크로초(microsecond. 1μs. 1/1,000,000초)라도 먼저 낸 주문을 우선해 체결한다. 만일 가격에다 시간마저 같다면, 수량을 많이 낸 주문자에게 주식을 먼저 또는 더 많이 배정한다. 대량주문이 소량주문보다 유리할 것이다. 그러나 현실적으로 수량 우선원칙을 일중 정규거래시간에 적용할 가능성은 거의 없으며 개장과 종장에서 균형가격을 결정할 때나 적용하곤 한다.

이외 위탁매매 우선원칙이 있다. 수량까지 같으면 증권회사의 자기매매 주문보다는 고객의 위탁주문을 우선 체결한다. 달리 말하면 소위 개미투자자의 주문을 해당 기관투자자의 주문에 우선해 체결한다. 하지만 그렇다손 치더라도 개미투자자의 주문은 기본적으로 소규모여서 수량 우선원칙 적용을 넘어서는 단계까지 갈 가능성은 아마 거의 없을 것 같다.

(2) 매매체결방식 — 단일가매매와 접속매매

매매체결은 크게 **단일가매매**(call auction. 단일가격에 따른 개별경쟁매매)와 **접속매매**(continuous trading. 복수가격에 따른 개별경쟁매매)로 그 방식이 나뉜다. 이들 방식에 사용하는 개념인 개별경쟁매매란 매수/매도 쌍방이 모두 복수 이상인 경우로 매수는 매수끼리 매도는 매도끼리 경쟁하고, 다시 매수와 매도 간에 경쟁해 가장 높은 가격의 매수호가(최우선매수호가)와 가장 낮은 가격의 매도호가(최우선매도호가)가 합치할 때 이를 약정가격으로 매매체결 하는 방식이다. 이 밖에 다른 거래시장, 또는 같은 시장이지만 다른 시간대에 결정된 가격으로 매매체결 하는 **크로씽**(crossing) 방식이 있다.[57]

56 거래소와 다크풀 간 경쟁이 심한 선도자본시장, 특히 유럽자본시장에서는 거래소가 빼앗긴 유동성을 되찾으려고 일중 정규거래시간에도 "투자자가 원하면"(on demand. 온디맨드) 언제든지 아니면 정기적으로 단일가매매("**일중 [정기] 단일가매매**"[periodic call auction])를 실행한다. 이 경우 수량, 가격순으로 우선원칙을 적용하기도 한다(**제12장 2절 다항** 참조). 한편, 채권시장에서는 매수주문은 저수익률(높은 가격) 매수호가를, 매도주문은 고수익률(낮은 가격) 매도호가를 우선해 체결한다.

57 스왑을 설명하며 언급했듯이(**제1장 3절 라항** 참조), 채권, 장외파생상품, FX 시장은 2단계 시장구조를

단일가매매는 균형가격을 도출해야 할 필요성이 클 때, 일정 시간 수요·공급을 집중해 '가능한 한 거래량이 많게' 매수호가와 매도호가 총수량을 합치한 단일가격을 약정가격으로 매매체결 하는 방식이다. 이 과정에서 체결 우선원칙이 적용됨은 물론이다. 주로 개장과 종장, 정규거래 일시 중단 후 재개장할 때, 또는 시간외 거래를 할 때 사용하지만, 시장마다 전통이나 관행, 거래 관련 ICT 수준 등이 달라 모두 다 이렇게 거래하지는 않는다. 예를 들어, 불과 몇 년 전까지만 해도 NYSE나 Nasdaq은 시가나 종가 결정에 단일가매매 방식을 사용하지 않았다.

접속매매는 개별주문이 시장에 유입될 때마다 해당 주문의 조건이 일치하는 대로 계속해 매매체결 하는 방식이다. 매수[매도]호가가 매도[매수]호가 이상[이하]이면 먼저 접수된 합치 매도[매수]호가("선행호가"라 함)를 약정가격으로 하고 우선원칙을 적용해 매매체결한다. 시가와 종가 단일가매매 사이 정규거래시간에 적용하기 때문에 접속매매에 사용하는 거래 메커니즘 속에는 각국 거래시장의 전통과 특색이 고스란히 반영되어 있다. 세계 주식시장의 거래 메커니즘을 접속매매에 한정해 구분하면 다음과 같다.

- **〈순수경쟁매매 메커니즘, pure auction mechanism〉** 투자자가 다른 투자자들의 지정가주문 상황을 지켜보면서 주문을 제출하고 시장조성인의 개입 없이 자동 매매체결시스템을 통해 투자자 간 매매체결. 주문장제도(public order-book system)라고도 부름.[58]

  주요 거래시장—독일거래소(DB: Deutsche Börse), **LSE SETS**(Stock Exchange

갖는다. 이들 시장의 거래 프로토콜(trading protocol)과 인프라도 이제는 주식시장처럼 전자 거래플랫폼으로 수렴하고 있다. 그렇지만 이들 상품은 양자 간 계약 특성이 강하고 유동성이 낮아, 육성(voice)이나 **RFQ(request-for-quote**. 투자자가 매수/매도 의사를 내보이면 상대방이 호가를 게시해 거래가 연결·성사) 주문방식이 여전히 중요하다. 자세한 논의는 〈그림 7-3〉, 제12장 1절 마항을 참조하기 바란다.

58 물론 세계 주요 주식시장 대부분은 한 종류의 거래 메커니즘만을 채택하지 않고 기업 규모, 특성 등에 따라 여러 메커니즘을 혼용(hybrid market)한다. 예를 들어, 순수경쟁매매 메커니즘을 사용하는 거래시장도 유동성이 아주 낮은 종목(저유동성종목)에 대해서는 거의 모두 시장조성인(예: LP)을 두고 있다. 따라서 거래 메커니즘을 일률적으로 구분하기에는 논란이 있을 수 있지만, 이 책에서는 각 거래시장이 채택하고 있는 주된 메커니즘에 따라 이를 구분한다(엄경식·윤지아, 2001).

Electronic Trading Service. 세츠) 시스템, 유로넥스트(예: Euronext Paris), 미국 ECN(리트풀[lit pool]), 토론토증권거래소(TSX: Toronto Stock Exchange. 지주회사 TMX 산하), 도쿄증권거래소(TSE: Tokyo Stock Exchange. 지주회사 JPX[Japan Exchange. 일본거래소] 산하), 한국거래소(KRX).

- **〈수정경쟁매매 메커니즘, modified auction mechanism〉** 순수경쟁매매 메커니즘에 DMM(designated market maker. "지정시장조성인". 舊 스페셜리스트[specialist])과 같은 시장조성인의 활동이 '주기능'으로 추가된 형태. DMM은 대부분이 HFT 증권회사로서 특정 종목의 시장조성을 '홀로' 담당(제12장 2절 바항 (1) 참조). 시장조성은 가격이 연속성을 띠고 공정하고 효율적이며 질서정연하게 발견되도록 하는 데 중점을 둠. 예를 들어, 일정 수준을 벗어나 가격이 등락하거나 매매 상대가 없거나 하면 개입.

  주요 거래시장—NYSE, NYSE 아메리칸(NYSE American. 舊 AMEX[American Stock Exchange. 아메리칸증권거래소. 아멕스]).
- **〈딜러 메커니즘, dealer mechanism〉** 주문제출 전 투자자는 보통 최소 둘 이상의 딜러(시장조성인)에게서 공개(public) 확정호가를 제시받고 이들 딜러를 상대로 해당 확정호가에 응함으로써 자동으로 매매체결. 가격이 딜러 간 경쟁으로 결정.

  주요 거래시장—Nasdaq, LSE SETSqx(SETS Quotes and Crosses. 세츠큐엑스)와 SEAQ(Stock Exchange Automated Quotation. 씨큐) 시스템.

한편, 크로씽 방식은 대부분 대량매매를 취급하는 거래시장(예: 다크풀[dark pool])에서 채택한다. 대량매매란 주문량이 보통 1만 주(또는 100만 달러)를 넘어 장내주식시장의 일상적인 거래 메커니즘을 통해 매매체결 하면 해당 주가에 의도치 않게 비우호적 시장충격을 유발할 수 있는 거래를 의미한다. 주로 기관투자자/대주주 거래이거나, 포트폴리오 재구성, 인수·합병(M&A: mergers and acquisitions) 시도/포기 또는 주식매수청구권 행사 등에 필요한 거래이다.

KRX를 예로 삼아 매매체결방식을 간략히 이해해보자(〈표 2-1〉 참조. 보다 자세한 논의는 제15장 2절 나항 참조). 2022년 말 현재 KRX에는 장개시 전 시간외 종가매매

〈표 2-1〉 KRX 거래시간과 매매체결방식

시장	시간	매매체결방식
장개시 전 시간외 (종가매매)	8:30~8:40	전일종가 크로씽 방식 - 8시 20분부터 주문 가능. 8시 30분부터 실시간 체결
정규시장	8:30~9:00+ (시가 단일가매매)	단일가매매 방식 - 9시 정각에 30초간 임의종료(RE: random-end) 방식을 적용해 시가 결정 후 개장 - 8시 30분부터 예상체결가격 제시
	9:00+~15:20 (정규거래)	접속매매 방식
	15:20~15:30+ (종가 단일가매매)	단일가매매 방식 - 15시 30분 정각에 30초간 임의종료 방식을 적용해 종가 결정 후 장마감 - 15시 20분부터 예상체결가격 제시
장종료 후 시간외 (종가매매)	15:40~16:00	당일종가 크로씽 방식 - 15시 30분부터 주문 가능. 15시 40분부터 실시간 체결
시간외 단일가매매	16:00~18:00	10분 단위 총 12번 단일가매매 방식 - 주문가격은 당일종가 대비 ±10%로 제한. 예상체결가격이 ±3% 이상 변동하면 임의종료 방식 적용

* 이와 관련해 좀 더 구체적인 내용은 〈표 15-1〉을 참조하기 바람.

(8:30~8:40), 정규시장(8:30~15:30+. 개장: 9:00+. 종장: 15:30+), 장종료 후 시간외 종가매매(15:40~16:00), 시간외 단일가매매(16:00~18:00) 등 크게 4개 주식거래 시간대가 있다.

먼저, 단일가매매는 시가와 종가, 그리고 시간외 단일가를 결정하는 데 사용한다. 시가는 8시 30분에서 9시까지 30분간, 종가는 15시 20분에서 15시 30분까지 10분간 각각 매수/매도호가를 접수해 가격·시간·수량 우선원칙에 따라 균형가격을 결정한다.[59] 이때 단일가매매 종료는 불공정거래를 방지하고자 가격결정 시점(개장: 9시, 종장: 15시 30분)부터 30초간 임의시간에 이루어진다. 이 같은 **임의종료**(RE: random-end trading

59 2001년 9월 3일 전까지만 해도 시가와 종가를 결정할 때 모든 호가를 동시 접수한 것으로 간주해 시간 우선원칙을 배제하고 매매체결 했다. 이 때문에, 시가·종가 결정 방식을 동시호가제도라고 불렀다. 그러나 현재 **동시호가제도**는 원칙적으로 폐지됐고 시가·종가가 상·하한가로 결정되는 경우에만 예외적으로 적용한다(엄경식·박종호, 2015).

mechanism) 방식은 유럽에서 시작해 지금은 다양한 형태로 글로벌 거래시장에서 활용한다(엄경식·권경윤·박종호[Eom, Kwon, and Park], 2021). 시간외 단일가매매는 16시부터 18시까지 10분마다 단일가매매로 진행하며 예상체결가격이 ±3% 이상 변동하면 임의종료 방식을 적용한다. 가격변동도 당일종가의 ±10%로 제한한다.

다음, 접속매매는 시가 단일가매매 종료(9:00+, 즉 오전 9시 30초 이내 임의종료 후)부터 종가 단일가매매를 시작하는 15시 20분까지 유입되는 모든 주문을 대상으로 이루어진다. 정규시장에서 체결되지 못한 주문(미체결주문)은 15시 35분 자동으로 일괄 취소된다. 한편, 크로씽은 장개시 전과 장종료 후 시간외 종가매매 동안 매매체결에 사용한다. 장개시 전 시간외 종가매매는 전일종가로, 장종료 후 시간외 종가매매는 당일종가로 선착순 매매체결 한다.

(3) 그 외 주요 매매체결제도

(가) 매매수량단위와 호가단위

매매수량단위는 매매에 필요한 최소단위 수량이다. 거래시장마다 시대마다 다르며, KRX에서는 1주이다(2014년 6월 이전까지는 10주). 호가단위(tick size/minimum tick size. 최소호가단위)는 주문/호가를 낼 수 있는 최소단위 가격을 의미한다.[60] 이 역시 거래시장마다 시대마다 다르다.

KRX 호가단위는 주가 단계별로 바뀌는 다층적 구조이다(〈표 2-2〉 참조). 유가증권시장의 경우 1,000원 미만 주가는 1원, 1,000원~5,000원 미만은 5원, 5,000원~10,000원 미만은 10원, 1만 원~5만 원 미만은 50원, 5만 원~10만 원 미만은 100원, 10만 원~50만 원 미만은 500원, 50만 원 이상은 1,000원 등 총 7단계이다. 코스닥시장의 경우 5만 원 미만까지는 같지만 5만 원 이상은 모두 100원으로 총 5단계이다. 예를 들어, 현재 주가가 12,500원이면 12,450원 또는 12,550원처럼 50원 단위로 호가를

60 외환시장에서는 호가단위를 **핍**(**pip**: percentage in point)이라 부른다. 일본 엔을 제외한 주요 통화 핍은 소수점 4자리(0.0001)이다.

〈표 2-2〉 KRX 호가단위

주식가격	호가단위	
	유가증권시장	코스닥시장
1,000원 미만	1원	
1,000원 이상 ~ 5,000원 미만	5원	
5,000원 이상 ~ 10,000원 미만	10원	
10,000원 이상 ~ 50,000원 미만	50원	
50,000원 이상 ~ 100,000원 미만	100원	100원
100,000원 이상 ~ 500,000원 미만	500원	
500,000원 이상	1,000원	

* 5,000원 미만 호가단위는 일률적으로 5원이었으나, 2010년 10월 4일 1,000원 미만을 신설.

제시해야 한다(제15장 4절 나항 참조).

이에 비해 미국주식시장의 호가단위는 기본적으로 주가 수준과 관계없이 1센트이다. 이를 일률적 구조라 한다(다층적 구조로 변화 시도 중. 2023.12.14.). 식민지 초기 금괴 단위를 8등분해 거래하던 관행을 이어받아 호가단위가 200년 넘게 1/8달러(12.5센트)였으나, 1997년 1/16달러(6.25센트), 2000년 1월에는 1센트로 인하했다(**"십진법 전환"**. decimalization. 2000년 1월 시행 시작). 미국자본시장 구조를 시장 간 경쟁을 촉진하는 방식으로 바꿔 궁극에는 투자자의 거래비용을 낮추려 추진했던 조치 중 하나이다(〈표 9-1〉 참조).

호가단위 구조가 일률적인지 다층적인지는 중요하지 않다. 환율이 1달러에 1,000원이 넘는 상황에서 한국이 미국처럼 일률적 호가단위 구조를 둘 수는 없을 것이다. 중요한 점은 호가단위를 더 높게 또는 낮게 설정하는 조치가 바람직한지 아닌지이다. 현재 KRX 상대호가단위(호가단위/가격. 호가단위비율)는 0.1~0.5%로(〈그림 15-1〉 참조), 미국(0.09%), 독일·일본(0.01~0.05%), 영국(0.02~0.1%) 등 주요 자본시장과 비교해 꽤 높은 편이다. 이에 KRX는 조만간 호가단위를 낮추거나 아니면 주가뿐 아니라 유동성도 함께 고려해 이를 개선한다고 한다. 만일 상대호가단위를 낮추면 어떤 효과가 나타날까? 학계 주장에 따르면 **시장의 질적 수준**(market quality)은 일반적으로 개선되지만, 주문을 낼 수 있는 호가가 촘촘해져 **시장 깊이**(market depth. 최우선매수/매도호가 잔량)는 악화한다. 따라서 KRX

는 이러한 상쇄 효과를 세심히 고려하면서 호가단위를 개선해야 한다(강형철·박종호·엄경식, 2009).

(나) 호가공개범위 — (시장) 투명성

투명성/시장 투명성(**transparency**/market transparency)이라는 말을 많이 들어보셨으리라 짐작된다. 자본시장에서 투명성은 거래 발생 전후로 시장에서 얻을 수 있는 공개 정보량을 말한다. 거래시장 측면에서 보면 **시장 통계량**(market statistics)을 공개하는 정도이다. **사전적 투명성**(pre-trade transparency. 거래 전 투명성)과 **사후적 투명성**(post-trade transparency. 거래 후 투명성)으로 구분한다. 사전적 투명성은 시장참여자가 호가, 주문량 등 다른 참여자의 체결 전 매수·매도 의사에 관한 정보를 얻을 수 있는 정도로, 사후적 투명성은 체결 후 관련 정보를 얻을 수 있는 정도로 정의한다(오하라[O'Hara], 1995). 〈그림 2-3〉의 HTS(〈패널 A〉)를 예로 들면, 10단계(범위) 매수·매도 호가와 잔량(호가공개범위), 시가, 고가, 저가, 상·하한가, 52주 최고·최저 등은 사전적 투명성을, 현재가, 등락률, 거래량과 거래대금 등은 사후적 투명성을 각각 나타낸다. 〈그림 2-3〉의 MTS(〈패널 B〉)는 HTS와 비슷하기는 하지만 공개 정보가 조금 다르다. 화면이 작아 그렇게 고안했을 것이다. 이렇듯 투명성은 거래시장마다 제공하는 수단마다 제각각이다.

투명성 중에서도 사전적 투명성은 특히 중요하다. 예를 들어, 사전적 투명성을 변경(개선/악화)했다고 하자. 이 사건(event)은 개별투자자의 전략적 행동 변화와 시장 전체의 균형상태 변화라는 두 가지 경로를 통해 시장의 질적 수준과 가격에 큰 영향을 끼친다. 먼저, 공개 정보가 바뀌면 개별투자자는 이에 맞춰 해당 주식 가치에 대한 추론과 매매체결 최적화 전략을 바꾼다. 이어, 시장은 개별투자자의 이러한 전략적 행동 변화를 총체적으로 반영하며 사건(변경) 이전과는 다른 균형 상태에 놓일 것이다. 따라서 시장의 질적 수준과 균형가격도 달라진다. 사전적 투명성 논의는 이처럼 궁극에는 **자산가격결정**(asset pricing) 논의와 맞닿아 있어 일찍부터 그 중요성이 강조되었다(박종호·엄경식, 2005).

그러면 투명성이 높을수록 좋을까? 국가나 시장 상황, 금융상품마다 학계 연구 결과는 엇갈린다. 참고로 유가증권시장 호가공개범위를 5단계에서 10단계로 변경한 사건(〈표

15-2〉 참조)을 연구한 결과에 따르면, 사전적 투명성을 높이니까 시장의 질적 수준도 좋아졌다. 그러나 좋아지는 형태가 비례적(직선형)이지 않고 오목형(concave)이었다. 즉, 투명성이 이미 꽤 좋아진 상태(예: 7~10단계)에서는 개선 효과가 밋밋하다고 한다(엄경식·옥진호·박종호[Eom, Ok, and Park], 2007).

(다) 시장안정화장치 — 서킷브레이커, 가격제한폭제도 및 변동성완화장치

주가가 일중 급격히 요동칠 때 이를 가라앉히려 만들어 낸 제도 조치를 일괄해 **시장안정화장치**(market stabilization mechanism)라 한다.[61] **서킷브레이커**(circuit breakers. **매매거래중단제도**[유가증권시장]/**시장 일시중단제도**[코스닥시장])처럼 모든 종목에 동시 적용하거나, **가격제한폭제도**(price limit system), **변동성완화장치**(VI: volatility interruptions)처럼 종목별로 적용하거나 한다.

서킷브레이커는 대내외 요인으로 주가가 급락할 때 투자자가 냉정을 되찾고 관련 상황에 대해 정보 비대칭(asymmetric information)을 완화할 수 있게끔 시간 여유를 갖도록 현·선물시장의 '모든' 매매거래를 일시 중단하는 제도이다. 블랙먼데이(Black Monday, 1986.10.19. 다우존스산업평균지수가 22% 폭락해 암울했던 월요일)를 경험한 미국이 고안해냈다. KRX는 그동안 한차례 제도 변경(2015.6.15.)을 거친 후 지금의 3단계 서킷브레이커를 사용하고 있다. 예를 들어, 1단계 서킷브레이커는 코스피종합지수/코스닥종합지수가 전일 대비 8% 넘게 하락해 1분간 지속하면 발동한다. 이후 KRX는 20분간 거래를 중단하고 재개할 때는 10분간 임의종료 단일가매매를 실시한다. 서킷브레이커와 유사한 **사이드카**(sidecar)라는 제도도 있다. 한국에 특수하게 존재하는 제도이다. 선물시장 영향력이 현물시장에 과도하게 미치지 않게끔 설계한 시장안정화장치로, 관련 종목에 동시 적용하기는 하지만 강도는 서킷브레이커보다 많이 약하다. 코스피200지수[코스닥150지수] 선물가격이 5%[6%] 이상 급등락해 1분간 지속하면 프로그램매매 호가 효력을 5분간 일시 정지한다.

---

61 시장안정화장치에 대한 자세한 설명과 논의는 엄경식·강형철·이윤재(2008), 안일찬·라성채·박종호·엄경식(2017)과 제15장 5절을 참조하기 바란다.

한편, 가격제한폭제도와 VI는 대표적인 '종목별' 시장안정화장치이다. 가격제한폭제도는 개별주가가 일중 오르내릴 수 있는 최대 변동폭(상한가와 하한가. 백분율로 표시)을 '명시적으로' 정해놓은 규칙이다. 도입 당시 정책목표는 서킷브레이커와 같지만, 개별종목을 대상으로 하며 주가가 상한가[하한가] 이상[이하]으로 변하지 못할 뿐 거래를 중단하지는 않는다. 학계 연구에 따르면 가격제한폭제도는 투자자에게 냉각기간(cooling-off period) 제공이라는 긍정적 효과가 있지만, 변동성을 높이고 거래와 **가격발견**(price discovery)을 늦출 뿐 아니라 가격이 쓸데없이 상·하한가로 더 쏠리게 하는(자석효과. magnet effect) 등 부정적 효과가 훨씬 더 크다고 한다. 이 제도가 주로 아시아자본시장(예: 대만, 말레이지아, 일본, 중국, 태국, 한국)을 포함해 후발자본시장을 중심으로 존재하는 상황이 많은 것을 대변해주는 듯하다(시팟·모하마드[Sifat and Mohamad], 2019).

VI는 가격을 제한하되 인위적 요소를 최소화한 상당히 세련된 형태의 '암묵적' 가격제한폭제도이다. 구체적으로, VI는 종목별로 동적(dynamic. 주문 1건이 초래한 가격 급등락. 예: ±2~6%)과 정적(static. 여러 건의 주문과 거래가 초래한 누적 가격 급등락. 예: ±10%) 2개의 가격변동범위를 설정한다. 예상체결가가 가격변동범위를 벗어나면 발동해 잠시(예: 2분) 거래를 중단(주문 지속)한 후 단일가매매(대개 임의종료 포함)로 거래를 재개한다. 유럽에서 고안해 글로벌 현·선물시장에 널리 퍼졌고, 가격의 일시적 급등락은 물론이고 자본시장 시스템 위험까지도 완화할 수 있을 정도라고 좋은 평가를 받고 있다(브루글러·린튼·노쓰·페대스[Brugler, Linton, Noss, Pedace], 2018). KRX도 2014년 9월 동적 VI, 2015년 6월 정적 VI를 차례로 도입했다. 정적 VI 도입과 함께 가격제한폭도 ±30%로 확대했다. 다시 말해, KRX는 가격제한폭제도와 VI를 중층으로 사용한다. 세계자본시장에서도 매우 이례적인 일이다. 이를 연구한 안일찬·라성채·박종호·엄경식(2017)에 따르면 동적 VI 효과는 꽤 있지만, 명시적 가격제한폭제도와 성격이 같은 정적 VI의 효과는 매우 제한적이라고 한다.

VI라는 훨씬 선진 제도가 있음에도 KRX는 왜 가격제한폭제도를 폐지하지 못할까? 아마도 가격제한폭제도의 도입 목적에서 단서를 찾을 수 있을 것 같다. KRX는 "시장이 과민 반응해 주가가 일시적으로 급등락할 때 선의의 투자자를 보호하고 시장기능 저하를 방지한다"라는 정책목표를 갖고 가격제한폭제도를 도입했다고 한다. 여기서 "선의의 투자자를 보호하고"라는 문구가 시장참여자 특히 개인투자자의 뇌리에 너무 깊숙이 박혀 있는 듯하다. 잠시 냉정을 되찾을 수 있는 시간은 부여하지만 시장의 질적 수준은 떨어뜨리는 가격제한폭제도가 어떻게 선의의 투자자를 보호할 수 있을까? 더는 미루지 말고 이제 이를 공개적으로 진지하게 판단해봐야 한다.

다. 청산, 결제 및 예탁

(1) 청산

매매체결이 이루어지면 청산(clearing), 결제(settlement), 예탁(depository) 순으로 주식거래과정 후선업무가 진행된다. 청산이란 "매수·매도 상대방 간에 비형식적으로 합의한 거래조건을 형식적으로 확인하는 절차"이다. 같은 종목에서 발생한 모든 매수·매도 상대방 간 거래를 대개는 **네팅**(netting. **차감**)을 거쳐 매수자/매도자별 단일 채권·채무로 산출한 후(〈그림 2-4〉 참조), 이어지는 결제과정에 **결제지시**(settlement instruction)를 송출하는 과정을 말한다(하센푸쉬[Hasenpusch], 2009). 청산기능은 다음과 같은 내용을 주요 업무로 포함한다.[62]

- **〈매매확인, trade matching/confirmation〉** (의도치 않은 오류를 방지하고자) 매수자·매도자 양측의 세부 거래조건(예: 종목, 가격, 수량)을 비교 확인. 두 가지 방식이 있음(윌리엄스[Williams], 2011).
  - **〈매매대조, trade matching〉** 매매 양측이 각자 입력한 매매 기록을 청산기관 매매확

62 기능적 측면에서 볼 때 청산기능은 기본 서비스, 가치부가 서비스, 보완 서비스로 분류한다. 기본 서비스는 청산의 필수기능으로 매매확인, 일부 포지션관리, 인도관리가 여기에 속한다. 가치부가 서비스는 **CCP(집중결제상대방)** 서비스, 담보관리, 현금관리, 일부 포지션관리를, 보완 서비스는 기본과 가치부가 서비스 외에 청산과 관련해 여러 부수적인 서비스를 각각 포함한다(엄경식, 2019. Hasenpusch, 2009). CCP 서비스가 기본 서비스가 아니고 가치부가 서비스라는 점은 청산방법에는 CCP 외에도 다른 방법이 있다는 의미이다.

인시스템에서 대조. 보통 체결시점 매매확인시스템을 사용하기 때문에 원칙적으로 모든 거래가 매매체결시점에서 구속력을 가지며 자동 확정. 일반적인 방식임.

- **〈거래확인, trade confirmation〉** 매수자/매도자 일방이 입력한 매매 기록을 상대방이 청산기관 매매확인시스템을 통해 확인해줌.
- 두 가지 방식 모두 만일 매수자/매도자가 기관투자자 주문을 위탁받은 증권회사(브로커)라면, 기관투자자의 주문 지시 내용과 자신의 매매 기록도 청산기관 매매확인시스템에서 대조/확인.

- **〈거래등록, trade registration〉** 실시간 포지션관리 중 하나로 체결된 거래를 **체결장**(trade book)에 등록. CCP(**중앙청산기구**)[63]가 있으면 한 건의 매매체결은 매수·매도 두 건의 거래로 나뉘어 거래장에 등록되며 이때 매수측/매도측 각각의 거래상대방은 CCP로 기록(〈그림 2-4〉 ④ 참조).
- **〈CCP(집중결제상대방) 서비스〉** CCP는 모든 매수자에게는 매도자로서, 모든 매도자에게는 매수자로서 역할을 하는 주체(중앙청산기구)이자 서비스(집중결제상대방)를 의미. CCP는 원래 상대방위험(상대방이 계약 의무를 제때 이행하지 못할 위험)을 통제하는 수단으로 파생상품거래에서 사용되다 장내 증권거래로 확산.

  CCP만이 제공할 수 있는 주요 서비스로는 **경개**(novation. 更改), 네팅, 위험관리가 있음. 이 중 경개는 "신(新)채무를 만들면서 동시에 구(舊)채무를 없애는 유상계약"으로 매수자/매도자의 거래상대방을 CCP로 단일화해 대체하는 법적 과정임(KRX가 사용하는 채무인수[assumption of liabilities]와는 개념이 다소 다름). 경개로 말미암아 CCP는 모든 매매에 거래상대방으로서 개입할 수 있어, 원래 거래상대방한테 가졌던 양자 간 위험을 표준화해 자신(CCP)의 위험으로 대체함. 경개 이후 CCP는 매수자/매도자의 법적 권리와 의무를 떠맡아 매수자에게는 매도자로서, 매도자에게는 매수자로서 거래상대방이 됨.

63 국내에서 CCP는 문맥에 따라 세 가지 용어로 번역한다. 청산방법의 하나일 경우에는 집중결제상대방으로, 청산기관일 경우에는 중앙청산기구/중앙청산소로, 자본시장법 용어로 언급할 경우에는 금융투자상품거래청산회사로 각기 표현한다.

〈그림 2-4〉 차감방식별 위험감축효과 비교

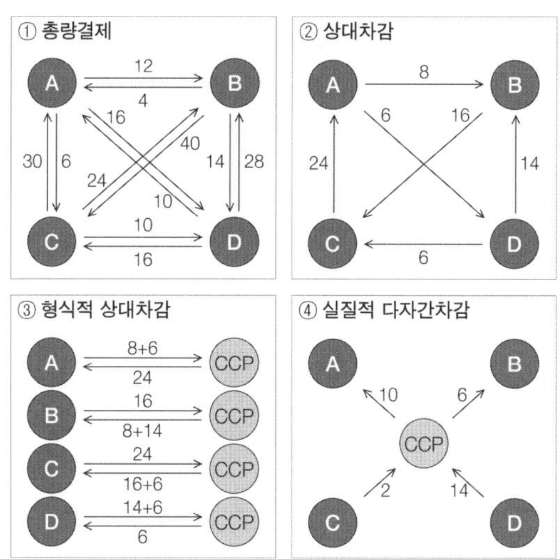

* 그림에서 모든 거래는 1개 종목만을 대상으로 예시. 〈**실시간총량결제(RTGS**: real-time gross settlement)〉 — 매매체결 즉시 전량을 거래상대방 간에 직접 주고받음. 차감 효과 전무. 〈**상대차감**(bilateral netting)〉 — 매수자·매도자 양자 간 상대차감. 〈**형식적 상대차감**〉 — CCP와 매수자/매도자 양자 간 상대차감. 〈**실질적 다자간차감**〉 — CCP가 자신과 각 거래상대방과의 채권·채무를 차감 계산한 후 잔존채권[잔존채무]만을 채권[채무]으로 확정. 차감 효과 최대.

한편, 네팅은 "일정 사유의 발생을 이유로 거래상대방 간의 채권·채무를 차감 계산하여 잔존채권·채무만을 거래상대방 간의 채권·채무로 확정하는 일련의 절차"라고 법적으로 정의. 불특정 다수가 참여하는 장내거래(예: 주식, 장내파생상품)에서는 다자간 네팅(multilateral netting)을 사용. 경개로 CCP가 모든 거래에서 매수자/매도자의 거래상대방이 되면, CCP는 자신과 해당 거래상대방의 채권·채무를 네팅(차감계산)한 후 잔존채권[잔존채무]만을 채권[채무]으로 확정(〈그림 2-4〉 ④ 참조).

- **〈담보관리, collateral management〉** 청산기능에서 담보란 증거금, 청산기금(clearing fund. 예: 손해배상공동기금), 기타 청산을 목적으로 제공된 자산(예: 결제적립금)을 말함. 담보관리는 이러한 담보자산이나 적립금을 위험 노출 정도에 따라 통제하는 과정임. 핵심은 담보자산의 가치평가와 증거금 요구로 이 과정은 자동화되어 있음.

- **〈결제지시(settlement instruction)와 인도관리(delivery management)〉** 확정된 결제증권/기초자산의 인도와 결제대금 지급을 결제기관(한국에서는 한국예탁결제원)에 지시(즉, 결제지시/의뢰)하고 관련 서비스 제공. 예를 들어, 인도 불이행(default) 방지에 필요한 대차(증권회사 간 증권을 빌려주는 거래. **주석 32 참조**) 서비스 제공. 결제 실패(failed trade) 때 연속차감결제(CNS: continuous net settlement. 결제 납부 시한까지 납부되지 않은 증권을 다음 영업일에 결제), 증권매수(buy-in. 예: 매도자가 결제에 실패했을 때 매수자가 거래시장[거래소]에 증권매수를 신청. 거래소가 매수하지 못하면 청산·결제기관이 강제매수. 강제매수 불가능하면 현금 보상)와 같은 서비스 제공.

(2) 결제·예탁

결제란 "거래 발생으로 거래상대방 각자가 부담해야 하는 채무를 이행하는 절차"이다. (증권)**인도와 대금지급**(DvP: delivery vs. payment)[64]으로 요약할 수 있으며, 결제와 함께 거래상대방 각자가 지닌 법적 의무는 사라지고 매수자·매도자 간 소유권 이전도 완료된다(Hasenpusch, 2009). 청산과 결제 간 시차는 현물증권에서는 1일에서 5일 정도지만 파생상품에서는 짧게는 1일에서 길게는 수년에 이르기도 한다.

예탁은 "증권을 대량으로 보유한 증권회사, 기관투자자 등이 증권을 맡겨 보관하며 양도나 질권설정 등 권리이전을 실물증권 인도 대신 '**계좌대체**' 방식으로 하는 제도"이다("유가증권 대체결제제도"라 함. 한국예탁결제원 웹사이트 참조). 예탁기능은 최근 전자증권제도를 국내 도입하면서 일반에게도 어느 정도 알려진 듯하다. 전자증권제도는 유가증권을 종이와 같은 실물증서가 아니라 전자적 방법으로 등록·발행·유통(예: 증권 양도와 권리 행사)하는 제도이다. **무권화**(DEMAT: dematerialization. **디맷**) 또는 증권 디지털화(digitization)라고도 한다. 선도자본시장에서는 적어도 2000년대 중반까지 자국의 금융

---

64 한국에서는 증권결제시스템을 통해 이루어진다. 한국금융결제시스템은 한은금융망(BOKWire+. 거액결제시스템. 한국은행), 소액결제시스템(금융결제원), 증권결제시스템(한국예탁결제원, 한국거래소), 외환결제시스템(CLS은행)이 긴밀하게 연계되어 있다. 김덕형, 2021. "지급결제제도의 이해". **한국은행**, (4월 30일).

과 시장 여건, 거래 관련 IT 수준 등을 고려해 다양한 방식으로 전자증권제도 도입을 마쳤다. 한국은 2016년 3월 **"주식·사채 등의 전자등록에 관한 법률"**(이하 "전자증권법")을 제정하고 **한국예탁결제원**(**KSD**: Korea Securities Depository)이 e-SAFE(전자증권시스템)를 구축하며 2019년 9월 도입하였다. 한국자본시장의 운용위험을 더욱 낮추고, 효율성과 투명성, 국제거래 안전성과 정합성을 한 차원 더 높이는 데 일조하리라 기대한다.[65]

(3) 청산·결제·예탁 관련 몇몇 사안

(가) 결제 주기와 STP

주식거래에서 **결제 주기**(settlement cycle/period)는 매매체결(T+0)에서 DvP로 거래 상대방 각자의 법적 의무가 소멸하기까지 걸리는 시간(예: T+2, T+3)을 의미한다. 주요 선도주식시장 대부분의 결제 주기는 매매체결시점(거래일. trade date)을 포함해 3영업일(T+2. T는 trade date의 약어)이다. 한국은 2013년 9월 이후 T+2이며, 참고로 미국은 오랫동안 T+3였다가 불과 5년 전(2017년 9월)에 T+2로 단축했다. 2024년 5월 28일까지 T+1로 또다시 단축한다고 한다(제6장 3절 참조). 결제 주기 단축은 해당 거래가 다양한 시장위험(예: 상대방위험, 신용위험, 부도위험)에 노출될 가능성을 낮추는 크나큰 성과이다(제12장 2절 바항 (2) 참조).

한국주식시장 결제 주기는 T+2이다. 세계주식시장에서 지극히 정상에 속한다. 그렇다 하더라도 매매체결 후 3영업일 동안이나 결제 관련 위험에 노출돼 있다. 물론 이는 T+2

---

65 전자증권제도 도입에 따른 시장참여자별 기대 효과는 대략 다음과 같다.

- 실물증권 위조/변조와 같은 사고 방지. 실물증권 발행·유통·보관비용 감소. 증자·배당 등 주주권 행사 편의성 제고.
- **〈발행기업〉** 자금조달 소요기간 크게 단축. 주주관리 효율성 증진으로 경영권 위협에 더욱 원활히 대응.
- **〈금융기관〉** 다양한 증권업무 비대면 처리 가능. 실물증권 관련 업무 부담과 비용 경감.
- **〈정책담당자〉** 조세회피, 자금세탁 등 음성적 실물증권 거래 차단. 증권 발행과 유통 정보를 효율적으로 활용할 수 있어 금융감독, 특히 기업지배구조 개선 노력에 도움.

한편, 국내 전자증권법 적용 대상 증권은 자본시장법에서 규정하는 대부분 증권(투자계약증권과 기업어음은 제외)과 CD이다.

를 사용하는 주요 선도주식시장 모두가 직면하는 문제이다. 이 대목에서 선도주식시장을 중심으로 **STP**(straight-through process. “**일괄처리**”/“**직통처리**”)를 구현하자는 논의가 등장했다. STP란 협의로는 증권거래(특히, 국제증권거래) 핵심 절차인 매매확인에서 결제에 이르는 후선업무를 “이음새 없이(seamless) 자동 처리하는 것”을 뜻한다. 광의로는 주문에서 시작해 매매체결, 청산·결제, 예탁과 담보관리까지 주식거래 전 과정을 유기적으로 자동 연계하는 것을 말한다.

(나) 자본시장 인프라에 블록체인/DLT 적용 가능성

요즈음 여기저기서 **블록체인**(blockchain)을 언급한다. 블록체인은 일종의 **분산원장기술**(DLT: distributed ledger technology)로, 누적 거래 데이터를 네트워크상 모든 참여 컴퓨터에 분산·저장함으로써 중앙관리기관 없이 거래 신뢰성을 확보할 수 있다(토큰화[tokenization], 암호화[encryption], 분산[distribution], 원자 결제[atomic settlement], 스마트 계약[smart contract] 등 **탈중앙화금융**[**DeFi**: decentralized finance] 생태계 핵심 기술 중 핵심).

이러한 장점을 활용한 블록체인 거래시스템은 보안성과 투명성이 높고, 거래단계 축소, 비용감소 등으로 거래 효율성도 높일 수 있다. 이에, 주요 글로벌 금융기관과 인프라 제공기관은 외화 송금, FMI 등에 상업화하려고 연구에 박차를 가하고 있다. 특히, 자본시장과 관련해서는 블록체인/DLT를 사적 자본시장의 증권 발행과 유통, 정규거래시장의 (매매체결), 청산·결제 플랫폼에 적용하려고 엄청난 노력을 기울이고 있다(제12장 2절 바항 (3)~(4) 참조).

2. 기능별 인프라 제공기관

자본시장에는 주식거래과정 기능마다 해당 기능을 주 업무로 담당·수행하는 인프라 제공기관이 있다. 전통적으로 주문제출은 (브로커·딜러 증권회사)/금융투자회사, 매매체결은 거래시장/(거래소), 청산/청산·결제는 청산기관/청산·결제기관, 결제/결제·예탁은 청산·결제기관/결제·예탁기관이 기능별 주요 인프라 제공기관이다. 덧붙여 2000년대

〈표 2-3〉 금융투자회사 유형, 업무 내용 및 주요 담당기관

금융투자업 유형	업무 내용	업무별 주요 담당 금융투자회사
투자매매업	자기매매업무(dealing[딜링]. 자기 계산으로 금융투자상품을 매수/매도. PI 업무) 인수업무(underwriting. 증권 발행과 인수)	증권회사/ 선물회사
투자중개업	위탁매매업무(brokerage[브로커리지]. 타인 계산으로 금융투자상품을 매수/매도)	
집합투자업	다수의 투자자에게서 모집한 자금을 독립 전문가(집합투자업자)가 운용하고 성과를 투자자에게 배분	자산운용사
투자자문업	투자 판단(예: 종목, 가격, 수량, 시기, 취득·처분 방법 판단)에 대해 자문	투자자문사/ 증권회사/ 자산운용사
투자일임업	투자 판단 전부 또는 일부를 일임받아 투자자별로 구분해 금융투자상품을 운용	
신탁업	투자신탁 - 집합투자기구(펀드)에서 투자자의 자금을 위탁받아 자신의 고유재산과 분리·보관하고 집합투자업자 지시에 따라 관리·처분	증권회사/ 부동산신탁회사

* 자료: 자본시장법 제6조.

중·후반 이후 자본시장 비즈니스 범위가 급속히 확대되고 시스템 안정성이 강조되면서 지수서비스회사, 데이터 수집/분석회사, 거래정보저장소, (심지어 관련 핀테크[FinTech] 기업)도 새롭게 주요 인프라 제공기관으로 떠올랐다.

가. (브로커·딜러 증권회사)/금융투자회사

2009년 2월 자본시장법 시행 이후 국내 금융업 체제는 은행(commercial bank), 금융투자회사, 보험사, 여신전문회사(대출만 가능. 예: **카드, △△캐피털, □□파이낸셜), 서민금융기관(예: 새마을금고)으로 나뉜다. 과거 증권회사, 선물회사, 자산운용사, 신탁회사, 종금사가 금융투자회사라는 하나의 큰 틀로 통합되었다. 요컨대 금융투자회사는 자본시장법상 금융투자업을 영위하는 회사로, 증권회사의 전통적 업무 범위를 넘어 훨씬 더 광범위한 금융서비스를 수행할 수 있는 기관이다(제16장 1절~2절 참조). “○○증권”이라 부르던 몇몇 증권회사가 “○○금융투자”로 이름을 바꾼 것도 이 같은 변화를 강조하기 위해서였을 것이다.

금융투자회사는 증권을 발행하는 기업(자금수요자)과 이를 매수하는 투자자(자금공급자) 간 중개자 역할을 한다. 따라서 금융투자회사 업무를 크게는 기업금융업무(기업 자금조달), 투자자 관련 투자중개업무(위탁매매)와 소매금융업무(고객 자산운용)로 구분하고, 여기에 고유자산 활용업무(예: 자기매매)와 신탁업무를 추가하곤 한다(〈표 2-3〉, 〈그림 2-5〉 참조).

국내 주식거래에서 주문제출과 관련한 금융투자업자는 증권회사, 자산운용사, 투자자문사(투자일임일 경우)이며, 이 중 증권회사만이 호가를 제출할 수 있다. 따라서 증권회사만이 브로커로서 또는 (자기매매 관련) 딜러로서 주문제출 전 과정의 업무를 수행할 수 있다.

금융투자업자와 함께 IB라는 용어가 심심치 않게 등장한다. 국내에서는 자기자본 3조 원 이상 금융투자업자를 **종합금융투자사업자**(종투사. 2013년 5월), 4조 원 이상 금융투자업자를 **초대형 투자은행**(2016년 8월)이라 하여 IB라 부른다.[66] IB란 무엇일까?[67] 일반적으로 IB는 유가증권 발행과 유통을 통해 기업에 중·장기 자금조달과 중개, M&A, 재무/경영 컨설팅 등의 서비스를 제공하며 수익 활동을 하는 금융기관이다. 그런데 이러한 기업금융업무는 증권회사도 수행한다. 두 기관의 차이는 주요 대상 고객, 규모, 전문영역 등에서 비롯한다. IB는 주 고객인 기업에 글로벌시장을 대상으로 기업공개, 주식/채권 발행, M&A 등 기업 생명주기(life cycle) 전반에 걸쳐 재무/경영 컨설팅 서비스를 포괄적으로

66 종합금융투자사업자제도는 금융투자업자의 IB 업무/기업금융업무 역량을 강화해 국내에 선도 IB 출현을 촉진하고자 도입되었다. 종합금융투자사업자는 증권회사 면허로는 불가능한 기업신용공여(대출)업무, **전담중개업무/프라임 브로커리지**(PBS: prime brokerage service. 예: 헤지펀드 운용에 필요한 종합서비스 제공), **내부주문집행업무(internalization)**를 할 수 있다. 이에 더해, 초대형 투자은행은 일련의 심사를 거쳐 단기금융업무(발행어음[만기 1년 이내로 고객에게 판매하는 약정 수익 금융상품. 시중은행 예금과 유사]업무)와 일반 외국환업무도 할 수 있다. 특히, 자기자본 8조 원 이상의 초대형 투자은행은 은행 예금통장과 비슷한 종합투자계좌(IMA: investment management account)업무도 할 수 있다. 이로써 정책당국은 중소·성장형기업에 대한 직접금융시장 기능을 활성화하고 국내 기업의 국외 대형 프로젝트 수행도 지원할 수 있기를 바랐다. 업계에서는 아직 종합금융투자사업자를 넘어 초대형 투자은행까지 지정받기를 원하지는 않는 분위기라고 한다. 인가 조건은 매우 까다로운데 혜택은 별로 크지 않다고 보기 때문이다(제16장 3절 가항 (3), 다항 관련 내용 참조).

67 글로벌 초대형 IB로는 골드만삭스(Goldman Sachs), 도이체방크(Deutsche Bank), 모건스탠리(Morgan Stanley), 바클레이즈(Barclays), 뱅크오브아메리카메릴린치(Bank of America Merrill Lynch), 시티그룹(Citigroup), 유비에스(UBS), JP모건체이스(JPMorgan Chase) 등이 있다.

〈그림 2-5〉 금융투자회사 업무 개관

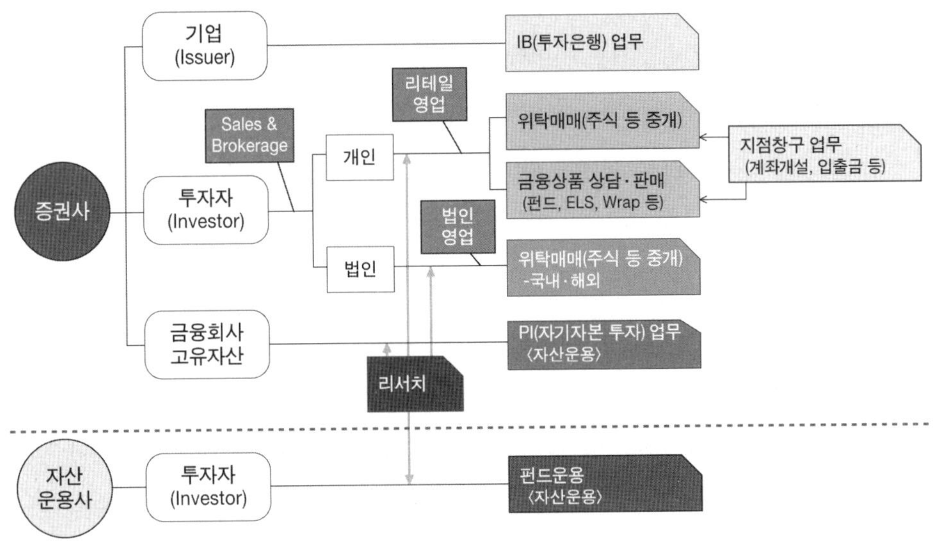

* 자료: 전국투자자교육협의회, 2016, "금융투자회사: 뭐하는 곳일까?"

제공한다. 이에 비해 증권회사는 개인/법인 고객의 주식·채권·파생상품에 대한 중개 서비스를 주 수입원으로 하며, 주요 활동무대가 국내시장이어서 IB와는 규모 면에서도 아주 크게 차이가 난다.

나. 거래시장

거래시장은 매매체결을 담당·수행하는 모든 기관을 통틀어 가리키는 용어이다. 2007년 미국과 유럽에서 자본시장 관련 법제가 탈바꿈하며 새롭게 쓰이기 시작했다(제9장~제10장 참조). **씨보글로벌마케츠**(**Cboe Global Markets**), Nasdaq, NYSE, TMX(이상 북미), DB, Euronext, LSEG(이상 유럽), **호주증권거래소**(**ASX**: Australia Securities Exchange), HKEX, JPX, KRX, **싱가포르거래소**(**SGX**: Singapore Exchange), **상하이증권거래소**(**SSE**: Shanghai Stock Exchange)(이상 아시아) 등 기존 거래소에다 2000년대 초부터 융성해 이제는 거래소 지위까지 얻기 시작한 수많은 ATS(대체거래시스템)를 망라한다.

ATS는 상장기능 없이 제한적 시장감시기능을 지닌 채 매매체결기능만 중점 수행하는 증권거래회사이다(엄경식, 2013a). 미국주식시장의 ECN("전자거래시스템"), 다크풀, 내부화 IB(법적으로는 ATS가 아니나 현실에서는 ATS로 취급), 유럽주식시장의 MTF(다자간거래설비), SI(시스템적 내부체결기능제공자) 등 형태도 다양하다. 거래하는 상품 범위를 장외파생상품으로 확대하면, SEF(스왑체결설비. 미국)와 OTF(조직화한 거래설비. 유럽)도 ATS에 추가로 포함할 수 있다(제3장 2절 가항 (4), 제5장 3절 가항 (4)와 나항 (2), 제6장 1절 다항, 제7장 1절 다항과 2절 나항 참조).

앞서 언급했듯이 미국에서 주식을 거래하려면 260여 거래시장 중 '최우선 가격'(best price. 매수[매도]의 경우 최우선매도[매수])을 제시하는 시장에서 반드시 매매체결 해야 한다. '최우선'(best)에 대한 정의를 달리하지만, 유럽의 현실도 미국과 비슷하다. 그만큼 미국과 유럽에서는 시장 간 경쟁이 치열하다. 이들과 비교해 경쟁 강도는 훨씬 낮지만, 싱가포르, 일본, 호주, 홍콩 등 아시아 주요 주식시장도 기본적으로 예외는 아니다. 어쨌든 미국과 유럽주식시장에서 ATS가 차지하는 거래 비중은 이제 기존 정규거래소가 위협을 느낄 만큼 상당하다(제12장 1절 나항 참조). 심지어 아시아 주요 자본시장조차 ATS를 통한 거래 비중이 의미를 갖기 시작했다(제7장 부록 1 참조). 한국자본시장에는 아직 ATS가 없으며, 따라서 당연히 시장 간 경쟁도 없다. 선도자본시장에서는 이미 20년 넘게 성장해 융성해진 ATS가 안타깝게도 한국의 젊은 금융인에게는 너무나 생소한 거래시장일 뿐이다. 글로벌 금융시장을 무대로 맹활약해야 할 핵심 세대에게 말이다.

거래시장은 정책담당자의 규제 강도에 따라 정규거래시장(정규시장. 장내증권시장)과 비정규거래시장(비정규시장. 장외증권시장)으로 구분한다(제1장 4절 다항 참조). 정규거래시장은 상장기업 특징에 따라 크게 **주시장**(main board)과 **성장형시장**(growth market. **신시장**[new market])으로 나뉘며, ATS가 이들 시장 경계를 넘나들며 독특하게 한 자리를 차지한다. 주시장은 전통산업에 속하는 대기업 또는 중견기업, 성장형시장은 혁신형 중소·벤처기업의 자금조달과 유통시장이다. 비정규거래시장은 비상장기업의 자금조달과 유통시장이다. 모든 비상장기업을 대상으로 하는 **조직화한 장외주식시장**(OTC market: over-the-counter market)과 특정 기업군만을 대상으로 하는 **사적 자본시장**(private

〈그림 2-6〉 주식시장 생태계—미국주식시장

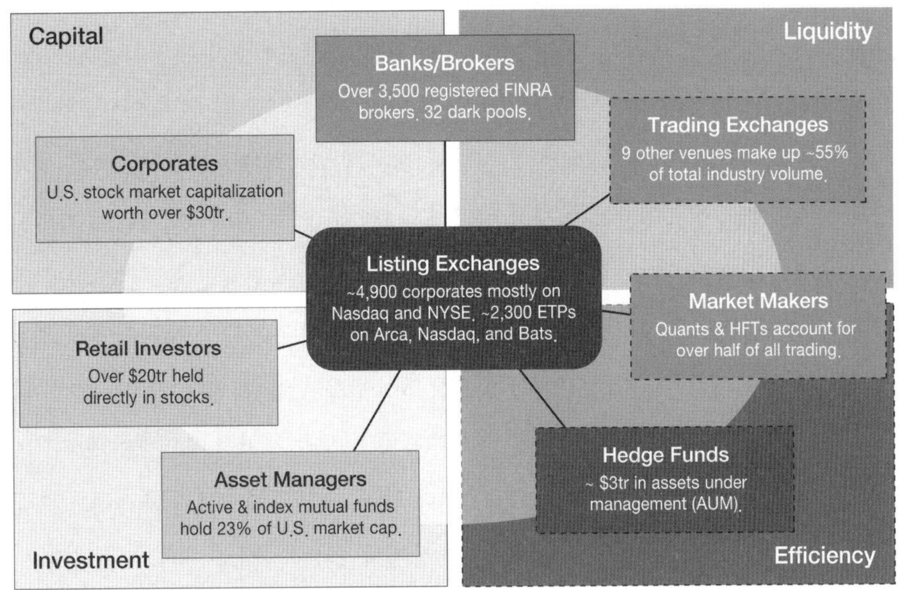

* 자료: Mackintosh, P., 2020. "An Intern's Guide to the Market Structure Galaxy". **Markets Media**, (July 17).

* **상장거래소(Listing Exchanges)**: NYSE와 Nasdaq에 약 4,900개 기업 상장. Arca, Nasdaq, Bats에 약 2,300개 ETP(ETF, ETN 등 상장지수상품) 상장. 그림 오른쪽 위 유동성(Liquidity)부터 시작해 효율성(Efficiency), 투자(Investment), 자본조달(Capital) 순으로 설명하면 다음과 같음. **정규거래소(Trading Exchanges)**: 바로 위 "상장거래소"에서 언급한 4개 외에 추가로 9개 존재. 총 13개 거래소(2020년 가을 3개, 2022년 1월 1개 신설로 2022년 12월 현재 총 17개). 주식시장 총거래량의 55%만이 이들 정규거래소에서 발생. **시장조성인(Market Makers)**: 퀀트, HFT 증권회사로서 총거래량의 50% 이상 담당. **헤지펀드(Hedge Funds)**: 총운용자산(AUM) 3조 달러(3,900조 원). **자산운용사(Asset Managers)**: 미국주식시장 시가총액의 약 23%에 해당하는 액티브(active)/인덱스 뮤추얼펀드 운용. **개인/소매투자자(Retail Investors)**: 20조 달러 주식 보유(2경 6,000조 원. 미국 개인투자자 비중: 34%). **기업(Corporates)**: 정규거래소를 통해 30조 달러(3경 9,000조 원) 자본조달. **(투자)은행/브로커(증권회사)(Banks/Brokers)**: 3,500개 이상의 핀라(FINRA) 등록 브로커와 32개(지금은 50여 개) 다크풀 존재(현재 여기에 내부화 IB를 합치면 260여 개 거래시장 존재).

capital market)으로 나뉜다. 이들 5개 시장 위계가 대략 한 나라의 시장구조를 완결한다(제3장 2절 가항 참조).

흔히들 "유동성은 유동성을 부른다"(liquidity begets liquidity)라고 한다. 어떤 거래시장에서 매매가 활발히 이루어지면 다른 거래시장의 투자자들도 옮겨와 활동하면서 이 시장의 유동성은 더욱 풍부해진다는 의미이다. 이를 **유동성 외부효과**(liquidity externalities) 또는 **네트워크 효과**(network effect)라 부른다.[68] 유동성이 풍부할수록 가격은 더욱더 정확하고 신속하게 정해진다. 매매체결기능에는 이 같은 **자연독점**(natural monopoly)[69] 특성이 내재해 있다. 과거에 각국 거래소가 독점이었던 가장 큰 이유이다.

그렇다면 매매체결기능에 내재한 자연독점 특성과 완전경쟁에 가까운 현실 세계의 수많은 거래시장은 이율배반적 현상이 아닐까? 그렇지 않다. 매매체결기능의 자연독점 특성은 언제나 유효하다. 따라서 수많은 거래시장을 마치 '독점체인 양' 운영하면 된다. 다시 말해, 거래시장 간 경쟁을 자유롭게 허용하되 매매체결은 그중 투자자에게 조건을 가장 유리하게 제시하는 거래시장에서 하도록 시스템을 만들면 된다. 이러려면 수많은 거래시장을 물리적 네트워크로 연계해 하나의(독점) 시장인 것처럼 운영해야 한다. 미국과 유럽에서 현재 실행하는 방식이다. 2000년대 들어 거래 관련 ICT가 혁신적으로 급속히 발전하며 현실화할 수 있었고 선도거래시장에서 1국 1거래소 체제가 무너지는 데 혁혁한 공을 세웠다(상세한 논의는 **제11장~제12장** 참조). 참고로, 〈그림 2-6〉은 세계 최대 주식시장인 미국주식시장의 생태계(상장기업·투자자·거래시장·금융업자)를 주문제출과 매매체결을 중심으로 요약해 보여준다.

다. 청산기관과 결제·예탁기관

청산, 결제, 예탁기능은 각국의 전통과 관행에 따라 청산기관, 청산·결제기관, 또는 결제·예탁기관 등에서 담당한다. 매매체결처럼 이들 기능도 자연독점적이어서 1국 1기관(예: 1청산, 1결제·예탁기관 또는 1청산·결제, 1예탁기관)이 일반적 구조였고 대부분 지금도 그렇

68 컴퓨터 운영체제(OS: operating system) 경쟁 상황을 예로 들기도 한다.

69 재화나 서비스 특성상 단일기업이 생산·공급할 때 효율이 가장 높아 시장에서 자연스레 이루어지는 독점을 말한다. 매매체결이나 청산·결제, 예탁 서비스 외에, 예를 들어, 전기, 전화, 수돗물 공급은 규모의 경제로 말미암아 독점기업이 공급할 때 가장 싼 가격에 생산할 수 있다. 하지만 소비자에게 독점에 따른 피해가 발생할 수도 있어 대부분 국가에서는 이들 기관이 적정가격을 유지하도록 규제를 가한다.

다(제3장 2절 나항 (2) 참조).

먼저, 미국주식시장은 **DTCC**(Depository Trust & Clearing Corporation. "**미국 중앙 예탁·청산회사**")가 자회사를 통해 청산, 결제·예탁기능을 단독으로 수행한다. 즉, 경쟁이 엄청난 매매체결기능과는 달리, 후선업무 기능은 수직적으로 통합돼 있다.[70] 이들 기능의 자연독점 특성과 기능 간 자연스러운 연계를 함께 반영한 결과로 보인다. 청산은 **NSCC**(National Securities Clearing Corporation. "**전국증권청산회사**")가,[71] 결제·예탁은 NSCC의 결제지시를 받아 **DTC**(Depository Trust Company. "**예금신탁회사**")가 각각 담당한다(제6장 3절 참조).

유럽주식시장에서는 **LCH**(영국·프랑스. LSEG 자회사), **Eurex Clearing**(독일. DB 자회사. "**유렉스청산회사**"), **Cboe Clear Europe**(Cboe Global Markets 자회사. **씨보클리어 유럽**)이 청산/청산·결제를, **유로클리어**(**Euroclear.** 벨기에 글로벌 결제·예탁기관), **클리어스트림**(**Clearstream.** DB 자회사)이 결제/결제·예탁을 과점한다. 독점기관인 DTCC가 효율을 극대화한 미국과는 다소 차이가 있어 보인다. 사실 그렇다. 특히 주식거래 결제 분할로 말미암아 **EU**(European Union. **유럽연합**) 회원국 간 거래에서 발생하는 결제비용은 최근까지 미국이나 회원국 내 비용보다 7~10배 정도 비쌌다고 한다(엄경식, 2019). 글로벌 자본시장의 주도권을 놓고 미국과 경쟁을 벌이는 유럽국가에 보통 큰 문제가 아니었다. 2017년 9월, 10여 년간 노력 끝에 **유럽중앙은행**(**ECB**: European Central Bank)의 **T2S**(TARGET2-Securities. EU 회원국 **중앙예탁기관**[**CSD**: Central Securities Depository]의 결제 플랫폼 통합 프로젝트) 완료로 이 문제는 이제 상당 부분 해소됐다(제7장 3절, 제10장 3절 나항 (10) (나) 참조).

---

70 파생상품 청산·결제는 CME Clearing House(CME, CBOT[씨밧] 등이 사용. "**CME 청산소**"), ICE Clear US/ICE Clear Credit(ICE가 사용. "**ICE 클리어-미국**"/"**ICE 클리어-크레디트**"), **OCC**(Option Clearing Corporation. CBOE, Nasdaq 등이 사용. "**옵션청산회사**") 등 파생상품거래소가 소유하거나 연계하는 청산·결제기관에서 개별적으로 이루어진다. 그러나 장외파생상품 장내 의무청산 시행에 따라 DTCC가 이 부문에 진출하면서 현물과 파생상품 간 청산·결제기관 분리 현상은 이제 예전만큼 명확하지는 않다. 참고로 DTCC는 사용자(예: 은행, 브로커/딜러)가 공동으로 소유하는 민간기업이다.

71 채권(재무성증권 포함)의 경우, DTCC는 별도 자회사 **FICC**(Fixed Income Clearing Corporation. "**채권청산회사**")를 산하에 두고 청산업무를 수행한다.

〈그림 2-7〉 LSEG 사업 부문별 이익 비중

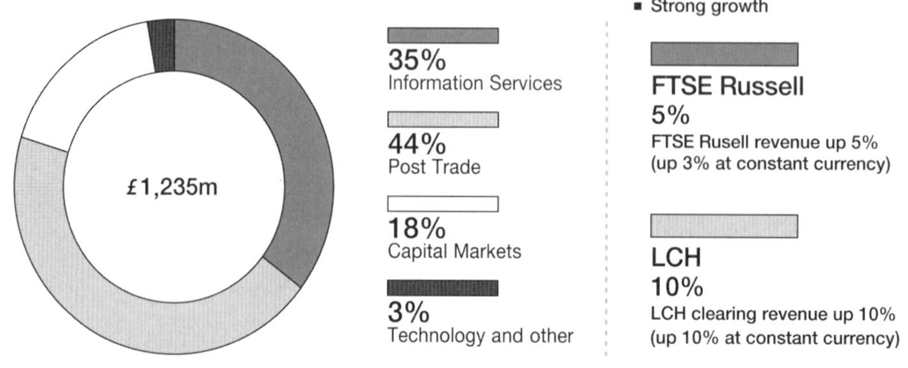

* 자료: Basar, S., 2020. "LSEG Discusses Sale of MTS and Borsa Italiana". **Markets Media**, (July 31).
* 2020년도 상반기 LSEG 사업 부문별 이익 비중: 후선업무 부문(Post Trade) 44%, 정보서비스 부문(Information Services) 35%, 매매체결 부문(Capital Markets) 18%, IT 부문 외(Technology and other) 3%. 성장세가 두드러진 자회사(Strong growth): FTSE Russell(5%), LCH(10%).

ASX, HKEX, JPX, SGX 등 아시아 주요 거래소는 모두 다 상장 지주회사이다. JPX를 제외하고 이들 거래소는 매매체결, 청산, 결제, 예탁 등 주식거래 전 과정을 자회사가 담당한다. 자국 자본시장의 국제경쟁력 강화에 초점을 두고 자본시장의 규모와 자연독점 특성을 총체적으로 고려해 결정한 정책적 산물이다. 이와는 달리, 한국주식시장에서는 KRX가 매매체결과 청산을, KSD가 결제·예탁을 나누어 담당한다. KSD는 지분 75% 이상을 KRX가 보유하고 있다. 하지만 이는 형식적일 뿐 실제 모회사 권한을 행사할 수 없어 두 기관의 관계는 꽤나 미묘하다(제14장 4절 다항 참조).

라. 금융데이터/지수 제공기관, 거래정보저장소

매매체결, 청산, 결제, 예탁 등 주식거래과정의 핵심 기능에 결부된 인프라 제공기관 외에 최근에는 금융데이터를 수집, 가공·분석, 지수화하는 서비스가 자본시장의 중요 인프라로 크게 부상했다. 이는 특히 유럽주식시장에서 두드러지게 나타나는 현상으로 그 중심에는 LSEG가 있다.

〈그림 2-7〉은 2020년도 상반기 LSEG 사업 부문별 이익 비중을 나타낸다. 후선업무 부문(Post Trade)과 정보서비스 부문(Information Services)이 상반기 총이익 12억 3,500만 파운드(2조 원) 중 44%와 35%를 각각 차지하며 압도적 비중을 보인다(참고로 후선업무 부문 비중은 2021년 1월 어쩔 수 없이 **이탈리아거래소**[Borsa Italiana. **보르사이탈리아나**]를 매각해야 해서 이후 당분간 크게 축소될 전망). 한편, 전통적으로 거래소의 주 수입원이었던 매매체결 부문(Capital Markets)은 비중이 18%에 불과하다.

정보서비스 부문 이익 비중이 이처럼 높은 데는 장기간 유럽에서 진행된 법제 변화가 자본시장에 미치는 영향을 LSEG가 꿰뚫어 보았기 때문이다. 정보서비스 부문에 대한 LSEG의 전략적 확충은 적어도 2012년까지 거슬러 올라간다. LSEG는 1995년부터 지수회사 **풋치**(**FTSE**: Financial Times Stock Exchange)를 피어슨(Pearson) 출판사와 50%씩 공동으로 소유했었다. 그러던 차에 2012년 이를 100% 자회사로 완전히 인수하고, 미국 금융데이터·지수 제공회사 **러셀**(Russell. Russell 3000 지수 산출회사. 2014년 6월)도 연이어서 인수했다. 이 결과 정보서비스 부문 이익 비중이 35%로 껑충 뛰었다. 하지만 여기서 끝내지 않고 2021년 1월 또다시 글로벌 2위 금융데이터·인프라 제공회사 **레피니티브**(Refinitiv. 舊 톰슨 로이터스[Thomson Reuters] 재무·위험사업 부문)마저 손에 거머쥐었다(제5장 3절 라항 참조).

정보서비스 부문에 대한 LSEG의 공격적 투자 이면에는 몇 가지 이유가 있었다. 첫째, EU 자본시장 규제이다. 주식시장에 실시간 통합정보 제공기관이 존재하는 미국과 달리, 유럽은 거래시장이나 상업적 공시기관(예: APA[Approved Public Arrangement. **인정공시기관**])에 통합정보 제공기능을 맡겼다. LSEG의 레피니티브 인수는 이 시장의 엄청난 성장 가능성을 내다본 결정이었다. 덧붙여 2009년 피츠버그(Pittsburgh) G20 정상회담 의무합의사항에 따라 모든 장내·외파생상품 거래의 양방 당사자는 **에스마**(**ESMA**: European Securities and Markets Authority. **유럽증권시장청**)가 인증한 **거래정보저장소**(**TR**: trade repository)에 거래 후 세부 사항을 보고해야 했다. 이 때문에, 유럽에서는 TR이라는 인프라 제공기관이 새롭게 등장하며 금융데이터산업과 지수산업 시대를 열어젖혔다.

LSEG도 유나비스타(UnaVista)를 새로 설립해 글로벌 TR로 운영하고 있다(〈그림 5-2〉 참조).[72]

둘째, 정보서비스 부문의 중요성은 주식시장의 상품개발과 아주 밀접한 관계가 있다. 앞서 파생상품 설명에서 "지수로 수치화할 수 있다면 모두 다 파생상품 기초자산이 될 수 있다"라고 한 적이 있다(제1장 3절 다항 참조). 하나의 파생상품을 개발해 성공하면 그 수익가치는 말로 표현할 필요가 없다. 선도자본시장이 모를 리가 없다. LSEG 경영진과 구성원은 이를 먼저 포착해 치열한 경쟁을 뚫고 성공적으로 비즈니스화를 해냈다. LSEG 사례는 현재/미래 주식시장에서 정보서비스 부문의 중요성이 얼마나 큰지를 여실히 보여준다.

한국에는 거래시장이 KRX 하나뿐이다. 지금으로서는 장내시장에 별도의 통합정보제공기관이 필요하지는 않다. 그러나 이는 경쟁이 없어서 그렇지 거래시장의 효율성과 경쟁력이 높아서 그런 것은 절대 아니다. 주요국마다 장외시장 정보 제공에 필요한 TR 설치는 2009년 피츠버그 G20 정상회담 의무 합의사항이다. 미국(SDR)과 유럽 선도자본시장(TR)은 물론이고, 일본(2013년 4월), 호주(2013년 10월), 싱가포르(2014년 4월), 홍콩(2015년 7월) 등 아시아 주요 자본시장도 일찌감치 TR을 구축·운영하며 자국 자본시장의 시스템 안정성을 강화했다. 한국은 KRX를 거래정보저장소(**KRX-TR**)로 선정하고 2021년 4월 출범해 운영에 들어갔다.

72 미국도 2009년 피츠버그 G20 정상회담 의무 합의사항에 따라 2010년 **"도드-프랭크법"**(**Dodd-Frank Act**. "The Dodd-Frank Wall Street Reform and Consumer Protection Act of 2010")에 거래정보저장소(엄밀하게는 **SDR**[swap data repository. **스왑데이터저장소**]) 설립을 법규화했고 이를 이용해 규제기관이 장내·외파생상품 거래 세부 내용에 접근할 수 있도록 했다(제6장 4절 나항 참조). LSEG UnaVista 외에, 글로벌 TR로는 ICE(NYSE 모회사) 트레이드볼트(Trade Vault), **시카고상품거래소**(**CME**: Chicago Mercantile Exchange) TR, DTCC "파생상품거래저장소"(DRR: DTCC Derivatives Repository) 등이 있다. 장외파생상품에 대해 매매체결, 후선업무(예: 위험관리), 지수/데이터 서비스를 제공하는 중요 글로벌 기관으로는 IHS Markit, **NEX**(舊 ICAP. 2018년 CME에 합병) 등이 있으며, 정보서비스 시장을 놓고 독립회사와 거래소 산하 자회사 간 글로벌 경쟁은 점점 도를 더해가는 양상이다.

제3장
주식시장구조

1. 정의와 결정요인으로서 법제

주식시장에서 시장구조(market structure)는 본디 거래소가 매매체결에 사용하는 메커니즘, 관련 원칙과 제도/규정 등을 의미했다. 거래시장이 거래소, 그것도 1국 1거래소일 당시 사용한 개념이다. 지금도 시장구조에 대한 정의 중 하나(즉, **시장미시구조[market microstructure]**)로 물론 유효하다. 그러나 경제성장과 함께 자본시장의 모습이 근본적으로 변해 시장구조가 지닌 역할에 관한 정책 패러다임(paradigm)을 재정립해야 하는 상황이 되면서, 이 개념만으로 현실을 설명하기에는 의미상 폭이 너무 좁았다. 특히, 기능별 FMI 제공기관의 국가 내 위계(hierarchy)나 수, 소유·지배구조 등(즉, **시장거시구조[market macrostructure]**)이 시장구조로서 새롭게 중요한 의미를 갖게 되었다. 이 과정을 한 번 살펴보도록 하자.

18세기와 19세기 초에 걸쳐 근대적 의미의 거래소를 출범시킨 유럽 주요국과 미국은 2000년 전후까지 아주 오랫동안 대개 1국 1거래소, 1청산기관, 1결제·예탁기관 체제를 유지했다. 하지만 선도자본시장의 이러한 모습은 1975년 미국에서 증권거래법을 개정("The Securities Acts Amendments of 1975")하면서 완전히 변하기 시작한다.

좀 더 구체적으로, 1975년 미국은 현행 **NMS**(National Market System. "**전국시장시스템**")를 청사진으로 그려놓고 "**증권거래법**"(SEA: "The Securities Exchange Act of 1934")을 개정하였다. 개정의 핵심 철학은 주식거래시장이 지닌 자연독점 특성에 경쟁을 가미하되 독점과 경쟁이라는 이율배반적 두 요소의 장점만을 얻어내는 데 있었다. 전권을 이어받은 **증권거래위원회(SEC**: Securities and Exchange Commission)는 이에 기반해

"시장 간 연계를 통한 경쟁 촉진"과 "투자자 보호"를 정책의 기본방향으로 설정하고, 2007년까지 이후 30여 년간 **렉 엔엠에스(Reg NMS**: Regulation NMS. "**NMS 규정**")[73] 시행(2007년 3월)을 지향점으로 한 수많은 시장구조 관련 법제를 정비했다(엄경식, 2019. 〈표 9-1〉 참조).[74] 현재 미국주식시장의 핵심 구조는 Reg NMS 시행과 함께 모두 다 확정되었다(제9장 1절 참조).

자본시장을 두고 미국과 각축을 벌이는 유럽도 30년 이상 미국서 진행된 이 모든 과정을 속속들이 잘 알고 있었다. 세계적으로 귀추가 주목되던 공공연한 사실이었기 때문이다. 매우 이질적인 국가들의 연합체인 EU는 준비를 마쳤든 그렇지 않든 어떻게 해서라도 미국의 시행 시점에 맞춰 같은 취지의 법을 시행할 수밖에 없었다. 유럽판 Reg NMS인 **미피드(MiFID**: Markets in Financial Instruments Directive. **금융상품투자지침**)가 바로 그것이다(제10장 1절 참조).

미국과 유럽에서 자본시장 관련 법제 패러다임이 한데 수렴하자 선도자본시장들이 지향하는 구조 또한 형태가 비슷비슷해졌다.[75] 미국의 경우 하나의 국가로서, 유럽의 경우 하나의 공동체로서. 새롭게 형성된 미국과 유럽 선도자본시장의 구조를 아시아 주요국들이 본받아 추구하면서 이는 곧 주식시장 구조의 글로벌 흐름으로 정착하게 된다. 이제, 한국을 제외한 모든 선진경제에서는 1국 1거래소가 아니라 '1국 또는 국가 개념 없이 다수의 거래시장'이 자연스러운 현상이며, 일반대중도 이들 거래시장이 더는 공기업이 아니라 영리 목적의 상장 지주회사라는 사실을 당연하게 받아들이게 됐다. 제약은

73 미국 법체계에서 규정(regulation)은 연방법(federal law)이 부여한 권한을 근거로 연방정부 각 부처가 제정한다. 한국의 시행령에 해당한다. 구체적으로, 행정입법 권한이 있는 연방정부 각 부처는 "연방관보"(Federal Register)에 규정의 제정/개정/폐지안(proposed rule. 案)을 게시해 공개 협의(consultation) 절차를 거친 뒤 이 안을 확정/파기한다. 이때 확정된 안이 (시행)'규칙'(rule)이다. 법과 마찬가지로 이러한 각 규칙은 주제별로 묶어 현행화 작업을 거친 뒤 발표하며 이 같은 규칙 묶음을 규정이라 한다.

74 SEC는 1975년 증권거래법 개정 시점부터 정확히 30년 후 Reg NMS를 제정하고(2005년 6월) 그 즉시 시행하려 했다. 그러나 기존 거래소(NYSE, Nasdaq)의 저항과 IT 미비로 2년의 유예기간을 거친 후에야 시행할 수 있었다.

75 자본시장에서 법제의 핵심 원칙, 주목할 만한 특징, 글로벌 규제·감독 구조와 주요 기관에 관해서는 **제8장**을 참조하기 바란다.

있지만, 1국 1청산기관/1결제·예탁기관도 '국가 개념 없이 소수의 글로벌 또는 해당 지역 내 주요 청산기관/결제·예탁기관'이 경쟁하는 구조로 기조가 바뀌기 시작했다(미국은 예외. 주석 77, 제6장 3절 참조). 시스템적으로 중요해 정책당국의 감독을 면밀히 받아야 하지만 이들 후선업무 기관 역시 민간 주식회사이다.

한편, 세계자본시장의 구조적 변화에 대해 한국자본시장의 응답은 자본시장법 시행(2009.2.4.)이었다(제16장 참조). 2000년 전후로 진행했던 여러 시장구조 관련 개혁적 시도가 무산되거나 극히 일부밖에 결실을 보지 못한 상태에서(제14장 참조), 자본시장 관련 7개 법만이라도 통합해 글로벌 자본시장의 대세를 붙잡아 보려 했던 정책당국의 고뇌에 찬 결과물이라 할 수 있다. 문제는, 몇 차례 개정에도, 놓쳐버린 기회로 치러야만 하는 눈에 보이지 않는 대가가 너무 크고 시간이 지날수록 증폭하고 있다는 점이다. 이 책에서 설명하는 선도자본시장 논의 대부분이 거의 모든 독자에게 우리와는 동떨어진 남의 나라 일로 비칠 수밖에 없는 이 현실을 어떻게 설명할까? 글로벌 자본시장을 무대로 활동하고 싶은 한국 젊은이들은 바로 그 무대의 현실과 구조에 대해 얼마만큼 알면서 꿈을 가꿔나가는지 매우 염려스럽다.

이렇듯 법제 환경변화로 이제 자본시장, 좁혀서 주식시장 구조는 시장거시구조와 시장미시구조로 나뉘며 경제적 의미를 갖게 되었다(박종호·빈기범·엄경식[Park, Binh, Eom], 2016). 1국 1거래소, 1청산기관, 1결제·예탁기관 체제가 더는 유효하지 않은 지금, 시장거시구조란 한 나라 주식시장에는 몇 개 시장이 있으며/있어야 하며 왜 그래야 하는지, 이들은 어떤 관계를 갖는지, 매매체결, 청산, 결제·예탁기관은 어떤 소유·지배구조하에 있는지/있어야 하는지, 주식거래 전 과정을 통틀어 자본시장은 얼마나 효율적인지 등을 의미한다. 이에 비해, 시장미시구조는 시장구조에 대한 전통적 개념으로 매매체결기능을 담당하는 거래시장 내 거래 메커니즘, 원칙, 제도·규정 등을 의미한다. 설명의 편의상 주식시장에 한정하지만, 논의의 틀은 여타 주요 금융상품시장(예: 채권시장, 장내·외파생상품시장, FX 시장) 구조에도 똑같이 적용할 수 있다.

2. 시장거시구조

한 나라의 경제에서 성장형산업이 전통산업과 구별될 만큼 자리를 잡아가면 자본시장에서도 성장형시장의 분화가 나타나기 시작한다. 이는 지난 반세기 동안 글로벌 자본시장에서 겪은 경험을 통해 어렵지 않게 유추할 수 있다. 두 산업은 기업의 특성이나 위험, 투자자 그룹의 "위험-수익 특성"(risk-return profile) 측면에서 서로 판이하다. 따라서 성장형기업(예: ICT 기업) 비중이 괘도에 올랐음에도 이들 기업을 계속해 주시장에 한데 섞여 놓으면 시장관리 효율성이나 정책 추진 일관성 측면에서 큰 어려움을 겪는다. 성장형기업 전용시장을 만들어 그들만의 리그(league)를 갖게 해주는 게 훨씬 유익하다(물론 부정적 측면도 있다. 제7장 1절 나항 (1) 참조). 만일 성장형산업 내에 또 다른 산업이 주요 산업/특수 기업군(예: 유니콘, 새싹기업)으로 비중 있게 자리를 잡아가면 이 같은 상황이 반복될 것이다. 한 나라의 자본시장은 이런 식으로 세부 위계를 갖춰 나아간다. 한편, 이처럼 성장형시장이 등장하기 전에는 중소기업 전용시장의 분화가 선도자본시장을 중심으로 일어나곤 했다(예: 미국 AMEX[現 NYSE American]). 오랜 역사를 지닌 대형 자본시장이었기에 가능했을 것이다.

금융위원회, SEC, ESMA는 한국, 미국, 유럽에서 각각 자본시장을 가꿔나가는 정책담당자이다. 이들은 모두 '자본조달의 효율성과 편의성', '투자자 보호', '시장 건전성과 안정성' 확보를 정책의 금과옥조로 여긴다. 위에서 언급했듯이, 기업 특성이나 위험이 현저히 다른 산업군을 별도 시장을 통해 관리하면, 정책담당자는 기업과 투자자에게 자금조달과 투자 기회를 보다 효율적으로 제공할 수 있고, 더불어 이질적인 기업 간에 불필요한 위험 전이[76]를 미연에 방지해 시장 건전성과 안정성도 더욱 효과적으로 제고할 수 있다. 하지만 이 같은 목표를 제대로 달성하려면, 무엇보다 먼저 시장분화에 뒤따르는 개별시장 간 위계와 역할을 정책담당자가 사전에 최적으로 조율해 설정해놓아야 한다.

---

76 예를 하나 들어 보자. 2000년 전후로 닷컴(.com) 기업 거품이 꺼지면서 코스닥시장 주가는 대폭락했다. 만일 코스닥시장 기업이 유가증권시장(당시 한국증권거래소)에 모두 함께 상장됐더라면 코스닥시장에 나타난 투자자들의 비이성적 패닉 현상은 거래소 전체로 번졌을 것이다. 이랬더라면 유가증권시장의 전통기업 주가도 공통요인(예: 거시경제 요인 불안)에 따른 동반 하락 수준을 넘어(즉, 필요 이상으로) 훨씬 더 폭락했을 수 있었을 것이다.

시장거시구조는 ① 이처럼 한 나라의 주식시장을 완결적으로 구성하는 개별시장 간 위계와 역할, ② 매매체결, 청산, 결제, 예탁기능을 수행하는 자국 내 인프라 제공기관의 소유·지배구조와 같은 이른바 시장 디자인(market design)을 의미한다(엄경식·강형철·이진호·이지혜, 2016).

가. 주식시장을 구성하는 개별시장 간 위계와 역할

위계 측면에서 살펴본 한 나라의 주식시장은 보통 주시장, (신시장)/성장형시장, 조직화한 장외주식시장, 그리고 이 모든 시장을 넘나드는 ATS로 이루어져 있다. 미국에서조차 아직은 시작 단계지만 **유니콘**(unicorn. 시장가치 10억 달러[대략 1조 원] 이상 비상장기업) 주식을 거래하는 사적 자본시장이 조직화한 장외주식시장과 결을 달리하며 거시구조 하부시장의 한 축을 담당하기도 한다(〈그림 3-1〉 참조).

한국주식시장에 이를 적용해보면 **유가증권시장**(KOSPI)은 주시장, **코스닥시장**(KOSDAQ)은 (신시장)/성장형시장, **코넥스시장**(KONEX)은 하위 신시장(junior market), **KSM**(KRX Startup Market)은 크라우드펀딩(주석 9 참조)을 통과한 새싹기업 중심의 조직화한 장외주식시장, K-OTC/K-OTCBB는 **한국금융투자협회**(KOFIA: Korea Financial Investment Association) 산하의 조직화한 장외주식시장이다. 이 밖에도 순수 장외주식시장으로 38커뮤니케이션, JStock, 증권플러스 비상장, 서울거래 비상장 등이 있다. 이들 개별시장은 각자의 경제적 역할을 서로 다른 위상에서 계층적으로 수행하지만, 동시에 한국주식시장 전체의 성장과 발전을 위해 서로 유기적인 관계를 맺고 있다. 물론 금융위원회의 정책철학에 근거해 그렇다. 한편, 선도주식시장과는 달리 국내에는 실질적으로 제 기능을 수행하는 ATS가 아직 존재하지 않는다.

이 항에서는 한 나라 주식시장의 거시구조를 완결적으로 구성하는 개별시장의 분류, 위계 및 역할을 설명하고 세계 주요 시장의 예를 위계별로 제시한다. 약어가 많지만(〈주요 약어〉 참조), 이 책의 나머지 부분을 흥미롭게 읽어나가는 데 꽤 유용할 것이다. 서술 순서는 정점인 주시장에서 시작해 단계별 하위시장으로 내려가는 방식을 따른다.

(1) 주시장

KRX 유가증권시장은 그 전신이 오랫동안 국내 유일의 정규시장이었던 **한국증권거래소(KSE**: Korea Stock Exchange)이다. 이 사실은 일반대중에게 주시장이라는 용어가 함축한 모든 의미를 대변한다. 즉, 주시장은 각국의 대표 거래시장이며, 주로 전통산업에 속하는 대기업과 중견기업을 상장 대상으로 한다.

주시장의 이러한 특성은 ICT 산업이 각국의 주요 산업기반이 되면서 점차 모호해졌다. 대표적인 예로 미국에서는 전 세계 (신시장)/성장형시장의 대명사였던 Nasdaq의 위계가 시나브로 주시장 영역으로 확대됐다. 이러자 기존 유일의 주시장이었던 NYSE가 2013년 트위터(Twitter)를 상장시켰고, 이후부터 NYSE와 Nasdaq은 전통기업, 성장형/ICT 기업을 막론하고 상장을 놓고 치열하게 경쟁을 벌이고 있다. 더 나아가, ATS로 출발한 **배츠(BATS**. 現 Cboe U.S. Equities)가 미국 제2위 주식시장(거래량 기준) 자리를 놓고 Nasdaq과 엎치락뒤치락 경쟁하면서, 미국 시장거시구조는 주시장, 성장형시장, 대형 ATS 할 것 없이 위계가 상당히 뒤엉켜져 버렸다(제12장 1절 가항 참조). 물론 시간이 지나면 어떤 형태로든 정리·진화가 완료되겠지만, 어쨌든 이 같은 현상은 다른 주요 국가에서도 아마 비슷하게 발현되리라 조심스레 예상해본다.

글로벌 주식시장에서 영향력을 행사하는 주요 주시장은 다음과 같다.[77]

- 북미·남미 — NYSE(미국), Nasdaq(미국), TMX 산하 TSX(캐나다), **B3**(B3 S.A.—Brasil, Bolsa, Balcão. 舊 BM&F Bovespa) 산하 **브라질증권거래소(Bovespa. 보베스파**. 브라질).

77 상당수 선도자본시장은 지주회사여서 주시장, (신시장)/성장형시장, 청산기관, 결제·예탁기관을 자회사로 산하에 둔다. 물론 결제·예탁기관의 경우에는 각국이 처한 상황에 따라 자국 내 독립기관이나 글로벌 기관을 활용하기도 한다. 한편, 미국은 이러한 추세에서 예외이다. NYSE와 Nasdaq이 이미 오래전부터 자리를 확고히 했고 후선업무 또한 DTCC가 독점 담당해왔기 때문이다(제6장 1절, 3절 참조). 이 같은 역사적 특수 발전경로 외에, 타의 추종을 불허하는 시장 규모도 큰 요인으로 작용했다.

- **유럽** — LSEG 산하 LSE **메인마켓(Main Market.** 영국), DB 산하 **프랑크푸르트증권거래소(FWB**: Frankfurter Wertpapierbörse. 독일), Euronext 산하 Euronext Paris(유로넥스트 파리. 프랑스)와 Borsa Italiana(이탈리아거래소. 이탈리아), Nasdaq 산하 **나스닥노르딕(Nasdaq Nordic.** 舊 Nasdaq OMX Group. 북유럽: 스웨덴, 핀란드, 덴마크, 아이슬란드, [발트 3국]), **SIX**(Swiss Infrastructure and Exchange Group) 산하 **스위스거래소**(SWX: SIX Swiss Exchange. 스위스)와 **스페인거래소시장(BME**: Bolsas y Mercados Españoles. 스페인).
- **아시아** — ASX(호주), HKEX(홍콩), JPX 산하 TSE(일본), SGX(싱가포르), SSE(중국).

(2) (신시장)/성장형시장

신시장은 1990년대 유럽 각국이 ICT 기반 신생/혁신형 중소기업의 자금조달을 돕고자 Nasdaq을 본따라(benchmarking) 설립한 주식시장이다. **노이어마르크트**(Neuer **Markt**. 독일), **누오보메르카토(Nuovo Mercato**. 이탈리아), **누보마르르세(Nouveau Marché**. 프랑스) 등 유럽 각국의 언어로 '신시장'이라 불리는 시장이었다. 하지만 상장기업 실적 부진과 회계 부정 등 시장 건전성 악화로 2000년대 초반 거의 모두 문을 닫거나 다른 형태의 후속 성장형시장에 편입되어 이제는 존재하지 않는다. 유일한 예외가 LSEG 산하 **에임(AIM**: Alternative Investment Market, **"대체투자거래소"**)이다. AIM은 대륙의 다른 신시장에 비해 설립 자체가 늦는 바람에 어쩔 수 없이 업종 불문하고 중소기업/외국기업에 특화해 개설했다. 이름도 신시장이라 짓지 않았다. 이같이 불리해 보였던 상황과 전략은 오히려 닷컴(.com) 기업 거품 붕괴 후폭풍 속에서도 살아남을 수 있게 했고 이후 유럽 제1/유일의 성장형시장으로서 확고부동한 지위를 누릴 수 있게도 해준 원동력이 되었다.

비슷한 시기에 아시아 국가도 Nasdaq을 본따라 신시장을 앞다퉈 창설했다. 심지어 딜러협회(~DA~)가 없음에도 **메스닥(MESDAQ**. 말레이시아. 現 **에이스마켓[ACE Market]**), **세스닥 (SESDAQ**. 싱가포르. 現 **캐털리스트[Catalist]**), **자스닥**(JASDAQ. 일본. 現 **TSE Growth**), **코스닥 (KOSDAQ**. 한국)처럼 이름까지 모방했다. 이후 신시장이 부침을 거듭하고 Nasdaq 특성이 차츰 주시장으로 변모해가자, 현재는 유럽과 마찬가지로 개명도 불사하며 성장형시장으로 탈바꿈하는 형국이다.

성장형시장이란 성장형기업의 자본조달시장 또는 과거 신시장이 표방했던 목표를 지향하는 시장을 뜻한다. 코스닥시장은 AIM, **선전증권거래소(SZSE**: Shenzhen Stock Exchange. 중국)와 더불어 세계 최고 수준의 (신시장)/성장형시장이다. AIM과 비교할 때 외국기업 상장[78]과 회전율 측면에서만 크게 뒤처질 뿐, 자국 경제 공헌도 측면에서는 코스닥시장이 AIM을 앞선다고도 볼 수 있다(제14장 2절 다항 참조). 코스닥시장은 2013년 논란 끝에 코넥스시장을 설립해 성장형시장 내 하위시장을 운영하는 특이한 구조를 갖추고 있다.

코스닥시장, AIM, SZSE 외에, 이목을 끄는 주요 (신시장)/성장형시장으로는 **TSX 벤처거래소(TSX Venture Exchange**. 캐나다 TMX 산하), **Euronext 그로쓰(Euronext Growth**. 유럽 Euronext 산하), **아퀴스증권거래소(Aquis Stock Exchange**. 舊 넥스트거래소[NEXT Exchange]. 영국. 범유럽거래소 아퀴스 그룹[Aquis Group] 소유), TSE Growth(舊 JASDAQ 등), **커촹반(STAR Market. 科创板**[과창판]. 중국 SSE 산하), **촹예반(ChiNext. 创业板**[창업판]. 중국 SZSE 산하), **베이징증권거래소**(BSE: Beijing Stock Exchange. **北京证券交易所**. 혁신형 중소/대형기업 대상. 전문/적격투자자만 참여[외국인 불허]. 2021년 11월 출범)가 있다(일본과 중국거래소에 대해서는 제7장 부록 참조). 이 중 TSX Venture Exchange만이 코스닥시장에 정책적 시사점을 줄 만한 시장이다.

(3) 조직화한 장외주식시장

정규시장(주시장, [신시장]/성장형시장)에 상장할 수 없거나 상장하지 않은 기업의 주식을 발행·유통(주로 유통)하는 시장이다. 앞서 강조한 바와 같이(제1장 4절 다항), 여기서 장외

78 AIM은 1995년 설립 이래 2022년 상반기까지 79개 국가에서 3,700여 개 기업(누적 기준)을 상장·유치했다. 반면, 비슷한 기간 코스닥시장은 단 30개 기업(누적 기준)만을 상장 유치했고 그나마 대부분 자국 증시에 상장하기 어려운 중국기업이었다.

(OTC)란 규제 강도가 약해 투자자 책임이 크게 강조되는 (전문투자자) 시장을 의미한다.

전 세계를 통틀어 조직화한 장외주식시장이 의미 있을 만큼 유동성을 보이는 나라는 미국이 유일하다. 미국에서 조직화한 장외주식시장은 **핀라**(**FINRA**: Financial Industry Regulatory Authority. **"미국 금융산업규제국"**. 정부 인가 민간 비영리 **자율규제기구**[**SRO**: self-regulatory organization]. 한국금융투자협회와 유사) 산하의 **OTCBB**(OTC Bulletin Board. **"장외불리튼보드"**. 전자호가시스템)와 민간기업인 **오티씨마케츠그룹**(**OTC Markets Group**. **舊 핑크시츠**[**Pink Sheets**])이 번갈아 가며 성장을 주도했었다. 그러다 2000년을 기점으로 **"적격성 규칙"**(**Eligibility Rule**. 1999년 제정), **"잡스법"**(**JOBS Act**. "The Jumpstart Our Business Startups". 2012년 제정) 등 법제 변화로 OTC Markets Group이 시장을 압도하기 시작하면서 2021년 11월 OTCBB는 결국 문을 닫고야 말았다. 홀로 남은 OTC Markets Group은 시장구조를 새롭게 세분화해 이제는 거의 정규거래시장처럼 장외주식시장을 운영한다. 이 모든 것이 2010년대 중반 이후 나타난 사적 자본시장의 발흥(제3장 2절 가항 (5), 제12장 1절 가항 참조)과 연관이 깊어 보인다. 어쨌거나 현재 OTC Markets Group은 전형적인 비상장주식 유통 외에도 NYSE나 Nasdaq 상장을 목표로 하는 외국(특히 중국) 우량주식에 예비시장으로서 기능을 제공하거나, 정규시장 상장폐지 주식에 유동성을 부여하는 등 장외주식시장 본연의 역할을 톡톡히 해내고 있다(제6장 1절 나항 (1) 참조).

한국은 금융투자협회가 산하에 **K-OTC**(**舊 프리보드**[**舊 제3시장**])/**K-OTCBB**를 설립해 정규거래시장의 상장요건을 충족하지 못하는 비상장주식, 자발적 (우량) 비상장주식, (또는 상장폐지 주식) 등의 유통 기회를 제공한다. 거래 종목 지정제도와 다자간 상대매매 허용(2014년 12월), 양도소득세 비과세(2018년 1월) 등 꾸준히 제도를 개선하여 오랫동안 미미했던 유동성이 근래 크게 개선되었다.

국가마다 조직화한 장외주식시장의 모습은 제각각이며 이는 너무나도 당연하다(영국, 미국, EU에 관해서는 제5장~제7장의 조직화한 장외주식시장 참조). 전 세계 모든 국가가 참고하는 미국의 조직화한 장외주식시장은 위에서 언급했듯이 민간기업 OTC Markets Group이 홀로 담당한다. 최근까지 함께 담당했던 OTCBB 역시 비영리 민간 SRO인 FINRA가 운영했었다. 바꿔 말하면, "이 시장은 SRO나 민간에 맡기는 시장이다. 사기

예방과 같은 최소한의 규제만 할 터이니 투자자는 각자 잘 알아서 자신을 각별히 보호하기 바란다"라고 정책담당자가 공표하는 것과 같다.

(4) ATS

매매체결기능을 담당하지만, 다른 정규거래시장과는 달리 상장기능이 없고 시장감시기능도 제한적인 모든 '증권'거래시스템(회사를 의미)을 통칭하는 용어이다(엄경식, 2013a). 시장거시구조상 위계에 상관없이 주시장, (신시장)/성장형시장, 장외주식시장, 사적 자본시장을 넘나들며 매매체결을 수행한다. 미국에만 50여 개(내부화 IB를 포함하면 250여 개) 이상이 활동할 정도로 그 수가 많을 뿐만 아니라, ATS를 구분하는 법적 용어도 다음과 같이 미국과 유럽이 서로 달라 매우 복잡해 보이기까지 한다(**제2장 2절 나항** 참조).[79]

- **〈미국〉** ECN, 다크풀. (내부화 IB. Reg ATS[ATS 규정] 정의에 따르면 ATS에 포함되지 않으나 현실에서는 ATS로 간주).
- **〈유럽〉** MTF(리트풀·다크풀을 포괄), SI(내부화 IB).

2007년 Reg NMS 시행 전 ATS라 하면 거의 모두 ECN을 의미했다. ECN은 주시장·성장형시장처럼 투명성을 지닌, 즉 호가와 체결정보를 공개하는 리트풀이다. 그러나 Reg NMS 시행 후로 ECN은 시나브로 자취를 감추고 대신 사전적 투명성이 없는, 즉 호가정보를 공개하지 않는 다크풀이 ATS의 주류를 이룬다. 한국에는 아직 ATS가 존재하지 않는다.

한편, 2017년 유럽 리트풀의 대명사였던 **배츠 유럽**(**BATS Europe**. 現 Cboe Europe Equities[舊 BATS Chi-X Europe[舊 Chi-X Europe 등]])이 정규거래소로 전환했다. ATS에서 거

79 장외파생상품시장의 SEF(미국)와 OTF(유럽)도 넓은 의미의 ATS이다.

래소로 전환한 첫 사례로 세계 각국 시장거시구조에 큰 반향을 일으킨 아주 중요한 사건이다. 이로써, 이제는 ATS 역할을 제외하고 선도주식시장 거시구조를 논할 수가 없게 되었다.

글로벌 IB와 유럽 주요 거래소는 모두 ATS를 운영한다. 법제상 이유로 미국거래소는 ATS를 직접 보유하지 못한다(지주회사일 경우 자회사로는 가능). 주요 ATS로는 시티-매치(Citi-Match. 미국 시티그룹), 크로스파인더(CrossFinader. 스위스 크레딧스위스), 유로넥스트 블록(Euronext Block. 유럽 Euronext), **인스티넷(Instinet.** 일본 노무라증권), **리퀴드넷(Liquidnet.** 미국 독립기업으로 출발. 2020년 10월 영국 TP ICAP에 합병), 시그마엑스(Sigma X. 미국 골드만삭스), **터쿼이스(Turquoise.** 영국 LSEG), 유비에스 MTF(UBS MTF. 스위스 UBS. 미국 다크풀 시장점유율 1위) 등이 있다.

(5) 사적 자본시장

2010년대 중반 미국에서 새로 등장한 시장 개념이다. 조직화한 장외주식시장과 마찬가지로 정규시장 진입 직전 단계(비상장 상태) 위상을 갖는다(엄경식·강형철·이진호·이지혜, 2016). 그러나 시장 역할에 대한 개념이 크게 달라 사적 자본시장은 특정 기업만을 거래 대상으로 한다. 구체적으로, 상장이 어느 정도 가시화된 유니콘이나 유망 새싹기업 주식을 비공개주식 형태로 거래하게끔 조직화한 (유통)시장이다. 거래 관련 ICT가 혁신적으로 발전하고 투자자, "**투자회사**"(investment company. 미국에서 사용하는 일반 용어로 집합투자기구[펀드]를 의미. 예: 뱅가드[Vanguard], 블랙록[BlackRock], 찰스슈왑[Charles Schwab])의 세련도가 높아지자 조직화한 장외시장이 분화하며 나타난 결과이다. 유동성이 거의 없는 제한증권(restricted stock) 같은 공개주식도 유통하지만, 그 비중은 아주 작다. 사적 자본시장의 성장과 중요성은 2010년대 주식시장에 일어난 가장 중요한 현상이라고 SEC 위원(commissioner)이 콕 집어 강조할 정도이다.[80]

80 Lee, A.H., 2021. "Going Dark: The Growth of Private Markets and the Impact on Investors and the Economy". **SEC**, (October 12).

〈그림 3-1〉 주식거래시장 구성과 구조 – 미국

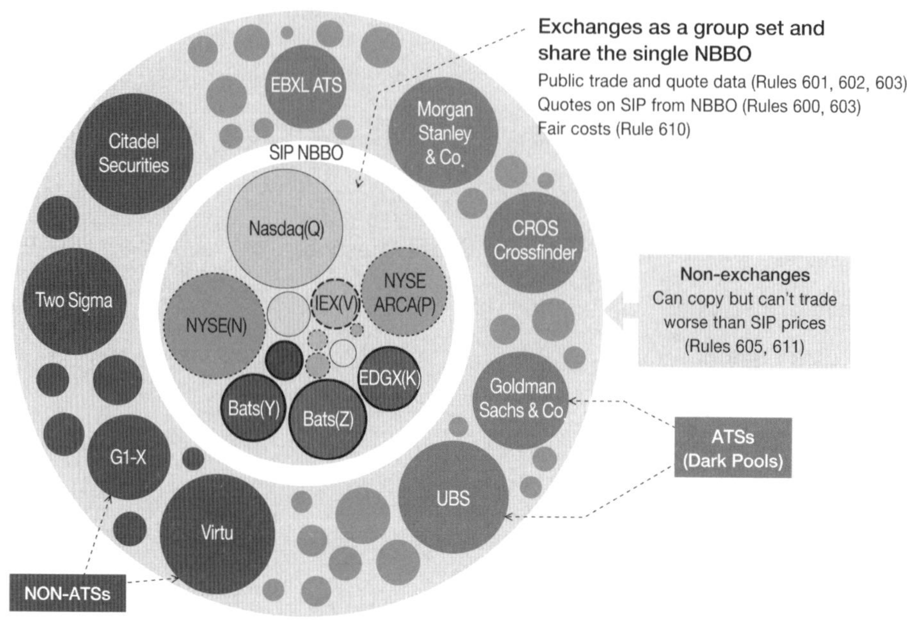

* 자료: Mackintosh, P., 2020. "An Intern's Guide to the Market Structure Galaxy". **Markets Media**, (July 17).

* 중간에 가는 흰색 원(SIP NBBO 표기) 안은 2020년 7월 현재 총 13개 정규거래소(**Exchanges**)를 표시(2020년 9월 3개 신설과 2022년 1월 1개 허가로 2022년 2월 현재 총 17개). 이들 거래소에서 생성된 호가와 체결정보는 **SIP**(Securities Information Processor. 증권정보제공회사. NYSE와 Nasdaq이 역할 담당)로 보내져 마치 1개 거래소에서 이루어진 것처럼 미국 전체 최우선매수·매도호가(**NBBO**)를 형성. 맨 밖의 원은 정규거래소 외 거래시장인 다크 거래시장(즉, 다크풀과 내부화 IB[**Dark Pools**]), 그리고 시장조성인(**NON-ATSs**. HFT 증권회사. **Citadel, Virtu** 가 대표적)을 표시. 그림에 표기한 **Rules**는 Reg NMS 조항을 의미(제9장 1절 참조). 미국주식시장의 거시구조에 관한 자세한 논의는 제6장을 참조하기 바람.

미국에서 초기 사적 자본시장은 **세컨드마켓**(**SecondMarket**. 당시 압도적 1위), **쉐어즈포스트**(**SharesPost**. 現 포쥐글로벌[Forge Global]) 등 비상장주식 전용 ATS가 선도하며 가꿔나갔다. 2014년 시장 잠재력을 높이 평가해오던 Nasdaq이 **NPM**(Nasdaq Private Market. "**나스닥사적시장**")을 설립해 SecondMarket을 인수(2015년)하며 사적 자본시장 기능을 전격 선점해버렸다. 이는 유니콘에 대한 Nasdaq의 독점 상장을 의미한다. 그러나 이렇게 일단락질 거 같던 상황은 2018년 NYSE가 스포티파이(Spotify)를 시작으로 매년 굵직한 유니콘을 계속 **직상장**(direct listing)하며 단숨에 역전됐다. 지금은 사태 심각성을 뒤늦게 파악한 Nasdaq이 세계 굴지의 IB(골드만삭스, 시티 등)와 합작해 NPM을 분사하며 사적 자본시장 재공략에 나선 형국이다(제12장 2절 마항 (1) 참조).

유럽에서는 LSE가 **엘리트**(ELITE. 시장참여자 연계 플랫폼)를 신설하고 전략적 투자로 **플로우**(Floww. 핀테크 기업)와 장기 동반자 관계를 구축해 비공개기업의 자금조달에 편의를 제공하기 시작했다(제5장 3절 가항 (3) 참조). EU 주요국의 경우에는 조직화한 장외주식시장과 사적 자본시장의 경계가 모호하다(제7장 1절 나항 (3) 참조).

한편, KRX(엄밀히 말하면 코스닥시장) KSM(2016년 설립)은 크라우드펀딩에 성공한 새싹기업을 위한 조직화한 장외주식시장이다. 특징상 사적 자본시장의 하위시장으로 볼 수 있다.

나. 자본시장 인프라 제공기관 소유·지배구조

(1) 매매체결기능 인프라 제공기관

SIX 산하 SWX를 제외하고, 현재 모든 선도거래소는 상장 지주회사의 자회사 형태로 존재한다.[81] 1990년대 초까지만 해도 이들 선도거래소/(거래시장)은 공적 기능을 수행한다는 이유로 준(準)공기업 또는 회원제 상호회사(mutual. 클럽[club]) 형태였다. 그러다가 1990년대 말~2000년대 초 유럽(예: LSEG, DB, Euronext)과 이를 뒤따라가는 아시아 주요 거래소(ASX, HKEX, SGX)가 소유·지배구조를 주식회사·지주회사로 전환하고 곧바로 IPO(initial public offering. 최초상장)를 완료하며 진정한 의미의 영리 추구 공개기업이

81 SIX는 금융지주회사로서 매매체결, 청산, 결제, 예탁, ICT 기관을 산하에 둔다. 주요 주주는 SIX한테 서비스를 제공받는 130여 개 스위스/글로벌 금융기관이며, 아직 상장하지 않았다. 2020년 6월 SIX가 BME(스페인 거래소시장)를 인수하여 이제 유럽주식시장은 LSEG, DB, Euronext, SIX, Cboe Europe Equities, Nasdaq Nordic의 각축장이 되었다.

되었다. 이어 2006년 미국에서 Reg NMS 시행을 앞두고 Nasdaq과 NYSE가 잇달아 상장 지주회사 체제로 전환하자 세계자본시장 거시구조는 2007년을 전후로 하여 완전히 탈바꿈했다(제11장 4절 참조).

자, 그러면 선도거래소는 왜 회원제에서 벗어나 주식회사제를 택해야만 했을까(엄경식·강형철[2013], 엄경식[2019])? 첫 번째 대답으로 거래 관련 ICT의 혁신적 발전을 꼽을 수 있다. 거래소 산업은 최첨단 네트워크 인프라가 필수인 정보(통신) 장치산업이어서 산업 특성상 규모와 범위의 경제를 달성하며 성장해야 한다. 혁신적으로 진화하는 거래 관련 ICT를 따라가며 전략적으로 성장하려면 막대한 자금이 필요한데 이를 회원제 구조로는 감당해낼 수 없었다. 게다가 법제 개편으로 2007년부터는 매매체결을 놓고 수많은 거래시장과 치열하게 경쟁해야만 했다. 이 같은 상황 변화에 신속한 의사결정은 필수이므로 기존 거래소의 소유·지배구조 변화에 대한 욕구는 더욱더 강력해졌다. 두 번째는 ICT 투자가 증대하면서 거래소(기업)와 회원(소유주) 간 이해가 충돌했다(하트·무어[Hart and Moore], 1996). 회원(즉, 거래회원)은 거래소에 물량(유동성)을 대는 증권회사이다. 거래소가 (경쟁 속에/경쟁에 대비해/경쟁과 상관없이) 성장에 필요한 전략적 포지션(strategic positioning)[82]을 제아무리 잘 설정했다 하더라도, 증권회사는 그 포지션이 자신의 비즈니스 전략과 충돌하거나 비용부담이 일정 수준을 넘으면 반대할 수밖에 없다. 소유주의 반대 속에 거래소는 독자적인 성장전략을 마련할 수 없었다.

상장 지주회사로 변모한 거래소는 이제 무엇보다도 주주 이익을 극대화해야 한다. 물론 법제가 허용하는 범위 내에서이다. 그러려면 한편으로는 글로벌 자본시장의 패러다임 변화 추이를 확실히 이해해야 하고, 다른 한편으로는 앞장서 이를 이끌어가며 수익을 만들어내야 한다. 그 결과, 매매체결에 국한했던 선도거래소/(거래시장)의 주요 비즈니스 영역은 청산·결제·예탁을 넘어 데이터와 ICT 관련 산업으로, 거래상품 폭은

82 하나의 기업(조직체)으로서 거래소가 성장과 발전을 해나가려 선택하는 경영전략적 위상을 뜻한다. 예를 들어, 기존 상호회사체제에서 거래소 경영전략 축을 회원 위주에서 시장참여자(특히, 발행기업과 투자자) 위주로 과감히 변경·추진하는 것이다.

주식을 넘어 채권, 장내·외파생상품, FX로 확장됐다. 글로벌 자본시장을 무대로 대형 M&A가 그처럼 수없이 이루어진 데에는(〈표 부록 6-1〉, 〈그림 12-2〉 참조) 거래소/(거래시장) 소유·지배구조가 주식회사·지주회사로 확 달라졌기 때문이다. 당연히 CEO도 책임경영을 할 수 있게 되었다.

선도자본시장의 일반적인 거시구조가 모든 국가에 다 바람직하다고 말할 수는 없다. 그러나 장점이 명확해졌는데도 진일보조차 시도하지 못하는 한국 현실은 분명 안타까운 상황이다. 국내 유일의 거래시장인 KRX는 2005년 주식회사로 전환했지만, 회원지분을 주식으로 바꾸었을 뿐 회원제 시절 소유·지배구조를 지금도 그대로 유지한다. 따라서 외부에서 본 기업문화도 민간기업의 역동성이나 치열함보다는 예전 공기업 분위기에 훨씬 더 가깝다는 평이다(제14장 5절 가항 참조). 애당초 주식회사화 정책을 제대로 실행하지 않아 발생한 구조적 문제이다. 정부가 바뀔 때마다 여러 차례 개선안을 내놓곤 했지만, 경제 외적 요인에 치우쳐 요란하게 목소리만 높였을 뿐이다. KRX 소유·지배구조 현실화는 경제·사회적으로도 여러 그룹별 이해가 엇갈릴 수밖에 없어 불편부당한 입장에서 정치적 결단을 내려야 하는 사안이다. 이를 외면한 채 당파적 주장을 일삼으면 이 문제는 건설적으로 해결할 수 없음을 지난 20여 년 우리의 경험이 잘 대변해준다(제14장 2절 참조).

(2) 청산·결제·예탁기능 인프라 제공기관

제2장에서 언급한 바와 같이 청산·결제·예탁기능은 자연독점 특성이 있어 이를 담당하는 기관은 대개 지역을 막론하고 1국 1기관이다. 물론 자국의 전통과 상황에 따라 조금씩 그 형태를 달리하기도 한다.

보다 구체적으로, 미국은 청산·결제·예탁을 DTCC가 독점 수행한다. 매매체결에 수많은 기관의 경쟁을 허용한[83] 것과는 매우 대조적이다. 아마도 거대한 시장 규모와

83 물론 이들 매매체결 인프라 제공기관(즉, 거래소/거래시장)을 네트워크로 통합(**VSP**[virtual single platform. **"가상 단일시장"**])해 완전경쟁을 추구하되 체결 자체는 마치 독점기관에서 이루어지는 양 구조를 설계했다.

자연독점의 장점을 최대한 누리려는 목적에서 그랬으리라 짐작한다. DTCC는 100여 개 기관 이용자가 공동으로 소유하는 비영리 민간기업이다.

유럽은 이와 좀 다르다. 정치적으로 개별국가 간 느슨한 통합형태여서 자본시장 정책을 미국 연방정부처럼 일사불란하게 펴나가기가 어렵다. 의견 조정과 수렴에 시간이 오래 걸릴 수밖에 없다. 2000년대만 해도 각 기능의 자연독점 특성을 살리려고 매매체결은 3~4개 범유럽주식시장으로, 청산·결제와 결제·예탁은 각각 2개 정도의 청산/청산·결제기관과 결제/결제·예탁기관으로 통합하는 소위 **수평 통합**(horizontal integration) 모형을 추구했었다. 하지만 2008년 글로벌 금융위기를 겪고 난 후 정책에 큰 변화의 조짐이 나타났다. **수직 통합**(vertical integration. 사일로[silo]) 모형(1개 지주회사 거래소가 매매체결, 청산·결제·예탁기능을 모두 수행)을 줄기차게 고집했던 독일 시스템이 시장 안정성에 더욱 효과적인 듯했기 때문이다. 유럽 제1 자본시장인 LSEG도 이후 사일로 모형을 추구하는 것으로 보아 현재 유럽은 사일로 모형으로 정착하는 모양새이다.

아시아 주요 자본시장은 (거의) 모두 사일로 모형을 선택했다. 이에, 일본을 제외하고, 청산기관, 결제·예탁기관 모두 지주회사 거래소의 자회사이다, 자국 자본시장 국제경쟁력 강화에 힘을 실어주려면 규모와 범위의 경제를 갖추는 게 가장 바람직했을 것이다. 2006년 8월 봉합돼 일단락된 것처럼 보이지만, 한국에서는 청산·결제·예탁기능의 소유·지배구조를 놓고 KRX와 KSD가 여전히 물밑 갈등을 벌이는 상황이다(제14장 4절 다항 참조).

(3) 주식거래 통합정보 제공기관

미국과 유럽처럼 매매체결기능이 고도로 경쟁적인 자본시장에서는 물리적이든 가상이든 네트워크 통합 못지않게 거래정보 통합도 필수적인 인프라다. 수많은 거래시장의 사전적·사후적 거래정보를 일목요연하게 접할 수 없다면 매매체결기능을 경쟁시켜 기대했던 긍정적 효과도 얻을 수 없기 때문이다. 이들 통합정보 제공기관의 소유구조는 어떤 모습일까?

미국의 **캣(CAT**: Consolidated Audit Trail. "**통합검사추적시스템**")은 SEC 인가를 받은 중앙거래저장소로, 브로커·딜러, 거래시장, SRO가 적격증권(eligible securities. 모든 NMS 증권[상장옵션도 포함]과 모든 장외 지분증권)을 거래 전 과정(주문제출에서 결제·예탁까지)에서 어떻게 다뤘는지에 대한 정보를 담는다. 어떤 금융사건/사고가 발생해도 CAT을 통해 해당 거래를 그대로 재구성할 수 있을 만큼 거래정보를 저장한다. 미국자본시장 역사상 가장 방대한 거래정보이다. Reg NMS Rule 613을 제정하며 2012년부터 설립을 추진했으나 천문학적 설립비용으로 지연되다 2022년 12월 12일 마침내 본격 운영에 들어갔다. SRO가 컨소시엄 형태로 공동 소유·운영한다(제9장 4절 라항 (1), 〈표 9-2〉 참조).[84]

EU는 여러 현실적인 이유로 CAT에 필적할 만한 통합정보 제공기관을 설립하기가 무척 어렵다(물론 계속 추진해보려 하고는 있음). 그래서 고안해낸 게 **DRSP**(data reporting service provider. "**데이터 보고 서비스 제공업자**")라는 상업기관을 허용해 이를 어느 정도 충당하고자 했다. DRSP로는 기존의 **인정보고기관(ARM**: Approved Reporting Mechanism) 외에 2018년 **인정공시기관(APA**: Approved Publication Arrangement)과 **체결정보통합제공업자(CTP**: Consolidated Tape Provider)를 추가해 통합정보 제공기관 간 경쟁을 강화했다. 투자자의 정보비용을 줄여주려는 조치였다(제10장 3절 나항 (6) 참조).

한국은 KRX가 매매체결기능을 독점한다. 미국과 유럽처럼 통합정보를 제공해야 하는 어려움이 애당초 없다. 물론 이러한 상황이 좋다거나 또는 바람직하다고 말할 수는 없지만(제14장 참조).

84 CAT과 성격이 좀 다르지만, **핵심 데이터**(core data)를 수집해 통합·제공하는 기관(SEC 관할)이 있다. **SIP**(Securities Information Processor. "**증권정보프로세서**". 증권정보제공회사)라 한다. 그동안은 2개 SRO(NYSE, FINRA)가 각자 시장의 핵심 데이터를 나누어 독점 제공했으나, Reg NMS Rule 614 신규 제정(2020년 12월)으로 조만간 민간업체 간 경쟁체제로 들어갈 예정이다. 자세한 논의는 **제9장 4절 나항**을 참조하기 바란다.

3. 시장미시구조

가. 정의와 의의

투자자는 다양한 제도와 규정·규칙을 적용받아 가며 주식/금융자산을 거래한다. 시장미시구조란 주식/금융자산 거래와 관련해 서비스(특히, 매매체결기능) 제공기관이 정해놓은 제도, 규정·규칙, 절차와 방식, 이에 따른 결과와 현상을 연구하는 재무학의 한 분야이다(O'Hara, 1995). 처음에는 주식거래에 한정된 학술용어로 출발했다. 하지만 시간이 지나며 모든 금융자산의 거래 관련 제도나 메커니즘, 현상 등을 가리키는 일상용어가 되었다.

여느 금융자산 가격과 마찬가지로, 이론상 주가는 해당 기업의 본질가치(fundamental. 펀더멘털. 주로 현금흐름)에 영향을 미치는 정보가 새롭게 발생할 때마다 즉각 즉각 변한다(결정된다). 이에 비해, 현실에서 주가는 본질가치에 관한 정보를 달리 보유하거나 아니면 같은 정보라 해도 달리 해석한 매수자와 매도자가 서로의 상대방을 탐색(search)해 거래가 성립할 때 결정된다. 즉, 탐색 과정을 거친 결과물이다. 시장미시구조에 따라 이 과정은 쉬울 수도 어려울 수도 있고, 비용이 적게 들 수도 많이 들 수도 있으며, 새로운 정보가 주가에 반영되는 속도가 빠를 수도 늦을 수도 있다. 현실에서 주가는 이처럼 시장미시구조에 큰 영향을 받는다. 다른 분야보다 상당히 뒤늦게 등장했는데도 재무학의 중요 분야로 한 자리를 차지한 이유이다.

나. 주요 내용

학계에서는 거래 메커니즘을 연구한 카일(Kyle, 1985)과 글로스텐·밀그롬(Glosten and Milgrom, 1985)을 시장미시구조 최초의 논문으로 여기고 있다.[85] 이들은 "연속 단일가매매"(continuous call auction)와 "딜러 주도 연속매매"(sequential trading) 메커니즘을 각기 놓고 주가 결정과 특징을 이론적으로 고찰했다. 이들은 "수요와 공급의 일치"로 대변되는 기존 경제학의 발라스(Léon Walras) 일반균형이론(general equilibrium theory)과 "정보는 발생과 함께 즉시 가격에 반영된다"는 합리적 기대이론(rational expectations theory)으로는 주가 결정 현상을 적절히 설명할 수 없음을 보이면서, 매수·매도 호가 스프레드(bid and ask spread)의 존재와 결정요인, 정보 비대칭이 주가 결정에 미치는 역할, 유동성의 중요성과 같은 시장미시구조 연구의 기틀을 마련했다.

이들 초기 연구에서 다룬 주제는 2000년대 중반까지 그 중요성을 유지했다. 물론 지금도 대부분은 어느 정도 유효하다. 시장이라면 반드시 갖추어야 할 미시구조 관련 논의였기 때문이다. 그러나 2007년 Reg NMS와 MiFID 시행을 기점으로 시장거시구조가 크게 변하면서 그동안 겪어보지 못한 현상이 우후죽순처럼 솟아났다. 당연히 기존 이론이나 실증연구로는 설명할 수 없는 현상이 너무 많아졌다.[86] 특히 시장 간 경쟁과 연계, 거래 관련 ICT의 혁신적 발전에 따른 미시구조 변모는 일반대중도 언급할 만큼 사회적 쟁점으로 떠올랐다(루이스, 2014. 오하라[O'Hara], 2015). 따라서 주요 내용을 2007년 이전과 이후로 나누어 살펴보면 미시구조에 대한 선도자본시장의 개념 변화를 보다 명료하게 이해할 수 있으리라 생각한다.

(1) 2007년 이전

초기 시장미시구조 연구에서 집중적으로 다룬 주제에 해당한다. 일상 용어로 말하면 주문, 거래 메커니즘, 가격발견, 시장의 질적 수준, 시장 투명성, 거래 관련 제도, 규정·규칙 등이 주요 내용이었다. 주문과 거래 메커니즘에 관해서는 앞서 설명했으므로,[87] 가격발견, 시장의 질적 수준, 시장 투명성에 대해서만 간략히 설명하겠다(엄경식[Eom], 2011).

---

85 이에 앞서, 뎀세츠(Demsetz, 1968), 가먼(Garman, 1976. 시장미시구조라는 용어 처음 사용), 그로스만·스티글리츠(Grossman and Stiglitz, 1980)도 추후 시장미시구조 연구에 큰 영향을 끼쳤다.

86 시장거시구조는 시장미시구조를 결정짓는 틀이다. 시장거시구조가 확립되어 개별시장의 위상이 정해져야만 해당 개별시장은 자신이 부여받은 틀에 적합한 미시구조를 채워나갈 수 있다.

87 거래 관련 제도, 규정·규칙도 일부(예: 공매도, 호가단위, 시장안정화장치) 앞에서 설명했으며(**제2장 1절 나항** 참조), 법제는 **제3부**와 **제16장**을 참조하기 바란다.

- **〈가격발견〉** 매수자와 매도자가 동의하는 거래가격이 시장에서 결정되기까지 전체 과정을 의미. 거래소/거래시장의 핵심 기능. 가격발견이 진행되는 동안 수요·공급 물량, 위험에 대한 투자자의 태도/심리, 거래 메커니즘, 투명성, 정치·경제 환경 등 명시적·암묵적 여러 요인이 매 시점 동적으로(dynamically) 작용.
- **〈시장의 질적 수준〉** 일반적으로, 최종 고객(end consumer. 투자자)에게 공정 거래(fair deal)를 제공하는 정도, 또는 시장참여자가 자신의 주문을 경쟁적으로 제시된 가격에 성공리에 매매체결 하는 정도 등으로 정의. 용어 자체가 많은 설명을 해주지만, 너무 추상적이어서 시장참여자 모두 이해할 수 있게 정의 내리기가 힘든 개념임. 따라서 시장의 질적 수준을 여러 각도에서 파악하는 추정치에 관심을 기울임. 스프레드(최우선매수·매도호가 차이. 거래비용), 시장 깊이(최우선매수·매도호가 잔량. 즉, 최우선호가를 변경시키지 않고 거래할 수 있는 수량), 시장의 균형가격 회복 강도(market resilience. [대량]주문으로 일시 이탈했던 균형가격이 회복되는 속도 또는 [대량]주문에 따른 시장충격비용), 정보 비대칭 정도 등이 시장의 질적 수준을 대변하는 주요 변수이며 대부분 유동성과 관련 있음.
- **〈시장 투명성〉** 매매체결과정에서 생성되는 시장 통계량 정보를 시장참여자가 관측할 수 있는 정도를 의미. 호가와 주문 수량, 체결가와 체결 수량, 해당 시점, 매수자/매도자 구분 등이 주요 통계량으로[88] 투자전략을 세우는 데 필수 정보임. 주문제출 전에 관측할 수 있는 정도는 사전적(거래 전) 투명성, 체결 후에 관측할 수 있는 정도는 사후적(거래 후) 투명성이라 함. 다크풀은 사전적으로는 투명하지 않고 사후적으로만 일정 수준 투명한 거래시장임(설립목적이 대량매매를 위주로 하는 거래시장이어서 익명성을 보장해야 했기에 가능).

88 호가 관련 장부를 호가장, 체결 관련 장부를 체결장이라고 하며, 두 데이터를 합쳐서 "**호가와 체결 데이터**"(TAQ **data**: trade and quote data. **택 데이터**)라고 부른다.

(2) 2007년 이후

2007년 미국과 유럽 자본시장의 법제 패러다임은 상전벽해라는 말이 실감 날 정도로 엄청나게 바뀌었다(제9장, 제10장 참조). 이에 따라 시장미시구조 주요 관심사도 거래시장 간 경쟁이나 연계, 이를 가능케 한 ICT의 혁신적 발전과 결부된 현상으로 쏠리기 시작했다. HFT/**알고리즘 거래**(**AT**: algorithmic trading. algo[알고]), **"과속방지턱"**(**speed bump**. HFT 폐해를 막으려 거래시장이 HFT 주문의 매매체결을 의도적으로 늦추는 메커니즘. **스피드 범프**) 설치, 시장안정화장치, DMA(거래시장 직접 접속)/**co-lo**(co-location. 거래시장 데이터 센터의 일정 공간과 회선을 임대. **콜로**), **시장 분할**(market fragmentation), 다크풀 투명성 규제, 공정 수수료 체계(**maker/taker fee structure**. "메이커/테이커 수수료 체계". 유동성 제공/소비 관련 수수료 체계), 통합정보 제공기관(예: CAT) 신설 등이 현재 선도자본시장 미시구조의 주요 관심사항이다(제11장 1절, 제12장 2절 참조).[89]

물론 2007년 이전 원래부터 중요했던 주문, 거래 메커니즘, 가격발견, 시장의 질적 수준, 시장 투명성, 거래 관련 제도, 규정·규칙 등도 여전히 핵심 미시구조로서 의미를 갖는다. 그렇지만 2007년 이후 시장 간 경쟁/연계라는 새로운 차원이 더해져 중요시하는 이유나 특징은 질적으로 크게 변했다. 이에 관해서는 후속하는 제2부~제5부(특히 제11장) 곳곳에서 자연스럽게 언급하므로, 여기서는 2007년 이후 중점 사안으로 등장한 내용

89 이외에도 **"소매주문 분할"**(retail order segmentation)/**"소매 내부화"**(retail internalization)라는 현상이 있다. 미국주식시장에서 (브로커) 시장가주문(주석 54 참조) 유형의 소매주문(비정보거래임)을 받은 브로커 증권회사(retail broker-dealer. 예: 찰스슈왑[Charles Schwab], 피델리티[Fidelity], 로빈후드[Robinhood Financial])는 대부분 이를 다크풀 **"도매 시장조성인"**(wholesale market maker/broker-dealer. 예: 시타델[Citadel], 버투[Virtue Financial], 투시그마[Two Sigma Securities])에게 회송하고 이른바 **"주문흐름 대가"**(**PFOF**: payment for order flow)를 리베이트(rebate)로 받는다(이는 거래소가 활용하는 "maker-taker/taker-maker" 수수료와 같은 성격임). 도매 시장조성인은 소매주문의 약 70%(2021년 6월 기준)를 자신의 재고로 체결(내부화)하고, 나머지를 다른 거래시장(리트풀)에 회송한다. 내부화는 거래 전 정보를 보여주지 않은 채 이루어져 도매 시장조성인의 소매 내부화는 다크풀 거래와 같다. 이 때문에 소매 내부화는 정규거래시장(리트풀)의 가격발견을 저해한다고 비난받는다. 2021년 초 게임스탑(GameStop) 주가와 관련한 Robinhood 사태에서 소매 내부화에 대한 비난은 극에 달했다. 하지만 실제로 소매 내부화 체결가격은 리트풀의 **전국 최우선매수·매도호가**(**NBBO**: National Best Bid and Offer)보다 더 낫다는 주장도 만만치 않다(자본시장규정위원회[Committee on Capital Markets Regulation], 2021). 학계의 연구 결과도 엇갈리기는 하지만 대체로 소매 내부화가 소매투자자의 비용을 낮춘다는 의견이 우세하다(제11장 1절 다항 (2) (나) 참조).

에 대해서만 엄경식(2013a, 2019)을 참조해 간단히 살펴본다.

- **〈HFT/AT〉** HFT는 주식/금융자산을 거래할 때 보유기간을 하루 정도 초단기로 잡아 놓고 일중 순간적 시간단위(예: 밀리초[*ms*. milisecond. 1/1,000초], 마이크로초[*μs*. microsecsond. 1/1,000,000초])로 반복 매매를 구사하는 전략에 활용하는 세련된 형태의 기술적 수단을 의미(즉, 전략이 아니고 기술적 수단임). 보통 건당 수익은 아주 작지만 기회가 계속해 있어 일중 총거래를 합치면 상당해지는 투자 기회에 활용(HFT 증권회사가 시장조성인 역할을 담당하는 이유). 속도 경쟁에서 우위가 무엇보다 중요하므로 주문의 모수(parameter) 설정에서 제출, 회송, 정정/취소까지 모든 단계를 자동으로 결정해야 하는 전문투자자 영역임. 레버리지(즉, 빚)에 의존하지 않으며, 일중 포지션은 가능한 평균 정도로 유지하다 장종료 직전 거의 모두 청산(초단타 데이트레이딩이라 할 수 있음). 주식 외에 유동성이 풍부한 전자거래 선물·옵션, 일부 채권, FX도 대상.
  AT는 주문 설정에서 매매체결까지 일부/모든 과정을 인적 개입을 최소화하며 사전에 설정한 알고리즘으로 자동 처리한다는 점에서 개념상 HFT를 포괄. 둘 차이는 보유기간이나 포지션 처분과 같은 미세한 부분에 있음. AT는 기관투자자가 자신의 대량주문을 가격에 최소한 영향을 끼치면서 성사시키려 할 때 주로 사용. 이 때문에 보유기간이 수개월 심지어 1년을 초과할 때도 있음. 반면, HFT는 정해놓은 초단기 보유기간(대개 1거래일) 동안 주문제출, 정정/취소를 순간적으로 반복하며 매매(〈표 11-1〉 참조).
- **〈시장 분할〉** 한 기업의 주식을 여러 시장에서 거래할 수 있어 거래량이 분산되는 현상(〈그림 3-2〉 참조). 부정적 의미가 아니라 가치중립적 용어임(SEC, 2013). 예전에도 신종 패러다임을 갖춘 경쟁시장이 등장할 때마다 거론되던 미시구조 주제이기는 하나, 2007년 이후 "**다크 거래시장**"(즉, 다크풀+내부화 IB)에 의한 시장 분할이 본격화하면서 이목을 집중. 현재까지 학술연구도 매우 적고 그나마 연구 결과도 상반되어 경제적 의미에 대해 강하게 말하기에는 역부족인 상황(제12장 1절 나항 참조).

〈그림 3-2〉 시장 분할

〈패널 A〉 미국주식시장

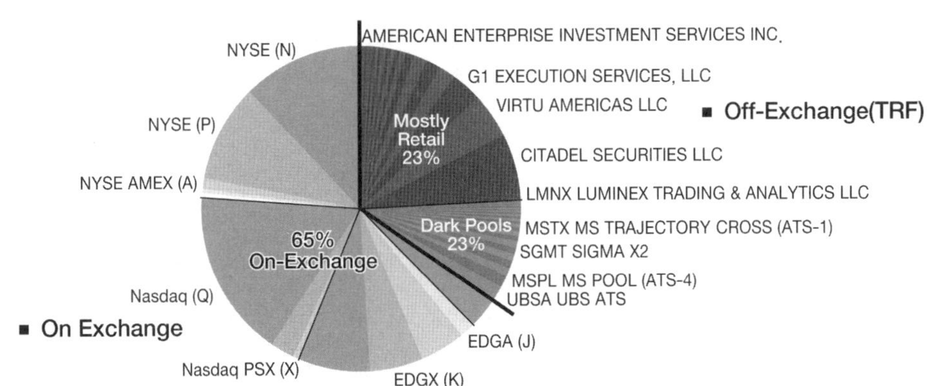

* 자료: Mackintosh, P., 2020. "An Intern's Guide to the Market Structure Galaxy". **Markets Media**, (July 17).

* **거래소**(On-Exchange): 65%, **다크풀**(Dark Pools): 12%, **내부화 IB**(Mostly Retail. **인터널라이저**): 23%. **TRF**(Trade Reporting Facility): FINRA와 Nasdaq, FINRA와 NYSE가 합동으로 설립한 시스템으로 장외주식 거래 세부 내용을 보고받음.

〈패널 B〉 유럽주식시장

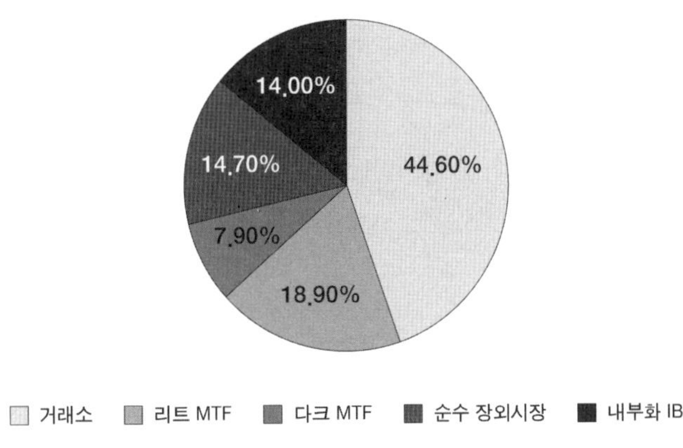

* 자료: Hills, R., 2021. "Microbites #3—Dark Trading in Europe". **big xyt**, (March 25).

* 2020년 말 일평균 거래량 기준. 시계방향으로 거래소(Lit Continuous. 25.2B 유로), 리트 MTF(**Lit Auction**. 10.7B 유로), 다크 MTF(**Dark**. 4.5B 유로), 순수 장외시장(**Off-Book Cross**. 8.3B 유로), 내부화 IB(**SI**. 7.9B 유로). MTF는 리트 MTF와 다크 MTF로 구성. MTF 점유율은 26~30%임.

- **〈다크 거래시장 규제〉** 선도자본시장은 다크 거래시장이 정규거래시장의 가격발견을 저해해 시장 분할, 공정성, 건전성 측면에서 위협을 가할 수 있는 수준까지 커졌다고 판단함. 이에 규제를 강화하는 중이거나(미국, 캐나다, 호주) 이미 강화함(유럽). 다크풀의 부정적 효과에 관한 학계 연구는 아직 명확하지 않음(제12장 1절 나항 (3) 참조).
- **〈미국—Trade-at Rule. "트레이드앳룰"**. 다크 거래시장에서 가격개선이 이루어지지 않으면 받은 주문을 리트풀로 반드시 회송**〉** **"맛보기 프로그램"**(pilot program) 종료 후 어떻게 처리할지 현재 고민 중. 규칙의 기본 내용은 다크 거래시장이 유입된 주문의 가격을 "의미있게"(예: 5센트) 개선해 체결했다고 증명하지 못할 거면 이를 **전국 최우선매수·매도호가**(**NBBO**: National Best Bid and Offer)가 게시된 리트풀(정규거래시장)로 회송해야 함. 다크 거래시장 점유율이 높아지면서 상장주식의 가격발견에 악영향을 미친다는 비난에 대한 해결책으로 등장. Flash Crash(2010.5.6.) 이후 꾸준히 논의되다가, **"호가단위 맛보기 프로그램"**(Tick Size Pilot Program. 소형주 유동성을 높이려고 호가단위를 1센트에서 5센트로 확대하는 방안을 테스트하는 프로그램. 2016.10.3.) 시험운용을 시작하며 SEC가 3개 테스트그룹 중 "그룹 3"에 Trade-at Rule 요건을 부가해 함께 테스트.[90] 2018년 9월 28일 시험운용은 종료(제9장 4절 라항 (2)(가) 참조).
- **〈유럽—DVC**(Double Volume Caps. **"다크풀 거래량 이중 상한제도"**. 다크풀 거래량을 두 가지 조건으로 캡[cap. 상한]을 씌워 다크풀 거래 활동 제한)**〉** 현행 유럽 자본시장법인 **MiFID II/MiFIR**(Markets in Financial Instruments Regulation. **금융상품투자규정. 미피르**)[91]는 투명성을 전제로 하므로 정의상 사전적 투명성이 없는 다크풀은

---

90 Trade-at Rule은 현재 캐나다(2012년 10월)와 호주(2013년 5월)에서 시행하고 있다. 캐나다에서는 제도 시행 후 정책목표대로 (공격적인) 소매주문의 유동성이 리트풀로 이동했으나, 또 다른 정책목표였던 소매투자자의 가격개선효과는 발생하지 않았다. 이 효과가 나타나려면 maker-taker 수수료 체계(다음 **〈공정 수수료 체계에 대한 공방〉**에서 설명)가 먼저 개선되어야 한다고 코머튼-포드·말리노바·팍(Comerton-Forde, Malinova, and Park, 2018)은 주장한다.

91 MiFID, MiFID II/MiFIR에 관해서는 **제10장 1절**과 **3절**에서 자세히 설명한다. 한편, EU 법체계에서 **지침**(Directive)은 회원국별 입법화 과정을 거쳐 발효된다. 이에 반해, **규정**(Regulation)은 이런 과정을 필요치 않고 개별 회원국에 직접 유효하다(엄경식, 2019).

"사전적 투명성 면제조항"(pre-trade transparency waiver)을 따르는 금융기관임. 2018년 EU는 기존의 MiFID를 MiFID II로 개정하면서 이 면제조항을 강화(즉, 다크풀에 DVC를 적용해 거래 활동 제한). DVC에 따르면, 종목당 직전 12개월(12-month rolling period) 거래량을 기준으로 단일 다크풀[EU의 모든 다크풀] 거래량은 전체(리트풀+다크풀) EU 거래시장 거래량의 4%[8%]를 초과할 수 없음. 단 예외로, 특정 규모 이상의 다크풀 **대량매매(LIS**: Large-In-Scale)나 리트풀의 **일중 단일가매매**(periodic call auction)는 DVC 적용을 면제. 4%[8%] 캡을 초과해 DVC를 위반하면 해당 다크풀[EU의 모든 다크풀]은 해당 종목을 6개월간 거래할 수 없음. 2021년 11월 25일 기존 8% 기준을 7%로 낮추고, 4%를 적용하던 단일 다크풀 거래량 상한 기준을 없애 제도를 더욱 강화. 제도명도 DVC가 아니라 **SVC**(single volume cap. "단일 거래량 상한제도")로 바뀌야 할 듯(제10장 3절 나항 (2) 참조).

- **〈공정 수수료 체계에 대한 공방〉** 미국 거래시장은 저마다 이질적 수수료 체계를 갖추고 유동성 경쟁을 벌임. 대표적 예가 maker-taker 수수료 체계임. 이 체계에서는 유동성을 제공하는 거래자(지정가주문 제공자)는 인센티브(incentive)로 리베이트를 받고, 취하는 거래자(시장가주문 제공자)는 이보다 조금 비싼 수수료를 치름. 문제는 이 수수료 체계가 구조적으로 이해상충이나 공정성 침해 가능성을 내포한다는 점임. 이에, SEC는 수수료 체계에 녹아 있는 리베이트가 유동성, 주문회송, 시장간 경쟁 등에 끼치는 영향을 파악해 개선하려 함. 2012년부터 관련 논의를 시작해 2018년 3월 **"거래수수료 맛보기 프로그램"**(Transaction Fee Pilot Program)을 승인, 거래시장별 데이터를 취합하던 중 NYSE, Nasdaq, Cboe Global Markets 등 주요 정규거래시장이 SEC를 제소. 2020년 6월 법원이 SEC 시험운용을 권한 밖 행위라고 판결하며 맛보기 프로그램은 즉각 효력을 상실(제9장 4절 라항 (2)(나) 참조).

2007년 이후 선도주식시장에서 치열하게 논의되고 있는 이들 미시구조 중점 사안은 아쉽게도 한국과는 완전히 다른 세계에서 벌어지는 현상이다. 주요 거시구조가 변한 게

없는 관계로 한국주식시장 미시구조는 2007년 이전의 중점 사안에 여전히 머물고 있기 때문이다.[92]

92 11년 전 발간된 서베이(survey) 논문 Eom(2011)은 2022년 현재 한국주식시장 미시구조를 설명하는데도 전혀 문제가 없을 정도이다.

제4장
주식시장의 사회적 기능과 역할

1. 논의 방향과 의미

한때 사람들은 주식시장을 "자본주의 꽃"이라 불렀다. 그런데 이제는 미얀마, 캄보디아, 나이지리아로부터 중국, 러시아, 영국, 미국에 이르기까지 체제나 경제발전 수준을 막론하고 (거의) 모든 국가가 주식시장을 갖추고 있으며, 어떻게 하면 이를 더욱 발전시켜 나갈지를 정책적 우선 과제로 삼는 상황이 되었다. 주식시장과 관련 법제가 왜 이렇게까지 중요해야 하고 이에 대한 규범적 평가는 무엇을 근거로 어떻게 이루어져야 할까? 과연 무엇이 주식시장의 사회적 기능과 역할일까? 국내 문헌은 이를 대략 다음과 같이 요점 식으로 설명하며 서술한다.

① 기업에 장기 투자자금 제공

② 개별 경제주체에 투자 기회와 보유주식 유동성 제공

③ 위 ①~②와 주가 결정 메커니즘을 통해 경제 전반에 걸쳐 효율적 자본 배분과 사회적 후생 증진

④ 거래비용(예: 상대방 탐색비용, 투자가치 평가에 필요한 정보 획득 비용) 절감

⑤ 위험관리 제공

- 투자자 각자의 위험선호에 맞춰 분산투자 가능

⑥ 증권 발행주체(예: 기업, 정부)를 감시·평가하는 규율기능 제공

⑦ 이외, 통화정책 매개 수단으로서 역할 제공

- 중앙은행 기준금리 변동이 주식시장 기대수익률(주가)에 미치는 영향을 메커니즘

으로 활용. 주가가 높아지면 실물 투자가 증가하고 낮아지면 감소하는 메커니즘도 함께 활용

모두 맞는 말이다. ①~⑦ 요점만으로도 어느 정도 이해할 수 있지만 조금은 다른 각도에서 주식시장의 사회적 기능과 역할을 파악해보고자, 이 책에서는 "주식시장으로 국가나 사회는 무엇을 얻으려 할까?"라는 질문에 편하게 답하는 식으로 한번 접근해볼까 한다. 일반적으로 주식시장과 관련 법제가 적절히 잘 작동하면 기업과 경제 내에서 기존 생산설비 능력을 활용하거나 한정된 자본/자원을 배분하는 데 있어 그렇지 않은 경우보다 효율성이 훨씬 더 좋다. 뿐만 아니라 기업과 정부 등 증권 발행주체의 자금조달 조건이나 편의성, 또는 이들 주체의 변화무쌍한 현금흐름 위험에 노출된 투자자의 위험관리 효율성도 좋아진다. 한 사회, 특히 자본주의 체제에서 '주가'는 이 모든 과정을 이끌어가는 근원적 동력이자 핵심이다. 주가가 정확하면 할수록[93] 이들 사회적 가치는 점점 더 커지고, 아울러 주식시장과 관련 법제의 사회적 공헌도 또한 더욱더 높아진다(폭스·글로스텐·라우터버그[Fox, Glosten, and Rauterberg], 2019). 이어지는 4개(2절~5절) 절은 주식시장의 사회적 기능과 역할을 이런 관점에서 살펴본 내용이다. 제1장(3절 가항)에서와 같은 이유로 여기서도 기업은 제조업 상장회사를 가정한다.

2. 기존 생산설비 능력 효율적 활용

주식시장은 상장기업의 추상적 가치를 가격으로 구체화하는 장소이다. 따라서 주식시장이 사회적으로 부여받은 기능과 역할에 걸맞게 잘 작동한다는 것은 주가를 정확히 결정해낸다는 것과 같은 의미이다.

93 "주식시장이 점점 더 제대로 작동할수록"이라고 바꿔 쓸 수 있다. 이러면 거래비용은 낮아지고 유동성은 풍부해질 것이다. 유동성이 풍부할수록 가격 정확도는 높아진다. 왜냐하면 정보를 달리 보유한 투자자가 한데 모여 거래하면 할수록 주가가 반영하는 정보는 점점 많고 다양해져 그렇지 않은 경우보다 더욱 정확하게 결정되기 때문이다. 유동성 외부효과이다.

주가가 시장에서 정확히 결정될수록 해당 기업 경영자는 이를 의식하지 않을 수 없고 주가를 가능한 한 최고로 높이려는 의사결정을 하게 된다.[94] 주가 극대화란 투자자가 주식을 보유해 얻을 것으로 예상하는 미래현금흐름(즉, 미래 기대 현금흐름)의 현재가치를 최대로 만든다는 개념이다. 이러려면 경영자는 기업이 보유/운영 중인 생산설비 능력을 가능한 한 가장 효율적으로 사용해 기업의 미래 기대 현금흐름을 극대화해야 한다. 개별 경영자 각자의 이러한 행동은 경제 전반에 걸쳐 생산설비 능력을 최적으로 사용하게끔 합쳐져 궁극에는 사회적 후생을 최대한 끌어올리는 역할을 한다.[95]

그러면 경영자는 왜 주가를 의식하며 의사결정을 할까? 먼저, 주가가 지닌 신호 역할과 시장규율 기능을 들 수 있다. 만일 주가가 주가 극대화를 따르지 않는 경영상태를 계속 정확히 반영해준다면(예: 동종업계와 비교해 상대적으로 낮은 가격) 투자자에게 이는 경영자의 능력을 의심케 하는 결정적 신호가 될 수 있다. 이를 근거로 경영자를 압박할 수 있을 것이다. 다음, 주가는 경영자에게 경영환경에 대한 훌륭한 정보를 제공한다. 즉, 주가가 지닌 정보 역할(informational role)이다. 경영자는 내부사정에는 밝지만, 외부환경에 대해서는 그렇지 않을 수 있다. 효율적인 시장에서 주가는 모든 "이용 가능한 정보"를 다 반영해준다(**효율적 시장가설**. EMH[efficient market hypothesis]).[96] 정확한 주가는 경영자의 안목보다 기업 전망을 더 정확하게 반영해 줄 수 있다는 의미이다. 마지막으로, 경영자는 여러 상황에서 투자자와 이해를 같이하곤 한다. 스톡옵션(stock option. 주식매수선택권)을 부여받은 경우처럼. 주가가 정확하다면 경영자에 대한 보상과 책임 부과가 더욱 명확하고 효율적으로 이루어질 수 있다.

94 '기업 규모 확대'나 '성장 추구'처럼 다른 목표를 중시해 의사결정을 할 수도 있다. 그러나 이에 따른 논리는 아직 경영자의 주가 극대화 목표만큼 관련 재무 현상을 정합성 있게 설명하지 못한다.

95 **후생경제학 제1정리**(First Welfare Theorem)와 연계된 논리이다(이에 대한 부연 설명은 바로 다음 3절 참조).

96 주가에 반영되는 이용 가능한 정보의 성격에 따라 약형(weak form EMH. 과거 모든 정보 반영), 준강형(semi-strong form EMH. 약형에 해당하는 정보뿐 아니라 현시점 이용 가능한 모든 공적정보도 함께 반영), 강형(strong EMH. 약형, 준강형에 해당하는 정보뿐 아니라 내부정보까지도 함께 반영)으로 구분한다. 실증분석 결과에 따르면 대부분 주식시장은 준강형 정도로 효율적이라고 한다.

3. 한정된 자본의 효율적 배분

경영자의 일상 업무는 기업가치를 높이려는 의사결정의 연속이다. 여러 업무 중에서도 경영자가 해내야 하는 주요 재무 의사결정으로는 보유하고 있는 '한정된 자금/자본'을 어떻게 하면 효율적으로 사용할지, 또 이러한 조건에서 향후 어떤 프로젝트(투자안)에 얼마만큼 투자해야 할지, 이를 해내려면 어떻게 추가자본을 조달해 한정된 자본을 늘릴 수 있을지와 같은 사안을 들 수 있다. 바로 위 2절("기존 생산설비 능력 효율적 활용")에서처럼 이때도 경영자는 미래 기대 현금흐름의 현재가치를 최대화하는 방향으로 의사결정을 한다. 따라서 주가가 시장에서 정확히 형성될수록 경영자의 이 같은 재무 의사결정은 더욱더 효율적으로 이루어진다. 여러 프로젝트를 고려 중인 경영자를 상정해 그 이유를 한번 살펴보자.

주가란 기업의 미래 기대 현금흐름을 1주당 현재가치로 환산한 것에 불특정 다수 투자자가 시장에서 합의한 가격이다. 그러니까 주가 극대화란 기업의 미래 기대 현금흐름의 현재가치, 더 엄밀하게는 **순현재가치(NPV**: net present value. [미래 기대 현금유입 현재가치]-[미래 기대 현금유출 현재가치])의 극대화를 의미한다.[97] 미디어를 통해 종종 듣게 되는 기업 실적발표(earnings announcement)나 주가수익률(PER: price earnings ratio) 등이 중요시되는 이유이다. 여하튼 경영자는 개별 프로젝트 NPV가 양(+)이라 판단하면 투자에 착수한다. 만일 자본은 한정돼 있는데 계획 중인 프로젝트가 많아 이용 가능한 자본을 초과하면, NPV가 높은 프로젝트부터 투자한다. 이들 개별 프로젝트 NPV 시너지(synergy) 총합이 기업가치(1주당 환산 시 주가에 해당)며 이를 극대화(1주당 환산 시 주가 극대화에 해당)하려면 NPV가 음(-)인 프로젝트는 당연히 채택하지 말아야 한다. 한정된 자본을 가장 효율적으로 배분하고자 경영자가 선택하는 방식이다. 시장에서 주가가 정확하게 형성될수록 주가는 경영자의 이 같은 재무 의사결정 능력을 더욱더 효과적으로 반영한다. 주가가 미래 기대 현금흐름의 1주당 가치이기 때문이다.

---

97 주가 극대화를 달리 말하면 "주주의 부 극대화"다. 경영자는 주주의 부를 극대화하는 투자 결정을 해야 하며, 이 과정에서 주주 개개인의 위험선호를 고려할 필요는 없다(**피셔 분리정리**[Fisher's separation theorem]).

더 나아가 개별기업의 주가 극대화가 모여 경제 전반에 걸쳐 한정된 자본의 최적 배분과 생산설비 최적 사용(바로 위 2절)이 이루어지면, 궁극에는 사회적 후생도 최적화한다. 한정된 자본의 최적 배분과 생산설비 최적 사용은 경영자가 주가를 극대화할 때 맞닥뜨리는 동전의 양면과 같은 사안으로, 이 둘이 달성되면 사회적 후생도 최적화한다는 것은 앞서 언급한 후생경제학 제1정리에 따른 논리이다. 이 정리는 "특정 조건이 전제된 완전경쟁시장에서 일반경쟁균형(발라스 균형. Walrasian equilibrium)은 파레토 최적/효율(Pareto optimality/efficiency)[98]이다"를 내용으로 한다. 쉽게 말해 개별 경제주체가 가격 메커니즘을 통해 오로지 자신의 이익(사익)을 추구하는 과정에서 사회적 자원배분의 효율성(공익)이 달성된다는 의미이다(스미스[Adam Smith]의 "보이지 않는 손"과 같음). 결론적으로, 자본주의 경제에서는 경영자가 자기 기업 주가를 극대화하는 노력이 바로 사회적 후생을 최적화하는 노력이다. 하지만 이 같은 중요성도 주식시장에서 주가가 정확하게 형성되지 않으면 공염불에 지나지 않는다. 주가를 정확하게 형성하는 주식시장의 기능과 역할이 얼마나 중요한지를 한층 강조해주는 대목이다.

한편, 주식시장(유통시장)에서 형성되는 주가는 '여러 경로'를 통해 경영자의 투자 의사결정에 영향을 끼친다. 경영자가 제아무리 최고의 내부정보를 가진 경제주체라 해도 수많은 투자자의 정보가 통합·반영된 주가의 내재 정보를 넘어설 수는 없으며(통합·반영되는 정보의 정도에 따라 내재 정보는 각양각색을 띰), 내재 정보의 쓰임새 또한 현실에서 다양하게 발현되기 때문이다(본드·에드만스·골드스타인[Bond, Edmans, and Goldstein], 2012). 기업에 자금이 직접 유입되지 않아도 (유통시장의) 주가가 실물경제에 미치는 영향은 사람들이 주가에 가지는 관심만큼이나 크다.[99]

---

98 파레토 최적/효율이란 생산과 교환에 대해 다음 두 가지 효율 조건을 동시에 충족한 상태를 말한다. "① 〈생산 효율 조건〉 한 재화의 생산량을 증가시키려면 다른 재화의 생산량을 반드시 감소시켜야만 함. ② 〈교환 효율 조건〉 한 소비자의 효용을 증가시키려면 다른 소비자의 효용을 반드시 감소시켜야만 함". 물론 완전경쟁시장이라 할지라도 소비자의 선호 체계, 외부성(externality) 등과 관련한 전제조건을 충족하지 못하면 파레토 최적/효율을 달성할 수 없다.

99 모딜리아니(Franco Modigliani)와 밀러(Merton Miller)의 고전 정리에 따르면 이상적인 환경(완전자본시장)하에서 기업의 투자 의사결정과 자본조달 의사결정은 서로 무관하게 이루어진다. 그러나 현실 세계에서 주식시장(즉, 자본조달 의사결정과 관련)은 경영자의 투자 의사결정에 중대한 영향을 끼쳐 생산, 고용 등 실물경제에 직접

4. 현재와 미래 사이 효율적 자원 배분

국가나 사회는 한정된 자원을 현재 소비해야 할지 아니면 소비하지 않고 생산에 투여해 미래 소비해야 할지를 항상 선택해야 한다. 주식시장에 유동성이 풍부하면 할수록 이러한 사회적 선택의 결과는 최적에 가까워진다.

구체적으로, 개인은 미래 소비에 대비해 현재 소비할 수 있는 재화와 서비스를 별도로 챙겨둔다. 이에 비해, 기업은 개인의 미래 소비 수요를 예측해 생산·충족시키며 기업 존속에 필요한 현금흐름을 창출하는 프로젝트에 언제나 투자하려 한다. 경제의 가장 중요한 기능 중 하나는 이 두 경제주체를 연계해 개인의 (현재와 미래) 소비 패턴이 가능한 한 사회적 후생을 최대로 하게끔 한정된 자원을 사용·배분하는 데 있다. 바로 이 연결고리에 주식시장/자본시장이 놓여 있다.

기업은 '발행시장'에서 주식/채권을 이용해 프로젝트에 필요한 자금을 실제 조달한다. 한편, 개인은 현재 소비를 유보하는 대신 '유통시장'에서 미래현금흐름을 얻게 될 주식/채권에 투자한다. (이제부터 논의를 간단히 하고자 주식에만 한정한다). 주식은 기업이 미래 창출할 현금흐름에 대한 일종의 청구권이어서 투자자는 미래 필요할 때 이를 처분해 소비할 수가 있다. 발행시장에서 발행주식에 대한 유통시장 수요가 높게 예상될수록 투자자는 미래 소비하려고 처분할 때 거래비용이 더 적게 들 것이라 예상한다. 같은 이유로 미래의 매입 상대방도 더 높은 가격을 기꺼이 지급하려 할 것이다. 발행기업 관점에서 보면 자본조달비용이 적게 든다는 얘기이다. 따라서 (다른 모든 조건이 같다면) 발행시장에서 발행주식에 대한 유통시장 유동성이 높게 예상될수록 발행기업은 지금 주식을 더 높은 가격에 발행·매각할 수 있다. 왜냐하면 미래 기대 현금흐름을 낮은 할인율(자본조달비

영향을 미친다. 예를 들어, 주가가 비정상적으로 낮게 형성되더라도, 대부분 기업은 양(+)의 NPV로 기대되는 모든 프로젝트를 주식시장에 의존하지 않은 채 내부자본만으로 충당할 수는 없다. 반대로, 주가가 높으면 경영자는 그동안 숙고해온 실물 투자를 적극 실행하려고 한다. 자본조달비용이 적게 들기 때문이다(물론 주가가 낮으면 자본조달비용이 많이 들어 투자를 실행하지 않는다). 말이 쉽지, 이러한 경로를 확증하기란 매우 어렵다. 주가가 미래 예측적(forward-looking)이어서 분석에 많은 요인을 통제해야 하기 때문이다. 초도로프-라이히·네노프·심섹(Chodorow-Reich, Nenov, and Simsek, 2021)은 미국노동시장을 분석해 이를 확인했다. 주가가 (연 20%) 높아[낮아]지면 소득효과로 소비가 증가[감소]해 고용/임금이 (연 1.7%) 증가[감소]한다고 한다.

용)로 현재가치화하기 때문이다. 주식 유통시장의 유동성이 풍부할수록(주식시장이 제대로 작동할수록) 발행시장의 기능과 역할(한정된 자원을 [현재와 미래 사이] 사용·배분)은 더욱더 효율적으로 이루어진다.[100]

5. 투자자의 효율적 위험관리

실물 투자에서 창출하는 미래 수익을 기업이나 경제 전반이 정확히 알 수는 없다. 재무학에서는 이에 대해 완전히 모르지는 않고 수익률 평균이나 분산/표준편차 정도는 알 수 있다고 가정한다. 미래 수익률이 평균을 중심으로 퍼진 정도가 분산/표준편차인데, 재무학에서는 이를 위험(risk. 리스크)이라 정의한다. 따라서 미래 수익률이 확률적으로 평균에 몰려 있으면 위험이 낮고(어느 정도 확실히 알 수 있고) 널리 퍼져 있으면 위험이 크다고 한다(불확실하다). 거의 모든 투자자는 위험을 피하고 싶어 한다. 만일 위험을 택해야 한다면 그에 맞은 보상을 요구할 것이다. 이를 위험 회피형(risk-averse) 투자자라고 한다. 대부분 투자자는 여기에 속한다.

재무학에서는 위험 수준이 서로 다른 30여 개 주식에 분산투자 하면 해당 포트폴리오(portfolio)[101] 위험 수준을 최저로 만들 수 있다고 한다. 최저이지 위험을 완전히 없앤다는 말은 아니다. 불확실성은 언제나 경제 전반에 놓여 있는 위험이기 때문이다. 포트폴리

---

100 위 내용을 "유통시장의 유동성이 낮으면 한정된 자원의 (현재와 미래 사이) 사용과 배분은 왜 비효율적으로 이루어질까?"로 바꿔 물어볼 수도 있다. 유통시장에서 유동성이 낮게 예상될수록, 본문에서의 논리처럼 투자자는 자신의 미래 투자수익이 낮아질 것으로 예상하고 해당 주식의 투자를 줄인다. 이에 자본조달이 줄어든 해당 기업도 실물 투자를 적게 할 것이다. 이러한 현상은 기업의 본질가치와는 아무런 상관이 없고 오로지 비유동성 때문에 발생하는 일종의 세금(wedge)이다. 유동성이 풍부하다면 개인(투자자)이나 기업 그 누구에게도 발생하지 않는 비용이다. 주식시장이 제대로 작용하지 않을 때 나타나는 사회적 비효율성이다.

101 과거에 실물(종이) 주식을 넣어 들고 다니던 얇은 형태의 가방을 포트폴리오라 불렀다. 지금은 이러한 실물 가방 대신 투자자가 보유한 모든 주식이나, 또는 보유주식의 총금액 중 개별주식이 차지하는 비중(예: 유한양행 23%, 삼성전자 10%, 현대자동차 17%, 솔브레인 15%)을 의미한다. 한편, 다양한 산업의 여러 기업에 분산투자 하면 경기변동에 따른 위험도 줄일 수 있다. 분산투자에 따른 포트폴리오를 가장 손쉽게 할 수 있는 방법은 ETF 매입이다. 최근 ETF가 각광받는 데는 다 이유가 있다.

오 구성 종목 중 어떤 주식은 예상보다 수익이 높고 어떤 주식은 수익이 낮아, 평균해보면 대략 포트폴리오 예상 수익률에서 많이 벗어나지 않는 수익률을 달성할 수 있다는 의미이다. 주식시장은 시시각각 변한다. 따라서 투자자의 위험선호에 맞춘 최적 포트폴리오도 동적으로 계속 변해야 한다. 주식시장에 유동성이 풍부하면 주식을 거래할 때 비용이 적게 든다. 이로써 투자자는 자신들의 최적 포트폴리오를 훨씬 더 쉽게 재조정해 위험 수준을 낮춰갈 수 있다. 제대로 잘 작동하는(유동성이 풍부한) 주식시장과 관련 법제는 이처럼 효율적 위험관리에도 중요한 역할을 한다.

제2부

선도자본시장 구조와 인프라

끝없는 경쟁, 규모와 범위의 부단한 확대

₩ $ € £ ¥ ₴ ₽ ₯

Understanding Korean Capital Markets
Function, Structure and Legal Environment

제5장
영국자본시장, 런던증권거래소 그룹을 중심으로

1. 선택 배경

제2장에서 설명한 바와 같이 주식거래는 주문제출로 시작해 매매체결, 청산, 결제·예탁 과정을 거쳐 완료되며, 브로커·딜러 증권사, 거래시장, 청산기관, 결제·예탁기관이 각 과정의 기능을 담당한다.[102] 우리가 전통적으로 FMI(financial market infrastructure. 자본시장 인프라) 제공기관이라 불렀던 곳들이다. 하지만 이들만이 FMI 제공기관의 다가 아니다. 지수 서비스회사, 데이터 수집·가공/분석회사, TR(trade repository. 거래정보저장소) 등 새로운 유형의 FMI 제공기관이 최근 들어 속속 등장했고 앞으로도 당분간은 이 같은 추세가 지속되리라 전망하기 때문이다. 자본시장의 비즈니스 범위가 양적·질적으로 자연스레 진화해 확대되고 2008년 글로벌 금융위기로 시스템 안정성이 한층 더 강조되는 사회·제도적 분위기가 주요인이라 생각한다. 상황이 이렇게 되자 그동안 전통기관의 보조에 머물렀던 ICT(information and communications technology. 정보통신기술) 업체들도 이제는 FMI 서비스를 제공하는 영역에서 또 하나의 주축이 될 만큼 중요해졌다.

이렇듯 다양한 FMI 제공기관 중에서도 매매체결기능을 담당하는 거래시장은 예나 지금이나 가장 중추적인 기관이다. 왜냐하면 투자자와 주식보유자 간에 실제로 거래가 발생하는 장소이기 때문이다. 그 외 기능을 제공하는 기관은 주로 매매체결의 효율성과

102 청산기관에서 결제하거나, 결제·예탁기관에서 청산하기도 한다. 이러한 경우는 대개 기관의 전통이 아주 오래되었거나 자본시장의 규모가 상대적으로 크지 않을 때 나타난다. 이 책에서는 주 사업의 기능이 무엇인지를 기준으로 이들 기관을 분류한다.

확실성, 안전성을 담보해주는 역할을 한다. 따라서 거래소가 유기적 성장(organic growth)을 추구하려 한다면 자신의 비즈니스(즉, 수익 창출) 범위(즉, 기능)를 매매체결과 전후로 연계된 기능이나 거기서 파생된 서비스 분야로 확대하는 것만큼 자연스러운 시도는 없을 것이다. 이때 확대 가능한 비즈니스 범위는 주문제출을 제외한 모든 FMI 서비스를 의미한다.[103] 선도자본시장의 주요 거래시장은 이제 자신들을 더는 거래소라 부르려 하지 않으며 미디어 역시 이에 동조하는 상황이다. 예를 들어, NYSE(New York Stock Exchange. 뉴욕증권거래소. 나이씨)를 산하에 둔 지주회사 **인터콘티넨털거래소**(ICE: Intercontinental Exchange)는 자신을 "글로벌 거래소와 청산소를 여럿 거느린 운영자이자 동시에 IT와 데이터, 상장서비스를 제공하는 업자"(a leading operator of global exchanges and clearing houses and provider of technology, data and listings services)라고 장황하게 소개한다. 거의 같은 사업 분야를 가진 Nasdaq(나스닥)은 아예 딱 잘라 "자본시장 IT 제공업자"(technology provider)라고 부르기까지 한다.

이 책에서는 다음과 같은 이유로 세계 선도자본시장의 현황을 영국자본시장의 근간인 LSEG(London Stock Exchange Group. 런던증권거래소 그룹)에 우선적 초점을 맞춰 서술한다.

첫째, LSEG는 거래시장이 하나의 조직체(영리기업)로서 해나가야 하는 유기적/비유기적[104] 성장 모습을 전 세계 어느 거래시장보다 가장 선도적으로 잘 예시해준다. 본보기일 정도로. 여러 이유가 있지만, 무엇보다 이같이 말하는 데에는 성장 과정에서 LSEG가 보여준 비즈니스 선택의 적절성과 다양성, 타이밍과 논리가 너무나도 탁월했기 때문이다.

물론, 우리에게 친숙한 NYSE, Nasdaq, 생소하지만 강력한 Cboe Global Markets(씨보글로벌마케츠)의 BZX[105] 등 미국 거래시장도 훌륭한 예이기는 하다. 그러나 이들 거

103 브로커·딜러 증권사가 글로벌이든 국내든 상관없이 여기저기서 ATS(alternative trading system. 대체거래시스템)를 설립해 기득권자인 거래소와 치열하게 경쟁을 벌이는 이유이다.

104 유기적 성장은 성장동력을 내부 개발 역량에 의존하는 자생적 방식을, 비유기적 성장은 M&A(인수·합병), 전략적 제휴 등 외부 자원을 활용하는 외생적 방식을 각각 의미한다.

래시장은 원천적으로 관련 업무영역을 청산·결제·예탁으로까지 자유로이 확대할 수 없다.[106] 또한 오래전부터 예탁기관을 소유해온 DB(Deutsche Bőrse. 독일거래소)도 기능면에서는 LSEG보다 분명 그 범위가 넓기는 하다. 하지만 성장의 활력이나 추진력에서는 비교가 되질 않는다. 한편, 아시아 선도자본시장은 이와는 다른 이유로 거래시장 성장의 '일반적' 본보기가 되기 어렵다. 이들 시장이 처한 최대 당면과제는 국제경쟁력 증진이었다. 이 때문에 자국내 규모와 범위의 경제를 공고히 하면서 미국과 유럽 선도자본시장을 따라가야만 했다(이 같은 상황은 지금도 마찬가지다). 따라서 일본을 제외하고는 자국내 경쟁의 싹이 보이기가 무섭게 득달같이 지주회사를 설립해 매매체결 이후 주식거래 과정을 모조리 산하에 두면서 자연독점(natural monopoly)의 장점을 최대한 끌어 올리려 하였다. 후발주자로서 정부와 정책적 교감을 마친 선택이었으므로 거래시장의 일반적 성장전략과는 차원이 다소 달랐다.[107]

둘째, LSEG 성장 과정을 면밀히 살펴보면, 지난 20여 년간 글로벌 자본시장에서 펼쳐진 시장 간 경쟁의 본질을 다른 거래시장의 경우보다 한층 더 명확하게 파악할 수 있다. 2000년대 중반까지만 해도 LSE(London Stock Exchange. 런던증권거래소)[108]는 주식 관련 매매체결을 위주로 하는 그저 전통적인 거래소였다. 당대 유럽 최고 거래소

---

105 Cboe Global Markets는 2017년 **씨보(CBOE**: Chicago Board Options Exchange. 미국의 대표 옵션거래시장)가 **배츠글로벌마케츠(BATS Global Markets**. 미국과 유럽의 주식거래시장)을 합병해 탄생했다. 당시 산하 주식시장 중 **BZX**(BATS. 舊 **배츠**)와 **CXE(Chi-X Europe**. 舊 **차이엑스 유럽**. 둘 다 합병 전 BATS Global Markets 소유)는 미국과 유럽에서 각각 거래량 2~3위를 점하는 선도거래시장이었다(**제3장 2절 가항 (1)** 참조).

106 NYSE와 Nasdaq, Cboe Global Markets도 파생상품시장을 보유하므로 파생상품 관련 후선업무 기능을 수행하고는 있다. 하지만 주식에 관한 한 법적으로 DTCC(Depository Trust & Clearing Corporation. "미국 중앙예탁·청산회사")가 기능을 독점·수행하게끔 정해져 있어, 이 영역으로 시장 진입은 원천적으로 불가능하다. 타의 추종을 불허하는 큰 시장 규모와 자연독점 특성을 고려한 미국만의 특징이다(**제6장 3절** 참조).

107 낮은 국제화 정도를 제외하면, 한국의 여건도 아시아 선도자본시장과 별반 차이가 없었다. 하지만 담당기관(정책담당자, 거래소, 결제·예탁기관 등)의 미온적 태도와 기득권 충돌, 정치권의 식견 부족과 비경제적/지역적 이해에 따른 정략적 선택/타협 등이 맞물려 한국은 이들 선도자본시장과는 달리 여전히 옛 시대적 구조를 유지하고 있다. 안타깝게도 요즈음은 아예 이를 더 강화하는 듯까지 하다. 비록 일반적/보편적 경로는 아닐지라도 아시아 선도자본시장이 했던 방식과 경험에서 한국이 얻을 수 있는 다양한 시사점을 절대로 가볍게 여겨서는 안 된다고 생각한다(**제14장** 참조).

108 LSE는 Borsa Italiana(이탈리아증권거래소) 합병(2007년 10월)과 함께 조직을 지주회사(LSEG)로 개편하며 LSEG 자회사가 되었다. 이 책에서는 문맥과 상황에 맞춰 LSEG와 LSE를 혼용한다.

〈그림 5-1〉 LSEG 전경

* 자료: [https://en.wikipedia.org/wiki/London_Stock_Exchange_Group].

* LSEG는 2004년부터 시티(the City of London) 내 파터노스터 광장(Paternoster Square)에 위치(오른쪽 흰색 건물). 광장 남쪽에 인접한 세인트폴 성당(St. Paul's Cathedral)을 지나 조금만 걸어 내려가면 밀레니엄 다리(Millennium Bridge)를 만나고, 이를 건너면 테이트 모던(Tate Modern)임.

이기는 했지만, 비즈니스가 현물에 한정되었고 규모(상장기업 시가총액)도 NYSE, Nasdaq의 1/4, 1/2에 불과해 글로벌 자본시장을 선도하며 경쟁력을 갖기에는 크게 역부족이었다. 이 때문에 유럽자본시장 패권을 노리는 경쟁 거래시장의 M&A(인수·합병) 먹잇감으로 한동안 줄곧 시달렸다(제5장 2절 가항 참조). 하지만 2007년 Borsa Italiana(이탈리아증권거래소, 보르사이탈리아나) 합병을 계기로 LSE는 그동안의 수세에서 벗어나 공세로 전환한다. 그로부터 10여 년이 지난 지금, LSEG는 현·선물[109]을 포함해 자본시장의 모든 기능을 균형 있게 아우르며 지속 성장하는 이상적 형태에 가까운 글로벌 거래시장이 되었다.

요즈음 글로벌 자본시장에서는 시장 패권이나 패러다임을 바꿀 만큼 획기적이지 않다면, 누가 누구를 인수·합병했다는 구체적 사건은 예전만큼 중요성을 갖지 못한다. M&A가 그 정도로 다반사기 때문이다(〈부록 표 6-1〉 참조).[110] 우후죽순처럼 발생하는 수많은 M&A에서 글로벌 FMI 산업 흐름을 정확히 파악해내기란 결코 쉬운 일이 아니다. **브렉시트(Brexit.** 영국의 EU 탈퇴) 이전까지 LSEG가 성사시킨 M&A를 살펴보면 글로벌 자본시장의 대세를 일목요연하게 옮겨놓은 것처럼 아주 절묘하다. LSEG가 글로벌 자본시장 비즈니스 범위를 선도적으로 확대하며 새로운 흐름을 창출했다 해도 과언이 아닐 정도로 말이다.

2. 런던증권거래소 그룹 — 선도거래시장 성장의 본보기

가. 2000년대 중·후반 이전 — 국지적 글로벌 거래시장

연원을 거슬러 올라가면 LSEG 역사는 무려 300년이 넘는다(〈표 5-1〉 참조). 초기에는 커피하우스(Jonathan's Coffee House. 조나단 커피하우스)에 모여 가격 목록을 발간하며 주식이나 상품을 거래했다. 1801년 3월 내부 규정과 조직을 갖추면서 비로소 세계 최초로 근대적 의미의 정규거래소(The Stock Exchange)로 거듭났다.

큰 변화 없이 오랜 세월 영국과 영연방을 대상으로 여유롭게 영업활동을 하던 LSE가 오늘날의 역동적인 글로벌 선도거래시장으로 변모할 수 있었던 데에는 **"1986년 금융서비스법"(FSA 1986**: "The Financial Services Act 1986")과 FSMA(The Financial

---

109 2016년부터 추진하던 파생상품거래소 **커브글로벌**(CurveGlobal) 프로젝트는 2022년 1월 실패로 막을 내렸다. 파생상품거래 부문의 약화가 불가피하나, 업계에서는 이는 일시적 현상일 뿐 LSEG가 조만간 M&A를 활용해 파생상품거래시장을 재차 강화할 것으로 예상한다.

110 '시스템적으로 중요해' 그에 상응하는 보호를 받지만, 이제 거래시장은 과거 준(準)공기업 거래소였을 때만큼 보호해줘야 하는 기관이 아니다. (브로커·딜러 증권사)/금융투자회사처럼 다른 FMI 제공기관과 경쟁하고 M&A도 당할 수 있는 상장주식회사(민간기업)이다.

Services and Markets Act 2000. 2000년 금융서비스시장법) 제정이 큰 효력을 발휘했다(제5장 4절 참조). FSA 1986은 FSMA로, FSMA도 EU(European Union. 유럽연합) 법제에 맞춘 영국의 여러 후속 법으로 거의 모두 편입·폐기됐지만, 이들 법 시행을 통해 LSE는 자신의 낙후성을 직시하며 탈바꿈하기 시작했다.

앞서 언급한 바와 같이, 법 제정 당시는 물론이고 2000년대 중·후반까지만 해도 LSE는 주식 관련 매매체결서비스에 주력하는 전형적인 전통 거래소였다. 이럴 수밖에 없었던 데에는 오랜 역사와 전통, 이를 뒷받침해온 법제로 인해 영국자본시장에는 거래상품(주식·채권, FX, 상품)이나 기능별(매매체결, 청산·결제, 예탁)로 특화한 FMI 제공업자가 그것도 글로벌 규모로 이미 제각기 정립해 있었기 때문이다.[111] 그 결과, 다양한 금융상품과 기능을 한데 모아 복합적으로 수행하던 국외 선도거래시장에 비해 LSE 기업 규모는 작은 편에 속할 수밖에 없었다. 물론 시장 자체는 유럽 최대 거래량을 뽐내는 세계 수준의 거래소였지만.

기업으로서 상대적으로 작은 규모, 세계적인 시장의 질적 수준, 그러나 더딘 혁신 등, LSE는 M&A 대상이 되기에 딱 좋은 조건을 갖췄었다. 2000년 스웨덴 **OM 그룹**(**OM Group**. 글로벌 FMI 제공기관)과 DB(iX 프로젝트[1998년 출범])를 필두로 하여 이후 20년 가까이 Nasdaq(2001년, 2006~7년, 2011년), Euronext(유로넥스트, 2005년), 맥쿼리(Macquarie, 2005년), DB(2004년, 2016년), HKEX(Hong Kong Exchange, 홍콩거래소. 2019년) 등 경쟁거래시장의 M&A 시도가 끊이질 않았다. FSA 1986, FSMA 등 법제 변화라는 강제력이 있었음에도 LSE가 오랜 관습과 타성에서 벗어나 넘볼 수 없는 일정 수준의 글로벌 경쟁력을 갖추기까지에는 시간이 꽤나 필요했던 것 같다.

111 오늘날 모습으로 말하면, 주식의 경우 매매체결은 LSEG, 청산은 **런던청산소**(**LCH**: London Clearing House. 舊 LCH.Clearnet), 결제·예탁은 Euroclear(유로클리어), 파생상품·상품(commodity)·상품선물은 **"ICE선물유럽"**(**ICE Futures Europe**. 舊 라이프. **LIFFE**: London International Financial Futures and Options Exchange. **런던국제금융선물옵션거래소**)과 **런던금속거래소**(**LME**: London Metal Exchange)가 그들이다.

나. 2007년 Borsa Italiana 합병 — 수세에서 공세로

한참을 수세에 몰렸던 LSE는 2007년 10월 Borsa Italiana를 합병하며 공세로 전환한다. 물론 그사이 만반의 준비를 마쳐놓았다. 무엇보다 소유구조를 개편했다. 공기업적 클럽(mutual. 상호회사)에서 상장주식회사가 되었다(2001년 7월). **시스템적으로 중요한 금융기관(SIFI**: systemically important financial institution. **사이파이**)에 속해 여전히 일정 부분 특별 규제 대상이기는 하지만, 이로써 다른 순수 민간기업과 (거의) 같은 수준의 경영 자율성과 책임을 부여받았다. FSA 1986과 FSMA 시행으로 가능해진 일이었다.

Borsa Italiana는 이탈리아자본시장 그 자체로, 주식시장뿐 아니라 유럽 최대 **채권 도매시장 MTS**(62.5% 소유), 후선업무를 담당하는 **CC&G**(Cassa di Compensazione Garanzia. 중앙청산기구)와 **몬테티톨리**(Monte Titoli. 중앙예탁기구)를 산하에 둔 그룹이다. 합병을 통해 LSE는 그동안 취약했던 채권과 청산·결제·예탁 부문으로 일거에 본격 진입하며 앞으로 이루어질 다각화 과정의 발판을 다지고, 더불어 소유·지배구조와 회사명도 지주회사 LSEG로 쇄신하였다.

다. 2000년대 중·후반 이후, 브렉시트 이전 — FMI 전 영역에 걸쳐 역동적 글로벌 선도거래시장

한번 트인 공세 물꼬는 봇물 터지듯 이어졌다. Borsa Italiana 합병 이후 2020년 말 브렉시트까지 LSEG가 취한 유기적/비유기적 성장의 주요 전략을 정리하면 다음과 같다(〈표 5-1〉 참조).

- **〈IT 부문 글로벌 비즈니스 강화〉** 2009년 9월 FMI 관련 IT 솔루션(solution) 업체 **밀레니엄IT**(**MillenniumIT**. 스리랑카 소재. 現 LSEG Technology)를 인수. 매매체결, 주문회송(order routing), 데이터, 청산·결제, 시장감시 등 FMI 전 영역에 걸쳐 IT 서비

스 역량을 크게 강화. SGX(Singapore Exchange. 싱가포르거래소), **오슬로거래소**(Oslo Børs), **요하네스버그증권거래소**(JSE: Johannesburg Stock Exchange), HKEX 등 세계 30여 개 시장에 시스템 수출.

- **〈다크풀·리트풀 겸영 Turquoise(터쿼이스) 지분 60% 인수〉** 인수 당시(2009년 12월) Turquoise는 범유럽 주식거래 MTF(multilateral trading facility. 다자간거래설비)로서 다크풀(dark pool)을 위주로 하면서 리트풀(lit pool)도 함께 운영. 2011년 6월 LSEG는 산하의 파생상품거래소 **EDX 런던**(EDX London)을 "터쿼이스 파생상품"(Turquoise Derivatives)에 흡수·통합(그러나 2013년 9월 Turquoise Derivatives를 **LSE 파생상품거래시장**[LSE Derivatives Market]으로 다시 귀속시킴). Turquoise는 범유럽 시장참여자와 함께 **플레이토파트너십**(Plato Partnership. 〈표 5-1〉, 제12장 1절 나항 (2)(가) 참조)을 결성, 다크풀 규제나 최종 투자자(end-investor)에 대한 EU 의사결정에 의견을 적극 개진하며 유럽 선도 MTF로서 지위를 확고히 다지는 중.
- **〈캐나다 TMX와 합병해 주시장 확대 도모, 실패〉** TSX(Toronto Stock Exchange. 토론토증권거래소)를 자회사로 둔 TMX 합병 시도. TSX는 광산물, 원유, 하이테크(high-tech) 관련 기업에 강점을 지님. 합병 후 통합거래소(가칭 **LTMX Group**)의 상장기업 포트폴리오가 균형 있게 건실해질 것으로 전망. 그러나 캐나다 기관투자자 컨소시엄이 **메이플 그룹**(Maple Group)을 결성해 금융 주권(특히 청산·결제시스템) 사수를 주장하고 온타리오(Ontario) 주정부가 이에 합류하며 반대해 2011년 2월 무산.
- **〈청산 서비스 부문 환골탈태〉** 2013년 5월 글로벌 최대 청산기관인 **LCH-클리어넷**(LCH.Clearnet. 現 LCH) 지분 57.8%를 인수, 청산기능을 크게 강화. 2018년 말 지분을 82.6%까지 확대하고 대주주로서 기업명도 예전의 LCH로 재변경. 특히 **스왑클리어**(SwapClear)를 통한 장외 IRS(interest rate swap. 이자율/금리스왑) 청산 서비스는 글로벌 시장점유율 85%를 상회할 정도로 압도적. 연이어 2019년 초, 글로벌 결제·예탁기관인 Euroclear(유로클리어. 벨기에 소재)에 5.2% 지분을 출자, 증권거래 전 과정에 걸쳐 FMI 제공기관을 보유하거나 지분 참여.
- **〈지수·데이터 서비스 부문 확대〉** 2014년 말 미국 지수회사 겸 자산운용사인 프랭크

러셀(Frank Russell Company)을 인수, 러셀 지수(Russell index)를 갖게 됨. 2015년 이를 기존의 FTSE(Financial Times Stock Exchange. 풋치) 지수와 **풋치러셀**(**FTSE Russell**)로 통합해 막강한 지수·데이터 서비스 부문을 구축.

- **〈채권시장 역량 강화〉** 2013년 5월 채권 전자 거래플랫폼 **본즈닷컴**(**Bonds.com**)을 인수하며 미국 회사채·신흥시장채시장에 진출. (당시 LSEG는 Borsa Italiana 합병으로 이미 유럽 최대 채권 도매시장 MTS를 보유 중). 2017년 5월 **ISM**(International Securities Market. "**국제증권시장**")을 MTF로 설립해 기관·전문투자자 전용 (국제) 채권발행시장도 운영하기 시작.
- **〈파생상품거래소 본격 진출 시도, 현재 중단 상태〉** 2016년 9월 유럽 금리선물시장의 경쟁과 효율성을 높인다는 기치 아래 여러 글로벌 선도금융기관, **시카고옵션거래소**(**CBOE**: Chicago Board Options Exchange. 現 Cboe Global Markets. **씨보**)와 합작으로 **커브글로벌**(**CurveGlobal**)을 설립해(43.4% 지분 보유) 파생상품 정규거래시장에 본격 진출. CurveGlobal의 금리선물상품은 기존의 LSE Derivatives Market(LSE Derivatives. 인가 투자거래소[RIE: recognised investment exchange])에서 거래. 당시 CurveGlobal은 LSE Derivatives의 브랜드명이었음. 2019년 6월 LSE Derivatives를 **커브글로벌마케츠**(**CurveGlobal Markets**)로 개명. 그러나 2022년 1월 유동성 부족으로 폐장. 전문가들은 머지않아 LSEG가 M&A를 활용해 파생상품 정규거래시장에 재진입할 것으로 예상.
- **〈DB와 동등 합병 추진, 무산〉** DB가 동등 합병을 제안하고 LSEG가 동의(2016년 3월). 현·선물 매매체결, 청산, 결제·예탁, ICT, 지수·데이터 서비스 등 FMI 전 영역에 걸쳐 막강 위용을 가진 가칭 **UK TopCo**(UK 탑코) 출범을 시도. 성사됐더라면 세계 제2위에 해당하는 거대 거래소였음. 그러나 합병이 성사되면 UK TopCo가 EU 내 채권시장과 일부 장외파생상품시장에서 행사할 과도한 시장지배력에 대해 우려의 목소리가 굉장했음. 이에, EU는 LSEG에 Borsa Italiana 산하 MTS 매각을 요구하였고 LSEG가 이에 응하지 않자 합병 불가 판정을 내림(2017년 3월).
- **〈EU-미국-중국 연계 글로벌 24시간 거래 체제 확립 추진〉** 2019년 6월 **상하이-런던 주식시장 간 교차거래**(**SLSC**: Shanghai-London Stock Connect. **후룬퉁**[**沪伦通**]. 제

7장 부록 2 참조) 시작. 화타이증권(华泰证券)은 LSE가 후룬퉁을 통해 최초로 상장·거래한 중국주식임. SSE(Shanghai Stock Exchange. 상하이증권거래소) 상장주식(예: A주식. 위안화 거래)을 LSE에서 거래하려면 일단 해당 기업이 '일정 조건'을 갖춘 후 글로벌 예탁증서(GDR: global depositary receipts)를 발행해야 가능(즉, GDR로만 유통). 역으로, LSE 상장주식을 SSE에서 거래하려면 해당 기업이 중국예탁증서(CDR: China depositary receipts)를 발행해야 가능(즉, CDR로만 유통).

이와 함께 **GES**(Global Equity Segment. **"글로벌 주식 부문"**)를 신설(2019년 10월), 런던 거래시간대에 달러로 미국주식을 거래하기 시작. EU-미국-중국을 연계하며 글로벌 하루 24시간 거래 체제 확립을 추진하는 중.

- **〈데이터 서비스 부문 확충하려 Borsa Italiana 매각〉** 2019년 8월 레피니티브(Refinitiv. 글로벌 금융시장 데이터/인프라 선도제공업체) 인수 합의(2021년 1월 완료). Refinitiv는 세계 2위 채권·ETF·장외(파생)상품 전자 거래시장(MTF)인 **트레이드웹(Tradeweb)** 대주주. EU는 인수 후 LSEG의 역내 채권시장 독점 가능성이 너무 크다고 판단해 Borsa Italiana 산하의 MTS 매각을 요구. 그러자 LSEG는 아예 Borsa Italiana를 Euronext에 매각(2021년 1월). LSEG는 계속 보유하고 싶어 했지만, 앞으로 훨씬 더 유망하다고 판단한 Refinitiv를 얻으려면 어쩔 수 없이 EU 요구를 들어줘야 했고 동시에 전사적 차원에서 최적의 선택을 해야 했음.

공세로 전환한 지 불과 10여 년 만에 LSEG는 구태를 벗고 아주 역동적인 글로벌 선도 거래시장으로 탈바꿈했다. 수직적으로는 매매체결, 청산, 결제·(예탁), ICT, 지수·데이터 수집·가공, TR 등 FMI 전 영역을 통합해 서비스를 제공하고, 수평적으로는 주식과 채권, 장내·외파생상품 등 모든 금융상품을 취급한다. 이를 뒷받침하는 FMI 제공기관으로는 누구나 탐내는 주시장 LSE를 위시해 유럽 최고의 성장형시장 AIM(Alternative Investment Market. 에임)과 범유럽 선도 MTF Turquoise, 세계적 채권거래 MTF Tradeweb, 글로벌 선도 청산·결제기관 LCH, 글로벌 ICT 기업 LSEG Technology, 글로벌 지수·데이터 제공기관 FTSE Russell과 Refinitiv 등을 보유하고 있다(**〈그림 5-2〉** 참조). 이제는 영국자본시장 거시구조를 영국이 아니라 글로벌 자본시장을 틀로 삼아

〈그림 5-2〉 LSEG 가치사슬(Value Chain)

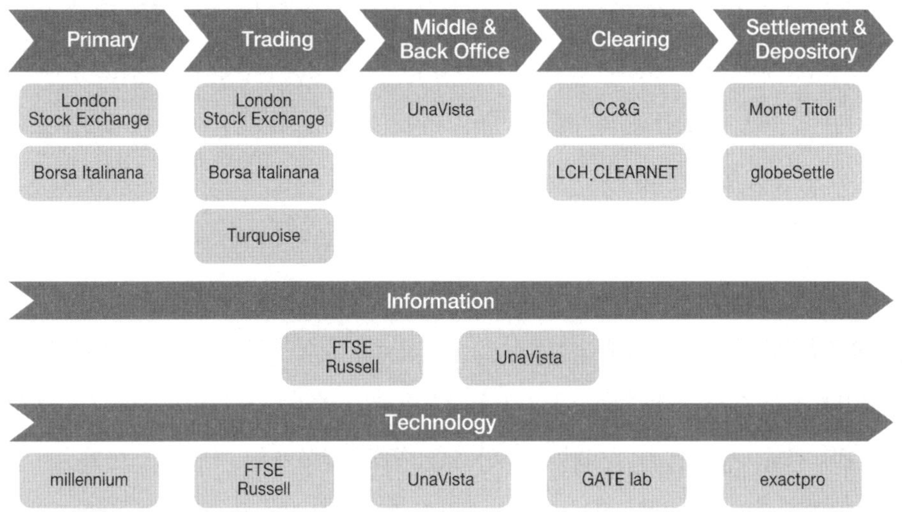

* 자료: [https://www.slideshare.net/losifltkin/extent2015-lseg-technology-overview].

* LSEG의 가장 최근(2015년) 공식 설명. Primary는 발행시장, Trading은 유통시장, Middle & Back Office는 지원 및 후선업무, Clearing은 청산, Settlement & Depository는 결제·예탁을 의미. 해당 항목 아래는 관련 자회사 이름임. 이후 신사업, 매각, M&A 등으로 다음과 같은 변화가 발생. (1) **〈Primary〉** Borsa Italiana 매각, (2) **〈Trading〉** Borsa Italiana 매각, CurveGlobal Markets 합류와 폐장, (3) **〈Clearing〉** CC&G 매각, (4) **〈Settlement & Depository〉** Monte Titoli 매각, Euroclear 합류(5.2%의 낮은 지분 획득), (5) **〈Information〉** Refinitiv 합류, (6) MillenniumIT를 LSEG Technology로 개명(〈표 5-1〉 참조).

설계해나간다고나 할까? (파생상품시장 성장에 진전이 사라지기는 했지만, 그래도) 괄목상대란 표현이 딱 어울린다.

LSE의 이 같은 성장에는 당시 최고경영자(CEO: chief executive officer)였던 롤레(Xavier Rolet. 2009년 취임~2017년 퇴임)의 경영 능력이 주효했다고 한다. 상장주식회사, 즉 민간기업으로 변모한 거래소에 탁월한 비전과 경영 감각을 지닌 CEO를 선임해 자신의 능력을 충분히 발휘할 수 있도록 환경을 조성해주는 것이 얼마나 중요한지를 여실히 보여주는 사례이다. 여기서 환경이란 잘 정비된 법제와 책임을 수반하는 자율 경영 보장을 의미한다.

라. 브렉시트 이후 — 판도라 상자 열리다! 암스테르담으로?

영국 시각 2020년 12월 31일 23시 브렉시트 이행기가 끝나며 영국은 마침내 EU에서 탈퇴했다. 금융서비스 분야에서 이는 그동안 EU 자본시장에 자유롭게 접근할 수 있었던 패스포팅(passporting. 여권 소지) 권한이 사라지고 이제 EU가 동등성(equivalence)을 부여해야만 접근할 수 있음을 의미한다. 영국의 처지에서 볼 때 문제는 브렉시트를 했음에도 EU와 동등성 합의가 대부분 이루어지지 않았고 이른 시일 내 이루어질 가능성도 없다는 점이다(2021년 4월 현재). 게다가 MiFIR(Markets in Financial Instruments Regulation. 금융상품투자규정. 미피르) **주식거래의무**(**STO**: share trading obligation)나 **파생상품거래의무**(**DTO**: derivatives trading obligation) 규정에 따르면, EU 거래시장 상장 주식이나 청산 대상 파생상품은 EU 거래시장이나 동등성을 허락받은 거래시장에서만 거래해야 한다. 동등성을 부여받지 못한 영국거래시장에게는 치명타가 아닐 수 없다(DTO 적용은 18개월 유예받음. 2022년 6월 현재 영국과 EU 사이에 협의가 이루어지지 않아 규제 공백 발생).

2021년 1월 4일 브렉시트 이후 첫 거래일, EU 거래시장 상장주식에 대한 런던 소재 범유럽거래시장(Aquis Exchange, Cboe Europe Equities, LSE Turquoise)의 거래량은 90% 이상 런던을 떠나 암스테르담(Amsterdam) 지사로 옮겨갔다(<그림 5-3> 참조). 이로써 런던 자본시장의 이들 주식 시장점유율은 16%에서 2.5%로 급락했다. 장외파생상품 거래도 예외는 아니었다. 그동안 40% 점유율을 자랑하던 LSEG의 유로표시 스왑(euro-denominated swap) 거래가 DTO 부과 유예에도 불구하고 1월 한 달 만에 10%로 감소했다(<그림 5-4> 참조). 이마저도 18개월 유예기간이 끝나면 뉴욕(New York City. EU는 미국과 동등성 합의를 유지)이나 프랑크푸르트(Frankfurt)로 쏠릴 거라고 한다. 3월 30일 EU와 영국은 자본시장 서비스에 대한 포스트-브렉시트(post-Brexit) 양해각서(MOU: memorandum of understanding)를 체결했지만, 동등성 합의는 없었다. 뭐가 예뻐서 EU가 영국에 동등성 합의를 쉽게 내주겠는가(폴리티코[Politico], 2021)?

상황이 심각해지자 영국 금융감독기관 **FCA**(Financial Conduct Authority. "**금융행위청**")는 어떤 식으로든 조치를 취해야 했다. 먼저, 다크풀 억제정책 기조를 바꿨다. MiFID

〈그림 5-3〉 브렉시트 직후 런던과 암스테르담 소재 주식거래소 거래량 변화

* 자료: Rees, J., Taqi, M.A., 2021. "Amsterdam Exchanges Storm Ahead after Brexit, but London Plots Renewal". **S&P Global Market Intelligence**, (March 8). Brexit 직후 이 같은 변화는 2021년 12월까지도 그대로 유지. 1년간 시계열 그림은 다음 참조: Fleming, S., Stafford, P., Noonan, L., 2022. "The EU vs the City of London: A Slow Puncture". **Financial Times**, (January 9).

〈그림 5-4〉 브렉시트 직후 유로표시 스왑 거래량

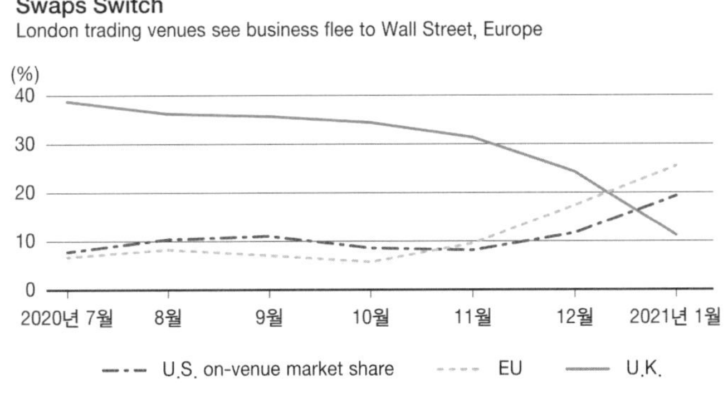

* 자료: Armchair Banker, 2022. "Politics Is Killing the City of London". (June 27).
* 그래프 왼쪽 상단부터 런던 시장(U.K.), 뉴욕 시장(U.S. on-venue market share), EU 시장(EU)을 각각 의미.

II(Markets in Financial Instruments Directive II. 금융상품투자지침2. 미피드2)에서는 건당 거래량이 650,000유로(8억 5,000만 원) 이상이면 LIS(Large-In-Scale. 대량매매)로 정의하고 다크풀에 적용하는 사전적 투명성 의무를 면제해준다(제10장 3절 나항 (2) 후술). 브렉시트 이전 영국도 따라야만 했던 이 조건을 FCA는 15,000유로(2,000만 원)로 거의 유명무실하게 낮췄다. 다음은 상장요건을 수정해 영국자본시장에 대한 매력을 높이려 하고 있다. 하지만 거래량은 이미 암스테르담으로 옮겨갔고, EU도 이 두 조치에 전략적으로 대응할 수 있으므로 현재로서는 실효성을 예단하기 어렵다. 규제, 지리, 언어 및 관행에서 우위에 있음에도 유로표시 금융상품시장, 특히 유로표시 장외파생상품시장에서 영국이 감내해야 할 손실은 꽤 커 보인다. 영국 내 여기저기서 금융 빅뱅(Big Bang)을 한 번 더 해야 한다는 말까지 오가는 상황이다.

〈표 5-1〉 LSEG 주요 연혁

연도	사건 특징	비고
1698	영업개시	캐스탱(John Castaing)이 런던 조나단 커피하우스(Jonathan's Coffee House)에서 주가와 상품가격 목록인 "The Course of The Exchange and Other Things"를 발간하며 영업 개시
1801	**근대적 의미의 거래소로**	내부 규정과 조직을 갖춘 영국 최초 근대적 의미의 정규 주식거래소 "The Stock Exchange"로 재탄생
1986. 10	**Big Bang (규제 완화)** 시행	금융 빅뱅(Big Bang. 1986.10.27. 자본시장 규제 완화 조치)에 따라 LSE는 법적으로 **민간 (비상장)주식회사(private limited company)**가 됨 - **고정수수료체제 폐지, 브로커와 딜러(jobber) 구분 폐지(증권업무 겸영 허용), 전자 거래시스템 도입 등** LSE에 구조적 변화 발생 - 궁극적으로, ① 준사법 금융감독기관 FSA(Financial Services Authority. 금융서비스청. 2001~2013년)를 등장시키고, ② 기존의 인간관계(old-boy network) 중심에서 경쟁과 능력(meritocracy) 위주로 영업방식을 바꿔 자본시장 국제경쟁력을 강화하는 계기로 작용 - 반면, ③ 금융서비스업이 대기업에 집중되는 결과를 야기하고, ④ 많은 국가가 Big Bang을 본따라 법을 개정함으로써 금융기관 대마불사(too-big-to-fail) 의식을 은연중 전 세계에 만연시켜 2008년 글로벌 금융위기에 직·간접 영향을 끼침 Big Bang에 의거, 2000년 5월 소유구조를 공개기업(public limited company) "London Stock Exchange Plc."로 변경(즉, **주식회사 전환**) - 이에 따라 상장기능을 담당하던 LSE 내 **UKLA**(UK Listing Authority. "UK 상장청")가 **FSA**로 이전(**FSA-UKLA**)
1995	조인트벤처로 **FTSE 그룹** 설립(3월)	파이낸셜타임즈(FT: Financial Times)의 모회사 피어슨(Pearson)과 함께 50:50으로 풋치 그룹(FTSE Group: Financial Times Stock Exchange Group. "파이낸셜타임즈 증권거래소 그룹") 설립 - 2011년 12월 피어슨 보유 50%를 인수, **현재**는 **LSEG**가 100% 보유하는 자회사
	AIM 설립 (6월)	현재 유럽 최대 **중소 성장형기업 전용 MTF**(multilateral trading facility. 다자간 거래설비) 에임(AIM: Alternative Investment Market)을 정규거래소로 창설 - 2014년부터 유럽연합(EU: European Union) 법체계 하에서는 "거래소(즉, LSE) 규제 하위시장"(exchange-regulated market)이 되어 MTF로 운영. 영국 법체계 하에서는 여전히 LSE와 마찬가지로 "인가 투자거래소"(RIE: recongnised investment exchange)임 - 업종과 국적을 불문하고 중소 성장형기업 전용시장을 지향. 따라서 성장형시장/(신시장)이면서 동시에 조직화한 장외시장의 성격을 지님. 설립 이후 2022년 상반기까지 누적 상장기업 중 약 20%(누적 상장 외국기업 수: 총 3,700여 개)가 외국기업일 정도로 국제화된 시장 - 지정자문인(**Nomad**: nominated advisor. "자문 증권사". 노마드)이 주요 상장요건. **코넥스시장**이 이를 참조해 채택 중 - **코스닥시장(1996년 창설)** 설립에 중요 영향을 끼쳤으며, 성장 과정에서 Nasdaq과 함께 항상 주시하며 참조하는 시장 - 중국 성장형시장을 제외하면, 상장기업 시가총액과 시장의 질적 수준에서 코스닥시장과 엎치락뒤치락하며 **세계 1~2위를 다툼**
2001. 7	**자체 상장**	LSE에 자체 상장(self-listing) - 2000년 주식회사화(demutualization. 탈상호화) 완료
2007. 10	**Borsa Italiana 합병/ LSEG 탄생**	이탈리아증권거래소(Borsa Italiana. 밀라노증권거래소. Milan Stock Exchange)를 합병하면서 **LSEG(London Stock Exchange Group)로 지배구조 변경** - Borsa Italiana는 유럽 최대 도매 채권시장 MTS(62.5% 소유), 중앙청산소(CC&G), 결제·예탁기관(Monte Titoli)을 산하에 둔 그룹으로, Borsa Italiana 합병을 통해 LSE는 채권시장과 청산·결제·예탁부문에 본격 진입 - 2021년 1월 유로넥스트(Euronext)에 **Borsa Italiana 매각**

연도	사건 특징	비고
2009	**MillenniumIT 인수** (9월)	스리랑카 소재 자본시장 솔루션(solution) 제공업체 밀레니엄IT(MillenniumIT)를 인수 - 글로벌 자본시장 인프라 관련 솔루션 서비스 비즈니스를 강화 - **LSEG Technology로 개명**(2019.4)
	Turquoise 인수 (12월)	리트(lit)와 다크(dark) MTF인 **터쿼이스(Turquoise) 지분 60% 인수** - Turquoise는 당시 범유럽 주식거래 MTF로 리트풀과 다크풀 모두(다크 위주) 운영. (LSE에서 자체 설립을 추진 중이던 다크풀 바이칼[Baikal]도 흡수) - 여러 글로벌 선도 IB(투자은행. 즉, 다크풀 사용자 그룹인 바이사이드[buy-side] 투자자)와 공동 소유 **2011년 주식파생상품**(FTSE 100 지수와 관련 개별주식 선물 포함) **플랫폼(Turquoise Derivatives) 운영 시작** - **2013년** LSE가 이 부문(Turquoise Derivatives) 100% 인수, **이름**을 London Stock Exchange Derivatives Market(**LSE Derivatives. RIE**)으로 **변경**. EMIR(European Markets Infrastructure Regulation. 2012. 유럽시장인프라규정. 에미어)가 후선업무 관련 신규 규정을 도입함에 따라 파생상품 장외거래 마진(margin)이 장내거래보다 훨씬 비싸짐. 이에 buy-side 투자자에게 가해지는 부담을 줄여주려는 목적이었음 MiFID II/MiFIR 시행(2018.1)으로 다크풀 규제가 강화될 것으로 예상, 2016년 buy-side, 셀사이드(sell-side)와 함께 **플레이토파트너십**(Plato Partnership. 시장구조 개선을 목적으로 하는 비영리법인) **결성에 참여** - Plato Partnership은 Turquoise를 협력 대상 다크풀로 지정하였고, 이에 Turquoise는 자신의 다크풀을 **Turquoise Plato Block Discovery**와 **Turquoise Plato Uncross**로 재명명하며 적극 대응
2010. 11	자선단체 설립	LSEG Foundation 설립, 전 세계를 대상으로 기부/자선활동 시작
2011	**TMX 인수 무산** (2월)	캐나다 TMX(토론토증권거래소[TSX: Toronto Stock Exchange] 소유 그룹)에 대해 적대적 합병을 시도했으나 무산 - TMX는 농산물, 에너지와 광산물, IT 등에 강점을 지녀, LSEG는 상장기업 포트폴리오 측면에서 보완적이라 판단. 또한 캐나다가 영연방 일원이라 합병에 대해 일반대중의 정서도 긍정적일 수 있다고 판단 - 하지만 거꾸로 메이플 그룹(Maple Group consortium. 캐나다 은행, 연금, 투자펀드 등 연합체)이 캐나다 금융 주권을 기치로 국민 정서에 호소하면서 무산
	EDX London 폐장(6월)	산하의 주식파생상품거래소 EDX London(2003년 OM Group과 합작 설립. 주요 상품: FTSE 100 futures contract)을 폐장하고 **Turquoise Derivatives**에 흡수시킴
2013. 5	**LCH.Clearnet (부분) 인수**	글로벌 청산기관 LCH.Clearnet(現 LCH Group)의 지분 57.8% 인수 - 2016년 4월 LCH Group으로 재차 이름 변경
2014	Bonds.com 인수(5월)	MTS가 미국회사채·신흥시장채 전자 거래플랫폼인 본즈닷컴(Bonds.com Group. 미국 소재) 인수
	Russell 인수 (12월)	지수 컴파일러(index compiler)이자 자산운용사인 프랭크러셀(Frank Russell Company. 미국) 인수 - **러셀 지수(Rusell index)**를 보유하게 됨 - 2015년 FTSE와 Russell 지수를 **FTSE Russell로 통합**하고, 자산운용 부문인 Russell Investments는 매각
2016. 9	**CurveGlobal** (파생상품거래소) **결성**	**커브글로벌(CurveGlobal)**은 유럽 금리선물시장의 경쟁과 효율성을 높인다는 기치 아래 LSEG가 여러 글로벌 선도 금융기관과 시카고옵션거래소(CBOE: Chicago Board Options Exchange. 現 Cboe Global Markets)와 함께 결성한 조인트벤처(joint-venture. 43.4% 소유)임. 2022년 1월 28일 **폐쇄** - CurveGlobal의 금융상품은 LSE Derivatives에서 거래 - LSE Derivatives는 **CurveGlobal Markets**로 개명(2019.6)

연도	사건 특징	비고
2017	**DB와 합병 추진, 무산**(3월)	DB가 동등 합병을 제안, LSEG가 동의(2016.3) - 현·선물 매매체결, 청산, 결제·예탁, ICT, 데이터/분석 등 FMI 서비스 전 영역에서 규모와 범위의 경제를 가진 세계 제2위 거대 거래소(가칭 UK TopCo) 출범 시도 EC(European Commission. 유럽[집행]위원회)는 합병이 성사되면 EU 내 채권시장의 청산·결제 서비스와 일부 장외파생상품시장에 대해 UK TopCo가 실질적으로 독점을 행사할 것으로 평가. LSEG에 범유럽채권시장 MTS 매각을 요구. LSEG가 이에 부응하지 않자, 합병 불가 판정을 내림으로써 무산(2017.3)
	ISM 개장(5월)	기관/전문투자자 전용 (국제) 채권발행시장(MTF) ISM(International Securities Market. "국제증권시장") 신설
	Citigroup 채권지수 사업 인수(8월)	시티그룹(Citigroup)한테 채권분석 플랫폼(Yield Book), 채권지수 및 관련 사업 등을 인수
2018. 12	**LCH 그룹 지분 확대**	LCH 그룹 지분을 **82.6%**까지 상향 확대 - LCH는 **스왑클리어(SwapClear)**를 통해 장외금리스왑 청산 서비스를 제공. 세계 최대로 2018년 1,077조 달러(명목 금액) 거래량 기록
2019	**Euroclear 지분 참여**(1월)	벨기에 소재 글로벌 결제·예탁기관인 유로클리어(Euroclear) 지분 5.2% 참여 - 주식/증권거래 전 과정에 걸쳐 FMI 제공기관을 전부/일부 소유하게 됨
	Beyond Ratings 인수(6월)	채권투자자에게 **ESG**(environmental, social, and corporate governance. 환경, 사회, 기업지배구조) 관련 데이터를 제공하는 비욘드 레이팅즈(Beyonds Ratings) 인수
	Shaghai-London Stock Connect(6월)	**상하이-런던주식시장 간 교차거래(SLSC**: Shanghai-London Stock Connect. 후룬퉁. **沪伦通**) 시작 - LSE에서는 화타이증권(**华泰证券**)이 첫 중국종목으로 상장돼 거래 - LSE 상장기업에 대한 거래는 중국에서 영국주식을 기초자산으로 중국예탁증서(CDR: China depositary receipts)를 발행해야 가능. '일정' 조건을 갖춘 SSE(Shanghai Stock Exchange. 상하이증권거래소) 상장기업(A주식. 위안화 거래)에 대한 거래는 LSE에서 글로벌주식예탁증서(GDR: global depositary receipts)를 발행해야 가능
	Refinitiv 인수 합의(8월)	글로벌 선도 금융시장 데이터/인프라 제공업체인 레피니티브(Refinitiv) 인수 합의 - 세계 최대 PEF 회사 블랙스톤(Blackstone)이 55%, 톰슨로이터스(Tompson Reuters)가 45% 보유 - 글로벌 선도 채권·ETF·장외(파생)상품 전자 거래시장(ATS/MTF)인 트레이드웹(Tradeweb. 세계 제2위)의 대주주 - EU는 LSEG가 인수 후 채권시장 독점 가능성이 크다고 보고 LSEG 소유 Borsa Italiana의 채권거래플랫폼 MTS 매각을 요구. 이에, 10월 LSEG는 Borsa Italiana 그룹 전체 매각을 유로넥스트(Euronext)와 합의(2021년 1월 매각 완료) **- 2021년 1월 인수 완료**
	HKEX의 **LSEG 인수 시도, 무산**(9~10월)	Refinitiv 인수가 EU 요구로 주춤해진 사이 중국당국의 CEO 압박을 받던 HKEX는 LSEG 인수를 강력히 시도(9월). LSEG 주주총회에서 부결되자 인수 철회(10월) - LSEG는 궁극에 중국자본시장 축은 SSE라 생각. 영국 주시장이 중국에 종속된다고 판단, 강하게 거부
	GES 신설(10월)	LSE에 GES(Global Equity Segment. 글로벌 주식 부문) 신설 - 미국주식을 런던 거래시간대에 달러로 거래 - 후룬퉁으로 LSE에 상장한 첫 중국기업인 화타이증권이 공식 첫 브로커로 활동. **미국-중국-EU를 연계하는 글로벌 24시간 거래 체제 확립을 시도하는 중**

연도	사건 특징	비고
2020	**Borsa Italiana 매각 합의**(10월)	Euronext에 Borsa Italiana 매각 합의 - 2007년 €16억에 매입해 2020년 €43억에 매각 - 매각을 원치 않았으나, 더 중요한 사업 기회라 생각하는 Refinitiv(글로벌 선도 금융시장 데이터/인프라 제공업체) 인수(2019년 8월 추진 시작)에 대한 전제조건으로 EU가 요청 - **2021년 1월 매각 완료** - (Euronext는 Borsa Italiana 인수로 채권거래시장을 강화하고 청산·결제·예탁기관을 보유하게 되어 향후 비즈니스에 안정적 기반을 확립할 수 있게 됨. 범유럽중소기업시장[Pan-European SME market] 입지도 구축 가능)
	PrimaryBid에 소주주로 참여(10월)	PrimaryBid에 9% 지분 참여 - 상장기업이 자본조달 할 때 개인투자자(2020년 기준, 영국주식시장의 13.5% 소유 비중)가 기관투자자와 동등한 조건으로 참여할 수 있는 플랫폼
2021. 1	**Borsa Italiana 매각, Refinitiv 인수 완료**	Borsa Italiana 매각을 완료하며 동시에 글로벌 선도 금융시장 데이터/인프라 제공업체인 Refinitiv 인수를 완료
2022	**CurveGlobal 폐쇄**(1월)	5년간 운영 후 폐장. 최대 10% 시장점유율을 보였으나 더는 유동성을 확보하지 못함. LSEG는 다른 방식으로 파생상품시장 진출을 계속 시도할 예정
	TORA 인수(2월)	디지털 자산(예: 암호화폐[cryptocurrency]) 거래 관련 기술에 강점을 가진(물론 주식, 채권 거래 기술도 포함) 핀테크 기업 토라(TORA. 미국) 인수
	Floww에 전략적 투자(3월)	전략적 투자로 플로우(Floww)에 장기 동반자 관계 구축. 선도자본시장 중 **글로벌 사적 자본시장**(발행시장과 유통시장)과 **관련 데이터 사업**에 최초 진출. 비상장기업(주로 유망 새싹기업)과 관련 투자자의 글로벌 네트워크를 추진함으로써 기업 성장의 모든 단계에서 자금조달 기능을 수행. 글로벌 유니콘 선점 도모 - Floww는 핀테크 기업으로 이미 전 세계 7,000여 개 글로벌 비상장기업과 70개 벤처캐피털을 연계하는 플랫폼을 운영 중

* 자료: [https://www.lseg.com/about-london-stock-exchange-group/history].
[http://www.marketswiki.com/wiki/London_Stock_Exchange_Group].

* LSEG 웹사이트에서 제시한 연혁에 **파이낸셜타임즈**(Financial Times), **마케츠미디어**(Markets Media), **뉴욕타임즈**(New York Times) 관련 기사를 참조해 재구성.

3. 시장구조

영국자본시장 구조는 거시든 미시든 EU 내 선도자본시장과 틀을 같이한다. 브렉시트 이전까지 영국이 독일, 프랑스와 함께 범유럽 (단일) 거래시장을 목표로 한 시장구조 통합 작업을 주도했기 때문이다. 시장미시구조는 거래방식과 뗄 수 없는 관계를 갖는다. 이러한 특성상 브렉시트 이후라 할지라도 영국자본시장 미시구조가 한꺼번에 갑자기 변할 것 같지는 않다. 이에, 여기서는 영국자본시장 거시구조를 위주로 설명하고(엄경식 [2011a, 2019] 참조), 주요 미시구조에 대해서는 관련 논의가 등장하는 제11장~제12장에서 필요할 때마다 그때그때 서술한다.

가. 주식시장 매매체결

(1) 주시장 — Main Market

영어로 "main board" 또는 "principal market"이라 부르는 이 용어는 LSE가 운영하는 여러 주식시장 중 Main Market(메인마켓)과 NYSE 애칭인 빅보드(Big Board)를 국내에서 번역해 시장을 분류하던 관행에서 비롯한다.[112] 지금은 경계가 매우 모호해졌지만, 이들 시장에 상장하는 기업은 대개 전통산업에 속하고 상장할 때 규모도 대기업 또는 중견기업일 정도로 상당하며, 수익성 또한 견실하다. 각국 자본시장을 대변하는 거래시장으로(제3장 2절 가항 (1) 참조) 한 나라에 1개 주시장만이 존재한다. 미국이 유일한 예외라 할 수 있는데 이는 Nasdaq이 세계 최고 수준의 ICT 기업을 즐비하게 상장해 전통 주시장인 NYSE와 역할과 위상을 견줄 수 있기에 가능했다.

---

112 Primary market도 주시장으로 번역하곤 하지만 내용은 전혀 다르다. 일반적으로 primary market은 기업이 자기 주식을 IPO(최초상장)한 거래시장을 뜻한다. 따라서 기업이 중소/성장형기업에 특화한 primary market, 즉 성장형시장(예: 코스닥시장)에 IPO 하면 해당 거래시장을 전통적 의미의 주시장이라 부르기는 어렵다.

영국자본시장의 주시장은 LSE Main Market(채권시장도 겸함)이다. 이외 영국에서 주시장 역할을 표방했던/표방하는 기관이 있다. 먼저, 지금의 **아퀴스 그룹**(**Aquis Group**. Aquis Exchange Plc.)이 여기에 해당한다. Aquis 그룹은 영국 포함 범유럽 14개국을 대상으로 이들 국가의 주시장 상장주식과 중소/성장형 주식을 각기 거래하는 **아퀴스거래소**(**AQXE**: **Aquis Exchange**. MTF. 런던)와 **아퀴스거래소 유럽**(**AQEU**: **Aquis Exchange Europe**. MTF. 파리), **아퀴스증권거래소**(**AQSE**: Aquis Stock Exchange. RIE)를 운영한다. 이 중 AQSE 전신인 **플러스마케츠 그룹**(**Plus Markets Group**. 또는 Plus. 플러스)은 2005년 **오펙스**(**OfEX**: Off Exchange. 장외주식시장)를 인수해 설립할 당시 원래 주시장을 목표로 출범했었다. 이후 전혀 뿌리를 내리지 못하다가, 2012년 **아이캡**(**ICAP**. **넥스 그룹**[**NEX Group**]으로 개명)에 합병되면서 중소/성장형시장 **넥스거래소**(**NEX Exchange**)로 변신에 성공하는 듯했다. 하지만 그 사이 NEX 그룹을 **시카코상품거래소**(**CME**: Chicago Mercantile Exchange)가 인수하고(2018년 11월) 2020년 5월 NEX Exchange만 분리해 Aquis 그룹에 매각해버렸다.[113] Aquis 그룹은 주시장 역할을 하는 기존의 MTF(Aquis Exchange)에다 이처럼 복잡한 과정을 거쳐 중소/성장형시장(AQSE)을 보유하게 되었고, 시장미시구조 측면에서 매우 혁신적으로 거래시장을 운영한다고 평가받는다. 예를 들어, 거래수수료를 전통 방식인 거래량 기준에서 메시지 트래픽(message traffic) 기준(구독방식. subscription pricing model)으로 대체해 수수료 산정방식의 변화를 선도하고 있다.

다음은 지금의 **"씨보유럽주식시장"**(**Cboe Europe Equities**)인데, 주시장을 표방하기는 하지만 실제 상장기업 수는 미미하다. Cboe Europe Equities는 영국 포함 범유럽 18개국 거래시장 6,000여 증권을 거래소와 MTF를 통해 거래한다. 브렉시트로 말미암아 거래시장은 런던(Cboe UK)과 암스테르담(Cboe NL) 두 곳에 두고 있다. Cboe Europe Equities의 전신인 BATS Europe(배츠 유럽)은 기업명인 배츠가 "한결 나은 대체거래시스템"(Better Alternative Trading System)의 약어일 정도로 잘 나가던 MTF였

113 CME의 인수 목적은 명성이 자자했던 ICAP 보유 브로커텍(BrokerTec. **전자 채권 거래플랫폼**), EBS(**전자 FX 거래플랫폼**), 트라이아나(Traiana)와 트라이옵티마(TriOptima. **장외거래 위험관리와 인프라 서비스 제공 플랫폼**) 획득에 있었지, NEX Exchange는 관심 밖이었다.

다. BATS Europe은 2011년 12월 당시 유럽 주요 거래소 거래량을 40% 가까이 잠식하던 **차이엑스 유럽**(**Chi-X Europe**. 2007년 4월 설립. 유럽 최초 MTF)을 인수한 뒤, 2013년 5월 EU 내 정규거래소로 전환했다(BATS Chi-X Europe으로 개명). 2017년 4월 미국 옵션거래소 CBOE는 BATS Chi-X Europe의 모회사 BATS Global Markets(미국)를 합병해 지주회사 Cboe Global Markets으로 변신하였고 이 과정에서 BATS Europe도 덩달아 산하 기관이 되며 이름이 Cboe Europe Equities로 바뀌었다(제6장 1절 가항 (4) 참조).

(2) 성장형시장/(조직화한 장외주식시장) — AIM

LSE 산하 AIM은 유럽 최고의 중소/성장형기업 전용 MTF이다. EU 규제시장이 아니어서 LSE가 FCA 대신 규제를 담당한다. 이를 "거래소 하위 규제시장"(exchange-regulated market)이라 부른다(브렉시트로 지위가 또다시 바뀌었을 것이라 짐작된다).[114]

거시구조상 성장형시장에 속하지만, 조직화한 장외주식시장(organized OTC)의 기능과 특징도 일부 가지고 있다. 유럽 신시장 중 가장 늦게 출범하는 바람에 국내외 신생 ICT 기업뿐 아니라 모든 성장단계의 중소기업에 업종 불문하고 문호를 개방해야 했기 때문이다. 그러나 어쩔 수 없이 포함해야 했던 이 같은 장외주식시장 특성이 AIM에게는 횡재에 가까운 행운을 가져다주었다.

2000년 닷컴주 거품이 꺼지고 연이어 터진 회계 부정 스캔들로 말미암아 유럽 신시장은 폭망에 가깝게 무너졌다. 한때 유럽판 Nasdaq을 꿈꿨을 정도로 위세 등등했던 Neuer Markt(노이어마르크트. 독일 신시장)도 한순간에 사라졌다. 한차례 광풍이 휩쓸고 간 유럽자본시장에 AIM만이 (신생)/중소/성장형기업의 유일한 자금조달시장으로 살아남았다. 이때 AIM의 독특한 시장미시구조도 크게 한몫했다. AIM 상장주식은 대부분 중기

---

114 1995년 6월 창립 당시 정규거래소(RIE)로 출범했다. 물론 상장과 상장유지 요건은 LSE보다 크게 낮았다. 2014년부터 EU 법체계 하에서는 MTF로 운영하기 시작했다(영국 법체계 하에서는 여전히 RIE임. 제10장 3절 나항 (1) (나) 참조).

성장단계 중소기업이어서 특성상 유동성이 매우 낮다. 이에 AIM은 아예 처음부터 상장과 상장유지 요건으로 1개사 이상 **지정자문인**(**Nomad**: nominated advisor. **노마드**)을 두도록 의무화했다. 지정자문인은 기업을 발굴해 상장시킨 후 시장조성을 해야 할 뿐 아니라, 자문인·규제담당자로서 시장 건전성도 일정 부분 통제·유지할 수 있도록 도와줘야 한다. 지정자문인의 이러한 역할이 위기 상황에서 빛을 발했던 것이다.

출범 후 2022년 상반기까지 79개국 3,700여 기업이 거쳐 갈 정도로 이제 AIM은 글로벌 선도성장형시장으로 우뚝 섰다. AIM 외에 영국자본시장에서 활약하는 성장형시장으로는 바로 위에서 설명한 AQSE가 있다.

(3) 조직화한 장외주식시장과 사적 자본시장

영국에서는 성장형시장인 AIM과 AQSE가 조직화한 장외주식시장의 기능과 역할을 일정 수준 함께 떠맡아 수행한다. AIM은 상장기업의 범위와 시장미시구조를 활용하면서, AQSE는 기존 장외주식시장(Plus. OfEX)을 흡수해 성장하면서 각각 장외주식시장의 기능 일부를 담당하고 있다. 영국경제의 규모와 특성에는 이 같은 방식이 바람직하다고 시장참여자들 사이에 자연스레 의견의 일치를 본 듯하다. 유럽 또는 글로벌 자본시장의 치열한 경쟁 속에 영국자본시장이 최적의 효율성을 갖춰야 했음을 반영한 결과이기도 하다.

한 나라 자본시장의 거시구조상 상·하위시장들은 서로 유기적이고 동태적인 관계를 갖는다. 이 때문에 금융·경제 환경변화에 따라 각 시장의 성격과 역할이 변하면 해당 시장이 담당해오던 기능과 역할에 공백이 발생하곤 한다.[115] (자본)시장 중심형 시스템을

115 국내에서는 닷컴주 붕괴 이후 2010년대 후반까지 펼쳐진 코스닥시장에 대한 공방이 좋은 예이다. 당시 코스닥시장은 신시장도 아니고 전통시장도 아닌 위상이 애매한 중견기업 시장이 됐다고 질타를 많이 받았다. 코스닥시장에 상장하려면 이미 상당히 성공한 중견 중소기업(설립 후 평균 12~13년 경과)이었으니까 무리도 아니었다. 이는 (신생) 혁신형 중소·벤처기업을 위한 직접금융시장이라는 코스닥시장에 부여한 기능에 공백이 발생했음을 의미한다. 한국자본시장의 거시구조상 이러한 공백은 코스닥시장의 하위시장인 조직화한 장외주식시장(예: K-OTC)이 수행해야 했지만, 효과적으로 이루어지지 않았다는 지적이다(**제14장 2절 다항 (2) 참조**).

지향하는 국가에서는 이러한 상황이 상위시장에서 발생하면 하위시장이 이를 순차적으로 메꾸고 하위시장에서 발생하면 새로운 하위시장이 등장해 자본시장의 구조적 완결성을 확보해간다. 영국에서 조직화한 장외주식시장은 전자의 상황을, **사적 자본시장**(**private capital market**. private-company market)은 후자의 상황을 대변한다.

이 책에서 정의하는 사적 자본시장은 조직화한 장외주식시장과 위계는 같지만, 특정 기업 주식만을 거래하는 시장이다(제3장 2절 가항 (5) 참조). 미국에서 이제 막 등장한 개념이어서 용어에 대한 합의는 아직 이루어지지 않았다. 영국주식시장의 사적 자본시장은 LSE ELITE(엘리트)이다.[116] ELITE는 상장 직전 단계의 성숙도를 보이며 글로벌시장을 무대로 비즈니스를 하는 중소기업이 계속 성장해 LSE에 최종 상장할 수 있도록 자본시장 생태계(ecosystem)를 조성해준다. 예를 들어, 각계 시장참여자와 연계, 다양한 방식의 자금조달이나 판촉 활동(promotion), 경영전략에 대한 옵션 등이 ELITE가 플랫폼을 통해 제공하는 주요 서비스이다. 이보다 더 이전 단계인 새싹기업(startup. 신생기업) 주식을 거래하는 **펀더빔**(Funderbeam)도 눈여겨볼 만하다(제7장 1절 나항 (3) 참조).

(4) ATS — Turquoise

ATS(alternative trading system. 대체거래시스템)는 거시구조상 위계에 상관없이 주식·채권·파생상품·FX 시장을 넘나들며 매매체결 하는 거래시장이다(제3장 2절 가항 (4) 참조). 활성화가 일찍 이루어진 미국에 비해 유럽에서는 훨씬 더디게 정착했다. MiFID 시행(2017년 11월)을 비즈니스 기회로 보고 설립된 Chi-X Europe이 실질적으로는 유럽 최초의 ATS라 할 수 있기 때문이다.

116 2022년 3월 LSEG는 Floww(플로우)에 전략적 투자를 단행하며 장기 동반자 관계를 구축했다. Floww는 핀테크 기업으로 전 세계 7,000여 개 글로벌 비상장기업(주로 유망 새싹기업[startup])과 70여 개 벤처캐피털을 연계하는 플랫폼을 운영한다. 선도자본시장으로는 최초로 글로벌 사적 자본시장(발행시장과 유통시장)과 관련 데이터 사업에 진출한 것이다. 기업 성장 모든 단계에서 Floww→AIM→LSE로 이어지는 글로벌 자금조달시장을 운영하며 궁극적으로 글로벌 유니콘 상장을 선점하려는 시도이다(〈표 5-1〉 참조). Basar, S., 2022. "Push for Electronic Trading in Private Markets". **Markets Media**, (March 17).

MiFID 시행 후 Chi-X Europe, BATS Europe, Turquoise 등 범유럽 선도 MTF는 삽시간에 LSE 풋치 100 지수(FTSE 100 index) 구성 종목 거래량을 크게 잠식했다.[117] 이들 MTF 소유주가 글로벌 IB(investment bank. 투자은행)여서 물량을 몰아줬기 때문이다. 이에 대응해 LSE도 MTF(**바이칼. Baikal**) 자체 개발에 뛰어들었으나 너무 늦었다는 것을 깨닫는 데 오랜 시간이 걸리지 않았다. 당시만 해도 유동성이 일단 다른 거래시장에서 제대로 형성되면 이를 뺏어오기란 쉽지 않은 일이었다(**제11장 3절 참조**). 결국, LSE는 Baikal 운영계획을 취소하고 Turquoise를 인수·육성하기로 전략을 바꿨다. Turquoise(다크풀과 리트풀 함께 운영. 주로 다크풀)는 범유럽을 대상으로 주식과 파생상품을 거래했는데 당시 후발주자여서 유동성 증대에 어려움을 겪고 있었다.[118] M&A는 모두에게 좋은 일이었다. 2009년 말 LSE는 Turquoise 지분 60%를 인수해 대주주가 되었고, 나머지 지분은 12개 글로벌 IB가 지금까지 공동 보유하고 있다.

바로 위에서 언급했듯이, 2011년 2월 BATS Europe(당시 거래량 기준 유럽 제2위 MTF)은 Chi-X Europe(당시 거래량 기준 유럽 제1위 MTF)을 인수하고 회사명을 BATS Chi-X Europe(現 Cboe Europe Equities)으로 변경한 후, 2013년 5월 정규거래소로 전환했다. 선도 MTF 중 홀로 남게 된 Turquoise가 유럽의 MTF 지평에서 차지하는 비중과 역할은 매우 커질 수밖에 없었다. 예를 들어, 2018년 MiFID II/MiFIR 시행으로 EU가 다크풀 규제를 강화하자[119] Turquoise는 바이사이드(buy-side), 셀사이드(sell-side)와 함께 비영리법인 Plato Partnership을 결성(2016년 6월)하며 이에 대한 대응과 극복, 더 나아가 다크풀 관련 시장미시구조 개선을 주도하고 있다. 현재 Turquoise는 Plato Partnership 지정 다크풀로서 **터쿼이스 플레이토 블록 디스커버리(Turquoise Plato Block**

117 2019년 12월 말 기준, EU 주식시장에서 거래시장과 OTC(over-the-counter. 장외시장) 거래 비중은 53%와 47%이며, 거래시장 중 MTF 비중은 51%이다. 참고로 EU 채권시장에서 거래시장과 OTC 거래 비중은 24%와 76%이며, 거래시장 중 MTF 비중은 62.5%이다(ESMA, 2020).

118 Turquoise도 여러 글로벌 선도 IB가 소유주여서 선발주자인 Chi-X Europe이나 BATS Europe과 소유주가 대부분 겹친다. 이들 글로벌 선도 IB가 제공할 수 있는 물량은 한정되어 있을 뿐 아니라 이미 영업 중인 선발주자 MTF에 우선해 보내졌기 때문에 후발주자 Turquoise가 이를 확대·배정받기란 무척이나 어려웠을 것이다.

119 DVC(Double Volume Caps. "다크풀 거래량 이중 상한제도") 시행과 예외 조항 적용(LIS와 일중 단일가매매)을 의미한다. 이에 대해서는 **제10장 3절 나항 (2)**에 후술한다.

Discovery)와 **터쿼이스 플레이토 언크로스**(Turquoise Plato Uncross)를 운영 중이며,[120] 이들 플랫폼에 구현된 미시구조는 유럽 다크풀을 대변한다(제12장 1절 나항 (2)(가) 참조).

나. 파생상품시장 매매체결

(1) 장내파생상품시장 — ICE Futures Europe

"**ICE선물 유럽**"(**ICE Futures Europe**. 런던 소재)은 미국 ICE(2000년 설립. 애틀랜타[Atlanta] 소재. 現 NYSE 보유 지주회사) 산하 자회사로 유럽 제2위 파생상품거래소이다.[121] FCA 규제를 받는다. 2001년, 당시 신흥 에너지거래소였던 ICE는 원유선물을 거래하는 **IPE**(International Petroleum Exchange. "**국제석유거래소**". 1981년 설립. 런던 소재)를 인수해 유럽에 진출했고, 2005년 ICE Futures Europe으로 개명하며 세계 최초 전자 에너지거래소로 재출범하였다. 이렇듯 에너지 파생상품에 특화했던 ICE Futures Europe은 2013년 **유로넥스트 라이프**(**Euronext LIFFE**)를 손에 넣으며 종합 파생상품거래소로 진화했다.

런던에는 원래 **라이프**(**LIFFE**: London International Financial Futures and Options Exchange. **런던국제금융선물·옵션거래소**. 1982년 설립)라는 막강한 금융 파생상품거래소(농산물 파생상품도 일부 취급)가 있었다. 그런데 이를 2002년 앞마당에 있던 LSE를 제치고 대륙의 Euronext가 합병(Euronext LIFFE)하는 데 성공했다. 이후 LIFFE는 2007년 NYSE가 Euronext를 합병하자 합병거래소 **NYSE Euronext**의 자회사(Euronext LIFFE)가 되

120 "디스커버리", "언크로쓰"라는 표현은 이들 플랫폼이 지향하는 거래방식을 대변한다. 전자는 익명의 투자자가 각자 가격을 제시하며 거래하고, 후자는 다른 정규거래소에서 형성된 최우선매수·매도호가 중간값(mid-point price)을 가격으로 삼아 매매체결 한다.

121 유럽 제1위 파생상품거래소는 DB 산하 **유렉스**(**Eurex**)이다. 유렉스는 KRX(Korea Exchange. 한국거래소)와 '시간외' 연계시장을 통해 코스피200선물(미니 포함)과 코스피200옵션(위클리 포함), 미국달러선물을 거래한다(제7장 2절 가항 참조).

었고, 2013년에는 느닷없이 나타난 ICE가 NYSE Euronext를 합병하는 바람에 또다시 Futures Europe에 편입되는 운명을 맞았다.[122] 글로벌 자본시장에 M&A가 얼마나 정신없이 일어나는지를 잘 보여주는 사례이다(〈표 5-2〉, 〈그림 12-2〉 참조).

ICE Futures Europe은 에너지(원유, 천연가스, 전력, 탄소 배출권 등), 이자율/금리(영국·독일 장기국채, 단기이자[예: 과거 유라이보. Euribor]), 주식, 농산물(설탕, 커피, 코코아, 밀) 관련 선물·옵션을 주로 취급한다. 우리에게 익숙한 브렌트 원유(Brent crude) 선물, WTI 원유(West Texas Intermediate. 서부 텍사스 중질유) 선물, 영국국채(gilt)와 독일국채(bund. 10년물) 선물이 대표 거래상품이다.

한편, LSEG 파생상품 부문은 자신의 비즈니스 전 영역에서 유일하게 매우 취약한 부분이다. 전문가들은 Euronext가 손쉽게 LIFFE를 합병(2001년 12월)한 상황이 LSEG 역사상 가장 큰 경영 실수라고까지 언급한다. 앞으로 전개될 파생상품의 위력을 제대로 평가하지 못한 대가이다. (주식과 달리) 파생상품시장에서 새로 거래시장을 만들어 이미 확고하게 뿌리내린 유동성을 빼앗아오기란 거의 불가능하다. LSEG는 2016년 9월 글로벌 선도금융기관, CBOE와 함께 CurveGlobal을 설립(43.4% 지분 보유), 자신이 선정한 금리선물을 LSE Derivatives를 통해 거래하며 유럽 장내파생상품시장에 본격 진출한(2019년 6월 LSE Derivatives를 커브글로벌마케츠[CurveGlobal Markets]로 개명) 바 있다. 하지만 5년간 총력을 기울였으나 거래량이 일정 수준에 미치지 못하자 2022년 1월 28일 폐쇄해야만 했다. 오늘날 거래시장 운영자에게 파생상품시장은 필수 불가결하다. LSEG도 추후 합병을 통해 시장에 재진입할 거라고 전문가들은 전망하고 있다.[123]

---

122 NYSE Euronext 합병 후 ICE는 곧바로 Euronext LIFFE만 남기고 Euronext의 나머지 부문을 분사했다(2014년 6월). 현재 Euronext는 7개국(네덜란드, 노르웨이, 벨기에, 아일랜드, 이탈리아, 프랑스, 포르투갈. 본사는 파리와 암스테르담에 소재) 거래소를 산하에 둔 자체 상장 독립 지주회사이며, 브렉시트 이후 LSE를 제치고 유럽 최대 주식시장으로 부상했다.

123 Smith, A., 2021. "LSEG to Shutter Derivatives Exchange CurveGlobal after Just Five Years." **The Trade**, (September, 22). CurveGlobal, 2022. "A Final Note from CurveGlobal". **Markets Media**, (January 28).

(2) 장외현물·파생상품시장 — OTF, SI 등 투자회사

OTF(organized trading facility. 조직화한 거래설비)는 유럽의 비지분형상품(non-equities) 거래시장으로 채권, 구조화 금융상품(structured financial product), 장외파생상품(주로 스왑) 등을 육성(voice) 거래시스템, 전자 거래플랫폼 등을 통해 다자간 매매체결 한다(제7장 2절 나항 참조). **"투자회사"**(**IF**: investment firm. **"투자서비스업자"**)[124]의 비지분형상품 거래 투명성을 높여 이를 규제영역에 들여놓고자 MiFID II/MiFIR 시행(2018년 1월)과 함께 도입한 새로운 개념의 거래시장 즉, 규제시장이다. 미국의 SEF(swap execution facility. 스왑체결설비. 세프)와 비슷한 기관이다.[125]

운영자가 브로커·딜러여야 하므로 영국에 소재하는 많은 투자회사는 OTF를 설립해 다자간 매매체결에 활용한다. 다른 OTF나 SI(systematic internaliser. 시스템적 내부체결기능제공자. 바로 밑에 후술) 물량과는 교차해 매매체결 할 수 없으며 자기 계정으로 거래상대방 역할도 할 수 없다. 하지만, 거래소(RM: regulated market. [EU] 규제시장)나 MTF와는 달리, 고객이 자신의 이익이나 편의를 최대한 고려해 매매체결 장소나 방법을 선택할 수 있게끔 거래방식을 유연하게 제공할 수는 있다(discretionary basis)(〈표 5-2〉 참조).

한편, 유럽 장외현물·파생상품시장에는 OTF와 유사한 SI가 있다. MiFID II/MiFIR 시행 전까지는 **BCN**(broker crossing network. **"브로커 매매체결 네트워크"**)이라는 양자간 다크풀이 MiFID 규제를 받지 않으며 유럽 장외현물·파생상품시장을 압도했었다. 하지만 MiFID II/MiFIR 하에서 이들 BCN은 MTF(거래시장), OTF(거래시장), SI(거래시장은 아니나 규제시장) 중 하나를 선택해야 한다. 이제 투자회사가 RM, MTF, OTF 밖에서 두 고객 간 상당한 물량을 자기 계정을 통해 시스템적으로 자주 체결해주려면 반드시 SI로 등록해야 한다. 여기서 "상당한"(significant), "시스템적으로"(systematically), "자

124 제3자에게 투자 서비스를 제공하는 회사로 MiFID에서 규정한다. 투자 서비스 종류가 광범위해 증권회사, MTF, OTF 등도 포괄한다. 집합투자기구(펀드)를 의미하는 미국 용어 투자회사(investment company)보다 훨씬 넓은 의미를 내포한다(제3장 2절 가항 (5) 참조).

125 MTF, OTF, SEF 등 "facility"를 국내에서는 "설비"라 번역하지만 실제로는 그러한 설비를 갖춘 거래시장(대개 주식회사 [또는 시스템])을 뜻한다.

〈표 5-2〉 MiFID II/MiFIR 체제에서 거래시장 정의와 분류

규제 시장	거래 시장	거래 상품	투자행위/ 서비스	매매체결 방식	자기 계정으로 거래상대방 역할
RM (거래소)	○	(정형화한) 모든 금융상품	X/ 시장운영자만 가능	자의성 없이 시스템과 규칙에 따라 다자간 (non-discretionary basis)	X
MTF (다자간 거래설비)	○	모든 금융상품	○/ 투자회사 시장운영자 가능	자의성 없이 시스템과 규칙에 따라 다자간 (non-discretionary basis)	X
OTF (조직화한 거래설비) (舊 BCN 중 대부분)	○	비지분형 금융상품 (채권, 구조화 금융상품, 장외파생상품 등)	○/ 투자회사만 가능 (브로커·딜러)	거래자(고객)의 이익을 최대한 고려해 유연하게 거래/협상. 다자간 (discretionary basis) (다른 OTF/SI와 연계 X)	X
SI (시스템적 내부체결기능 제공자)	X	(거의) 모든 금융상품	○/ 자기 계정을 통해 자주, 시스템적으로 (organized,frequent, and systematic basis), 상당한 (significant) 물량을 거래하는 투자회사	거래자(고객)의 이익을 최대한 고려해 유연하게 거래/협상. 양자 간 (discretionary basis) (다른 OTF/SI와 연계 X)	○ 거래상대방이 되므로 스프레드 수익 가능

주"(frequently)라는 다소 추상적인 조건은 MIFID II에 구체적으로 명기되어 있다. SI로 등록하면 일정 수준(거래시장만큼은 아님)의 사전적 투명성, Best Execution(최선체결), 거래 보고 같은 의무를 준수해야 한다.

2019년 유로표시 장외파생상품 거래량(명목금액 기준)은 691조 유로(90경 원)에 달한다. 유럽에서 장외현물·파생상품 거래는 50% 이상이 거래시장 밖 즉, 장외시장(OTC)에서 이루어지는데(**제7장 2절 나항** 참조), OTC에서는 영국이 압도적이어서 브렉시트 직후에도 장내 주식처럼 단번에 큰 충격이 오지는 않았다. 당시에는 유로표시 장외파생상품 거래 물량만 런던에서 뉴욕과 프랑크푸르트(주로 뉴욕)로 조금씩 이전하는 상황이었기 때문이

다. 하지만 2022년 6월 말 영국과 EU 간 별다른 조치 없이 동등성 효력 유예기간이 끝난 지금, 런던의 OTC 물량 태반은 뉴욕으로 옮겨갔다.[126]

다. 청산, 결제 및 예탁

(1) 청산기관 — LCH

LSEG가 대주주(82.6%)인 LCH는 유럽 제1위 청산기관으로 글로벌 자본시장에 막강한 영향력을 행사한다. 연원이 1880년대로 거슬러 올라갈 만큼 역사도 오래되었다. 미국과는 달리, 유럽에서는 현물과 파생상품 청산 서비스를 하나의 청산기관에서 통합해 제공할 수 있다. 따라서 LCH가 제공하는 청산 서비스 대상 상품은 현물, 장내파생상품(선물, 옵션 등), 장외파생상품(스왑, 환매조건부채권/Repo, 선물환 등)을 망라한다.

LCH는 런던(**LCH Ltd**)과 파리(**LCH SA**) 두 곳에 청산소를 두고 있다. 이는 역사적 산물이다. 2003년 6월 LCH는 **클리어넷**(Clearnet. **파리 소재 청산기관**)과 합병을 선언한다(통합기관 **LCH.Clearnet** 출범). 당시 Euronext는 Clearnet 대주주(80%)이면서 LCH 지분 일부(17%)도 보유했었다(〈부록 표 6-1〉 참조). 이는 1년 전 Euronext가 LIFFE(런던 소재)를 합병했기에 가능한 일이었다. 앞마당에 있던 LIFFE를 바로 눈앞에서 Euronext에 뺏긴 것이 LSEG 역사상 가장 큰 실수였다는 논평이 실감 나는 대목이다. 당시 영국은 EU 회원국이었고 청산·결제에 대한 EU 정책 방향도 수평 통합(horizontal integration. 즉, 기능 내 통합) 쪽이어서 영국과 프랑스 FMI 제공기관 간 합병은 범유럽청산기관 등장에 필수단계로 인식하는 분위기였다. 정책적으로 영국은 이에 편승했으나 2008년 글로벌 금융위기는 이 같은 분위기와 추세를 싹 바꿔버렸다. 이제 영국은 위기 상황에서 사일로 모형(silo model. 수직 통합. vertical integration. 1개 FMI 제공기관이 증권거래과정의 모든 기능 제

---

126 Smith, A., 2022. "Is the US the Ultimate Winner in Derivatives Trading Post-Brexit?" **The Trade**, (June 30).

공)이 수평 통합 모형보다 시스템 안정성에 더 효과적이라 생각하게 되었다.

2013년 5월 마침내 LSEG는 LCH.Clearnet 대주주(57.8%)가 되며 사일로 모형으로 전환하고, 1년 후(2016년 4월) LCH.Clearnet 회사명도 예전처럼 LCH Group으로 변경한다. 또 2018년 12월에는 LCH Group 지분을 82.6%까지 한 번 더 크게 확대했다. 당시 CEO였던 Rolet의 추진력이 정말로 돋보인다.

브렉시트 직전, LCH는 자사의 SwapClear를 통해 전 세계 IRS 90% 이상, 유로표시 IRS 98%를 청산하며 독보적 영향력을 행사했다. 이에, EU는 브렉시트를 기회로 잃어버린 유로표시 장외파생상품 청산시장(LCH Group 전체 물량의 약 25%)을 되찾고 싶어 한다. 장외파생상품 청산이 엄청난 수익성을 갖는 비즈니스이기도 했지만, 무엇보다도 2018년 글로벌 금융위기와 같은 상황이 재발할 때 이를 자신의 의지대로 진정시키려면 유로표시 장외파생상품이 EU 내에서 청산되어야 하기 때문이다. 하지만 청산은 주식이나 장내·외파생상품 매매체결처럼 하루아침에 싹 되찾아올 수가 없다. 유로표시 IRS만 해도 명목금액 거래량이 45조 유로(5경 8,500조 원)로 EU 경제 3배에 달한다. 그런데 계약관계가 얽히고설킨 IRS 청산을 일거에 이전하면 이는 EU 자본시장 불안정을 엄청나게 증폭시킬 수 있다. (역으로 바로 이 때문이라도 EU는 되찾고 싶어 한다).[127] 또한 주요 시장참여자인 연기금과 보험사도 이전에 소극적이다. 이들 비즈니스에는 청산만이 중요한 게 아니라 자본시장 전체 생태계가 제공하는 금융거래 관련 "원-스톱 쇼핑"(one-stop shopping)이 보다 더 중요하다. 비용면에서 훨씬 효율적이기 때문이다. 브렉시트 이후 EU 금융센터는 몇 군데로 분산될 가능성이 크다고 한다. 이들 작은 금융센터가 런던이라는 큰 금융센터에 어떻게 대항해 자신의 이익을 되찾아올지 앞으로의 전개가 무척이나 흥미롭다.

LCH Group 외 영국자본시장의 주요 청산기관으로는 **ICE클리어 유럽(ICE Clear Europe)**이 있다. ICE 산하 같은 계열사인 ICE Futures Europe 파생상품을 주로 청산한다.

127 **2011년 유럽 재정위기(European Debt Crisis)** 당시, LCH Group은 이탈리아 정부 채권에 대해 추가 담보를 요구했다. 이에 크게 반발하며 **유럽중앙은행(ECB**: European Central Bank)은 유로표시 금융상품 청산을 유럽 대륙으로 이전하려 했다. EU 회원국이었던 영국이 **유럽연합대법원(European Court of Justice)**에 소송을 제기해 승리하며, EU의 이 같은 시도는 무산된 바 있다.

(2) 결제·예탁기관 — Euroclear (UK and Ireland)

Euroclear는 지주회사(Euroclear Holding SA/NV. 브뤼셀 소재)로 글로벌 결제기관이자 **증권예탁기관**(CSD: central securities depository)/**국제증권예탁기관**(ICSD: international CSD)[128]이다. 독일 Clearstream(클리어스트림)과 함께 유럽의 양대 결제·예탁기관이다. 모든 금융상품(현물, 파생상품 등 망라)의 국내·외 거래 때 결제·예탁기능을 담당하며, 담보관리 같은 일부 청산 서비스와 발행자에 필요한 자산 서비스(예: 신주 배분)도 함께 제공한다. 유럽 우량주식(blue-chip equities)거래에는 65%, 글로벌 채권거래에는 50% 시장을 점하고 있다.

Euroclear는 벨기에, 네덜란드, 프랑스, 영국·아일랜드, 스웨덴, 핀란드에 6개 자회사를 보유한다. 이 중 **EUI**(Euroclear UK and Ireland. "**유로클리어 영국·아일랜드**")가 영국자본시장의 결제·예탁기관이다. EUI 전신인 **크레스트**(**CREST**. 런던 소재)는 1990년대 중반 당시로는 드물게 이미 전산 결제시스템을 운영했었다. 2002년 4월 Euroclear에 합병되며 회사명은 EUI로 바뀌었지만 지금도 EUI 전산 결제시스템을 CREST라 부른다. 2019년 1월 LSEG는 소량이지만 Euroclear 지분 5.2%를 매입함으로써 증권거래 전 과정에 걸쳐 글로벌 FMI 제공기관의 전부 또는 일부를 소유하게 됐다.

라. 지수·데이터, 정보 분석 및 거래정보저장 서비스

- **〈지수·데이터 서비스 제공기관—FTSE Russell〉** 풋치 100 지수와 러셀 2000 지수(Russell 2000 index) 등 수많은 FTSE 지수와 Russell 지수를 산출·운영하는 글로벌 지수·데이터 서비스 제공기관. 2014년 12월 LSEG 산하 풋치 그룹(FTSE Group)이 미국 프랭크러셀(지수 및 자산운용회사)을 인수·통합해 탄생.

128 CSD는 한 국가 내 거래(local transaction)에 대한 결제·예탁을, ICSD는 국가 간 또는 국제 금융상품 거래에 대한 결제·예탁을 각각 담당한다.

참고로, FTSE Group은 LSE가 1995년 3월 파이낸셜타임즈(FT: Financial Times)의 모회사인 Pearson(출판사)과 함께 50:50 합작해 설립. 이로써 그동안 함께 산출하던 FTSE 지수를 보다 효율적으로 운영하기 시작. 2011년 12월 LSEG가 Pearson 보유 50%를 마저 인수해 100% 자회사로 만듦.

- **〈금융정보기관—IHS Markit〉** 2016년 운·수송, 항공, 무역 분야 기업분석회사인 IHS(舊 Information Handling Services. 덴버[Denver] 소재)와 금융 데이터 및 정보 분석의 신흥 강자 Markit(마킷. 런던 소재)의 합병으로 출범. 글로벌 업계 8위 정도지만 정보 예측에 굉장한 평판을 보유.

  2022년 2월 **S&P 글로벌(S&P Global**. 뉴욕 소재. 글로벌 업계 3위)이 IHS Markit을 인수. S&P Global은 신용평가, 금융 데이터, 지수(예: S&P 500 지수[index]) 등을 제공하는 세계적 신용평가기관임. 합병 후에도 블룸버그(Bloomberg), Refinitiv에 이어 여전히 글로벌 업계 3위에 머물지만, 격차는 크지 않음.

- **〈금융정보·인프라 제공기관—Refinitiv〉** LSEG 산하 금융 데이터와 정보 분석회사. 글로벌 업계 2위며 Tradeweb(글로벌 선도 채권·ETF·장외[파생]상품 MTF) 대주주(〈표 5-1〉 참조)이기도 함.

  LSEG에 합병될 당시, EU는 기존 MTS(범유럽 채권거래 플랫폼)에 Refinitiv(Tradeweb 대주주)가 합쳐지면 LSEG가 EU 채권시장에 과도한 독점력을 행사할 것으로 판단, 합병의 전제조건으로 MTS 매각을 요구. 이에, LSEG는 Borsa Italiana 그룹(MTS 보유) 전체를 Euronext에 매각하며 Refinitiv 인수에 성공. Refinitiv 인수로 LSEG는 FX 거래시장(**FX올[FXall]**과 **FX매칭거래체결플랫폼[FX Matching trading execution platform]**을 통해)으로도 사업 범위를 확대.

- **〈거래정보저장소—UnaVista〉** LSEG 산하 글로벌 TR. MiFID II/MiFIR 시행에 따라 유럽의 모든 장내·외파생상품 거래 당사자는 ESMA(European Securities and Markets Authority. 유럽증권시장청. 에스마)가 인정한 TR에 거래 전·후 세부 사항을 보고해야 함. UnaVista(유나비스타. 2008년 출범)는 2013년 11월 TR로 인정받음.

4. 금융 빅뱅과 금융서비스시장법 — 영국자본시장 시스템 대변혁

가. 금융 빅뱅 — 1986년 금융서비스법(FSA 1986)

전후 30년 장기호황 이후 1970년대로 접어들면서 영국경제는 수요 부족과 오일쇼크로 구조적 불황에 맞닥뜨린다. 이에 대한 타개책으로 재정지출 삭감, 공기업 민영화, 규제완화(deregulation)와 경쟁 촉진, 세계화와 자유무역 등 소위 **대처리즘**(Thatcherism. 영국식 신자유주의 정책)이 펼쳐졌다.

제조업과 마찬가지로 **시티**(the City of London. 런던 금융가)도 세계 금융환경 변화에 적절히 대응하지 못한 채 오랜 클럽(club. 동호회) 문화의 비효율성에 젖어 있었다. 증권사 간 협정으로 거래수수료(0.125~1.65%)는 매우 높았고 증권업무 겸영 제한으로 투자자 중심의 포괄적 금융서비스도 애초부터 불가능했다. 증권사 역시 외국계에 비해 규모는 작고 경쟁력도 뒤떨어질 수밖에 없었다. 당시 LSE 거래량은 NYSE의 1/13에 불과했고 심지어 영국주식이 **미국예탁증권**(ADR: American depositary receipt)으로 미국에서 주로 거래되는 상황까지 발생했다. 글로벌 금융허브로서 런던의 지위가 몹시 흔들리고 있었다. 고도화한 자본주의에서 나타나는 금융과 실물경제 분리 현상을 불황인 상황에서 경험하면서 영국정부는 산업자본보다 금융자본에 비교우위가 높다고 판단했다. 자본시장에 대처리즘을 적용해 금융 빅뱅을 도모한 것은 어찌 보면 아주 자연스러운 순서로 보인다.

규제완화에 대해 1983년 영국정부와 이미 합의를 마친 LSE는 1986년 10월 27일 자사의 법적 지위 변경, 수수료 자유화, 증권업무 겸영 허용, 전자 거래시스템 도입 등 거래소 핵심 규정과 시스템을 개정/개선한다. 영국 금융서비스산업이 일거에 대변혁을 맞이하는 순간이다. 빅뱅이라는 말은 이러한 조치들로 그날 거래량이 빅뱅처럼 폭발적으로 증가하리라 예상해 시행 전 붙여진 별칭이다. 구체적인 내용은 다음과 같다.

- LSE 법적 소유구조를 민간 (비상장)주식회사(private limited company)로 변경. 회원사의 LSE 외부 소유권(external ownership) 인정. 참고로, LSE는 2000년 주

〈그림 5-5〉 FSMA 제정 전후 영국 금융감독체제

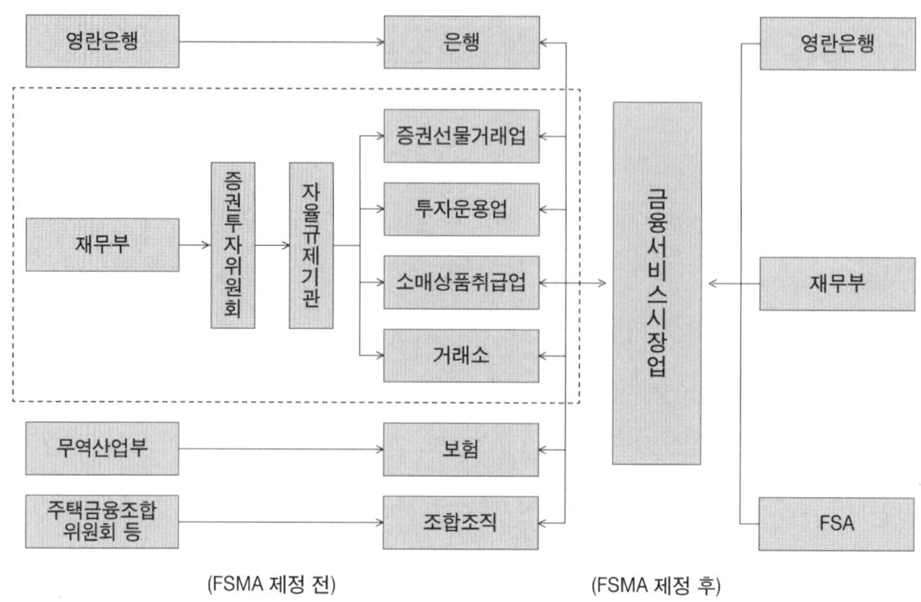

* 자료: 이성복, 2004. "영국의 금융검사·감독 체제". **조사연구 리뷰**, (봄호).

* 점선 표시 사각형 내에 있는 기관(증권투자위원회[SIB], SRO)과 금융서비스업(증권선물거래업, 투자운용업, 소매상품취급업, 거래소)이 FSA 1986 단일규제 영역에 포함. 한국의 자본시장법이 이에 해당. FSMA 제정과 함께 SIB, 영란은행 은행감독부 등 9개 SRO를 **FSA**로 통합·이관.

식회사화(demutualization. 탈상호화)를 완료하고 다음 해(2001년 7월) 자체 상장(public limited company). 이에 따라 상장기능을 담당하던 LSE 내 **UKLA**(UK Listing Authority. "**UK 상장청**")는 **금융서비스청**(**FSA**: Financial Services Authority. 現 **FCA**)으로 이전.

- 고정수수료제도(fixed commission)를 폐지하고 거래수수료를 자유화. 브로커와 딜러(jobber) 구분을 폐지하고 증권업무 겸영을 허용. 외국계 회사 진입과 경쟁을 허용. 인간관계(old-boy network)를 중시했던 런던 시티는 단숨에 능력 위주(meritocracy)와 시장경쟁 원리에 노출.
- 이 무렵 전자 거래시스템 상용화가 시작. LSE는 위 규제완화 조치 시행과 함께 매매체결을 기존의 입회장(floor) 공개호가방식(open-outcry trading)에서 단말기

를 사용하는 전자 거래시스템(electric, screen-based trading)으로 전환. 이때 도입한 시스템이 씨큐시스템(SEAQ system: Stock Exchange Automated Quotations system. "거래소자동호가시스템")임.

- **〈FSA 1986 제정〉 "증권투자위원회"**(SIB: Securities and Investment Board. 1985년 설립. 재무부 임명 민간 공적기구)가 인가한 다수의 SRO(self-regulatory organization. 자율규제기구/자율규제기관)[129]를 통해 관련 금융서비스업자(증권·선물거래업, 투자운용업, 소매상품취급업, 거래소)를 규제하는 2단계 규제시스템(two-tier system) 도입. FSA 1986은 FSMA 제정과 함께 포섭·폐기됨(2001.12.1.) (〈그림 5-5〉 참조).

나. 금융통합법 — 2000년 금융서비스시장법(FSMA)

2000년 6월, 영국은 **"1982년 보험회사법"**("Insurance Companies Act 1982"), **FSA 1986**, **"1987년 은행법"**("Banking Act 1987") 등 금융 빅뱅을 전후로 도입한 일련의 법을 통합·폐지해 FSMA를 제정함으로써[130] 영업행위와 건전성 감독을 단일규제, 단일감독기구에 성공리에 포섭하였다.[131] 말 그대로 금융통합법이 탄생하는 순간이었다.

금융서비스 관련법을 통합하고도 또다시 FSMA를 제정한 데는 FSA 1986이 투자자보호와 금융감독에 기대만큼 부응하지 못했기 때문이다. 특히 SIB에서 SRO로 이어지는

129 금융규제는 실행 주체에 따라 자율규제(self regulation)와 법적/공적규제(public regulation)로 구분한다. 자율규제는 시장참가자가 자신들의 행동 규율을 정하고 이에 대한 이행을 SRO를 통해 상호 감시한다. 법적/공적규제는 감독기관이 법적 강제력을 근거로 관련 금융기관을 규율한다.

130 그 외 **"1979년 신용협동조합법"**("Credit Union Act 1979"), **"1986년 주택금융조합법"**("Building Societies Act 1986"), **"1992년 공제조합법"**("Friendly Societies Act 1992")이 FSMA에 통합·폐지됐다. FSMA 입법과정은 다음과 같았다. (1) 1998년 6월 FSMA 법안(Bill) 의회 제출, (2) 위원회 토론 등을 거쳐 2000년 6월 14일 왕실 재가(Royal Assent)와 공포, (3) 2001년 12월 1일 발효.

131 이렇듯 FSMA는 금융감독기구 통합을 완성하는 입법으로서 중요성을 지닌다. 모든 금융업무를 대상으로 일원적 법체계를 구축하여 금융업종 간 불필요한 차별을 없애려 했다. 이를 통해 국제금융시장으로서 런던의 입지도 더불어 높일 수 있다고 판단했다.

2단계 규제시스템(자율규제시스템)은 그 복잡성과 SRO 간 규제영역 중복 및 이해상충으로 매우 비효율적이었고 이해하기도 어려웠다. 또한 은행, 증권, 보험 등 전통적 업무 구분에 따른 법체계로는 급변하는 금융산업구조에 효과적으로 대처할 수 없었다.[132] 이 와중에 영국자본시장 경쟁력이 더 강력한 공적규제를 받는 미국자본시장에 또다시 뒤처지는 상황이 발생하자, 문제 원천이 규제체계 차이에 있다고 판단했다.

FSMA 제정으로 영국은 은행, 증권, 보험 등 금융시장 전체를 아우르는 단일법제와 단일 공적규제기관을 확립했다. 구체적인 방식으로는, 먼저 업무영역이 다른 금융기관들을 단일법제에 포함하려고 개별 금융상품을 포괄주의(negative system. 원칙적 허용, 예외적 제한) 방식으로 정의하고 업종 불문하며 동일 인가요건과 위험별 단일 건전성 규제를 적용했다. 금융상품 판매행위와 불공정거래행위 규제도 단일화했다. 이로써 개별 금융영역에 상호 진입이 간편하고 쉬워졌으며 기능별 감독체제로 전환할 수도 있었다.

다음으로, FSMA 제정에 이르는 금융개혁 과정에서 기존 SIB를 FSA로 이름을 바꾸고(1997년 10월) SIB와 산하의 기존 7개 SRO, **영란은행**(**Bank of England**. 영국 중앙은행) 은행감독부 등 9개 기관을 통합·이관하며[133] FSA라는 단일규제기구를 확립했다(1998년 12월). FSMA 체제에서는 통합감독 권한을 갖는 FSA에 포괄적 위임 감독 권한과 규정 제정권을 광범위하게 부여해 기존의 모든 규제를 법령으로 정하도록 했다. 금융감독의 전문성과 특수성을 인정한 것이다. 이에 따라 금융감독기구 기본원칙이 재량을 따르는 자율규제에서 법령을 따르는 규제로 탈바꿈했다.

132 예를 들어, 비대면 전자거래, 점점 복잡해지는 거래와 금융사기, 외국자본 시장 진입 등과 연계된 문제들을 자율규제로만 해결할 수는 없었다.

133 FSA로 통합·이관한 9개 SRO는 다음과 같다. **SIB**, **SFA**(Securities and Futures Authority. "증권선물협회"), **IMRO**(Investment Management Regulatory Organisation. "투자관리규제단체"), **PIA**(Personal Investment Authority. "개인투자자협회"), **SSDBE**(Supervision and Surveillance Division of Bank of England. "영란은행 은행감독부"), **FSC**(Friendly Societies Commission. "공제조합위원회"), **ID**(Insurance Directorate. "재무부 보험감독부"), **RFS**(Registry of Friendly Societies. "공제조합등기소"), **BSC**(Building Societies Commission. "주택금융조합위원회").

다. 통합형에서 쌍봉형 규제로 — 2012년 금융서비스법(FSA 2012)

2008년 글로벌 금융위기를 겪으면서 기존의 미시건전성(microprudential) 규제 외에 거시건전성(macroprudential) 규제의 중요성이 새롭게 대두되었다.[134] 이와 함께 통합 금융감독에 나타나는 이해상충도 큰 문젯거리로 등장했다. 예를 들어, 미시건전성과 거시건전성을 통합기구에서 담당하면 금융안정 시너지 효과는 얻을 수 있지만, 거시건전성 규제가 미시건전성 규제에 종속될 가능성이 커진다. 왜냐하면 미시건전성과 거시건전성의 규제 시계는 단기와 장기로 서로 다른데 정치적 이유로 규제담당자는 단기 성과에 치우치는 경향을 보이기 때문이다. 또한 은행의 예대마진이 확대되면 미시건전성은 개선될 수 있으나 소비자 부담이 증가해 미시건전성 규제와 소비자 보호가 충돌할 수 있다(윤석헌·고동원·빈기범·양채열·원승연·전성인, 2013).[135]

영국도 예외는 아니었다. 금융감독기능 시너지를 중시해 통합금융감독기구 FSA를 설립했으나, 글로벌 금융위기로 이해상충 문제의 심각성을 깨닫게 되었다. 이에, **"2012년 금융서비스법"**(Financial Services Act 2012. **FSA 2012**)을 제정해 FSA를 **PRA**(Prudential Regulation Authority. **"건전성감독청"**)와 **FPC**(Financial Policy Committee. **"금융정책위원회"**), FCA로 폐지·분리해, 금융감독체계를 **쌍봉형**(**twin peaks**) 모형으로 전환한다(〈그림 5-6〉 참조). PRA는 영란은행의 '운영상 독립 자회사'이며, 은행, 보험사, 특정 대형 금융투자회사에 대한 건전성 감독을 수행한다. FPC는 영란은행 내부위원회로 거시건전성과 관련해 PRA와 FCA에 권고나 지시를 할 수가 있다. 한편, FCA는 FSA와 마찬가지로 재무부 산하 민간 공적기구이다. 모든 금융서비스기관(거래시장과 장외시장 포함)에 대해 영업행위 규제와 소비자 보호 업무를, PRA 규제 대상이 아닌 금융서비스기관에 대해서는 건전성 감독을 담당·수행한다.

---

134 건전성은 미시건전성과 거시건전성으로 구분한다. 미시건전성은 개별 금융기관 건전성을, 거시건전성은 금융시스템 건전성을 의미한다. 2008년 글로벌 금융위기 이전 금융감독은 미시건전성 규제, 영업행위 규제(소비자/투자자 보호 포함), 금융안정 감시가 주 기능이었으나, 금융위기 이후 여기에 거시건전성 규제와 부실 금융기관 정리 기능이 추가됐다.

135 윤성훈, 2018. "글로벌 금융위기 이후 금융감독체계 변화의 국제적 흐름". 보험연구원 **KIRI 리포트**(5.21), pp. 17－22.

〈그림 5-6〉 영국 금융감독체계

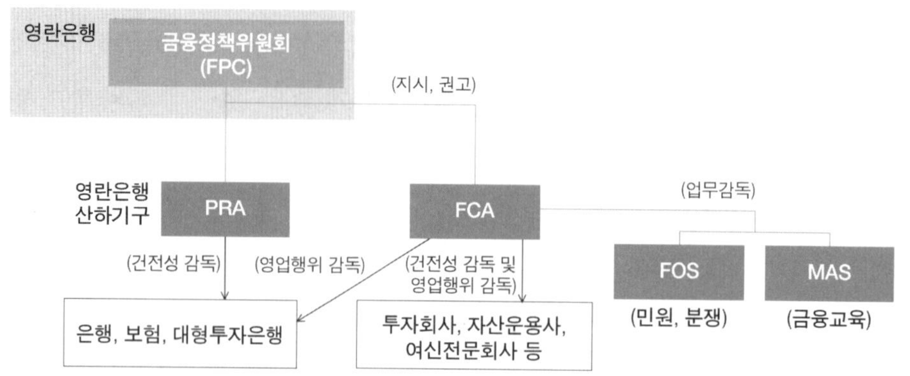

* 자료: 이나영, 2013. "해외서도 탈 많은 '쌍봉형 금융감독'—이원화 후 사각지대, 서로 '네탓' 책임공방 '볼썽'". **한국금융**, (7월 25일).

라. 브렉시트 이후 "금융 빅뱅 2.0" 추진 — 2022년 금융서비스시장 법안(案. FSM Bill)

브렉시트로 자본시장 관련 법 제정과 개정에 이른바 자유("Brexit freedoms")를 얻게 된 영국은 제정 이후 가장 큰 폭으로 FSMA(2000년)를 개정하고 있다. **"금융서비스시장법(案)"**("**The Financial Services and Markets Bill 2022**". FSM Bill 2022)이 바로 그것으로, ① 재무부, FCA, 영란은행에 책임과 권한을 조정·부여하여, ② 그간 EU 회원국으로서 공유하던 규정을 철회/수정하고, ③ 자본시장에 새로 등장한 변화(디지털 자산[digital asset. 예: 암호화폐[cryptocurrency]] 포함)를 반영해 규정을 추가하는 것을 근간으로 한다. 기존 법제가 추구하던 금융산업의 안정성과 투자자 보호를 계속 유지하고 강조하지만, 새 법안은 영국자본시장 대외 경쟁력 강화에 한층 더 초점을 맞추었다. 자본시장과 관련한 세부사항으로는 정규거래소 상장 절차 신속화, 소매투자자 친화적 시장 매력 제고, 기존 다크거래시장 억제정책 완화 등을 들 수 있다. 2023년 5월 승인을 목표로 한다.

제6장

미국자본시장, 시장거시구조 글로벌 패러다임 리더

미국자본시장은 자타공인 글로벌 최대·최고 자본시장이자 시장거시구조의 글로벌 패러다임을 만들며 선도하는 리더이다. 제6장은 이러한 미국자본시장의 거시구조를 현황과 의의, 중요성에 초점을 맞춰 간략히 소개한다(엄경식[2011a, 2019] 참조). 시장미시구조는 제12장 2절에서 EU 자본시장과 함께 총괄해 논의한다.

1. 주식시장 매매체결

자본시장에 조금이라도 관심이 있는 분들께 NYSE와 Nasdaq은 KRX(Korea Exchange. 한국거래소)만큼이나 익숙한 이름이라 생각한다. 더 나아가, NYSE는 전통산업에 속하는 대기업/중견기업이 상장하고, Nasdaq은 ICT 기업이 상장하는 거래소라고까지 아시는 분들도 많을 것이다. 하지만 이처럼 'NYSE-주시장, Nasdaq-성장형시장'이라는 획일화한 이분법적 구도는 이제 더는 유효하지 않다. 2007년 Reg NMS (Regulation NMS. NMS 규정. 전국시장시스템규정. 렉 엔엠에스. 제3장 1절, 제9장 1절 참조) 시행으로 말미암아 미국주식시장, 그중에서도 매매체결과 관련된 제도, 시스템, 시장 등이 통째로 바뀌었기 때문이다(O'Hara, 2015). 지금부터 그 모습에 관해 이야기해볼까 한다.

가. 주시장·성장형시장 — NYSE, Nasdaq, Cboe Global Markets

(1) 17개 정규거래소, 주시장·성장형시장 경계 모호

2022년 5월 현재 미국주식시장에는 총 17개 정규거래소(registered exchange)가 있다.[136] 오랫동안 8개였는데, 이를 오늘날 상황에 맞춰 보면 모두 NYSE(NYSE, American, Arca, Chicago, National)와 Nasdaq(Nasdaq Stock Market, BX, PSX)에 속하는 시장이다. 이들은 원래 미국의 주요 경제 중심지(뉴욕, 샌프란시스코, 시카고, 신시내티, 보스톤, 필라델피아)에 거점을 두고 대부분 19세기 후반부터 설립·운영해오던 독립 거래소였다.[137] 지금처럼 ICT 수준이 높지 않아 지역별로 시장이 분할될 수밖에 없었던 당시 모습을 반영한다. 이들 지역거래소는 2006년 Arca(아카)에서 시작해 2018년 National(내셔널)에 이르기까지 모두 NYSE와 Nasdaq에 인수·합병되었다. 여기에는 Reg NMS로 귀결되는 법제 변화와 거래 관련 ICT의 혁신적 발전이 배경으로 자리 잡고 있다(제9장 1절 참조).

Reg NMS 시행 직후 2008년, 여러 글로벌 IB가 투자해 ATS로 출발(2005년)했던 BATS가 새롭게 정규거래소로 전환한다. 이후 BATS는 **배츠글로벌마케츠**(BATS Global Markets)로 개명하고 4개 정규거래소(BYX, BZX, EDGX, EDGA)를 보유하며 승승장구하던 중 2017년 CBOE에 전략적으로 인수되었다. 이로써, 미국 내 옵션거래소였던 CBOE는 글로벌 현·선 종합거래소 Cboe Global Markets로 거듭 태어났다.

NYSE 5개, Nasdaq 3개, Cboe Global Markets 4개 등 12개 정규거래소가 경쟁하던 미국주식시장에 신개념의 거래시장이 등장하기 시작했다. 먼저, "(개인)투자자 이익에

---

136 M&A가 수시로 발생했기 때문에 그때마다 거래시장 이름 또한 변하곤 했다. 이 책에서는 현재 회사명을 위주로 하되 문맥에 따라 과거 이름도 함께 사용한다.

137 구체적으로 해당 도시와 거래소는 다음과 같다. 뉴욕(NYSE; NYSE American[舊 AMEX[American Exchange. 아메리카거래소]. 중소기업 전용]; Nasdaq Stock Exchange), 샌프란시스코(**NYSE Arca**[舊 Pacific Exchange. 퍼시픽거래소]. "**아카**"), 시카고(**NYSE Chicago**[舊 Chicago Stock Exchange. 시카고증권거래소]), 신시내티(**NYSE National**[舊 National Stock Exchange. 내셔널증권거래소]), 보스톤(**BX**[Boston Stock Exchange. 보스톤증권거래소]), 필라델피아(**PSX**[Philadelphia Stock Exchange. **필라델피아증권거래소**]).

봉사하는 거래소"라는 이름의 IEX(Investors Exchange. 2012년 출범)가 2016년 정규거래소로 전환했다.[138] 이전까지는 다크풀이었고, 개인투자자에게 불리한 기존 거래시장의 관행에 맞서는 전략을 사업 동기로 전면에 내세웠다. 실제로 거래소 전환 이후 IEX는 speed bump("과속방지턱"), **"D-지정가주문"**(**D-limit order.** 투자자가 앞서 제출한 지정가주문에 악영향을 미치는 상황이 발생[예: 약탈적 주문 등장]했다고 자체 AI[artificial intelligence. 인공지능]가 판단하면 해당 주문가격을 자동으로 조정해 이를 순간적으로 잠시 안전하게 피신시키는 주문유형) 등 미국주식시장의 미시구조를 앞장서 개선하고 있다(제12장 2절 나항 참조).

2020년 가을, IEX와 개념적으로 비슷한 정규거래소 3개가 연거푸 등장했다. **"개인투자자뿐 아니라 기관투자자도 아우르며 봉사하는 (거래)회원용 거래소" MEX**(**Members Exchange**), 옵션거래로 시작해 주식거래도 아우르는 **"마이애미 펄 주식거래소"**(**MIAX Pearl**. MIAX Pearl Equities Exchange), **"장기투자자용 거래소"**(**LTSE: Long Term Stock Exchange**)가 그들이다. 이후 2022년 1월 블록체인(blockchain) 기술로 저유동성 종목과 소수점 거래(fractional share trading. 주식 한 주를 0.1주처럼 소수점 단위로 분할해 거래하는 방식) 동반 "토큰형 주식"(tokenized stock. "주식형 토큰". 제12장 2절 바항 (4)(가) 참조) 거래에 특화한 **BSTX**(Boston Security Token Exchange였다가 이름을 약어로 바꿈. 캐나다 TMX 소유)가 17번째 거래소로 당국의 허가를 받은 상태이다(2022년 말/2023년 상반기 운영 예상).[139]

17개나 되는 정규거래소가 경쟁한다 해도 NYSE와 Nasdaq(정확히는 Nasdaq Stock Market) 두 곳만이 **상장거래소**(primary market)[140]라 할 수 있다. Cboe Global

---

138 IEX는 세계적 베스트셀러 "플래시 보이스"(Flash Boys: A Wall Street Revolt) 주인공들의 무대였다. 시작부터 이들은 약탈적 HFT(high-frequency trading. 고빈도거래/초단타매매)로부터 투자자를 보호하려 정규거래소로 전환한다고 선언하였다. 구체적으로, 시스템에 주문 접수와 회송을 각각 350㎲(350/1,000,000초)씩 인위적으로 늦추는 speed bump("과속방지턱")를 설치하겠다고 했다. 물론 Nasdaq, NYSE 등 기존 거래소는 IEX의 정규거래소 전환을 완강히 반대했다(루이스, 2014).

139 McCrank, J., 2022. "U.S. SEC Approves New U.S. Exchange with Blockchain Feed, Faster Settlement". **Reuters**, (January 29).

140 상장기능이 거래소에 가져다주는 경제적 의미는 그간 많이 퇴색했다. 그럼에도 배타적 종가 결정 권한을 보유하므로 상장거래소 지위는 여전히 중요하다. 예를 들어 종가를 가치평가에 활용하는 금융상품(예: 펀드 발행증권)이 급증하면서, 한편으로는 거래소 수입이나 영향력에 기여하고 다른 한편으로는 상장거래소 거래량을 증대시키는 선순환 역할을 하기 때문이다.

Markets가 애를 쓰지만 ETF(exchange-traded fund. 상장지수집합투자기구/상장지수펀드)에 머물러 있을 뿐 아직 기업을 상장하지는 못했다. 따라서 상장에 국한해 거시구조를 구분하면 NYSE와 Nasdaq만이 주시장이나 성장형시장에 해당한다. 그러나 다음과 같은 요인으로 말미암아 이제는 미국주식시장을 이렇게까지 대놓고 구분할 수가 없다.[141]

첫째, 250개가 넘는 ATS(대부분 다크 거래시장[142])의 존재이다. 이들 ATS는 거시구조상 모든 위계를 넘나들며 매매를 체결한다. Reg NMS 체제에서는 특정 거래소에 상장했다 해서 해당 주식을 바로 그 거래소에서만 거래할 필요는 없다(예전에 NYSE는 "**거래소집중의무**"[**Rule 390**. 1999년 12월 폐지]로 이러한 배타적 권리를 보장받았다). 실제로, 5개 정규거래소를 운영하면서도 미국주식시장에서 NYSE 거래 비중은 19%에 불과하다. 반면, 상장과 무관한 다크 거래시장 거래 비중은 무려 45%가 넘는다(〈그림 6-1〉 참조). 전통적인 위계로는 현재 미국주식시장의 거시구조 특징을 포착하기 어렵다.

둘째, 미국경제에서 ICT 산업 비중이 엄청나게 커지면서, NYSE가 해당 기업 IPO(initial public offering. 최초상장)에 사운을 걸다시피 하며 공을 들이기 시작했다. 예전 같으면 자동으로 Nasdaq에 상장했을 텐데 말이다. 이제 이들 ICT 기업의 신규 IPO 비중(기업 수 기준)은 NYSE 25% 대 Nasdaq 75%일 정도로 경쟁이 치열해졌다. NYSE가 주시장이고 Nasdaq이 성장형시장이라 딱 잡아 말하기가 곤란해졌다. 주시장였던 NYSE는 성장형기업 상장을, 성장형시장였던 Nasdaq도 (전통) 대기업/중견기업 상장을 동시에 추구하고 있다.

셋째, NYSE와 Nasdaq은 비상장기업 상장을 선점하고자 사적 자본시장 영역을 서로 다른 방식으로 적극 개척하고 있다(바로 다음 "(2) NYSE" 참조). 두 번째 요인과 일맥상통하는 사안이다. 사적 자본시장은 상장이 어느 정도 가시화된 유니콘(unicorn. 10억 달러[약

141 그렇다 해도 NYSE는 주시장 특징을, Nasdaq은 성장형시장 특징을 여전히 강하게 띤다. 따라서 이 책에서는 필요할 때마다 NYSE는 주시장/(성장형시장), Nasdaq은 (주시장)/성장형시장으로 구분하기도 한다.

142 다크 거래시장은 ATS 중 리트풀을 제외하고 다크풀과 내부화 IB(internalizer. 법적으로 ATS가 아님)를 합쳐서 부를 때 사용하는 용어이다. 내부화 IB는 브로커·딜러로 다크풀과는 달리 Reg ATS 규제 대상은 아니다. 하지만 다크풀과 똑같이 호가정보는 제공하지 않은 채 체결정보만을 공개하므로 일상이나 미디어에서는 대개 둘을 합쳐 다크풀이라고 부른다. 이 책에서도 세심히 구별할 필요가 없으면 내부화 IB를 다크풀로 통용한다.

〈그림 6-1〉 미국주식시장 거래시장별 점유율

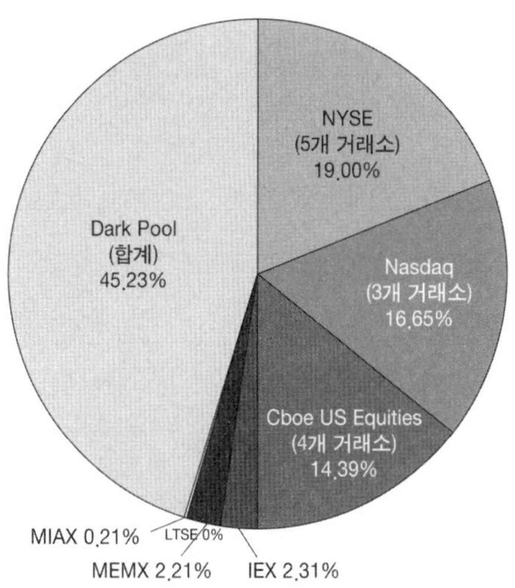

* 자료: [https://www.miaxoptions.com].
* 2021년 4월 22일 거래량 기준. 총 17개 주식거래소(BSTX는 아직 운영을 시작하지 않음)와 다크 거래시장(합계)을 표시.

1조 원] 이상 가치평가를 받는 비상장기업)[143] 주식을 거래할 수 있도록 조직화한 (발행)·유통시장을 말한다. 시장거시구조 맨 아래 위치한 비즈니스 영역에서조차 NYSE와 Nasdaq 간 경쟁은 매우 치열해졌다.

(2) NYSE

NYSE는 ICE(지주회사) 산하 자회사로 5개 거래시장(NYSE, American, Arca, Chicago, National)을 운영한다. 연원이 1792년까지 거슬러 올라가며 Big Board란 별칭에 걸맞게 상장기업 시가총액은 25.6조 달러(약 3.3경 원. 2020.12.31. 현재)를 넘어간다. 자타공인 세계 최대·최고 주식거래시장이다(〈표 6-1〉 참조). NYSE가 독립 거래소에서 오늘날 소유·지배구조에 놓이게 된 데에는 2007년 Reg NMS 시행이 무엇보다 크게 작용했다.

143 비상장기업 관련 금융정보·분석기업 CB인싸이츠(CB Insights)는 웹사이트에서 유니콘 월별 목록을 제공한다([https://www.cbinsights.com/research-unicorn-companies]).

〈표 6-1〉 글로벌 주식시장 순위—상장기업 시가총액기준

순위	거래소	국가	시가총액 (달러, 단위: 조)
1	뉴욕증권거래소 (NYSE: New York Stock Exchange)	미국	25.62
2	나스닥 (Nasdaq)	미국	19.51
3	홍콩거래소 (HKEX: Hong Kong Exchange)	홍콩 (중국)	6.76
4	상하이증권거래소 (SSE: Shanghai Stock Exchange)	중국	6.56
5	일본거래소 (JPX: Japan Exchange)	일본	6.54
6	유로넥스트 (Euronext)	EU	5.08
7	선전증권거래소 (SZSE: Shenzhen Stock Exchange)	중국	4.83
8	런던증권거래소 (LSE: London Stock Exchange)	영국	3.83
9	TMX (토론토증권거래소[TSX] 보유)	캐나다	2.62
10	내셔널증권거래소 (NSE: National Stock Exchange)	인도	2.56
11	사우디증권거래소 (Saudi Stock Exchange. 타다울[Tadawul])	사우디 아라비아	2.43
12	독일거래소 (DB: Deutsche Börse)	독일 (EU)	2.11
13	한국거래소 (KRX: Korea Exchange)	대한민국	2.07
14	나스닥 노르딕-발틱 (Nasdaq Nordic and Baltics)	북유럽-발틱 국가 (EU)	1.95
15	스위스증권거래소 (SIX Swiss Exchange)	스위스	1.75
16	타이완증권거래소 (TWSE: Taiwan Stock Exchange)	대만	1.59
17	호주증권거래소 (ASX: Australian Securities Exchange)	호주	1.54
18	요하네스버그증권거래소 (JSE: Johannesburg Stock Exchange)	남아프리카 공화국	1.13
19	테헤란증권거래소 (TSE: Tehran Stock Exchange)	이란	1.03

* 자료: 스태티스타 연구 부서(Statista Research Department). 2021. "Largest Stock Exchange Operators in 2021, Listed by Market Cap of Listed Companies". (April 27).
* **WFE**(World Federation of Exchanges. **세계거래소연맹**) 2020년 12월 말 자료 기준(투자기금 제외).

그 서막은 2006년 **아카엑스(ArcaEx**: Archipelago Exchange. 아키펠라고거래소. 現 NYSE Arca) 인수에서 시작한다(〈표 부록 6-1〉 참조). 본디 ArcaEx는 ECN(electronic communications network. "전자거래시스템". 리트풀. 초창기 ATS)의 선두주자였는데, 2005년 **퍼시픽거래소(PCX**: Pacific Exchange. 샌프란시스코 소재)를 합병해 정규거래소가 되었다. 당시 NYSE는 전자 거래시스템 개발에 큰 난항을 겪고 있었다. 시간을 두고 해결할 수도 있었겠지만, 문제는 Reg NMS 시행까지 이를 확립해내지 못하면 그 이후부터는 자신에게 온 주문을 보호/체결하지 못하고 다른 거래시장에 보내야만 했었다. Reg NMS

하에서는 자동호가만 보호받을 수 있기 때문이다(제9장 1절 다항 참조). 더군다나, NYSE와 Nasdaq은 약속했던 전자 거래시스템 확보에 이미 한차례 실패한 적이 있어 SEC(Securities and Exchange Commission. 증권거래위원회)가 Reg NMS 시행을 2년간 미뤄야 했던 원죄가 있었다. 반드시 기한 내 전자 거래시스템을 개발해야 했고, 실패하면 이를 확보한 기관을 어떻게든 손에 넣어야 했다. ArcaEx와 **이넷**(**INET**. ECN. 2005년 Nasdaq 인수)은 누구나 탐내는 ECN이었고, INET보다 ArcaEx가 NYSE에게는 더 적합한 기관이었다. ETF와 옵션거래에 매우 강했고 NYSE 상장주식회사이기도 했기 때문이다. ArcaEx를 인수해 우회상장(RTO: reverse takeover) 함으로써, NYSE는 주식거래 위주에서 벗어나 비즈니스 영역을 확대하고 주식회사 전환도 완성할 수 있었다.

이어 같은 해 NYSE는 Euronext와 대등합병(merger of equals)을 일궈냈다. 통합법인 **NYSE Euronext**는 역사상 그 누구도 해내지 못했던 "대서양 양안을 아우르는 거래소"(transatlantic exchange)가 되었다. 2008년, NYSE Euronext는 **아메리카증권거래소**(**AMEX: American Stock Exchange**. 現 NYSE American)를 인수해 중소기업시장을 확보하고 옵션과 ETF 시장을 강화했다.

글로벌 금융위기 이후 DB, ICE, Nasdaq은 NYSE Euronext 합병을 여러 차례 시도했다. 독점 문제로 번번이 무산되다가 2013년 마침내 ICE가 대망의 NYSE Euronext를 손에 넣었다. 하지만 ICE가 줄곧 눈독을 들였던 대상은 NYSE와 LIFFE(現 ICE Futures Europe)였다. 결국 2014년 6월 합병 후 조직 정비를 마치며 ICE는 Euronext 부문 중 LIFFE만 남기고 나머지를 분사했다. 에너지 파생상품에 치중하던 신흥 지역거래소 ICE가 주식(NYSE. 세계 1위)과 금융·상품 파생상품(LIFFE, 유럽 2위)을 아우르며 글로벌 선도 종합거래소로 변신하는 순간이다.

2015년 ICE는 **IDC**(Interactive Data Corporation. "**인터액티브정보회사**". 現 ICE Data Services)를 인수해 금융정보서비스 부문을 강화했다. 현재 IDC에서 이름이 바뀐 ICE Data Services는 Refinitiv처럼 정보를 집적·제공하는 대신, 집적 정보를 자신의 고유정보로 가공·판매하는 전략의 선두주자이다.

2017년과 2018년에는 CBOE에서 **내셔널증권거래소**(**NSX**: National Stock Exchange. 신시내티 소재. 現 NYSE National)와 **시카고증권거래소**(**CHX**: Chicago Stock

〈그림 6-2〉 NYSE 내부 전경

* 코로나19(COVID-19) 팬데믹(세계 대유행) 때문에 NYSE는 일시적으로(2020.3.23.~5.26.) 입회장 브로커 없이 자동으로만 매매체결. (사진 속 인물은 필자이다.)

Exchange. 現 NYSE Chicago)를 잇달아 인수했다. NYSE를 위시해 Arca와 American을 보유하면서도 계속해 기존 거래소를 인수·합병하는 데에는 경쟁 거래소의 확대를 '선제' 방어하고 나아가 시장참여자의 편의에 맞춰 거래소별 상품과 주문유형을 특화하려는 이유로 보인다(그 외 중요 이유로는 주석 258 참조). Arca는 ETF와 옵션, American은 중소기업 주식과 옵션, Chicago는 장내파생상품 거래 기관투자자에 특화한 브로커(증권회사)용 주식, National은 taker-maker 수수료 체계[144] 전용 주식을 거래하는 시장으로 각각 특화했다.

한편, 2013년 11월 NYSE는 Nasdaq과 치열한 경합 끝에 Twitter(트위터) IPO에 성공했

144 지정가주문을 제출(즉, 유동성을 제공)하면 수수료를 지불하고 기존 지정가주문을 취(즉, 유동성을 소비)하면 리베이트를 받는다(maker-taker 수수료 체계와 반대 구조). 수수료와 리베이트 차이가 거래시장의 수익이다. 시장이 하강 국면일 때나 역추세추종 같은 전략을 사용할 때 편의를 제공해주는 체계이다.

다. 초대형 유니콘이 Nasdaq 대신 NYSE를 택한 최초의 사건이다. 그간 NYSE는 비상장 성장형주식 거래에 소극적 행보를 보였으나, 최근 시장미시구조를 적극 활용하면서 알찬 성공을 거두고 있다. 직상장(direct listing)이 바로 그것인데 직상장은 IPO와는 달리 기업이 자금을 새로 조달하지 않고 이미 발행된 주식(구주)에 유동성을 부여하려 상장하는 기업공개 방식이다. 따라서 IB 인수업무(underwriting)가 필요치 않다. 제도 활용 후 스포티파이(Spotify. 2018년), 슬랙(Slack. 2019년), 팔란티어(Palatir. 2020년), 로블록스(Roblox. 2021년) 등 유명 유니콘이 NYSE에 직상장했다. 여기서 더 나아가 NYSE는 2020년 8월 직상장에도 신주발행(primary offering)을 허용해 기업이 신규자금을 조달할 수 있게끔 규칙을 개정했다. Nasdaq NPM(Nasdaq Private Market. 나스닥사적시장)에 내줬던 사적 자본시장 주도권을 시장미시구조를 개선해 찾아올 수 있을지 매우 흥미롭다(제12장 2절 마항 (1) 참조).

이외, 딜러 간 채권시장(지방정부채, 회사채, 외국채) **NYSE 본드(NYSE Bond)**를 운영하며, 모기업 ICE를 통해 글로벌 결제·예탁기관 Euroclear 지분 10%를 보유(2018년 2월)하고 있다. LSEG보다는 비즈니스 범위가 작다고 볼 수 있다.

(3) Nasdaq

Nasdaq은 1971년 2월 **NASD**(National Association of Securities Dealers. **"전국증권업협회"**)[145] **"호가 자동 통보시스템"**이라는 긴 이름의 약어 **NASDAQ(National Association of Securities Dealers Automated Quotations)**으로 출범했다. 비영리단체 NASD가 100% 소유한 영리 추구 자회사였다. 이름에서 보듯이 처음에는 매매체결시스템이 아니라, 여기저기 흩어져 거래되는 장외주식[146] 호가를 자동으로 통보받아 한데 게시해 시세를 한눈에 알아볼 수 있도록 하는 전자 시스템이었다. 매매체결기능은 1985

145 2007년 7월 NASD는 NYSE 규제 담당 자회사 **NYSER**(NYSE Regulation Inc.)과 통합하며 지금의 FINRA(Financial Industry Regulatory Authority. 핀라. "금융산업규제국". 비영리 민간 SRO)로 재탄생했다.

146 당시 장외란 용어에서 "장"(場)이란 일반적으로 NYSE 입회장(floor. 〈그림 6-2〉 참조)을 말한다. 그 외는 모두 장외였고 NASD에다 장외거래 등록을 한 주식을 거래할 수 있었다.

년에 이르러서야 장착됐고, 그사이 거래는 장외에서 이루어졌다. NASD와 NASDAQ 관계는 2002년 NASD가 보유하던 NASDAQ 주식을 다 처분하며 완전 별개 기관이 되었다.[147] NASDAQ은 1980년대 중반부터 줄곧 사실상의 세계 최초 전자 거래소였지만, 법적으로는 2006년 8월에서야 비로소 정규거래소가 되었다.

Nasdaq을 논하며 마이크로소프트(Microsoft)를 언급하지 않을 수가 없다. Microsoft는 1986년 3월 NASDAQ에서 IPO를 했다. 이후 세계 제1위 시가총액 기업으로 승승장구하는 동안 NYSE에게서 수없이 상장 이전을 요청받았다. 하지만 NASDAQ과 더불어 성장했다 하며 떠나질 않았다. 신생 중소·벤처기업에 이는 굉장히 상징적인 사건이어서, 이후 NASDAQ에 상장해 세계적 기업으로 성장한 팡(FAANG: 페이스북[Facebook. 現 메타. Meta], 아마존[Amazon], 애플[Apple], 넷플릭스[Netflix], 알파벳[Alphabet. 舊 구글. Google])도 계속 NASDAQ에 머물게끔 결정적 역할을 했다고 한다.[148] 네트워크 외부효과(network externality)이다.

2000년 3월 닷컴 거품이 꺼지며 유럽 신시장이 궤멸한 상황에서도 NASDAQ의 입지는 확고했고 모든 국가가 선망하는 성장형시장 메카로서 그 지위도 변함이 없었다. 이런 NASDAQ에 Reg NMS 시행은 위기이자 동시에 또 한차례 질적으로 도약할 기회였다. 위기 아닌 기회로 만들려면 Reg NMS 시행에 완벽하게 대비해놔야 했는데 핵심 규정인 "자동호가 보호 원칙"에 필요한 전자 거래시스템 개발은 지지부진했다. NYSE도 마찬가지였기에 경쟁은 그때부터 시작이었다. 2005년 NASDAQ은 증권거래 관련 IT에 탁월한 강점을 지닌 원조 ECN INET을 합병한다. 이후부터는 M&A 연속이다. 2008년 2월 북유럽 **스톡홀름증권거래소**(SSE: Stockholm Stock Exchange), **헬싱키증권거래소**(HEX:

---

147 비영리단체(NASD) 자회사였기 때문에 주식회사로서 NASDAQ의 자체 상장은 다음과 같은 단계를 거쳐야 했다. (1) 2001년 3월 사모발행(private placement)으로 주식회사 전환, (2) NASD 보유주식 완전매각, (3) 2005년 2월 유상증자(secondary offering)를 하며 자체 상장.

148 한국과는 매우 비교되는 상황이다. 엔씨소프트, 네이버, 카카오, 셀트리온 등 한때 코스닥시장 시가총액 1위였던 성장형기업은 모두 유가증권시장으로 이전했다. 코스닥시장의 정체성에 대한 우려로 왈가왈부할 때마다 소위 '대장주' 부재 문제점은 단골 메뉴로 등장하곤 한다. 그러나 상장 이전이 좋고 나쁜지는 시장거시구조에 대한 정책담당자의 철학과 시선이 어디를 향하는지, 일관성이 있는지, 의지는 확고한지와 함께 판단해야 한다. 이에 대해서는 **제14장 2절 다~라항**에서 후술한다.

Helsinki Stock Exchange), **코펜하겐증권거래소(CSE**: Copenhagen Stock Exchange), **아이슬란드증권거래소(XICE**: Iceland Stock Exchange), 발트 3국 거래소를 보유한/위임 받은 **OMX**(現 Nasdaq Nordic. 나스닥 노르딕)를 합병하며 **NASDAQ OMX 그룹**(**NASDAQ OMX Group**. 現 Nasdaq)으로 개명한다. NYSE에 이어 대서양 양안을 아우르는 역사상 두 번째 거래소가 되었다. OMX 전신인 **OM**은 원래 스웨덴 선물거래소를 소유한 IT 회사였다. 1999년 부산에 KOFEX(Korea Futures Exchange. 한국선물거래소. 現 KRX 파생상품시장)를 창립하며 OM 시스템을 사용했을 정도로 우리와도 인연이 깊다. INET과 OMX 합병으로 Nasdaq은 이후 글로벌 FMI 관련 ICT 분야를 선도한다.

국외에서 OMX와 합병을 추진하는 동안 국내에서도 NASDAQ은 2007년 **필라델피아증권거래소(PHLX**: Philadelphia Stock Exchange. 주식의 경우 PSX로 약어 사용. 現 Nasdaq PHLX), 2008년 **보스톤증권거래소(BSE**: Boston Stock Exchange. 現 Nasdaq **BX**)를 인수하며 옵션시장(옵션 청산·결제 부문 포함) 진출과 함께 주식시장을 강화했다. 현재 PHLX는 ETF와 개별주식·지수옵션 거래시장이며, BX는 "mid-point peg order"와 "post-only order" 주문유형(제2장 1절 가항 참조)[149]을 선호하는 투자자용 거래시장이다.

2001년, 2006~7년, 2011년 LSE에 대한 끈질긴 합병 시도는 모두 실패로 돌아갔다. 또한 당시 독립 에너지거래소였던 ICE와 연합해 NYSE를 합병하려 했던 2011년 시도는 아예 초기 단계에서 무산됐다. 주식시장에 독점기관 탄생이 불 보듯 뻔했기 때문이다. 2015년 9월 NASDAQ OMX Group은 기업 이미지 통합(CI: corporate identity) 차원에서 회사명을 **Nasdaq**으로 바꿨다. 더 정확하게는 지주회사 **Nasdaq Inc.**이다. 우리가 흔히 Nasdaq이라 부르는 회사는 자회사인 **나스닥주식시장(Nasdaq Stock Market)**이다. 이 책에서는 특별한 경우가 아니면 Nasdaq Inc.와 Nasdaq Stock Market을 구분하지 않고 Nasdaq으로 혼용한다.

한편, Nasdaq에서 채권시장은 사라질 전망이다. 2013년 3월 채권 전자 거래플랫폼

149 두 주문 모두 공격적 주문로부터 투자자가 보호받을 수 있는 주문유형이다. 참고로 post-only order는 BX 특유의 주문유형으로 주문이 "maker-order"("메이커 주문")이면 게시되고 "taker-order"("테이커 주문")이면 게시되지 않는다.

의 강자 **이스피드(eSpeed)**를 인수(7억 5,000만 달러[1조 원])하며 딜러 간 채권시장(**NFI: Nasdaq Fixed Income**. 나스닥채권시장)에 진입했으나 시장점유율이 4%까지 하락하자 2021년 2월 손해를 감수하며 Tradeweb에 매각(1억 9,000만 달러[2,500억 원])했다. 모든 의사결정이 경쟁 결과를 놓고 비즈니스 차원에서 신속히 이루어지는 모습이 매우 흥미롭다. 철저히 책임경영을 해야 하는 상장주식회사이기 때문일 것이다. 미국자본시장의 합리성과 효율성의 한 단면을 보는 듯하다. 이외, Nasdaq은 미국 제1위 옵션시장이며, NPM을 설립해 사적 자본시장이라는 영역을 말 그대로 만들어냈다(**제6장 2절 가항, 1절 나항 (2) 참조**). 또한 장내·외파생상품(주로 Nasdaq Nordic 상품) 청산·결제에 필요한 청산기관(**Nasdaq Clearing[나스닥 청산소]**)도 운영하고 있다.

(4) Cboe Global Markets — (자회사 Cboe US Equities)

Cboe Global Markets는 CBOE(시카고옵션거래소. 1973년 설립)를 모태로 시작했다. 2010년대 들어서면서 CBOE는 설립도 해보고 합병도 해보며 주식시장 육성에 힘을 기울였으나 여의치 않았다. 2017년 4월 BATS Global Markets(現 Cboe US Equities[씨보미국주식시장])를 손에 넣고 Cboe Global Markets이 되며 마침내 숙원을 풀었다. 본업이던 옵션시장(미국 제1위 '단일' 거래시장)에다 미국(2~3위권), 유럽(2~3위권), 아시아(호주, 일본에 ATS 운영)에 강력한 주식시장을 구축하며 단숨에 세계 굴지 종합거래소가 된 것이다. 덩치가 큰 현물거래소가 파생상품시장으로 사업을 확장하는 추세에서 거꾸로 파생상품거래소가 현물시장으로 확장해 극적으로 변신한 아주 드문 경우이다. CBOE의 변신은 BATS Global Markets 인수가 결정적이었다. 배츠라는 이름은 이제 흔적만 남았지만(예: BZX, BYX), 배츠는 지난 10여 년 거대 정규거래소의 부당한 관행과 영향력에 맞서 기관투자자가 한데 뭉쳐 힘겨루기한 아주 의미 있는 프로젝트였다.

자회사인 Cboe US Equities는 BZX, BYX, EDGX, EDGA 등 4개 정규 주식거래소를 운영한다. 거래소 이름 앞부분 "B"와 "EDG"는 각각 BATS와 **디렉트엣지(Direct Edge)**에서 왔다. BATS는 2005년 캔사스시티(Kansas City)에서 출범한 리트풀로 매매체결시스템이 매우 효율적이라고 정평이 나 있었다. 2014년 자신과 거의 똑같은 사업 경력을 가진 Direct Edge를 합병하며[150] NYSE, Nasdaq과 견줄 만큼 거래량을 키웠다. 잘 나가던 두 ATS가 합쳐 정규거래소가 4개나 되자 거래소별로 수수료 체계와 주문유형을 특화해 운영하고 있다. 구체적으로, BZX와 EDGX는 maker-taker, BYX는 taker-maker, EDGA는 아주 낮은 수수료를 전용 부과한다. BZX와 EDGX는 수수료 체계는 같지만, 주문유형은 서로 달리한다. 시장점유율(2021.5.20. 기준)은 EDGX 7.12%, BZX 5.32%, BYX 1.57%, EDGA 1.17% 순으로 총 15% 정도이다.

Cboe Global Markets는 주식시장에서 미국과 유럽 양 대륙을 모두 선도한다(2021년 기준 캐나다주식시장도 16.5% 점유. 〈표 부록 6-1〉 참조). 양 대륙에서 차지하는 거래 비중을 합쳐 보면 세계 1위라고 해도 과언이 아니다. NYSE는 유럽에 거래시장이 없고, Nasdaq Nordic 거래량은 Cboe Europe Equities(씨보유럽주식시장)에 한참 모자라기 때문이다. 전신인 BATS Global Markets 거래량은 한때 LSE FTSE 100 지수 구성 종목의 40%를 넘은 적도 있다. 여기에는 탁월한 시스템과 함께 적절한 미시구조도 한몫했다. 대표적인 예가 일중 단일가매매(periodic call auction. 제12장 2절 다항에 후술) 제도이다. 이를 사용해 Cboe Europe Equities는 다크풀에 빼앗겼던 거래량을 상당 부분 되찾아 올 수 있었다. 다크풀에 대한 리트풀의 일대 반격이라고나 할까? 일중 단일가매매는 대량거래자(block trader)가 가격충격(price impact)을 최소화하며 거래할 수 있는 메커니즘이다. Cboe US Equities는 SEC 허가(2021년 3월)하에 2022년 4월 BYX를 통해 미국에서는 처음으로 일중 단일가매매를 시행하기 시작했다.

Cboe Global Markets는 종합거래소 연륜이 짧다 보니 경쟁시장에 비해 사업 포트폴리오나 현·선을 통합하는 기관 및 조직구성이 아직 여물지 않았다. 최근 행보를 보면 합병 전 BATS Global Markets의 강점을 극대화하면서 옵션시장을 확대하려는 듯하다. 간단하게 살펴보면 다음과 같다.

주식시장에서는 2021년 6월 JC플라워즈(JC Flowers. PEF 회사)가 소유한 Chi-X 아시

---

150 1990년대 후반 ECN이 우후죽순처럼 등장할 당시 어느 ECN이 성공할지는 누구도 확신할 수 없었다. 이에 대부분의 글로벌 선도 IB는 여기저기 동시다발적으로 투자해놨다. 한 곳만 성공해도 됐기 때문이다. BATS와 Direct Edge도 예외는 아니었기에 두 곳 모두 주요 주주가 거의 같았다. 중복 소유구조 정리는 이후 거래시장 간 M&A에 꽤 중요한 요인이었다.

아태평양(Chi-X Asia Pacific. 現 **Cboe Asia Pacific**[씨보아시아퍼시픽])을 Nasdaq, TMX와 경합 끝에 인수했다. Cboe Asia Pacific은 **씨보-호주**(**Cboe Australia**. 舊 차이엑스-호주[Chi-X Australia]. 정규거래소. 호주주식시장 점유율 18.4%)와 **씨보-일본**(**Cboe Japan**. 舊 차이엑스-일본[Chi-X Japan]. ATS. 일본주식시장 점유율 2.7%) 등 2개 거래시장을 운영하고 있다. 원래 두 시장은 BATS가 Chi-X Europe을 인수할 당시 함께 포함되었다가 분할매각했었다. 다시 제자리로 돌아왔다고 할 수 있다. 자본시장 규모가 큰 호주와 일본 시장 진입 외에, 금융상품 확충, 대량매매 기회 확대도 목적을 두는 듯하다.

다음은 2021년 1월 완료한 미국과 유럽의 다크풀 강자 **비즈트레이딩**(**BIDS Trading**. 대량매매 미국 1위, 유럽 2위) 인수이다.[151] 이는 기존의 북미·유럽시장과 새로 추가한 호주와 일본시장(당시 Chi-X Asia Pacific 인수는 확정된 상태)에서 대량매매 수요를 확대 점유하려는 시도라고 한다. 마지막으로, **"금융정보·인프라 부문 통합 자회사"**(**Cboe Data and Access Solutions**)를 신설한다고 한다. 거래 관련 ICT 솔루션 개발·판매, 지수·데이터 분석·판매 등을 효율적으로 해나가겠다는 의지일 것이다. 후발주자인 까닭에 ICE(NYSE), Nasdaq, LSEG 등 경쟁 FMI 제공업자가 지향하는 길을 조금 뒤처져서 따라가고 있다.

옵션시장에서는 2021년 9월 암스테르담에 **"씨보유럽파생상품시장"**(**Cboe Europe Derivatives**)을 신설하며 유럽에 진출했다. 이에 대비해 그동안 일정 지분만 보유하던 범유럽청산·결제기관 EuroCCP(現 Cboe Clear Europe)를 2020년 7월 100% 인수했다. 디지털 자산 거래 관련 사업 진출(2022년 5월)은 **제12장 2절 바항 (4) (나)를 참조하기 바란다.**

나. 조직화한 장외주식시장과 신흥 사적 자본시장

둘 다 "IPO 이전 단계에서 주식을 발행·유통하는 시장"(pre-IPO market)이다. 현재 경제적 의미가 있을 만큼 조직화한 장외주식시장이나 사적 자본시장을 갖춘 나라는 미국

151 유럽과 달리 미국 정규거래소는 ATS를 직접 보유할 수 없다. 이런 사유로 Cboe Global Markets는 BIDS Trading과 Cboe US Equities를 별개 독립 법인으로 운영한다.

이 유일하다. 미국 상황을 근거로 구분해보면, 조직화한 장외주식시장은 비공개주식(unregistered stock)[152]과 비상장(공개)주식을, 사적 자본시장은 주로 특정 비공개주식을 각각 대상으로 하며 시장을 형성한다(〈표 6-2〉 참조).

미국 장외주식시장은 2015년 이후 신개념의 사적 자본시장이 급속히 발흥해 구체적 모습을 드러내면서, 기존의 조직화한 장외주식시장이 '정비'와 함께 정체성 확립 문제로 고민에 빠진 형국이다. 사적 자본시장은 향후 성장 범위와 정도에 따라서는 시장거시구조의 모든 경계를 흐트러뜨릴 수도 있을 만큼 잠재력이 상당해 보인다. 이제는 성장형 산업이 경제 중심이 되어 경제 체질과 특성이 바뀌었고, 여기에 막강한 ICT를 장착한 ATS가 거시구조 전 범위를 오르락내리락하며 활약하기에 가능한 일이다.

(1) 조직화한 장외주식시장

전통적 형태의 조직화한 장외주식시장은 이제 OTC Markets Group(오티씨마케츠그룹)이 주도한다. 1990년부터 2010년대 초반까지 압도적 영향력을 발휘하던 OTCBB(Over-the-counter Bulletin Board. 장외호가시스템)는 2021년 가을 문을 닫았다.

(가) OTCBB

OTCBB는 초창기 Nasdaq과 아주 비슷했다. NASD(現 FINRA) 산하로 출범했으며(1990년), 딜러에게서 호가를 통보받아 집중·게시하는 시스템이었다. 매매체결은 하지 않았다. 설립 당시는 아니었지만, 전자 시스템을 갖춘 후부터는 1분 단위 호가, 직전 체결가, 관련 거래량 정보를 제공하였다.

152 미국에서 "일반대중(public)에 증권(주식·채권 등)을 매도", 즉 공모(public placement)하려면 반드시 SEC에 증권신고서(registration statement) 사전 등록을 해야 한다. 이는 적어도 정기보고서(periodic report) 공개를 의미한다. SEC에 증권신고서를 등록하지 않은 증권을 비공개증권(비등록증권. 제한증권[restricted securities])이라고 한다. 비공개증권을 발행/유통하려면 SEC 공모신고 면제규정(safe harbor)인 **"Regulation D"**("규정 D")와 **"Regulation A"**("규정 A". 이상 발행시장), 유통시장 전매(resale) 때 SEC 신고요건 면제규칙인 **"Rule 144"**("규칙 144")를 따라야 한다. 2010년대 중반 이들 규정과 규칙이 대폭 완화·개정되면서 미국 장외주식시장은 일대 변혁과 융성을 맞이한다(**제9장 3절 나항** 참조).

〈표 6-2〉 미국 장외주식시장 비교

	전통적 형태의 조직화한 장외주식시장		신흥 사적 자본시장/ '특정' 비공개주식거래소
	OTCBB	OTC Markets Group	
	비공개·비상장(공개)주식 대상 **"딜러 간 호가 시스템"**(Inter-dealer Quotation System) 운용, **매매체결은 하지 않음**. 거래는 장외에서 성립 - 전자 시스템을 갖춘 후(처음에는 아니었음), 1분 단위 호가, 직전 체결가, 거래량 정보 제공	**비공개·비상장(공개)주식 대상** - 우량기업 시장관리에 초점. **OTCQX, OTCQB, OTC Pink**로 시장 구분 - OTCQX과 OTCQB를 주시장과 성장형시장으로 육성하려 함(SEC는 두 시장을 "공개시장"[established public market]으로 인정. 2013) 2014년 **OTC Link (ATS) 설립** 이전에는 딜러 간 호가 시스템으로 호가정보만 제공. **이후에는 매매체결 제공**	**비공개·비상장(공개)주식** 대상 - **주로 유니콘/근접 기업** 시장이지만, **새싹기업**(startup) 시장도 존재 경영 안정성 제공, 종업원 복지 제고, 기관투자자의 포트폴리오 재구성 차원 거래 편의 도모 - 각 시장이 **전용 ATS** 운영. (정기)단일가매매, 공개매수(on-demand 지정가) 등 여러 방식으로 거래와 업무 편의 제공 **NPM, Forge Global, CartaX, EquityZen, AngelList** 등
경제기능	1990년 NASD(現 FINRA) 산하로 출범. 2012년 JOBS Act 시행 전까지 시장 주도 - 2000년 6월 23일 **Eligibility Rule(적격성 규칙**. 1999년 제정) 시행으로 공개주식 호가 정보만 제공 - 시장의 질적 수준은 개선, 그러나 대상 주식이 대거 OTC Markets Group으로 이동 - "이전 시장"이 아니라 독립시장 정체성 지향(설립 초기에는 정규시장과 양방향의 유기적 연계 제공) **2021년 가을 폐쇄**	1913년 설립. 2010년 OTC Markets Group으로 개명. **JOBS Act 시행으로 시장을 완전히 주도** - 2021년 이후 홀로 조직화한 장외주식시장 전담 독립시장으로서 위상을 견지·강화 - 여기에는 2009년 FINRA의 "장외주식호가통합설비회사" 설립 제안(QCF Proposal)이 크게 작용 - QCF 현실화에 대비해 시장을 공시 수준에 따라 구분, 질적 수준을 높이는 경영전략을 선택	**2015년 이후 등장.** 거래대상 기업 특성상 상향(일방향) 이전 예상. 거래대상 기업의 성장단계, 거래방식 등에 따라 성장 방향을 달리할 듯 - 성장단계: 유니콘/근접 기업, 초·중기 새싹기업 - 거래방식: 단일가매매, 공개매수, 대량매매
경제기능	한국자본시장: K-OTC든 KONEX든 정규시장과 유기적 관계를 지향한다고 하나, 현실에서는 상향 연계만을 지향하는 이전 시장. 삼성증권, 한국투자증권이 시도했지만, 국내에 ATS는 부재 상태. 2022년 11월 34개 기관이 참여하여 **넥스트레이드(Nextrade)** 창립총회를 엶(2024년 상반기 운영 목표).		
유동성	시장 폐쇄	상당히 활발. 2021년 5월 24일 기준 - 거래량(금액): 22.3억 달러 - 거래량(주): 414.0억 주 - 거래횟수: 532,966	NPM(2020.12): 90개 유동화 프로그램(총 45억 달러) - 설립 이후, 450 유동화 프로그램(총 290억 달러) CartaX(첫 거래. 2021.1): Carta 자사주 단일가매매 - 거래량(금액): 9,970만 달러 - 체결주문 수: 1,484 - 참여자 수: 414

2000년 "적격성 규칙"(Eligibility Rule. 현재 재무제표를 제출·공개하지 않으면 OTCBB에 호가 게시 금지. 1999년 제정) 시행으로 OTCBB는 전환점을 맞았다. 시장 투명성을 높여야 했기에 어쩔 수 없는 선택이었으나, 더는 비공개주식을 담당할 수 없어 거래량이 순식간에 OTC Markets Group으로 이동하는 상황을 지켜봐야 했다. 이를 만회하려 SEC에 "장외주식호가통합설비회사"(QCF: Quotation Consolidation Facility) 설립을 신청했지만(2009.11.13.)[153] 별 소득 없이 철회했다(2016.11.29.). 게다가 OTC Markets Group의 시의적절한 경영전략이 더해져 시장 주도권을 완전히 상실하자 2021년 11월 8일 폐쇄하고야 말았다.

(나) OTC Markets Group

OTC Markets Group(舊 Pink OTC Markets[舊 Pink Sheets])은 1913년 출범했지만 1990년대 후반까지 핑크빛 종이에 비공개·비상장(공개)주식의 장외거래 호가/체결가, 거래량 등을 전화번호부(yellow book)처럼, 그러나 월간지 형태로 발행하던 회사에 지나지 않았다. Pink Sheets 당시 회사 내부 벽면도 모두 핑크빛이어서 신기했던 기억이 난다.

오늘날 OTC Markets Group이 미국의 조직화한 장외주식시장을 거의 오롯이(약 87%) 손에 넣고 심지어는 정규시장 영역까지 진출하려 할 만큼 성장한 배경에는 다음 세 사건의 영향이 맞물려 있다. 첫째, 바로 위에서 언급한 Eligibility Rule 시행(2000년)이다. OTCBB 부적격 종목이 되며 이전해야 했던 수많은 비공개주식 덕분에 외형 면에서 시장을 순식간에 압도하기 시작했다. 둘째, 신생 중소·성장형기업에 자본시장 문호를 넓힌 JOBS Act(Jumpstart Our Business Startups. 잡스법. 2012년) 도입이다(제9장 3절 나항 참조). 이들 기업의 직접 자금조달 기능이 활성화되는 듯해지자 OTC Markets Group은 공격적 전략을 취하며 종합거래소를 기업 목표로 내걸었다. 셋째, 앞서 언급한 FINRA의 QCF 설립 신청(2009년)이다. 설립 현실화에 대비해 OTC Markets Group은 미국주식시장의 거시구조상 위계별 담당 시장이 가진 특성을 자신의 시장에 가미하는

153 QCF는 정규주식시장의 **"통합호가·체결정보시스템"**(Consolidated Quotation and Trade Systems)처럼 장외주식시장에서도 비공개·비상장(공개)주식의 호가와 체결정보를 통합해 제시하는 시스템이다.

경영전략을 택했다. 바로 조직화한 장외주식시장의 세분화로, 이는 좀 더 자세히 들여다 볼 필요가 있다.

OTC Markets Group은 **OTCQX**(Best Market. "최상위 시장"), **OTCQB**(Venture Market. "벤처시장"), **OTC Pink**(Open Market. "공개시장") 등 3개 시장을 운영한다. 각 시장에 진입할 수 있는 질적·양적 공시 수준을 정해주고 기업이 알아서 선택하도록 해 우량기업을 관리한다.[154] 옥석을 가리기 힘든 신생 중소·성장형 비공개·비상장(공개)기업의 시장관리에 적합한 조치로, Neuer Markt 폐쇄 후 DB가 독일 성장형시장을 부흥시키려 사용했던 방식이기도 하다. OTC Markets Group은 OTCQB와 OTCQX를 각각 성장형 시장과 주시장 특성을 가미한 장외시장으로 육성하려고 한다.[155] 특히 OTCBB 부적격 종목이 대거 몰려온 OTCQB는 OTC Markets Group의 정체성을 대변하는 시장이어서 더욱 중요시한다. 한편, OTC Pink는 파산기업, 정규시장 퇴출기업, "현금만 보유한 껍데기 회사"(shell company. 예: SPAC[스팩]) 등 고위험 종목과 투기성 호가/매매가 상존해 투자자가 각별히 주의해야 하는 시장이다. 그런데도 OTC Markets Group 거래량(금액 기준. 2021.5.25.)의 약 63%가 OTC Pink에서 이루어진다. 투기적 성향의 거래가 만연하는 현상은 역시 국경을 가리지 않는 것 같다.

2014년 이후 OTC Markets Group은 딜러 간 호가정보만 집계하는 단순 시스템에서 벗어나 매매체결도 수행하기 시작했다. 2014년 OTC 링크(OTC Link)라는 ATS를 자회사로 설립했기에 가능했다. 거시구조 위계를 넘나들며 활약하는 ATS의 위력과 이로써 흐릿해진 위계를 확인할 수 있는 좋은 예이다. 한국에서는 KONEX(코넥스시장. 하위 신시장/조직화한 장외주식시장), K-OTC/K-OTCBB(조직화한 장외주식시장)가 비슷한 성격의 시장이다 (제14장 2절 라항 참조).

154 OTC Markets Group은 SRO가 아니다. 운영자로서 시장을 관리해주지만, 넓은 의미에서 진입 종목 규제는 SEC 책임이다. 각국(한국 포함) 규제담당자가 조직화한 장외주식시장의 비대화에 부담을 느끼는 이유이다. 어느 정도 성장했다 판단하면 어떻게 해서든 제도권에 끌어들이려 한다. OTC Markets Group 시장관리방식에 대한 평가는 장·페트로니·왕(Jiang, Petroni, and Wang, 2016)을 참조하기 바란다.

155 SEC는 OTCQX와 OTCQB 두 시장을 2013년 이미 "공개시장"(established public market)으로 인정했다.

(2) 사적 자본시장

사적 자본시장은 특정 비공개주식(예: 유니콘, 새싹기업)을 대상으로 조직화한 장외주식시장이다. JOBS Act 도입(2012년)과 Facebook(現 메타. Meta) IPO(2012.5.18.) 시점을 전후로 세간의 이목을 끌며 등장한 신개념 시장이다.[156] 허용 투자자가 전문투자자라는 특성상 투자자 보호를 강하게 할 필요가 없어 규제가 느슨하다.[157] 초기에는 SecondMarket(세컨드마켓. 비공개주식 전용 ATS)을 중심으로 한 ATS가 주축이었지만, NPM의 SecondMarket 합병(2015년 10월)과 **카르타엑스**(CartaX. 소프트웨어회사 카르타[Carta] 소유. 2021년 1월) 출범으로 이제는 ATS, 정규거래소, IB, 소프트웨어회사 등의 각축장이 되었다.

최근 들어 사적 자본시장에 관심이 상당하다. 이름도 생소한데 왜 그럴까? 이는 창업 후 IPO까지 걸리는 시간이 점점 길어져 나타나는 여러 현상 때문에 그렇다. 더 구체적으로, 그 시간이 예전에는 5~6년 정도였으나 이제는 10년을 넘어서며 여러 이해관계자(예: 창업자, 전·현직 임직원, 기관투자자)의 현금화 수요를 충족시킬 방법이 중요해졌다(새싹기업 진화과정과 자금조달에 관해서는 〈그림 6-3〉 참조). 예를 들어, 소위 '대박'을 기다리며 험한 생활환경을 감내한 종업원에게 10년은 너무나 긴 세월이다. 삶의 질을 개선하려면 보유주식을 매도해야 한다. 창업자에게는 자신이 애지중지하며 일궈낸 기업의 통제권(control right)이 무엇보다 소중하다. 이에 필요자금을 가능한 한 사모를 통해 조달하고 싶어 한다(부득이 공모해야 한다면 통제권 확보에 전력을 다할 것이다). 새싹기업 전문 기관투자자는 중견기업(10년이나 지난 새싹기업)에 묶여버린 투자금을 회수해 다시 새싹기업에 투자하는 포트폴리오 재구성이 절실하다. 게다가 성장형기업이 경제성장 동력이 되었고 장기간 저금리가 지속되면서 중기 성장형기업에 대한 투자 수요도 몰라보게 커졌다. 그런데도 사적 자본시장은 여전히 흩어져 있고 투명성도 매우 낮았다. 이를 집중해 비공개주식 수요자와 공급자를

---

156 한국에서 사적 자본시장이란 용어는 NPM이 국내 시선을 끌며 사용하기 시작했다. 당시 KRX가 **KPM(Korea Private Market**. NPM을 본떠 설립을 시도했던 국내 사적 자본시장)이란 프로젝트명으로 시장 설립을 추진한 적도 있다. KPM 프로젝트를 접고 설립한 시장이 KSM(KRX Startup Market, 크라우드펀딩 새싹기업 중심 시장)이다. 현재 한국에서 사적 자본시장은 KSM이 유일하다.

157 "사기금지조항"(anti-fraud clause) 외에는 투자자 보호에 별다른 규제를 받지 않는다.

〈그림 6-3〉 새싹기업 진화과정과 자금조달—미국 예

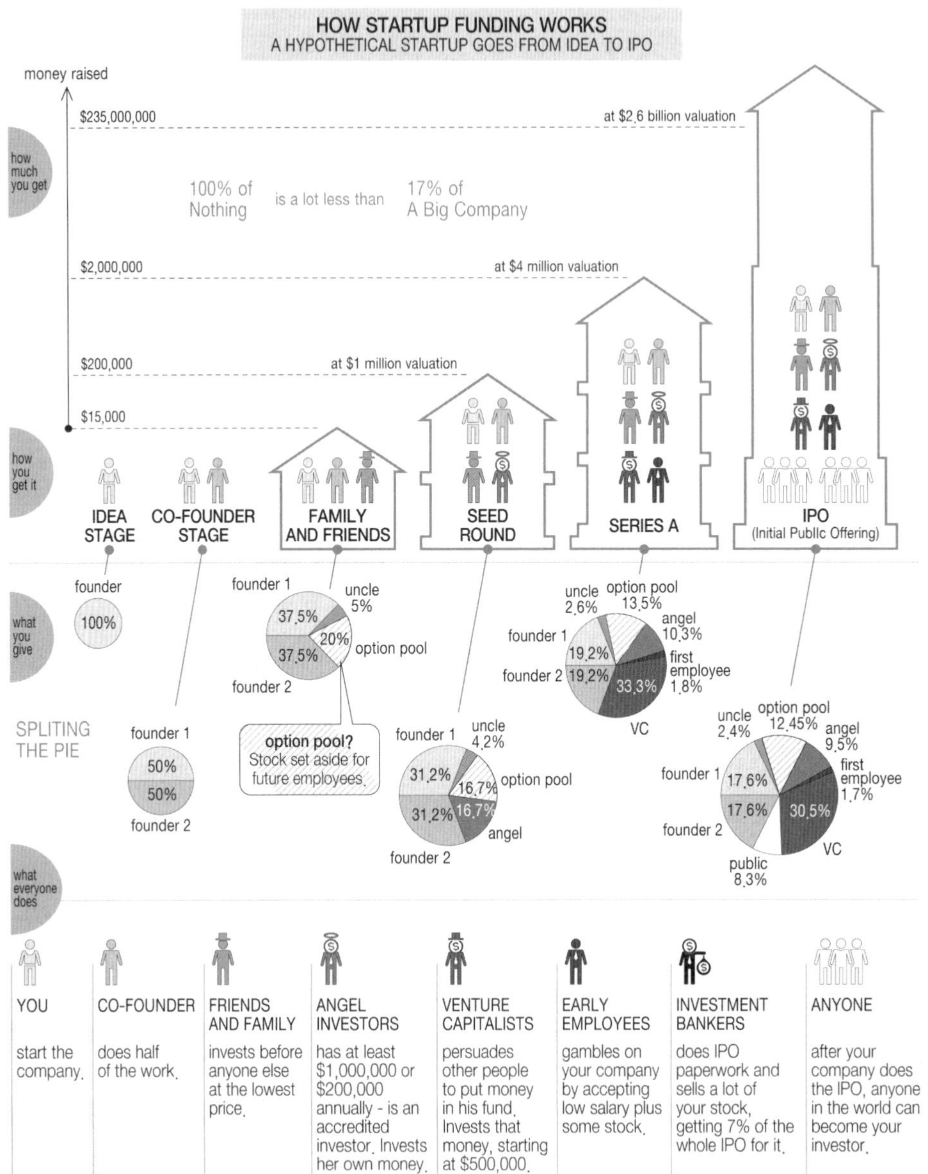

* 자료: Vital, A., 2013. "How Startup Funding Works: Infographic". **Adioma**, (May 9).

* 중간 그림으로 자금조달(how you get it)과 진화를 설명하면 다음과 같음. ① 아이디어 단계(IDEA STAGE), ② 동업자 단계(CO-FOUNDER STAGE), ③ 가족 친지로부터 조달 단계(FAMILY AND FRIENDS), ④ 초기 엔젤투자 단계(SEED ROUND. 아이디어/시장성 검증 성공), ⑤ 정식 새싹기업 출발(시리즈 A[SERIES A] 우선주 발행 단계. 정식으로 시제품 론칭 준비), ⑥ 거래소 최초 상장 단계(IPO).

연결하고 가격도 제대로 발견해보려는 시도가 여기저기 활발해진 이유이다.

대부분의 사적 자본시장은 고성장 유니콘 주식을 매매 대상으로 삼는다. 물론 **엔젤리스트**(AngelList)처럼 새싹기업에 특화한 예도 있지만, 매도자 비중은 2011~2016년 거래량(금액/횟수)을 기준으로 개인(87%/95%)이 기관(13%/5%)을 압도한다. 목표 투자자는 기관마다 조금씩 다르다. NPM과 CartaX는 기관투자자에 중점을 두며(〈그림 6-4〉 참조), **포쥐글로벌**(Forge Global)은 개인(전문)투자자 비중이 25~30%일 정도로 개방적이다.[158] 매매체결은 기관투자자(예: 벤처캐피털)가 "요청하면"(on-demand. 온디맨드) 시장을 열어 기관투자자가 지정한 공개매수(tender offer)에 응하거나 응하지 않는 방식(take-it-or-leave-it)을 주로 따른다. 이외 대량매매 협상이나 단일가매매도 활용한다. 특히, 2021년 1월 종업원에게 자사주 매각 기회를 주면서 출범한 CartaX의 단일가매매 방식은 주목할 만하다. 공개매수 방식은 매도자(현금 수요자. 창업자·임직원·초기 투자자)에게는 불리하고 투자자(현금 공급자)에게는 아주 유리한 가격결정 방식이다. 예를 들어, 사적 자본시장의 큰손인 벤처캐피털이 큰 폭으로 할인해 공개매수 호가를 제시한 다음 종업원이나 창업자가 응하거나 말거나라는 다소 고압적인 방식이다. 이렇듯 창업자가 벤처캐피털에서 자금을 조달하려면 치러야 하는 자본비용은 일반인의 상상보다 훨씬 더 비싸다. CartaX는 온디맨드가 아니라 정기(분기별) 단일가매매를 활용함으로써 비공개주식 매도자의 현금화 기회 불확실성을 낮추고 가격도 더 정확하게 발견할 수 있도록 했다. 실제로 첫 단일가매매에서 결정된 가격은 직전 행해진 같은 주식의 공개매수 가격에 2배가 넘었다고 한다.

사적 자본시장은 블록체인 기술을 적용하기에 매우 적합한 환경을 갖추고 있다. 시장참여자 수는 제한돼 있고 증권 발행과 유통을 겸할 수 있기 때문이다. 2015년에 이미 오버스톡(Overstock. 2015년 6월)과 나스닥링큐(Nasdaq Linq. 2015년 12월)가 사적 자본시장에서 블록체인 기술을 활용해 채권과 비공개주식을 각각 세계 최초로 사모 발행했다.

---

158 비공개주식 전용 ATS **에퀴데이트**(Equidate)가 2020년 11월 역시 비공개주식 전용 ATS인 쉐어즈포스트(SharesPost)를 인수하며 회사명을 Forge Global로 바꿨다.

〈그림 6-4〉 사적 자본시장 CartaX 주요 목표 투자자

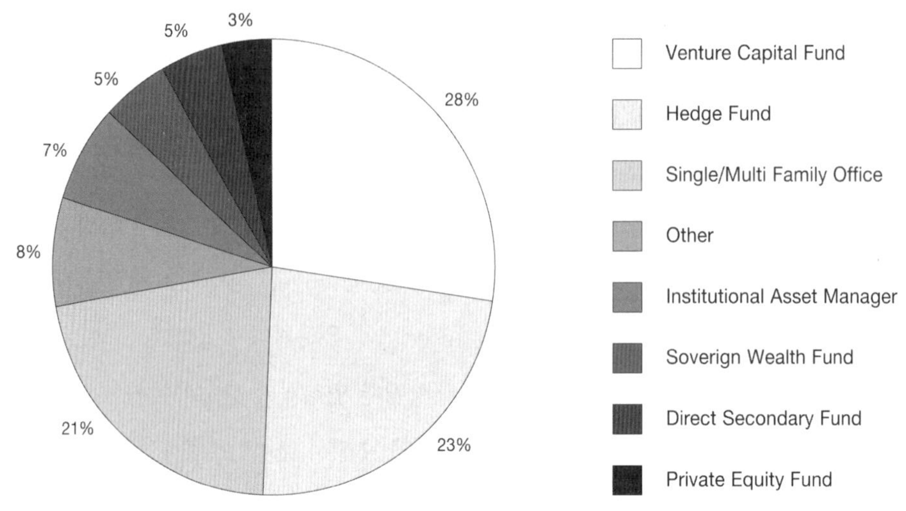

* 자료: Ward, H., 2021. "Finally, A Private Stock Exchange". (February 3).

* 비중이 큰 순서대로, 벤처캐피털(Venture Capital Fund. 28%), 헤지펀드(Hedge Fund. 23%), 패밀리오피스(Single/Multi Family Office. 부자가 자신의 자산을 운용하려 설립한 개인 운용사. 21%), 기타(Other. 8%), 기관자산운용사(Institutional Asset Manager. 연금, 보험사 등), 국부펀드(Sovereign Wealth Fund. 5%), 유동화펀드/세컨더리펀드(Direct Secondary Fund. 5%. 벤처캐피털이 투자한 기업 중 펀드 만기(5~7년) 내에 회수하지 못한 지분[구주]을 매입하는 펀드). 사모펀드(Private Equity Fund. 3%).

정규시장 산하의 NPM이 최강 ATS(SecondMarket)를 합병(2015년)해 시장으로 구체화한 지 7년, 오늘날 미국의 사적 자본시장은 기존 ATS와 신흥 소프트웨어회사가 전열을 재정비해 경쟁이 무르익는 상황이다. 그동안 사적 자본시장 진출에 어려움을 겪었던 NYSE 역시 비공개주식 직상장(신주발행 포함) 전략이라는 전혀 다른 접근방식으로 진입에 성공했다.[159] 이에 Nasdaq은 글로벌 IB(골드만삭스, 시티 등)와 합작해 NPM을 분사하며 대응하는 중이다(2021.7.20.). 이외에도 OTC Markets Group 최상위 시장 OTCQX의 거래대상 종목과 시장 특성도 주시장을 표방하지만, 실상은 사적 자본시장에 더 가깝다. 결국, 사적 자본시장은 이들 모두를 아우르는 형태로 시간을 두고 수렴하지 않을까 예상해본다.

159 SEC는 NYSE(2020년 8월)에 이어 Nasdaq에도 직상장 신주발행을 허용했다(2021년 5월).

다. ATS

책 초반부터 ATS는 여러 차례 조금씩 설명해놓았다. 오래전 이미 중요 자리를 꿰찬 선도자본시장과는 달리, 한국에는 아직 있지도 않아 노파심에 그랬나 보다. (2024년 운영을 목표로 한 관계 기관 움직임에 기대를 걸어본다).

SEC는 1998년 **렉 에이티에스**(Reg ATS: **Regulation ATS**. "**ATS 규정**")에서 일찌감치 ATS를 공식화했다. 그만큼 미국식 발상이다. 법적으로 ATS는 연방 증권법 "전국증권거래소"(national securities exchange) 정의를 일단 충족해야 한다. 충족 후 Reg ATS를 따른다면 SEC 등록은 정규거래소가 아니라 규제가 훨씬 덜한 브로커·딜러(증권사)로 할 수 있다. 현실 속 ATS가 모두 브로커·딜러인 건 당연할 것이다. 일상 용어로 표현하면(**제3장 2절 가항 (4)** 참조), ATS는 시장참여자의 다양한 매매체결 수요에 부응하고자 상장기능 없이 시장감시기능은 제한적인 채 거래소와 똑같은 매매체결기능만 중점 제공하는 모든 형태의 '증권'거래시스템(회사)을 의미한다. 일상에서는 리트풀(ECN), 다크풀, 내부화 IB(internalizer. 내부체결기능제공자. 법적으로 ATS는 아님)를 통칭하는 용어이다.

본디 ATS는 대량매매(1만 주/100만 달러 이상 주문거래)가 초래하는 가격충격을 줄이려고 조직화한 시장이다. 정규거래소에서는 투자자의 거래정보를 실시간으로 제공해야 한다. 이 때문에 주문이 대량으로 들어오면 가격은 널뛰기한다. 마치 나만 모르는 중요 정보가 발생한 것처럼. 하지만 실제 대량매매 대부분은 포트폴리오 재구성처럼 비정보 주문이다. 그런데도 대량매매 매입은 정상가격보다 비싸게, 매도는 싸게 체결될 수밖에 없다. 이를 막으려 정규거래소는 대량매매를 별도 방식으로 취급하거나(예: KRX 시간외대량매매) 아예 다른 장소(예: "**NYSE 입회장 밖, 위층 사무실**"[**upstairs market. 업스테어스 마켓**])에서 전화/컴퓨터/네트워크로 협상하게 한다. 하지만 투자자의 신분이나 거래 동기가 새어나갈 수 있어 문제는 여전하다. 해결책으로 등장한 것이 바로 다크 거래시장(즉, 다크풀과 내부화 IB)이다. 다크 거래시장에서는 매매체결 후 일정 시간(in a timely fashion)이 지나 NYSE/Nasdaq 운영 **TRF**(Trade Reporting Facility®. "**장외주식거래보고설비**")에 보고하기 전까지는 주문과 체결정보를 공식적으로 알 수 없다.

한편, 장 마감 후 거래를 계속하려는 수요도 상당하다. 미 동부 소재 주식시장은 오전

〈표 6-4〉 미국주식시장 다크풀 유형

유형	브로커·딜러형	"중개 브로커형" (Agency Broker)	EMM (전자 시장조성인)형
운영 주체	브로커·딜러 역할에 우위가 있는 대형(bulge bracket) IB	IB 간/자산운용사 간 합작. 또는 독립형	시장조성회사. 매매체결률 높이려 HFT EMM 활동 허용
주요 기관 (예)	- UBS ATS(UBS. 1위) - 크로스파인더(CrossFinder. 크레딧스위스[Credit Suisse]) - 시그마엑스(Sigma X. 골드만삭스[Goldman Sachs]) - 시티매치(Citi-Match. 시티그룹[Citigroup]) - MS 풀(MS Pool. 모건스탠리[Morgan Stanley])	- BIDS Trading - Luminex Trading & Analytics (블랙록[BlackRock], 피델리티[Fidelity Investments] 등 9개 자산운용사) - 인스티넷(Instinet) - 리퀴드넷(Liquidnet. TP 아이캡[ICAP]) - 포짓(POSIT. 버투[Virtu Financial])	- 시타델커넥트(Citadel Connect)
경제 요인	비용 절감, 수수료	수수료	유동성 확보, 수수료
가격발견 기능	○	○/X (독립형의 경우 중개 기능만 제공)	○
	일반적으로 리트풀보다 가격을 더 좋게 해줌(price improvement. 가격개선). 그러나 체결을 보장하지는 않음		
매매체결 상대방	고객 대 고객. 고객 대 IB 자체 자기매매 풀(proprietary flow)	고객 대 고객	고객 대 고객. 고객 대 EMM
시장점유율	62%	21%	17%

* 자료: Bacidore, J., 2019. "Are Dark Pools All the Same? From ATS-N Says 'No'". **Traders Magazine**, (November 26). **Bayona**, A., 2020. "Dark Pools and High Frequency Trading: A Brief Note". **Observatorio de Divulgación Financiera, Instituto de Estudios Financieros**, (July 22). 통계는 로젠블랏 증권사(Rosenblatt Securities) 2019년 자료.

9시 30분에서 오후 4시까지 개장하는데, 3시간 늦은 서부 금융중심지 샌프란시스코 시각으로는 오전 6시 30분과 오후 1시에 해당한다. 오후 1시에 장 마감하는 서부에서 거래 연장을 요청하는 것은 타당해 보이기까지 한다. 리트풀은 이러한 시간외거래(after-hours trading) 수요를 반영해 등장했다.[160]

2007년 Reg NMS 시행 전까지만 해도 ATS라 하면 거의 다 Nasdaq 종목을 거래하는

160 현재 주요 리트풀로는 블룸버그 트레이드북(Bloomberg Tradebook)이 거의 유일하다.

ECN(리트풀)이었다. 하지만 시행 후에는 다크풀과 내부화 IB가 주를 이루며 종목도 전체 NMS(National Market System. 전국시장시스템)[161] 주식으로 확대됐다. 따라서 요즈음은 ATS를 거의 다크 거래시장으로 동일시하기도 한다. 그 사이 BATS와 IEX처럼 정규거래소로 전환한 ATS도 생겨났다. 2021년 5월 현재 미국주식시장에는 50개 다크풀과[162] 200여 개 내부화 IB가 총 45.2% 역대 최고 시장점유율을 보이며 경쟁 중이다(〈그림 6-1〉 참조).

일반적으로 대량매매는 기관 설립이 필요한 다크풀에서, 소량매매는 IB 내부조직에서 이루어진다(그래서 이름도 내부화[163] IB이다). 다크풀은 소유구조에 따라 다음과 같이 구분한다(〈표 6-4〉 참조). 브로커·딜러형(62% 시장점유율)은 대부분 대형(bulge bracket) IB 소속이다. 매매체결원칙을 다양화하고 체결 상대방의 약탈적 전략(predatory trading) 구사 가능성을 원천 차단하는 방식으로 경쟁하며 가격발견기능이 있다. **EMM**(electronic market maker. **"전자 시장조성인"**. HFT. 17% 시장점유율)형은 다크풀 운영자가 시장조성회사이며 매매체결률(fill rate)을 높이려 HFT EMM 활동을 허용한다(예: **시타델커넥트. Citadel Connect**). 초기 다크풀을 선도했던 "중개 브로커형"(agency-broker. 21% 시장점유율)은 자체 재고주식 관여 없이 고객 주문만을 대리인 자격으로 처리한다. 보통 가격발견기능은 없고 다른 (정규)거래시장에서 형성된 가격(예: NBBO[National Best Bid and Offer. 전국 최우선 매수·매도호가] 중간값)에 매매를 체결한다. 대부분 독립기업이었으나, 최근 Liquidnet(리퀴드넷. TP 아이캡[TP ICAP]에 인수), 포짓(POSIT. 버투[Virtu Financial. 시장조성회사]에 인수) 등 선도 독립형 다크풀 대표주자가 모두 금융정보·인프라 제공기관, 시장조성회사에 각각 합

161 NMS는 1975년에 증권거래법(1934년)을 개정하며 만든 규칙 묶음(regulatory set of rules)이다. **"NMS 주식"**을 정규거래소 상장주식과 당시 NASDAQ 등록주식으로 정의하고 이들 주식의 전체 거래 과정과 데이터 배분을 더욱 투명하게 하려고 만들어졌다. 30여 년이 지나 이를 확대·보강한 규정이 바로 Reg NMS이다(**제9장 1절** 참조).

162 주요 다크풀은 대부분 대형(bulge bracket) IB 소속이다: UBS ATS(UBS. 1위), 크로스파인더(CrossFinder. 크레딧스위스[Credit Suisse]), 시그마엑스(Sigma X. 골드만삭스[Goldman Sachs]), 시티매치(Citi-Match. 시티그룹[Citigroup]), MS 풀(MS Pool. 모건스탠리[Morgan Stanley]). 대량매매 순위로는 BIDS Trading과 류미넥스(Luminex Trading & Analytics. 블랙록[BlackRock], 피델리티[Fidelity Investments] 등 9개 자산운용사 소유)가 최강자이다.

163 내부화란 IB가 투자자의 주문에 거래상대방으로 응하거나("고객 대 IB 자체 자기매매 풀". proprietary flow), 다른 투자자를 중개/주선해주는(고객 대 고객) 매매체결기능을 말한다.

병되었다. 참고로, 미국은 유럽과 달리 정규거래소가 ATS를 직접 보유할 수 없다.[164]

다크풀만큼 평가가 엇갈리는 ATS도 없다. 장점으로는 무엇보다 가격충격을 최소화하면서 대량매매를 할 수 있다는 점이다. 가격도 정규거래소보다 더 낫게 얻을 수 있다. 반면, 공정성에서 다음과 같은 비판을 많이 받는다(제12장 1절 나항 참조). 첫째, 정규거래소와 가격 차이가 상당히 날 때 그에 따른 피해가 정보력이 떨어지는 소매투자자에게 고스란히 넘어갈 가능성이 매우 크다. 둘째, 투명성이 낮아 선행매매(front-running)나 HFT 증권사의 약탈적 전략에 투자자가 손해를 입을 수 있다(제11장 1절 나항 (2) 참조). 셋째, 다크풀은 이제 대량매매 거래시장 기능을 잃었다. 건당 평균 187주 거래(2020년 1월 기준)에 불과하기 때문이다. 이 때문에 리트풀 가격발견기능을 저해한다는 비판의 목소리가 아주 높다.

바로 앞 2개 항에서 설명한 바와 같이, ATS는 상장주식과 고성장 비공개주식을 망라해 거래하면서 미국주식시장 거시구조 전 범위에 걸쳐 왕성하게 활동하고 있다. 게다가 채권, 장외파생상품, FX를 전문으로 하는 ATS도 속속 등장하고 있다(제12장 1절 마항 참조). 기존의 전통적인 개념 틀로 미국자본시장 거시구조를 설명하기에는 ATS 영향력의 폭과 깊이가 굉장해졌다. 바야흐로 새로운 시각에서 시장거시구조를 고찰해야 할 때가 되었다.

2. 파생상품시장 매매체결

가. 장내파생상품시장 — CME

(선도)거래시장 간 중요 M&A에 현·선물거래시장이 맞물리는 경우가 꽤 많다. 앞서 소개한 LIFFE(現 ICE Futures Europe), CBOE(現 Cboe Global Markets), PHLX(現 Nasdaq

164 NYSE, Nasdaq, Cboe US Equities 등 대형 거래소는 모두 지주회사 자회사이다. 따라서 ATS는 해당 지주회사 산하의 자회사로 조직화해 있다.

PHLX)가 좋은 예이다. 이런 흐름에서 약간 비켜나 있으면서 미국파생상품시장 진화를 선도하는 거래시장이 있다. 바로 **CME 그룹**(**Chicago Mercantile Exchange Group**. 시카고상품거래소 그룹)이다.

CME 그룹은 자타공인 세계 최고 장내파생상품시장(선물시장)이다. 2000년 주식회사로 전환했고 2년 후 NYSE(2008년 6월 Nasdaq으로 상장 이전)에 상장했다. 자체 보유 **파생상품거래소**(**DCM**: designated contract market)[165]인 CME(**시카고 머크**[**Chicago Merc**] 또는 **더 머크**[**The Merc**])에다, 2006년 **씨밧**(**CBOT**: Chicago Board of Trade. 시카고상품거래소. CME와 한국명 동일)을 시작으로 2008년 **나이멕스**(**NYMEX**: New York Mercantile Exchange. 뉴욕상품거래소), 2012년 **캔사스시티상품거래소**(**KCBT**: Kansas City Board of Trade) 등 경쟁 파생상품거래소를 잇달아 합병하며 현·선 통틀어 세계 1~2위권 거래소 그룹으로 성장했다.[166] 주가지수, 이자율, 농산물, 금속, 에너지 분야 선물의 글로벌 선도거래시장이다. 전자 거래시스템 **글로벡스**(**Globex**. 1992년 구축)는 CME 경쟁력의 핵심이다. 이를 통해 전 세계 하루 24시간 거래가 가능할 정도로 선도거래시장 중 국제화가 제일 높다는 평가를 받는다(제라뇨[Geranio], 2016).

CME는 **CME 클리어링**(**CME Clearing**. "CME 청산")을 통해 파생상품거래에 대한 일상적 청산·결제업무를 수행한다. 대신 장외파생상품 거래에 필요한 CCP(central counterparty. 집중결제상대방) 청산·결제업무와 거래보고 서비스는 **CME 클리어포트**(**CME ClearPort**)와 **CME 스왑데이터저장소**(**CME SDR: CME Swap Data Repository**)를 통해 각

---

165 DCM은 **"1936년 상품거래법"**(CEA: **"The Commodity Exchange Act of 1936"**)에 근거를 둔 파생상품거래소를 의미한다. **상품선물거래위원회**(**CFTC**: Commodity Futures Trading Commission) 승인과 규제·감독을 받는다. 참고로, 미국에서 증권 규제는 SEC가 담당한다. 파생상품 규제는 기본적으로 CFTC가 담당하지만, 상품에 따라서는 SEC가 관할하기도 한다(**"쉐드-존슨 합의"**[**Shad-Johnson Accord**. 1981]). 예를 들어, 증권에 기초한 개별주식옵션(single-stock options)과 주가지수옵션은 SEC가, 개별주식선물(single-stock futures)은 CFTC와 SEC가 공동으로 관할한다.

166 2019년 이후 인도 **NSE**(**National Stock Exchange**. 내셔널증권거래소)에 세계 최대 시장(계약 수 기준) 자리를 내주었지만, 질과 양 모두 자타공인 세계 최고 장내파생상품시장이다. 회사 규모(시가총액기준)도 현·선물, 청산·결제, 지수·데이터 등을 망라하며 세계 최대 FMI 제공기관으로서 위상을 자랑한다. 단지 2020년 말 한때 이 자리를 HKEX가 차지한 적이 있다. 미국주식시장에 IPO를 했던 중국의 여러 대형 ICT 기업(예: 알리바바[Alibaba], JD.com)이 당시 미·중 간 정치적 긴장으로 홍콩에 교차/2차상장(cross/secondary offering) 하는 바람에 HKEX 시가총액이 크게 상승했기 때문이다.

각 제공한다. 장외파생상품 거래 장내 CCP 서비스는 "**도드-프랭크법**"(**Dodd-Frank Act.** "The 2010 Dodd-Frank Wall Street Reform and Consumer Protection Act". 2010년) 의무규정에 따른 조치로 2008년 글로벌 금융위기 산물이다. 하지만 엄청나게 성장한 장외파생상품 거래 후선업무 서비스를 장내 CME Clearing과 긴밀히 연계해 운영과 자본효율성을 극대화하려는 그룹 자체의 원대한 목표와 노력도 무시할 수는 없다.

2018년 CME는 범유럽중소/성장형시장과 알토란같은 FMI 기업을 다수 보유한 영국 NEX Group(舊 ICAP)을 합병했다. 그중에서도 CME가 눈독을 들인 기관은 세계적 명성을 지닌 **브로커텍**(**BrokerTec.** 채권 전자 거래플랫폼), **EBS**(**Electronic Broking Services.** FX 전자 거래플랫폼), 트라이아나(Traiana)와 트라이옵티마(TriOptima. 둘 다 장외거래 위험관리와 인프라 서비스 제공회사)였다. 합병을 통해 CME는 미국국채시장과 FX 시장에 진출하였고, 이제는 주식을 제외하고 현·선물을 아우르는 거래소로 변모했다. 한편, 주식시장 NEX Exchange(LSEG AIM과 경쟁을 목표로 운영)는 처음부터 CME의 관심 대상은 아니었다. 일단 그룹 전체를 합병한 후 2020년 3월 범유럽성장형시장 Aquis Group에 NEX Exchange(現 AQSE)를 매각했다(제5장 3절 가항 참조).

2012년에는 맥그로힐(McGraw-Hill. 現 S&P Global)과 조인트벤처(맥그로힐 지분 73%. CME 지분 24.4%)로 S&P DJI(S&P Dow Jones Indices LLC. "S&P 다우존스지수회사")를 설립, S&P 다우존스지수(예: S&P 500 지수) 관련 파생상품을 제공하는 채널로 활용해오고 있다. 주식시장과 파생상품을 가리지는 않고 지수·데이터 관련 서비스가 유망 사업이라는 뜻일 것이다.

미국선물시장에서 CME 위상은 그야말로 압도적이다. 반면, 미국옵션시장은 현물과 파생상품거래시장을 한데 보유한 그룹의 앞마당이다. 단일시장으로서는 "**씨보옵션거래소**"(**Cboe Options Exchange.** 舊 CBOE. 15.4%)가 1위며, 그룹 전체로는 Nasdaq(38.0%. 6개 시장), Cboe Global Markets(29.5%. 4개 시장), ICE(17.7%. 2개 시장) 순이다(2021.5.18. 거래량 기준).

나. 장외파생상품시장 — SEF

글로벌 금융위기 와중이던 2009년, 피츠버그 정상회의에서 20개 주요국(G20)은 장외파생상품(스왑)의 전자거래와 장내 CCP 청산 의무화에 공동 합의했다. 이로써 SEF(스왑체결설비)라는 장외파생상품 전자 거래회사가 미국에 새롭게 등장했다. 참고로, 유럽에서 이에 상응하는 기관인 OTF는 SEF보다 좀 더 개념이 포괄적이다.

SEF는 DCM(파생상품거래소)이 아니다. 주식시장에 비유하면 ATS와 비슷하다. 다수의 참여자가 주문장에 매수·매도호가를 집중·게시하고 장외파생상품을 거래하는 전자 거래시설/시스템/플랫폼이다.[167] 장외파생상품의 사전적·사후적 투명성을 제공하며 가격발견에도 핵심 역할을 담당한다.

장외파생상품은 특성상 거래가 자주 발생하지는 않는다. 따라서 매매체결 할 때 경쟁매매 방식 외에 **RFQ(request-for-quote**. "호가 요청". 제12장 1절 마항 참조) 또는 협상을 통한 특정 대량매매 방식을 많이 활용한다. 또한 거래에 익명성(anonymity)을 수반해야 하는 경우가 많다. 이 때문에 SEF 창설 초기부터 매매체결 후 상대방 이름을 공개하도록 한 규정("post-trade name give-up")에 대한 논란이 분분했었다. 투자자의 거래 목적, 포지션, 전략 등이 노출될 수 있기 때문이다. 2020년 7월 **상품선물거래위원회(CFTC**: Commodity Futures Trading Commission)는 SEF 유동성 진작에 무게를 두고 해당 규정을 폐지해 익명성을 허용했다. 한편, SEF에서 거래가 발생하면 관련 정보를 (거의) 실시간으로 **스왑데이터저장소(SDR**: swap data repository)에 보고하고 특정 의무사항도 CFTC에 보고해야 한다. 2008년 글로벌 금융위기가 얼마나 컸는지 강도를 짐작할 수 있는 대목이다.

2014년 자벨린 SEF(Javelin SEF)가 최초로 CFTC 인증을 받은 이후 주식거래소, 파생상품거래소, IB, **IDB**(interdealer broker. **"딜러 간 브로커"**) 등 다양한 시장참여자가 SEF를

---

167 DCM 또는 SEF가 스왑을 거래하려면 **MAT**(make a swap available to trade. **"주식거래소 상장과 유사한 절차"**)를 해야 한다. DCM과 SEF의 MAT 획득 절차는 ① 거래하려는 의무청산 대상 스왑을 찾아내, ② 미리 정해놓은 요건에 따라 거래 여부를 결정하고, ③ 거래 결정을 통과한 스왑을 CFTC에 제출해 인증 받아야 한다.

설립하여 2021년 5월 현재 CFTC 등록 SEF는 총 31개사에 달한다. 특히 채권이나 FX 전자 거래플랫폼을 보유한 주요 IDB는 모두 SEF도 함께 운영하고 있다(〈표 12-1〉 참조). SEF 등장은 미국에서 채권과 FX 거래플랫폼 전자화를 더욱 가속한 계기가 되었다.

3. 청산, 결제 및 예탁 — DTCC

미국 청산·결제기관은 유럽과 달리 금융상품별로 분리되어 있다. 현물은 지주회사 DTCC(Depository Trust & Clearing Corporation. "미국 중앙예탁·청산회사")가 청산과 결제·예탁기능을 각각 자회사 형태로 수직 통합해 독점 수행한다(〈그림 6-5〉 참조). 이들 기능 본연의 자연독점 특성을 최대한 살리려는 의도로 보인다. 주식·회사채·지방채 청산은 **NSCC**(National Securities Clearing Corporation. "**전국증권청산회사**")가, 재무성증권(US government securities)·주택저당증권(MBS: mortgage-backed security) 청산은 **FICC**(Fixed Income Clearing Corporation, "**채권청산회사**")가 각각 담당한다. 결제·예탁은 청산 후 **DTC**(Depository Trust Company. "**예탁·신탁회사**")가 NSCC와 FICC한테 결제지시(settlement instruction)를 받아 수행한다.

장내·외를 불문하고 파생상품을 청산·결제하려면 CFTC에 일정 요건을 갖춰 **DCO**(derivatives clearing organization. "**파생상품청산소**") 등록을 하거나 면제받아야 한다. 2021년 5월 현재 **OCC**(Options Clearing Corporation. "**옵션청산회사**"), CME Clearing, **ICE Clear Credit**("**ICE 신용스왑청산회사**") 등 총 19개(4개 등록면제 기관 포함) 기관이 DCO로 활동하고 있다.[168] OCC는 미국에서 이루어지는 모든 주식옵션(equity derivatives) 거래의 청산·결제를 담당한다. 그 외(예: 농산물, 에너지) 옵션과 선물, 스왑 거래의 청산·결제는 파생상품거래시장(DCM)이 소유하거나 연계하는 DCO(예: CME Clearing. ICE Clear Credit)에서 개별적으로 이루어진다.[169]

168 KRX는 2015년 10월 등록면제 형식으로 DCO 인정을 받았다.

〈그림 6-5〉 미국 현·선물시장 청산·결제 구조 예시

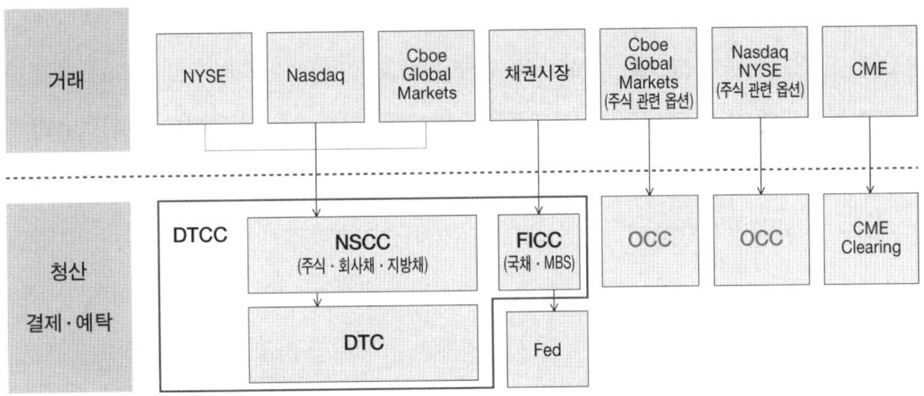

* **〈파생상품 청산·결제〉** CME는 자회사 CME Clearing을 통해 자체 청산. OCC는 주식 관련 옵션만 청산. 그 외(예: 농산물, 에너지, [CDS]) 선물·옵션·스왑은 파생상품거래시장(DCM)이 소유하거나 연계하는 청산·결제기관(DCO)에서 개별적으로 수행(예: CME Clearing. ICE 미국 청산[ICE Clear US]).

일반적으로 청산, 결제, 예탁 등 후선업무를 담당하는 FMI 제공기관은 이용자 중심 또는 상장 지주회사의 소유·지배구조를 갖는다. DTCC는 은행, 브로커·딜러, 거래소(예: NYSE), FINRA, 그 외 FMI 제공기관 등 모든 이용자가 적어도 1주 이상 주식을 소유하고, OCC 역시 선물회사(FCM: futures commission merchant), 브로커·딜러, 거래소 등 100개 가까운 이용자가 공동으로 소유한다. "시스템적으로 중요한 자본시장 기관"(SIFMUs. 주석 169 참조)인 CME Clearing과 ICE Clear Credit는 각자의 상장 지주회사인 CME 그룹과 ICE 자회사이다. 한편, DTCC와 OCC처럼 이용자 중심 소유·지배구조를 가진 FMI 제공기관은 비영리법인이다. 가능한 낮은 거래비용(수수료)으로 서비스를 제공하고자 예산을 소요 비용만 충당할 수 있을 만큼 집행한다. 미국자본시장 경쟁력을 최강으로 유지하려는 CFTC 노력의 산물이다.

169 2008년 글로벌 금융위기 이후 **FSOC**(Financial Stability Oversight Council. "**금융안정감시위원회**". 재무부 장관이 의장)는 미국자본시장의 시스템 안정성에 지극히 중요한 8개 기관을 "**시스템적으로 중요한 자본시장 기관**"(**SIFMUs**: systemically important financial market utilities)으로 지정했다. DTCC 산하 3개 자회사(NSCC, FICC, DTC), DCO인 OCC와 ICE Clear Credit, DCM인 CME가 이에 속한다. 나머지 2개 기관은 **CHIPS**(Clearing House Interbank Payments System. "연방준비은행과 함께 **달러화 거액결제 서비스를 제공하는 청산소**"), **CLS Bank International**("**세계 최대 외환결제 전문 민간은행**")이다.

미국에서 주식거래 결제 주기는 T+2이다. 매매체결(T+0)부터 (증권)인도와 대금지급을 마무리하기까지 걸리는 시간(T+2. T는 trade date[거래일] 약어)이 3영업일 걸린다. 2023년 2월, SEC는 2024년 5월 28일까지 결제 주기를 T+1로 단축하기로 결정을 내렸다. DTCC에 따르면 미국에서 결제 주기를 T+1로 단축하면 중앙집중결제와 위험관리 등 핵심 서비스의 장점을 훼손하지 않고도 증거금 변동에서 초래하는 비용 41%를 절감할 수 있다고 한다.[170] 덧붙여, 기술적으로는 지금도 T+0(당일결제. real-time gross settlement. 실시간총량결제)까지 가능하지만, 이 경우 네팅(netting. 차감) 과정이 없을 뿐만 아니라 무담보로 지급보증도 해야 하므로 결제과정과 시장구조 측면에서 아직은 득보다 실이 더 크다고 한다(DTCC, 2021).

4. 지수·데이터와 거래정보저장 서비스

가. 상장주식 호가·체결 통합정보 제공기관 — CAT

NMS를 확립하려는 미국의 노력(**NMS Plan.** "**NMS 제도**")은 1975년 "증권거래법"(The Securities Exchange Act of 1934) 개정에서 시작해 2007년 Reg NMS 시행으로 정점을 찍는다. 이 과정에서 매매체결과 관련해 SEC는 ① 수많은 거래시장 간 완전경쟁을 유도하되 ② 이들을 하나의 시스템으로 통합해 마치 독점기관이 매매체결 하듯 운용하고, ③ 유동성 분할 문제는 거래정보를 수집·통합한 후 **핵심 데이터**(core data)만 추려내 제공해 해결하는 방식을 취했다(제9장 1절 참조). **SIP**(Securities Information Processor. "**증권정보프로세서**". 증권정보제공회사)는 이 중에서 거래정보를 통합·제공하는 데 핵심 역할을 담당한다.

170 2018년 미국 청산·결제기관의 일평균 증거금은 60억 달러(7.2조 원)였으나 불과 2년 후 2020년에는 130억 달러(15.6조 원)로 2배 이상 상승했다. 특히 코로나19(COVID-19) 팬데믹(pandemic. 세계 대유행)으로 시장 거래량과 변동성이 엄청났던 2020년 3월에는 무려 300억 달러(36.0조 원)까지 치솟기도 했다. 증거금 비용을 절감하려면 결제 주기 단축이 필수라는 목소리에 점점 공감하는 분위기이다.

NMS Plan에 따르면 NMS 주식을 취급하는 모든 정규거래소는 각자의 호가와 체결정보를 SIP에 전송해야 하며, SIP는 이를 통합·가공해 핵심 데이터로 만들어 미 전역 최종 금융소비자에게 제공한다.[171] 여기서 핵심 데이터란 BBO(개별 거래시장 최우선매수·매도호가), 체결정보(가격, 거래량, 거래시장), NBBO(전국 최우선매수·매도호가)를 말한다. 현재 NYSE와 Nasdaq만이 SIP이며, 각자의 상장주식 정보만을 별도로 독점 관리한다. NYSE 관리 SIP는 NYSE 상장주식 정보(Tape A)와 NYSE·Nasdaq 외 모든 거래시장의 상장주식과 ETF 정보(Tape B)를 취급하고, Nasdaq 관리 SIP는 Nasdaq 상장주식 정보(Tape C)를 취급한다. 다소 복잡해 보이는 이 같은 구조는 **Equity Data Plan**("**주식 데이터 제도**")의 산물이다.[172]

2010년 5월 6일 Flash Crash(플래시 크래시. 초단기 주가 붕괴 현상)가 발생하며 SIP 개혁 요구가 거세게 분출됐다. 전례 없던 현상에 SIP가 예방은커녕 원인조차 규명하지 못할 정도로 속도(**latency**[지연속도])와 내용 면에서 구조적인 문제점을 드러냈기 때문이다. 예를 들어, SIP가 NYSE/Nasdaq 정보를 수집해 제공하는 데 걸리는 시간은 구독업체가 이를 직접 공급(direct feed)받아 통합·가공해 자신들 전략에 사용하는 시간보다 15마이크로초(*ms*. 15/1,000초)나 늦다고 한다. 이는 일반투자자와 기관투자자 간 정보 비대칭을 심화시켰을 뿐만 아니라 공정성 논란까지 일으켰다. 게다가 SIP가 제공하는 핵심 데이터 내용도 수많은 시장이 뒤얽힌 Reg NMS의 현실적 복잡성으로 말미암아 꼭 필요한 계좌나 현·선물 연계 정보 등이 없어, 평범한 주가조작에도 대처할 수 없을 만큼 빈약했다. 이 모든 상황은 이 책을 쓰고 있는 지금도 똑같이 유효하다.

171 유럽은 애초부터 상장주식 호가·체결 통합정보 제공기관이 없었다. MiFID를 시행하며 부닥친 가장 큰 애로 사항이었다. 현재 상업기관을 활용해 정보 통합 문제를 해결하고 있지만, 미국과 같은 시스템을 만들자는 주장이 끊임없이 흘러나오고 있다.

172 Equity Data Plan은 NMS Plan 하의 **CTA Plan**(Consolidated Tape Association Plan. "**통합테이프 협의회 제도**"), CQ Plan(Consolidated Quotation Plan. "**통합호가제도**"), **UTP Plan**(Unlisted Trading Privilege Plan. "**비상장주식 거래권 부여 제도**") 등 3개 제도를 합쳐 부르는 용어이다. CTA Plan 하에서 NYSE 관리 SIP는 **CQS**(Consolidated Quotation System. "**통합호가정보시스템**")와 **CTS**(Consolidated Tape System. "**통합체결정보시스템**")를, Nasdaq 관리 SIP는 **UQDF**(UTP Quotation Data Feed. "**UTP 호가정보 피드**")와 **UTDF**(UTP Trade Data Feed. "**UTP 체결정보 피드**")를 각각 운영한다.

문제를 해결하고자 SEC는 2019년 3월 CAT(Consolidated Audit Trail. "통합검사추적시스템". 캣) 설립을 추진하기 시작했고,[173] 2020년 12월에는 기존 Equity Data Plan을 현대화한 **"시장 데이터 인프라 규칙"**(MDI: Market Data Infrastructure Rules)을 채택했다(이 둘을 합쳐 **"Reg NMS II"**라고도 함). 먼저, CAT은 2022년 12월 12일 마침내 완전한 형태로 운영을 시작했다. 이제 미국은 모든 상장주식과 옵션거래(비상장주식 장외거래 포함) 전 과정을 추적해낼 수 있게 되었다. Market Data Infrastructure Rules는 ① 독점적 SIP에 경쟁 도입, ② 단주(odd-lot) 거래정보 공개, ③ 주문장 정보 개선(예: depth-of-book 정보 제공) 등 그동안 이해가 첨예하게 충돌했던 사안을 다룬다. 아직 진행 중인 이 규칙이 시행되면 여러 형태의 거래정보 제공기관이 새롭게 등장할 것으로 보인다(제9장 4절 나항에 상술).

한편, 상장주식을 장외에서 거래하면 브로커·딜러는 **ADF**(Alternative Display Facility. **"대체공시설비"**)나 TRF(**"장외주식거래보고설비"**)를 통해 FINRA에 거래정보를 제공해야 한다. ADF는 FINRA가 직접 운영하며 TRF는 NYSE와 Nasdaq이 각각 하나씩 경쟁하며 운영한다.

나. 지수 제공기관과 스왑데이터저장소 SDR

- **〈지수와 금융정보·분석 제공기관—S&P Global〉** 저명 출판사 맥그로힐(McGraw-Hill)이 전신(2016년 개명). 2012년 CME 등과 합작으로 S&P DJI("S&P 다우존스지수회사") 설립(지분율 73% 대주주). 다우존스산업지수(Dow Jones Industrial Average)와 S&P 500 지수(S&P[Standard and Poor's] 500 index)를 아우르며 지수 서비스 분야 글로벌 리더(총 830,000여 개 지수 산출)로 부상. 2022년 2월 금융정보 분야 (신흥) 강자 IHS Markit을 인수(제5장 3절 라항 참조).

173 이에 앞서 2012년 7월 CAT 설립과 시행·유지 제도(**CAT NMS Plan. "캣 NMS 제도"**)가 **Rule 613**(규칙 613)으로 Reg NMS에 추가됐다(〈표 9-2〉 참조).

MSCI(Morgan Stanley Capital International. 모건스탠리 캐피털 인터내셔널)도 글로벌 선도 지수 제공기관(총 160,000여 개 지수 산출)임. 글로벌 IB 모건스탠리(Morgan Stanley)가 대주주. 한국주식시장의 MSCI 선진시장지수(MSCI Developed Markets Indexes) 진입 여부가 연례행사처럼 오르내려 일반에게 친숙(한국은 MSCI 신흥시장지수[MSCI Emerging Markets Indexes]에 속함).

- **〈스왑데이터저장소—SDR〉** 글로벌 금융위기 재발을 방지하려 제정한 Dodd-Frank Act(2010년) 7편에 따라 신설된 실시간 스왑 거래정보 제공기관. 유럽과 한국에서는 TR(거래정보저장소)이라는 일반 용어를 사용하지만, 미국에서는 용어를 스왑거래에 특정해 SDR로 명명. 미국은 장내든 장외든 주식거래 통합정보 제공기관을 확립해 보유. 반면, 그렇지 못한 유럽은 스왑은 물론 장외주식 거래정보도 함께 제공해야 했기에 용어를 달리 사용(물론 유럽에서 비즈니스를 하는 미국 글로벌 기관은 TR이라고도 부름).

  Dodd-Frank Act 7편에 따르면 스왑딜러(swap dealer)와 **주요 스왑참여자**(MSP: major swap participant)는 "유동성이 충분하고 표준화가 이루어진 스왑"(예: CDS[credit default swap. 신용부도스왑])을 반드시 DCM/SEF에서 매매체결하고 DCO에서 청산·결제하며, 거래 관련 "모든" 데이터를 SDR에 보고해야 함. 다만, 스왑거래가 헤지 목적이거나 당사자 중 일방이 비금융기관이면 예외로 인정.

  DDR(DTCC Data Repository. "DTCC 데이터정보회사")을 제외하고 미국과 유럽의 모든 SDR은 거래소 또는 전자 거래플랫폼 운영기관 소속임. CME SDR(CME 소유), DDR(DTCC 소유), ICE 트레이드볼트(ICE Trade Vault. ICE 소유)가 미국을 대표하는 SDR임.

  2021년 5월 DDR은 미국 최초로 SEC한테 "증권기초 스왑용 SDR"(SBSDR: **security-based swap data repository**) 허가를 획득(2021년 11월 증권기초 스왑 거래보고 의무 시행). 미국에서 증권기초 스왑은 SEC, 이외 모든 스왑은 CFTC 관할임. Dodd-Frank Act는 CFTC와 SEC가 비록 파생상품 관할권이 다르더라도 스왑 관련 전반에 걸쳐 상호 협력을 우선시해야 한다고 명기(2008년 금융위기로부터 얻은 교훈임).

▮부록▮ 세계 선도거래시장 주요 M&A 일지 ▮

〈표 부록 6-1〉 세계 선도거래시장/(거래소) 주요 M&A 일지

연도	사건 특징	비고
1998	OM 전면 등장	스웨덴 선물거래소 OM이 SSE(Sweden Stock Exchange)를 인수 - 2000년 LSE(London Stock Exchange) 인수 시도, 실패 - 그 후 계속해 Morgan Stanley Dean Witter와 함께 범유럽거래소 Jiway 설립을 시도했으나 2002년 10월 취소
	Eurex 출범	DTB(Deutsche Terminbörse)와 SOFFEX(Swiss Options and Financial Futures Exchange) 합병으로 Eurex 출범 - 50:50으로 DB(Deutsche Börse)와 SIX SWX(Swiss Exchange)가 공동 운영하다 **2012년 1월부터 DB가 단독 소유**
1999	CDNX 출범	Vancouver Stock Exchange와 Alberta Stock Exchange 합병으로 중소기업 전용 거래소 CDNX(Canadian Venture Exchange) 출범 - 이후 Winnipeg Stock Exchange와 Bourse de Montreál 주식 부문을 추가 합병 **- 2001년 TSX Group(現 TMX Group)에 인수돼 TSX Venture Exchange로 개명**
2000	HKEX 출범	Hong Kong Stock Exchange, Hong Kong Futures Exchange, Hong Kong Securities Clearing Company 모두 지주회사 HKEX 산하의 자회사로 편입 - **중소기업 전용 거래소인 GEM(Growth Enterprise Marke**t. 創業板)을 산하에 둠
2001	ICE 부상	ICE(Intercontinental Exchange)가 런던 소재 IPE(International Petroleum Exchange)를 인수 - **2013년 11월 NYSE(New York Stock Exchange**. 당시 NYSE Euronext)**를 인수**
	Euronext-LIFFE 형성	Euronext가 유럽 2위 선물·옵션거래소 LIFFE(London International Financial Futures and Options Exchange)를 인수 - 2006년 Euronext는 NYSE에 합병 - 2013년 ICE가 NYSE를 합병하면서 Euronext도 ICE 산하에 있다가 **2014년 6월 ICE에서 분사(spinoff) 독립**(LIFFE는 제외)
2002	INET 출범	세계 최초 ATS(ECN. 기관투자자와 기관투자자 직거래 연결, "4시장"으로 불림) Instinet이 후발주자 Island ECN에 합병되며 INET으로 재명명 - **2005년 Nasdaq이 INET을 매입**하며 INET ECN은 계속 소유하고 소매증권(agency broker) 부문은 Silver Lake Partners에 매각. 이를 2007년 노무라증권이 매입
	Euroclear-CREST	글로벌 결제·예탁기관 Euroclear가 영국과 아일랜드(주식) 결제·예탁기관 CREST를 인수 - CREST를 **EUI(Euroclear UK & Ireland)**로 재명명
2003	OMX 출범	OM이 HEX(Helsinki Stock Exchange)를 합병. OMX로 개명 - 2005년 OMX가 Copenhagen Stock Exchange를 인수 - 2006년 Iceland Stock Exchange를 인수(OMX는 Oslo Børs Holding ASA 지분 10%를 소유) - 중소기업 전용 거래소 First North를 창설해(現 Nasdaq First North) 산하 4개 증권거래시장에서 운영 - 2006년 산하 4개 증권거래시장을 가상의 Nordic Stock Exchange로 통합해 운영 - OMX GENIUM(거래플랫폼)과 SECUR Clearing(청산 솔루션)은 국제적 명성이 매우 높음 **- 2007년 5월 Nasdaq에 인수**
	LCH. Clearnet 출범	LCH와 Clearnet 합병 - Euronext가 LIFFE를 합병해 Clearnet 대주주(80%)이자 LCH 주주(17%)가 됨으로써 가능. 단일규정(single rule book) 적용과 IT 중복투자 방지에 따른 사용자 비용 감소에 큰 효과 - 2013년 LSEG(LSE Group)가 LCH.Clearnet 대주주(57%)로 부상. 회사명도 LCH Group으로 변경(2016.4). 2018년 LSEG 지분이 82.6%로 상향 확대

연도	사건 특징	비고
2005	ArcaEx 탄생	샌프란시스코 소재 지역거래소 Pacific Exchange를 ECN인 ArcaEx(Archipelago 지주회사 산하)가 합병하면서 거래소 지위를 획득 **- 2006년 NYSE에 합병되며 NYSE Arca로 재명명**
	Nasdaq-INET	Nasdaq이 ECN 간 합병으로 탄생한 INET을 합병
2006	NYSE-Archipelago	NYSE가 Pacific Exchange를 합병했던 Archipelago를 인수하면서 NYSE Arca로 명명 **- NYSE 상장회사 Archipelago를 인수하며 NYSE는 자체 우회상장(RTO) 회사가 됨**
	NYSE-Euronext 탄생 합의	NYSE가 Euronext를 서로 동등한 자격으로 합병하며 세계 최초 "transatlantic exchange"(대서양 양안을 아우르는 거래소)가 됨(2007년 4월 완료) **- 2014년 6월 Euronext는 ICE**(2013년 NYSE Euronext 인수)**에서 분사 독립(자체 상장)**
	CME-CBOT	금융과 외환 관련 파생상품 중심의 CME(Chicago Mercantile Exchange)와 농산물과 에너지 파생상품 중심의 CBOT(Chicago Board of Trade) 간 합병으로 세계 최대 파생상품거래소 CME Group 등장
2007	Eurex-ISE	Eurex가 미국 최초 전자 옵션거래소 ISE(International Securities Exchange)를 인수하며 미국 파생상품거래시장에 진출 **- 2016년 6월 Nasdaq이 인수**
	Nasdaq-OMX 탄생	Nasdaq이 "Nordic markets"와 IT 기업 소유 그룹인 OMX를 인수하여 transatlantic exchange가 됨(2008.2 합병 완료) - 인수 경쟁에 나섰던 Borse Dubai가 Nasdaq OMX 지분을 소유하게 됨
	LSE-Borsa Italiana (LSE Group 탄생)	LSE(London Stock Exchange)가 유럽 최대 채권 도매시장 MTS를 소유한 Borsa Italiana를 인수, LSEG(LSE Group)가 됨 **- 2009년 스리랑카 소재 MillenniumIT**(現 LSEG Technology)**를 인수. Lit와 dark MTF인 Turquoise 지분 60% 인수** - 2011년 산하 파생상품거래소 EDX 폐장, Turquoise에 흡수. **2016년 "interest rate derivatives venture (platform)"인 CurveGlobal의 금융상품을 LSEDX(LSE Derivatives Market, RIE)에서 거래 시작** (CurveGlobal은 LSEDX의 브랜드 이름) - 2014년 MTS가 미국 소재 회사채와 신흥시장채 전자 거래플랫폼인 Bonds.com Group을 인수 **- 2021년 1월 Euronext에 Borsa Italiana 매각**
	Nasdaq-OMX-PHLX	Nasdaq OMX가 PHLX(Philadelphia Stock Exchange)를 인수, 옵션거래시장에 진출 - 2008년 BSE(Boston Stock Exchange)를 인수, 청산 비즈니스에도 진출
	TMX Group 탄생	TSX(Toronto Stock Exchange)가 파생상품거래소인 Montreál Exchange를 인수하며 TMX Group으로 재탄생
2008	NYSE-AMEX	NYSE Euronext가 AMEX(American Stock Exchange)를 인수하여 중소기업분만 아니라 파생상품(주로 옵션)과 ETF 시장에도 확대·진출 - NYSE AMEX는 NYSE MKT으로 명명되다 **2017년 NYSE American으로 재명명**
	CME-NYMEX	CME가 에너지 거래시장 NYMEX(New York Mercantile Exchange)를 인수 **- 2010년 Dow Jones**(90% 지분)**, 2011년 McGraw-Hill**(24.4% 지분)**과 전략적 조인트벤처로 S&P Dow Jones Indices LLC를 설립하여 2012년 7월부터 DJIA 지수와 S&P 500 지수 등을 아우르며 지수서비스 부문 글로벌 리더가 됨** **- 2011년 CME Clear Europe, 2014년 CME Europe 설립. 2017년 전략 수정으로 폐쇄**

연도	사건 특징	비고
2011	BATS Europe-Chi-X Europe	BATS Global Markets 자회사 BATS Europe이 Chi-X Europe을 합병. 합병 후 두 거래시장은 BATS Chi-X Europe(舊 BATS Europe. 現 Cboe Europe Equities) 산하의 BATS BXE와 BATS CXE로 재명명 **- 2013년 5월 정규거래소(RIE)가 됨** **- 2017년 4월 BATS Global Markets는 CBOE(Chicago Board Options Exchange)에 합병되어 Cboe Global Markets 산하가 됨**
	CBOE-NSX	CBOE는 시카고 소재 National Stock Exchange(NSX. 舊 Cincinnati Stock Exchange)를 인수 **- 2017년 1월 NYSE에 매각, NYSE National이 됨**
2012	HKEX-LME	HKEX가 LME(London Metal Exchange) 인수
2013	JPX Group 탄생	TSE(Tokyo Stock Exchange)와 OSE(Osaka Securities Exchange) 합병으로 JPX(Japan Exchange) Group 탄생 **- OSE가 자체 상장 주식회사여서 비상장 주식회사인 TSE는 JPX 탄생과 함께 자체 우회상장**
	LSE-LCH.Clearnet	LSE가 글로벌 청산기관 LCH.Clearnet(現 LCH) 지분 57.8%를 인수. **(2016년 4월 LCH로 개명)**
	ICE-NYSE Euronext	ICE가 NYSE Euronext를 합병(11월 완료) **- 2014년 6월 ICE는 LIFFE(**現 ICE Futures Europe**)를 제외한 Euronext 나머지 부문을 분사. Euronext는 자체 상장 독립기업이 됨**
2014	BATS-Direct Edge	BATS Global Markets가 Direct Edge를 합병, 미국 제2위(거래량 기준) 거래소시장을 두고 Nasdaq과 엎치락뒤치락 경쟁 **- 두 기관 모두 ECN에서 출발해 거래소 지위를 획득**
	LSE-Russell	LSE가 지수 컴파일러(index compiler)이자 자산운용사인 Russell(미국)을 인수 - 2015년 자산운용 부문인 Russell Investments는 매각
2015	ICE-IDC	ICE가 Interactive Data Corporation(IDC)을 인수 - 당시 IDC는 **비상장증권 평가와 실시간 시장 데이터 제공업체**로 Bloomberg, Thomson-Reuters에 이어 세계 3위 기업
2016	Nasdaq-ISE	Nasdaq이 구조옵션 거래시장 최강자인 Eurex 자회사 ISE를 인수
	IEX 등장	ATS로 출발한 IEX(Investors Exchange)가 정규거래소로 인가받고 출범 **- 유입 주문을 350μs 지연 처리하는 speed bump 도입**
2017	ICE-CBOE	ICE는 CBOE 소유 NSX를 인수하여 NYSE National로 운영 - Taker/maker 수수료 체계 채택
	CBOE-BATS **(Cboe Global Markets 탄생)**	옵션거래소 CBOE가 미국(2~3위)과 유럽(2~3위) 주식거래소 BATS Global Markets를 합병하여 과거 NYSE Euronext, Nasdaq OMX와는 또 다른 형태의 transatlantic exchange가 됨
2018	NYSE-CHX	NYSE는 CHX(Chicago Stock Exchange)를 합병. NYSE Chicago로 개명 - IEX처럼 350μs speed bump 도입 신청
	Euronext-ISE	Euronext가 ISE(Irish Stock Exchange)를 합병, Euronext Dublin으로 개명
	LSE-LCH	LCH 지분 82.6%로 상향 확대
	CME-NEX Group	CME는 NEX Group(舊 ICAP)을 합병 - 주목적: **채권 전자 거래플랫폼(BrokerTec), FX 전자 거래플랫폼(EBS), 장외거래 위험관리 및 인프라 서비스 제공회사(Traiana and TriOptima) 획득.** 범유럽성장형시장 NEX Exchange(AIM과 경쟁을 목표)는 관심 대상이 아니었음 **- 2020년 3월 NEX Exchange는 또 다른 범유럽성장형시장인 Aquis Group에 매각**

연도	사건 특징	비고
2019	Euronext-Oslo Børs	Euronext가 Nasdaq의 끈질긴 반대를 뒤로 하고 Oslo Børs 100% 지분 인수
	LSEG-Refinitiv	LSEG가 Refinitiv(글로벌 자본시장 데이터와 인프라 서비스 제공업체) 인수에 합의 - **인수 후 채권시장 독과점 문제로 EU는 LSEG 소유 Borsa Italiana의 MTS 매각을 요구.** 이에 LSEG는 2021년 1월 Euronext에 Borsa Italiana를 매각
	LSEG	GES(Global Equity Segment) 신설 - 달러 표시 미국주식 거래. 글로벌 24시간 거래 체제 확립 시도 중
2020	Aquis-CME Group	범유럽 주시장의 상장주식 거래 MTF인 AQXE(Aquis Exchange. 런던 소재)가 CME Group의 NEX Exchange를 인수. 성장형시장 AQSE(Aquis Stock Exchange. RIE)를 추가 보유하며 Aquis 그룹(Aquis Group)으로 재출범 - 인가해준 FCA는 중소·성장형시장 혁신을 주도해주기를 기대
	Cboe Global Markets	Cboe FX Central 설립 - 주식시장처럼 **외환시장에 CLOB(central limit-order book. 주문·체결장) 도입** - 가격-수량 우선원칙 적용
	SIX-BME	스위스 SIX가 스페인 BME(Bolsas y Mercados Españoles. 스페인거래소시장)를 인수 - SIX는 수익(revenue) 기준 세계 10위 규모의 시장으로 재탄생
	Cboe Global Markets-EuroCCP	Cboe Global Markets가 그동안 20% 지분을 보유하던 청산·결제기관 EuroCCP(유럽 최대 주식, ETF, DR 관련 CCP. Cboe Clear Europe으로 개명)를 인수 - 2021년 9월 운영하기 시작한 **파생상품거래소 Cboe Europe Derivatives(CEDX) 청산·결제가 주목적**
	MEMX, MIAX Pearl Equities, LTSE 신설	9월 미국에 14~16번째 정규거래소가 연달아 신설됨 - MEMX(Members Exchange), Miami International Holdings Inc.의 MIAX Pearl Equities, LTSE(Long-Term Stock Exchange) - (혁신적 미시구조를 도입해 시장 간 경쟁 가속 예상)
	TP ICAP-Liquidnet	글로벌 (장외)금융중개회사 TP ICAP이 독립 다크풀 Liquidnet을 인수(2021년 3월 완료) - TP ICAP의 FX 전자거래, 하이터치(high-touch) 파생상품·주식거래와 Liquidnet의 로우터치(low-touch) 주식거래 장점을 결합한 시너지 기대
	S&P Global-IHS Markit	전통의 글로벌 금융정보기관 S&P Global(업계 3위)이 동종업계 신흥 강자 IHS Markit(업계 8위)을 인수(2022년 2월 인수 완료)
2021	LSEG-Euronext	LSEG가 Euronext에 Borsa Italiana 매각 - 2021년 1월 완료(LSEG는 2007년 16억 유로에 매입해서 2020년 43억 유로에 매각) - **LSEG는 매각하고 싶지 않았으나, 더 중요한 사업 기회라 생각하는 Refinitiv 인수의 전제조건으로 EU가 요청**—EU는 Refinitiv 인수로 LSEG의 EU 내 채권거래시장 독점을 우려 Euronext는 Borsa Italiana 인수로 채권거래시장을 강화하고 청산기관, 예탁기관을 갖게 됨으로써 향후 사업에 안정적 기반을 확립 - 범유럽중소기업시장(Pan-European SME market) 입지 구축
	Cboe Global Markets-BIDS Trading	Cboe Global Markets가 다크풀 강자 BIDS Trading(대량매매 미국 1위, 유럽 2위)을 인수 - 기존의 북미·유럽시장과 Chi-X Asia Pacific 인수(당시 확정)로 새로 얻게 될 호주와 일본시장에서 대량매매 수요를 확대하려는 목적

연도	사건 특징	비고
2021	Tradeweb-Nasdaq eSpeed	미국·유럽 정부채·모기지·스왑 거래(rates market. 금리 관련 채권시장) 1위 플랫폼 Tradeweb이 전자 채권거래의 전통적 강자 eSpeed 인수에 합의 - 이로써 미국·유럽채권시장은 MarketAxcess(신용 관련 채권거래[회사채, CDS] 1위 플랫폼), Tradeweb 양강 플랫폼 체제에 돌입
	Cboe Global Markets-Chi-X Asia Pacific	JC플라워즈(JC Flowers. PEF 회사) 소유 Chi-X Asia Pacific을 Nasdaq, TMX Group과 경합 끝에 인수 발표 - Chi-X Asia Pacific(現 Cboe Asia Pacific)은 Chi-X Australia(現 Cboe Australia. 호주 주식시장 점유율 18.4%)와 Chi-X Japan(現 Cboe Japan. 일본주식시장 점유율 2.7%) 등 2개 ATS를 운영
	Cboe Europe Derivatives	9월 암스테르담에 CEDX(Cboe Europe Derivatives)를 설립해 선물·옵션 거래 시작. Cboe 산하 범유럽청산기관 EuroCCP(現 **Cboe Clear Europe**)가 청산 담당
	Cboe Global Markets-NEO Exchange	혁신기업에 초점을 맞춘 NEO Exchange(캐나다. 다크풀이면서 비상장기업시장인 NEO Connect도 포함) 인수 합의(11월) - 2020년 합병한 MatchNow(現 Cboe BIDS Canada. ATS)와 합치면 캐나다주식시장 점유율 16.5%를 기록. 규모의 경제 실현 - 2022년 6월 인수 완료
2022	LSEG-Curve Global Markets	5년간 총력에도 거래량을 일정 수준 확보하지 못해 1월에 폐쇄 - 추후 합병을 통해 파생상품시장 재진입 예상
	LSEG-BondCliQ	BondCliQ는 5만여 개 회사채에 대한 40여 딜러(증권사)의 호가통합시스템을 운용. LSEG가 1월에 지분 참여 - 바이사이드 투자자와 합심해 업계 차원에서 투명하지 않은 채 흩어져 있는 채권시장 구조를 개선하고 통합데이터(분석데이터 포함) 시장을 선점하려는 목적
	Cboe Global Markets-ErisX	ErisX(Eris Digital Holdings)는 디지털자산거래소와 정규 파생상품거래소임. Cboe Globlal Markets와 합병 후(5월) Cboe Digital로 개명 예정 - 이로써 Cboe Global Markets는 디지털 자산과 관련 파생상품 진출 교두보 마련

〈인수·합병을 시도했으나 성사되지 않은 주요 사건〉

- 2000년 iX 프로젝트(1998년 시작)부터 2004년, 2016년 등 총 3차례에 걸친 DB와 LSE 간 합병 시도. OM(2000년), Nasdaq (OMX)(2001년, 2006~7년, 2011년), Euronext(2005년), Macquarie(2005년), HKEX(2019년)도 LSE 합병 시도
- LSE의 TMX 합병 시도(2011년)
- SGX의 ASX 합병 시도(2010년)
- DB의 NYSE Euronext 합병 시도(2008년, 2009년, 2011년). DB의 2011년 시도에 대응해 Nasdaq/ICE 연합의 NYSE 합병 시도(2011년)

* 자료: 엄경식(2019)의 "〈표 I-1〉 시장거시구조상 중요 영향을 끼친 세계 주요 증권거래시장 간 인수·합병"에 2018년 이후 내용을 추가해 수정.

* 〈그림 12-2〉도 함께 참조하기 바람.

제7장
EU 자본시장

제7장은 EU 자본시장 거시구조를 소개한다. 영국이 떠난 EU 자본시장은 7개국 통합거래소 Euronext(세계 4/6위)와 독일거래소 DB(세계 12/13위)에 초점을 맞춰 서술한다(엄경식[2011a], 〈표 6-1〉, 〈그림 14-3〉 참조). 하지만 MTF와 OTF, TR처럼 일반 사항을 논의해야 할 때는 EU 전체(상황에 따라 영국도 포함)를 서술 대상으로 삼는다. 또한 시장거시구조에 관한 기본 설명(예: 증권거래 각 과정과 기능, 상호 관계 등)은 이미 대부분 마쳤기 때문에(제3장 2절, 제5장 3절 참조) 제7장에서는 현황과 의미에 주안점을 두면서 가능한 한 간략히 서술한다. 한편, 이들 자본시장의 주요 미시구조 사안은 영국·미국의 경우와 마찬가지로 (제9장과 제10장), 제12장 2절에 관련 논의가 등장할 때마다 그때그때 함께 다루도록 한다.

1. 주식시장 매매체결

가. 주시장 — Euronext와 DB

〈Euronext: European New Exchange Technology. 유로넥스트〉 브렉시트 이후 거래량과 상장회사 수 면에서 유럽 최대 주식거래시장으로 부상했다(〈표 6-1〉, 〈그림 14-3〉 참조). 본사는 파리와 암스테르담 두 곳에 있고, 유로스톡스 50 지수(Euro STOXX 50 index. 유로존[Eurozone] 50개 대형 우량주 지수) 구성 종목 중 29개사가 상장해 있다.

Euronext는 최초의 범유럽거래소이다. 2000년 **파리거래소**(Paris Bourse. 現 Euronext

Paris), **암스테르담거래소(AEX**: Amsterdam Stock Exchange. 現 Euronext Amsterdam), **브뤼셀거래소(BSE**: Brussels Stock Exchange. 現 Euronext Brussels)를 합병하며 출범했다(2001년 자체 상장). 2001년 LSE와 경합 끝에 파생상품거래소 LIFFE(現 ICE Futures Europe[舊 Euronext LIFFE]. 라이프)를 인수하고, 2002년 **리스본·포르투거래소(BVLP**: Bolsa de Valores de Lisboa e Porto. 現 Euronext Lisbon)도 잇달아 합병했다. 이후 DB와 Nasdaq의 적대적 합병 공세를 세차게 받던 중 2007년 4월 NYSE와 대등합병을 통해 역사상 세계 최초로 대서양 양안을 아우르는 거래소 NYSE Euronext로 재출범했다.

야심 찼던 NYSE와 합병은 결국 실패로 끝났다. 유럽금리선물시장 최강자 LIFFE만이 그룹 내 긍정적 공헌을 했을 뿐 유럽주식시장에서는 고전을 면치 못했다. 설상가상 미국 주식시장도 침체하기 시작했다. 이에 NYSE Euronext는 새로운 전략으로 대응하려 했지만 여의치가 않아 급기야는 2012년 신흥 파생상품거래소 ICE에 합병당하고 말았다. 합병 목표기업이 NYSE와 LIFFE였기에 ICE는 합병 후 곧장 Euronext를 분사했다. 결국, Euronext는 LIFFE만 빼앗기고 쪼그라진 채 유럽주식시장에 되돌아왔고, 2014년 6월 자체 상장으로 조직을 재정비하며 권토중래를 꾀하기에 이른다.

다시금 독립회사가 된 Euronext의 이후 행보는 상당히 활기차다. 말 그대로 범유럽주식시장을 구현해가고 있다. 2018년 **아일랜드증권거래소(ISE**: Irish Stock Exchange. 現 Euronext Dublin), 2019년 **오슬로증권거래소(OSE**: Oslo Børs)를 합병하고, 2021년 LSEG 소유 Borsa Italiana(現 Euronext Milan)를 인수했다(〈표 5-1〉, 〈표 부록 6-1〉 참조). 이로써 유럽 7개국에 걸쳐 현물과 소규모 파생상품거래소를 자회사로 두며 선도주식시장의 위치를 다져가는 중이다. NYSE에 합병됐다 재독립한 지 8년밖에 지나질 않아 아직은 이처럼 주시장에 특화한 상태이다. 하지만 성장형시장, 파생상품시장, 청산, 결제·예탁, ICT 및 거래정보 제공 등 거래 관련 전 범위에 걸쳐 적어도 범유럽 차원의 서비스를 제공하려는 전략적 행보를 강하게 내비치고 있다(이어지는 절과 항 참조).

〈DB: Deutsche Börse. 독일거래소〉 1992년 12월 FWB(Frankfurter Wertpapierbörse. 프랑크푸르트증권거래소), **독일파생상품거래소(DTB**: Deutsche Terminbörse), **독일유가증권예탁기관(Deutscher Kassenverein**. 現 Clearstream[클리어스트림. 舊 **독일거래소청산기관[Deutsche Börse Clearing]**])을 산하에 두며 지주회사로 출범했다. 명칭과 기관 형태는 달라졌지만,

지금도 이러한 기능을 강화·확대해 한층 더 다양한 FMI 제공기관을 보유한 종합거래소 지주회사이다.

현재 DB는 FWB 산하에 **제트라(Xetra**/[XETR]: Xetra Stock Exchange. E**X**change Electronic **TRA**ding 약어)와 **프랑크푸르트거래소(XFRA**: Börse Frankfurt. 100만 주 이상을 보유한 투자자용 시장)[174] 등 2개 거래시장을 운영한다. 이 중 Xetra가 주시장으로 전자 거래플랫폼 **T7**®을 사용하며 독일주식시장 전체 거래량의 90%(XFRA 거래까지 합치면 97%)를 점유한다. 독일을 대표하는 주식거래소이지만,[175] 관행상 대외적으로는 Xetra보다 DB가 독일주식시장의 주시장으로 불린다. 동시에 DB는 사일로(silo. 매매체결에서 청산, 결제·예탁에 이르기까지 거래과정 전 기능을 수직 통합) 모형의 전 세계 대명사이기도 하다(이에 대해서는 이어지는 절과 항 참조).

2001년부터 DB는 LSE, Euronext, NYSE Euronext 등 글로벌 선도거래시장과의 M&A를 줄기차게 시도했다. 하지만 모두 실패로 돌아갔다. 특히 NYSE Euronext(2011년), LSE(2016년)와의 M&A는 거의 성사단계까지 이르기도 했으나, 반독점규제에 걸려 최종 단계에서 무산됐다.[176]

EU 규제체계는 거래시장을 RM(규제시장)과 거래소 규제시장으로 구분하며 두 시장 간 규제 강도에 큰 차이를 둔다. 주시장은 정규거래소로 RM에, **중소·성장형시장(SME growth market)**은 MTF로 거래소 규제시장에 속한다(제10장 3절 나항 (1)(나) 참조). DB도 당연히 이 틀 안에 있다. Xetra의 **Prime Standard(“우량기준시장”**. 프라임 스탠다드)와 **General Standard(“일반기준시장”**. 제너럴 스탠다드)는 RM이고, **스케일(Scale.** 중소·성장형

174 XFRA는 스페셜리스트가 입회장에서 거래하는 특수시장이다.

175 독일에는 DB FWB 산하의 2개 거래소 외에 **뒤셀도르프증권거래소(XDUS**: Düsseldorf Stock Exchange), **베를린증권거래소(XBER**: Berlin Stock Exchange), **뮌헨증권거래소(XMUN**: München Stock Exchange), **슈투트가르트증권거래소(XSTU**: Stuttgart Stock Exchange), **하노버증권거래소(XHAN**: Hannover Stock Exchange), **함부르크증권거래소(XHAM**: Hamburg Stock Exchange) 등 총 8개 거래소가 있다.

176 여러 차례 해당 거래소를 방문한 적이 있는 필자의 경험에 비춰보면 반독점규제 외에 또 다른 이유도 있는 듯하다. 경제적 이유로 기관 간 M&A를 추진했지만, 상대방 국가의 주주가 서로에게 느끼는 이질적 정서 또한 어느 정도 영향을 끼쳤다는 느낌을 지울 수 없었다. 예를 들어, 세계대전을 두 차례나 일으킨 국가에 대한 감정이 어느 순간 작용했다고 할까?

〈그림 7-1〉 Xetra 시장구조

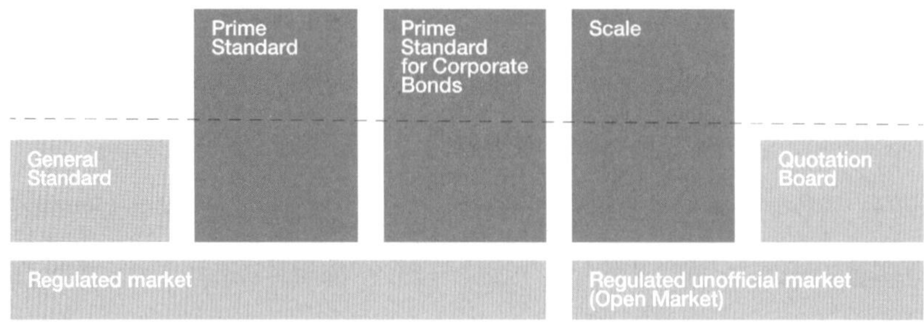

* 자료: 독일거래소 DB 웹사이트(2022년 12월).

* **Regulated market: EU 규제 정규시장(주시장)**—General Standard(일반기준시장)와 Prime Standard(투명성 강화 우량기준시장). **Regulated unofficial market(Open Market**[Freiverkehr]**): DB 규제시장(오픈마켓)**—Scale(투명성 강화 중소·성장형시장. MTF), Quotation Board(조직화한 장외시장).

시장)과 **Quotation Board("이중 상장**[dual-listing. 둘 또는 그 이상 거래소에 걸쳐 상장] **호가시장"**. 쿼테이션 보드)로 구성된 **오픈마켓(Open Market**. Freiverkehr)은 거래소 규제시장이다(〈그림 7-1〉 참조).

Xetra의 RM 관리 방식은 상당히 통찰력이 있어 보인다. 먼저, 거래시장을 위와 같이 기업 투명성 수준에 따라 Prime Standard와 General Standard로 1차 구분한다. 즉, 기업이 자신의 정보공개 수준을 능동적으로 결정하게끔 유도한다. 다음, 기업이 Prime Standard(즉, 일정 수준을 넘어서는 정보공개)를 선택하면, 규모와 질적 수준, 또는 기술주 여부 등 기업 특성을 가미해 DAX(닥스. 우량주), MDAX(엠닥스. 대/중기업), SDAX(에스닥스. 소기업), TecDAX(테크닥스. 기술주) 등 지수를 만들어 상장기업을 구분해 특별 관리해준다.[177] Euronext도 유사한 방식을 취하기는 하지만 짜임새가 DB만 못하다.

177 한때 상장기업 옥석을 가리질 못한다며 코스닥시장이 신시장으로서 제 구실을 못한다고 비판의 목소리가 컸던 적이 있었다. 당시 필자는 DB 시장관리 방식을 해결책으로 줄곧 건의했으나(예: 엄경식·강형철, 2012), 채택되지는 않았다. 2022년 4월 JPX 산하 TSE(Tokyo Stock Exchange. 도쿄증권거래소)는 Xetra 방식을 그대로 모방해 일본자본시장 거시구조를 환골탈태했다(**제7장 부록 1** 참조).

〈SWX, Nasdaq Nordic, Cboe Europe Equities〉 Euronext, DB 외 주요 시장으로는 SWX(Swiss Stock Exchange. 스위스증권거래소. SIX 자회사), Nasdaq Nordic(Nasdaq 자회사), Cboe Europe Equities(Cboe Global Markets 자회사)가 있다. SWX(유럽 3위)는 2020년 **BME**(Bolsa y Mercados Españoles. "스페인거래소시장")를 합병하며 상장기업 시가총액기준으로 DB를 단숨에 넘어섰다. Nasdaq Nordic(유럽 5위)은 북유럽 7개국(스웨덴, 핀란드, 덴마크, 아이슬란드, 발트 3국[탈린[**Nasdaq Tallinn**]. 리가[**Nasdaq Riga**]. 빌니우스[**Nasdaq Vilnius**]. 채권만 거래]) 거래소를 아우르는 종합거래소이다. 한편, Cboe Europe Equities는 MTF로 시작해 거래소로 전환한 BATS Europe(CBOE가 합병)에 기반을 둔다. 높은 거래량으로 훌륭한 위상을 자랑한다(제6장 1절 가항 (4) 참조).

나. 중소·성장형시장/조직화한 장외주식시장/사적 자본시장

(1) 닷컴주 거품 붕괴 전후 EU 신시장 상황

EU 중소·성장형시장은 MiFID 체제에서 명칭과 구조가 공식적으로 정해졌다. 그 이전에는 신시장이라 불렸다. 영국 AIM을 제외하고는 모두 신생 IT 기업에 특화한 시장이었다. 1990년대 후반 Nouveau Marché(누보마르셰[신시장]. 프랑스)를 필두로 유럽 주요 국가는 자국어로 "신시장" 또는 "~닥"이라 하는 시장을 적어도 하나씩 보유했었다.

당시 유럽 신시장의 대명사는 Neuer Markt(노이어마르크트[신시장]. 독일)였다. Neuer Markt는 1997년 3월 이동통신업체 모빌콤(MobilCom) 상장을 시작으로 유럽 전역에서 첨단 ICT 기업이 대거 시장에 참가하며 단기간에 폭발적으로 성장했다. 그러나 2000년 3월 주가지수(Nemax all-share index) 8,000포인트를 정점으로 닷컴주 거품이 꺼지며 불과 2년 반 만에 상장기업 시가총액이 최고치의 4% 선으로 폭락하자 2002년 9월 문을 닫았다. 시차는 있었지만, AIM을 제외한 유럽의 모든 신시장 또한 2003년까지 연쇄적으로 Neuer Markt와 운명을 같이했다.

유럽 신시장의 이 같은 몰락 원인으로는 ① 글로벌 불황, ② 닷컴주 거품 붕괴, ③ 회계 부정에 따른 신뢰도 추락을 거론한다. 타당한 지적이다. 여기에 '시장구조' 관점에서 하나 더 추가하면, ④ 신생 ICT 기업에 특화한 신시장 구성 종목의 '과도한 동질성'을 들 수 있다. 이들 종목의 과도한 동질성이 ①~③ 상황과 맞물리며 긍정적 효과보다는 부정적 효과를 증폭해 파국에 이르렀다고 할 수 있다. 좀 더 구체적으로 살펴보자. 시장을 비슷한 사업환경과 특성을 가진 기업으로 구성·관리하면, 이들 기업의 가능성과 위험을 제대로 이해하는 투자자 그룹은 그 시장에 더욱더 매력을 느낀다. 신시장을 이렇게 운영하면 '이론적으로는' 고수익·고위험을 추구하는 동질적 투자자의 유동성을 결집해가며 위험에 대한 보상도 합리적으로 형성할 수 있다. 동질적 투자자만의 리그(league)라고나 할까? 하지만 당시 이론과 현실은 달랐다. 시장이 급락하는 시기에 '실제로는' 위험 증폭, 시장 건전성 악화, 투자자 동시 이탈과 같은 동질성의 부정적 측면만 불거졌다. EU 신시장에 일어난 현상이다.

한편, 그 와중에도 AIM만은 화려한 성장을 거듭하며 세계 (신시장)/성장형시장에서 선망의 대상이 되었다. 등장부터 규모가 클 수밖에 없는 중국 성장형시장을 제외하면, AIM은 코스닥시장과 함께 줄곧 세계 성장형시장을 대표해오고 있다. 이는 AIM이 다른 신시장과는 달리 ICT 기업만이 아닌 중소기업 중심 시장(SME market)을 지향했기 때문이다. 물론 나중에 생각해보니 그렇다는 뜻이다. 전략적 혜안으로 미래를 정확히 내다봤다기보다는 후발주자로서 어쩔 수 없이 한 선택이었을 뿐이다. 시장 운이 시대 상황에 절묘하게 맞아떨어진 역사의 아이러니라 할 수 있다(제5장 3절 가항 (2) 참조).

(2) 부활을 꿈꾸는 EU 중소·성장형시장

닷컴주 거품 붕괴 이후 암흑기를 맞이한 대륙의 신시장은 규제와 구조의 옷을 갈아입으며 이름도 바꾸고 새롭게 기반을 다지려 거듭 변신을 시도했다. 하지만 여전히 예전 활기찬 모습을 재현하지는 못하고 있다. 현재 RM인 Euronext와 DB는 **유로넥스트 그로쓰**(**Euronext Growth**. "유로넥스트 성장형시장")/**알터넥스트**(**Alternext**)와 Scale을 각자의 중소·성장형시장(거래소 규제시장)으로 내세우며 자국과 외국기업을 유치하려 애쓰고 있다.

MTF나 그룹 내 한 부문(segment)으로 조직을 운영하면서 주시장으로 상장기업의 연계·이전을 장려하는 듯하다.

〈Euronext Growth/Alternext〉 Alternext(舊 Nouveau Marche)는 MTF로서 법적 이름이며, Euronext Growth는 Alternext의 상업적 이름(commercial name)이다. 운영기관은 **유로넥스트 브뤼셀(Euronext Brussels)**로 벨기에 법에 귀속한다.

AIM과 같은 명성과 위상을 목표로 중소·성장형기업에 적합한 상장요건과 거래방식을 채택하고 있다. 예를 들어, ① AIM Nomad와 비슷한 **상장스폰서(LS**: Listing Sponsor) 지정·유지, ② 상장 직전 2년간 그리고 상장 후 연차보고서(감사 필) 제출 외에는 특별히 부담스러운 상장요건을 요구하지 않는다. 또한 종목별 거래방식을 유동성에 따라 단일가매매(auction. 1일 2회)나 접속매매로 구분해 사용하며, 접속매매 사용으로 결정 나면 1개사 이상 LP(liquidity provider. 유동성공급자)를 두어야 한다. EU 내 중소 유망기업 유치에서 AIM과 경쟁력을 보일 만큼 이미 기관투자자 중심 시장으로 정착했다고 한다. 상장기업 수는 2021년 6월 기준 396개사이다.

〈Scale〉 Neuer Markt 폐쇄 후에도 중소·성장형기업에 대한 독일 내 투자 수요는 무시할 만한 수준이 아니었다. 이에 2005년 10월 DB는 중소·성장형시장 **엔트리스탠다드(Entry Standard)**를 Open Market의 한 부문으로 설립해 재건했고, 2017년 3월 투자자 보호를 강화하고자 시장 투명성과 건전성을 보다 짜임새 있게 확보해 이를 다시 Scale로 대체했다[178](〈그림 7-1〉 참조).

Neuer Markt는 원래 유럽 내 다른 신시장과는 달리 규제 강도가 높은 시장(high-regulated market)[179]을 지향했고, 닷컴주 거품이 심해지기 전까지만 해도 이를 통

178 2016년 7월 발효된 EU **"시장남용규정"(MAR**: "Market Abuse Regulation")에 맞춘 조치였다. MAR은 시장 투명성을 제고하고 남용을 억지해 투자자를 보호하려는 목적으로 제정되었다. 내부자거래, 내부정보 불공정공시, 시장 조작 등에 관한 규칙을 포함한다.

179 최소 시가총액 150만 유로(20억 원), **미국/국제회계기준(US GAAP**: U.S. Generally Accepted Accounting Principles 또는 **IAS**: International Accounting Standards) 적용 분기 보고서 제출, 모든 서류 영어 사용 등 상당히 까다로운 상장/상장유지 요건을 채택했다. 독일다운 방식이었다.

해 큰 성공을 거두었다. 반면, 닷컴주 거품이 꺼진 후 등장한 Entry Standard는 맞상대인 생존자 AIM의 전략을 따라 투명성을 중시하며 규제 강도는 낮춘 시장(low-regulated market)을 지향했다. 물론 세세한 부분에서는 자신을 차별화하며[180] 경쟁을 표명하기도 했지만. 여하튼 Entry Standard 시절에는 유동성 수준에 따라 전자거래와 입회장 거래를 혼용했고, Scale로 바뀌기 직전 상장종목 수는 130여 개사였다.

Scale은 Entry Standard와 같은 선상에 있다. ① 사전에 정해진 주요 성과지표(KPI: key performance indicators. 예: 유동성, 수익성, 종업원 수, 자본금), ② "**자본시장 파트너**"(Capital Market Partner)와 협력, ③ DB가 공식 의뢰한 리서치 회사의 보고서 발간만이 진입요건이다. 특히, 무엇보다 투명성을 우선시한다. Capital Market Partner는 IPO나 유상증자, 상장유지와 관련해 해당 기업과 긴밀히 협력하며 필요한 서비스를 제공한다. 독일과 외국기업의 주식과 회사채를 섹터 구분 없이 거래하며, 아직은 상장기업 수가 47개사(2021년 6월)에 불과하다.

〈Nasdaq First North. Nasdaq 퍼스트노쓰〉 Nasdaq Nordic(스톡홀름 소재) 산하 중소·성장형시장의 약칭이다.[181] Growth Market(일반주 부문)과 **프리미엄 그로쓰마켓**(**Premium Growth Market**. 우량주 부문) 2개 부문으로 구성되어 있다. Growth Market의 상장·상장유지 요건은 ① 유통주식 비율 10%, ② 국내 회계기준 적용 연차보고서 제출, ③ "**공인자문사**"(Certified Advisor) 지정 등 매우 간소한 편이다. 이렇게 상장한 기업 중 자본금 1,000만 유로(130억 원)와 유통주식 비율 25% 이상인 기업이 **국제회계기준**(**IFRS**: International Financial Reporting Standards)과 국내 기업지배구조 모범규준을 따르면 이들 기업을 Premium Growth Market으로 구분한 다음 주시장(**나스닥 노르딕 메인마켓** [**Nasdaq Nordic Main Market**]) 상장기업과 똑같이 규칙을 적용해 특별 관리해준다. 투자자에게 투명성이 높은 기업이라는 인식을 심어주고 Main Market으로 상장 이전을 장려하려

---

180 예를 들어, AIM과 비교해 세제 혜택은 없으나 유동성이 높은 종목은 전자거래를 할 수 있고, Alternext와는 달리 공·사모 규모나 업력(2년) 요건이 없었다. 또한 Neuer Markt는 **지정스폰서**(**DS**: Designated Sponsor)를 2개사 이상 요구했지만, Entry Standard는 1개사 이상을 요구했었다.

181 Nasdaq First North의 공식 명칭은 **나스닥 퍼스트노쓰 그로쓰마켓**(**Nasdaq First North Growth Market**)이다.

는 의도이다.

Nasdaq First North 2개 부문은 이처럼 징검다리 시장이다. Growth Market에서 Premium Growth Market으로, Premium Growth Market에서 Nasdaq Nordic Main Market으로 상장 이전을 적극 장려하면서 기업의 유기적 성장을 도와준다. Nasdaq First North 상장기업 수는 2021년 6월 현재 총 360여 개사(이 중 Premium Growth Market에 50여 개사)로 시장 활동이 꽤 활발한 편이다.

(3) 조직화한 장외주식시장/사적 자본시장

미국, 영국 등 (자본)시장 중심형 시스템을 갖춘 국가에서는 중소·성장형시장, 조직화한 장외주식시장, 사적 자본시장이 차등적으로 세분화해 발달한다. 이에 비해, 독일, 프랑스 등 은행 중심형 시스템이라 할 수 있는 국가에서는 대개 중소·성장형시장이 조직화한 장외주식시장을 합쳐서 운영한다(박종호·남상구·엄경식, 2007).[182] 조직화한 장외주식시장의 존재감이 그만큼 낮다는 의미이다.

거꾸로일 수도 있지만 어쨌든 그 결과, EU 새싹기업이 유니콘으로 성장하는 경우가 미국이나 아시아보다 훨씬 적다. 구체적으로, 지난 10년간 전 세계 새싹기업 중 유럽 비중은 1/3이 넘는데 유니콘 비중은 14%에 불과하다. 아마 조직화한 장외주식시장이나 사적 자본시장이 활성화되지 않아 업력이 쌓여갈수록 유럽 새싹기업은 자본조달에 점점 더 어려움을 겪게 되는 것같다. 또한 스톡옵션과 관련해 EU 기준이 통합되지 않아 경영자가 의욕적으로 사업을 확장하기도 어렵다. 이 때문에 유망 성장형기업이 글로벌 무대에 진취적으로 진출하려 들지 않고 자주 미국 경쟁기업에 매각을 결정한다고 한다.[183]

---

182 대부분 국가가 여기에 속한다. (자본)시장 중심형 시스템을 제대로 갖춘 국가는 아주 드물다. 주식시장의 이런 보편적 현상에 따르면 한국에서도 코스닥시장(성장형시장)이 조직화한 장외주식시장의 기능을 포괄적으로 담당해야 한다. 그러나 한국주식시장의 거시구조는 미국, 영국과 비슷하다. 한국에서 성장형시장이 이례적으로 발전해온 데에는 혁신형 중소·성장형기업이 다른 국가에 비해 왕성하게 활동하는 한국경제의 특수성 때문이라 생각한다.

183 Browne, R., 2020. "Why Tech IPOs Are Flourishing in The U.S. and China—But Not Europe?" **CNBC**, (October 19, 2020).

EU에서 조직화한 장외주식시장/사적 자본시장은 Euronext와 DB의 해당 부문과 Funderbeam(Fuderbeam Marketplace. 펀더빔) 정도이다. 먼저, **유로넥스트 액세스(Euronext Access)**는 새싹기업용 MTF이다. 진입/(상장)기업 중 일정 투명성 요건을 지키고 LS(상장스폰서) 1개사를 지정하면, **유로넥스트 액세스+(Euronext Access+)**라 구분하고 마케팅이나 상위시장(Euronext, Euronext Growth) 상장 이전에 필요한 관리를 별도로 해준다. 한편, **엔터넥스트(EnterNext)**는 LSE Elite처럼 사적 자본시장 역할을 한다. 새싹기업과 비상장기업이 여러 Euronext 시장에 최종 상장할 수 있도록 자본시장 생태계를 조성해준다.

다음, DB에서는 **"기본 보드"(Basic Board)**가 조직화한 자본시장이라 할 수 있다. Open Market 소속 기업 중 Scale에 포함되지 않는 주식/채권을 거래하는 거래소 규제 시장이다. 그러나 별도 부문은 아니고 관리하지 않으며 자본조달도 허용치 않는다. 그냥 Basic Board라 부르기만 한다. 그래도 연차와 분기보고서, 중간 경영보고서는 제출해야 한다. 참고로, Scale과 함께 Open Market의 또 다른 부문인 Quotation Board는 다른 시장에 이미 상장한 기업의 주식/채권을 이중으로 상장해 거래하는 시장이다.

마지막으로, 런던과 싱가포르에 근거지를 둔 에스토니아 벤처캐피털 Funderbeam이다. 유럽과 아시아 130여 국가의 새싹/초기 성장형기업을 위한 발행·유통시장이다. 블록체인으로 새싹기업 주식을 토큰화해 거래하며, T+10분(거의 실시간) 결제를 실행한다.

다. MTF

(1) 주식 — Cboe Europe Equities 산하 BCXE

흔히들 MTF를 유럽판 ATS라고 한다(제5장 3절 가항 (4), 〈표 5-2〉 참조). 하지만 MiFID 정의를 엄밀히 적용하면 MTF는 반드시 사전적·사후적 투명성(거래정보 제공)을 갖춰야 하기에 원칙적으로는 리트풀을 전제로 한다. 만일 다크풀로 MTF(**다크 MTF**)를 운영하려면 예외 조항(pre-trade transparency waiver)에 따라 사전적 투명성을 면제받아야 한다. LIS(대량매매)이거나 "다른 거래시장의 가격으로 가격을 결정하면"(**RPW**: reference price waiver. 예: RM[거래소]의 최우선매수·매도호가 중간값) 예외로 인정받는다.[184] EU 관련 문건에서 '다크'를 붙이지 않고 MTF만 사용하면 대개 리트풀을 뜻한다. 이와는 달리, 요사이 미국에서는 ATS라 하면 거의 다크풀을 의미한다.

유럽주식시장에서 MTF가 차지하는 거래량 비중(2019년 12월 기준)은 27%로[185] RM(25%), SI(20%), OTC(26%) 등 다른 거래시장과 엇비슷하다(ESMA, 2020). 단일 거래시장으로는 Cboe Europe Equities(씨보유럽주식시장. 정규거래소) 보유 MTF가 거래소를 포함해도 유럽 최대일 만큼 최강 MTF이며, TP ICAP MTF, Turquoise, "**블룸버그거래설비**"(Bloomberg Trading Facility)가 그다음 순이다(〈표 7-1〉 참조).

위 통계로 단박에 알아차릴 수 있듯이 Cboe Europe Equities 보유 MTF를 빼고 유럽주식시장에서 MTF를 논할 수는 없다. Cboe Europe Equities는 영국과 네덜란드에 근거지를 두면서 산하에 MTF(Cboe BXE, Cboe CXE[이 둘을 합쳐 **BCXE**라 부름], Cboe DXE)와 다크풀(Cboe BXE Dark, Cboe CXE Dark, Cboe DXE, Cboe BIDS Europe[舊 Cboe LIS])을 여럿 운영한다. 이렇게 되기까지 Cboe Europe Equities의 모태인 Chi-X Europe(現 Cboe CXE)과 BATS Europe(現 Cboe BXE) 간 합병 과정을 주의 깊게 들여다볼 필요가 있다. 근래 글로벌 거래시장이 갖는 특징이나 전략적 방향성의 단면을 거의 다 엿볼 수 있다.

먼저, Chi-X Europe은 유럽 최초(2007년 4월) MTF였다. 글로벌 선도 IB 대부분이 설립 주주로 참여했다. MiFID 시행(2007년 11월)으로 MTF를 운영할 수 있게 되자 이를 훌륭한 사업 기회라 판단한 것이다(그동안 거래소에 입은 피해의식도 설립에 크게 작용했다). 설립 후 4년 만에 LSE 상장 우량종목(FTSE 100 index 구성 종목) 거래량을 약 32%나 점유할 만큼 엄청난 존재감을 보였다. 막강한 주주들이 물량을 몰아준 덕분이었다. 이로

184 LIS에 해당하면 사전적 투명성뿐만 아니라, 거래보고(사후적 투명성)도 1~2시간, 아니면 그날 또는 다음 날 거래를 종료할 때까지 유예 받을 수 있다.

185 리트풀은 물론이고 다크풀 상한(통계 작성 당시 8%)에다 예외 조항으로 투명성을 면제받은 기관까지 포함한 수치이다.

〈표 7-1〉 유럽의 주식·채권 규제시장별 현황

구분	주식시장		채권시장	
	기관 수 (점유율)	대표 기관	기관 수 (점유율)	대표 기관
RM (거래소)	자료 없음 (25%)	Euronext. LSE. DB Xetra. SIX. 평균 거래금액: €7,657	51 (1%)	MTS (Bolsa Italiana. 現 Euronext Milan. 41%). CME Amsterdam. LSE. (이들 3기관 합쳐 78%). 평균 거래금액: €293,000
MTF (다자간 거래설비)	223 (27%)	Cboe Europe Equities 보유 MTF(BCXE, DXE). TP ICAP MTF. Turquoise. Bloomberg Trading Facility. 평균 거래금액: €9,104	94 (15%)	Bloomberg Trading Facility. Tradeweb Europe. Market Axess Europe (이들 3기관 합쳐 84%)
OTF (조직화한 거래설비) (舊 BCN 중 대부분)	0 (0%)	(주식거래 불허용)	30 (8%)	BCG Brokers (19%). GFI Securities and Futures (18%)
SI (시스템적 내부체결 기능 제공자)	73 (20%)	Goldman Sachs (36%). Barclays. Morgan Stanley. Credit Suisse. 평균 거래금액: €37,448	102 (26%)	Barclays (26%). BNP Paribas. SEB. Royal Bank of Scotland (이들 4기관 합쳐 45%). 평균 거래금액: €5.7백만
OTC	(26%)	평균 거래금액: €98,525. RM/MTF보다 11배 큼	(50%)	평균 거래금액: €27.4백만. RM보다 150배 큼

* 자료: ESMA(2020).

* 연간 거래량 기준. 주식거래 점유율 총계가 98%인데 2%는 RM의 "온디맨드 단일가매매"(on-demand periodic call auction. 약 1%)와 반올림 불일치에서 발생.

써, 회원제 시절 거래소의 힘없는 소유주(상당히 많은 회원 중 하나)였던 글로벌 IB는 주식회사 체제로 상황이 변하자 거래소의 제일 강력한 경쟁자가 되었다(엄경식, 2019).

한편, 미국 ATS인 BATS Global Markets(現 Cboe Global Markets)는 2008년 10월 BATS Europe을 자회사로 설립해 유럽에 진출했다. 좀 뒤늦은 감이 있기는 했지만, 그래도 예상보다 훨씬 성장이 더뎠다. 당시 자타공인 세계 최고 매매체결시스템을 가지고 있었음에도 선발주자 Chi-X Europe에 이미 유동성이 쏠려버려 빼앗아올 수 없었기 때문이었다. 이를 타개하고자 BATS Europe은 2011년 Chi-X Europe을 전격 합병하며 대서양 양안을 아우르는 거래시장에 합류한다. 합병 후 회사명은 BATS Chi-X

Europe(배츠-차이엑스 유럽. 現 Cboe Equities Europe)으로, 산하 시장명도 BXE(舊 BATS Europe)와 CXE(舊 Chi-X Europe)로 각각 변경했다.

여기서 좀 갸우뚱한 사실 하나를 발견할 수 있다. 유럽 최대 거래시장으로 승승장구하던 Chi-X Europe이 왜 BATS Europe과 합병에 동의했을까? 다음과 같은 내부사정이 있었다. 첫째, 당대 세계 최고였던 BATS 매매체결시스템과 맞서려면 Chi-X Europe은 자체 시스템을 적어도 그만큼은 격상(upgrade)해야 했다. 시간과 자본이 상당히 소요될 뿐 아니라 성공 여부도 매우 불확실할 수밖에 없었다. Chi-X Europe은 이러한 경제적 위험을 부담하기보다는 기업가치가 최고일 때 피합병이 바람직하다고 판단했다. 둘째, BATS Global Markets와 Chi-X Europe 주주 구성이 서로 거의 겹쳤다. 보험 들 듯이 글로벌 IB 대부분이 여러 MTF에 중복투자 해놓은 결과이다. 하나만 성공해도 대성공이니 Chi-X Europe 피합병에 반대할 이유가 별로 없었다.

(2) 채권과 FX

〈채권시장〉 모든 선도자본시장에서 그러하듯이 유럽에서도 채권은 거래량에서 주식을 압도한다. 2019년 말 유럽채권시장의 연간 거래량은 101조 유로(13경 2,000조 원)로 27조 유로(3경 5,000조 원) 주식시장의 4배에 가깝다. 이 중 77%가 외화표시 국채(sovereign bond)이고 18%는 회사채이다. 명목 금액은 25조 유로(3경 3,000조 원)이며 독일(5조 유로)과 영국(4.9조 유로)이 최대 발행국이다(〈표 7-1〉 참조).[186]

채권은 전통적으로 장외에서 거래한다. 유럽에서도 거래량의 50%가 순수 OTC에서 이루어진다. 여기에 규제시장이지만 OTC 성격을 지닌 SI 26%를 합치면 OTC 거래 비중은 총 76%에 달한다(〈그림 7-2〉 참조). SI는 바클레이즈(Baclays. 유럽채권시장 전체 1위. 런던 소재) 또는 BNP 파리바(BNP Paribas. 파리 소재) 같은 대륙계 대형은행("유니버설 뱅

---

186 2021년 1월 Euronext는 LSEG한테 Borsa Italiana를 인수했다. Borsa Italiana는 유럽 최대 채권 도매시장(딜러간시장) MTS를 보유한다(**제5장 2절 나항** 참조). 따라서 2021년 이후 이 수치는 상당히 변했으리라 짐작한다.

〈그림 7-2〉 EU 채권시장 상품과 시장 유형별 연간 거래량

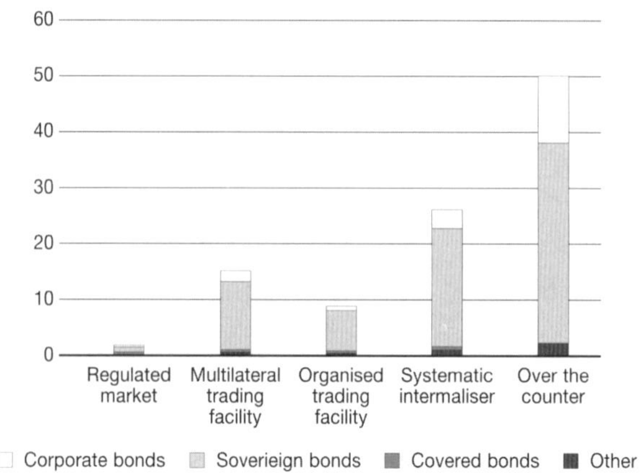

* 자료: ESMA(2020).

* 단위: 조 유로. 자료 연도: 2019년 6월. 막대그래프 위에서부터 회사채, 외화표시 국채, 커버드본드(covered bond. 금융기관 우량자산 담보부 장기채권), 기타 순임. 가로축 왼쪽 부터 정규시장(Regulated market), MTF, OTF, SI, 순수 장외시장(OTC).

크"[universal bank. **"범용 은행"**. 상업은행과 투자은행을 겸업])이 선도한다.

2019년 말 현재 채권시장 MTF 수는 94개사이다. 총 15% 시장점유율의 84%를 상위 3개사(Bloomberg Trading Facility, Tradeweb Europe, **마켓액세스 유럽[Market Axess Europe]**)가 차지한다. 앞서 언급한 바와 같이 OTF는 유럽의 비지분형상품 전용 거래시장이다. 당연히 채권을 거래할 수 있다(**제5장 3절 나항 (2)** 참조). BCG(BCG Brokers. 증권사), GFI 증권·선물(GFI Securities and Futures. 증권사) 등 30개사가 8% 거래 비중을 점유한다. MTF와 OTF, SI 시장점유율이 점차 높아지면서 채권시장 투명성 또한 크게 개선됐다고 한다(ESMA, 2020).

〈FX 시장〉 FX 시장은 전통적으로 채권시장처럼 전형적인 "2단계 시장"(two-tier market) 구조를 갖는다. 즉, 딜러간시장(interdealer market. 은행간시장. D2D)과 대(對)고객시장(customer market. D2C)으로 나뉘어 있다(〈그림 7-3〉 참조). 대고객시장에서는 말 그대로 딜러와 일반 고객이 단순 거래하며, 딜러간시장에서는 딜러 은행 간 대개 중개회사(브로커)를 거쳐 가며 거래한다(물론 직거래도 가능). 하지만 이러한 2단계 구분은 예전만

〈그림 7-3〉 FX 시장 거래 메커니즘

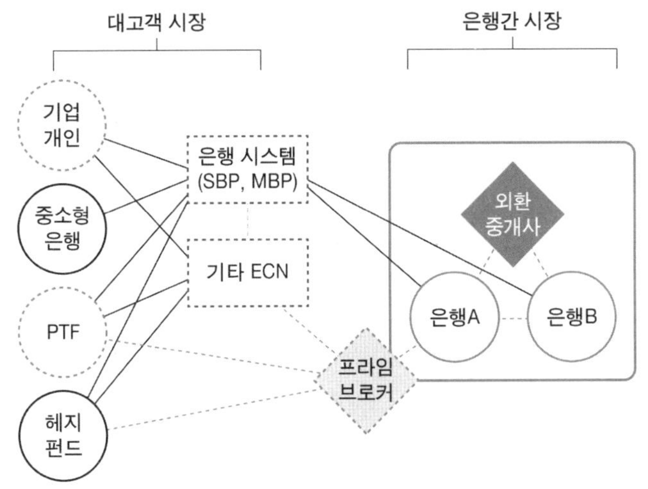

* 자료: 김한수(2021).

* 비은행기관은 API(Application Programming Interface) 연계 제공 딜러 은행과 **프라임 브로커**(**PB**: prime broker) 서비스 계약을 맺어 해당 은행명으로 두 시장 거래에 참여 가능. 이로써 대형 바이사이드 기관(예: 헤지펀드)의 딜러간/은행간시장 거래 참여가 크게 확대.

큼 뚜렷하지 않다. 오늘날 글로벌 FX 시장에서는 대고객시장과 딜러간시장 참가자가 다양한 전자 거래플랫폼을 통해 서로의 경계를 넘나들며 양 시장 모두 참가할 수 있다. 그뿐만 아니라 "육성 중개"(voice-box broking)에 의존했던 거래방식도[187] "전자거래 중개"(EBS: electronic broking system. FX 거래량 57% 담당) 방식으로 대세가 전환됐다. 시장구조 자체가 질적으로 변하기 시작한 것이다(김한수, 2021).

유럽도 마찬가지이다. 유럽 FX 시장구조 변화는 360T(360 Treasury Systems. DB 자회사), FXall(**LSEG 산하 Refinitiv 소유**) 등 **"통합형 MTF"**(**FX aggregator**)가 주도하였다. 비은행 전자 거래플랫폼인 이들 기관은 분산된 수백여 은행과 비은행 FX 거래플랫폼을 연계

187 육성 중개는 브로커(사람)가 매수자와 매도인 중간에서 전화 또는 "인터콤 스피커"(sqawk box)로 교신하며 적정가격을 찾아 매매체결 하는 거래방식이다. 전통적으로 FX나 거래금액이 엄청난 장외파생상품 거래에 활용한다.

해 기관뿐 아니라 개인 등 소매 고객의 FX 거래체결 서비스까지도 지원한다. FX (통합형) MTF는 FX 전자 거래플랫폼 중 가장 빠른 성장세를 보이는 기관이며, 여기에 그치지 않고 거래지역을 미국으로, 거래대상도 채권과 장외파생상품으로까지 확대하고 있다. 예를 들어, 360T는 미국에서 이미 SEF이며 FXall도 Refinitiv SEF와 연계·운영한다. 2008년 글로벌 금융위기 이후 모든 OTC 거래에 투명성을 높이려 전자거래를 의무화 했기에 일어나는 현상이다. 또한 두 기관 모두 거래소 산하 자회사이다. 영리 추구 상장회사인 선도거래소가 비즈니스 범위를 얼마나 어디까지 확장할 수 있을지 무척 궁금해진다.

2. 파생상품시장 매매체결

가. 장내파생상품시장 — Eurex

유렉스(Eurex Exchange. **Eurex**)는 1998년 DB 자회사 DTB(독일파생상품거래소)와 SIX SWX 자회사 **소펙스**(**SOFFEX**: Swiss Options and Financial Futures. **스위스옵션·금융선물거래소**)의 1:1 합병으로 출범했다. DB와 SIX SWX가 50:50으로 공동 운영하다 2012년 1월부터 DB가 단독 소유·운영하기 시작했다.

프랑크푸르트 소재 DTB(전자거래)는 8년간(1990년 10월~1998년 10월) 런던 소재 LIFFE (공개호가거래)와 치열한 공방(**Battle of the Bund["독일 장기 국채선물 전쟁"]**) 끝에 자국의 장기 국채선물 유동성을 완전히 빼앗아온다(〈그림 7-4〉 참조). "한번 형성된 유동성은 다른 데로 옮겨가지 않는다"라는 자본시장의 견고한 속설을 역사상 처음으로 무너뜨려 자본시장 역사에서 두고두고 회자하는 사건이다(캉티용·인[Cantillon and Yin], 2011). 이 싸움에서 협업 관계였던 DTB와 SOFFEX는 승리와 함께 Eurex로 합병·출범했다. 2020년 6월 현재, 계약 수 기준 범유럽 최대(세계 9위. 참고로 KRX는 세계 8위) 파생상품거래소로 맞잡이였던 ICE Futures Europe(舊 LIFFE. 유럽 2위)을 오래전에 이미 크게 따돌렸다.

공개호가(open outcry)가 글로벌 파생상품시장 거래방식의 주류였던 1990년대 말,

〈그림 7-4〉 독일 장기 국채선물 전쟁(Battle of the Bund)

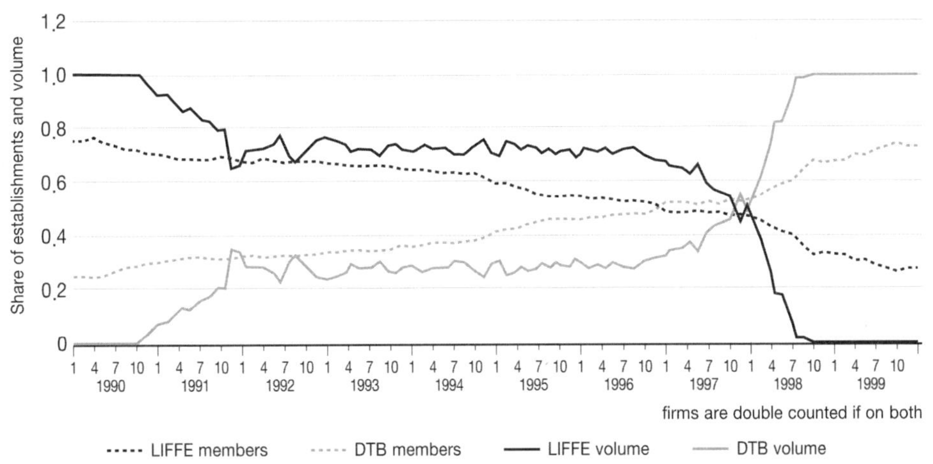

* 자료: Cantillon and Yin(2011).

* 회색: DTB 거래량(실선), DTB 거래회원 수 비중(점선). 검은색: LIFFE 거래량(실선), LIFFE 거래회원 수 비중(점선). 거래량(실선)은 1997년 10월 DTB가 역전(교차)하고, 거래회원 수 비중(점선)은 1997년 1월 DTB가 역전(교차)함.

Eurex는 합병 전 DTB 덕에 이미 전자 거래시스템을 운영했다. 이를 강점으로 활용하고 필요하면 DB와 협력하면서 Eurex는 미국과 아시아 시장 진출에 많은 공을 들였다. 먼저 아시아의 경우, 거점 도시인 싱가포르에 **유렉스청산 아시아**(Eurex Clearing Asia)를 설립해(2009년) 중국, 호주, 홍콩 관련 파생상품 개발에 발판으로 삼고, 궁극에는 거래소 설립도 숙고하는 듯하다.[188] KRX와는 2010년 8월 **Eurex/KRX 연계 거래**(Eurex/KRX Link)를 통해 KRX 매매종료 후 Eurex 회원이 KOSPI200옵션(당시 세계 최대 장내파생상품)을 거래할 수 있도록 했다. 이후 미니KOSPI200선물, KOSPI200선물, 미국달러선물, KOSPI위클리옵션을 차례로 상장해 같은 방식으로 거래한다. 2014년 3월 **TAIEX**(Taiwan

188 회사명에 Eurex가 붙지만, Eurex Clearing Asia는 Eurex 산하가 아니다. **"DB 아시아 지주회사"**(**DB Asia Holdings**. DB의 자회사 그룹) 산하의 자회사이다. 이는 아시아시장이 Eurex 차원이 아니라 DB 그룹 차원에서 관리할 만큼 중요하고, 경영 내용과 전략은 Eurex와 협력해야 할 정도로 서로 밀접하다는 뜻일 것이다. **EEX**(European Energy Exchage. **"유러피안에너지거래소"**. 전력, 천연가스, 탄소 배출권 등 에너지 관련 현물·파생상품 거래소)도 이와 비슷한 성격을 갖는다.

Futures Exchange. **대만선물거래소. 타이엑스**)와도 비슷한 연계 거래(Eurex/TAIEX Link)를 시작해 Eurex 회원은 TAIEX 상장 선물·옵션도 거래할 수 있게 되었다. 반면, 아시아보다 공을 더 많이 들인 미국 파생상품시장 진출은 실패로 막을 내렸다. CBOE(現 Cboe Global Markets)와 1998년부터 시작해 복잡하게 얽혔던 합작사업이 실패하자, 2007년 **인터내셔널증권거래소**(ISE: International Securities Exchange)를 인수해 구조옵션시장의 선두까지 올라서기는 했다. 하지만 그 외 부문 성장이 여의치 않자 2016년 Nasdaq(現 Nasdaq ISE)에 매각하며 미국시장에서 철수했다(엄경식, 2019).

Eurex는 DB 산하 자회사지만 자신이 그룹이기도 하다. 산하에 **유렉스본즈**(**Eurex Bonds**. 장외 도매 채권거래 MTF), **유렉스리포**(**Eurex Repo**. 장외 도매 repo 전자거래 솔루션 회사), **유렉스청산**(Eurex Clearing) 등을 자회사로 둔다. 거래하는 상품 역시 이들 자회사뿐만 아니라 DB의 다른 자회사(예: EEX)와도 합작·개발해 유럽에서 제일 다양하다고 한다. 이 중 Eurex 주력상품은 유로 독일 장기 국채선물(Euro-Bund futures), 유로스톡스 50 지수선물·옵션(Euro STOXX 50 stock index futures and options)이다. 근래 "신용파생선물"(credit derivatives futures. CDS 기초 선물), 개별주식선물(single-stock futures), 유로 IRS 선물(interest rate swap futures)로 상품 구성(product mix)을 확대하고 있다. Eurex에서 이루어진 모든 매매체결에 대한 청산은 자회사인 Eurex Clearing에서 처리한다. (DB의 주식거래 청산 또한 Eurex Clearing에서 담당한다).

나. 장외현물·파생상품시장 — MTF, OTF 및 SI

EU에서 장외파생상품은 MTF, OTF, SI, 그리고 순수 OTC에서 거래가 이루어진다. 일률적이지는 않지만 이들 시장은 장외파생상품 외에 현물도 취급한다(〈표 5-2〉 참조). MTF는 바로 앞(제7장 1절 다항)에서 설명했으므로 여기서는 OTF와 SI에 중점을 둔다.

OTF는 MiFID II/MiFIR 시행에 따라(제10장 3절 참조) 2019년 비지분형 금융상품에 특화해 새로 등장한 거래시장이다. MTF처럼 다자간 조직적으로 금융상품을 매매체결하지만, 고객 요청에 최대한 부응하며 재량을 갖고 거래할 수 있다(MTF는 RM처럼 운영자

〈그림 7-5〉 EU 거래시장별 채권과 파생상품 거래량 비중

〈채권시장〉

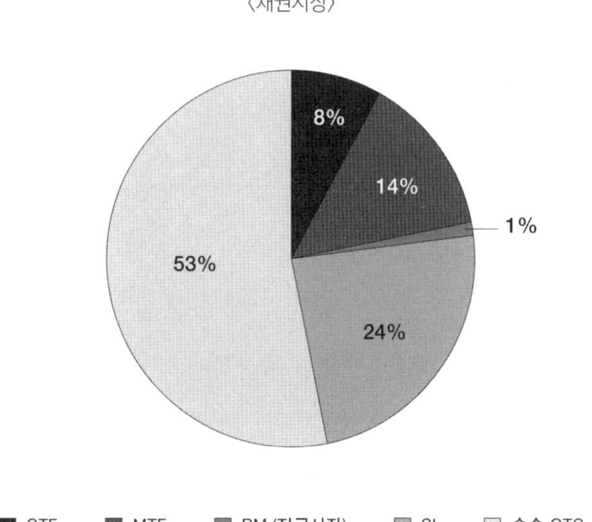

OTF MTF RM (정규시장) SI 순수 OTC

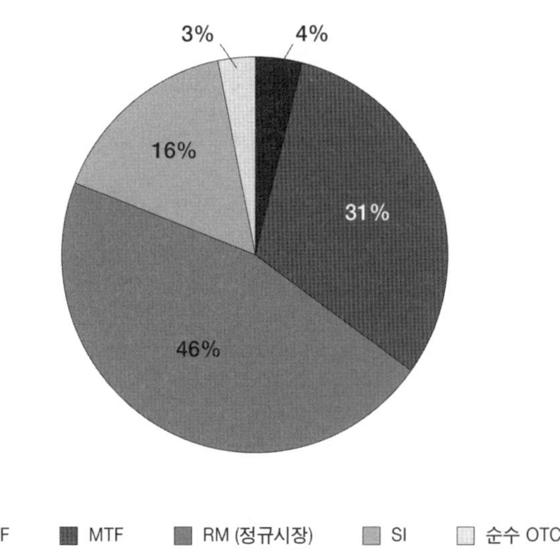

OTF MTF RM (정규시장) SI 순수 OTC

* 자료: ESMA(2021).

* 단위: 조 유로. 자료: 서베이. 자료 연도: 2018~2019년. ESMA(2021) 통계는 ESMA 질의에 관련 기관 응답을 바탕으로 산출. 하단 그림을 보면 장내파생상품 비중 46%, 장외파생상품 비중 54%임. 장외파생상품 내 거래 비중을 백분율로 환산하면 **MTF 57.4%**, **OTF 7.4%**, **SI 29.6%**, **OTC 5.6%**임.

〈그림 7-6〉 EU 거래시장별 거래 건당 평균거래량

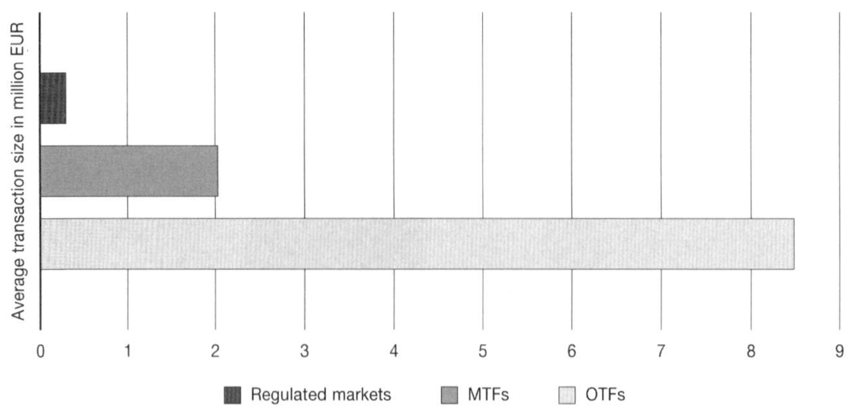

* 자료: ESMA(2021).

* 단위: 백만 유로. 자료: 서베이. 자료 연도: 2018~2019년. ESMA(2021) 통계는 ESMA 질의에 관련 기관 응답을 바탕으로 산출. 막대그래프 위에서부터 RM, MTF, OTF 순임.

개입 없이 시스템만으로 거래해야 함). SI는 2008년 MiFID 시행 때부터(제10장 1절 참조) 정의해놓은 양자 간 매매체결(single-dealer trading platform) 규제시장이다. 거래시장이 아니므로 고객의 거래상대방이 될 수 있다. 미국의 내부화 IB와 비슷하다. 참고로, OTF든 SI든 다른 OTF나 SI와는 '연계해' 매매체결 할 수 없다.

OTF에서는 주로 채권과 장외파생상품을 취급하며, SI에서는 여기에 더해 주식거래도 아주 활발하다. OTF 점유율은 채권시장 8%, 장외파생상품시장 5.6%로 아직은 그리 크지 않다(〈그림 7-5〉 참조). 장외파생상품시장에서는 브렉시트 이후 대륙에 자리 잡은 트레이드웹(Tradeweb OTF. 암스테르담 소재), TSAF OTC OTF(파리 소재. TSAF는 글로벌 IDB임), 튤렛프리본(Tullett Prebon EU OTF. 파리 소재) 등이 기존 영국 소재 OTF의 강세를 뚫고 약진하고 있으나 아직은 더 지켜봐야할 듯하다. 재량을 갖고 다자간 거래를 할 수 있는 OTF 특성상 전자거래 방식 외에 육성 중개 방식이 가격발견과 매매체결 성사에 아주 중요한 역할을 한다. ESMA(2021) 보고서에 따르면 OTF 57%가 육성 중개 전용이거나 이를 가미한 전자 거래플랫폼을 사용한다고 한다(ESMA, 2021). OTF는 물량이 큰 도매 기관투자자가 참여하는 시장이다. 정보누출에 따른 역선택과 거래비용을 줄여주기 때문이다. OTF 거래 건당 평균거래량은 RM의 28배, MTF의 4.3배 수준이다(〈그림 7-6〉 참조).

SI에서 투자자는 거의 모든 금융상품을 거래할 수 있으며, 주식(20%), 채권(26%), 장외파생상품(30%) 가릴 것 없이 시장점유율도 상당하다(2019년 12월 기준. 〈표 7-1〉 참조). 장외파생상품 거래는 원래 말 그대로 순수 OTC 거래였다. 그러나 정책담당자의 의도로 대부분이 MTF, OTF, SI 등 규제영역에 끌어놓아졌기 때문에, 이제 시장의 관심은 규제영역에 들어와 활성화되기 시작한 SI가 주식거래에 미치는 악영향에 쏠리고 있다. 구체적으로, 첫 번째는 RM(25%)과 거의 대등한 수준으로 시장을 차지한 주식거래에서 SI가 갖는 역할에 대한 우려이다. 〈표 7-1〉에서 알 수 있듯이, Goldman Sachs SI는 유럽 제2위 단일 거래시장일 정도로 커졌다.[189] 대량매매를 주로 하는 이러한 "투자은행 SI"(bank SI. 거래 건당 200,000유로[약 2억 6천만 원] 이상)가 유동성을 심하게 분할하면 RM의 가격발견기능을 저해할 수 있기 때문이다. 두 번째는 주식거래에 "유동성제공자 SI"(**ELP SI**: electronic liquidity provider SI. HFT SI)의 발흥이다. 초고속 거래설비를 갖추고 소량매매(거래 건당 50,000유로[약 6천5백만 원] 이하)로 유동성을 제공한다. SI 주식거래 중 약 24%(2020년 6월 기준)를 차지하면서도 가격발견에 실질적 공헌도가 전혀 없고 투명성도 미약해 시장참여자의 우려가 매우 크다. Citadel(미국 선도 HFT 시장조성인)과 XTX 마켓츠(XTX Markets. 유럽 최대 ELP SI. 런던 소재)가 1~2위를 두고 엎치락뒤치락하며, 허드슨리버트레이딩(HRT: Hudson River Trading), 타워리서치(Tower Research Capital Europe), Virtu Financial(미국 선도 HFT 시장조성인), 제인스트리트(Jane Street Capital) 등 총 6개 ELP SI가 시장을 주도한다. XTX Markets를 제외하고 모두 미국계 HFT 시장조성인/퀀트 트레이딩(quant trading) 회사이다.

189 주식거래에서 SI가 점유하는 총 20% 중 36%는 Goldman Sachs 몫이다. 이는 Cboe Europe Equities에 이어 단일거래시장으로 제2위에 해당한다. SI 주식 거래시장은 이처럼 Goldman Sachs가 압도하며 Barclays, Morgan Stanley, Credit Suisse가 그 뒤를 잇는다. 건당 평균 거래금액은 RM(€7,657)과 MTF(€9,104) 사이에 큰 차이는 없다. 그러나 SI(€37,448)와 OTC(€98,525)는 이들 크기의 약 4배와 11배에 달한다(〈표 7-1〉 참조).

3. 청산, 결제 및 예탁

유럽 주요 국가는 현물과 파생상품을 청산기관에서 한데 취급하며, 청산기관과 결제·예탁기관을 별개 회사로 운영한다. 2008년 글로벌 금융위기 전까지 EU가 추구했던 수평 통합 정책의 결과이다.[190] 이로써 LSE(영국)와 Euronext(Paris. 프랑스)는 LCH(舊 LCH.Clearnet)를 청산기관으로, Euroclear를 결제·예탁기관으로 소유하거나 활용한다. 반면, DB(독일)는 EU 정책을 대놓고 반대하지는 않았지만 적극 협조할 수도 없었다. 이미 오래전부터 수직 통합(사일로 모형)을 확립해 산하에 Eurex Clearing과 Clearstream을 자사의 청산기관과 결제·예탁기관으로 운영했기 때문이다.

LCH와 Euroclear는 이미 설명을 마쳤으므로(**제5장 3절 다항** 참조), 여기서는 DB 사일로 모형 기관을 간략히 살펴본다. Eurex Clearing은 Eurex(DB의 자회사 그룹) 산하 자회사로 DB의 손자회사이다. 장내·외파생상품은 물론이고 주식·채권, FX, repo 등 DB 산하 회사에서 거래하는 온갖 금융상품의 청산 업무를 수행한다. 결제·예탁은 Eurex Clearing의 청산을 이어받아 Clearstream이 담당한다. Clearstream은 DB 산하 자회사로 2002년 7월 **"DB 청산"(DB Clearing)**과 **세델(Cedel International.** 룩셈부르크 [Luxembourg] CSD)이 통합하며 탄생했다. Euroclear와 함께 유럽 ICSD(국제증권예탁기관) 양대 축이다.

글로벌 금융위기로 EU 내 수평 통합과 사일로 모형 사이에 맴돌던 어색한 균형과 공존에 균열이 일어났다. 금융위기를 겪으며 사일로 모형이 시스템 안정성에 더 효과적으로 보였기 때문이다. 균형추가 사일로 모형 쪽으로 기울어졌다. 2012년 LSE가 LCH 대주주 자리를 꿰차며 사일로 모형에 가깝게 전환했고, EU는 청산기능에 불어닥친 이러한 대세 전환을 암묵적으로 받아들이는 모양새이다. 반면에 유럽자본시장 결제기능은 숙원 끝에 수평적으로 연계·통합됐다. ECB(European Central Bank. 유럽중앙은행)가 10

---

190 청산·결제기능은 특유의 자연독점성으로 말미암아 지역을 막론하고 수행기관이 대부분 1국 1기관이다. 정치적으로는 통합되었지만, 유럽도 여전히 회원국마다 1기관씩 보유하고 있었다. 이 때문에 EU 내 회원국 간 거래 후 업무 처리비용은 회원국 내 또는 미국의 경우보다 무려 7~10배 비쌌다고 한다. EU는 이를 자본시장 글로벌 경쟁력에 큰 걸림돌이라고 판단해 규모의 경제 확보 차원에서 2~3개 대형기관으로 통합하려 했다(엄경식, 2019).

년에 걸쳐 T2S(TARGET2-Securities. "단일증권결제시스템". 2008년 시작)를 완료해 2017년 9월 마침내 유럽통합증권결제시스템을 운영하기 시작한 결과이다(제10장 3절 나항 (10) (나) 참조).[191]

한편, 글로벌 금융위기를 전후로 EU에서는 신규 청산기관이 몇몇 등장했다 사라지기도 했다. **EuroCCP**(European Central Counterparty. **유로CCP**. DTCC 유럽 자회사로 2007년 설립. 2020년 7월 Cboe Global Markets가 인수), **EMCF**(European Multilateral Clearing Facility. "**유럽다자간청산설비**". 2007년 설립. ABN Amro[78%], Nasdaq[22%]), "**CME 청산 유럽**"(**CME Clear Europe**. 2011년 설립)이 그들로, EMCF는 2013년 EuroCCP가 인수했고 CME Clear Europe은 2017년 폐업했다. MiFID 시행과 금융위기로 불어온 청산·(결제) 부문 경쟁 장려 분위기에 힘입어 시장에 진입했지만, 자연독점 특성이 워낙 강해 살아남기 힘들었으리라 짐작한다. 한번 형성된 네트워크를 옮겨오기란 절대 쉬운 일이 아니다.

영국은 LCH, 독일은 Eurex Clearing을 소유하는데, Euronext는 그동안 이렇다 할 글로벌 청산기관을 소유하지 못했다. 은인자중하던 Euronext는 2021년 Borsa Italiana(現 **Euronext Milan**)를 인수해 산하 CC&G(이탈리아 중앙청산기구)를 2024년 하반기부터 "**유로넥스트 청산**"(**Euronext Clearing**)으로 재정비해 청산을 전담할 예정이다.

4. 거래 관련 ICT, 지수·데이터 및 거래정보저장 서비스

가. 거래 관련 ICT

요즈음 거래 관련 ICT 업계 추세는 현물과 파생상품을 아우르면서 매매체결(주문입력 포함)에서 청산·결제(거래정보저장, 데이터 제공 포함)까지 기능 간, 시장 간 연계와 통합을 엄청

191 엄밀히 말해 T2S가 시스템 자체는 아니다. 결제 엔진(settlement engine)이라 부르며, 결제자금이 직접 시스템을 통해 이동하는 게 아니라 T2S가 내부 연결고리가 되어 회원국 결제시스템 간 소통할 수 있도록 도와주는 역할을 한다.

나게 빠른 속도로 해내는 플랫폼을 지향한다. 거래소가 지주회사여서 ICT 업무는 대부분 자회사(예: LSEG Technology[舊 MillenniumIT], **Euronext Techologies[유로넥스트 테크놀로지스]**)가 담당하나 DB처럼 IT 부문(Information Technology Division)에서 담당하기도 한다.

Euronext는 **옵티끄(Optiq®)** 거래플랫폼을 자체 개발해 AT(algorithmic trading. algo. 알고리즘거래)와 HFT가 대세인 요즈음 거래방식과 속도에 맞춰 현물(ETF, 구조화 상품 포함)과 파생상품(상품선물 포함) 거래(시장감시·감리 기능도 포함)에 통합·적용하고 있다. 2020년 기준 Euronext 주식거래 평균 체결속도(latency)[192]는 15μs(마이크로초[1/1,000,000초])이다.

DB는 **세븐마켓테크놀로지(7 Market Technology)**라는 브랜드명과 소속 인프라 및 플랫폼을 이용해 그룹 전체 비즈니스와 ICT 전략을 통합하는 모형을 추구한다. 7 Market Technology는 **T7®**(거래 인프라), **C7®**(청산 인프라), **N7®**(글로벌 네트워크), **M7®**(상품거래 플랫폼), **F7®**(repo 거래시스템), **A7®**(데이터 분석 플랫폼), **D7®**(디지털 후선업무 인프라)으로 이루어져 있다. Xetra, Eurex, EEX, **Eurex 본즈**(Eurex Bonds. 채권시장) 등 DB 산하 모든 거래시장은 같은 **T7®** 플랫폼을 운용한다. 2021년 7월 기준 Xetra 주식거래 체결속도 중앙값(median)은 40μs였다. 중국 SSE(상하이증권거래소), 인도 **BSE(舊 Bombay Stock Exchange[봄베이증권거래소])**도 **T7®** 플랫폼을 사용한다.

나. 지수·데이터와 분석 제공기관 — Qontigo(舊 STOXX)

Euronext 대표지수는 **까끄 40 지수(CAC 40 index)**이고 DB 대표지수는 **닥스 40 지수(DAX 40 index.** 2021년 9월 이전은 DAX 30 index였음)이다. 프랑스와 독일 우량주식 40개 종목으로 각기 구성한 **가치가중지수(VWI**: value-weighted index. 시가총액가중지수)이다.[193]

---

192 일반적으로 주문을 결정해 체결한 후 투자자에게 결과를 보고하는 데까지 걸리는 시간(TAT: turn around time)을 의미한다(제11장 1절 가항 참조).

Euronext와 DB 지수·데이터 부문은 그 위상이 사뭇 다르다. 먼저, DB는 자회사 **퀀티고(Qontigo)**가 이를 전담하며, 제공하는 **스톡스(STOXX)** 지수는 유럽 대륙을 대표할 정도로 평판이 높다(2018년 지수 부문 세계 4위). 반면, Euronext 지수·데이터 부문 시장력은 아직 확고하지 않다. NYSE와 합병했다 분사하는 바람에 2010년대 후반에서야 그룹 전체 경영을 확립할 수 있어서 매매체결 말고 다른 부문은 신경 쓸 여력이 없지 않았나 생각한다. 그 사이 시장을 선점한 경쟁 기관에 뒤처질 수밖에 없었을 것이다.

STOXX는 1997년 DB(독일), Dow Jones(미국), SIX SWX(스위스) 합작회사로 출범했다. 하지만 DB가 2009년 Dow Jones, 2015년 SIX SWX 지분을 인수하며 STOXX를 단독 소유하기 시작했다. 이런 역사적 연유로 STOXX는 2010년부터 DAX 지수뿐 아니라 SIX SWX 지수도 관리자(마케팅 활동 포함) 역할을 담당·수행한다. 2019년 DB는 포트폴리오와 위험관리 분야 선두주자이자 클라우드 기반(cloud-based) 솔루션 업체인 액쇼마(Axioma)를 인수해 STOXX(DAX 부문도 포함)와 합쳐 Qontigo("바이사이드 투자자의 지능"을 표어로 내걸음)를 창설했다. 지수·데이터 서비스가 분석 서비스를 포섭하며 확장해 나가는 최근 거래소 산업의 추이를 명확히 드러내 보여주는 사례이다.

유로 스톡스 50 지수와 **스톡스 유럽 600 지수(STOXX Europe 600 index)**는 수많은 STOXX 지수를 대표한다. 유로 스톡스 50 지수는 유럽 대륙 8개국(네덜란드, 독일, 벨기에, 스페인, 아일랜드, 이탈리아, 프랑스, 핀란드. 영국은 포함하지 않음)을 대표하는 50개 기업을 포함하며, 유럽판 DJIA 지수 역할을 한다. 스톡스 유럽 600 지수는 유럽 17개국(위의 8개국에 노르웨이, 덴마크, 룩셈부르크, 스웨덴, 스위스, 영국, 오스트리아, 포루투갈, 폴란드)을 대표하는 대·중·소 600개 기업으로 구성하며, 유럽판 S&P 500 지수 역할을 한다.

---

193 지수는 산정방식에 따라 가치가중지수와 **동일가중지수(EWI**: equal-weighted index. 가격가중지수)로 나뉜다. VWI는 시가총액을 가중해 산정한다. 대기업 주가 영향력이 커 이론상 시장 상황을 더 잘 반영하지만, 실제 성과는 EWI와 비슷하다. 오랜 전통의 **다우존스 산업평균(DJIA**: Dow Jones Industrial Average) **지수**(Dow 30 index. 미국 대표 우량주식 30개 종목 동일가중지수)를 제외하고 전 세계 거의 모든 대표지수는 VWI이다. DJIA 지수와 함께 미국을 대표하는 지수인 S&P 500 지수(미국 시가총액 500대 기업 종목 가치가중지수)도 VWI이다. **코스피지수(KOSPI index)**, **코스피200지수**(KOSPI 200 index)도 VWI이다. KRX는 코스피 200 동일가중지수(KOSPI 200 EWI)를 별도 제공한다.

〈그림 7-7〉 2009년 피츠버그 G20 정상회담 합의사항—장외파생상품 거래 관련

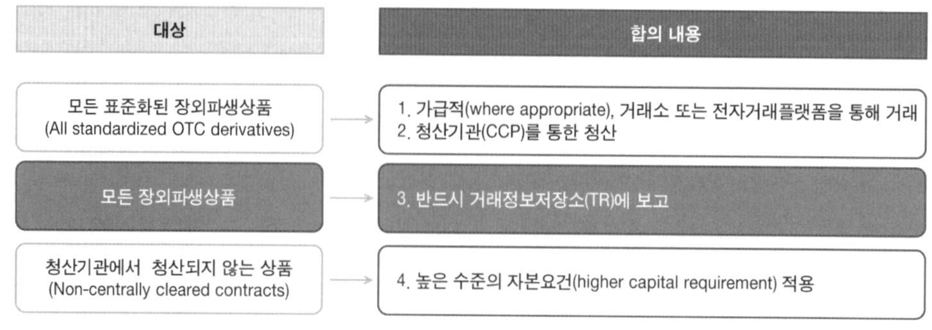

* 자료: KRX 웹사이트.

다. 거래정보저장소 TR

TR은 유럽판 SDR(스왑데이터저장소)이다. 관할권이 달라 이름이 다를 뿐이다. SDR처럼 TR도 장외파생상품(대부분 스왑) 거래의 세부 정보를 중앙집중해 수집·보관·관리하는 FMI 제공기관이다. 글로벌 금융위기 직후 열린 2009년 피츠버그 정상회담에서 G20 국가는 모든 장외파생상품 거래의 관련 정보 보고를 의무화했다(〈그림 7-7〉 참조). 시장 투명성과 건전성을 높여 글로벌 금융시스템이 또다시 붕괴할 가능성을 줄이고자 한 것이다. 참고로, "각국 금융당국"(**NCA**: national competent authority. 한국은 금융위원회·금융감독원·한국은행)은 규정상 TR 자료를 공유할 수 있다. 이에 따라 NCA는 자체 TR을 가질 필요가 없다.

ESMA(유럽증권시장청)는 **에미어**(**EMIR**: European Markets Infrastructure Regulation. 2012. **유럽시장인프라규정**)에 정해진 TR 보고 대상 자료와 운영 기준을 근거로 TR 영업을 허가한다. 미국이 Dodd-Frank Act 규정을 근거로 CFTC가 SDR 영업을 허가하는 방식과 같다.

미국과 유럽주식시장은 시장 분할(market fragmentation) 폐해를 최소화하고자 다 함께 Best Execution(최선체결의무. 베스트 엑시큐션)을 실행한다(제9장 1절 가항 (2)와 제10장

1절 다항 (4) 참조). 하지만 유럽주식시장에는 호가와 체결가를 통합·제공해주는 기관이 없다. 체결을 최선으로 해낼 수가 없다. 이를 염두에 두고 유럽은 2019년 1월 MiFID II/MiFIR를 시행하며 우선 TR 제도를 보강했다. 구체적으로 기존 MiFID 체제의 ARM(Approved Reporting Mechanism. 인정보고기관)에 APA(Approved Publication Arrangement. 인정공시기관), CTP(Consolidated Tape Provider. 체결정보통합제공업자)를 추가했다. ARM, APA, CTP는 거래소나 후선업무 관련 FMI 제공기관이 운영하는 상업회사이다. TR을 보강해 주식 관련 통합거래정보 제공기관도 어떻게든 만들어보려는 시도인 듯하다. 문제는 최근 들어 TR 수익성이 없어졌고 자생력 전망도 매우 비관적이라는 점이다. 특히 브렉시트로 TR 운영비용이 훌쩍 증가하자 이 문제는 점점 더 불거지고 있다.

현재 유럽의 대표 TR로는 앞서 언급한 LSEG UnaVista 외에 **Regis-TR**(레지스-TR. DB Clearstream과 BME **이베르청산[Iberclear.** 現 SIX 그룹 산하] 합작회사)과 미국계 BXTR(Cboe Europe Equities 소유), DDR(DTCC 소유), ICE Trade Vault(ICE 소유) 등이 있다.

▮부록▮ 아시아-일본과 중국자본시장 거시구조 ▮

여기서는 일본과 중국자본시장 거시구조 추이를 2022년 하반기 상황(snapshot. **순간사진**)을 중심으로 개관한다.

부록 1. 일본자본시장

〈시장거시구조 개요〉 일본자본시장에서 매매체결기능과 청산·(결제)기능은 JPX(Japan Exchange Group. **株式会社日本取引所グループ**. 일본거래소그룹)가, 결제·예탁기능은 **JASDEC**(Japan Securities Depository Center. **証券保管振替機構**. 증권보관대체기구. **자스덱**)이 각각 담당한다. 여기에 대체거래시스템 PTS(proprietary trading system)가 주식거래 매매체결기능을 추가로 수행한다(〈그림 부록 7-1〉 참조).[194]

〈JPX—주시장, 성장형시장, 파생상품시장, 청산·(결제)기관, (SRO)〉 JPX는 상장 지주회사다. 산하에 TSE(Tokyo Stock Exchange. 도쿄증권거래소. 증권거래소),[195] **OSE**(Osaka Exchange. **株式会社大阪取引所**. 오사카거래소[舊 Osaka Stock Exchange]. 파생상품거래소. 2013년 1월 합병), **TOCOM**(Tokyo Commodity Exchange. **東京商品取引所**. 도쿄상품거래소. **토콤**. 2019년 인수)과 주식거래 청산, 국채·파생상품거래 청산·결제를 담당하는 **JSCC**(Japan Securities Clearing Corporation. **日本証券クリアリング機構**. 일본증권클리어링기구. 2002년

194 일본에는 JPX 말고도 나고야(**NSE**: Nagoya Stock Exchange. **株式会社名古屋証券取引所**), 삿포로(**XSAP**: Sapporo Securities Exchange. **札幌証券取引所**), 후쿠오카(**FSE**: Fukuoka Stock Exchange. **福岡証券取引所**)에 증권거래소가 있다. 원래에도 거래량이 미미했지만 일본 내 **이중 상장**(**dual-listing**. 둘 또는 그 이상 거래소에 걸쳐 상장) 제도가 폐지되며 이들 지역거래소 활동은 더욱 보잘것없어졌다.

195 통계에 따라 다소 변동은 있지만, TSE는 NYSE, Nasdaq, SSE, Euronext에 이어 SZSE, HKEX와 엎치락뒤치락하는 세계 5~7위권(2021년 12월 기준) 증권거래소이다(〈표 6-1〉, 〈그림 14-3〉 참조). 총거래량 65%를 차지할 정도로 외국인투자자 비중이 높다(2020년 12월 기준). TSE는 상장주식회사였던 OSE를 2013년 1월 합병하며 자체 우회상장 했다.

〈그림 부록 7-1〉 일본자본시장 증권거래과정 관련 FMI 제공기관

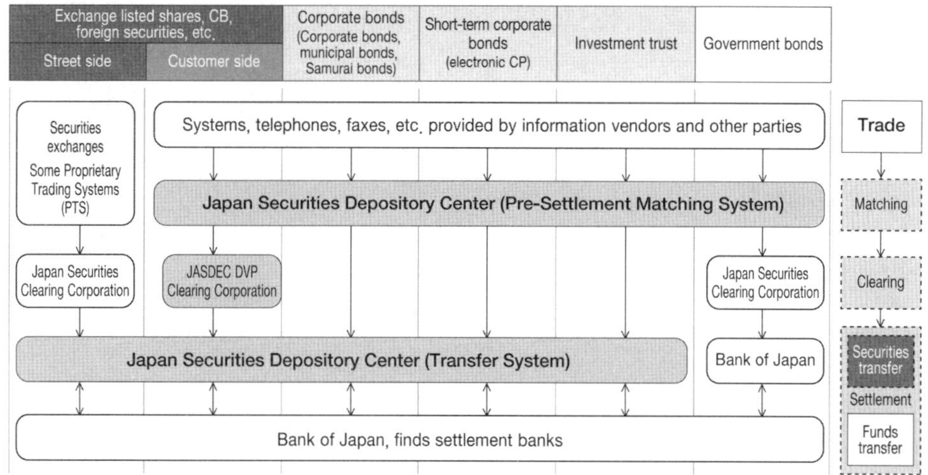

* 자료: JASDEC 웹사이트("The Role of JASDEC in Financial and Capital Markets").

* 상단 왼쪽부터 거래소 상장주식, 전환사채, 외국주 등(Exchange listed shares, CB, foreign securities, etc.), 회사채(Corporate bonds), 단기회사채(Short-term corporate bonds), 투자신탁(Investment trust), 국채(Government bonds). 오른쪽 위에서 부터 거래(Trade), 매칭(Matching), 청산(Clearing), Securities transfer(증권대체), Settlement(결제), Funds transfer(자금이체). 나머지 기관명은 본문을 참조하기 바람.

7월 설립)를 자회사로 두고 있다. 또한 형태는 자회사지만 독립 법인인 **JPX-R**(Japan Exchange Regulation. **日本取引所自主規制法人**. 일본거래소자율규제법인)이 자율규제를 담당한다(〈그림 부록 7-2〉 참조).

JPX는 2013년 1월 TSE와 OSE가 합병하며 탄생했다. 합병 당시 TSE는 주시장인 시장 제1부와 시장 제2부, 성장형시장인 Mothers(**M**arket **O**f the high-grow**TH** and em**ER**ging **S**tocks. **マザーズ**. 마더스)를, OSE는 성장형시장 비슷한 **JASDAQ**(ジャスダック. **자스닥**)과 파생상품시장(예: Nikkei 225 지수[닛케이 225 지수. TSE 상장 225개 우량주 지수] 관련 파생상품)을 각기 운영했다. 합병으로 TSE는 시장 제1부와 제2부, Mothers, JASDAQ을 운영하는 증권거래소로, OSE는 파생상품거래소로 개편했다. 하지만 합병 이후 시장 제2부, Mothers, JASDAQ 등 중견시장과 성장형시장이 뒤섞여 난립하는 상황이 됐고 주가지수(예: **TOPIX**[Tokyo Stock Price Index. TSE 시장 제1부 종목 지수. **토픽스**])도 대표성이 부족해,

〈그림 부록 7-2〉 JPX 간략 조직도

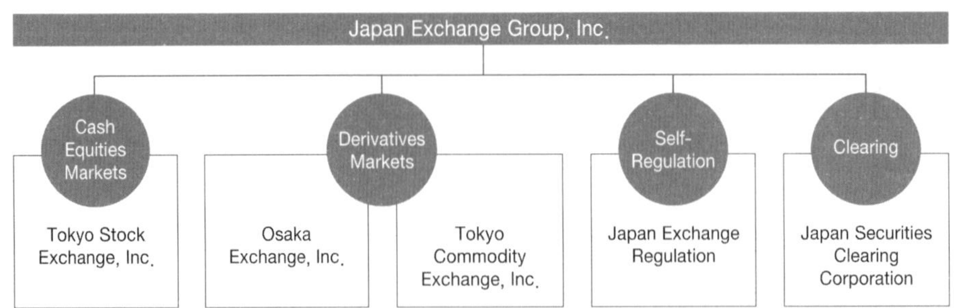

* 자료: International Investor, 2021. "Asia: The Best Stock Exchange". (December 13).

2022년 4월 4일 TSE 역사상 60년 만에 가장 중대한 시장구조 개혁을 단행했다. 이 결과, TSE는 시장구조를 유동성, 재무성과, 기업지배구조 등에 따라 **Prime(プライム. 프라임.** 주시장), **Standard(スタンダード. 스탠다드.** 중견시장), **Growth(グロース. 그로쓰.** 성장형시장)로 간소화했다(〈그림 부록 7-3〉 참조).

〈2022년 4월 시장구조 개혁에 대한 반응〉 TSE 시장구조 개혁은 그다지 효과적이지 않을 듯하다. 첫째, 이번 개혁은 DB 시장구조(예: Prime Standard[우량기준시장], General Standard[일반기준시장], Scale[스케일. 중소·성장형시장])를 외형만 그대로 본떠 왔다(**제7장 1절 가항** 참조). DB처럼 Prime과 Scale 시장을 지수로 촘촘히 관리해주는 조치를 병행하지 않았다. 간접투자가 활발한 오늘날 증권시장에서 지수가 시장관리에 필수 불가결한데도 말이다. 예를 들어, DB의 DAX와 techDAX 구성 종목은 각각 40개사, 30개사이다.[196] 반면에, TSE Prime 소속 기업은 무려 1,841개사인 데다가 여전히 TOPIX를 통해 시장을 관리하려 든다. 성공할 확률이 매우 낮을 수밖에 없다. 둘째, 많은 Prime 소속 기업이

196 (주)코스닥증권회사 시절, 필자는 보고서와 기고문을 통해 코스닥시장 구조를 DB처럼 구분하고 지수로 써 관리해야 한다고 여러 차례 주장한 바 있다(엄경식·강형철, 2012). 엄경식, 2003, "코스닥시장의 새로운 패러다임에 대한 小考". **KOSDAQ**, (7월호). 이는 코스닥시장이 독립시장일 때 유효하다. 지금처럼 KRX 내 시장으로서 유가증권시장으로 건너가는 징검다리 역할에 매몰되어가는 상황에서는 적용하기 어렵다.

〈그림 부록 7-3〉 2022년 4월 4일 TSE 시장구조 개혁

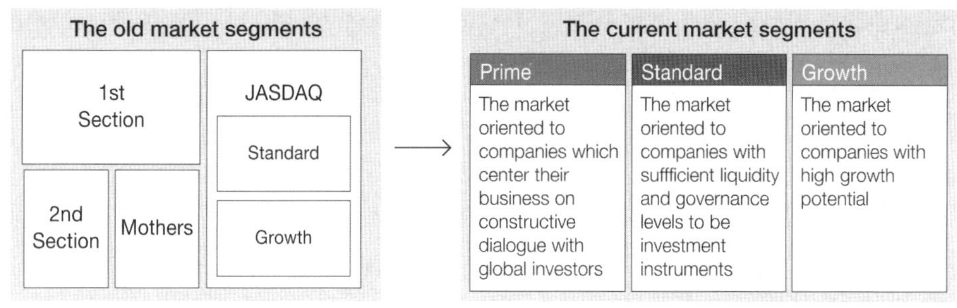

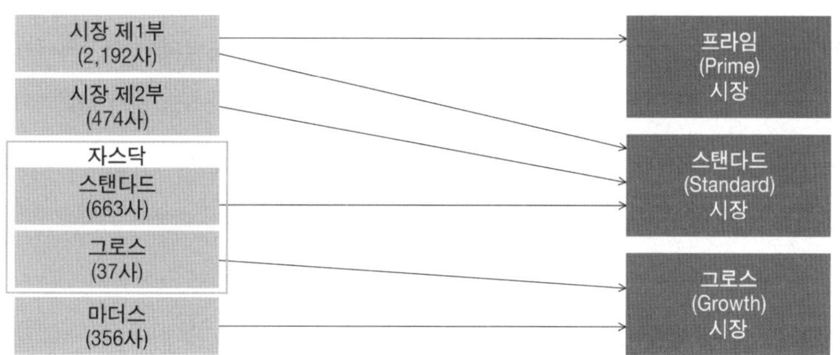

* 자료: **〈위 그림〉** JPX 웹사이트. **〈아래 그림〉** 여밀림, 2021. "도쿄증권거래소의 시장구조 재편 추진". 자본시장연구원 **자본시장포커스** 2021-12호, (2021.6.1.~6.14.).

* 2022년 4월 4일 Prime에 최종 상장된 기업 수는 1,841개사임.

과거 시장 제2부에 진입했다가 제1부로 이전한 기업이다. 이들을 여전히 Prime 소속 기업으로 떠안고 가는 개혁 정책으로는 Prime 시장의 질적 수준을 높일 수 없을 것이다. 셋째, Prime에 소속 기업이 몰리도록 한 조치는 개혁이 사실상 일본 기업문화에 편승한 겉치레 행정(window dressing)에 불과할 뿐이라는 지적이다.[197] 일본에서 TSE Prime(과

197 Nagata, K., 2022. "It's Almost Time to Restructure the TSE, but Frustrations Linger". **Japan Times**, (April 1). Bhattacharya, S., 2022. "Japan's Stock Market Plans Revamp to Draw More Investors". **Wall Street Journal**, (February 16).

거 TSE 시장 제1부) 소속 기업이라는 사실은 일본 소비자에게 소위 '매우 잘 먹히는' 마케팅 수단이라고 한다. 이 같은 구시대적 관습에 얽매여 시장운영자로서 TSE가 거래소를 기업 실질과 무관하고 국제적 감각은 떨어진 채 구태의연하게 운영한다는 날 선 비판이 있다.

〈PTS—ATS〉 일본에서는 ATS를 PTS라 부른다. 미국에서 PTS는 크로씽시스템(crossing system. **제2장 1절 나항 (2) 참조**)에 국한해 사용한다. 이 때문에 가격정보를 연속으로 제공할 필요가 없어 다른 거래시장(주로 거래소시장)에서 결정된 가격을 바탕으로 매매를 체결한다(예: POSIT[포짓]. Virtu 소유). 그런 의미에서 가격발견기능이 제한적이다. 이와는 달리, 일본에서 PTS는 가격발견기능이 있다(일본이 자주 범하는 용어 오용이다).

Japannext(ジャパンネクスト. 재팬넥스트. SBI 소유)와 Cboe Japan(**제6장 1절 가항 (4) 참조**)은 일본 PTS를 대표한다(**오사카디지털거래소[ODX**: Osaka Digital Exchange. **大阪デジタルエクスチェンジ**. 2022년 6월 설립). 일본주식시장에서 각각 5%(2022년 4월)와 2.5%(2021년 5월) 거래량 점유율을 보인다.

〈JASDEC—결제·예탁기관〉 일본자본시장 유일의 결제·예탁기관이다. 단, 결제에 관한 한 시장성 있는 모든 증권을 담당하되 일본국채는 제외한다(일본국채 결제업무는 JSCC 소관임). 국내 상장주식 무권화는 2009년 1월, T+2 결제 주기 전환은 2019년 7월에 각각 완료했다.

〈JPX-R〉 명목상 JPX 자회사지만 독립 비영리 SRO이다. 미국 NYSE-R을 본따라 설립했다. 거래소시장 경영과는 독립해 자율규제기능을 수행함으로써 이해상충을 방지하고 전문성을 강화하려는 조치였다. 하지만 본따랐던 미국은 이제 현장에서 훨씬 더 효율적으로 시장감시 할 수 있는 사안(예: 소규모 주가조작)은 거래소시장(예: NYSE, Nasdaq)이 수행하도록 제도를 바꾸었다(**제11장 4절 나항 참조**). 아직 일본에 이 같은 움직임은 없다.

〈법제와 자본시장 감독체계〉 2006년 6월 14일 별도로 존재하던 "증권거래법", "금융선물거래법" 등을 통합해 **2006년 "금융상품거래법"**(**金融商品取引法**. **FIEA**: The Financial

Instruments and Exchange Act)을 제정·공포했다(제16장 1절 참조). 또한 이와는 별도로 "일반상품거래법", "투자신탁 및 투자법인에 관한 법률", "신탁법", "신탁업법"과 **금융청**(FSA: Financial Services Agency. **金融庁**) 감독규정 등이 자본시장 관련 법제로 기능한다. 한편, 자본시장 감독은 금융청과 **증권거래등감시위원회**(SESC: Securities and Exchange Surveillance Commission. **証券取引等監視委員会**. 증권거래감시위)가, 증권업계 자율규제는 **일본증권업협회**(JSDA: Japan Securities Dealers Association. **日本証券業協会**)가 각각 담당한다.

부록 2. 중국자본시장

〈시장거시구조 개요〉 중국 하면 무엇보다 어마어마한 인구와 사회주의 체제가 먼저 떠오른다. 자본시장도 예외가 아니다. 아직 미국에는 크게 미치지 못하지만, 세계 10위권(상장기업 시가총액/계약 수 기준) 증권거래소(1990년 11월 시작)가 본토에 2곳, 홍콩 특별행정구에 1곳, 파생상품거래소(1990년 10월 시작)가 3곳이나 있다(〈그림 14-3〉, 〈그림 14-10〉 참조). 게다가 사회주의 체제에 자본주의 체제 꽃이라 할 자본시장을 접목해야 했기에 선도 자본시장과 달리 시장거시구조가 태생적으로 복잡할 수밖에 없었다. 아무래도 자본 역시 통제해야 했기 때문이다.

역내(onshore)와 역외(offshore)로 이루어진 중국자본시장에서 역내 주식거래 매매체결기능은 SSE(Shanghai Stock Exchange. **上海证券交易所**. 상하이증권거래소), SZSE(Shenzhen Stock Exchange. **深圳证券交易所**. 선전증권거래소), BSE(Beijing Stock Exchange. **北京证券交易所**. 베이징증권거래소. **舊 신삼판**[**新三板**. 중국판 OTCBB] 일부)에서, 홍콩, 뉴욕, 런던, 싱가포르, 도쿄 등 역외 상장주식 매매체결기능은 **교차거래**(Stock Connect. **通**[퉁])를 활용하거나 현지 거래시장이 담당한다. 교차거래로는 **후강퉁**(SHSC: Shanghi-Hong Kong Stock Connect. **沪港通**. SSE와 HKEX 교차거래), **선강퉁**(SZSC: Shenzheni-Hong Kong Stock Connect. **深港通**. SZSE와 HKEX 교차거래), **후룬퉁**(SLSC: Shanghai-London Stock Connect. **沪伦通**. SSE와 LSE 교차거래)이 있으며, 후강퉁, 선강퉁

〈부록 그림 7-4〉 중국거래시장과 관계기관 구성

〈패널 A〉 중국주식시장 구성

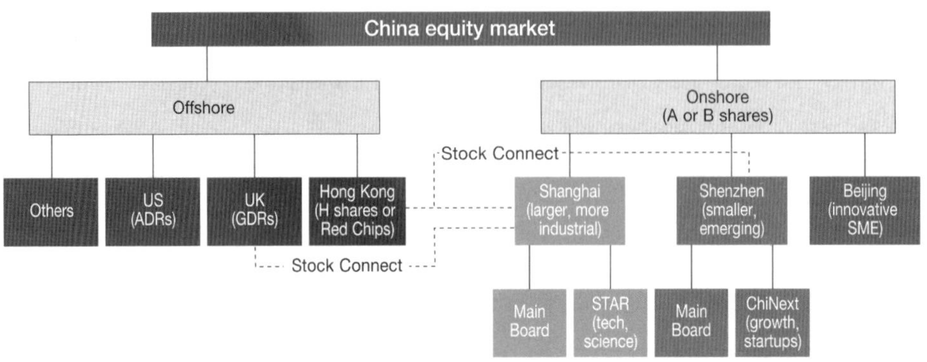

* 자료: Siddique, A., 2020. "Open for Business: A Guide to China's Equity Market". Fidelity, (August 18).
* 자료를 바탕으로 새 정보를 더해 재구성.

〈패널 B〉 중국거래시장 생태계

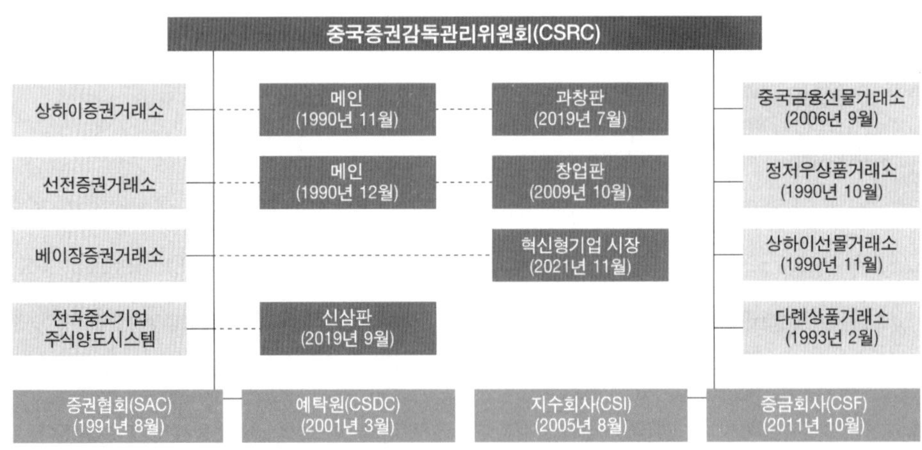

* 자료: 금융감독원(2022).
* 자료를 바탕으로 새 정보를 더해 재구성.

은 상대방 거래소시장 상장주식을, 후룬퉁은 DR(주식예탁증서) 형태로 거래한다. 청산·결제·예탁기능은 **CSDC**(China Securities Depository and Clearing Corp. Ltd. **中国证券登记结算有限责任公司**. 중국증권예탁결제원)가 담당·수행한다(〈부록 그림 7-4〉 참조).[198]

〈적격기관투자자〉 중국 내 투자자는 자유롭게 국외 투자활동을 할 수 없으며, 외국인투자자 역시 자유롭게 중국 내 투자활동을 할 수 없다. 자본시장이 정부 통제하에 있기 때문이다. 중국 정부는 국내외 기관투자자에 다음과 같은 자격을 부여하며 자본시장을 조금씩 개방하고 있다(〈부록 표 7-1〉, 〈부록 그림 7-5〉 참조).[199]

- **QDII**(qualified domestic institutional investor. **合格境内机构投资者**. **큐디**. 적격국내기관투자자).—중국 내 금융회사(예: 은행, 증권회사, 자산운용사, 보험회사, 신탁회사)가 당국 승인하에 일정 한도로 펀드를 조성해 국외 자본시장에 투자할 수 있도록 허용하는 제도. 국외 자본시장에서 투자활동을 하려면 중국 내 금융회사는 반드시 QDII 자격을 얻어야 함.
- **QFII**(qualified foreign institutional investor. **合格境外机构投资者**. **큐피**. 적격외국인기관투자자).—외국인투자자가 내국인과 같은 자격으로 중국자본시장에 직접 투자할 수 있도록 중국 정부가 자격을 부여하는 제도. 예를 들어, QFII 자격을 얻은 외국인 투자자는 A주 시장(내국인 시장)에도 투자할 수 있음. 단, 중국 내 외환시장에서 달러를 위안화로 바꾼 후에만 투자할 수 있음. 환전 과정을 거쳐야 하므로 투자자 측면에서는 관련 상품 수수료가 그만큼 높아짐.
- **RQFII**(Renminbi QFII. **人民币合格境外机构投资者**. **알큐피**. 위안화적격외국인기관투

198 파생상품거래소는 **ZCE**(Zhengzhou Commodity Exchange. **郑州商品交易所**. 정조우상품거래소), **DCE**(Dalian Commodity Exchange. **达伦商品交易所**. 다롄상품거래소), **SHFE**(Shanghai Futures Exchange. **上海期货交易所**. 상하이선물거래소), **CFFEX**(China Financial Futures Exchange. **中国金融期货交易所**. 중국금융선물거래소) 등 4곳이며, 다른 파생상품거래소처럼 각 거래소가 청산·결제기능을 담당·수행한다.

199 자본 통제는 중국 정부의 기본 방침이다. 비록 지금까지는 자본시장을 점진적으로 개방하고 있지만, 자국에 불리하면 언제든지 통제에 들어갈 수 있다. 중국자본시장에 정치적 불확실성은 상존 위험이다.

자자).—외국인투자자가 기존에 보유하고 있거나 자체 조달한 위안화로 중국 본토에 투자할 수 있도록 허용한 제도. RQFII 자격을 얻으면 환전할 필요 없이 중국자본시장에 직접 투자할 수 있음. 위안화로 직거래하므로 환율 변동에 따른 위험(예: 환차손)도 적음.

〈중국 주식 분류〉 중국 주식은 상장거래소, 상장기업 설립 국가, 거래 화폐, 내외국인 접근성에 따라 종류가 꽤 복잡하다.

- **역내 상장주식, A주와 B주.**—A주는 중국 본토 거래소(예: SSE와 SZSE) **A주 시장**에서 B주는 **B주 시장**에서 각각 거래하는 주식으로, 둘 다 중국 본토에서 설립한 기업의 상장주식임.

  A주는 원래 내국인이 대상이며 당연히 위안화로 거래. 자본시장을 점차 개방하면서 지금은 QFII와 RQFII 자격을 얻은 외국인투자자나 Stock Connect(후강퉁, 선강퉁, 후룬퉁)를 이용할 수 있는 역외 투자자도 거래에 참여할 수 있음.

  B주는 원래 중국 내 상장기업이 외국인투자자를 대상으로 발행하는 위안화 특별주(즉, 액면가가 위안화로 표시)임. SSE B주 시장에서는 달러(USD. 미국)로, SZSE B주 시장에서는 홍콩 달러(HKD)로 거래. 2001년 2월 19일부터 내국인투자자도 적절한 외환 처리 계정을 보유하면 B주 시장에 참여할 수 있음. A주, B주 구분은 궁극적으로 사라질 것으로 전망.
- **역외(홍콩) 상장주식, H주, 레드칩(Red Chip), P칩.**—**H주**는 중국 본토 설립 기업으로 홍콩에서 홍콩 달러로 발행해 상장한 기업 주식임. 중국 국유기업[200] 대부분(예: 공상은행[工商银行])이 여기에 해당. **레드칩**은 역외 설립 법인이지만, 매출 55% 이상이 중국 본토에서 발생하고 중국 정부 관련 지분이 35% 이상인 국유기업(예: 차이나모바일[中国移动]) 주식임. **P칩**은 레드칩과 똑같으나, 민영기업(예: 텐센트[腾讯], 지리자동

---

200 "소유권은 국가에 있으나 경영권은 독립한 경영 실체"를 의미한다. 문진영·김병철, 2012. "중국국유기업 개혁의 내용과 그 한계점". **국제노동브리프** 3월호, (77-87).

〈부록 표 7-1〉 중국 주식 분류

	거래소	주식 분류	거래 화폐	상장기업 설립 국가	상장 국가	내국인투자자 접근성	외국인투자자 접근성
Onshore	SSE, SZSE	A주	CNY	중국	중국	예	조건부 예 (QFII/RQFII/ Stock Connect)
	SSE, SZSE	B주	USD (SSE), HKD (SZSE)	중국	중국	조건부 예 (적절한 외환 처리 계정 보유)	예
Offshore	HKEX	H주	HKD	중국	홍콩	조건부 예 (QDII/Stock Connect)	예
	HKEX	레드칩 (국유기업) P칩 (민영기업)	HKD	역외	홍콩	조건부 예 (QDII/Stock Connect)	예
	NYSE, Nasdaq	N주 (직상장/ADR)	USD	역외	미국	조건부 예 (QDII)	예

* 자료: Siddique, A., 2020. "Open for Business: A Guide to China's Equity Market". **Fidelity**, (August 18).

* **레드칩**(Red Chip): 역외 설립 법인, 매출 55% 이상이 중국 본토에서 발생, 중국 정부 관련 지분이 35% 이상인 국유기업(예: 차이나모바일[中国移动]). **P칩**: 민영기업인 점을 제외하고 레드칩과 똑같음(예: 텐센트[腾讯], 지리자동차[吉利汽车]). 그 밖에도 **L주**(런던증시 상장 중국주식), **R주**(홍콩 설립 홍콩증시 상장 중국주식), **S주**(싱가포르증시 상장 중국주식), **T주**(도쿄증시 상장 중국주식) 등이 있음. **QDII**(qualified domestic institutional investor. "큐디"): 적격역내기관투자자. **QFII**(qualified foreign institutional investor. "큐피"): 적격외국인기관투자자. **RQFII**(Renminbi QFII. "R큐피"): 위안화적격외국인기관투자자. **Stock Connect**: 후강퉁(沪港通. Shanghi-Hong Kong Stock Connect. SSE와 HKEX 교차거래), 선강퉁(深港通. Shenzheni-Hong Kong Stock Connect. SZSE와 HKEX 교차거래), 후룬퉁(沪伦通. Shanghai-London Stock Connect. SSE와 LSE 교차거래).

차[吉利汽车]) 주식을 의미. 이들 모든 홍콩 상장주식은 홍콩 달러로 거래하며, QDII와 Stock Connect 이용 내국인도 거래할 수 있음.

- **역외(뉴욕, 도쿄, 싱가포르, 런던) 상장주식.—N주**는 역외 설립 법인으로 미국(뉴욕증시. 주로 NYSE, Nasdaq)에서 달러로 발행해 상장한 기업 주식(예: 알리바바그룹(阿里巴巴), 바이두(百度), JD.com)을 말함. 기업수익 활동 대부분은 중국 본토에서 이루어짐. 달러로 거래하며 QDII도 거래에 참여할 수 있음. 그 밖에도 **L주**(런던증시 상장 중국주식), **R주**(홍콩 설립 홍콩증시 상장 중국주식), **S주**(싱가포르증시 상장 중국주식), **T주**(도쿄증시 상장 중국주식) 등이 있음.

〈부록 그림 7-5〉 중국(홍콩 특별행정구 포함) 거래시장과 주요 특징—종합

중국 주식시장 구조

<table>
<tr><td rowspan="7">장내시장
(거래소 시장, 상장주식 거래)</td><td rowspan="3">상하이거래소
(Shanghai Stock Exchange)
1990년 12월 19일 개장</td><td rowspan="2">메인보드</td><td>상하이A주
(1990년 12월 19일)</td><td>· 내국인 전용
· 외국인 투자자 허용
- 개인 투자자(홍콩증권거래소 통해서)
- 기관 투자자(QFII/RQFII 취득)</td></tr>
<tr><td>상하이B주
(1992년 2월 21일)</td><td>· 외국인 전용
· 내국인 투자자 허용(2001년부터)</td></tr>
<tr><td></td><td>커창반
(2019년 7월 22일)</td><td>· 과학기술주 전용
· 외국인 기관 투자자 허용(QFII/RQFII)</td></tr>
<tr><td rowspan="3">선전거래소
(Shenzhen Stock Exchange)
1990년 12월 1일 개장</td><td rowspan="2">메인보드</td><td>선전A주
(1990년 12월 1일)</td><td>· 내국인 전용
· 외국인 투자자 허용
- 개인 투자자(홍콩증권거래소 통해서)
- 기관 투자자(QFII/RQFII 취득)</td></tr>
<tr><td>선전B주
(1992년 2월 28일)</td><td>· 외국인 전용
· 내국인 투자자 허용(2001년부터)</td></tr>
<tr><td></td><td>촹예반(創業板,
차스닥·Chi-Next)
(2009년 10월 30일)</td><td>· 중소·벤처기업 전용
· 외국인 기관 투자자 허용(QFII/RQFII)</td></tr>
<tr><td>베이징증권거래소
(Beijing Stock Exchange)
2021년 11월 15일 개장</td><td></td><td></td><td>혁신형기업 시장 지향</td></tr>
<tr><td rowspan="2">장외시장
(비상장주식 거래)</td><td>신산반(新三板)
2006년 1월 16일</td><td></td><td></td><td>하이테크 기업 및 벤처·중소기업 전용
공개 장외시장</td></tr>
<tr><td>지역지분거래시장
(區域性股權交易市場)</td><td></td><td></td><td>특정 지역 내 기업에 지분·채권의 양도 및
융자서비스를 제공하는 비공개 사모시장</td></tr>
<tr><td rowspan="4"></td><td rowspan="4">홍콩거래소
(Hongkong Exchange)
1891년 개장</td><td rowspan="3">메인보드</td><td>H주</td><td>중국에 설립된 기업의 홍콩상장 주식
자본(모기업)과 등록지 모두 중국</td></tr>
<tr><td>레드칩(R주)</td><td>중국 국유기업 해외 법인의 홍콩상장 주식
자본(모기업)은 중국, 등록지는 홍콩</td></tr>
<tr><td>항셍주</td><td>H주와 R주를 제외한 홍콩 및 외국기업 주식</td></tr>
<tr><td>GEM</td><td></td><td>홍콩 메인보드 시장 상장에는 적합하지
않으나 성장성이 높은 중소기업이
상장할 수 있는 시장</td></tr>
</table>

* 자료: 배상희, 2021. “A주 상장 통로 확대의 마중물 신삼판 ‘전환상장’”. 월간 **ANDA**, (2월호).
* 자료를 바탕으로 새 정보를 더해 재구성.

〈SSE—주시장, 성장형시장〉 SSE는 중국 최초의 현대 증권거래소로 시가총액 세계 3~4위를 다투는 종합거래소이다. 우리가 흔히 부르는 SSE는 주시장(Main Board. **上证**. 상하이증시)을 의미하며, 성장형시장 **커창반(STAR Market. 科创板**[과창판])을 산하에 두고 있다. SSE는 대형 국유기업을 중심으로 전통산업 위주의 대기업을 상장하며, 커창반은 미국 Nasdaq을 본떠 혁신형 ICT 기업, 특히 바이오, 5G 기술, 차세대 첨단장비, 반도체, 신에너지 산업 등 과학기술 혁신기업을 전략적으로 상장한다(〈그림 14-8〉 참조).[201] 기관투자자가 주를 이룬다.

〈SZSE—(주시장), 성장형시장〉 SZSE는 시가총액 중국 2위, 세계 5~7위권 종합거래소이다. SZSE로 불리는 주시장 **주반**(Main Board. **主板**[주판])과 성장형시장 **촹예반**(**Chinext/GEM**[Growth Enterprise Market]. **创业板**[창업판])으로 이루어져 SSE와 시장구조가 같다.[202] SZSE는 중국 민영기업이나 신경제산업(예: ICT, 바이오)에 속하는 중소기업을 위주로 상장하며,[203] 촹예반은 당분간 주반에 상장할 수 없는 중소 벤처기업/창업기업(새싹기업) 전용시장이다. 개인투자자가 주를 이룬다.

〈BSE—성장형시장, NEEQ(신산반)—조직화한 장외증권시장〉 BSE는 중국 본토 내 세 번째 거래소로 2021년 11월 15일 개장했다. 베이징 소재 중소기업 전용 장외주식시장인 **신산반**(新三板[신삼판]. New Third Board. **NEEQ**: National Equities Exchange and Quotations. **全国中小企业股份转让系统**. "전국중소기업주식[지분]양도계통"[시스템]) 최상급(Select Board[**精选层**]. 정선층)[204] 기업을 분리해 만든 중소/대형 혁신기업용 증권거래소이다. NEEQ가 100% 소유한다. 전문투자자와 기관투자자 위주의 시장이며, 2022년 현재 외국인투자자는 아직 참여할 수 없다. 중국당국의 자국 기업 회계감사 자료 제출 거부로 미국 SEC가 N주 기업 증시 퇴출 규정을 승인하자, 이들 대형 우량 혁신형기업을 역외가 아닌 자국 증시로 유도하려는 목적이 컸다. 상하이 출신 세력을 견제하려는 정치적 의도도 다분했다.

---

201 HKEX는 **SEHK**(**Security Exchange of Hong Kong**. 홍콩증권거래소), **HKFE**(**Hong Kong Futures Exchange**. 홍콩선물거래소), **LME**(**London Metal Exchange**. 런던금속거래소), **HKCC**(Hong Kong Clearing Company. 香港中央結算所. 홍콩증권청산·결제·예탁회사) 등 증권·파생상품 거래 관련 전 기능을 자회사로 아우르는 자체 상장 지주회사이다. 주시장은 SEHK이며 중소·성장형시장은 **GEM**(**Growth Enterprises Market**. "성장기업시장")이다. 이 부록에서는 역내 중국자본시장에 초점을 두어 HKEX에 대해서는 간략하게만 다룬다.

202 원래 주반 외에 중소기업 전용 **중샤오반**(**SME Board**. **中小板**[중소판])이 있었다(금융감독원, 2022). 주반은 2000년 이후 신규상장 중단으로 시장기능을 부분적으로 잃었다. 게다가 중샤오반 시가총액이 주반보다 커졌다. 이에 2021년 4월 6일 중샤오반과 주반을 합치면서 이름을 주반(SZSE/SZSE Main Board)으로 정했다. SZSE, 2021. "SZSE Officially Implements Merger between Main Board and SME Board to Better Serve High-quality Economic Development". **SZSE News**, (April 8).

203 SZSE 주반이 중소 벤처기업/새싹기업 위주의 시장임을 들어 SZSE 전체를 성장형시장으로 구분하며 코스닥시장이나 영국 AIM과 비교하곤 한다.

204 NEEQ는 기업을 기초층(基础层), 혁신층(创新层), 정선층으로 나누며, 일정 조건을 갖추면 기초층에서 혁신층으로, 혁신층에서 정선층으로 옮기며 관리한다. NEEQ는 증권거래소, 파생상품거래소, CSDC가 출자했다.

〈부록 그림 7-6〉 중국 금융감독체계

변경 전, 1행 3회 체제

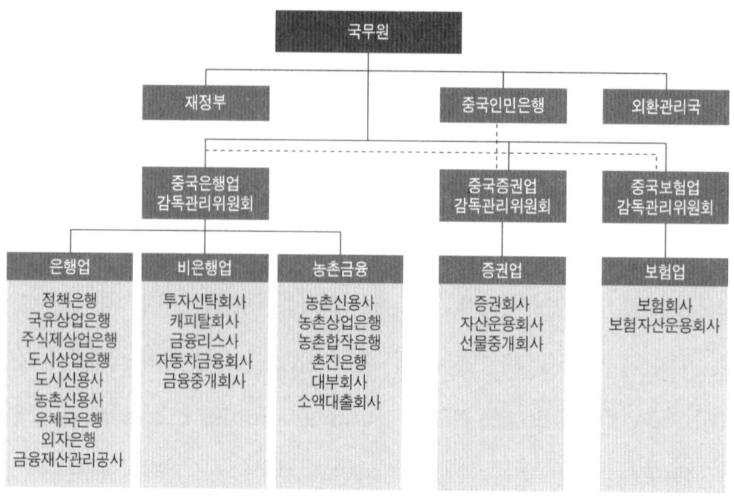

변경 후 1위 1행 2회 체제

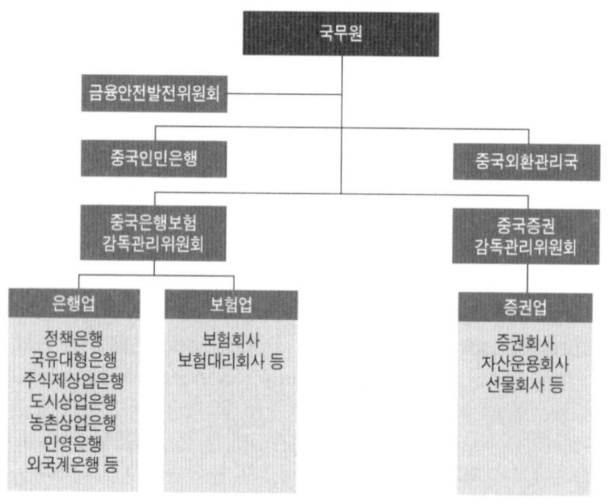

* 자료: 금융감독원(2022).

NEEQ는 중국의 조직화한 장외주식시장으로 A주 시장 상장의 마중물 역할을 한다. 2006년 1월 원래 베이징 과학기술단지 중관춘(中关村. 중관춘[중국판 실리콘 밸리]) 소재 비상장 하이테크 벤처기업의 지역 시장으로 출범했으나 2013년 6월 전국 장외주식시장이 되었다. 내국인투자자와 이에 준하는 QFII와 RQFII가 거래할 수 있다. 2021년 12월 기준 총 6,932개사가 등록돼 있고 시가총액은 약 2조 2,800억 위안(427조 3,176억 원)에 달한다.

〈CSDC—청산·결제·예탁기관〉 중국자본시장에서 증권거래 청산·결제와 예탁기능을 담당한다. SSE와 SZSE 청산·결제·예탁을 각기 담당하던 두 기관을 합병해 2001년 3월 베이징에서 출범했다.

〈법제〉 중국은 자본시장 법제를 통합적으로 제정하지 않고 자본시장 상황 변화에 맞춰 발전시키고 있다고 한다. 중국자본시장 규제법원으로는 "회사법(**公司法**. 2018.10.26. 개정), 증권법(**证券法**. 2019.12.28. 개정), 외상투자법(**外商投资法**. 2019.3.15. 제정), 민법전(**民法典**. 물권법편입, 2020.5.28. 개정), 전자상거래법(**电子商务法**. 2018.8.31. 제정), 증권투자기금법(**证券投资基金法**. 2015.4.24. 개정), 반부정당경쟁법(**反不正当竞争法**), 상업은행법(**商业银行法**. 2015.8.29. 개정), 중소기업촉진법(**中小企业促进法**. 2017.9.1. 개정) 등의 법률과 인민검찰원 형사소송규칙(**人民检察院刑事诉讼规则**. 2019.12.30.), 행정법규 , 경영환경 최적화조례(**优化营商环境条例**, 2019.10.22.), 기업파산법 사법해석(2019.3.27.), 최고인민법원의 상해금융법원 사건 관할에 관한 규정(**最高人民法院关于上海金融法院案件管辖的规定**, 2018.8.10.) 등의 사법해석이 있다". 한편, "빠른 성장에도 채권시장 법제는 기초 법률조차 통일적으로 정비되지 않았다"고 한다.[205]

〈자본시장 감독체계〉 중국은 2017년 7월 14일 금융감독체제를 기존의 "1행·3회 체제"에서 "1위·1행·2회 체제"로 개편했다(**〈부록 그림 7-6〉** 참조). 개편 후 중국 금융업은 크게 은행업, 보험업, 금융투자업으로 구분되며, 자본시장 관리·감독은 **증권감독관리위**

205 이외에도 "행정법규와 법규성 문건(예: 지역성주식[지분]거래시장, 자유무역경제구, 등록제 등의 구체적 내용), 부문규장과 규범성 문건(예: 발행, 상장, 시장거래, 증권회사, 증권서비스기구, 기금, 선물 관련 내용) , 중국 증권감독관리위원회 규장" 등이 있다. 만연교, 2021. "자본시장 규제법률". (7월 23일). ([https://blog.naver.com/applenews7/222442411589]).

〈부록 그림 7-7〉 중국 자본시장 거래제도 발전 과정

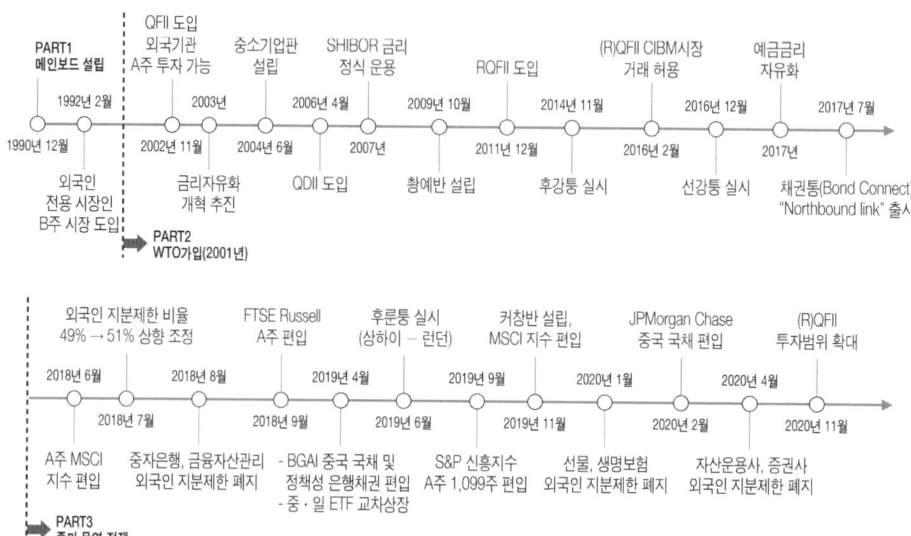

* 자료: 금융감독원(2022).

원회/증감회(中国证券监督管理委员會/中国证监會. CSRC: China Securities Regulatory Commission)가 담당한다. CSRC는 또한 SSE와 SZSE를 비영리기관으로 직접 운영한다.

제 3 부

선도자본시장 주요 법제

₩ $ € £ ¥ ₴ ₽ ₹

Understanding Korean Capital Markets
Function, Structure and Legal Environment

제8장

자본시장 법제

원칙, 특징 및 글로벌 규제·감독 구조

1. 핵심 원칙과 주목할 만한 특징

가. 핵심 원칙

자본시장을 규율하는 법(law), 규정(regulation), 규칙(rule) 등 법제는 각국 현실을 반영하기에 얼핏 상당히 달라 보이지만 자본주의를 선택한 이상 기저에 흐르는 철학이나 원칙은 (거의) 똑같다. 기업 자본 형성 촉진, 투자 기회 제공과 투자자 보호, 시장 건전성 유지, 시장 시스템 안정성 유지·제고가 바로 그것이다. 자본시장 법제 핵심 원칙(core principle)을 이같이 일반화할 수 있는 데에는 글로벌 자본시장을 선도하는 미국 법제의 영향 때문이다. 미국 헌법("The Constitution of the United States". 1789년) 기본 정신이 전 세계 민주주의 국가 헌법에 영향을 크게 끼친 것과 같은 맥락이다.

대공황이 한창이던 1934년 미국은 SEC(Securities and Exchange Commission. 증권거래위원회. 연방 독립기구)를 설립했다. 대공황 속에 힘겨운 일상을 치러내는 근로 가족의 저축(working families' savings)을 보호하기 위해서였다. 발족 이후 미 의회는 이러한 정신을 계승한 다양한 법제를 통과시켜 SEC가 담당·수행하도록 했다. 중요 내용을 간추려보면 다음과 같다.[206]

206 바이든(Joe Biden) 정부의 SEC 의장 겐슬러(Gary Gensler)가 2021년 6월 "런던 시티 주간"에 행한 연설 내용에다 시스템 안정성 유지와 제고를 추가했다. Gensler, G., 2021. "Prepared Remarks at London City Week". **SEC**, (June 23). 참고로, 바인더·사구아토(Binder and Saguato, 2021)는 30여 학자와 공동으로 미국과 유럽자본시장과 인프라 제공기관에 대해 법제와 감독에 초점을 맞춰 포괄적으로 논의·보고한다.

- 기업의 효율적 자본 형성을 촉진해 실물경제 성장 추구.
- 투자자(근로 가족)를 위한 관련 정보를 해당 기업이 적절히 공개하도록 유도. 이 조치 확립을 전제로 투자자는 자신이 어떤 위험을 감수하고 싶은지 제힘으로 결정할 기회를 부여받아야 하며, 증권회사/투자자문업자(stock broker/investment adviser)하고 관계에서도 보호받아야 함.
- 증권거래에 규율이 있고 무엇보다 사기·조작이 없어야 함.
- 자본시장 시스템을 구성하는 시장, 참여기관, 인프라를 안정적으로 유지해야 함.

미국자본시장에 관한 문건을 보면 위 내용을 축약해 언제나 다음과 같은 구절이 자본시장 법제 핵심 원칙으로 등장한다. "투자자를 보호하고(protecting investors), 개인과 기업의 자본 형성을 촉진하며(facilitating capital formation), 개인과 기업 간 규율 있고, 공정하며, 효율적인 시장을 유지해야 한다(maintaining fair, orderly, and efficient markets). 덧붙여 자본시장 안정성을 높여(enhancing financial stability) 시스템 위험[207]을 줄여나가야 한다(reducing systemic risk)". 이와 같은 문구는 이제 각국 자본시장의 관련 법제 이곳저곳에 녹아들어 있어, 미국만이 아니라 전 세계 자본시장 정책담당자의 금과옥조가 되었다. 한국도 예외는 아니다.

나. 세부 제도 적용 때 나타나는 특징적 모습

주요국 자본시장 정책담당자가 자본시장 법제 핵심 원칙을 구체적으로 적용해 세부 제도를 만들 때 대개는 다음 두 가지 특징적 모습을 보인다.

첫째, 정책담당자는 시장참여자가 자본시장이나 실물경제에 악영향을 끼칠 가능성을

207 자본시장 시스템 일부 또는 전부가 망가져 서비스가 중지/왜곡되는 바람에 실물경제가 크게 타격받는 상황을 말한다. 참고로, 제대로 기능하지 못하면 자본시장 시스템을 훼손할 수 있는 금융상품, 시장, 기관을 "시스템적으로 중요하다"(systemically important)라고 한다.

사전에 차단하는 방향으로 제도를 설계한다. 자본주의가 자본시장을 경제성장 축으로 설정했으니까 이는 당연한 고려일 것이다. 물론 자본시장이 원활하게 잘 작동한다는 전제하에서이다. 위 표현은 정책담당자가 제도 설계 방향을 달리하면 FMI(financial market infrastructure. 자본시장 인프라) 운영자와 시장참여자의 전략 또한 완전히 바뀐다는 말이기도 하다.[208] 제도 도입이나 변경이 사전에 실험해볼 수 없는 일회성 사건임에 비춰볼 때(금융규제 샌드박스[regulatory sandbox]로 일부 해결하려 하기도 함. **제12장 2절 바항 (4) (가)** 참조) 정책담당자의 정책철학과 예지가 사회적으로 얼마나 중요한지 가늠해볼 수 있는 대목이다.

둘째, 2008년 글로벌 금융위기를 겪은 후 자본시장 시스템 안정성 유지와 제고는 각국 정책담당자에게 최우선 원칙이 된 듯하다. 아니면, 적어도 가장 시급히 강화해야 할 원칙임은 분명하다. 시스템이라는 틀이 깨지면 투자자를 보호할 수도, 시장을 건전하게 유지할 수도 없을 것이다. 제대로 잘 작동하는 FMI 시스템 구비는 자본시장 시스템 안정성의 전제조건이다. 이런 연유로 자본시장 분석은 그 하나하나가 결국은 FMI 관련 제도 분석이라는 말까지 나온다. 한국 재무학계에서 실종되다시피 한 시장거시·미시구조 연구 중요성을 다시금 일깨워준다.

2. 자본시장 글로벌화와 시스템 위험 증대 관계

일반적으로 학계에서는 1970년대 초 **브레튼우즈체제(Bretton Woods system)**[209]가 붕

208 필자가 서울 시내 어느 유명 대학교 세미나에서 다크풀 부작용을 논의한 적이 있다. 재무학 교수 한 분이 그렇게 부작용이 크고 염려스러우면 그냥 없애면 되지 않냐고 대수롭지 않게 질문해 속으로 아연했던 기억이 난다. 법제란 정책담당자의 정책철학과 장기 비전(상위개념)에 바탕을 두고 시장을 가꿔나가는 과정에서 나온 연역적 산물이다. 하위 한 부분에 부작용/폐해가 나타난다고 해서 그 부분만 아무 일 없었다는 듯 싹 도려낼 수만은 없다. 예상치 못한 부작용보다 설립했던 목표(다크풀의 경우 대량매매 보호) 달성이 더 중요할 가능성이 훨씬 크다. 모름지기 그 하위 부분과 다층적으로 연계된 상위개념이나 다른 하위 부분하고 관계 속에서 먼저 해결책을 찾아 봐야 한다. 없애는 일은 그 이후에도 언제나 가능하다.

209 제2차세계대전 종료 직전(1944년)부터 1970년대 초반까지 유지되던 국제통화체제이다. 미국 중심 고

괴하고 금융시스템 전자화가 탄력을 받으면서 주요국 자본시장이 글로벌 자본시장에 편입되기 시작했다고 한다.[210] 이후 자본시장 글로벌화와 디지털 혁명이 큰 진전을 보이며 국가 간 자본이동은 훨씬 더 자유로워지고 글로벌 자본투자 성과도 높아졌다. 논란의 여지는 있지만, 여기에 금융혁신이라 불리는 증권화(securitization)가 더해져 헤지 수단까지 다양해졌다. 자본조달 효율성 증가와 비용 하락, 자본시장 시스템 효율성 증가는 경제성장을 촉진했다. 자본시장 글로벌화가 불러온 순기능이다.

반면, 외국자본의 행태나 국외 요인에 따라 국내 자본시장 불안전성은 증폭될 수 있다. 국내외 금융기관의 투자활동이 헤지를 넘어 투기적(빚내서 투자하는) 성격이 심해지고 이 상황에서 경제 여건마저 나쁘게 돌변하면, 자본시장 시스템은 그동안 '정상적'[211]으로 제공하던 자본과 유동성 수준을 지탱해주지 못하게 된다. 게다가 금융혁신이라 생각했던 증권화 기법이 왜곡·부실해지면 사태는 걷잡을 수 없이 악화한다. 정상적인 위험-수익률(risk-returns) 관계는 깨지고 더 나아가 자본시장 위험구조 자체가 변한다. 이 상황이 갑작스레 증폭하면 금융기관은 더 손실을 감내할 수 없어 파산하며, 자본시장 시스템 자체를 위태롭게 한다.

자유화와 글로벌화로 금융 부문 간, 각국 자본시장 간 연계는 갈수록 밀접해진다. 이런

정 환율제를 택하고, 세계 유동성 통제권을 런던 시티와 뉴욕 월스트리트(Wall Street) 사적 기관에서 워싱턴(Washington D.C.) 공적 기관으로 이전해버렸다. **국제통화기금**(**IMF**: International Monetary Fund)과 **국제부흥개발은행**(**IBRD**: International Bank for Reconstruction and Development. 現 **World Bank**[**세계은행**] 산하 기구), **관세와 무역에 관한 일반협정**(**GATT**: General Agreement on Tariffs and Trade. 現 **WTO**[World Trade Organization. **세계무역기구**])도 이때 운영기관으로 만들어졌다. 이 체제에서는 미달러만이 금과 고정비율로 교환(금태환)할 수 있고, 다른 통화는 기축통화인 미달러와 고정환율로 교환할 수 있다. 예컨대 미화 35달러를 중앙은행에 주면 금 1온스를 얻는다(물론 일반인이 금을 가져간다 해서 받아 주지는 않는다). 고정 환율제는 물가안정과 환위험 감소에 유용하다. 반면, 한 나라 경제에 내부충격이 오면 충격이 그대로 다른 나라에 전파된다. 화폐 공급이 불안정하고 경기와도 전혀 상관이 없어 경기변동에 신속히 대응하지 못 한다. 세계경제에서 미국경제와 달러 가치 지위가 확고해야만 유지할 수 있는 체제이다. 1971년 미국은 달러 금 태환 중지를 선언했고, 1973년 주요국이 금 대비 고정환율을 포기하면서 브레튼우즈체제는 '공식적으로' 막을 내렸다.

210 한국은 1992년 1월 주식시장 부분 개방과 함께 자본시장 자유화를 시작했다. 1997년 12월 IMF 구제금융을 조건으로 채권시장을 전면 개방한 데 이어 1998년 5월 주식시장도 완전히 개방했다. 이후 외환 자유화 1단계(1999년 4월)와 2단계(2001년 1월) 조치를 통해 외환시장도 개방했다.

211 여기서 '정상적'이란 금융자산의 일상적인 지급불능(default)을 막을 수 있을 정도로 충분한 자본과 유동성을 갖춘 상태를 의미한다.

세계자본시장 시스템하에서 한 나라의 금융위기는 해당국의 문제로만 국한되지는 않는다. 다른 나라로 급속도로 전이되면서 글로벌 자본시장 시스템도 취약해진다. 2008년 글로벌 금융위기는 자본시장 글로벌화와 시스템 위험의 이 같은 관계에 정점을 찍은 사건이다.

3. 2008년 글로벌 금융위기와 법제 간 수렴 가속화

가. 경과와 개요

2008년 글로벌 금융위기는 2007년 봄 미국에서 시작해 2009년 봄까지 글로벌 금융시장에 휘몰아친 금융위기를 통틀어 이르는 말이다. 1929년 대공황에 버금갈 위력으로 세계경제를 혼란에 빠뜨렸다.

부연하면, 미국은 수년간 금리를 낮게 유지하다 2004년 6월(당시 1%)부터 총 17차례 걸쳐 계속 인상하던 참이었다(2007년 5.25%까지 상승). 여기에 2006년 말 부동산 경기가 급격히 침체하면서 2007년 **"서브프라임 모기지 대출"**(sub-prime mortgage loan. **"비우량 고객 대상 주택담보대출"**)이 부실화하고 금융기관이 파산하는 사태(**서브프라임 모기지 사태**)가 발생했다. 기초자산 가격이 급락하고 연이어 해당 기초자산을 활용한 장외파생상품과 구조화상품도 부실해지자 금융기관이 일거에 신용경색과 유동성 위기를 겪었기 때문이다. 그동안 보이지 않던 서브프라임 모기지 업체의 방만한 증권화 대출과 IB(investment bank. 투자은행)의 비정상적 금융 행위도 사태를 더욱 악화시켰다.[212] 금융기관 신용위험이 증폭하자 당연히 기업금융도 힘들어지는 악순환이 발생했고, 이러한 현상은 글로벌 금융기관에서 더욱더 심하게 나타났다. 금융위기로 실물경제가 훼손되는 이른바 시스템 위기가 전 세계를 덮쳤다. 결국, 서브프라임 모기지 사태는 신자유주의(특

212 특히, 금융기관 중 부채, 증권화, 파생상품구조에 의존하며 신용위험을 이전하는 방식으로 성장한 업체와 전 세계를 대상으로 구조화상품을 매매한 글로벌 IB는 상대적으로 훨씬 더 심하게 타격받았다(이종규, 2009).

징: 시장원리·경쟁 추구, 탈규제[공기업 민영화], 노동시장 유연성 보장, 복지예산 삭감 등)하에 이루어진 금융기관 대형화, 금융시장 글로벌화가 맞물려 미국의 지역적 위기를 자연스럽게 글로벌 금융위기로 확산시켰다(엄경식, 2019).

세계 굴지 IB였던 베어스턴스(Bear Stearns)와 리먼브라더스(Lehman Brothers)가 차례로 파산했고 메릴린치(Merrill Lynch)는 뱅크오브아메리카(Bank of America)에 인수됐으며, 다국적 금융·보험회사 AIG는 논란 끝에 **연방준비제도(Fed**: Federal Reserve System. 연준. 미국중앙은행)에게서 막대한 금액의 구제금융을 받았다. 미국 정부가 암묵적으로 보증하는 2차 모기지시장 양대 기관 **패니메(Fannie Mae**: Federal National Mortgage Association. 연방저당협회)와 **프레디맥(Freddie Mac**: Federal Home Loan Mortgage Corp. 연방주택대출저당공사)조차[213] 유동성 악화로 정부 보호(conservatorship. 일종의 국유화)에 들어갔다. 할부판매가 채권과 연동된 자동차회사 중 GM과 크라이슬러(Chrysler)도 구제금융을 받아야 했다. 2008년 4분기 경제성장률이 미국 -3.8%, 주요 선진국 -3.5%일 정도로 실물경제는 "대침체"(Great Recession)에 빠졌다.

글로벌 금융위기 정점을 찍은 리먼브라더스 파산과 관련해 한 연구는 좀 더 생생하고 중요한 위기 연결고리를 지적한다. 바로 repo(repurchase agreement. RP. 환매조건부채권. 리포) 시장 **인출 사태**(run. **런**)다. "Repo 시장은 은행 간 대규모 단기자금시장이며(repo 방식으로 구조화채권을 발행해 단기자금을 거래하기도 함), repo는 일종의 채권담보 단기 대출이다(제1장 2절 참조). 담보로 제공받은 채권 유동성이 크게 악화할 것으로 보이자 모든 금융기관은 repo 할인율(**haircut. 헤어컷.** 가격이 하락한 유가증권의 장부가치를 현실화할 때 사용하는 "평가손 인정 비율")을 인상했고(마진콜로 담보를 추가로 제공해야 함), repo 자산가치는 계속해 급락하며 '금융기관 간 인출 사태'[214]를 촉발했다. 유동성이 바닥난 Lehman Brothers는

213 Fannie Mae와 Freddie Mac은 이른바 정부보증회사(GSE: government sponsored enterprise)로 민간기업이지만 정부 보조를 받는다.

214 예를 들면, 금융기관이 repo 할인율을 (경쟁적으로) 인상하고 repo 계약도 갱신하지 않아 상대 금융기관이 졸지에 강제 **디레버리지**(deleverage. "빚 상환")를 당해 지급불능에 빠진 상황이다.

이를 감당하지 못했고, Merrill Lynch와 저울질하던 정책담당자가 Lehman Brothers에 구제금융을 제공하지 않기로 하며 파산했다. 1929년 대공황을 경험하고 그토록 재발을 경계하던 미국금융시장 시스템은 벼랑 끝에 몰렸다"(고든·메트릭[Gordon and Metrick], 2012).

위기 타개책으로 미국 정부는 부실 금융기관을 정리하기보다는 금리인화와 **양적완화**(**QE**: quantitative easing),[215] 재정 확대 등 유동성을 공급해 내적으로 금융시장 안정과 실물 부문 부양을 도모했다. 동시에 외적으로 이들 정책을 전 세계 주요국과 공조해가며 시장 개입에 나섰다. 2009년 3월경 서브프라임 모기지 사태는 진정되기 시작했고 실물경제는 2010년 1분기에서야 회복세로 돌아섰다.[216]

나. 배경과 원인 — 거시경제 상황, 증권화 및 정책·제도 환경

모든 위기는 발생 배경과 원인을 파악해 교정하면 극복할 수 있다. 금융위기도 마찬가지다. 글로벌 금융위기 이후 선도자본시장에서 이루어진 법제 변화 역시 금융위기의 구조적 배경과 세부 원인을 파헤쳐 문제를 해결하고 재발을 방지하려는데 초점을 맞췄다. 법제 간 당연히 수렴할 수밖에 없다. 정리하면 다음과 같다.[217]

215 정책금리를 (거의) 0%까지 인하했는데도(더 인하할 여지가 없음) 경제 회복이 안 될 때 중앙은행이 사용하는 통화정책이다. 국채를 무제한 매입해(시중에 유동성이 충분하다고 판단할 때까지 통화를 풀어) 장기금리 하락을 유도함으로써 경제를 활성화하려는 방식이다.

216 한국도 경제 전반에 걸쳐 타격이 엄청났다. 금융과 실물경제 지표 모두 주요국과 거의 같은 모습으로 동반 하락했고, 글로벌 투자자는 한국자본시장을 떠났다. 코스피200지수는 2007년 7월 2,000선 대에서 2008년 10월 900선 이하로 급락했다. CDS 프리미엄도 2007년 7월 17bp에서 2008년 10월 675bp로 급상승했고(500bp가 넘으면 투기등급임), 2008년 10월 28일 원·달러 환율 역시 1,485로 급등했다. 2008년 4분기 경제성장률은 전분기 대비 -4.5%에 달할 정도로 충격받았다. 한국 역시 재정과 통화정책을 적극 실시하며 글로벌 정책 공조에 동참했고 금융과 실물경제는 2009년 3월 이후에야 회복세로 돌아설 수 있었다.

217 2008년 글로벌 금융위기 배경과 원인에 대해서는 라스트라·우드(Lastra and Wood, 2010)를 참조한다.

〈막대한 신용 확대〉 미국 금리는 당시 수년 동안 테일러 준칙(Taylor Rule)[218]을 따르는 수준보다 낮았다. 통화정책이 엄격하지 않았던 것이다. 낮은 금리에다 경상수지 만성 적자인데도 미국은 대미 무역 최대 흑자국 중국과 산유국 자금 유입에 힘입어 신용을 크게 확대할 수 있었다(소위 중국 요인["China factor"]). 자금조달은 쉬웠고(소위 "easy/cheap money") 자산가격(예: 금융, 주택)은 가파르게 상승했다. 특히 주택가격 거품을 키웠다.

〈복잡하고 과도한 증권화와 그림자금융(shadow banking system)[219]의 왜곡된 만남〉 금융혁신이라 칭송받던 증권화 기법이 왜곡된 방향으로 과도하게 이루어진 상태였다. 신용도가 낮은, 정상이라면 주택금융시장 접근이 어려운 비우량고객을 대상으로 주택담보대출(서브프라임 모기지 대출)이 성행했고(2006년 전체 모기지 대출 중 평균 23.5%, 연도 말 13.7%), 이를 기초자산으로 또는 2차, 3차 활용하며 MBS(mortgage-backed securities. 주택저당증권), CDO(collateralized debt obligation. 부채담보부증권), CDO^2(CDO squared. CDO만을 모아 다시 만든 CDO) 등 복잡한 형태의 수많은 합성금융상품(synthetic financial instrument)이 개발·판매되었다(엄경식·이진호·최운열, 2011. 상품에 대해서는 **제1장 3절** 사항 참조). 단계별 합성금융상품 족보가 뒤섞여 위험 요소를 도무지 파악해낼 방도가 없을 정도였다. 합성 과정을 거쳐 비우량등급인 서브프라임 모기지 대출도 최우량등급(AAA)으로 전환됐다. 신용보강(보증)을 한다 해도 일종의 신용 세탁(ratings laundering)인 셈이었다(〈그림 8-1〉 참조).

218 Taylor Rule은 미국 경제학자 테일러(John Taylor)가 제시한 통화정책 운용 준칙(시스템)이다. 전 세계 중앙은행 대부분은 이를 통화정책 평가의 기본 지표로 활용한다. 중앙은행은 완전고용과 물가안정을 목표로 하며 경제성장률과 물가상승률에 맞춰 금리를 조정/결정한다. 이때 준칙을 사용하면 중앙은행의 미래 행동과 연관된 불확실성을 체계적으로 낮출 수 있다. 불확실성이 낮아지면 경제주체는 위험을 덜 감수하면서 미래 경제활동을 대비하고 계획할 수 있다.

219 은행과 유사한 기능을 하지만 은행만큼 엄격한 건전성 규제를 받지 않는 금융회사(non-bank financial intermediary)를 말한다(예: 헤지펀드, **사모펀드**[**PEF**: private equity fund], **구조화투자회사**[**SIV**: structured investment vehicle]). 투자 구조가 복잡해 손익을 투명하게 파악할 수 없어 '그림자'라는 별칭이 붙었다. 은행이 못하는 다양한 금융중개를 담당하며 금융 수요자의 욕구를 유연하게 충족해준다. 반면, 대부분 투자가 기초자산 담보 대출 형식이어서 일반 금융상품보다 원금손실 위험이 크고, 중개할 때 여러 금융기관이 연계되어 시스템 위험 가능성도 크다. 적절한 규제가 동반되어야 하는 금융 부문이다.

〈그림 8-1〉 CDO, CDO² 합성 과정—예

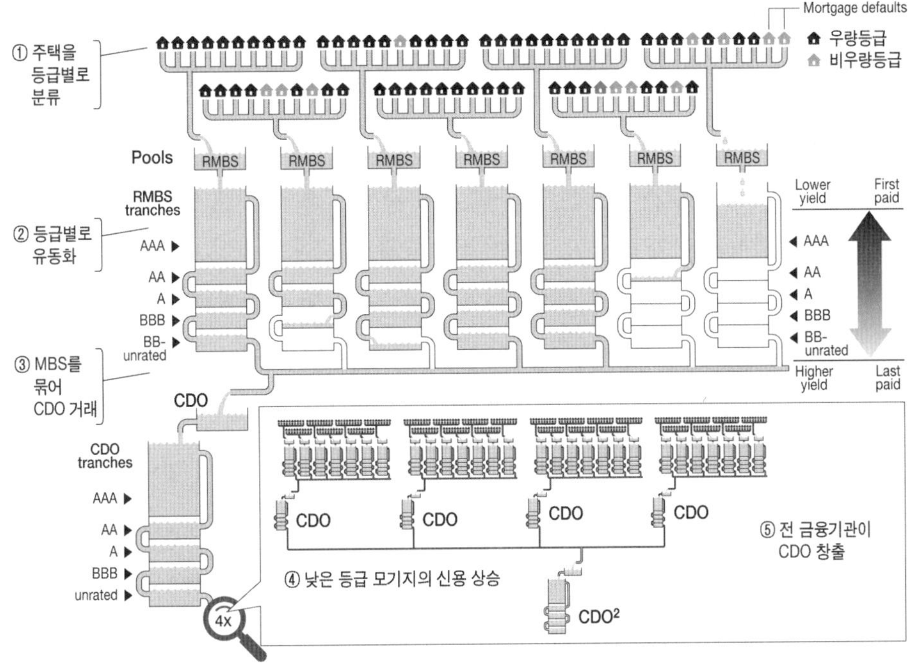

* 자료: 김현민. 2020. "2008 미국 파산 ③…파생금융상품이란". **아틀라스뉴스**, (12월 1일).

* 금융회사의 CDO 창출 과정이 워낙 복잡해 IMF가 서브프라임 모기지 사태 발생 후 그 과정을 도식화한 그림. RMBS에서 "R"은 residential(거주용)이므로, RMBS는 주택담보대출을 의미. 그 외 용어는 제1장 3절 사항을 참조하기 바람.

〈규제 미비와 감독 실패〉 무릇 모든 제도는 제정·시행하는데 상당한 시간이 걸릴 수밖에 없다. 기존 제도를 활용해 '예외적' 상황 변화에 적절히 대응하기란 애당초 불가능에 가깝다. 이를 감안한다 해도 당시 규제당국은 실제 할 수 있었던 규제와 감독을 충분히 해내지 못했다. 장외파생상품을 예로 들어보자. 당시 장외파생상품은 복잡하게 왜곡된 증권화, 전문성이 전혀 없던 신용평가기관(CRA: credit rate agency), 절대 이익을 추구하는 헤지펀드나 그 외 그림자금융 기관이 서로 얽히고설켜 가며 설계되었다. 그런데도 헤지펀드만 낮은 수준의 규제를 받았을 뿐 신용평가기관을 포함해 다른 모든 그림자금융 기관은 규제 대상이 아니었다. 물론 기존 관련 규정도 그림자금융 기관이 갖는 경제적 의미를 적절히 고려하지 못했다. 특히, 위험가중자본금(risk-weighting capital)과 일일 정산(mark-to-market) 회계 규정은 이른바 경기순응적(procyclical)이어서 유동성이 메말라버린 불경기에 거꾸로 요건을 강화해버리는 효과를 보였다. 국가 간 금융위기에 대처하는 법적 장치도 (거의) 없었다.

〈은행 건전성 악화〉 금융위기 발생 수년 전부터 은행 신용은 예금보다 훨씬 빠르게 확대하고 있었고 채무는 단기부채에 편중된 채 2007년 6월 역대 최고치를 기록했다. 자산가치가 하락하면 은행 위험이 심각해질 수밖에 없는 재무구조였다. 은행의 이 같은 경영상태는 단기 수익성 위주의 신자유주의적 보상과 유인체계 영향이 컸다. 은행의 장기 안정성은 뒷전이었다. 서브프라임 모기지 관련 의사결정에서도 적절한 관리의무를 다하지 못하고 신용평가기관이 책정한 등급에만 무조건 의존했다. "금융기관의 규모와 영향력이 엄청나게 크고 수많은 기관의 이해가 복잡하게 얽혀 있어 망하게 내버려 둘 수 없을 것이다"라는 대마불사(too-big-to-fail) 믿음이 모두에게 팽배해 있었다.

이외에도 탐욕, 다행감(多幸感, euphoria. 예: 대마불사에 대한 강한 믿음과 아전인수 격 해석), 비합리성(예: 집단사고, 군집행동[herd behavior]) 등 인간 본성에 내재한 여러 약점을 성찰해야 한다는 목소리가 있었고, 합리적 기대가설(시장은 평균적으로 합리적이며 자정 메커니즘[self-correction mechanism]을 가짐)에 대한 학계의 지나친 존숭, 사회구성원 간 관계와 법적·사회적 계약 등을 등한시하고 지나치게 자연과학 방식으로 접근하는 경제학 연구도 크게 비판받았다.

다. 법제 관련 영향

2008년 금융위기는 글로벌화한 금융자본주의의 본질적 문제점을 들춰냈다. 위기 수습 과정에서 G20 회의는 기존의 장관급에서 정상급으로 격상됐고, 2009년 피츠버그 G20 정상회의 합의는 그동안 선도자본시장 간 자연스레 진행되던 법제 간 수렴 현상을 주요국 자본시장 법제로 확대하는데 결정적 요인으로 작용했다.

전 세계가 금융위기를 함께 겪어야만 법제가 수렴하는 것은 아니다. 자본시장 글로벌화로 비즈니스에 국경이 사라진 상태에서 주요 선도자본시장 국가는 세계자본시장과 금융산업을 맨 앞에서 주도하는 미국과 글로벌 FMI 제공기관에 보조를 맞추지 않을 수 없다. 그렇지 않으면 경쟁은 고사하고 국제무대에 발조차 들일 수 없기 때문이다. 국제경쟁력을 갖춘 FMI/FMI 제공기관을 갖추려면 법제 또한 글로벌 규격이어야 한다. EU(European Union. 유럽연합) 자본시장 법제는 미국을, 아시아 주요 자본시장 법제는 미국과 EU에 맞출 수밖에 없다. 금융위기 이전 2007년 미국이 Reg NMS(Regulation NMS. NMS 규정. 전국시장시스템규정. 렉 엔엠에스)를 시행하자 EU가 어떻게 해서라도 이에 맞추려 했던 노력이 MiFID(Markets in Financial Instruments Directive. 금융상품투자지침. 미피드)이다.

글로벌 금융위기 직후 합의한 G20 정상회의 결과는 선도자본시장 법제의 이 같은 흐름과 주요국 자본시장의 법제 간 수렴에 박차 역할을 했다. 미국은 2010년 7월 "**글래스-스티걸법**"(The Glass-Steagall Act. 1933년)이래 자본시장 최대 개혁법인 Dodd-Frank Act(도드-프랭크법)를, 유럽은 2012년 8월 EMIR(European Markets Infrastructure Regulation. 유럽시장인프라규정. 에미어. 유럽판 Dodd-Frank Act)를 각각 시행하며 글로벌 금융위기 재발 방지를 꾀했다. 아시아 주요 자본시장도 비슷한 성격의 법제를 도입하거나 개정하며 뒤따랐다.

4. 글로벌 자본시장 규제·감독 구조와 주요 기관

신문이나 매체, 문헌에 등장하는 여러 글로벌 자본시장 규제·감독기구 약자와 서로의 관계에 한 번쯤은 생소해하던 기억이 있을 것이다. 오늘날 글로벌 자본시장 규제·감독기구는 1997년과 2008년 두 차례 세계적 금융위기를 겪으며 절실해지다 2009년 피츠버그 G20 정상회의 이후 확립됐다. 미국과 EU 자본시장의 최근 법제 상황을 알아보기에 앞서, 글로벌 자본시장의 법제 수렴과 규제·감독 공조에 공헌하는 기구/기관을 G20 정상회의를 정점으로 해서 상위부터 차례로 먼저 알아보자(〈그림 8-2〉 참조).

〈그림 8-2〉 글로벌 자본시장 규제·감독 공조 구조

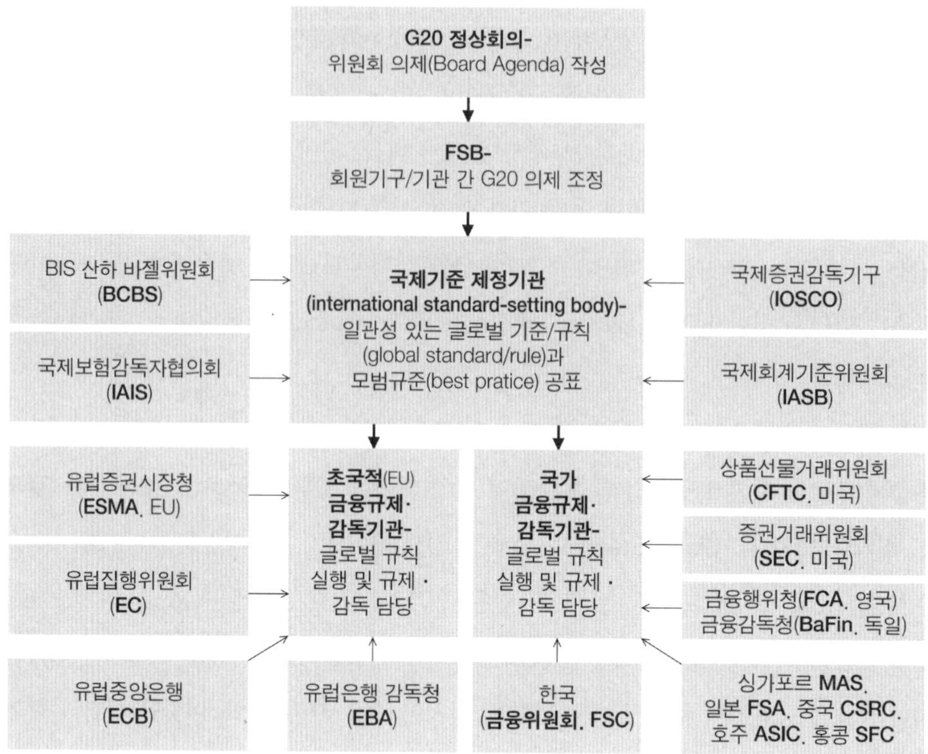

* 자료: 프란치오니·프라이스·하흐마이스터(Francioni, Freis Jr., and Hachmeister, 2017)를 수정해 재작성.

- **〈G20 정상회의〉** 경제성장과 자본시장 규제·감독에 관한 국제원칙(international principle)을 제정하는 중추 중 하나. 정상회의로 격상된 후로는 2008년 11월 글로벌 금융위기 와중에 미국 Washington D.C.에서 처음 열림(1999년 재무장관과 중앙은행 총재 포럼으로 시작). G20 의제(G20 agenda)를 개발하고 회원국 내 집행 감독을 목적으로 적어도 1년에 한 번은 소집. G7 참가국에 12개 주요 경제국과 신흥국, EU를 더해 20개국으로 구성. 매년 돌아가며 의장국 수행.
- **〈금융안정위원회, FSB.** 스위스 바젤[Basel] 소재**〉 금융안정포럼(FSF**: Financial Stability Forum)이 모태. 1997년 아시아 금융위기(Asian financial crisis of 1997) 이후

글로벌 금융기관과 금융시장 규제·감독에 국가 간 협력이 시급하고 중대해짐. 그 결과, 1999년 G7 참가국을 축으로 12개 회원국이 금융위기 예방과 대처방안 연구, 국제 금융시스템 안정성 강화에 관한 국제협력 등을 목표로 FSF를 설립. 2008년 글로벌 금융위기 이후 참여대상을 G20 참가국을 포함해 25개국, 10개 국제기구와 국제기준 제정기관으로 확대하면서 금융안정위원회(FSB: Financial Stability Board)로 개편. BIS(Bank for International Settlements. 국제결제은행)[220]가 비용을 부담하며 주최하고 각국 재무부, 규제·감독기구, 중앙은행 등이 회원기관으로 참여. 한국은 금융위원회와 한국은행이 회원기관으로 활동.

FSB 핵심 업무는 회원기구/기관 간 G20 의제 조정임. FSB는 각국 규제·감독 당국과 중앙은행, 국제기준 제정기관이 회원 역할을 함으로 업무영역 폭이 광범위함. 글로벌 금융시스템 취약성 파악, SIFI(systemically important financial institution. 시스템적으로 중요한 금융기관. 사이파이) 규제, 장외파생상품시장 규제, 그림자금융 감시와 규제 등이 주요 의제임.

- **〈국제기준 제정기관, International Standard-setting Body〉** FSB 회원이며, 금융시장 각 부문(은행, 증권, 보험) 규제·감독과 관련해 일관성 있는 국제기준 제정과 모범규준(best practice) 공표, 국제협력 강화 등을 목표로 활동. **바젤은행감독위원회(BCBS**: Basel Committee on Banking Supervision), **국제증권감독기구(IOSCO**: International Organization of Securities Commissions. **아이오스코**), **국제보험감독자협의회(IAIS**: International Association of Insurance Supervisors)가 각각 은행, 증권, 보험 관련 국제기준 제정기관임. 글로벌 자본시장 규제·감독과 관련해 이들 기관이 주도하는 다음 사안은 특히 중대한 영향력을 끼침.

220 제1차세계대전 이후 독일 전쟁배상금 문제를 해결하려 스위스 Basel에 주요 당사국의 공동출자로 설립한 치외법권 국제기관이다. 배상금을 주고받고 해야 하니까 처음에는 이름처럼 국가 간 (통화) 결제가 중요했다. 하지만, 이후 점차 영향력이 확대되어 지금은 "회원국 중앙은행의 은행"(bank for member central banks) 역할을 하며 국제통화와 금융 안정성 증진을 목표로 활동한다. 구체적으로, 전 세계 중앙은행에 대한 대출, 단기 신용 공여 등 중앙은행 간 협력과 조정을 증진하고, 국제통화와 금융안정에 대한 정책 분석, 연구, 토론장, 중요 기준 권고안 등을 제공한다. 전 세계 은행감독기구로 보면 된다. 한국은 1996년 33번째 정회원으로 가입했다.

① **바젤 III(Basel III)**—'Basel'은 은행이 안정성을 제1순위로 두고 보유자산을 다소 보수적으로 운영하게끔 자기자본(자본 건전성)을 규제하는 방안임. BIS 산하 BCBS가 도출·권고. "**최저 자기자본 규제**"(minimum capital requirements. **BIS 자기자본비율[BIS capital adequacy ratio]** 관련 규제),[221] 규제·감독 당국의 점검 활동(supervisory review. 은행별 위험 수준에 맞게 차별적 감독 시행), 시장규율 강화(market discipline. 공시제도) 등 "3개 기둥"(three pillars)으로 구성.

1988년 1라운드(**바젤 I. Basel I**) 시작. 2010년 권고·제시된 바젤 III는 위기 때 은행의 손실흡수 능력을 강화하고 금융산업 안정성을 높여 금융위기 재발 방지와 경제성장에 이바지할 것을 목표로 삼음. 특히, 2008년 금융위기 당시 IB가 엄청난 단기부채를 동원하며 저지른 고위험자산 투자행태에 주목. 권고 내용은 ㉠ 자기자본(총자본)[222]의 질적·양적 강화(자본 계산 방법을 엄격히 함. 완충자본[capital conservation buffer] 개념 도입. 최저 자기자본 기준 상향), ㉡ 레버리지 비율 도입([자기자본]/[파생상품·부외 항목 등 감독목적 재무제표상의 모든 위험노출액]. 과도한 부채 비중 규제. 최소 3.5%), ㉢ 유동성 규제 비율(유동성커버리지비율[LCR: liquidity coverage ratio. 유동성 위기 때 최소 1개월 정도 생존 가능한 현금보유]과 순안정자금조달비율[NSFR: net stable funding ratio]. 단기자금 조달로 장기 운용 자산을 투자하는 행위 방지) 도입임. 핵심 규제 대상은 자기자본비율임. 자기자본비율은 여러 가지 자기자본 정의(총자본, 기본자본, 보통주자본, 단순기본자본)를 위험가중자산으로 나눈 값. 예를 들어, 총자본비율은 은행 총자본을 위험가중자산으로 나눈 값으로, 비율이 높을수록 건전성이 좋다는 신호임. BIS 최소 자기자본비율은 8%며, 자본 보전 완충자본을 포함할 때는 10.5%, 경기 대응 완충자본까지 포함하면 13%임. SIFI는 여기에 1% 추가자본

221 BCBS는 신용위험, 시장위험, 운영위험을 은행이 중요하게 관리해야 할 위험이라 판단했다. 이에 대한 안전망으로 은행은 자기자본을 충실히 해야 하며, 충실 여부 판단지표로는 BIS 자기자본비율(자기자본/위험가중자산)을 사용한다. 은행이 위험가중자산의 8%(상황에 따라 상향 조정) 이상을 자기자본으로 유지하면 위험이 발생해도 최소한의 안전망을 갖췄다고 간주한다.

222 보통 자기자본을 자본금과 혼용하기도 하지만, 엄밀히 말해 자기자본은 자본금에다 그동안 기업이 벌어 축적한 자금(잉여금+자본조정 등)을 합한 금액이다.

을 더 적립해야 함. 여러 차례 연기 끝에 2023년 1월까지 마지막 단계 실행을 목표로 했으나 여전히 연기되고 있음.

한국은 2020년 6월 말부터 시작해 4분기까지 10개 은행·은행지주회사가 도입. 나머지 (거의) 모든 은행은 2023년 1월부터 도입 완료.

② **FMI 원칙**(“**금융/자본시장인프라 원칙**”)—지급, 청산·결제, 예탁, 거래정보저장 기관 등 이른바 FMI 제공기관의 안정성과 효율성 제고를 위한 국제기준.[223] 2012년 4월 “**지급결제와 시장인프라 위원회**”(**CPMI**: Committee on Payments and Market Infrastructure. 舊 “**지금결제제도위원회**”[**CPSS**: Committee on Payment and Settlement Systems]. BIS 산하. 2014년 9월 CPMI로 개명)[224]와 IOSCO가 공동으로 공표. 글로벌 금융/자본시장의 건전성을 강화하려는 FSB의 12개 주요 국제기준(12 key standards) 중 하나. 글로벌 금융위기 이후 주요 장외파생상품의 CCP(central counterparty. 집중결제상대방) 방식 청산 의무화 같은 금융환경 변화를 반영하고 FMI 제공기관의 위기 대응 능력과 위험관리기준을 강화하고자 기존의 관련 국제기준을 통합·강화해 제정.

FMI 제공기관의 종합 위험관리 시스템 확보와 효율적 지배구조 구축, 청산기관의 신용과 유동성위험 관리 강화, 참가자 결제불이행 대비, 결제이행 보증기금(settlement fund) 확보, 고객재산 보호 및 간접 참가기관 위험통제 방안 등이 주요 내용임. 특히, FMI 운영자는 금융/자본시장 전체의 위험관리자로서 청산·결제 안정성과 효율성을 충실히 확보할 것을 강조.

- **〈초국적/국가 금융규제·감독기관〉** 국제기준 제정기관이 권고한 국제기준과 모범규준을 초국가(예: EU) 또는 각국 상황에 맞춰 실행하고 규제·감독을 집행. 주요국 자본시장별 대표 규제·감독기관을 들면 다음과 같음. 미국 SEC와

223 한국은 KRX([거래소], 청산·결제기관, 거래정보저장소), KSD(Korea Securities Depository[한국결제예탁원]. 결제·예탁기관), **금융결제원**(**KFTC**: Korea Financial Telecommunications and Clearings Institute. 중요자금결제시스템)이 FMI 원칙 규제 대상이다.

224 최초 설립목적은 주요국의 지급결제제도 동향 점검과 분석이었다. 현재는 국제기준(예: FMI 원칙) 제정과 이행상황 점검, FMI 관련 정책개발과 제안 주도 같은 기능을 수행한다.

CFTC(Commodity Futures Trading Commission. 상품선물거래위원회), 영국 FCA(Financial Conduct Authority. "금융행위청"), EU ESMA(European Securities and Markets Authority. 유럽증권시장청), 독일 **BaFin(Bundesanstalt für Finanzdienstleistungsaufsicht**. 금융감독청. **바핀**), 싱가포르 **MAS**(Monetary Authority of Singapore. **통화청**. **마스**), 일본 FSA(Financial Services Agency. 금융청), 중국 CSRC(China Securities Regulatory Commission. 증권감독관리위원회), 호주 **ASIC**(Australian Securities and Investments Commission. **증권투자위원회**. **아식**), 홍콩 **SFC**(Securities and Futures Commission. **증권선물위원회**).[225]

225 주요국 금융감독기관과 국제금융감독기구는 금융감독원 웹사이트를 참조하기 바란다[https://www.fss.or.kr/fss/kr/promo/world/abroad.jsp].

제9장
미국자본시장 주요 법제
글로벌 선도자본시장 현재 모습 규정

1. Reg NMS

가. 1975년 증권거래법 개정

(1) 배경

1970년 전후, 미국주식시장은 "후선업무 마비 사태"(Paperwork Crisis 또는 Back-office Crisis, 1968~1971년)로 한바탕 홍역을 치렀다. 전자거래가 아니었기에 당시 청산(매매확인)과 결제를 마치려면 주식증서를 물리적으로 주고받아야 했다. 그런데 1968년 주식거래량이 갑자기 증가했다. 증권회사 후선업무는 엄청나게 밀렸고 거래소(NYSE[New York Stock Exchange. 뉴욕증권거래소. 나이씨])는 이들 증권회사가 후선업무에만 집중할 수 있도록 몇 달 동안은 아예 수요일 영업을 하지 않았다. 오가는 주식증서를 가로채는 조직범죄도 성행해 1970년대 말까지 그 액수가 무려 4억 달러(5,200억 원)에 달했다고 한다.

여기에 좀 더 본질적인 문제가 혼란을 가중했다. 같은 주식이 서로 다른 가격으로 여기저기 시장에서 거래됐는데 도대체 총체적으로 파악할 방도가 전혀 없었다는 것이다. 이른바 시장 분할(market fragmentation)과 정보 불투명성이 아주 심했다. 게다가 거래소는 수수료를 높게 고정시킨(fixed commission. 고정수수료) 채 바꿀 생각이 없었다. 대량매매인데도 수수료를 할인해주지 않았다. 규칙상("거래소집중의무") 상장주식은 상장거래소(primary market)에서만 거래할 수 있었기 때문이다. 정책담당자는 거래소 자연독점(즉,

유동성 외부효과)을 문자 그대로 인정했고 거래소는 자신의 독점력을 최대한 누리려 했다. 막 성장궤도에 올라탄 기관투자자는 막대한 수수료를 피할 수 있는 장외시장으로 빠져나갔고, 시장 유동성은 더욱더 쪼개졌다.

업무 자동화가 사태 수습의 열쇠였지만 비용부담이 너무 커 이를 감당할 수 없는 많은 증권회사가 폐업하거나 합병당했다(전체 증권회사의 약 1/6). 업계 노력으로 1971년 장외주식시장 호가 자동 통보시스템 NASDAQ(現 Nasdaq. 나스닥)과 1973년 결제·예탁기구 DTC(Depository Trust Company)가 창설됐다. 미 의회는 주식시장 구조 전반에 걸쳐 총체적 검토를 하지 않을 수 없었고, 1975년 마침내 1934년 증권거래법(The Securities Exchange Act of 1934)을 개정하며 자본시장 정책 기본방향을 뿌리째 바꿔버린다.

(2) 핵심 내용

1975년 증권거래법 개정(The Securities Acts Amendments of 1975)은 증권시장 본연의 특성인 자연독점에다가 어떻게 경쟁을 가미해야 투자자를 강하게 보호할 수 있는지에 핵심이 모여졌다. 그 결과, 거래소 말고도 갖가지 거래시장(trading center)을 허용해 온갖 투자 수요를 충족해주고, 이들 시장을 공정하게 경쟁시켜 투자자 보호와 혁신을 함께 도모하며, 또 모든 시장을 네트워크로 연계해 마치 독점 시장인 양 운영하도록 하였다. "거래시장 간 경쟁 촉진", "연계를 통한 효율성 증진", "투자자 보호"라는 개정법의 정책 기본방향[226]은 독점과 경쟁이라는 이율배반적 명제의 장점만을 얻으려는 새롭고 야심 찬 시도였다. 오늘날 미국, 더 나아가 글로벌 선도자본시장 법제의 대강을 규정한다.

정책 지향점이 정해지자 미 의회는 세부 규정, 즉 Reg NMS[227]를 제정하는 데 필요한

226 드러내놓고 언급하지는 않았지만, 이번 기회에 글로벌 자본시장에서 미국 주도를 더욱 공고히 하려는 목표도 내심 들어 있었다.

227 Reg NMS에 관한 상세한 내용과 논의는 엄경식·장병훈(2007)을 기본으로 하고 여기에 엄경식(2011b, 2019), 마호니·라우터버그(Mahoney and Rauterberg, 2017), 마호니(Mahoney, 2020)를 추가로 참조한다. 참고로 Mahoney(2020) IV장은 현행 Reg NMS 개편을 옹호하는 그의 견해를 피력한다. 필자는 그의 견해 대부분에 동의하지 않는다.

목표를 다음과 같이 5개로 구체화했다.

① **주식거래 효율성 증진**—최신 거래 관련 ICT(information and communications technology. 정보통신기술) 적극 수용. ICT가 혁신적으로 발전해 시대착오적이거나 구태의연하게 된 기존 NMS(National Market System. 전국시장시스템) 규정 개선.

② **투자자와 브로커·딜러의 시장정보 접근 편의성 제고**—주문제출에 필요한 시장정보를 구하는데 드는 비용 통제.

③ **Best Execution(최선체결의무. 베스트 엑시큐션) 성공적 실현**—매수[매도]주문이 전국에서 제일 낮은[높은] 매도[매수]호가와 체결되도록 의무화.

④ 수면 아래서 조금씩 자연스럽게 진행되던 **거래시장**(예: NYSE, 지역거래소, 장외주식시장[OTC. 당시 NASDAQ], 초기 ECN[예: Instinet[인스티넷]]) **간 경쟁을 공정하게 보장**하고, 제각기 규제받던 이들 시장에 **통일 규정 확립**.

⑤ 스페셜리스트(specialist. NYSE), 시장조성인(market maker. NASDAQ) 등 중개회사 개입 없이 **투자자 간 직거래**(direct trade) **확대**—특히 기관투자자 간 대량매매 직거래 활성화는 미 의회 숙원 사항이었음. 이를 꾀하려면 기관투자자 주문에 유동성(특히 시장 깊이[market depth]) 개선조치가 필수 불가결.

5개 목표를 요약하면, 미 의회는 주식시장에 자생적으로 등장한 여러 형태의 거래시장을 제도권에 적극 받아들여 기존 시장과 공정한 개별 경쟁을 벌이도록 하되, 전체로는 이들을 가상(virtual) 단일시장(NMS)으로 묶어 유동성(특히 시장 깊이)을 확대함으로써 기관이나 개인투자자가 NBBO(National Best Bid and Offer. 전국 최우선매수·매도호가)에 거래할 수 있기를 고대했다. 더불어, 주문 간 직거래(전자거래)를 장려(즉, 중개회사 개입을 최소화)해 거래비용도 낮추려 했다. 시대착오적이고 구태의연한 규정을 완벽히 조치해야 하고 ICT 시스템도 빈틈없이 고도로 확립해야 가능한 일이었다. 이를 효과적으로 달성하려면 누군가 오랜 기간 전담해야 했고 미 의회가 SEC에 전권을 부여한 것은 아주 당연한 처사였다.

(3) Reg NMS로! 30년 걸친 준비 과정

SEC가 Reg NMS를 제정하고 실행에 옮기기까지에는 오랜 기간이 걸렸다. "자연독점 달성"과 "거래시장 간 경쟁 추구"라는 상충적인 정책목표를 세부 규정 속에 조화롭게 구현해내기란 굉장히 힘들었을 것이다. 또한 어떻게든 구현해내려면 무엇보다 거래시장 간 연계시스템과 정보시스템을 우선해 갖춰야만 하는데 당시 ICT로는 이를 올곧이 만들어낼 수가 없었다. 거래 관련 ICT 수준이 궤도에 올라 자신의 정책목표를 뒷받침해 줄 수 있을 때까지 기다릴 수밖에 도리가 없었다. 그 기간이 무려 30년이었다.

그 사이 SEC는 Reg NMS 시행을 지향점으로 하며 수많은 시장구조 관련 법제를 준비했다(〈표 9-1〉 참조). 이를 간단히 살펴보자. SEC가 제일 먼저 취한 조치는 '실질적으로' 당시 미국의 유일 거래소라 할 수 있는 NYSE와 관련한 사안이었다. 먼저, CTS(Consolidated Tape System. "통합체결정보시스템". 1976년)와 CQS(Consolidated Quote System. "통합호가정보시스템". 1978년)를 차례로 도입해 NYSE와 AMEX(American Stock Exchange. 現 NYSE American) 상장주식의 거래정보와 호가정보를 실시간 집중·제공하고(제6장 4절 가항 참조), **ITS**(Intermarket Trading System. **"시장 간 거래시스템"**. 시장 간 가격분할 방지 장치. 1979년)를 설치해 주문을 NBBO 게시 거래시장에 회송할 수 있도록 하였다.[228] 동시에 기존의 반경쟁적 규제의 대명사였던 **"NYSE 규칙(Rule) 390"**("거래소집중의무". Exchange Trading Requirement. NYSE 회원사 간 NYSE 상장증권 장외거래 금지)을 12년(1978년 3월~2000년 5월)에 걸쳐 점진적으로 폐지했다.

다음 조치는 당시 장외시장으로 분류되던 NASDAQ과 ATS(alternative trading system. 대체거래시스템. 주로 리트풀 ECN)로 향했다. **UTP Plan**(Unlisted Trading Privileges Plan. **"비상장주식 거래권 부여 제도"**. 1990년)을 도입해 NASDAQ 등록증권의 거래정보와

228 ITS를 만들어놨지만 이는 유명무실했다. 주문을 접수한 거래시장 A에서 NBBO 게시 거래시장 B에 주문을 회송하려면 무려 1분 이상이 걸렸기 때문이다. 그 사이 NBBO가 바뀌면 또 1분 이상 걸려 회송해야 했다. 게다가 더 근본적인 문제는 거래시장이 IT에 투자할 유인이 전혀 없었다는 점이다. 자신에게 들어온 주문을 다른 데서 거래하게 하는 시스템에 도대체 누가 자진해서 투자하려 할까? ITS를 구비했음에도 NYSE의 실제 독점력은 오랫동안 사라지지 않았고 시장 간 경쟁도 구체화하지 않았다.

〈표 9-1〉 Reg NMS 시행을 예비한 시장미시구조 관련 주요 법제 조치

연도	제도	조치, 내용 및 효과
1976. 4	**CTS**(Consolidated Trade System. "통합체결정보시스템") **시행**	NYSE 상장주식을 거래하는 모든 시장의 거래정보를 통합 보고(사후적 투명성 확보)
1978. 7	**CQS**(Consolidated Quote System. "통합호가정보시스템") **시행**	NYSE 상장주식을 거래하는 모든 시장의 거래 전 정보(호가정보)를 통합 보고(사전적 투명성 확보)
1979. 9	**ITS**(Intermarket Trading System. NMS 참여 거래시장 간 주문회송시스템) **Plan 시행**	NBBO 게시 시장에서 매매체결이 이루어지도록 NMS 참여 거래시장 간 주문을 회송하는 시스템 확립 - 1981년 개정을 통해 "Trade-through Rule"을 승인
1990. 6	**NASDAQ UTP Plan**(Unlisted Trading Privileges Plan. "비상장주식 거래권 부여 제도") **시행**	UTP Plan은 "모든 UTP Level 1 데이터"의 수집, 가공, 분배를 관장. 즉, NASDAQ 등록증권 시장 데이터 통합 제공. 이때 실시간으로 이를 스트리밍 하는 SIP("증권정보프로세서". 증권정보제공회사)가 핵심 역할 수행 - UTP는 자신의 거래소에 상장되어 있지 않아도 거래할 수 있는 권리를 의미. 따라서 NASDAQ(당시 OTC)에서 거래되는 정규거래소(예: NYSE) 상장증권과 정규거래소에서 거래되는 등록증권/비상장증권에 대해서도 서로 호가와 거래정보의 수집·제공을 요구할 수 있음. 즉, **주식거래가 거래시장 간 완벽히 대체 가능(fungible)함** - 현재 미국주식시장에는 NYSE와 Nasdaq이 각각 하나씩 SIP를 운영 중(Reg NMS Rule 614를 통해 개정 중)
1997. 1	**OHR**(Order Handling Rules. "주문처리규칙") **제정**	"지정가주문공개규칙"(Limit Order Display Rule), "ECN 규칙"(ECNs Rule) 등으로 구성. 투자자 간 직거래 가능성이 대폭 커져 ECN이 비약적으로 발전하는 계기가 됨. 경쟁자 출현으로 독점이던 NASDAQ의 거래비용은 획기적으로 감소
1998. 12	**Reg ATS**(Regulation Alternative Trading System. ATS 규정) **시행**	ATS(특히 ECN) 지위를 강화한 조치. 거래소와 ATS 간, ATS와 ATS 간 경쟁을 촉진
1978. 3 ~ 2000. 5	**NYSE Rule 390** ("거래소집중의무"[Exchange Trading Requirement]) **폐지**	NYSE 회원사 간 NYSE 상장증권의 장외시장 매매를 금지한 Rule 390 폐지. 이는 NYSE 입장만을 고려했던(SEC 위원[Commissioner] 앳킨스[Paul Atkins]가 대표 인물) 기존 반경쟁적 규제의 철폐를 의미. 거래소와 ATS 간, 거래소와 IB 간 경쟁을 더욱 촉진 - NYSE 입장만을 고려했던, 즉 Reg NMS에 반대했던 당시 SEC Commissioner Atkins는 트럼프(Donald Trump) 정부 자본시장 정책의 가장 영향력 있는 막후 실력자로 당시 자본시장 정책 기조를 대변
2000. 7	**호가단위**(tick size) **십진법** 전환(Decimalization) (2000.1.29. 주요 종목 시작)	호가단위를 1/8달러(12.5센트. 1997년부터 1/16달러[6.25센트]로 변경)에서 1센트로 축소. 투자자의 거래비용 감소와 시장 간 가격경쟁 촉진

* 자료: 엄경식·장병훈(2007), 엄경식(2019), Mahoney and Rauterberg(2017), Mahoney(2020).

호가정보를 실시간으로 집중해 제공하였다(제6장 4절 가항 참조). 또한 호가단위(tick size/minimum tick size. 최소호가단위)가 1/8달러였던 당시, 분자를 짝수(2/8, 4/8)로만 내도록 NASDAQ 딜러가 담합하자(크리스티·슐츠[Christie and Schultz], 1994) **"주문 처리 규칙"**(**OHR**: Order Handling Rules. 1997년)을 제정해 출범 초기였던 ECN과 경쟁을 유도했다. 더 나아가 Reg ATS(Regulation ATS. ATS 규정. 1998년)까지 제정·시행하며 시장 간 경쟁에 더욱더 불을 지폈다. OHR과 Reg ATS를 계기로 ECN은 비약적으로 발전하게 된다.

마지막으로 200년 넘게 관행이었던 1/8달러(12.5센트. 1997년부터 1/16달러[6.25센트]로 변경) 호가단위를 1센트로 축소하는 조치(**호가단위 십진법화**. decimalization)를 단행했다. 이로써 투자자의 거래비용은 대폭 감소하고 거래시장 간 가격경쟁은 더욱 치열해졌다.

제도 정비를 완료하고 ICT 수준이 무르익었다고 판단한[229] SEC는 2005년 6월 Reg NMS를 제정하고 즉시 시행하려 했다. 그러나 이번에는 NYSE와 NASDAQ이 자동 거래시스템을 기한 내 완비해내지 못 하였다. 2년간 시행을 유예해야 했고(제6장 1절 가항 (2)~(3) 참조), 2007년 3월 드디어 거래소를 시작으로, 7월 브로커·딜러(증권회사), 10월 기타 모든 관련 기관에 차례로 적용·시행할 수가 있었다. 1975년 법 개정에서 2007년 Reg NMS 시행에 이르기까지 전체 과정에서, 우리는 이상적으로 설정한 장기 비전에 근거하여 정책목표를 확고히 한 후 거래 관련 ICT 성숙도를 현실적으로 고려해가며 제도 변화를 꾀하는 SEC 시장 운영철학의 한 단면을 생생히 엿볼 수 있다.

---

229 좀 더 구체적으로 예를 들면, 거래시장 A가 접수 주문을 NBBO에 체결하지 못하면 이를 1초 이내에 NBBO 게시 거래시장 B로 확실하게 회송할 만큼 ICT 수준이 올라왔다고 판단했다.

나. 정의와 구성

Reg NMS는 상장주식의 거래와 투명성 제공 방법을 재정립한 "(시행)규칙 묶음"(a set of rules)을 말한다(제3장 1절 참조). 1975년 증권거래법 개정의 정책적 핵심 목표를 구현하는데 SEC가 필수라 판단한 15개(16개 예상) 규칙으로 이루어져 있다. 2005년 제정 당시 13개(Rule 600~612)였으나, 2012년 7월 Rule 613, 2020년 12월 Rule 614가 추가됐다(2023년 중순 이후 Rule 615 추가 예상. 〈표 9-2〉, 〈표 9-4〉 참조).

보통은 Reg NMS를 거래 공정성과 투명성에 초점을 두어 **OPR(Order Protection Rule/Trade-through Rule.** "주문 보호 규칙". **Rule 611**), **Access Rule**("시장접근/호가게시 비용 규칙". **Rule 610**), **Sub-penny Rule**("1센트 규칙". **Rule 612**), **Market Data Rules**("시장 데이터 규칙". **Rule 601~603**)를 주요 규칙(main element)이라 하며 별도로 언급하곤 한다. 그 외, Reg NMS에서 사용한 개념과 조건 정의(Rule 600), 브로커 책임(Rule 604~607), SRO(self-regulatory organization. 자율규제기구) 권한(Rule 608~609), CAT(Consolidated Audit Trail. "통합검사추적시스템". 캣. Rule 613), 주식시장 핵심 데이터 내용 확대와 인프라 현대화(**Market Data Infrastructure Rules.** "시장 데이터 인프라 규칙". Rule 614)가 전체 구성을 이룬다. 특별히 Rule 613과 Rule 614를 합쳐 "**Reg NMS II**"라고도 한다(제9장 4절 후술).

각 규칙은 혁신적으로 변모한 거래 관련 ICT를 최대한 반영하고 적용 대상을 기존 NMS 상장증권(NYSE 전체와 Nasdaq의 일부 상장증권)에서 모든 Nasdaq 상장증권까지 확대할 것을 기본 틀로 한다. 이에 맞춰 SEC는 기존 규칙을 개선하기도(예: OPR, Market Data Rules) 하고 또 규칙을 새롭게 만들기도 하였다.

〈표 9-2〉 Reg NMS 규칙별 핵심 내용

구분	Rule	핵심 내용과 특징
정의	600	**Reg NMS에서 사용한 개념과 조건 정의**(Definitions). 규정을 적용하며 미묘한 상황이 벌어질 때 결정적 역할 - SIP, NBBO, **보호호가(protected quote)**, 자동호가, SRO, 대량매매 크기, NMS 주식, **trade through("최우선호가 무시"), ISO 주문** 등
Market Data Rules (시장 데이터 규칙) 정보 보고의무와 접근 공정성	601	**거래정보 보고의무**(Trade Dissemination) - 정규거래소는 SIP에 직접 보고. 장외거래시장(ATS 포함)은 TRF 설립해 보고 **데이터 비용**(Data Cost) - SRO는 거래정보를 배포할 때 합리적 균일 비용을 부과해야 함
	602	**호가정보 보고의무**(Quote Dissemination) - 정규거래소－모든 매수·매도호가, 호가량, 취소 주문 보고 - ECN－**"actionable quote"**(거래 의도가 있는 주문) 공표
	603	**공정한 정보 접근 의무**(Equal Access) - 합리적이고 공정한 조건으로 정보 배포－비합리적 차별 금지 **SIP** - NBBO는 **"완전 거래단위"(round lot)** 주문 호가에 근거를 둬야 함(즉, 단주 포함 안 함)
브로커 책임	604	**고객 지정가주문 공개 의무**(Customer Limit-order Display Requirement) - 거래 가능한 접수 주문은 총주문량 즉시 공개. (대량매매, 단주, 내부집행주문은 안 해도 됨)
	605	**주문 체결 질적 수준 공개 의무**(Disclosure of Order Execution Quality. **2023년 개정 예정**) - 시장가주문(대부분 소매주문. held order)은 반드시 보고 - NBBO에 영향 주는 체결 관련 통계량－평균 거래시간, 유효 스프레드, 가격개선, 호가 범위 밖 체결주문 비율, NBBO 무시 평균 센트(cent) 등
	606	**주문회송 정보 공개 의무**(Disclosure of Order Routing Information) - 상위 10개 회송 거래시장 공개. (현재) 소형주문(200,000달러 미만)에만 적용. **PFOF(payment for order flow.** 소매 브로커가 도매 브로커에게 주문을 몰아주고 받는 리베이트) 또는 이익 공유(profit sharing)를 포함해 회송 거래시장에게 받은 금전적 유인
	607	**고객계정표**(Customer Account Statement) - 모든 회송 거래시장과 맺은 연간 PFOF 정책 공표(가격개선을 했으면 포함해야 함)

<table>
<tr><th>구분</th><th>Rule</th><th>핵심 내용과 특징</th></tr>
<tr><td rowspan="2">SRO
규칙</td><td>608</td><td>NMS 제도 신청 및 정정(Filing and Amendment of NMS Plans)
- 둘 이상의 SRO는 합동으로 NMS 제도를 활용해 공개적으로 NMS 제도를 바꿀 수 있음</td></tr>
<tr><td>609</td><td>SIP 등록(Registration of SIPs)
- "Form SIP"에 기재해 SIP 등록. SIP 규칙 변경도 Form SIP로 신청</td></tr>
<tr><td rowspan="3">거래
공정성</td><td>610
Access Rule</td><td>호가 접근성(Access to Quotations. 2023년 개정 예정)
- 거래시장은 모든 고객에게 똑같이 수수료 체계와 거래 접근을 제공해야 함(equal access)
- 시장접근/호가게시 수수료(access fee)는 1주당 30밀($0.003) 미만으로 제한(리베이트는 함구)
- 다른 거래시장에서 게시한 보호호가를 회원이 "크로쓰"(cross. 매도호가가 매수호가보다 낮은 경우)나 "록"(lock. 매수호가와 매도호가가 같은 경우) 하지 못하게 규정을 문서화해야 함(단, 단주에 대해서는 이를 허용)</td></tr>
<tr><td>611
Order Protection Rule</td><td>일명 "Trade-through Rule". <u>보호호가.</u> (2023년 Regulation Best Execution[Best Ex 의무 강화] 신규 제정 예정)
- 다른 거래시장(장외도 포함)에 회송한 결과, 해당 주문이 SIP NBBO보다 불리한 가격에 거래돼서는 안 됨. 즉, 기본적으로 NBBO를 무시하고 거래하면 안 됨(Trade-through 금지). 이 결과, NBBO와 PBBO가 같음. (9개 예외 허용)</td></tr>
<tr><td>612
Sub-penny Rule</td><td>1센트 규칙(Decimals. 2023년 개정 예정)
- 주가가 1달러 이상이면 1센트 미만 가격조정 금지. 즉, 호가단위가 1센트
- 예외 허용–시장가주문 가격개선, 다크풀 거래, "플래시 거래"(flash trading)</td></tr>
<tr><td>CAT</td><td>613
(2012.7.11.)</td><td>CAT("통합검사추적시스템". 제9장 4절 라항 (1) 참조)
- SEC 규제·감독용 정보 필요성에 따라 Reg NMS에 추가된 규칙
- 모든 시장참여자와 거래시장에 걸쳐 모든 주문·체결·수정 데이터를 수집·통합해 제공하는 시스템. 기존 불완전하고 분산된 통합 호가·체결정보를 대체(2022.12.12. 완전 가동)</td></tr>
<tr><td colspan="2">Rule 614
(Market Data Infrastructure)</td><td>NMS 시장 데이터의 통합 내용 확대 및 인프라 현대화(〈표 9-4〉 참조. 2020.12.9.)
Rule 614를 신규 제정하면서 Reg NMS 기존 관련 Rule 대부분도 함께 수정</td></tr>
<tr><td colspan="3">Rule 615 (Order Competition Rule. 2023년 신규 제정 예정). 브로커·딜러가 받은 주문이 PFOF 대신 "qualified auction operator"에서 체결되게끔 유도.</td></tr>
</table>

* "2023 개정/신규 제정 예정": 프로포절(案)이 SEC 표결을 거쳐(2022.12.14.), 공개토론 후 확정만 남은 상태.

다. 4가지 주요 규칙

- **〈Order Protection Rule(OPR.** 일명 **"Trade-through Rule"**. 주문 보호 규칙. 기존 OPR 수정)**—Rule 611〉** Reg NMS 모든 규칙 중 핵심. 접수한 주문을 NBBO로 체결해야 하는 의무. **"Trade-through"**(거래시장 A가 NBBO를 게시했는데도 이를 무시하고 거래시장 B에서 거래하는 상황. **트레이드-쓰루**)를 금지. 즉, 상장주식(NMS 주식) 주문을 NBBO로 체결하지 못하면 즉시 이를 게시한 거래시장(장외도 포함)에 회송해야 함(가격우선만 있고 시간우선은 없음). 이처럼 회송받으려면 해당 거래시장 NBBO는 반드시 자동호가(automated quotation)여야 함.[230] (이와 관련해 브로커·딜러의 최선체결의무 요건을 강화한 **"Regulation Best Execution"**을 2023년 중으로 신규 제정할 예정).

  9개 예외를 두어 trade-through를 허용. 예외를 적용하려면 사전에 이와 관련해 세부 내용을 문서화해놓아야 함. 가장 중요한 예외는 "ISO(intermarket sweep order. '시장 간 싹쓸이 주문') 사용"과 "주문 체결에 1초간 시간 창(one-second window) 허용"임.

  ① **〈ISO 제출할 때 예외 허용〉** ISO는 대량 주문제출자가 특정 거래시장의 현재 BBO(best bid and ask. 개별 거래시장 최우선매도·매수호가)와 자신의 지정가 사이에 걸쳐 있는 이 특정 거래시장 물량을 즉시 싹쓸이해 매매체결 하려는 주문으로, 지정가를 동반한 브로커 시장가주문(제2장 1절 가항 (2) 참조)임. 특정 거래시장이 NBBO 게시 거래시장이 아닐 수 있으므로 OPR 위반이지만 예외로 허용. 단, 주문제출자는 특정 거래시장에 ISO를 접수하면서 동시에 NBBO 게시 거래시장과 특정 거래시장보다 우선 가격을 게시한 다른 모든 시장 BBO에도 주문

---

230 자동호가란 거래시장이 시장가주문을 해당 호가에 '자동으로 즉시' 체결하겠다고 게시한 호가이다. Reg NMS 체제에서 거래시장이 반드시 전자 거래시스템을 갖춰야 하는 이유이다. 만일 갖추지 않으면 주문 회송 대상에서 제외되니까 아예 영업(매매체결)을 하지 못 한다. SEC가 이처럼 "자동호가 보호 원칙"을 고집한 데에는 NYSE의 특이한 시장구조가 한몫했다. NYSE에는 장내 상주해 당시 스페셜리스트(지금 DMM[designated market maker])에게 오가며 대량매매나 정보매매를 처리하는 중개인(입회장 브로커[floor broker])이 있었다(지금도 있음). 관행적으로 이들에게 부여했던 상대적 이점을 자동호가 보호 원칙을 통해 없애려 했다.

을 접수해 체결해야 함. 이에 대한 책임은 주문제출자가 짐.[231]

② **〈주문 체결에 1초간 예외 허용〉** "초단타 호가"(flickering quote. HFT[high-frequency trading. 고빈도거래/초단타매매] 주문에서 발생) 때문에 가격이 순간적(예: *ms*, *μs*)으로 변하는 요즈음 시장환경에 맞춰 OPR을 유연하게 적용하려는 의도. 거래시장이 상대편 NBBO 게시 거래시장의 NBBO와 매매체결 하려는 바로 그 순간 가격이 변해(다른 거래시장 가격이 NBBO가 됨) 해당 시장이 더는 NBBO 게시 거래시장이 아니게 되더라도 1초 내 매매체결 하면 OPR 위반이 아님. 또는 주문 접수 거래시장이 상대편 NBBO 게시 거래시장과 매매체결 하려는데 그 시장 NBBO가 "순간적으로 왔다갔다 변하면"(flickering) 변동 폭 내 가장 덜 공격적인 BBO로 1초 내 거래할 수 있도록 허용. 예를 들어, 매도주문 접수 거래시장이 상대편 NBBO 게시 거래시장과 매매체결 하려는데 그 시장 BBO가 10.00달러와 10.01달러 사이에서 계속 변하면 1초 내 10.00달러(가장 덜 공격적인 BBO)로 해당 매도주문을 매매체결 해도 OPR 위반이 아님.

③ **〈기타〉** ①~② 외에 주요 예외 조항은 다음과 같음. 이들 예외 조항에 해당하면 trade through를 해도 OPR 위반이 아님.

- NBBO 게시 거래시장 시스템에 문제가 발생해 "보호호가"(protected quotation. NBBO 의미)에 접근해도 1초 내 반응하지 않는 현상이 반복해 일어나는 경우(예: **"자구노력 선언 때"**[self-help exception]).
- 시초가, 재개장가, 종가 등 단일가매매로 가격을 결정하는 경우.
- 보호호가가 **크로쓰**(cross. 매도호가가 매수호가보다 낮은 경우)된 경우.
- VWAP(volume-weighted average price. **거래량가중평균가격. 브이왑**)처럼 벤치마크 가격이나 고객 지정가격(stop price)에 매매체결 해야 하는 경우(후자의 경우 고객의 동의를 얻고 고객계좌 주문이어야만 함).

231 ISO를 이해하려면 몽타주(quote montage), top-of-book, depth-of-book(제9장 4절 나항 (1) (나) 참조)과 같은 개념을 이해해야 한다. 이 책의 범위를 넘어서므로 자세한 내용은 엄경식(2019), 차크라바르티·제인·업슨·우드(Chakravarty, Jain, Upson, and Wood, 2012)를 참조하기 바란다.

- **〈Access Rule**(시장접근/호가게시 비용 규칙)**—Rule 610〉** 거래시장은 모든 고객에게 공정하고 차별 없이 수수료를 부과하고 거래할 수 있도록 해야 함. 시장 수수료(access fee. 시장에 접속해 호가를 게시하는 비용)는 1주당 30밀(mil. 0.003달러. 2023년 중 개정하여 5밀까지 한도 축소 예정) 미만이어야 함.[232] 다른 거래시장에서 게시한 보호호가를 거래회원이 크로쓰나 **록**(**lock**. 매수호가와 매도호가가 같은 경우) 하지 못하게 규정을 문서화해야 함(단, 단주는 예외로 크로쓰나 록 가능).
- **〈Sub-penny Rule**(1센트 규칙)**—Rule 612〉** 주가가 1달러 이상이면 1센트 미만으로 가격조정 해 주문을 내서는 안 됨(즉, 호가단위가 1센트. 2023년 중 개정하여 1/10센트까지 허용). 이른바 미세 가격조정으로 보호 대상 지정가주문을 선행매매(front-running)하는 불법행위를 방지하려 도입. 하지만 다음 3개 사항은 예외로 허용.

  ① 브로커·딜러가 접수한 투자자의 시장가주문(marketable order) 가격을 개선해 줄(price improvement. **가격개선**) 경우.

  ② 다크 거래시장(다크풀+내부화 IB)에서 거래할 경우. 주로 HFT가 활용.

  ③ **"플래시 거래"**(**flash trading**)인 경우. NBBO를 게시하지 않은 거래시장이 접수한 시장가주문을 0.5초 동안 장치로 깜박여 구독자에게 신호를 보내면 이를 보고 구독자가 행하는 거래. 구독자가 다른 투자자에 앞서 상황을 파악할 수 있으므로 선행매매라 처음부터 비난받음. 반면, 구독자 대부분이 HFT 시장조성인(HFT market maker)이어서 유동성 공급에 공헌한다는 옹호도 받음. 하지만 비판이 훨씬 강해 상당수 거래시장에서는 플래시 거래를 자발적으로 폐지. SEC도 Sub-penny Rule 예외에서 없애려 했지만 실행하지 못함.

  다크풀이나 플래시 거래를 주로 HFT가 활용하기 때문에 2010년 5월 6일 Flash Crash(플래시 크래시. 초단기 주가 붕괴 현상) 발생 당시 제일 먼저 주원인으로 지목받음.
- **〈Market Data Rules**(시장 데이터 규칙)**—Rule 601, 602, 603〉** NMS 주식 거래정보

232 거래소가 호가게시/매매체결을 대가로 증권회사(브로커·딜러)에 지급하는 리베이트는 규칙에 언급하지 않았다.

와 호가정보를 효과적으로 통합해 분배·게시할 수 있도록 시스템을 개선하고, SIP(Securities Information Processor. "증권정보프로세서". 증권정보제공회사)가 관련 SRO에게 반대급부로 지급해야 하는 정보 수수료 할당 체계(allocation formula)를 확립.

① **거래정보 보고의무(Rule 601)**—정규거래소(SRO)는 SIP에 직접 보고. 장외거래시장(off-exchange. ATS 포함)은 TRF(Trade Reporting Facility®. "장외주식거래보고설비". NYSE와 NASDAQ[現 Nasdaq]이 신규 설립)에 보고.

② **호가정보 보고의무(Rule 602)**—정규거래소는 모든 매수·매도호가, 호가량, 취소주문을 보고. ECN은 "actionable quote"(거래 의도가 다분한 주문)를 공표해야 함.

③ **공정한 정보 접근 의무(Rule 603)**—합리적이고 공정한 조건으로 정보를 배포해야 함(비합리적 차별 금지). SIP NBBO는 **"완전 거래단위"**(round lot) 주문 호가에 근거를 둬야 함(즉, 단주는 포함하지 않음). 각 SRO에게 할당하는 호가와 체결정보 관련 수익은 가격발견 공헌도를 기준으로 함. 개별 SRO 회원은 자신만의 데이터(proprietary data. "고유데이터")를 독자 배분할 수도 있음.

라. 영향과 평가

Reg NMS 시행으로 미국주식시장 거시·미시구조는 송두리째 바뀌었다. 물론 이러한 변화는 책을 쓰고 있는 바로 이 순간의 미국주식시장 구조를 규정짓는다. 먼저, 투자자의 다양한 수요에 맞춰 수많은 거래시장이 새롭게 속속 등장했고 매매체결 영역에서 경쟁은 가열됐다. 거래 속도는 상상 못 할 정도로 빨라지고 호가 스프레드(bid and ask spread. 거래비용)는 낮아졌으며 투명성 또한 크게 좋아졌다. 거래소의 독점적 영업 행태로 투자자(특히, 기관투자자)가 겪었던 어려움도 상당 부분 해소될 수 있었다. 예를 들어, 거래소 서비스가 만족스럽지 못하면 이제 기관투자자는 자신이 직접 ATS를 설립하면 됐기 때문이다.

반면, 시장거시·미시구조가 아주 복잡해져 예상치 못한 현상이나 부작용이 잇달아 발생했다. 시장 간 위계는 모호해지고 유동성은 심각하게 분할됐으며 주문 종류는 쉽게 헤아릴 수 없을 만큼 많아졌다. 의도치 않게, 거래시장과 전문투자자한테 사회적으로 바람직하지 않은 유인을 제공하고(예: 고유데이터에 차별적 접근[예: co-lo[거래시장 데이터 센터의 일정 공간과 회선을 임대하는 서비스. 콜로]]과 관련 데이터 판매[high-speed proprietary data feed], **"속도 차익거래"**[latency arbitrage] 제공), 거래시장의 거래 메커니즘 설계에 대한 혁신 의욕을 감퇴시키기도 하였다(예: OPR 때문에 SEC 허락을 받지 않고는 "일중 단일가매매"[periodic call auction]를 실행할 수 없음). 대형주 거래 효율성은 좋아졌지만, 소형주는 유동성 악화로 오히려 나빠졌다. 무엇보다 체결 속도와 커뮤니케이션(communication) 경쟁에 사회적으로 너무나 과도한 투자가 이루어지고, SEC가 "수수료 규제자"(public rate regulator)라는 부적절한 역할까지 담당하도록 상황을 몰고 가기도 했다고 한다(Mahoney, 2020. 제12장 2절 라항 참조).

시행 후 15년이 지난 지금, 전체적으로 Reg NMS는 장점과 부작용/단점이 팽팽히 맞서며 공과를 평가받는 모습이다. 지적받는 주요 부작용/단점은 Reg NMS 제정과정에서 이미 한차례 열띤 논쟁을 거쳤거나 아니면 장기 시행과정에서 예상치 못하게 튀어나온 사안이다. 그래서, 간혹 Reg NMS를 전면 개혁/폐지해야 한다는 목소리도 들리지만, 아직은 지금까지 기조를 유지하며 부작용/단점을 교정해보려 노력을 집중하는 듯하다(특히 Rule 613~614과 615[2023년 예정] 신규 제정. 제9장 4절 참조).

한편, Reg NMS 영향력은 주식시장에 그치지 않았다. 채권시장과 장내·외파생상품시장, FX 시장 역시 전자거래 확산, 경쟁 심화, 시장 간 연계와 회송 확대 등 주식시장을 빼닮은 구조와 특징을 갖기 시작했다(제12장 1절 마항 참조). 이 같은 변화는 미국을 넘어 유럽과 아시아 선도자본시장에 연쇄적으로 영향을 미쳐 이들 시장구조 또한 미국처럼 수렴하지 않을 수 없게 만들었다.

2. Dodd-Frank Act

가. 개요와 법제 배경

(1) 개요

Dodd-Frank Act(The Dodd-Frank Wall Street Reform and Consumer Protection Act of 2010. 도드-프랭크법)는 글로벌 금융위기 직후 피츠버그에서 열린 G20 정상회의(2009년 9월) 합의를 반영해 미국이 내놓은 후속 결과물이다. "미국 금융시스템 전면 개혁"을 표어로 내걸고 2009년 6월부터 관련 법제를 철저히 검토한 후 2010년 7월 21일 오바마(Barack Obama) 대통령이 서명하며 발효됐다. Dodd-Frank Act는 "미국 금융시스템의 책임성과 투명성을 개선해 금융 안정성을 제고하고, 금융기관의 대마불사 의존과 구제금융을 종식해 납세자를 보호하며, 부당한 금융서비스 관행에서 금융소비자를 보호할 것"을 목적으로 한다(김홍기, 2010).

총 16개 편(title)으로 구성된 Dodd-Frank Act는 미국자본시장 규제의 거의 모든 영역을 대폭 손질했다. 이에, 대공황 이래 이루어진 자본시장 규제 변화 중 중요성이 제일 크다는 평가를 받는다(〈그림 9-1〉 참조). 주요 내용은 다음과 같다.

- 기존 규제 구조 쇄신—금융안정 위험을 파악해 시정할 목적으로 기관을 신설하거나 기존에 담당하던 기관을 정리·확충.
  - **FSOC**(Financial Stability Oversight Council. **금융안정감시위원회**), **OFR**(Office of Financial Research. **금융조사실**), **CFPB**(Consumer Financial Protection Bureau. **금융소비자보호국**) 등 신설.
  - **OTS**(Office of Thrift Supervision. **저축조합감독청**)를 폐지하고 권한을 **OCC**(Office of the Comptroller of the Currency. **통화감독청**), **FDIC**(Federal Deposit Insurance Corporation. **연방예금보험공사**), Fed로 이전.
- 시스템적으로 중요한(파산에 따른 여파가 큰) 특정 금융기관(SIFMUs["시스템적으로 중요한

〈그림 9-1〉 미국 금융규제법 변천사

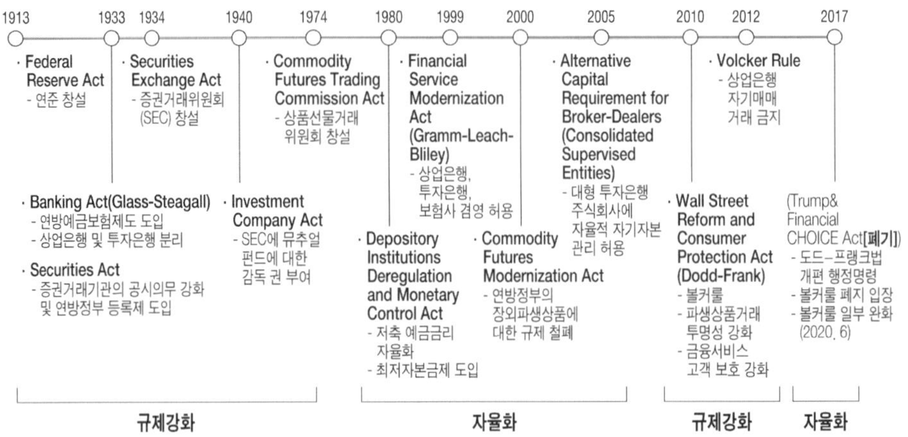

* 자료: 김주환(2017) 일부 수정. 김주환, 2017. "미 금융규제 변화: 도드프랭크법 vs. 금융선택법안". KB금융지주 경영연구소, **KB 지식 비타민** 17-24호, (3월 27일).

자본시장 기관"])에 대한 감독 강화와 강제 청산절차 규정.

- 투자자문업자 규제 강화와 보험개혁.
- **볼커룰(Volcker Rule.** 볼커[Paul Volcker]—전임(1979~1987년) Fed 의장)을 제정해 (대형) 은행 위험거래 규제. 다른 편과는 달리 추후 부가됨(2015년 7월 시행).
- 장외파생상품시장 규제—관할권을 명확히 하고 장외파생상품거래 청산·결제 안정성과 투명성 제고.
- 투자자 보호 요건 강화(이사의 책임과 보수 관련 규제 개선. 신용평가기관에 대한 규제와 집행 강화). ABS(asset-backed securities. 자산유동화증권) 증권화 절차 개선(기초자산 위험의 일정 부분 이상을 발행인[originator]이 보유하도록 요구["skin-in-the-game" 의무화]).
- 비상시 Fed 대출 권한 명확화.

한편, 트럼프(Donald Trump) 정부는 2017년 출범 전부터 Dodd-Frank Act 폐기나 대폭 수정 입장을 견지했다. 취임하자마자 Dodd-Frank Act를 대폭 완화해 "**금융선택법**

(案)"(**Financial CHOICE Act**. 2017년) 법제화를 시도했지만, 상원을 통과하지 못해 폐기되었다. 그러나 2018~2020년 재임 기간 중 그는 결국 Volcker Rule 상당 부분을 완화해버렸다(제9장 2절 나항 참조).

이 책은 자본시장 기능, 구조, 인프라 및 법제 환경에 초점을 둔다. 때문에, Dodd-Frank Act 16개 편 중 Volcker Rule(Title VI. 6편 일부)과 장외파생상품시장 규제(Title VII. 7편)만을 한정해 소개한다. 그 외 편에 관한 내용 설명은 〈표 부록 9-1〉을 참조하기 바란다.

(2) 글로벌 금융위기 이전 법제 기조 — GLB Act

자산가격, 신용 등 자본시장 상황이 나빠지면 감독과 규율은 까다로워지고, 좋아지면 반대로 느슨해진다. 미국이라고 예외는 아니다(〈그림 9-1〉 참조). 예를 들어 대공황기에는 Glass-Steagall Act를 제정해 상업은행(bank. 은행)과 IB(투자은행/증권회사)를 분리했다. 즉, 은행은 위험자산에 투자할 수 없고, IB/증권회사는 예금을 수취할 수 없도록 하였다. 규제 강화인 것이다. 대공황을 극복한 미국은 이후 우리 모두 알다시피 압도적인 경제력을 자랑하게 된다. 그런데도 1990년대 후반까지[233] 미국금융산업은 유럽과 심지어 일본에도 밀리는 처지였다. 비상시 제정한 Glass-Steagall Act가 초래한 결과라 판단하고 규제 완화에 들어간다.

"그램-리치-블라일리법"(**GLB Act**. "The Gramm-Leach-Bliley Act". 1999년. 정식 명칭 **"1999년 금융서비스현대화법"**["The Financial Services Modernization Act of 1999"])은 이렇듯 미국금융산업 경쟁력 강화를 명분 삼아 등장했다. "상업은행의 증권관련 자회사 보유 금지", "상업은행과 IB의 임직원 겸직 금지" 등 Glass-Steagall Act 핵심 조항을 폐지해버렸다. 쉽게 말해, 상업은행의 증권투자(IB 업무)를 허용하였다. 바야

233 참고로, 1980년 초부터 2008년 글로벌 금융위기 전까지 전 세계는 신용 활황기(credit boom)였다. 금융자산 성장률이 GDP(gross domestic product. 국내총생산) 성장률을 2배 이상 넘어섰다(그린우드·샤프스타인[Greenwood and Scharfstein], 2013).

흐로 미국에서 금융 자유화 시대가 열렸고 대형 상업은행은 IB 업무영역에 앞다퉈 뛰어들었다. 경쟁 심화로 상업은행과 IB 영업활동에서 그림자금융(B/S[재무상태표]에 표기하지 않는 대출/투자 모형. 주석 219 참조) 비중이 크게 확대됐다. 이 때문에 GLB Act는 서브프라임 모기지 사태 도화선이 됐고 글로벌 금융위기 단초를 제공했다는 비난을 받는다.

나. 은행 위험거래 규제 — Volcker Rule

Dodd-Frank Act 6편은 은행지주회사와 계열사에 대한 규제, 감독, 조사 및 집행 강화를 담고 있다. 이 중 거래시장과 관련해 특히 중요한 내용은 Volcker Rule이다. Volcker Rule 일반 원칙은 "은행이 큰 위험을 감수하고 고유계정거래(proprietary/prop trading. 자기자본거래. 프랍트레이딩)를 해서는 안 된다"이다.[234] 고유계정거래는 고객자산을 사용하는 거래에 비해 상대적으로 제약을 덜 받기 때문에 헤지펀드/PEF(private equity fund. 사모펀드)처럼 고위험-고수익을 추구하는 경향을 띤다. 이를 막아서 은행 자본의 건전성을 확보하자는 것이다. 좀 더 구체적으로 살펴보면 다음과 같다.

- 은행의 고유계정거래 원칙적으로 금지.
  - 예외적으로 허용하는 투자와 거래: 재무성증권이나 시장조성 또는 인수업무 목적 증권투자. 고객 위탁 또는 헤지 목적 거래. **"1958년 중소기업투자법"**("**The Small Business Act of 1958**") 상 몇몇 투자.
  - **〈트럼프 정부 수정 사항, 2019년 10월〉** 보유기간이 60일 이내면 해당 고유계정거래가 시장조성 목적(즉, 금지 사항 위반이 아님) 거래임을 입증하지 않아도 됨. 고유계정을 통해 은행이 단기투자 할 수 있도록 허용.

234 여기에는 은행에 대한 채권자(예금주)와 주주의 이해상충이 깔려 있다. 고위험 투자활동 혜택은 오롯이 주주에게 돌아간다. 채권자 보호조치가 없는 이러한 비은행 활동 위험부담에 대해서는 시장규율을 강화해야 한다는 논리이다(바쓰·프라봐·윌보그[Barth, Prabha, and Wihlborg], 2016).

- 은행이 **"규제 대상 펀드"**(covered fund. 예: 헤지펀드, PEF, 벤처캐피털펀드)를 소유/투자(자기자본 3% 초과)하는 것도 원칙적으로 금지.
  - **〈트럼프 정부 수정 사항, 2020년 6월〉** 규제 대상 펀드에서 벤처캐피털펀드, 회사채 펀드, 해외펀드 등을 제외.
- 파생상품 거래 때 증거금 유지.
  - **〈트럼프 정부 수정 사항, 2020년 6월〉** 은행과 자사 계열사 간 파생상품을 거래할 때는 증거금을 두지 않아도 됨.
- Fed 감독 대상 비은행 SIFI는 은행처럼 간주하기는 하나 위 금지 사항 대신 자본금과 양적 요건을 추가로 요구.

Volcker Rule은 신자유주의의 막강한 기세를 등에 업고 폐지됐던 Glass-Steagall Act의 '부분' 부활이다. Glass-Steagall Act는 상업은행과 IB 업무를 아예 분리했었다. 이에 비해 Volcker Rule은 은행이 계열사로 증권회사를 소유할 수는 있되 계열사에는 고위험 증권거래 일부 업무를 금지해 은행 건전성을 확보하고자 했다. 하지만 7차례 걸친 Trump 정부의 수정으로 이제는 본말이 전도되어버린 모습이다.

다. 장외파생상품 거래 규제

Dodd-Frank Act 7편은 장외파생상품(스왑)시장 투명성을 강화해 시스템 안정성을 확보하고 규제 관할권을 명확히 하는 내용을 담고 있다. 글로벌 금융위기 주요인이었던 장외파생상품에 대한 표준화 유도, 신용위험 발생 가능성 축소, 결제 안전성 제고 등을 기본원칙으로 하면서 2009년 피츠버그 G20 정상회의 합의사항을 적극 반영했다. 주요 내용은 다음과 같다.

- 스왑 딜러와 MSP(major swap participant. 주요 스왑 참여자)는 '의무적으로' "유동성이 풍부하고 표준화가 충분히 이루어진 스왑"을 DCM(designated contract market. 파생상품거래소)/SEF(swap execution facility. 스왑체결설비)에서 매매체결하고 DCO(derivatives clearing organization. 파생상품청산소)에서 CCP 방식으로 청산·결제해야 하며, "모든" 스왑거래 관련 데이터를 SDR(swap data repository. 스왑데이터저장소)에 보고해야 함(시행 일자: 2014.2.15.). 전통적으로 미국에서 장외파생상품거래는 정부의 규제·감독 대상이 아니었음.

- 헤지 목적 거래거나 해당 스왑거래 일방이 금융기관이 아니면 예외 인정.
- 관련 SEF와 CCP(중앙청산기구)는 규제·감독기관(CFTC/SEC)에 의무적으로 등록해야 함.
- Dodd-Frank Act에서 SEF 규제는 유럽 EMIR 규제보다는 강도가 덜함(〈표 10-3〉 참조). 이 차이는 사소하지 않음. 왜냐하면 금융기관이 실제로 지급해야 하는 규제 비용에 큰 영향을 미치기 때문.

- 장외파생상품 관련 규정을 제정·시행할 때 CFTC와 SEC는 각자 전속 관할권을 유지하되 상호 협력을 우선시해야 함.
  - 미국에서 파생상품 규제는 기본적으로 CFTC가 담당(증권에 기초한 옵션과 외환옵션 거래만 SEC 관할. 제6장 2절 가항 참조). 이 같은 현·선 분리원칙은 증권과 선물 특성을 함께 지닌 "**증권선물상품**"(**SFP**: security futures product)의 등장으로 모호해짐. 이에, 개별주식선물은 CFTC와 SEC가 공동으로 관할.

라. 영향과 평가

Dodd-Frank Act 중에서도 Volcker Rule은 도입도 하기 전에 찬성과 반대가 제일 심하게 맞부딪혔다. 당시 바젤협정(Basel Accord)에 따른 최소자본요건 강화에다 Volcker Rule까지 추가되면 그동안 채권시장에서 딜러로서 막중한 역할을 담당하던 은행의 시장조성 활동(즉, 채권시장 유동성 제공)에 어떤 변화가 나타날지가 핵심 논란이었다. 비판론자는 "은행 딜러"(bank-affiliated dealer. 대부분 재무성증권 딜러[primary dealer])의 전통적 시장조성 활동이 감소해 채권시장 유동성은 나빠질 거라고 예상했다. 반면, 옹호론자는 은행 딜러 감소분을 "비은행 딜러"(non-bank dealer. 예: 헤지펀드, 고유계정거래회사[PTF: proprietary trading firm. HFT])의 신규 시장조성 활동이 대체해 채권시장 유동성에는 별다른 변화가 없을 거라고 주장했다.

이러한 사전적 논란은 이후 학계 실증연구에서도 계속 팽팽하게 전개됐지만, 현실에서 느끼는 온도 차는 비판론자 쪽에 기울어진 듯하다. 먼저, 트레비·시아오(Trebbi and Xiao, 2019)에 따르면 바젤협정과 Volcker Rule 등 새로운 은행 규제 이후 시장조성에서 은행 딜러의 활동은 감소했지만, 예상대로 비은행 딜러의 활동이 최소 그만큼은 증가해 채권시장 유동성은 나빠지진 않았다. 반면, 바오·오하라·쪼우(Bao, O'Hara, and Zhou, 2019)는 유동성이 고갈된(즉, 유동성이 필요한) 상황만을 놓고 분석한 결과, Volcker Rule 이후 나타난 비은행 딜러의 시장조성 활동 증가는 은행 딜러의 활동 감소를 상쇄할 만큼 크지 않아 채권시장 유동성은 나빠졌다고 주장한다. 학계 주장이 어쨌든, 현실 분위기는 비은행 딜러의 시장조성 활동이 증가하기는 했지만 충분치 않고, 게다가 초단기 투자 성격이 강해 간헐적이지만 채권시장 변동성을 순식간에 증폭시키는 부작용(예: **플래시 랠리[Flash Rally.** 2014.10.15.]. 코로나19[COVID-19] 팬데믹[pandemic. 세계 대유행] 당시 "현금쏠림수요"[dash for cash])도 초래한다며 비판론이 우세한 형국이다. 이에 따라 채권시장 미시구조 전면 개혁에 대한 논의(더피[Duffie], 2020)가 한창이다. 중요한 것은 이제 채권시장 구조가 은행 딜러의 전통적 시장조성 활동에서 벗어나 전자 거래플랫폼을 활용한 비은행 딜러의 활동 비중이 점점 커지는 방향으로 변했다는 사실이다.[235]

한편, Dodd-Frank Act 도입으로 장외파생상품시장은 긍정적 영향을 받은 것 같다. 룬·쯔옹(Loon and Zhong, 2016)에 따르면 장외파생상품 거래를 실시간으로 보고하기 시작하면서 CDS(credit default swap. 신용부도스왑) 시장 유동성은 풍부해지고 그 결과 거래비용도 감소했다. 더 나아가 이 효과는 SEF 매매체결과 CCP 청산이 이루어질 때 더욱 더 커졌다고 한다.

235 Scaggs, A., 2021. "Hedge Funds Now Dominate the Treasury Market: They Failed Their First Test". **Barron's**, (May 25).

3. Flash Crash와 JOBS Act

가. Flash Crash

(1) 개요

때로는 그림 하나가 긴 설명보다 전체 상황을 훨씬 더 단숨에 실감 나게 해주기도 한다. Flash Crash 그림이 바로 그렇다(〈그림 9-2〉 참조). 딱 보면 오후 2시 30분경부터 3시 10분경까지 극히 예외적인 상황(초단기 주식시장 붕괴 현상)이 벌어졌고(〈패널 A〉. DJIA 지수가 14:42부터 14:47까지 573.26포인트 폭락, 3분 만에 573.08포인트 재반등), 이 사태는 선물시장과 긴밀히 연계되었음(〈패널 B〉)을 알 수 있다. 주식시장 역사상 초유의 사태에 대해 엄경식(2019)은 정순섭·엄경식(2011), CFTC and SEC(2010) 백서, 키릴렌코·카일·사마디·튀전(Kirilenko, Kyle, Samadi, and Tuzun, 2017[초고 2011])을 참조해 다음과 같이 보고한다.

2010년 5월 6일 오후(미국 동부 시각) 2시 32분, CME(Chicago Mercantile Exchange. 시카고상품거래소)에서 E-mini S&P 500 지수선물(E-mini S&P 500 futures. 이하 "E-mini"[이-미니]) 최근원물(6월물)을 75,000계약(41억 달러[5조 3,300억 원]) 매도하는 헤지 목적 자동 프로그램(sell algorithm)이 작동했다. 대형 뮤추얼펀드 운용사(Waddell & Reed Financial[와델앤드리드파이낸셜])가 제출한 이 주문은 가격/수량 조건 없이 주문 직전 1분간 거래량의 9%를 체결하는 알고리즘으로 짜졌고, 그날까지 제출된 2010년도 주문 중에서는 건당 일별 순포지션 변동이 가장 큰 주문이었다.[236] 일상적으로 E-mini 시장참여자 대부분은 E-mini 시장 발생 쇼크를 이와 연계된 다른 시장지수 관련 상품(예: ETF[exchange-traded fund. 상장지수펀드], 지수구성 종목, 복합 파생상품)을 거래해 해소한다(이로

236 과거 주문량, 시장 유동성 등과 비교해볼 때 75,000계약은 일반적으로 평균 이상 주문인 건 맞지만 엄청난 수준은 절대 아니라고 한다. 덧붙여, Waddell & Reed Financial 주문 데이터를 분석한 멘크벨드·유에쉔(Menkveld and Yueshen, 2019)은 세간에서 해당 주문이 촉발했다는 교차차익거래(cross-arbitrager. 시장 간 차익거래)는 Flash Crash 발생 30분 전에 이미 끊겼기 때문에 (여러 이유로 강하게 주장하지는 못했지만) Flash Crash 도화선일 수는 없다고 우회해 주장한다.

〈그림 9-2〉 Flash Crash 당일(2010.5.6.) DJIA, E-mini S&P 500 지수선물 계약가격과 거래량 변화

〈패널 A〉 다우존스산업평균지수(DJIA) 변화

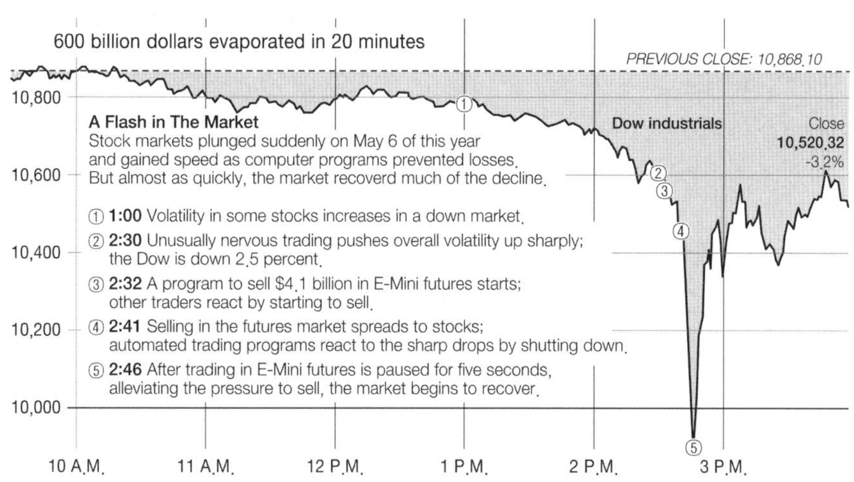

〈패널 B〉 E-mini S&P 500 지수선물 계약가격과 거래량 변화

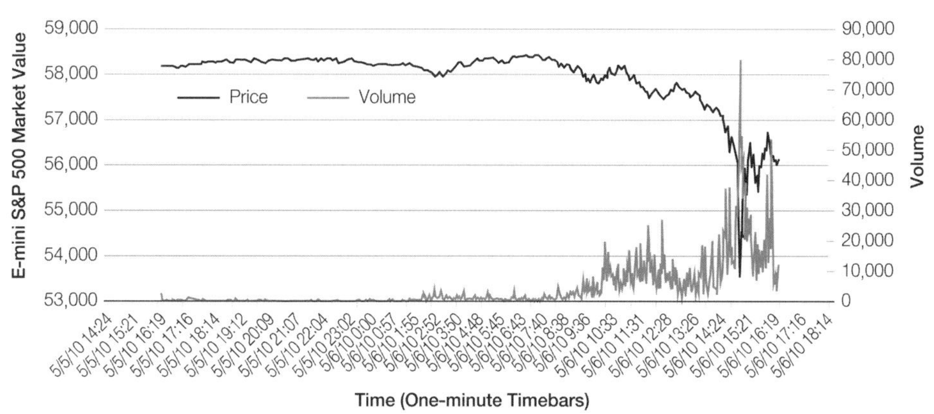

* 자료: 〈패널 A〉 [https://blogs.cornell.edu/info2040/2012/11/09/the-flash-crash/].
〈패널 B〉 이즐리·로페즈 데 프라도·오하라(Easley, López de Prado, and O'Hara, 2011).

* **〈패널 A〉** DJIA는 **유럽 재정위기(European Debt Crisis)** 우려로 개장부터 조금씩 하락. Flash Crash 직전까지 약 300포인트 낙폭 기록. 14:42부터 14:47까지 573.26포인트 폭락, 3분 만에 573.08포인트 재반등. 5월 6일 최종 주가는 10,520.32(전일종가 대비 -3.2%)로 마감. 지수 최저점(14:47) 9,872.57은 전일종가 대비 995.55포인트(-9.16%) 하락한 수준이며, 장중 하락폭 1,014.14포인트는 역사상 가장 큰 낙폭임. 특별한 사건이나 뉴스가 없었음에도 액센츄어(Accenture), 센터포인트에너지(CenterPoint Energy) 등 몇몇 종목 주가는 1센트까지 하락했고 애플(Apple)은 100,000달러까지 상승. **〈패널 B〉** S&P 500 지수, Nasdaq 100 지수, Russell 2000 지수 등 주요 시장지수, 주가지수 선물·옵션, 관련 ETF도 엄청난 거래량을 수반하며 극단적 초단기 변동성을 경험. 그날 Flash Crash 30여 분 동안 약 1조 달러(1,300조 원)에 해당하는 금액이 시장에서 일시 사라졌다 회복.

써 같은 종목에 대한 시장 간 가격 동기화[price synchronization]가 이루어짐). 해당 E-mini 주문을 처음 떠안은 거래자는 대형 뮤추얼펀드 운용사, 선물시장 HFT 증권회사, 교차차익거래자 등이었다. 여느 때와 마찬가지로 Flash Crash 당일 이들 투자자는 E-mini를 매수하면서 동시에 **SPY**(SPDR S&P 500 ETF Trust. S&P 500 지수[index] 추종 ETF. **스파이**), S&P 500 지수구성 종목 등을 기계적으로 매도했다. 현·선물 교차차익 자동 연계거래였다.

오후 2시 32분에서 2시 45분까지 13분간 E-mini 가격은 수직 낙하했고 주문 중 절반에 조금 못 미치는 약 35,000계약(19억 달러)이 체결됐다. 2시 45분 28초 상대편 매입주문 잔량이 그날 개장 물량의 1%(1,050계약)로 쪼그라들자, CME에서는 **"긴급 시장 안정화장치"**(**Stop Logic Functionality**. 일시 매매체결 중단[주문 제출·수정·취소는 가능]. 주식시장의 VI[volatility interruptions. 변동성완화장치]에 해당)가 자동으로 발동했다. 이는 발동가격 바로 아래 호가에 차곡히 쌓여 있는 "가격지정주문"(stop order. 손절매 주문. "지정가격"[stop price]까지 하락하면 손해 보고 있는 해당 주식을 시장가 매도주문으로 자동 체결하는 주문)으로 가격이 속절없이 추락하지 않게끔 5초간 거래를 중단하는 조치이다. 2시 45분 33초, 단일가매매로 시장이 재개되며 E-mini 가격은 안정을 되찾았다.

한편, E-mini 거래와 연계된 현물시장 상황도 똑같았다. E-mini 가격과 동반 급락하던 SPY와 지수구성 종목 가격도 Stop Logic Functionality 발동 후 반등하기 시작했다. 그러나 역시 대기 중인 "가격지정주문"이 너무 많아 매수세가 턱없이 부족했다. 그 결과, 오후 2시 40분에서 3시 사이 ETF 포함 300여 종목 20,000여 거래가 2시 40분 가격보다 60% 이상 낮거나 높게 체결됐다(해당 거래는 추후 모두 취소 처리). 3시 8분, E-mini, SPY, 지수구성 종목 가격 모두 시장참여자 대부분이 "정상이라고 생각하는 가격"(prices reflecting true consensus values)을 되찾으며 한바탕 드라마는 마침내 막을 내렸다.

(2) 특징과 원인

2010년 5월 6일 오후 미국은 현·선물시장이 한데 얽혀 순식간에 붕괴했다가 아무 일 없었다는 듯 되돌아온 상황을 경험하였다. 이 같은 Flash Crash 발생 직후 CFTC와

SEC는 다각도로 검토·분석한 결과에 근거해 사태 특징과 발생 원인을 자못 상세히 발표한 바 있다(CFTC and SEC, 2010). 그러다 2015년 4월 느닷없이 런던 거주 선물 트레이더(사라오[Navinder Singh Sarao])의 초단타 불법 거래가 주원인이었다는 뉴스가 터져 나와 사람들을 아연하게 만들기도 했다. 그간 Flash Crash 특징과 원인으로 논의된 사항을 요약해 살펴보면 다음과 같다.

- **〈선물, ETF, 주식시장 간 긴밀한 연계거래로 발생〉** 연계 과정에서 AT/algo(algorithmic trading. 알고리즘거래), "가격지정주문" 등 자동 체결 프로그램이 이른바 **"자기강화환류"(self-reinforcing feedback loop.** 작은 변화가 자가 발전으로 더 큰 변화를 촉발하고 계속 환류하면서 이를 증폭하는 효과) 작용을 일으켜 유동성이 일순간 바닥나고 시장 질서도 붕괴(영국과학기술부[Government Office of Science], 2012).
- **〈개별 거래시장 안정화장치 연계 부조화〉** 개별 거래시장은 심각한 문제가 발생했을 때 작동하는 "매매중단제도"(self-help remedy)를 각자 실정에 맞게 채택·운영. NYSE의 **LRP(Liquidity Replenishment Points.** 가격 변동성이 정해놓은 수준에 도달하면 자동 거래를 일시 멈추고 수동[입회장] 거래로 전환. 천천히 거래해가며 유동성이 충전되길 기다림)가 대표적. LRP가 발동하면 Reg NMS OPR(Trade-through Rule)을 적용하지 않음. 즉, 회송 대상 거래시장이 아님(예외 조항 중 하나임. **제9장 1절 다항** 참조). Flash Crash 당일 NYSE에서 LRP가 발동하자 NYSE에 들어올 주문이 다른 거래시장(유동성이 더 고갈된 상태)으로 회송되면서 NMS 주가는 더욱 하락. 한편, Nasdaq은 NYSE Arca(중요 ETF 거래시장)가 매매중단제도를 발동했다고 하며 주문을 회송하지 않아, NYSE Arca 상장 ETF 유동성을 더욱 고갈시킴. 하지만 NYSE Arca는 매매중단제도를 발동한 적이 없음. 이처럼 개별 거래시장이 각자 다른 기준으로 매매나 주문 회송을 한꺼번에 중단하자 유동성이 더욱 고갈되며 시장 혼란을 가속.[237]
- **〈예상치 못한 특수 주문 악영향〉** 주가가 급락하면서 문제의 대량매매 주문이 아래

---

237 CFTC and SEC(2010)는 유동성 고갈/소멸 원인으로 시장안정화장치(매매중단제도)만을 주목했지, 비상시 보다 근본적인 문제라 할 수 있는 시장 분할에 대해서는 그다지 주의를 기울이지 않았다.

가격대마다 쌓여 있던 수많은 매도 "가격지정주문"을 연쇄 폭포(cascade)처럼 자동으로 훑고 지나가 하락을 증폭. 또한 시장조성인이 전혀 체결 의도 없이 Reg NMS 의무상 "**체결 가능성이 없게끔 극단적인 가격에 박아놓은 호가**"(stub quote. 스텁호가)[238]가 유동성 고갈로 부지불식간 체결되는 바람에 일부 주가가 1센트(13원) 또는 100,000달러(1억 3,000만 원)까지 하락하거나 상승(〈그림 9-2〉 주석 참조). 한편, 주가 급락에 따른 손실을 줄여보고자 OPR 적용 예외가 허용되는 ISO(제9장 1절 다항 참조)로 공격적 투자가 몰리는 통에 폭락이 배가. 이러한 현상은 폭락 후 재반등할 때도 비슷하게 나타남. CFTC and SEC(2010)는 언급하지 않으나, 이후 학계 연구 결과는 이 가능성에 힘을 실어줌(Chakravarty, Jain, Upson, and Wood, 2012).

- **〈자발적 시장조성 HFT 증권회사 활동 증발〉** 시장조성 활동은 건당 아주 작지만 온종일 해서 쌓이면 수익이 꽤 나는 영업활동임. 게다가 별다른 위험을 수반하지도 않음. 이 때문에 NYSE에는 DMM(designated market maker. 지정 시장조성인. HFT 증권회사)이 아니어도 상당수 HFT 증권회사가 자발적으로 시장조성 활동에 참여함. 그동안 이같이 수익을 올리려 "자발적으로 시장을 조성하던 HFT 증권회사"(non-designated market maker, 비지정 시장조성인)가 유동성이 절실한 순간에 정작 시장을 떠나버려 가격 폭락을 가속(그렇다고 이들을 비난할 수는 없음).
- **〈Sarao의 공격적 허수주문 전략〉** Sarao는 런던에 거주하며 CME 선물을 초단타로 원격 투자하던 트레이더임. 2009년 거래 시작 이후 가격 조작(price manipulation) 비슷한 투자행태로 CME한테 이미 여러 차례 경고 조치를 받음(CME 자율규제가 이해상충에 빠졌다고 비난받은 이유). Flash Crash 발생 직전 2시간 가까이 19,000여 차례에 걸쳐 E-mini S&P 500 지수선물 최근원물(6월물)에 약 2억 달러(2,166억 원)의 "공격적 허수주문"(dynamic layering)[239]을 시도. 가격 압박으로

238 당시 규칙상 시장조성인은 "단일방향 호가제출의무 요건"을 충족해야 했다. 상황이 어찌 됐든 매수/매도 한 방향에는 호가를 제출해야만 했다. Stub quote는 이 상황에 안성맞춤이었다. 시장조성인은 체결 가능성이 전혀 없다고 생각한 극단 가격에 stub quote를 박아놓고(즉, 시장조성의무 요건만 충족하고) 이 주문에 대해서는 신경 쓰지 않아도 된다고 생각했다 큰코다친 상황이다.

해당 시장이 극단적 주문 불균형에 시달리다 견디지 못하자 Flash Crash가 터졌다고 CFTC(2015)는 발표.[240] 사건 당일 Sarao가 거둔 이익은 87만 9,000달러(9억 5,200만 원)였음.

2015년 4월 21일 영국에서 체포 후 2016년 3월 미국에 송환. 2020년 1월 자택 구금 1년을 선고받음. 적극적인 수사 협조로 그 밖의 시장 교란을 적발하는 데 이바지했다고는 하나 미국주식시장 시가총액 1조 달러(1,300조 원)를 순식간에 날렸던 범행치곤 어이없는 형량임.

- CFTC and SEC(2010)는 강조한 적이 없지만, 재무학계 후속 연구 대부분은 위에 요약한 모든 발생 원인 한 가운데 "시장 분할의 부정적 측면"이 자리 잡고 있음을 시사. 한편, Flash Crash 발생 초기 원인으로 추측했던 사이버 테러, 해킹, 주문입력 오류(fat finger. 손가락이 굵어서 잘못 입력) 등은 발생하지 않음.

(3) 후속 조치, 영향 및 평가

(가) 발생 직후 긴급조치

- SEC는 오후 2시 40분에서 3시까지 체결된 거래 중 2시 40분 가격에서 60% 이상 벗어난 거래를 모두 취소시킴. 브로커·딜러는 오류나 신용 초과 주문 입력을 사전에 차단할 수 있도록 절차와 시스템을 의무적으로 갖춰야 함.
- NYSE, Nasdaq 등 정규거래소는 바로 위에서 설명한 stub quote를 자발적으로

---

239 **허수주문**이란 말 그대로 일단 거래할 의사가 전혀 없는 주문이다. 자신이 원하는 방향으로 주문을 (계속) 내 주가를 조종한 후, 가격이 상승[하락]하면 다른 실제 주문을 내어 상승[하락] 가격에 매도[매수], 수익을 달성하고 동시에 처음 허위로 냈던 주문을 취소하는 방식의 불법·약탈적 투자전략이다. 스푸핑(spoofing)과 레이어링(layering)은 일반적으로 구분 없이 둘 다 허수주문으로 번역한다. 굳이 비교한다면 spoofing은 최우선매수/매도호가에만 한 개 또는 몇 개의 허수주문을 사용하고, layering은 여러 가격대에 많은 허수주문을 겹겹이 쌓으면서 가격을 조종한다. Spoofing, layering, 선행매매 등은 Dodd-Frank Act 상 불법이다. 한때 한국에서도 시가 단일가매매에 허수주문이 성행해 문제였던 적이 있다(이은정·엄경식·박경서[Lee, Eom, and Park], 2013).

240 CTFC, 2015. "CFTC Charges U.K. Resident Navinder Singh Sarao and His Company Nav Sarao Futures Limited Plc with Price Manipulation and Spoofing". (April 21).

〈표 9-3〉 Limit-Up/Limit-Down(LULD) 제도

〈패널 A〉 도입 일지		
일자	내용	
2010.5.6.	Flash Crash 발생	
2010.6.10 ~ 2011.6.23.	3단계에 걸쳐 SSCB("개별주식 서킷브레이커") 시행	
2013.4.8. ~ 2013.5.31.	**"Tier 1 NMS 주식"**에 한정해 LULD **"단계 1" 시행** - Tier 1 NMS 주식—S&P 500 지수/Russell 1000 지수구성 종목과 유동성이 풍부한 ETP - 나머지 NMS 주식(**"Tier 2 주식"**)은 계속해 SSCB 적용. 미 동부 시각(EST. **이하 모두 EST 기준**) 9:45~15:30 시간대에 적용	
2013.8.5. ~ 2013.12.8.	LULD "단계 2.A" 시행 - Tier 1 NMS 주식과 Tier 2 주식 모두 대상. 9:30~15:35 시간대에 적용	
2014.2.24.(또는 24일 이전)	LULD "단계 2.B" 시행 - Nasdaq을 제외하고 9:30~16:00 시간대로 확대 적용	
2014.5.12.	LULD "단계 2.B" 완료. **LULD 시행 완료** - 모든 거래시장에 9:30~16:00 시간대 확대 적용	
2019.4.11.	그동안 **맛보기 프로그램(Pilot Program)에서 정규 제도로 지위 확정**	
〈패널 B〉 Tier 1 NMS 주식 적용 모수(parameter)		
전일 종가	LULD 가격범위(±%)	시가(9:30~9:45)와 종가(15:35~16:00) 결정 기간
3달러보다 큰 경우	5%	10%
0.75달러 ~ 3달러	20%	40%
0.75달러 미만	0.15달러 또는 75% 중 작은 것	0.3달러 또는 150% 중 작은 것
〈패널 C〉 Tier 2 주식 적용 모수(parameter)		
전일 종가	LULD 가격범위(±%)	시가(9:30~9:45)와 종가(15:35~16:00) 결정 기간
3달러보다 큰 경우	10%	20%
0.75달러 ~ 3달러	20%	40%
0.75달러 미만	0.15달러 또는 75% 중 작은 것	0.3달러 또는 150% 중 작은 것

* 자료: 모이스·플래허티(Moise and Flaherty, 2017), 엄경식(2019)을 바탕으로 수정.

폐지. NYSE는 SEC 승인하에 시장이 제아무리 위기에 빠져도 DMM은 양방향(최우선매수·매도호가 ±8% 이내 가격)으로 유동성을 공급하도록 의무화.

- NMS 주식에 대해 한시적 맛보기(pilot. 파이롯) 프로그램으로 **"개별주식 서킷브레이커"**(SSCB: single-stock circuit breakers. KRX VI보다는 단순한 형태. LULD[**바로 다음** 상술] 전신)를 도입. 한 거래소에서 주가가 직전 5분간 10% 이상 하락하면 모든 거래시장은 해당 주식거래를 5분간 정지해야 함.[241]

(나) 장기·근본 조치

- **〈정규 제도로 LULD 채택, 2019년 4월〉**—유동성이 풍부한 주식("Tier 1 NMS 주식")부터 SSCB를 **LULD**(Limit-Up/Limit-Down)로 대체해보기 시작(2013년 4월). 주가 급락에만 적용하는 SSCB 대신 급락과 급상승을 균형 있게 고려하고 요건도 정교하게 개선(맛보기 프로그램으로 시행).
  원칙만 간단히 소개하면, NMS 주식 '개별'가격이 일중 한순간(15초간) 특정 가격대(price band)를 벗어나면 해당 주식거래를 최소 5분간 정지. 일중 가격대(%)는 주식 유형, 기준가(reference price), 거래 시간대에 따라 다양하게 설정. 일중 기준가는 전일 종가로 시작해 이후 직전 5분간 이동가중평균 체결가로 결정하며, 기준가가 ±1% 이상 변하면 30초 간격으로 재조정. 2019년 4월 11일 정규 제도로 공식 확정(〈표 9-3〉 참조).
- 〈**CAT**("**통합검사추적시스템**") **신설. 2022년 12월 중순부터 본격 운영**〉—CTS("통합체결정보시스템"), CQS("통합호가정보시스템"), TRF("장외주식거래보고설비") 등 여러 정보 제공 시스템을 운영함에도 SEC는 Flash Crash 원인조차 제대로 규명할 수 없었음. 모든 개별시장(다크 거래시장 망라)에서 동시다발적으로 생성되는 모든 데이터를 수집·통합·추적할 수 있는 시스템 없이는 규제·감독은 고사하고 시장참여자에게 공정하고 신뢰받는 정보를 적시에 제공할 수도 없다고 판단. 2012년 7월 아예 기존 Reg NMS에 Rule 613으로 추가함(〈표 9-2〉 참조). 예정보다 매우 더디게 진행됨. 주식거래의 경우 SRO는 2018년 11월 25일, 브로커·딜러(소규모 회원 제외)는 2020년 6월 22일, 옵션거래의 경우 SRO와 브로커·딜러(소규모 회원 제외) 모두 2020년 7월 20일부터 각각 CAT에 정보를 제공하기 시작.[242] 2022년 12월 12일부터 이

241 SEC는 전통적으로 어떠한 형태든 주가에 대한 제약을 극도로 꺼렸다. 1988년 블랙먼데이(Black Monday. 검은 월요일 역사적 주가 붕괴 사태. 1988.10.19.)로 서킷브레이커(circuit breakers. 시장 전체 매매거래중단. **제2장 1절 나항 (3)(다)** 참조)를 도입하고 2010년 Flash Crash로 SSCB마저 도입하면서 SEC는 그동안 유지해왔던 이러한 완전경쟁 논리와 시각에서 어느 정도 벗어난 것 같다.

242 SEC, 2020. "Update on the Consolidated Audit Trail: Data Security and Implementation Progress". **Public Statement**, (August 21).

들 브로커·딜러가 "CAT 고객·계좌정보시스템"(**CAIS**: Customer & Account Informtation System)을 통해 고객과 계좌정보를 보고하면서 완전 가동 시작.

(다) SEC에 대한 전반적 평가와 Reg NMS 개선 논의에 끼친 Flash Crash 영향

Flash Crash는 Reg NMS에 내재하는 임기응변과 타협적 산물에 대한 그간의 우려가 현실로 드러난 사건이라 할 수 있다. Reg NMS 주요 규칙(예: OPR, Sub-penny Rule)의 예외 조항 대부분이 사태 발생에 직간접 영향을 끼쳤기 때문이다. 사실 이들 미봉책 조항은 Reg NMS 제정 당시부터 찬반양론이 줄곧 팽팽하게 맞서 왔다. 유동성 고갈과 시장 스트레스 상황에서는 시장 분할, 시장 간 규제 차이나 미시구조 불일치에 숨겨진 부정적 특질이 불거져 나오는 경향을 보인다. 반대 의견으로 제시됐던 이 사실을 심각하게 고려하지 않은 값비싼 대가일 것이다. Flash Crash가 발생하자 이 때문에 SEC는 크게 비판받았다.

또한 Flash Crash는 Reg NMS 시행 이후 그 짧은 기간 내에 시장구조가 얼마나 심하게 변했는지를 시장참여자 모두가 체감할 수 있게 해주었다. 특히 다크풀과 HFT는 SEC 예상보다 훨씬 더 빠르게 진화하며 시장구조를 좌충우돌 변모시켰다. SEC가 내렸던 후속 조치는 이 같은 변화를 반영하기에 미흡했다는 목소리가 꽤 높았다.

한편, Flash Crash와 관련해 SEC에 빗발쳤던 비난은 부당하고 부적절하다는 지적도 있다. 이에 대한 근거로 첫째, 증권시장은 알 수 없는 이유로 언제든지 폭락할 수 있다는 사실을 든다. 실제 미국에서는 1962년과 1987년 별다른 사건/사고 없이 주식시장이 폭락했다. 자본주의의 태생적 결함이라고나 할까? 둘째, 게다가 SEC는 30년 동안 상당히 치밀하게 Reg NMS를 준비했다. 문제는 Reg NMS의 거의 모든 내용이 처음 시도해 보는 사안이었고 이마저도 예상할 수 없는 ICT 진화과정을 그려가며 고안해내야 했다는 점이다. 따라서 핵심을 건드리는 문제가 아니라면 30년 후 상황을 처음부터 예상해 세부 조건을 일관성 있게 맞추기란 불가능하다. 당연히 임기응변이나 타협이 필요했고 그로 인해 시행착오를 겪을 수밖에 없었을 것이다. 이같이 주장하는 사람들은 Flash Crash 발생이 Reg NMS 근본 철학을 훼손하는 사태는 아니라고 본다.

여하튼 Flash Crash로 불거진 사안과 과제는 요사이(2022년 여름) Reg NMS를 개선(제

9장 4절 참조)하거나 폐기하자는 논란에 여전히 큰 비중을 차지하는 주제이다. Best Execution의 "Best"(최선)에 대한 재정의(현행 "top-of-the-book"에서 "depth-of-the-book"으로 전환), 다크풀과 HFT의 장점을 살리되 폐해를 줄이는 미시구조 확립(예: speed bump["과속방지턱"], 일중 단일가매매, D-limit 주문[discretionary-limit order. "D-지정가 주문"]), 시장거시구조 유연화(예: 직상장[direct listing]을 활용한 시장거시구조 변모) 등이 대표적인 예이다. 여기에다가 Flash Crash와 직접 관련은 없지만 원인 규명 과정에서 등장한 maker-taker 수수료 체계 부작용(소액투자자에게 불리한 구조)을 해소하려는 시도도 함께 포함할 수 있다(상세 내용은 **제4부** 참조).

나. JOBS Act

(1) 개요

글로벌 금융위기로 미국 중소기업은 대기업보다 훨씬 더 심하게 타격을 받았다. 엎친 데 덮친 격으로 자본시장에서마저 소외되어 자본조달에도 큰 어려움을 겪었다. 이러한 사실은 Flash Crash 원인을 규명하는 과정에서 한 번 더 확인됐다. JOBS Act(The Jumpstart Our Business Startups Act. 잡스법. "새싹기업활성화법". 2012년)는 활력을 잃고 자본시장에서 소외된(즉, IPO[initial public offering. 최초상장]가 눈에 띄게 줄어든)[243] 새싹/소형 비즈니스(small business) 활동을 의회가 앞장서 활성화하려 했던 한 방안이었다.

구체적으로, JOBS Act는 새싹/중소기업이 공모나 사모를 통해 외부 자본을 보다 쉽게 조달할 수 있게끔 규제(예: 보고, 공시, 감사, 광고 관련 규제)를 가볍게 해준 법이다. ① 상장규

243 그렇지 않아도 미국에서는 **"사베인즈-옥슬리법"**(**Sarbanes-Oxley Act. 삭스[SOX]**. 2002년. 정식 명칭은 "상장기업 회계개혁 및 투자자 보호법"["The Public Company Accounting Reform and Investor Protection Act of 2002"]) 시행 이후 IPO 수가 계속 감소 중이었는데 글로벌 금융위기는 이러한 추세에 결정타 역할을 했다. Sarbanes-Oxley Act는 거대 기업(예: 엔론[Enron], 월드컴[WorldCom])의 회계 부정 스캔들로 사회적·경제적 파장이 심각해지자 기업회계와 재무 보고의 정확성과 투명성을 높일 목적으로 만들어졌다.

제를 완화해 이른바 "**신성장기업**"(**EGC**: emerging growth company)의 IPO를 촉진(IPO on-ramp)하는 부분과 ② 크라우드펀딩(crowdfunding)이나 사모발행(즉, 증권신고서[registration statement] 미제출 증권 발행)[244] 할 때 투자권유와 광고를 허용하고 투자자 범위를 확대해 새싹/중소기업의 자금조달 수단이나 방법에 편의를 제공한 부분으로 나눌 수 있다. 총 7개 편(title), 23개 조문(section)으로 구성되며(〈표 부록 9-2〉 참조), 옴니버스(omnibus) 법 형식이어서 개별 편 간에 내용상 직접적인 연관은 없다(박용린·김종민·남재우·장정모·천창민, 2017). 1, 5~6, 7편은 2012년 4월 5일 제정과 함께 즉시 시행됐으며, 나머지 2편(2013.9.23.), 3편(2016.5.16.), 4편(2015.6.19.)은 이후 각각의 상황에 맞춰 시행됐다(다음 내용에 대해서는 엄경식·강형철·이진호·이지혜[2016] 참조).

(2) 주요 내용

JOBS Act를 발행시장과 유통시장에 영향을 끼치는 내용으로 구분해 간략히 살펴보면 다음과 같다(이에 6편[Title VI]과 7편[Title VII]은 다루지 않는다. 관련 내용은 〈표 부록 9-2〉 참조).

(가) 발행시장

〈비등록증권 발행 때 청약 권유(general solicitation)와 광고(general advertisement) 허용—2편(Title II)〉 "**규정 D**"(Regulation D)에 "**규칙 506(c)**"(Rule 506(c))를 신규 도입하고 "**규칙 144**"(Rule 144)를 "**규칙 144A**"(Rule 144A. 주로 비미국계 기업/투자자가 미국자본시장에서 [사모발행해] 전매할 때 적용)로 개정했다. 두 규칙 모두 사모발행 증권을 전매할 때 등록(신고)을 "면제"(safe harbor)하는 규정이다. 2편 시행에 따라 공공연히 청약을 권유하거

244 원천적으로 미국은 사모발행 할 때 공개 청약 권유를 금지한다. 투자자 보호를 최우선시하기 때문이다. 따라서 공·사모를 구분하는데 권유 대상 투자자 수나 발행금액 등은 고려 사항이 아니다. 예를 들어, 비전문투자자(1933년 증권법[The Securities Act of 1933] 상 자신을 제힘으로 방어할 수 있다고 증명되지 않은 투자자)나 "정보 접근성이 없는 투자자"가 1명이라도 있으면 공모로 해석할 수 있다. 반대로 아무리 투자자 수가 많아도 모두가 전문투자자라면 사모로 해석할 수 있다. 미국에서는 증권 공모발행이 원칙이기는 하지만, JOBS Act처럼 다양한 면제 요건을 제공해 사모시장 성장을 유도한다. 참고로 1933년 증권법에는 공모에 대한 정의는 없으며 사모발행에는 모집과 매출 개념을 활용한다(엄경식·강형철·이진호·이지혜, 2016).

나 투자를 광고할 수 있게 되었다. 물론 실제 투자자는 자기방어 능력과 전문지식을 보유한 **"공인 투자자"**(accredited investor. 전문투자자. Rule 506(c))나 **"적격기관투자자"**(QIB: qualified institutional buyer. Rule 144A)로만 한정한다(사모발행기업은 투자자 자격을 꼼꼼히 증명해야 함). 요컨대, 비공개기업은 SEC에 등록하지 않고 신문이나 인터넷 플랫폼 등 일반인(투자 대상은 아님)도 쉽게 접근할 수 있는 시스템을 통해 광고도 해가며 사모로 자금 조달을 할 수 있다.

〈"증권형 크라우드펀딩[245] 규정"(Regulation Crowdfunding. Reg CF)—3편(Title III)〉 일정 요건을 충족하는 새싹/중소기업은 증권신고서를 제출하지 않고 소액투자자한테 자본을 조달할 수 있다. 펀딩 방식도 기존의 SEC 등록 브로커 주선뿐 아니라 인터넷 펀딩 포털(funding portal)도 새롭게 허용했다.

〈미국판 소액공모제도—4편(Title IV)〉 **"규정 A"**(Regulation A)에서 정한 증권신고서 제출 면제 공모 금액 기준을 5백만 달러(65억 원)에서 최대 5천만 달러(650억 원)로 높였다. **"규정 A+"**(Regulation A+)라고 부른다.

(나) 유통시장

〈EGC 정의, 중소기업 IPO 부담과 위험 경감—1편(Title I)〉 우선 새싹/중소기업을 EGC(신성장기업)로 새롭게 정의하고, 이들 기업의 IPO를 촉진하고자 IPO 할 때 지켜야 하는 보고와 공시, 감사, 기업지배구조 규정을 완화했다. 또한 IPO 예정 EGC에는 리서치 보고서를 허용하고, 순회설명회(roadshow) 21일 전까지는 SEC의 증권신고서 검토를 비공개로 하며(confidential filing[비밀 신청]), 해당 EGC가 **"기관투자자와 접촉해 수요 상**

245 일상적 의미로 크라우드펀딩이란 소규모 후원이나 투자를 목적으로 온라인(인터넷, "소셜 네트워크 서비스"[SNS: social network service]) 상에서 여러 개인한테 자금을 모으는 행위를 말한다. JOBS Act에서 크라우드펀딩은 증권형(equity crowdfunding)으로 좀 더 구체적이며, 새싹/중소기업이 일정 요건의 브로커나 온라인 플랫폼을 통해 증권을 발행하면 투자자는 증권을 받고 (일정 한도 내에서) 투자에 참여한다(JOBS Act에서는 공인[전문]이든 비공인[비전문] 투자자든 모두 다 증권형 크라우딩펀딩에 참여할 수 있다. 하지만 투자금액에 대해서는 편마다 규정이 다르다. 3편(Reg CF)에서는 공인, 비공인 둘 다 똑같이 투자금액에 제한을 받는다. 반면, 4편(Regulation A+)에서는 비공인 투자자만 제한을 받는다[로씨·배나커·비스마라[Rossi, Vanacker, and Vismara, 2021]]). 크라우드펀딩을 완료하면 해당 기업은 펀딩 결과, 영업 여건, 재무 상황 등을 SEC에 보고해야 한다.

황을 파악"(TTW: testing-the-waters communication)[246]할 수 있도록 했다. 이로써 비상장기업은 중요 정보를 누출하지 않으면서 여유롭게 SEC와 증권신고서를 비밀리에 협의하며 보완·교정하고, 또 기관투자자의 잠재 수요도 파악해가며 IPO 여부를 최종결정할 수 있게 되었다. 이후 이 규정은 IPO 예정 EGC에서 모든 비상장기업(2017.7.10.)과 모든 기업(2019.12.3.)으로 적용을 확대했고, 비밀 신청 기간도 순회설명회 '15일' 전까지로 변경(연장)했다(2017.7.10.).

〈비공개기업 지위 유지에 유연성 부여—5편(Title V)〉 비공개기업의 SEC 등록 요건을 기존의 주주 수 500명에서 2,000명까지 완화했다.[247] 이로써 미국의 유망 비공개/비상장기업은 비공개 지위(즉, 경영상 독립성)를 더 오래 유지한 채 경영 역량을 충분히 발휘하며 성장을 꾀할 수 있게 되었다.

(3) 영향과 평가

JOBS Act가 시행되면서 사람들은 무엇보다도 규제 경감에서 오는 긍정적 효과를 기대했을 것이다. 실제로, 새싹/중소기업은 더 많은 투자자한테 보다 나은 방식으로 자금을 조달하고, 그동안 지역 사회에 기반을 둔 이들 기업에 접근할 수 없던 사람들도 인터넷으로 편리하게 투자할 수 있게 되었다. 물론 규제 경감에서 오는 단점도 무시할 수는 없을 것 같다. 정보가 부족하거나 부정확해 투자자가 피해 볼 가능성이 꽤 커졌기 때문이다.

도입 후 10년 정도 지난 지금 학계 평가는 어떨까? 연구가 충분히 쌓여 제대로 된 평가를 하려면 멀었지만, 지금까지 결과로는 긍정적 효과가 뚜렷해 보이지는 않는다. 반면에, 정보 비대칭(asymmetric information)에 기인한 역선택(adverse selection) 문

246 TTW란 IPO 예정 기업이 기관투자자에게 "구속력을 갖지 않는 주식 매입 수요"(non-binding indication of interest)를 타진하는 행위이다.

247 2,000명 중에서 공인(전문) 투자자가 아닌 투자자 수가 499인을 초과하지 않아야 한다. 주주 수 산정에 우리사주 근로자, 크라우드펀딩 주주는 제외한다.

제는 예상보다 훨씬 커 보인다. 게다가 "JOBS Act에는 기업을 비상장 상태로 머물게 하는 유인 조항이 너무 많다"[248]는 인식도 학계 부정적 평가에 일조하는 듯하다. 편마다 학계 평가를 간단히 정리하며 다음과 같다.

〈EGC 정의, 중소기업 IPO 부담과 위험 경감—1편(Title I)〉 먼저, 규제 부담을 낮춘(de-burdening) 효과이다. 단기(2년) 분석 결과, IPO 절차 간소화와 최대 5년간 규제 경감 혜택으로 경영자는 본연의 활동에 더욱 집중할 수 있었고, 이는 해당 EGC의 투자·재무·혁신 활동 증가로 이어졌다고 한다(담브라·구스타프슨[Dambra and Gustafson], 2021). 그러나 이러한 긍정적 효과는 단기에만 나타날 뿐, 좀 더 장기에 걸쳐 평가해보면 오히려 EGC 기업가치에 부정적 영향을 끼쳤다는 반론도 있다. IPO 이후 투자자에게 제공되는 정보 부족 때문이다. 정보 부족은 여러 경로(예: 유동성 감소, 경영자에 대한 사후관리[monitoring] 감소)를 통해 경영자의 투자/재무 의사결정에 비효율을 초래함으로써 결국, 해당 EGC는 성장 기회를 제대로 활용하거나 확대해나가지 못한다고 한다(디바카루니·존스[Divakaruni and Jones], 2021).

다음, TTW 허용으로 IPO 관련 비용이나 위험이 감소하는 효과이다. 이에 관한 결과 역시 연구 기간에 따라 다르게 나타난다. 시행 후 2년간 IPO를 분석한 연구에서는 효과가 긍정적이었으나(담브라·필드·구스타프슨[Dambra, Field, and Gustafson], 2015), 3년으로 확장한 연구에서는 별 효과가 나타나지 않았다(채플린스키·핸리·케이티 문[Chaplinsky, Hanley, and Moon], 2017). 참고로, 전자의 경우 바이오테크, 제약 등 주로 "독점정보비용이 높은"(high proprietary information cost) 기업에서 특히 긍정적이었다.

〈비등록증권 발행 때 청약 권유와 광고 허용—2편(Title II)〉 최근에서야 연구 결과가 하나 등장했다. 2편 시행으로 이제 새싹/중소기업은 청약을 권유하며 사모발행 할 수 있게 되었다. 새로운 방식(Regulation D Rule 506(c))을 추가했으므로 이들 기업의 자금조달에 분명 도움은 됐겠지만, 실상을 들여다보면 그다지 긍정적이지 않다고 한다. 왜냐하면

248 Bray, C., Goldstein, M., 2017. "S.E.C. Lets All Firms Keep Parts of I.P.O. Filings Secret". **New York Times**, (June 30).

이 방식을 택한 소기업이나 이들 소기업의 자금조달 질적 수준이 다른 방식(Regulation D Rule 506(b))을 택한 소기업(즉, 비교 기업)보다 낮았기 때문이다. 예를 들어, Rule 506(c)를 택한 기업은 비교 기업보다 매출이 낮고 주주 수도 적었다. 1년 이상 자금조달을 마무리하지 못한 경우도 많았고 펀딩 성공률은 낮았으며, 채권 발행이 더 많았다. 더군다나 중개 수수료도 비싸서 사모발행으로 실제 조달한 자금은 훨씬 더 적었다. 이를 근거로 아그라왈·임유리(Agrawal and Lim, 2021)는 이 시장에 정보 비대칭을 줄여줄 수 있는 방도를 고민해 법제를 개선해야 한다고 주장한다.

〈Reg CF(증권형 크라우드펀딩 규정)—3편(Title III)〉 SEC(2019) 백서에 따르면 Reg CF는 새싹/중소기업의 자금조달에 기여하는 듯하다. Reg CF 도입 후 2년 반 동안 크라우드펀딩 발행 건수는 총 1,351건(이 중 519건이 목표액 달성)이었고 해가 갈수록 그 수는 점점 증가했다. 예상대로 자금조달 목표액과 최대 목표액 중앙값(median)은 각각 2만 5,000달러(3,000만 원)와 50만 달러(6억 원) 정도로 소액이었고, 대체로 1년 내 절차를 완료했다.[249] 대부분 직원(평균: 5명, 중앙값: 3인)이 몇 안 되는 소형 신생기업(평균: 35개월, 중앙값: 21개월)이었고, 매출은 거의 없으며(평균: 30만 달러[3억 6,000만 원], 중앙값 0달러) 순손실(평균: 18만 달러[2억 원], 중앙값: 1만 1,000달러[1,430만 원])인 데에다 평균 59% 부채비율을 보였다. 하지만 자산과 매출성장률은 직전년도 대비 평균[중앙값] 2,953%[20.7%]와 857%[40%]로 아주 높았다. 대부분 주식(42%)과 채권(30%)을 발행해 자금을 조달했고, 90% 이상이 펀딩 포털(총 45개. 참여 브로커·딜러는 9개)을 활용했다.

한편, 크라우드펀딩과 관련해 재미있는 연구 결과가 하나 있어 소개할까 한다. 앞서 언급한 바와 같이, 크라우드펀딩에서는 정보 비대칭 때문에 발생하는 시장실패가 매우 심각한 사안이다. 물론 객관적인 양적 정보를 충분히 제공하면 좋겠지만, 비용이 많이 들어 EGC에는 부담스럽다. 따라서 펀딩 기업은 질적 정보(예: 비즈니스 모형, 경쟁 전략, 제품/서비스 장단점, 획기적인 영업 성과 관련 서술정보)를 사용해 어떻게든 자신이 좋은 EGC라는 신호를 보내야 하는데, 이때 단어 선택이 펀딩 성사에 아주 중요하다고 한다. 비전문투자자는

249 1개 기업이 조달한 자본총액은 이보다 많다. 펀딩을 여러 차례 하거나 펀딩 기간 이후에도 계속해 자금조달이 이루어지기도 하기 때문이다.

별로 대수롭지 않게 여기지만, 전문투자자는 과장되거나 선전에 가까운 질적 정보에 상당한 거부감이 있어 펀딩 참여를 꺼리기 때문이다(요한·즈앙[Johan and Zhang], 2021).

〈4편(Title IV)~5편(Title V)〉 엄밀하게 정책효과를 분석한 연구가 아직 없다. 등록의무 산정기준 주주 수 상향 조치(5편)는 미국주식시장 거시구조의 미세한 변화를 확인해볼 수 있는 연구 주제지만 실증분석 하기에는 좀 더 데이터가 쌓여야 하는 것 같다.

〈사적 자본시장 변모에 공헌〉 평가가 긍정적이든 부정적이든 JOBS Act는 새싹/중소기업의 자금조달 방식과 범위에 큰 영향을 끼쳤다. 더 나아가 미국자본시장 거시구조의 최근 변화에도 무시 못 할 영향력을 발휘하고 있다. 앞서 설명한 바와 같이(제6장 1절 나항 (2) 참조), 근래 사적 자본시장[250]의 중요성이 부쩍 커지면서 미국자본시장 거시구조는 밑에서부터 그 틀이 변하고 있다. JOBS Act 시행으로 EGC가 증권을 비공개 상태에서 발행할 기회가 많아져 유통시장에 관한 관심도 어느 때보다 높아졌기 때문이다.

변화의 전조는 2000년대 중반 비상장/비공개기업 증권 유통을 전담하는 ATS(예: SecondMarket[세컨드마켓], SharesPost[쉐어즈포스트])가 등장하면서부터였다. 재빨리 이를 감지한 Nasdaq은 2015년 SecondMarket을 NPM(Nasdaq Private Market. 나스닥사적시장)에 흡수합병했고, 2021년 7월에는 아예 글로벌 굴지의 여러 IB와 조인트벤처로 분사 독립시켰다. Nasdaq에 선수를 빼앗긴 NYSE가 2020년 직상장제도로 멋지게 만회하기 시작하면서 이제 사적 자본시장은 미국자본시장 거시구조의 주요 위계로서 단단히 뿌리를 내린 듯하다(제12장 2절 마항 (1) 참조). 이러한 변화를 거슬러 올라가면 JOBS Act가 자리 잡고 있다.

250 사적 자본시장은 JOBS Act 시행과 함께 본격 등장했다. EGC/중기 중소·성장형기업을 주요 대상으로 하며, 이들 기업 특성상 공인/적격투자자로 참여를 제한하므로 투자자 보호 필요성이 낮아 규제가 느슨하다. QIB(적격기관투자자) 시장, 비상장/비공개주식 장외시장(OTC), crowdfunding 시장을 망라하며 그동안은 '사모 자본시장'과 구별 없이 사용했다. 하지만 오늘날 사적 자본시장은 '특정' 비공개주식(예: 유니콘, 유망 새싹기업)에 특화한 시장이어서 사모 자본시장의 부분집합에 가깝다(엄경식·강형철·이진호·이지혜, 2016).

〈표 9-4〉 2020년 Reg NMS 개정(Market Data Infrastructure Rules) 주요 내용

<table>
<tr><th colspan="2">구분</th><th>내용</th></tr>
<tr><td colspan="3">〈패널 A〉 2020년 1월과 2월 개정안(proposal. 프로포절) 중 Reg NMS 규칙으로 완료된 사안(2020.12.9.)
2021년 6월 8일부터 효력 발동. 원만한 이행을 위해 3단계(Phase I~III)로 나누어 실행할 예정</td></tr>
<tr><td rowspan="2">New Consolidated Data Plan 〈신규 통합 데이터 제도〉</td><td>〈Rule 614〉 (핵심) 데이터(core data) 통합·제공 기관—“경쟁적 통합모형” 추구로 정책 전환</td><td>기존의 “독점적 SIP 모형”(exclusive SIP model. NYSE, Nasdaq 2개 기관. 상장증권을 거래하는 모든 시장의 데이터를 실시간으로 통합 스트리밍해 제공)에서 “경쟁적 통합모형”(decentralized consolidation model. 다수[10개 이상 예상]의 신개념 통합[·제공]기관) 추구로 정책 전환. SIP를 “경쟁적 (핵심) 데이터 통합·제공자”(CC: competing consolidator)와 “자체 사용 목적 데이터 통합자”(self-aggregator)로 대체. 이들 신규 데이터 통합(·제공)자는 정보 수집, 통합(·제공) 속도를 최대한 빨리(latency를 짧게) 하려고 자연스레 NYSE, Nasdaq, Cboe Global Markets의 데이터 센터가 위치한 곳마다 분산·설립할 것으로 예상
- Competing consolidator—현행 SIP와 같은 역할. SEC 등록 필수. 핵심 데이터를 포함해 이른바 “통합 시장 데이터”(consolidated market data)를 투자자에게 판매. 점유율이 일정 수준을 넘으면 Reg SCI(Regulation Systems Compliance and Integrity. “시스템 준수 및 무결점 규정”. 2014년) 규제를 받아야 함
- Self-aggregator—브로커·딜러, SRO, SEC 등록 투자자문사(investment advisor). Self-aggregator가 되려고 별도로 SEC 등록은 필요하지 않음. 내부 사용이나 자사 고객만이 사용할 수 있으며, 거래시장에서 데이터를 직접 받아 통합해 사용. 원칙적으로 외부 판매/제공 불허(예외: SEC 등록 자회사는 가능)</td></tr>
<tr><td>〈Reg NMS 기존 Rule 수정〉 NMS 시장 데이터 내용 확대</td><td>수집, 통합(·제공)되는 NMS 주식의 정보 내용을 확대하고자 핵심 데이터 정의를 강화하고 통합 시장 데이터를 새롭게 정의
- 핵심 데이터—기존 정의에다 다음 사항을 추가. (1) 기존 (완전) 거래단위(lot. “롯”. 100주)보다 적은 수량의 주문, 즉 단주(odd-lot order) 주문에 대한 일정 정보. (이와 함께 lot 정의를 가격 수준에 따라 4단계로 새로이 구분), (2) 각 거래소의 BBO(최우선매수·매도호가)보다 5단계까지 열위인 주문 정보(즉, “depth-of-book” 정보. KRX는 10단계까지 제공), (3) 시초가, 종가, 재개장가 결정에 이르는 단일가매매 정보(이로써 투자자는 참조가격[indicative price] 정보에 접근 가능). 한편, 기존의 회사채와 지수 데이터는 핵심 데이터에서 제외
- 통합 시장 데이터—핵심 데이터, 감독·규제용 데이터(regulatory data), 관리용 데이터(administrative data), 거래소 특정 프로그램 데이터(exchange-specific program data. 예: 소매거래자 유동성 제고용 프로그램), 기타 부수 데이터 등을 포괄하는 신규 용어 (umbrella term). Competing consolidator는 수집·통합한 정보를 각자의 판단에 따라 한묶음으로 만들어(package) 판매 가능. 각자 NBBO를 계산해 제공할 수 있어 지금과 달리 NBBO가 여러 개(multiple NBBOs) 나타날 수도 있음
Competing consolidator와 self-aggregator는 데이터를 제공해주는 거래시장에 공정하고 합리적인 수수료를 지급해야 함. 반면, 통합 시장 데이터 판매수수료는 SEC 허가 없이 자유롭게 책정 가능. 거래시장 역시 구독자에게 판매하는 proprietary data (자신만의 데이터)에 대해 자유롭게 수수료를 책정할 수 있음</td></tr>
<tr><td colspan="3">〈패널 B〉 규칙화 작업 도중 주요 거래소 소송에 ‘패소’해 폐기된 Reg NMS 개정 주요 사안</td></tr>
<tr><td colspan="2">NMS Plan Governance Order 〈NMS 제도 관련 소유·지배구조 개선〉</td><td>- 자문위원회(Advisory Committee)—6개 대표로 위원 수 확대. ①~③ 기존의 브로커·딜러(소매투자자), 브로커·딜러(기관투자자), 데이터 제공업자 대표. ④~⑤ 기존의 투자자 대표를 소매투자자, 기관투자자 대표로 구분. ⑥ ATS 대표를 NMS 주식 발행기업 대표로 대체
- 투표권(voting structure)—원칙적으로 거래소 그룹 산하에 제아무리 많은 정규거래소가 있어도 1표만 허용(기존에는 모든 정규거래소가 1표씩). 단, 그룹 전체 시장점유율이 15%를 넘으면 총 2표 허용. 회원 총수의 2/3 찬성제도(augmented majority vote) 채택
- 2022년 7월 5일 연방순회고등법원이 SEC 패소 판결</td></tr>
</table>

* 자료: SEC, 2020. “Securities Exchange Act Release No. 87906”. (January 8). SEC, 2020. “Securities Exchange Act Release No. 88216”. (February 14). SEC, 2020. “Securities Exchange Act Release No. 90610”. (December 9).

* New Consolidated Data Plan의 정식 명칭은 **“통합 NMS 제도”(Consolidated NMS Plan)**임.

4. Reg NMS 개정 — 일명 "Reg NMS II"

가. 개요

2020년 1월과 2월, SEC는 Reg NMS를 대폭 개정하는 2개 안(proposal. 프로포절)을 잇달아 발표했다.[251] 사실 그동안 SEC는 시행 이래 너무나도 변해버린 자본시장과 ICT 환경을 Reg NMS에 제대로 반영하지 못했다고 줄곧 비난받아왔다. 특히, 소매투자자가 투자활동에 필요한 시장 데이터를 얻으려 할 때 접근 속도나 내용 면에서 구조적으로 아주 불리한 위치에 있다는 지적은 매우 심각했고 설득력도 있었다.[252] 개정안 핵심을 소매투자자에 대한 이 같은 차별적 상황을 개선하는데 둔 것은 당연했다. 업계 의견을 취합한 뒤, 2020년 12월 9일 SEC는 **"Reg NMS 개정"**(**"Reg NMS Amendments"**. 또는 Market Data Infrastructure Rules[시장 데이터 인프라 규칙]. 2021년 6월 8일 효력 발생)을 채택해,[253] ① "(핵심) 데이터 통합·제공기관에 경쟁 도입"(**Rule 614 신설**), ② "NMS 시장 데이터 내용 확대"(**기존 Reg NMS 관련 Rule 수정**)를 규칙화했다(이상 **"신규 통합 데이터 제도"**[New Consolidated Data Plan]). ③ **"NMS 제도 관련 소유·지배구조 개선"**(**NMS Plan Governance Order**)도 시도했으나 규칙화 작업 진행 중 거래소 연합에 패소해 폐기된 상태이다(제9장 4절 나항 (2)와 〈표 9-4〉 참조).

---

251 SEC, 2020. "Securities Exchange Act Release No. 87906". (January 8). SEC, 2020. "Securities Exchange Act Release No. 88216". (February 14).

252 기존 Reg NMS 체제에서 NMS 주식 상장거래소는 체결 즉시 데이터를 SIP에 보내기만 하면 된다. 전송시간과 관련해 의무사항은 없다. 따라서 상장거래소가 데이터를 SIP에 보내는 (구식) 설비와 자기 데이터 구독자에게 보내는(proprietary data feed) 최신식 판매설비에 속도 차이는 엄청나다. 또한 SIP에 의무적으로 보내는 핵심 데이터(core data)는 현실 수요를 반영하기에 매우 부족한 데 비해 proprietary data(자신만의 데이터)는 구독자가 원하는 만큼 마음껏 포함할 수 있다. 백만분의 몇 초 식으로 순식간에 체결되는 오늘날 거래 인프라 현실에서 비싼 비용을 내고 proprietary data를 구매·사용하는 시장조성인/기관투자자와 그렇지 못한 소매투자자의 정보 비대칭은 투자의 성공과 실패를 결정할 뿐만 아니라 소매투자자 주문을 시장조성인/기관투자자의 좋은 먹잇감으로도 만들 수 있다. 한편, 2014년 루이스(2014) 책이 발간되면서 주요 거래소의 이 같은 영업행위는 엄청난 비판을 받았고 일군의 기관투자자(연금)는 이를 소액투자자에 대한 사기라 하여 고소까지 했으나 패소했다(2022년 3월). Stempel, J., 2022. "U.S. Exchanges Defeat High-Frequency Trading Lawsuit". **Reuters**, (March 28).

253 SEC, 2020. "Securities Exchange Act Release No. 90610". (December 9).

2020년 Reg NMS 개정은 SEC 위원 만장일치로 통과됐다. 민주·공화 양당으로 위원직이 나누어진 상황에서 아주 드문 일이었다. 그만큼 시장 데이터의 내용 개선과 통합·제공 방식 현대화에 대한 공감대가 폭넓게 형성돼 있었다고나 할까? 실제로 1970년대 후반 NMS를 갖추기 시작한 이후 2012년 CAT 도입(Rule 613 신설. 제6장 4절 가항, 제9장 4절 라항 (1) 참조)을 제외하면 이렇다 할만하게 Reg NMS를 수정한 적은 없다. 따라서 Rule 614 신규 도입에다 기존 Rule 대부분을 손질하는 이번 개정으로 미국주식시장 구조는 또 다른 모습을 띠며 진화하리라 예상된다.

업계에서는 2020년 개정에다 2012년 개정을 합쳐 "Reg NMS II"라고 부른다(2023년 예정된 규칙 개정과 신규 제정도 이에 포함할 듯. 제9장 4절 다항 참조). 이 중 2020년 개정은 개정 폭이 광범위할 뿐만 아니라 시장참여자 간 이해가 첨예하게 갈리는 사안을 여럿 포함한다. 따라서 업계 평가도 이해관계에 따라 뚜렷하게 엇갈린다. 투자자(특히 일반투자자)와 중소형 증권사는 그동안 정보 내용과 접근 속도에서 당했던 푸대접이 덜해져 시장 공정성과 유동성이 개선될 것으로 기대하는 눈치이다. 반면, 상장거래소와 시장조성인은 수익성 감소에 초조해한다. 더군다나, NYSE와 Nasdaq은 그동안 누렸던 독점적 SIP 지위를 잃게 된다(바로 다음 참조). 이런 연유로 NYSE와 Nasdaq은 Cboe Global Markets(씨보글로벌마케츠)와 함께 "미국 수정 헌법 5조"(Fifth Amendment's Taking Clause. 정당한 보상 없이 사적 재산을 공적으로 사용할 수 없음) 위반과 코로나19(Covid-19) 팬데믹(pandemic. 세계 대유행) 상황에서 무리하게 진행된 의견수렴 절차를 근거 삼아 SEC를 고소했다(2021년 2월). 연방항소법원(Federal Court of Appeals)은 New Consolidated Data Plan 건에 대해서는 SEC 손을 들어주었으나(2022년 5월), NMS Plan Governance Order 건에 대해서는 SEC 패소 판결을 내렸다(2022년 7월).[254]

254 Sidley, 2022. "D.C. Circuit Upholds SEC's Market Data Infrastructure Rules, Paving the Way for Competing Consolidators". (June 1). McCrank, J., 2022. "U.S. Exchanges Win Court Appeal on SEC Market Data Order". **Reuters**, (July 5).

나. 2020년 Reg NMS 개정사항 — 시장 데이터 인프라 규칙(Market Data Infrastructure Rules)

(1) 신규 통합 데이터 제도(New Consolidated Data Plan)

(가) Rule 614 제정 — 핵심 데이터 통합·제공 인프라 시장에 경쟁 도입

현행 Equity Data Plan("주식 데이터 제도". 제6장 4절 가항 참조) 하에서 핵심 데이터(core data)를 수집·통합해 제공하는 기관은 두 곳의 SIP("증권정보프로세서". 증권정보제공회사)이다("**독점적 SIP 모형**"[exclusive SIP model]). NYSE와 Nasdaq이 자사 상장주식의 모든 거래시장 데이터를 실시간으로 수집해 각자 위임받아 운영하는 SIP에 전달하면 해당 SIP가 통합해 핵심 데이터를 최종 사용자에게 스트리밍(streaming)해준다.

앞으로 시행될 Reg NMS 개정 체제하에서는 신개념의 여러 기관이 경쟁적으로 (핵심) 데이터를 수집·통합해 제공한다("**경쟁적 통합모형**"[decentralized consolidation model]). 구체적으로, 기존의 SIP를 "**경쟁적 데이터 통합·제공자**"(CC: **competing consolidator**. "컴피팅 컨설리데이터")와 "**자체 사용 목적 데이터 통합자**"(**self-aggregator**. "셀프 애그러게이터")로 대체한다.

새로 등장할 competing consolidator는 현행 SIP와 같은 역할을 한다. 최종 사용자에게 핵심 데이터를 포함해 이른바 "**통합 시장 데이터**"(**consolidated market data**)를 판매하며(데이터에 대해서는 바로 다음 (나) 참조), SEC에 등록해야 한다. 판매 데이터 원소유주인 거래시장에 당연히 데이터 수수료를 지급해야 한다. Competing consolidator 중 점유율이 일정 수준을 넘으면(직전 6개월 중 4개월 동안 핵심 데이터 총판매수익의 5% 이상 공헌) "주요 자본시장 기관"으로 분류돼 "**Reg SCI**"(Regulation Systems Compliance and Integrity. "**시스템 준수와 무결점에 관한 규정**". 2014년)[255] 규제를 받아야 한다("SCI CC"라 함). SEC 전망에 따르면 10여 개 competing consolidator가 각축을 벌일 것이라 한다.

255 Reg SCI에 대한 상세 설명은 엄경식(2019)을 참조하기 바란다.

역시 새로 등장할 self-aggregator는 내부 사용이나 자사 고객만이 사용할 목적으로 거래시장에서 데이터를 직접 받아 자신이 통합하는 기관이다. 원칙적으로 외부에 제공하거나 판매할 수 없다(예외: SEC 등록 자회사는 가능). 브로커·딜러, SRO(NYSE, FINRA[금융산업규제국]), SEC 등록 투자자문사(investment advisor) 등이 self-aggregator가 될 수 있으며, 설립할 때 SEC에 등록할 필요는 없다.

한편, 거래시장은 요청받은 시장 데이터를 competing consolidator와 self-aggregator 모두에게 차별 없이 제공해야 한다. 핵심 데이터 통합·제공 인프라 시장에 경쟁이 시작되면 시장 데이터를 보낼 때 지금처럼 SIP와 자기 데이터 구독자용 설비 간에 있었던 속도 차이는 사라질 것으로 예상된다. 그러나 일각에서는 거래시장 간 경쟁 부작용으로 시장 분할을 경험했듯이 이 시장에도 비슷한 현상이 벌어지지 않을까 우려하기도 한다.

SEC는 현재 운영 중인 독점적 SIP를 competing consolidator와 self-aggregator로 원만하게 대체하고자 Rule 614를 3단계로 나누어 실행할 예정이다. 1단계(Phase I)에서는 competing consolidator 최초 등록을 승인하고, 2단계(Phase II)에서는 SIP와 competing consolidator가 공존해 영업하면서 기존 SIP 위임 해지 여부를 결정한다. 최종 3단계(Phase III)에서는 competing consolidator가 현행 독점적 SIP를 완전히 대체한다.

(나) NMS 시장 데이터 내용 확대와 전망

SEC는 소매투자자가 겪고 있는 정보 비대칭을 줄여줄 목적으로 NMS 주식의 시장 데이터 내용을 확대하면서 핵심 데이터 정의를 강화하고 "통합 시장 데이터"라는 용어도 새롭게 사용하기 시작했다. 이에 따라 Reg NMS 기존 Rule 대부분도 조금씩은 수정돼야 했다. 먼저, 핵심 데이터 강화 내용과 새롭게 등장한 통합 시장 데이터를 간략히 살펴보면 다음과 같다.

- **〈핵심 데이터〉** 기존 정의[256]에다 다음 사항/개념을 추가.
  - 완전 거래단위(lot. 롯. 100주)보다 적은 수량 주문(즉, 단주[odd-lot] 주문)에 대한 일정 정보. 이와 더불어 lot 정의를 가격 수준에 따라 4단계로 새롭게 구분.[257]

- 각 거래소 BBO(최우선매수·매도호가)보다 5단계까지 열위인 주문 정보(이를 **depth-of-book**이라 함. KRX는 10단계까지 제공) 제공.
- 시초가, 종가, 재개장가 '결정에 이르는' 단일가매매 정보. 이로써 투자자는 참조가격(indicative price) 정보에 접근할 수 있음.

한편, 현행 Equity Data Plan 하에서 제공하는 회사채와 지수 데이터는 핵심 데이터에서 제외. 그동안은 미국주식시장이 너무 방대해 핵심 데이터를 아주 간단하게만 제공. 그러나 2020년 Reg NMS 개정 이후 체제에서는 마치 상대적으로 규모가 작은 주식시장(예: KRX)인 양 핵심 데이터를 좀 더 자세하고 풍부하게 제공. 그만큼 거래 관련 ICT가 발전했다는 의미임.

- **〈"통합 시장 데이터"〉** 핵심 데이터, 감독·규제용 데이터, 관리용 데이터, 거래소 특별 프로그램용 데이터(예: 소매거래자 유동성 제고용 프로그램 데이터), 기타 부수 데이터 등을 포괄하는 신규 용어(umbrella term)임. Competing consolidator는 수집·통합한 정보를 각자의 판단에 따라 한묶음으로 만들어(package) 판매 가능. 각자가 NBBO를 직접 계산해 제공할 수 있어 지금과는 달리 NBBO가 여럿 나타날 수도 있음.

한편, competing consolidator와 self-aggregator는 거래시장에서 데이터를 받으며 대가로 지급해야 하는 수수료에 공정하고 합리적인 체계를 세워놓아야 한다. 반면, 자신이 가공한 통합 시장 데이터 판매수수료는 SEC 허가 없이 자유롭게 책정해 가격경쟁을 벌일 수 있다. 마찬가지로, 거래시장도 구독자에게 판매하는 proprietary data에 대해서는 수수료를 자유롭게 책정할 수 있다.

256 Reg NMS Rule 600에 따르면 현행 핵심 데이터는 ① 최종 체결정보(가격, 거래량, 거래시장. 단주 체결정보 포함), ② 각 거래소 BBO(단주 불포함), ③ NBBO(단주 불포함), ④ 보호호가, ⑤ 제한적인 단일가매매 정보(LULD 발동 후 재개장가 정도로 한정) 등을 포함한다. 현행 Reg NMS와 2020년 Reg NMS 개정 간 핵심 데이터 비교는 다음을 참조하기 바란다. Debevoise & Plimpton, 2021. "SEC Adopts New Market Data Infrastructure Rules to Modernize the National Market System: Implications for Best Execution Obligations". (January 7).

257 250달러 이하, 100주. 250.01~1,000달러, 40주. 1,000.01~10,000달러, 10주. 10,000.01달러 이상, 1주.

경쟁적 통합모형 채택으로 브로커·딜러는 Best Execution을 더욱 충실히 준수해나갈 수 있다고 대개들 예상한다. 그동안 너무 비싼 관계로 거래소 proprietary data에 사실상 접근이 불가능해 Best Execution을 SIP 정보에만 의존해야 했기 때문이다. 반면, 통합·제공기관이 많아 Best Execution을 준수하기가 더 복잡해지고 심지어 시장구조마저 예기치 못한 위험에 빠질 수 있다는 우려의 목소리도 흘러나온다.

(2) NMS 제도 관련 소유·지배구조 개선(NMS Plan Governance Order) 시도 — 실패

2020년 1월과 2월 개선안 중 **"NMS 제도 관련 소유·지배구조 개선"(NMS Plan Governance Order)**은 규칙화 작업 진행 도중 주요 거래소가 제기한 소송에서 SEC가 패소해(2022년 7월) 폐기된 상태이다. 이 개선안은 독점적 SIP 지위를 내놔야 하는 거래소로서는 너무나 민감한 사안(특히 투표권)이었고 아마도 SEC를 고소하게 된 결정적 요인이 아니었나 싶다. 관련 내용을 살펴보면 다음과 같다. 폐기됐지만 SEC의 정책 의도를 헤아려 볼 수 있다.

- **〈자문위원회. Advisory Committee〉** 현행 5개 대표에서 6개 대표로 위원 수를 확대 조정해 구성(다음 표 참조).

현행 Equity Data Plan	신규 NMS Plan Governance Order
소매투자자 브로커·딜러 대표	좌동
기관투자자 브로커·딜러 대표	좌동
데이터 제공업자(data vendor) 대표	좌동
투자자 대표	소매투자자 대표
	기관투자자 대표
ATS 대표	NMS 주식 발행기업 대표

- **〈투표권. voting structure〉** 원칙적으로, 거래소 그룹 내 제아무리 많은 정규거래소가 있어도 1표만 허용(현행 체제에서는 거래소 그룹 내 모든 정규거래소가 1표씩 보유).[258] 단, 거래소 그룹 전체 시장점유율이 15%를 넘으면 총 2표 허용. 회원 총수 2/3 찬성제도(augmented majority vote) 채택.

• **〈단일 NMS Plan〉** 현행 NMS Plan("NMS 제도")은 CTA Plan(Consolidated Tape Association Plan. "통합테이프 협의회 제도"), CQ Plan(Consolidated Quotation Plan. "통합호가제도"), UTP Plan(Unlisted Trading Privileges Plan. "비상장주식 거래권 부여 제도")으로 구성(이 셋을 묶어 Equity Data Plan이라 함. 주석 172 참조). 이를 단일 NMS Plan으로 통합.

다. 2023년 예정 Reg NMS 규칙 개정과 Rule 615, Reg Best Ex 신규 제정

2022년 12월 14일 SEC는 기존 Reg NMS 주요 규칙(Rule 605, 610, 612)을 개정하고 **Order Competition Rule**("주문 경쟁 규칙". Rule 615)과 **Regulation Best Execution**("최선체결의무규정". Reg Best Ex)을 신규 제정하는 안(proposal)을 통과시켰다. 제정(2005년) 이후 Reg NMS에서 이루어지는 가장 큰 변화이며, 주목적은 투자자, 특히 소매투자자를 위한 거래가격 개선과 가격 투명성 제고이다. 세부 사항에 따라서는 미국주식시장 미시구조의 기술적 근간을 뒤흔들 수도 있을 만큼 파급력이 크다고 한다. 물론 그동안 PFOF(payment for order flow. "주문흐름 대가". 소매 브로커가 도매 브로커[시장조성인. HFT 증권회사]에게 주문을 몰아주고 받는 리베이트[rebate]. 2021년 "밈 주식"[meme stock. 온라인상 입소문을 타 개인투자자 눈길을 끄는 주식] 사건 때 논란으로 등장)로 시장가주문 물량을 거의 독식(약 90%) 하던 시장조성인의 반발도 만만치 않을 거라고 예상들을 한다(주요 내용[안]은 〈표 9-5〉 참조). 대략 2023년 3월 말(또는 3월 말 이후 일정 기간)까지 공개토론을 거쳐 안을 수정한 후 시행에 들어갈 예정이다.

---

258 예를 들어, 5개 거래소를 소유한 NYSE 그룹은 현행 체제하에서 5개 투표권을 행사한다. 그동안 NYSE, Nasdaq, Cboe Global Markets가 거의 유명무실하게 됐는데도 해당 거래소를 합병한다든지 합병 후에 없애지도 않고 독립적 지위를 남겨놓는 이유가 바로 이 투표권 때문이라고도 한다.

〈표 9-5〉 2023년 예정 Reg NMS 규칙 개정과 Rule 615, Reg Best Ex 신규 제정

<table>
<tr><th>구분</th><th>내용</th></tr>
<tr><td colspan="2">〈패널 A〉 Equity Market Proposals("주식시장 프로포절")</td></tr>
<tr><td>1. Reg NMS Rule 605 수정

"주문체결공시" (Order Executions Disclosures)</td><td>보고의무 대상 기관 확대
- 기존 거래시장(내부화 IB 포함)에다 새로이 대형(많은 고객계좌 수) 브로커·딜러 등을 포함
월별 보고서(체결 질적 수준) 내용과 범위 확대
- 보고 대상 주문유형("covered order")을 일부 "가격지정주문"(stop order)과 일부 시간외거래 주문으로 확대
- 주문 크기와 유형에 따라 주문 범주 구분과 체결의 질적 수준 정보를 변경/수정–대상 예: 소수점 주문(fractional order), 단주 주문(odd-lot order), 일정 수준 대량매매 주문(larger-sized order), 지정가주문(non-marketable limit order)
- 체결시간 관련 통계를 밀리초 이하(millisecond and finer)로 현실화, 평균, 중간값, 99분위 통계치 선호. 15초와 1분으로 계산한 실현스프레드(realized spread) 보고 등
요약 보고서(summary reports)
- 사람이 읽을 수 있는 언어 형식으로(human-readable form) 제공</td></tr>
<tr><td>2. Reg NMS Rules 수정

최소호가단위 (Tick Size), 시장 수수료(Access Fees), 투명성 (Transparency)</td><td>① Rule 612(Tick Size) 수정
- 1/10에서 1센트까지(variable sub-penny) 가능(기존 예외조항 수정 효과. 다크 거래시장 견제). 방식: 분기별 평가기간(evaluation period) 내 계산한 시간가중평균 호가스프레드(time-weighted average quoted spread. 4단계 구조)
② Rule 610(Access Fee) 수정
- (Rule 612 수정과 연계). 5밀(mil. 0.0005센트)까지 축소
- "정규거래소는 모든 수수료와 리베이트를 체결시점에 확정할 수 있어야 함"으로 수정. 기존에는 월말에 일괄해서 정함(이에 수수료 불확실성[fee uncertainty]이 존재). 안(案)처럼 바뀌면 최선체결의무(Best Execution)를 훨씬 더 명확하게 수행할 수 있음. 또한 정규거래소가 도매시장조성인(wholesale market maker. 거래량기준 수수료[volume-based fee]로 경쟁)과 공정 경쟁(level the playing field. 특히, 아래 Regulation Best Ex와 합쳐서) 할 수 있는 환경이 조성됨. PFOF를 무력화할 수 있음
③ Rule 614(MDI rules: Market Data Infrastructure rules) 실행 촉구
- 특히 완전 거래단위(lot/round-lot)와 단주(odd-lot) 관련 규정을 신속히 실행토록 규정하고, odd-lot 정의도 "최우선 단주 주문"(best odd-lot order)을 알아낼 수 있도록 수정할 것</td></tr>
<tr><td>3. Rule 615 신설

"주문 경쟁 규칙"(Order Competition Rule)</td><td>"소매 단일가매매 규칙"(Retail Auction Rule)이라고도 함
- 개별투자자의 시장가주문이 거래시장에서 건건이(order-by-order) 경쟁에 노출되지 않은 채 내부화되지 않고 "공개 단일가매매"(open and fair "qualified auctions")로 공정하게 체결되게끔 신규 도입
- (예외도 인정하기는 하지만,) 투명성 요건을 갖추지 않은 브로커·딜러("restricted competition trading center")의 시장분할 주문("segmented order". 200,000달러 이하. 하루 40건 이하 거래횟수를 가진 투자자 주문. 별도 정의)을 자격(적정한 투명성)을 갖춘 단일가매매 운영자(qualified auction operator. "open competition trading center")가 처리하도록 함. (PFOF 뿐만 아니라 maker/taker 수수료[SEC 패소] 등 거래소 리베이트[그 안에 놓은 브로커·딜러와 [소매] 투자자 간 이해상충]에 대한 간접 규제도 의도한 듯)</td></tr>
<tr><td colspan="2">〈패널 B〉 Regulation Best Execution</td></tr>
<tr><td colspan="2">브로커·딜러의 Best Execution 요건 강화. 지금까지는 SEC 규정이 없어 FINRA 규정을 따름
- 〈Proposed Rule 1100〉 최선체결의무기준(Best Execution Standards)과 예외 사항
- 〈Proposed Rule 1101〉 정책과 절차, 이해상충적 거래, 체결의 질적 수준 검토(Policies and Procedures, Conflicted Transactions, Execution Quality Review)와 예외 사항
- 〈Proposed Rule 1102〉 절차나 규정, 주문 처리(order handling) 등을 1년에 1번 검토할 것</td></tr>
</table>

* 자료: Crenshaw, C.A., 2022. "Statement on Proposals Related to Equity Market Structure". SEC, (December 14). Sandoval, I.A., Doench, J.E., Whitehead, K.D., 2022. "SEC Proposes Equity Market Overhaul and Best Execution Rule". **Morgan Lewis**, (December 14).

라. 2012년 Reg NMS 개정과 결실 보지 못한 여타 시도

(1) Rule 613 제정 — CAT

Flash Crash로 말미암아 Reg NMS 체제의 시장 데이터 제도는 변화가 불가피해졌다. 당시 CTA Plan에는 CTS와 CQS, UTP Plan에는 UQDF("UTP 호가정보 피드")와 UTDF("UTP 체결정보 피드"), FINRA에는 **OATS**(Order Audit Trail System. "**주문검사추적 시스템**". **오우츠**. 1998년 3월 설립)[259]가 시장 세부 데이터를 실시간 제공했었다(제6장 4절 가항, 〈표 9-1〉 참조). 그런데도 현·선물 연계나 계좌정보가 없어 Flash Crash 발생 원인을 파악하는 데 쓸모가 없었기 때문이다. 이에, SEC는 2012년 7월 Reg NMS Rule 613을 신규 제정하고 4년에 걸친 준비 끝에 전국증권거래소와 FINRA가 공동으로 마련한 "**CAT NMS 제도**"(CAT NMS Plan. 〈표 9-1〉 참조)를 2016년 7월 승인했다.

Flash Crash로 곤욕을 치른 SEC가 CAT NMS Plan에 거는 기대는 분명했다. 바로 CAT을 통해 NMS와 OTC 주식, 상장옵션 거래 활동을 효과적으로 추적·감시하고 유사시 이를 정확하고 효율적으로 재구성할 수 있기를 바랐다. 2022년 12월 12일 마침내 CAT은 세계 최대 증권거래저장소(central repository)로서 완전 운영에 돌입하였다. 이로써 SEC는 1억 주식·옵션 투자자가 주문제출부터 매매체결까지 해당 브로커·딜러와 함께 기록하는 하루 약 580억 건(적어도 50*ms*까지 동기화 요구)의 전 과정을 추적해낼 수 있다고 한다.

CAT 설립에서 본격 운영까지 비용과 책임은 SRO 컨소시엄(SRO consortium)이 부담했다. 2017년 1월 SRO 컨소시엄은 CAT을 개발하고 유지할 IT 업체(Plan Processor)로 더시스(Thesys Technologies. 시장구조 관련 테크기업)를 선택해 작업을 착수했으나 역량을 믿을 수 없자 2019년 2월 FINRA로 변경하였다. 시스템 개발 지연, 고객 정보 공개에

---

259 FINRA(SRO) 회원 브로커·딜러는 자신이 처리한 NMS 주식의 모든 주문과 체결 정보(초 단위)를 OATS에 제출해야 했다. 2021년 9월 1일부터 CAT가 OATS를 대체했기 때문에 이제 FINRA 회원 브로커·딜러는 CAT에 관련 데이터를 제출해야 한다.

〈그림 9-3〉 CAT 시행 일정

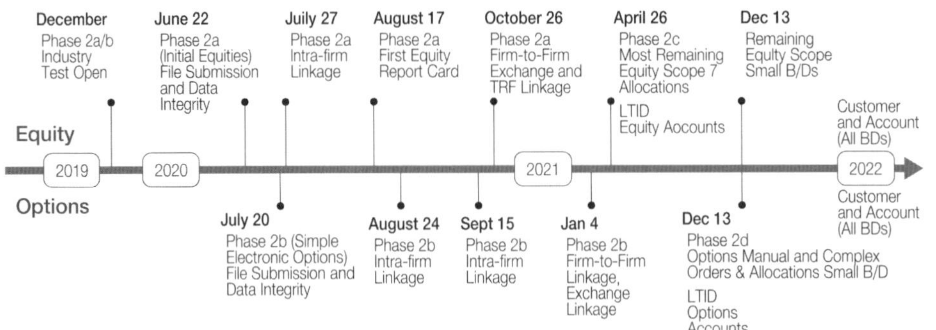

* 자료: Oyster Consulting. “Consolidated Audit Trail (CAT) Implementation”. [https://www.oysterllc.com/services/trading-markets/consolidated-audit-trail/].

대한 논란,[260] 거래시장 준비 부족 등으로 계획에 차질을 빚어 몇 차례 연기된 끝에 2020년 6월 22일에서야 SRO와 SRO 회원(OATS에 보고해야 하는 브로커·딜러)이 CAT에 데이터를 제출하기 시작했다. 이어 SRO 비회원(OATS에 보고하지 않는 소형 브로커·딜러)도 2021년 12월 13일까지 데이터를 제출하기 시작했고, 예상보다 좀 지체되기는 했지만(〈그림 9-3〉 참조) 2022년 12월 12일 CAIS 완전 가동을 끝으로 마침내 CAT이 완전한 형태로 본격 가동에 들어갔다.[261]

260 처음에는 증권회사 고객의 SSN(social security number. “사회보장번호”), 생년월일, 계좌번호 등을 포함하려 했으나 개인정보 누출 논란으로 CAT ID(아이디) 번호, 출생연도, 이름과 주소만 포함하기로 변경했다.

261 2014년 10월 15일 재무성증권시장에서는 이른바 플래시 랠리(Flash Rally. 초단기 채권가격 상승)가 발생했다. 10년 만기 재무성증권(US 10-year Treasury Note) 수익률이 개장 후 불과 15분 만에 2.2%에서 1.86%로 34bp 급락한 후 연달아 40여 분 동안 급반등했고, 종가는 시가와 비슷한 수준에서 마감됐다. 50년 만에 한 번이라 할 정도로 이례적 현상이었다. PTF의 초단기 베팅(quick-fire bet), 자기매매(self-trading), 주문 취소, 위험관리 장치 작동 등이 맞물려 발생했다고 한다(재무성·연방준비제도이사회·뉴욕연준·SEC·CFTC[Department of the Treasury, Board of Governors of the FRS, FRB NY, SEC, and CFTC], 2015). 이 때문에 미국채권시장 구조와 투명성을 걱정하는 목소리가 매우 커졌다. 2017년 7월 10일부터 FINRA는 재무성증권 거래 데이터 관리에 들어갔으며, 아예 **트레이스(TRACE**: Trade Reporting and Compliance Engine. “**장외채권시장 거래 데이터 보고설비**”. 2002년 설립)를 CAT로 이전하는 방안이 논의되기도 했다. Eavis, P., 2015. “Treasury ‘Flash’ Rally Report Is Released”. **New York Times**, (July 13).

(2) 결실 보지 못한 SEC의 몇몇 수정/개혁 시도

(가) 소형주 호가단위 5센트 확대 시도

JOBS Act로 새싹/중소기업의 자본시장 접근성을 개선하기는 했으나 시간이 지나도 이들 기업의 IPO나 시장 유동성에는 별 진전이 없었다. 거시경제 상황이 당연히 제일 큰 영향을 끼쳤겠지만, SEC는 제도적 요인도 무시할 수 없다고 판단했다. 특히 대형주와 소형주 호가단위가 1센트로 일률적이어서 소형주의 내재 위험 대비 스프레드(즉, 수익성)가 대형주보다 크게 낮아 브로커·딜러가 시장조성 자체를 꺼린다고 생각했다. 따라서 소형주 호가단위를 5센트로 확대하면 브로커·딜러의 시장조성 유인이 커져 유동성이 높아지고, 이로써 소기업 IPO도 촉진할 수 있지 않을까 하는 논리가 등장했다.

2015년 5월 6일 SEC는 소형주 유동성을 높이고 단기 변동성을 낮춘다는 목적하에 소형주 호가단위를 기존의 1센트에서 5센트로 확대하는 Tick Size Pilot Program("호가단위 맛보기 프로그램")을 승인했다. 시험운용기간은 2년(2016.10.3.~2018.9.28.)이었고, 실험은 NYSE, NYSE American, Nasdaq 상장 소형주를[262] 3개 테스트그룹(pilot 1, 2, 3 group. 그룹별 400개 종목. 종목은 임의로 선택)과 1개 통제그룹(control group. 1,200개 종목으로 시작)으로 나누어 시차를 두며(staggered basis) 진행했다. 3개 테스트그룹 모두 호가단위는 5센트로 같았고 세부 조건만 각기 달랐다. 테스트그룹 3은 Trade-at Rule(일명 "Price Improvement Rule"[가격개선 규칙])과 대량매매(block trading) 면제조항 등 다크풀 관련 사안을 부가 적용해 결과에 특히 관심이 높았다.[263]

---

262 소형주는 ① 시가총액 30억 달러(약 4조 원) 이하, ② 일평균 거래량 1백만 주 이하(즉, 유동성이 매우 낮은 종목), ③ VWAP 2달러(2,600원) 이상 종목으로 정의한다. Tick Size Pilot Program에 대한 세부 설명과 실증분석 결과는 브로가드·판(Brogaard and Pan, 2022), 차크라바르티·콕스·업슨(Chakrabarty, Cox, and Upson, 2022)을 참조하기 바란다.

263 Trade-at Rule은 다크풀이 가격을 개선해주지 못하면 받은 주문을 리트풀로 회송하라고 규정한다. 즉, 다크풀이 매매를 체결하려면 반드시 가격을 개선해주어야 한다. 단, 주문 크기가 5,000주 이상이면 대량매매 면제조항에 따라 최우선매수·매도호가로 매매를 체결할 수 있다. 이 맛보기 프로그램 규칙은 상장주식이 정규거래소 외 거래시장, 특히 다크 거래시장에서 거래되는 비중을 줄이려는 취지에서 고안됐으며, 현재 캐나다(2012년 10월)와 호주(2013년 5월)에서 실시하고 있다(제3장 3절 나항 (2), 특히 주석 90 참조).

시행 전 부정적 예상과는 달리[264] (초기) 결과는 다소나마 긍정적이었다. 하지만 효과 자체가 미약해 Tick Size Pilot Program은 2018년 9월 28일 시험운용 마지막 날 규정 변경 없이 일단 그대로 종료됐다. 경제 현상을 실험해본 매우 드문 시도였고 상당한 비용을 치렀음에도 결과는 좀 허무했다.[265] 한편, Tick Size Pilot Program에서 검증해본 시범 규정(호가단위 5센트 확대, Trade-at Rule과 대량매매 면제조항)에 대한 최종 결정은 2021년 말 현재 아직 내려지지 않은 상태이다.

(나) 수수료 체계 수정 시도

앞서 여러 차례 언급한 바와 같이, maker-taker 수수료 체계에서 유동성 제공(지정가주문 제출) 거래자는 리베이트를 받고 유동성 소비(시장가주문 제출) 거래자는 이보다 조금 비싼 수수료를 내며, 거래시장은 수수료와 리베이트 차이를 수익으로 가져간다. 업계의 또 다른 관행인 taker-maker(inverse pricing) 수수료 체계는 리베이트와 수수료 구조가 이와 반대며 시장이 하강 국면일 때 투자자에게 적합한 수수료 체계이다. HFT 증권회사 발흥, 이에 따른 PFOF와 맞물려 투자자는 이 수수료 체계 핵심인 리베이트에 구조적 문제(예: 브로커 이해상충과 공정성 침해 가능성, 가격발견 왜곡)[266]가 도사리고 있다고 주장했다. 이에 대해 거래시장(특히 거래소)은 리베이트가 주문을 제공해주는 브로커에게 지급하는 정상적인 보상이며 절대로 시장에 해를 끼치지 않는다고 완강히 반박하였다. 또한 체계적이고 투명하게 실행하기 때문에 해당 주가의 질적 수준이 높아(high quality price) 궁극적으로는 투자자와 발행기업에도 이롭다고 주장했다.

사회적으로 열띤 찬반양론이 이어지자 SEC는 투자자의 견해에 무게를 두고 수수료

---

264 호가단위에 대한 일반적 논의는 강형철·박종호·엄경식(2009)을 참조하기 바란다.

265 한편, 테스트그룹 3에 부가된 Trade-at Rule을 분석한 결과, 해당 종목 다크풀 거래량은 SEC 의도대로 많이 감소했다고 한다(팔리·켈리·퍼킷[Farley, Kelley, and Puckett], 2018).

266 예를 들어, 브로커는 투자자에게 최선이 아니더라도 리베이트를 많이 주는 거래소로 주문을 회송할 수 있다. 가격이 Best Execution의 유일한 조건인 상황에서도 만일 NBBO가 복수/다수 거래시장에서 발생하고 브로커가 리베이트를 많이 주는 거래시장/다크풀로 지정가주문을 회송하면 이 같은 일이 벌어질 수 있다(바탈리오·코윈·제닝스[Battalio, Corwin, and Jennings], 2016).

축소와 maker-taker/taker-maker 수수료 체계에 대한 규제 여부를 결정짓고 싶어 했다. 민감한 사안이라 실증분석에 필요한 자료를 수집해야 했기에 SEC는 2018년 12월 19일 Transaction Fee Pilot Program("거래수수료 맛보기 프로그램". Reg NMS Rule 610T)을 승인했다.[267] 실험은 2개 테스트그룹(각각 730개 종목)과 1개 통제그룹(그룹 1~2에 속하지 않은 종목. 현행 수수료 체계)으로 나누어 3년 8개월간(2019.4.22.~2023.12.29.) 진행될 예정이었다.[268]

시장 분할이 극심한 환경 속에서 maker-taker/taker-maker 수수료 체계는 경쟁의 필수 도구이자 주요 수익원으로서 거래시장의 엄청난 이해가 걸려 있는 제도이다. 2019년 2월 NYSE, Nasdaq, Cboe Global Markets 등 거대 거래시장은 Transaction Fee Pilot Program이 근거 없이 매우 임의적이며, 실행한다 해도 너무 복잡해 투자자와 상장기업에 예상치 못한 많은 (부정적) 결과를 초래할 수 있다고 주장하며 SEC를 고소했다. 이에 SEC는 법원 판결이 날 때까지 시행을 연기하였다. 2020년 6월, 연방항소법원은 SEC 권한 남용이라 하며 거래소 손을 들어주고 Transaction Fee Pilot Program을 즉시 무효로 했다. 법원의 논리는 이 맛보기 프로그램이 SEC의 단지 "실험적 정책"에 따른 일회성 쇼크 규정이라는 데 모여 있다. 규정의 가치 여부만을 파악하려고 정보를 수집하는 목적 외에는 구체적인 규제 실행방안이 없고 규제가 실제 유용한지도 알 수 없다는 이유였다.[269]

---

267 Maker-taker/taker-maker 수수료에 대한 부정적 의견은 Flash Crash 발생 원인을 파악하는 과정에서 불거져 나왔다. SEC는 2012년부터 **"시장접근 수수료 맛보기 프로그램"(Access Fee Pilot Program)**이란 이름으로 논의하다가 2018년 맛보기 프로그램 명칭을 바꿔 승인했다.

268 그룹 1은 100주 거래당 최대 10센트(130원) 수수료를 부과하되 리베이트를 제한 없이 허용하며, 그룹 2는 리베이트를 금지하고 유동성 제공/소비와 연계된 수수료(linked pricing)도 금지한다. SEC, 2018. "Securities Exchange Act Release No. 84875". (December 19).

269 Bauman, J.A., 2020. "DC Circuit Repudiates SEC Program for Testing Exchange Fee Structure". **The National Law Review** 10 (no. 181), (June 29).

▌부록▐ Dodd-Frank Act와 JOBS Act 주요 내용 ▐

〈표 부록 9-1〉 Dodd-Frank Act 주요 내용

주요 규정	내용
〈Title I〉 Financial Stability (FSOC 설치)	시스템 위험을 사전에 파악하고 경제 상황을 조사할 목적으로 **FSOC**(Financial Stability Oversight Council. **금융안정감시위원회**)와 **OFR**(Office of Financial Research. **금융조사실**)을 재무부(Department of the Treasury) 내 설치 - FSOC－미국금융시스템 안정성에 위협을 가하는 요인을 파악하고, 시장규율을 촉진하며, 표면화하는 안정성 위험에 대응하는 것을 주 임무로 함. 재무부 장관이 위원장(Chair of the Council)을 맡음 - OFR－데이터 수집과 연구를 통해 FSOC를 보좌. "금융조사실장"(Director of the OFR)은 FSOC의 무의결위원임
〈Title II〉 Orderly Liquidation Authority (OLA. 금융회사 강제 청산절차)	일정 요건을 충족하면 부실 금융기관(은행, 비은행 금융회사 포괄)에 강제청산을 개시할 수 있음. 은행 위기 때 정부 지원을 제한하고 다음과 같은 절차로 주주와 채권자(unsecured creditors)가 우선해 손실을 부담하는 "statutory bail-in" 제도 도입 - **SIPC**(Securities Investor Protection Corporation. 증권투자자보호공사)와 **FDIC**(Federal Deposit Insurance Corporation. 연방예금보험공사) 회원을 제외하고는 FDIC가 부실 금융회사의 청산인(liquidator)이 됨 - 재무부 장관은 대통령과 협의해 해당 금융기관이 강제청산기준을 충족하는지 판단 - OLA 비용을 충당하려 재무부 내 "강제청산기금"(Orderly Liquidation Fund)을 조달
〈Title III〉 Transfer of Powers to the OCC, the FDIC, and the FED (OTS 폐지. OCC, FDIC, 연준에 권한 이전)	**OTS**(Office of Thrift Supervision. 저축조합감독청) 폐지. 권한을 **OCC**(Office of the Comptroller of the Currency. 통화감독청), FDIC, 연준으로 이전 - 은행 규제 명료화, 다양한 감독기관 간 규제 경쟁 완화 FDIC 예금보장한도를 10만 달러에서 25만 달러로 증액
〈Title IV〉 Reg of Advisers to Hedge Funds and Others (투자자문업자 규제 강화)	**"1940년 투자자문업자법"**("The Investment Advisers Act of 1940")에 규정된 투자자문업자의 보고 요건을 강화하고 재량을 제한. 또한 기존에 포함되지 않았던 일부 투자자문업자를 등록하도록 함 적격투자자 기준 강화
〈Title V〉 Insurance (보험개혁·연방보험사무소)	전통적으로 주 단위로 규제하던 보험산업을 연방 차원에서 개혁 **FIO**(Federal Insurance Office. 연방보험사무소) 설치, 연방 차원에서 정책 조율

주요 규정	내용
〈Title VI〉 Improvements to Reg of Bank and Savings Association Holding Companies and Depository Institutions (Volcker Rule과 은행 규제)	은행의 고유계정거래를 금지. **규제 대상 펀드**(예: 헤지펀드, PEF, 벤처캐피탈펀드)의 소유나 투자(자기자본 3% 초과)도 기본적으로 금지 - 예외: 재무성증권, 인수업무 또는 시장조성과 관련된 증권은 금지 대상이 아님. 헤지 목적 또는 고객 위탁 거래, **"1958년 중소기업투자법"("The Small Business Act of 1958")**상 일정 투자는 허용 연준 감독을 받는 비은행 SIFI는 은행처럼 간주하나, 상기 내용의 금지 대신 자본금과 양적 요건을 추가로 요구 **〈2020년 10월 Trump 정부하에서 완화〉** - VC 펀드 등을 규제대상 펀드에서 제외. 은행이 계열사 간 파생상품을 거래할 때는 증거금을 쌓지 않아도 됨
〈Title VII〉 Wall Street Transparency and Accountability (장외파생상품시장 규제)	파생상품 관할권이 서로 다른 CFTC와 SEC는 장외파생상품(스왑) 관련 규정을 제정·시행할 때 전속 관할권은 유지하되 상호 협력해야 함 CDS, 넓은 의미의 스왑 거래는 거래소 또는 전자 거래플랫폼 SEF를 통해 체결·청산되어야 함 탄소시장(carbon market. 현물·파생상품 포괄) 효율성, 안정성, 투명성을 확립할 목적으로 "관계기관 연구그룹"(Interagency Group)을 구성해 규제체계 연구
〈Title VIII〉 Payment, Clearing and Settlement Supervision (지급·청산·결제 절차 개선)	FSOC는 연준과 협의하여 "시스템적으로 중요한 금융기관"(SIB)과 지급·청산·결제기관의 위험관리에 동일 기준(uniform standards)을 설정해야 함 - 기준을 설정할 때 금융시장 관련 기관이 평가하는 거래금액 총액, SIB와 지급·청산·결제기관에 노출되는 위험 총계 등을 고려해야 함
〈Title IX〉 Investor Protections and Improvements to the Reg of Securities (투자자 보호와 증권 규정 개선)	투자자자문위원회(Investor Advisory Committee) 설치, 개인투자자에게 증권 투자자문을 할 때 브로커·딜러의 "주의의무 기준"(standard of care) 연구 등 투자자 보호 강화. 신용평가기관(CRA) 규제 개선. 자산유동화증권 증권화 절차(asset-backed securitization process) 개선. 이사의 책임과 보수 관련 규제 개선. SEC 운영 개선. 기업지배구조 강화. 지방채, 공기업감독위원회(PCAB), 포트폴리오 마진 및 기타 사항, SEC 매칭(matching) 펀딩 등과 관련해 규정 개선
〈Title X〉 Bureau of Consumer Financial Protection (금융소비자 보호와 CFPB)	CFPB(Consumer Financial Protection Bureau. **금융소비자보호국**) 설립 - 연방법에 따라 금융소비자를 위한 상품과 서비스(consumer financial products and services) 관련 규정을 제정하고 규제 - GAO(Government Accountability Office. **회계감사원**)의 회계감사를 받으며, 상원 은행위원회(Senate Banking Committee)와 하원 금융서비스위원회(House Financial Services Committee)에 6개월 간격으로 활동 사항 보고 - 연준 내 독립 기관으로 업무에 대한 연준의 간섭과 개입을 금지. 다만 FSOC는 2/3 찬성으로 CFPB에 "잠정 정지명령"(stay)을 내릴 수 있음

주요 규정	내용
〈Title XI〉 Federal Reserve System Provisions (연준 시스템 개선)	**"연준 총재회"**(Board of Governors) 산하에 **"감독 부의장"**(Vice Chairman for Supervision) 신설 연준 감독하에 있는 기관에 긴급자금 지원. 부외거래(off-balance sheet activities)를 고려한 자본금 요건 등 건전성기준 확립 - 2007년 12월 이후 Dodd-Frank Act 제정까지 연준이 행한 모든 자금지원과 금융구제 조치와 관련해 GAO는 1회에 한해 감사 수행 가능
〈Title XII〉 Improving Access to Mainstream Financial Institutions (금융기관 접근성 개선)	중·저 소득층(low- and medium-income people)의 금융시스템 참여를 장려하기 위해 유인 제공
〈Title XIII〉 Pay It Back Act (공적자금 회수와 사용처)	TARP(Troubled Asset Relief Program. 부실자산 구제 프로그램) 규모 축소 회수 공적자금은 적자 감축(deficit reduction)에만 사용
〈Title XIV〉 Mortgage Reform and Anti-predatory Lending Act (모기지 개혁 및 약탈적 대출 금지법)	**"모기지 대출 상담사"**(Residential Mortgage Originator) 기준 정의 - 고객을 위해 모기지 대출 신청, 지원, 또는 조건을 협상하는 자 모기지 대출자의 상환능력 반영 등 합리적인 모기지 대출 조건과 규정 제정 GAO를 통해 주택 차압, 대출 관련 사기 등 감소 방안 강구
〈Title XV〉 Miscellaneous Provisions (부칙)	외국 정부에 대한 미국 정부의 기금 지원 제약 광산 안전성 보고 석유, 가스, 탄산수 등의 채굴·생산 면허 취득 관련 지급에 대한 보고 수정
〈Title XVI〉 Section 1256 Contracts (계약)	증권선물계약(any securities futures), 또는 이들 계약에 대한 옵션(option on such a contract), 이자율스왑, 외환스왑 등 파생상품은 **"미연방조세법"**(Internal Revenue Code) 1256조에 해당하지 않음을 규정 - Internal Revenue Code 1256조-특정 선물계약, FX 계약, 비주식 옵션에 대한 세금 취급을 규정. 이들 계약의 자본이득 또는 손실을 계산할 때 전통적으로 당해 연도 마지막 거래일에 정산(mark-to-market)

* 자료: 김홍기(2010), 엄경식(2019). Barth, Prabha, and Wihlborg(2016).
* 우리말 번역은 김홍기(2010) 참고.

〈표 부록 9-2〉 JOBS Act 주요 내용

Title 및 시행연도	내용
〈Title I〉 Reopening American Capital Markets to Emerging Growth Companies (신개념 중소기업인 신성장기업[EGC]에 미국 자본시장 재개방) **2012.4.5.**	주식공개 비용을 줄여줘 보다 많은 중소기업이 자본시장에 더욱 쉽게 접근·이용할 수 있게 도와줌. IPO 때 부담과 위험을 낮춰(de-burdening and de-risking) 이른바 **"IPO on ramp" 제공** - **신성장기업(EGC**: emerging growth company) **정의**－직전 회계연도 매출액이 10억 달러(2017년 4월 10.7억 달러로 변경) 미만. IPO 이후 5년(5번째 회계연도 말) 동안 다음 중 하나가 최초 도래하는 날까지 EGC 유지－① 매출액이 10억 달러(2017년 4월 10.7억 달러로 변경)를 초과하는 첫 회계연도 말, ② 직전 3개년간 총 10억 달러 이상 비전환사채 발행일 ③ 증자액이 7억 달러 이상(LAF: Large Accelerated Filer)이 된 최근 2분기 말 - IPO 때 EGC가 부담하는 공시, 감사, 기업지배구조 규정을 완화. **IPO 예정 EGC**에 대한 리서치 보고서를 허용하고, 순회설명회(roadshow) 21일 전까지는 **증권신고서 (registration statement)** 비공개 검토(non-public review)와 상황 파악(TTW: testing-the-waters) 허용 - **(개정. 2017.7.10.)** EGC에 한정하지 않고, 모든 **비상장기업에 순회설명회 15일 전까지** TTW를 허용 - **개정. 2019.12.3.)** 모든 기업에 TTW 허용
〈Title II〉 Access to Capital for Job Creators (고용창출자의 자본시장 접근 규제 완화) **2013.9.23.**	사모발행 광고 허용 - **Regulation D Rule 506(c) 신설**－증권매수인을 **공인**(전문) **투자자(accredited investor)**에 한할 경우(증명 필), 공개적으로 청약 권유(general solicitation)와 광고(general advertisement) 허용. 청약 권유나 광고는 공공연히 할 수 있게 하되, 실제 투자자는 모두 공인(전문) 투자자이게끔 하여(투자자 자격 증명해야 함) 사적 자본시장(private capital market) 문호를 확대. Rule 506(c)에서만 예외적으로 허용. 신문이나 인터넷 플랫폼상 사모 가능해짐. (**Regulation D**는 사모발행 때 일정 조건을 충족하면 SEC 등록 의무를 면제해주는 조항) - **Rule 144를 Rule 144A로 개정**－Rule 144A 시장은 공인(전문) 투자자보다 더 높은 수준으로 자기방어 능력과 투자 관련 전문지식을 보유한 적격기관투자자(**QIB**: qualified institutional buyer) 시장임. 동 시장에 공개 투자권유와 광고를 허용. 따라서 일반인에게 공개된 플랫폼으로 해당 시장 개설 가능
〈Title III〉 Crowdfunding (크라우드펀딩) Regulation Crowdfunding **2016.5.16.**	증권형 크라우드펀딩(equity crowdfunding) 규제 도입으로 신생/(중)소기업이 다수의 소액투자자에게서 자본조달을 할 수 있게 됨. 다음 4가지 요건을 충족하면 **증권신고서 제출 면제** - 12개월간 발행총액이 100만 달러를 초과하지 않을 경우 - 12개월간 개별 투자자가 투자 상한을 초과하지 않을 경우. 투자 상한은 다음과 같음. ① 연 소득(금융자산) 10만 달러 미만 투자자－2천 달러 또는 연 소득(금융자산) 5% 중 큰 금액, ② 연 소득(금융자산) 10만 달러 이상 투자자－연 소득(금융자산) 10%까지이나 최대 10만 달러를 초과할 수는 없음 - 일정 요건을 갖춘 브로커 또는 펀딩 포털(funding portal)을 통해 거래할 경우 - 발행기업은 투자자 보호 관련 규제사항을 이행할 경우 * **4가지 요건은 Regulation Crowdfunding**이 제정되면서 약간씩 조정 중개회사와 발행기업 요건으로 공시와 규제를 적절히 절충하면서 발행기업의 자본조달 활성화와 투자자 보호 간에 균형을 모색하려 함

Title 및 시행연도	내용
〈Title IV〉 Small Company Capital Formation (소기업 자본 형성) **일명 "Regulation A+"** **2015.6.19.**	(미국판 "소액공모제도"). **증권신고서 제출 면제 공모 금액 기준**을 5백만 달러에서 최대 **5천만 달러**로 증액(Regulation A+). **중소기업 자본조달 편의 제고** - **개정 전 Regulation A**(5백만 달러 공모 가능) — 상대적으로 규제가 낮았던(공모 금액 제한 없음) **Regulation D Rule 506(b)**의 활용도가 높아 유명무실했음. 게다가 SEC에 증권신고서 제출과 비슷한 절차를 밟아야 했고 개별 주법이 규정한 공시와 증권규제도 준수해야 했음 - 자금조달 규모에 따라 Tier 1, Tier 2로 구분. **Tier 1** — 2천만 달러까지 조달 가능, 정기공시와 수시공시 면제. 개별 주법에 따른 증권신고서 제출. **Tier 2** — 5천만 달러까지 조달 가능. 정기공시의무(외부감사 포함)와 수시공시의무가 있으나, 개별 주법에 따른 증권신고서 제출 의무는 면제
〈Title V〉 Private Company Flexibility and Growth (비공개기업 지위 유지에 유연성 부여) **2012.4.5.**	1934년 증권거래법(The Securities Exchange Act)상 **등록 의무 산정기준 주주 수** 500명을 **2,000명**으로 상향. 동시에 전문투자자를 제외한 투자자가 500명 이상이 되도록 요건 개정. 소규모 비상장기업이 비공개 지위를 유지한 채 자본조달을 쉽게 하며 성장하도록 편의 제공 - 우리사주 근로자, 크라우드펀딩 주주도 주주 수 산정에서 제외 - 비공개기업이 공개를 늦추면서도 자본조달 편의성이 높아져 사적 자본시장 발전에 크게 공헌
〈Title VI〉 Capital Expansion (자본 확대) **2012.4.5.**	5편(Title V)과 유사하게 모든 은행과 은행지주회사에 대해 1934년 Securities Exchange Act 상 등록 의무 산정기준 주주 수를 500명에서 지분증권 종류별 전문투자자 여부와 관계없이 2,000명으로 상향 개정. 공개기업이 된 후 주주 수가 감소하여 다시 비공개기업으로 전환되는 기준도 완화하여 300명에서 1,200명으로 상향 개정
〈Title VII〉 — Outreach on Changes to the Law or Commission〉 (EC 계몽 활동) **2012.4.5.**	

* 자료: 강형철·엄경식·이지혜·이진호(2017), 박용린·김종민·남재우·장정모·천창민(2017), 엄경식(2019). 서영미, 2014. "미 JOBS법 시행 경과 및 영향 점검". **금융투자협회 조사연구실**, (1월 28일). Dambra, Field, and Gustafson(2015). Shapiro, M., 2012. "Testimony Concerning the 'JOBS Act in Action Part II: Overseeing Effective Implementation of the JOBS Act at the SEC'". **SEC**, (June 28).

* 표에 서술한 내용은 이 책의 주제에 맞게 거래시장 관련 논의에 한정. 우리말 번역은 서영미(2014), 박용린·김종민·남재우·장정모·천창민(2017) 참고.

제10장 EU 자본시장 주요 법제

1. MiFID — 유럽판 Reg NMS

가. 도입 배경 — EU 단일 법제로서 ISD 한계

1993년 11월 1일 **마스트리히트 조약**(Maastricht Treaty. 정식 명칭 "Treaty on European Union". 1992.2.7. 조인)이 효력을 발휘하며 제2차세계대전 이후 오랫동안 유럽이 열망하던 EU가 창설됐다. 그러자 정치적 통합에 맞춰 자본시장/금융서비스시장도 단일시장에 한층 더 다가서기 시작했다. 1993년 5월에 채택한 **투자서비스지침**(ISD: Investment Services Directive)이 바로 단일 자본시장을 향한 EU 법제화의 시발점이었다. 비록 주식시장에 한정하고 내용도 제한적이었지만, ISD의 기본 틀과 정신은 이후 이를 대체한 MiFID(Markets in Financial Instruments Directive. 금융상품투자지침. 미피드. 2004년 제정. 2007년 시행), MiFID를 대체한 현행 MiFID II/MiFIR(Markets in Financial Instruments Regulation. 금융상품투자규정. 미피르. 2018년)로 계속해 이어져 내려오고 있다.

ISD 체제에서는 EU 자본시장 법제 여러 기본원칙 중에서도 "회원국 간 자유로운 금융서비스 제공"에 초점을 두고 이를 실현하고자 이른바 **단일여권제도**(single passport)를 확립하려 했다. 구체적으로, 별도 추가 절차 없이 EU(엄밀하게는 **유럽경제지역**[EEA: European Economic Area. EU 회원국에 노르웨이, 리히텐슈타인, 아이슬란드 포함]) 내에서 한 회원국의 허가와 감독만으로도 다른 모든 회원국 주식시장에서 특정 서비스를 제공하거나 직접 또는 원격으로 주식을 거래할 수 있도록 했다. 쉽게 말해, 주식시장 간 국경을 없앤 것이다. 하지만 이와 함께, 거래소가 **"거래소집중의무"**(Concentration Rule)[270]도 제정할 수 있게끔 허용해주었다. 이로써 상장주식 거래 관련 효력이 상장거래소에만 귀속해, 매매체결과 관련 보고가 오로지 상장거래소를 통해서만 이루어져야 했다. 단일여권제도 취지와는 앞뒤가 맞지 않는 조치임을 알아차리는 데 오랜 시간이 걸리지 않았다. 좀 더 구체적으로 알아보자.

ISD 도입 당시 유럽주식시장은 LSE(London Stock Exchange. 런던증권거래소)와 유럽대륙 내 거래소 간에 경쟁이 이미 상당했었다. LSE가 외국주 거래에 호가주도형(딜러 메커니즘 기반) 자동 거래시스템[271]을 선도적으로 갖추며 유럽 블루칩(blue chip. 우량주) 거래시장을 지배하기 시작하자, 물량을 빼앗긴 대륙 내 거래소가 이를 되찾으려 전자주문장시스템(주문주도형[경쟁매매 메커니즘 기반] 자동 거래시스템) 도입, 주식회사 전환, 거래비용 삭감 같은 조치를 동원하며 치열하게 맞받아치고 있었다. ISD 단일여권제도는 이처럼 자연스레 이루어지던 시장 간 경쟁을 더욱 촉진하며 유럽주식시장 효율성을 개선할 것으로 모두 기대했다. 하지만 다음 몇 가지 이유로 그러한 효과는 나타나지 않았고 심지어 상황을 악화시키기까지 했다.

첫째, 바로 위에서 언급한 거래소집중의무 허용이다. 이 조치를 활용해 벨기에, 프랑스 등 8개 회원국은 자국 거래소 상장주식을 해당 거래소 밖에서 매매할 수 없도록 했다. 결국, LSE로 옮겨갔던 거래량은 유럽대륙 내 상장거래소(특히 Euronext[유로넥스트])로 되돌아갔다. ISD 도입은 이전에 이미 꽤 이루어졌던 시장 간 경쟁을 거꾸로 회원국 시장의 독점 강화로 바꿔버리는 결과를 초래했다.

둘째, 단일여권제도 자체의 문제점이다. 상품을 주식으로 한정했을 뿐만 아니라, 회원국의 다양한 제도를 어떻게든 조화롭게 하고자 통합 범위를 최소화하고 개별 회원국

270 EU 거래소집중의무 요건은 다음과 같다(엄경식·장병훈, 2007). ① 투자자는 해당국 거주자(사람, 설립법인)여야 함. ② 금융회사는 해당국에서 영업을 영위해야 함. ③ 주식은 해당국 관할 정규시장에서 거래돼야 함. 이 책에서 MiFID, MiFID II/MiFIR는 엄경식·장병훈(2007), Geranio(2016), 엄경식(2019), ESMA(2021) 등을 참조·인용한다.

271 **시큐인터내셔널(SEAQ**[Securities Exchange Automated Quotation] **International)**을 의미한다. LSE는 1997년 지금의 전자주문장시스템(주문주도형 자동 거래시스템) SETS(Stock Exchange Electronic Trading Service. 세츠)를 도입하기 전까지만 해도 전형적인 딜러시장(호가주도형 시장)이었다(엄경식·윤지아, 2001).

법제에 추가 자율권까지 부여했다. 이로써 개별 회원국의 허가와 감독 권한, 자율성 비중이 단일여권제도 도입 이전보다 훨씬 더 커져 심지어는 ISD 효과를 방해하는 족쇄 역할까지 했다고 한다.

셋째, ISD 도입 이후 전개된 ICT의 혁신적 발전과 이에 따른 유럽자본시장의 급격한 변화이다. FMI는 하루가 멀게 급속히 자동화되었고, 시장참여자의 다양해진 수요에 맞춰 금융상품과 금융서비스도 앞다퉈 갖가지 모습으로 진화해 출현했으며, 이는 앞으로 더욱 가속할 것으로 다들 전망했다. 이 같은 상황 변화를 주체적이며 능동적으로 반영·수용하기에 ISD는 너무나 제한적이었다. EU 자본시장 단일화를 끌어낼 수도 없었고, 다양하게 출현하는 새로운 금융상품을 아우르며 법제를 통일해낼 수도 없었다.

1999년 5월 **유럽집행위원회**(**EC**: European Commission)는 "**금융서비스 통합 실행계획**"(**FSAP**: Financial Services Action Plan)[272]을 채택하며 마침내 ISD를 MiFID로 대체하는 작업에 본격 착수했다. 이 과정에서 다음과 같이 "**람팔루시 절차**"(**Lamfalussy process**. 2001년)를 도입함으로써 입법을 보다 효과적이고 신속하게 추진해 나갈 수 있었다.

- **1단계**(Level 1. European level)—EC와 유럽의회(European Parliament) 차원에서 유럽시장 전체를 대상으로 한 입법 추진단계. 기본원칙(framework principle)과 EU 집행력에 대한 정의만 관여함. MiFID 제정이 결과물임.
- **2단계**(Level 2. European level)—Level 1에서 확립한 입법에 근거하여 유럽시장 전체를 대상으로 실행지침을 마련하는 단계. **유럽증권규제위원회**(**CESR**: Committee of European Securities Regulation. 現 ESMA[2011년 변경])가 회원국 증권산업 이해관계자 간 의견을 총괄적으로 조율해가며 진행. **RTS**(regulatory technical standards. "**규제기술표준**")와 **ITS**(implementing technical standards. "**실행기술표준**") 제정이 여기에 해당. EC가 승인하면 모든 회원국은 RTS를 충족해야 함.

272 FSAP는 EU 자본시장을 실질적으로 통합하는 데 필요한 전략 목표와 조치를 매우 포괄적으로 제시한다. EU 자본시장 체제의 큰 틀로서 지금도 중요하게 기능한다(이용우, 2011).

- **3~4단계**(Level 3~4. National level)—Level 2에서 완성된 실행지침을 회원국별로 적용하고(Level 3) 감독하려고(Level 4) 회원국별 입법과정을 완료하는 단계. NCA(national competent authority. 회원국 규제담당자) 간 협력 과정을 포함.

EC는 2004년 4월 15일 MiFID를 제정하고(Level 1. **Directive 2004/39/EC**) 3년 6개월에 걸쳐 Level 2~4 작업을 마무리한 다음 2007년 11월 시행에 들어갔다. (2008년 글로벌 금융위기와 MiFID 실행 중에 나타난 미비점을 보완해 2018년 1월에는 MiFID를 지금의 MiFID II/MiFIR로 대체했다).

나. 개요와 정책목표

MiFID는 제정 당시 31개 EEA 회원국이 공동으로 표준화한 투자 서비스 관련 "규칙 묶음"(a harmonized and standardized set of rules)으로, FSAP에서 제일 중요한 법제이다.[273]

MiFID를 제정하며 EC는 무엇보다 ISD 핵심인 EU 내 단일여권제도를 제1순위로 유지했다. 이 때문에 논의 초기에 MiFID를 **ISD2**라고도 불렀다. 여기에다 ISD 효력 발휘에 족쇄 역할을 하던 거래소집중의무를 폐지했다. 또한 시장 투명성 제고, Best Execution 도입, 투자 서비스 질적 수준 향상, 투자자 보호 강화 등 경쟁 상대 미국이 Reg NMS를 통해 추구하던 정책목표를 추가했고 ISD와 비교해 회원국 법제 통합 범위를 훨씬 더 넓힐 수 있도록 정책 방향도 틀어야 했다. MiFID 체제에서 EC가 중점을 갖고 추구한 자본시장 정책목표는 다음과 같다.

- 금융상품 투자 서비스와 거래시장에 단일(또는 회원국 간 조화로운) 규제체계를 확립하

273 유럽에서 활동하는 투자자, 금융회사 모두에 직접 영향력을 행사하므로 유럽의 산물이지만 글로벌 법제라 할 수 있다.

여 EU 자본시장 통합과 건전성, 효율성 제고.

- 높은 수준의 투자자 보호 확립.
- 상장주식 거래시장 정보(특히 유동성)의 사전적·사후적 투명성 제고.
- 매매체결 관련 규제가 위험 수준에 따라 유연하게 작동하고 EU 거래시장 내에서 정합성을 갖도록 정비.
- 거래소집중의무를 폐지하고 동시에 Best Execution을 부과해 거래시장 간 경쟁을 북돋우며 투자자에게는 수준 높은 체결 서비스를 보장.

다. 주요 규정

(1) 투자회사 고객 범주화

MiFID 체제에서 "**투자회사**"(IF: investment firm. "**투자서비스업자**")[274]는 고객을 보유 계정이나 투자 유형(예: 투자 대상 금융상품·서비스 종류, 위험 소화 능력)에 따라 범주화하고 그에 맞춰 보호 수준을 정해 행동 강령(business code of conduct)으로 삼아야 한다. 투자자 보호를 효과적으로 강화하는 한편, 투자회사의 규정 준수를 도와주려는 정책적 의도였다.

고객(투자자)은 투자와 관련해 세련된 정도에 따라 "적격 상대방"(eligible counterparty), "전문 고객"(professional client), "소매 고객"(retail client) 등 세 가지 유형으로 구분한다. 여기에는 투자 지식이나 위험 감내 수준이 고객별로 다르니 이들이 금융기관(예: 브로커·딜러, IB)을 상대할 때 그에 맞는 법적 보호를 받아야 한다는 정신이

274 투자회사는 "1개 또는 그 이상의 투자 서비스를 제3자에게 제공하거나, 1개 또는 그 이상의 투자활동 성과를 전문적으로 낼 것을 영업으로 하는 법인을 말한다"(MiFID II, Title I, Article 4(1)). 쉽게 말해 투자자에게 다양한 투자 서비스(예: 주문 접수와 전송, 투자자문 제공, 포트폴리오 관리[자기자본거래 포함], 신탁)와 펀드증권을 제공하는 금융회사이다(포괄적 의미를 지닌 용어임. 예: 투자은행[IB], 자산운용사, 브로커·딜러, 기업금융회사, 투자자문사, 선물(·옵션)회사, 상품투자회사).

〈그림 10-1〉 MiFID 체제에서 거래시장 구분

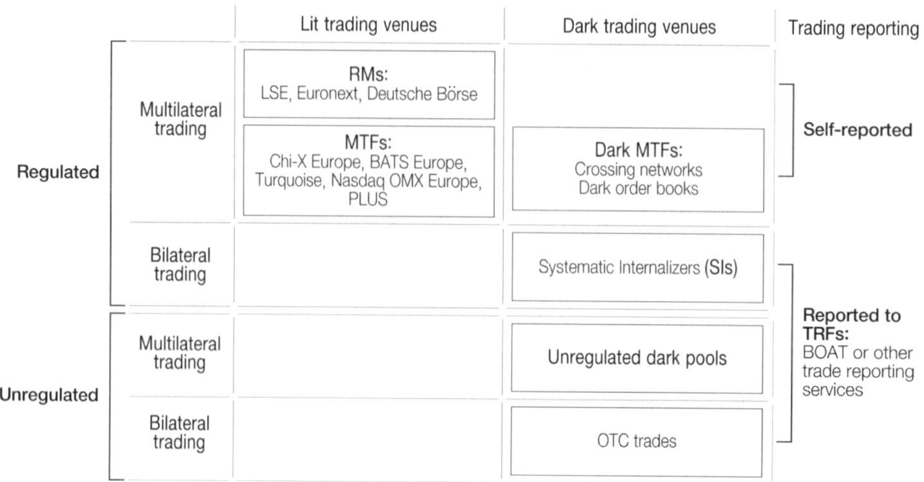

* 자료: 그레쎄(Gresse, 2017).

* 도표에 지금과는 다른 기관명이 있음. 이는 Gresse(2017)가 논문 작성 당시 기관명을 사용했기 때문임. 현재 Chi-X Europe과 BATS Europe은 Cboe Europe Equities로, Nasdaq OMX Europe은 Nasdaq Nordic으로, PLUS는 AQSE(Aquis Group 산하)로 각각 바뀌었음. TRF(trade reporting facility)는 거래보고설비/거래정보저장소(TR)을 의미하며, BOAT는 2013년 폐쇄되었고 현재 유럽 최대 TRF/TR은 Cboe Europe Equities 소유 BXTR임(**제7장 4절 다항** 참조). 도표에서 사용한 영문 용어의 의미는 다음과 같음: Regulated(규제시장/규제거래시장), Unregulated(비규제시장/비규제거래시장), Lit trading venue(리트풀), Dark trading venue(다크 거래시장).

깃들어 있다. 이로써 투자회사, 보험회사 등 적격 상대방은 최소한의 법적 보호만 받으며, 재정 능력이나 투자 지식이 대체로 부족하다고 간주하는 소매 고객은 가장 높은 수준의 보호를 받는다.

(2) 거래시장 구분, 정의 및 특징

〈구분〉 MiFID에서는 거래시장(trading venue)을 RM(regulated market. 정규거래소), MTF(multilateral trading facility. 다자간거래설비), SI(systematic internaliser. 시스템적 내부체결기능제공자)로 구분해 정의·감독한다(**제5장 3절, 제7장 1절** 참조). 따라서 이들 시장은 규제시장/**규제거래시장**(영어로는 RM과 regulated market으로 똑같지만 MiFID한테 규제받는 시장이라는 일반적 의미의 용어임)에 속하며 이 밖의 시장은 OTC(over-the-counter. 장외시장)이다

〈표 10-1〉 MiFID 체제에서 규제거래시장 정의

규제시장/규제거래시장	MiFID 정의
RM (Regulated Market. 정규 거래소)	"해당 시스템에 거래가 허용된 금융상품에 대해 (계약체결에 필요한) 다수의 제3 당사자 간 매수·매도를 비재량적(non-discretionary) 방식에 따라 결집하거나 결집을 보조하는 다자간시스템을 말한다. 이 시스템은 MiFID 규정상 인가를 취득하고 규칙적으로(regularly) 기능하는 시장운영자(market operator)가 운영하거나 운영·관리한다"(Article 4(1)(14)). "시장운영자는 RM 그 자체일 수 있다"(Article 4(1)(13))
MTF (Multilateral Trading Facility. 다자간거래설비)	"금융상품에 대해 (계약체결에 필요한) 다수의 제3 당사자 간 매수·매도를 비재량적 방식에 따라 결집하는 다자간시스템을 말한다. 이 시스템은 투자회사(investment firm. 투자서비스업자)나 시장운영자가 운영한다"(Article 4(1)(15)). "MTF는 투자회사로 그 운영은 투자 서비스(investment service)로서 규제한다"(Article 4(1)(2), Annex I)
SI (Systemic Internaliser. 시스템적 내부체결기능제공자)	"고객 주문을 RM이나 MTF 밖에서 조직적, 상시적, 시스템적으로 중개하거나 자기계산 하에 매매체결(executing)하는 투자회사를 말한다"(Article 4(1)(7))

* 자료: 정순섭·엄경식(2011) 내용을 가능한 한 그대로 옮기되, 좀 덜 어색하게 하고자 괄호로 묶거나 어구를 줄이고 문장은 나눔.

(〈그림 10-1〉 참조).[275] ISD와 비교하면 거래시장을 세분하고 금융상품과 서비스 범위를 크게 확장했다.

〈정의〉 RM은 문자대로 직역하면 규제시장이다. 하지만 실질적으로는 EU 개별 회원국의 허가와 감독을 받아야 하는 정규거래소를 의미한다. 당연히 다자간 매매체결시스템이다. MTF 역시 다자간 매매체결시스템이다. 상장과 시장감시기능이 제한적이지만 RM처럼 매매체결기능을 수행한다는 점에서 미국 ATS와 똑같다. 개별 회원국 승인하에 정규거래소 또는 투자회사가 운영하지만, 별도의 실체(entity)를 의미하지는 않는다. 한편, SI는 RM, MTF와는 달리 양자 간(bilateral) 매매체결을 수행하는 투자회사이다. 고객 주문을 투자회사 내부에서 조직적, 상시적, 시스템적으로 중개하거나, 아니면 자기계산

275 현행 MiFID II/MiFIR에서는 OTF(organized trading facility. 조직화한 거래설비)를 새로 정의해 규제시장에 추가했다. OTF는 채권, 구조화 금융상품, 장외파생상품(주로 스왑) 등을 거래하는 다자간 매매체결시스템이다. 비재량적(non-discretionary) 방식을 사용하는 RM, MTF와는 달리 운영자가 재량으로 판단해가면서(재량적[discretionary] 방식으로. 예: 고객 주문을 시스템 내에서 언제 어떻게 매칭[matching] 할지, 또는 아예 주문을 받지 않을지를 결정해가면서) 주문을 체결할 수 있다(제5장 3절 나항 (2) 참조).

하에 매매를 체결한다. 따라서 엄밀하게는 거래시장보다 범위가 좁은 체결시장(execution venue)이지만 RM, MTF처럼(그러나 제한적으로) 사전적·사후적 투명성을 보여야 한다(〈표 10-1〉 참조). EU가 규제거래시장을 이같이 세분한 데에는 시장 기저에서 전개되는 미묘한 경쟁까지도 포착해 자본시장을 최대한 효과적으로 규율하고 싶었기 때문이다(엄경식·장병훈, 2007).

〈주요 특이 사항〉 MiFID 체제의 규제거래시장을 잘 이해하려면 다음 몇 가지 사항을 알아둘 필요가 있다(엄경식, 2019). 그렇지 않으면 현행 MiFID II/MiFIR 체제에서 SI와 OTF를 이해할 때 혼란스러울 수 있다(제10장 3절 나항 (1)(가) 참조).

첫째, RM과 MTF 차이이다. RM과 MTF는 둘 다 다자간 매매체결시스템이어서 투자자가 구별할 수 없을 만큼 거의 같은 방식으로 매매체결기능을 수행한다. 하지만 앞서 언급했듯이 상장과 시장감시기능 측면에서 MTF 역할은 매우 제한적이다. 상장기능의 경우, MiFID 규정상 MTF도 상장을 도모할 수 있다. 그러나 비규제금융상품(unregulated financial instruments)만 상장해야 한다. 규제금융상품(regulated financial instrument) 상장은 RM만이 할 수 있다. 따라서 현실에서는 RM만 상장기능을 수행하고, MTF는 하지 않는다. 시장감시기능의 경우, MTF 운영자(market operator)는 규정상 시장에 개입하지 않고도 매매를 체결할 수 있다. 그렇기 때문에 비용과 책임이 뒤따르는 시장감시를 구태여 하려고 애쓰지는 않는다.

둘째, SI 투명성 의무이다. MiFID 체제에서 SI는 미니 거래소(mini-exchange)로 간주해 사후적 투명성은 물론이고 사전적 투명성까지 의무로 부과한다. 물론 RM과 MTF보다 낮은 수준이기는 하지만, 이 때문에 투자회사는 SI로 영업하기를 극히 꺼렸고[276] 오히려 비규제시장인 BCN(broker crossing network. "브로커 매매체결 네트워크". OTC)으로 활동하며 SI 신설 취지를 무색하게 했다. 이 같은 부작용을 해소하려고 후속 MiFID II/MiFIR에서는 BCN을 인정하지 않았다. 대신, SI 정의를 수정하고 OTF를 신규 도입해 비규제시장 활동을 규제거래시장 영역으로 끌어들였다(제10장 3절 나항 (1) (가) 참조).

276 MIFID II/MiFIR(2018년) 시행 직전 SI는 9개에 불과했다. Basar, S., 2017. "Unintended Consequences of MiFID II?" **Markets Media**, (June 8).

셋째, 투자회사는 거래가 발생한 회원국 NCA에게 T+1일 내로 규제금융상품(OTC 거래까지 포함) 거래 내용을 **"시장감시용으로 사후 보고"**(transaction reporting) 해야 한다. 보고는 상장거래소뿐만 아니라 MiFID 적용을 받는 상업적 ARM(Approved Reporting Mechanism. 인정보고기관)에도 할 수 있다. 이로써 유럽에 ARM이라는 FMI(financial market infrastructure. 자본시장 인프라) 제공기관이 새롭게 여럿 등장했다.

(3) 시장정보 사전적·사후적 투명성

MiFID에 따르면 EU 내 모든 규제거래시장은 상장주식 거래에 필요한 사전적·사후적 시장정보를 일정 수준 공개해야 한다. 이는 거래시장이 많아 나타날 수 있는 시장 분할의 부정적 효과를 낮추려는데 그 목적이 있다.

〈사전적 투명성(pre-trade transparency)〉 규제거래시장은 거래하려는 현시점의 호가(quote)와 가격대별 주문량(시장 깊이[market depth])을 공개해야 한다. 정규거래소는 상장거래소인 관계로 거래 메커니즘(예: 호가주도형, 주문주도형, 혼합형), 주문 크기, 체결 방법(예: 단일가매매, 접속매매) 등에 따라 정보공개 수위를 특별히 조절할 수 있게 허용했다. 예를 들어, 주문주도형 시장이면 최우선매수·매도호가를 중심으로 5단계 가격대별 정보를 제시해야 하지만, 호가주도형 시장이면 최우선매수·매도호가만을 제시해도 좋다. 또한 대량주문에 한해서는 시장충격을 감안해 즉각적인 정보공개 대신 어느 정도 이를 늦출 수 있게 했다. 한편, SI도 상장주식에 대해서는 체결 가능한 최신 확정호가 정보(대량매매 포함)를 공개해야 한다. 그래야만 투자자가 SI에서 거래할 수 있기 때문이다.

〈사후적 투명성(post-trade transparency)〉 규제거래시장은 해당 시장에서 이루어진 모든 거래의 체결가격, 거래량, 거래시간 등을 공개해야 한다. 다크풀도 예외가 아니다. 그러나 시장 외적 요인으로 가격이 크게 영향받아 투자자가 오판할 수 있으면 "유의표시"(indicative flag) 같은 최소 정보만 제공해도 괜찮다. 또한 거래량이나 체결유형과 관련해 특별 사유(예: 대량매매)가 발생하면, 관계 당국의 사전 승인을 받아 시장에 먼저 이 사실을 명확히 알린 후 정보공개를 일정 시간 늦출 수 있다.

이러한 사전적·사후적 시장정보 공개는 거래시장이 직접 할 수도 있고, 정보판매자를 활용해 간접적으로 할 수도 있다. 어떤 방식을 따르든 전제조건은 정규 거래시간 동안 정보가 합리적인 수수료로 끊이지 않고 계속 제공되어야 한다는 점이다.

(4) Best Execution

MiFID 체제에서 셀사이드 투자회사(sell-side firm. 브로커·딜러[증권회사])는 고객 주문이 최선의 조건으로 체결될 수 있게 필요한 모든 조치를 해야 하고 투자자가 요청하면 이를 증명해줘야 한다. MiFID 투자자 보호 규정 중 핵심이며 미국과 달리 의무가 셀사이드 투자회사에 귀속한다. Best Execution 기준도 미국처럼 가격만이 아니고 다양한 거래 관련 특성(예: 가격, 거래비용, 체결 속도와 가능성, 결제 편의, 거래량)을 투자회사가 유연하게 고려할 수 있도록 했다. 이 중에서도 특히 주목할 만한 기준은 거래비용이다. 왜냐하면 거래비용이 기준에 포함되어 투자회사는 개별 거래시장 고유의 암묵적 비용(예: 시장충격비용[market impact cost])이나 시장 간 기회비용 차이 등을 고객 편에서 봐가며 주문을 넣을 수 있게 되었기 때문이다(〈표 10-2〉 참조). 굉장히 세심한 투자자 보호라 할 수 있다.

거래 발생과 함께 투자회사는 시장정보, 체결 결정 기준 간 상대적 중요성, 체결정책 등을 고객에게 제공해야 한다(물론 사후적 투명성 규정에 따라 일반에게도 시장정보를 제공해야 함). 그러나 실제로 Best Execution을 달성했는지 알릴 필요는 없고, Best Execution을 수행하고자 "합리적으로 가능한 모든 조치"(all reasonable steps)를 다 했다고만 증명하면 된다.

유럽과 미국은 Best Execution이라는 대원칙을 공유한다. 그러나 "최선"(Best)에 대한 기준이나 실행방식은 서로 달리한다. 구체적으로 살펴보면, MiFID Best Execution은 Reg NMS보다 포괄적이기는 하지만 구체성이 현격히 떨어진다. 이는 상황상 유럽이 Best Execution 해법을 규칙(rule)이 아닌 원칙(principle) 또는 시장지배력에 의존해야 했고, Best Execution 달성보다는 과정에 중점을 둘 수밖에 없었기 때문이다. 이 방법은 미국처럼 통합호가·체결정보시스템을 갖추지 못한 EU가 동원할 수 있는 지혜를 최대한 끌어모아 어떻게든 Best Execution 대원칙을 달성해보려고 했던 시도였다. 잘만 실행하면 아주 이상적이지만, 그렇지 않으면 유명무실할 수 있다.

〈표 10-2〉 Best Execution 관련 Reg NMS와 MiFID 비교

구분	Reg NMS	MiFID
시행 이전 시장미시·거시구조 환경	주식시장의 유동성 분할이 이미 상당히 진전된 상태였음 주식시장은 오랜 전통의 입회장 브로커(floor broker) 거래와 전자거래 비중이 균형 있게 섞인 "하이브리드 시장"(hybrid market)이었음 - 채권시장과 장외파생상품시장은 전자거래 비중이 아주 낮았음 청산·결제·예탁 등 거래 후 업무 관련 FMI 제공기관은 통합되어 존재	미국보다는 (다른 의미에서) 시장 분할이 덜된 상태였음 - EU 자본시장 통합은 조직적이지 않아 주요 거래소 간 물리적 연계는 없었음. 따라서 그 자체로 미국보다 시장 분할이 더 심했다고도 할 수 있음. 하지만 개별 회원국 정규거래소에 상장된 대표 주식의 경우 시장 분할은 미미했음 전자주문장(electronic limit-order book) 거래가 이미 일반화되었음 청산·결제·예탁 등 거래 후 업무 관련 FMI 제공기관은 난립으로 매우 비효율적이었음 - Best Execution(최선체결의무)의 "Best"(최선)에 대한 정의에서 가격 외 요인을 중시하게 된 직접적 요인임. 또한 수직 통합(사일로) 대 수평 통합 논쟁의 주원인이 됨
Best Execution의 "Best"(최선)에 대한 정의	가격만이 유일 요건임	가격 외, 거래비용, 체결 속도/가능성, 결제 편의, 거래량 등 거래 관련 특성을 다양하게 고려할 수 있음 - 거래비용 고려 예—개별시장 고유의 거래 메커니즘 특성상 발생하는 암묵적 비용, 시장 간 주가 변동 차이에서 오는 기회비용 등
Best Execution에 대한 책임 소재	거래시장, 브로커·딜러, (투자자) - 거래시장(trading center)이 최우선 가격으로 주문을 체결하지 못하면, 이를 게시한 다른 거래시장으로 회송해야 함 - 브로커·딜러는 고객 주문을 최선으로 체결해야 할 의무를 짐(Mahoney and Rauterberg, 2017) - "The obligation can be fulfilled by the trader, [broker], or [exchanges]" (부디쉬·리·존심[Budish, Lee, and Shim], 2021)	셀사이드 투자회사(투자서비스업자, 브로커·딜러[증권회사]) - 최선을 다했다는 증빙을 할 수 있으면 주문을 반드시 거래시장(trading venue) 간 연계해 회송할 필요는 없음
데이터 통합 시스템 존재 여부	CTA Plan("통합테이프 협의회 제도"), UTP Plan("비상장주식 거래권 부여 제도")을 통해 1978년부터 사전적·사후적 거래정보와 체결의 질적 수준을 나타내는 통계치를 CQS, CTS, UQDF, UTDF 등에서 표준화해 통합 제시해옴 - 〈참고 사항〉 이외, 주식과 옵션의 개별 거래 전말을 효과적으로 추적하고자 CAT(Consolidated Audit Trail)을 설립. 2017년부터 단계적으로 운영을 해오다 2022년 12월 12일부터 본격 운영에 돌입	존재하지 않음. 미국처럼 통합·제시하지 못하고 거래시장과 상업적 ARM(인정보고기관)에 맡김 - ARM은 MIFID Level 2 요건에 따라 허가받아야 함. 대표적 ARM [해당 시스템]은 Euroclear UK & Ireland [Crest], Trax [Trax], LSE [Unavista], Getco Europe [Getco], Abide Financial [TransacPort], Bloomberg Finance [Bloomberg TOMS] 등. 거래시장은 자신들의 거래자료를 '(거의) 실시간'으로 감독 당국(예: ESMA, FCA)에 '직접' 보낼 수 있음 - 〈참고 사항〉 MiFID II/MiFIR에서는 여기에 APA(인정공시기관)와 CTP(체결정보통합제공업자)를 추가해 거래보고를 받자마자 '(거의) 실시간으로' 공공에 발표하는 기관도 허가함

* 자료: 엄경식·장병훈(2007), 엄경식(2019)을 수정·보완해 재작성.

라. 영향과 평가

MiFID가 유럽주식시장에 몰고 온 변화는 간단치 않다. 먼저 긍정적 효과를 한 번 살펴보자(Gresse, 2017). 첫째, 여러 기관(투자회사 운영 SI)이 새롭게 규제시장 영역에 들어왔고 개별 회원국 자율성도 낮아졌다. 둘째, ISD 체제의 거래소집중의무 폐지와 함께 Best Execution 신규 도입으로 시장 간 경쟁이 활성화되기 시작했다. 셋째, 주식시장 투명성이 전반적으로 좋아졌다. 이는 MiFID 체제에서는 사전적 투명성뿐만 아니라 상장주식의 OTC 거래까지 사후적 투명성 의무를 지켜야 했기 때문이다.

반면, 긍정적 효과 이면에는 예상치 못한 부정적 효과가 도사리고 있었다. 위에서 언급한 긍정적 효과와 일대일로 대응해 살펴보면 첫째, SI 규제시장 편입과 투명성 의무 부과는 투자회사를 BCN(비규제시장)을 활용하게끔 몰아붙여 규제당국이 통제할 수 없을 정도로 장외거래를 증폭시켰다. 둘째, 서둘러 Best Execution을 도입하기는 했지만 통합호가·체결정보시스템 부재로 극소수 거래시장(예: LSEG)을 제외하고는 효과가 제한적이었다. 게다가 다크 거래시장의 급속한 성장과 시장 분할 현상도 우려할 만한 수준에 달하게 되었다. 셋째, 사전적·사후적 투명성 의무 때문에 정보를 실제 제공해야 하는 투자회사의 비용과 업무 부담이 상당히 커졌다.

MiFID의 부정적 효과는 예상을 뛰어넘는 수준이었다. 이를 감지한 EC는 **미피드 리뷰(MiFID Review)**[277]를 통해 개선사항을 심사숙고한 후 2014년 MiFID를 MiFID II/MiFIR로 개정·대체하기에 이른다.

277 글로벌 금융위기로 EU의 미시건전성 규제 민낯이 드러났다. 이를 수정·보완하려 EU는 MiFID Review라는 일련의 개혁 논의를 진행했다. 2009~2010년 CESR(유럽증권규제위원회. 現 ESMA) 제언, 2010년 유럽의회 결의(summer resolution), 2010년 "EC 미피드 리뷰에 대한 공개 협의"(EC Consultation on the Review of MiFID)가 이에 속하며, 자세한 내용은 페라리니·사구아토(Ferrarini and Saguato, 2013), 엄경식(2019)을 참고하기 바란다.

2. EMIR

가. 배경, 목적 및 개요

(1) 배경과 목적

EMIR(European Market Infrastructure Regulation. 유럽시장인프라규정. 에미어. 2012년)는 미국 Dodd-Frank Act(2010년), 그중에서도 특히 제7편(Title VII. 제9장 2절 참조)과 제정 배경이나 목적이 같다. 글로벌 금융위기 직후 열린 피츠버그 G20 정상회의(2009년) 합의 의무에 대한 똑같은 후속 결과물이다. 따라서 EMIR도 Dodd-Frank Act 제7편처럼 장외파생상품시장 위험 때문에 불거지는 글로벌 금융위기(즉, 금융시스템 붕괴) 재발을 방지하는 데 규제목적이 있다. 단, 미국이 Dodd-Frank Act 제7편에 장외파생상품시장 규제를 통합 규정한 데 비해, EU는 EMIR를 신규 채택해 거래 후 기능 부문을, MiFID를 조정·보충해(MiFID II/MiFIR로 결실. 제10장 3절 참조) 매매체결기능 부문을 각기 따로 규제하는 이원화(two track) 방식을 사용했다.

EMIR는 ① "특정" 장외파생상품 거래 CCP 청산, ② "모든" 장외파생상품 거래 세부사항 TR(거래정보저장소) 보고, ③ "비청산의무 대상 계약"(non-centrally cleared contract) 운영위험(예: 계약 조건 확인, 증거금, 전자 거래플랫폼 등과 관련한 위험) 완화 조치 요구 등 3개 의무사항을 핵심(three pillars)으로 한다.[278]

(2) 개요

2010년 9월 15일 EC는 **"금융감독 고위그룹"**(High-level Group. 2008년 10월부터 EC 산하에서 활동) 추천사항에 맞춰 작성한 EMIR 초안을 공개했다. 이후 의견수렴과 협의, 유럽의

---

278 European Commission, 2012. "Regulation on Over-the-counter Derivatives and Market Infrastructures—Frequently Asked Questions". **Press Release**, (March 29).

〈그림 10-2〉 EMIR 순차적 시행 주요 일지

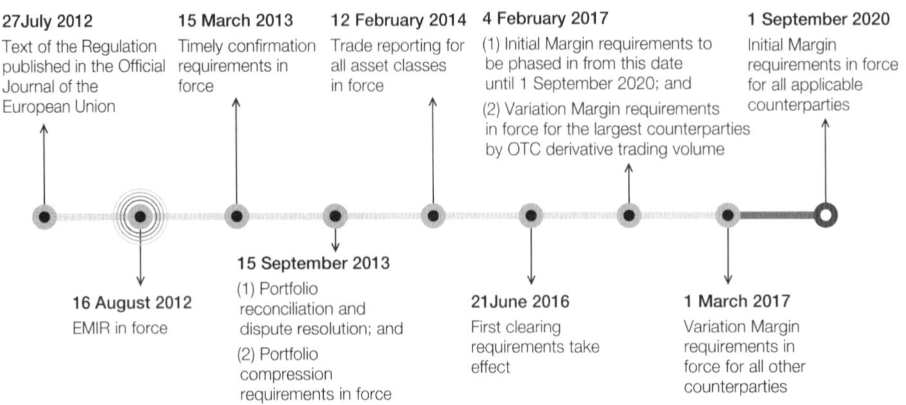

* 자료: [https://www.ashurst.com/en/news-and-insights/hubs/finance-hub/emir/timeline].

* 위 그림에 2020년 9월 1일로 표시된 최초증거금 요건 최종 시행은 2022년 9월 1일로 연기되었음.

회 최종안(final text) 승인(2012.3.29.), 유럽의회와 EC 공동 채택(2012.7.4.)을 거쳐, 2012년 8월 16일 EMIR[279]를 발효했다. 지침(Directive)이 아니라 규정(Regulation)이어서 EMIR는 EU 모든 회원국에서도 발효와 함께 즉각 효력을 발휘했다. 람팔루시 절차 1단계 완료였다. 이어, 2012년 12월 19일 ESMA는 개별 회원국 EMIR 실행에 필수적인 RTS(규제기술표준)와 ITS(실행기술표준)를 EC에 제출했고(람팔루시 2단계), EC는 2013년 3월 15일부터 EMIR를 순차적으로(in-phase) 시행하기 시작했다(람팔루시 3~4단계). 참고로, EMIR는 기존 금융 규정과는 달리 EU에서 활동하는 모든 장외파생상품시장 참여자에게 적용된다.[280]

---

279 "Regulation (EU) No 648/2012 of the European Parliament and of the Council of 4 July 2012 on OTC Derivatives, Central Counterparties and Trade Repositories". [https://eur-lex.europa.eu/legal-content/EN/TXT/?uri=celex%3A32012R0648].

280 기존의 금융 규정/법은 건전성 규제와 감독을 받는 금융기관(예: 은행, 투자회사)에 적용할 목적으로 제정됐다.

모든 EU 규정은 EC가 정기적으로 검토해(예: MiFID Review, EMIR Review) 개정해나간다(예: MiFID II, EMIR Refit/EMIR Refit Regulation]). EMIR도 예외가 아니어서, 2015~2016년 EC는 EMIR를 대대적으로 검토·평가한 후 유럽의회와 EC에 **에미어 리뷰**(**EMIR Review**. "EMIR 검토 보고서". 2016년 11월)를 제출했다. EMIR를 순차적으로 시행했기에 제출 당시 몇몇 중요 규정을 아직 시행하지도 않은 상태였다(〈그림 10-2〉 참조). 따라서 보고서는 EMIR 핵심 요건에 근본적 변화를 줄 필요는 없고 단지 요건 효율성이나 비용 공정성 정도만을 손볼 필요가 있다고 평가했다.

이후 전개는 법제 이름이 변화무쌍하게 바뀌며 EMIR가 개정되는 상황이다. 엄청난 ICT 발전 속도와 회원국 간 의견 조정 어려움을 대변하지만, 비전문가 눈엔 너무 복잡해 따라가기에 벅찰 지경이다. 한 번 조심스레 들여다만 보자.

무엇보다 먼저 EC는 EMIR 요건(특히 보고의무)을 단순화하고 금융기관의 규제 비용부담도 덜어주고 싶어 했다. 이에 EMIR Review와는 별도로 **에미어 리핏**(**EMIR Refit**: EMIR Regulatory Fitness and Performance Programme. "**에미어 규정 적합성과 성과 프로그램**")을 공식 수행하기 시작한다. 하지만 실제로는 EMIR Review를 EMIR Refit 체제에 끼워서 과정을 수행하였다. 따라서 이후 등장하는 문건은 대부분 이 둘을 구별하지 않고 EMIR Refit으로 두리뭉실하게 서술한다. 어쨌든 EMIR Review를 근거 삼아 EC는 2017년 5월과 6월 두 차례에 걸쳐 일련의 수정안(案)(EMIR Review Proposal)을 제시했고, 2019년 6월 17일 **EMIR Refit**(**일명 "EMIR II"**. **"개정 EMIR"**. 바로 위 프로그램 수행 결과물. **"EMIR Refit Regulation"**["에미어 리핏 규정"]이라고도 부름. EMIR Refit이라 하면 이제 2019년 6월 이 규정을 의미)을 발효했다. 정해진 절차를 거쳐 2020년 12월 RTS와 ITS를 확정·공표했고, 2022년 4분기/2023년 1분기부터 EMIR Refit 순차적 실행에 들어가 2023년 4분기까지는 완료할 예정이었다. 그러나 실행을 준비하는 동안 EMIR Refit RTS와 ITS 몇몇에 새로 채택된 글로벌 기술표준(예: 메시지 포맷, "거래 식별자"[UTI: Unique Transaction Identifier. TR 보고에 필요한 개별 장외파생상품 거래 식별 데이터 체계])을 반영해야 했다(이 작업을 **EMIR Rewrite**["**에미어 재작성**". "에미어 리라이트"]라 함). 이 때문에 2022년 10월에서야 RTS와 ITS를 다시금 새롭게 확정할 수 있게 되었고, 이로써 EMIR Refit은 2024년 4월 29일부터 최종 실행에 들어갈 예정이다(주요 내용은 제10장 2절 다항 참조).[281]

나. 핵심 요건

(1) 특정 장외파생상품 거래 CCP 청산의무

EMIR는 상대방 신용위험을 낮추고자 특정 장외파생상품 거래에 CCP 청산의무를 부과했다(Article 4). 특정 장외파생상품, 즉 "청산의무 대상 장외파생상품"이란 몇 가지 요건을 충족하고[282] 거래가 다음 네 가지(①~④) 중 하나에 속하면 해당한다.

① 거래상대방 모두 **FC**(financial counterparty. "**금융기관**")인 경우

② 일방이 FC이고 상대방이 **NFC**(non-financial counterparty. "**비금융기관**")**+**인 경우[283]

③ 양방이 모두 NFC+인 경우

④ 제3국 기관으로 위 ①~③에 해당하고 "계약이 EU에 직접적이고 중요하며 예측할 수 있는 영향을 미치는" 경우

NFC 중에서 투기적 장외파생상품을 상한선 넘어 거래하면 NFC+, 그렇지 않으면 **NFC-**로 구분함.

청산의무 대상 장외파생상품 거래는 반드시 EMIR 인가 CCP에서 CCP(집중거래상대방)

281 Perrott, Q., 2022. "Refit, Rewrite, RTS, EMIR II: Navigating the Maze of EMIR Version Names". **TRAction**, (February 28). Wiazmitinoff, A., 2022. "EMIR Refit ITS/RTS: Reporting under the New Standards to Start on 29 April 2024 in Europe". **Bloomberg Professional Services**, (October 10).

282 청산의무 대상 장외파생상품은 ① 법적 서면화와 운영 절차 표준화 정도, ② 거래량(유동성), ③ 일반적으로 공정하고 신뢰할 만하다고 인정된 가격결정 정보 이용 가능성 등을 고려해 결정한다(Ferrarini and Saguato, 2013).

283 FC는 EU 규제를 받는 투자회사, 은행, 보험/재보험회사, EU 인가 매니저의 운용 펀드(UCITS: Undertaking for Collective Investments in Transferable Securities. 유씨츠. "양도성유가증권에 대한 집합투자기구"), 기업연금(occupational pension fund) 등이며, 이외 EU에서 장외파생상품을 거래하는 모든 기관은 NFC이다.

방식으로 청산해야 한다(CCP의 3개 서로 다른 한국용어 사용은 **제2장 1절 다항 (1)** 참조). 즉, EU에서는 ESMA 인증(등록)을 받은 CCP만이 EU 설립 청산회원이나 거래소에 CCP 청산 서비스를 제공할 수 있다(Article 25). 제3국 CCP는 자국 내 법제를 EMIR 요건에 맞춰 EC한테 동등성(equivalence)을 인정받아야 한다(KRX는 2015년 11월 17일 동등성 획득). 한편, FC나 NFC의 "그룹 내 거래"는 의무청산을 면제받지만 보고는 반드시 해야 한다.

(2) 모든 장외파생상품 거래 TR 보고의무

EMIR 체제에서 모든 장내·외파생상품 거래 양방 당사자는 거래 후 세부 사항을 ESMA 인증 TR에 반드시 보고·(저장)해야 한다(Article 9). 보고 범위는 Dodd-Frank Act와 대부분 겹치지만, 데이터 필드가 125개에 이를 정도로 무척 세밀하다. 예를 들어, 단순히 담보 여부가 아니라 무슨 담보를 어떻게 제공했는지 서술해야 하고, 일일정산(mark-to-market)과 모형에 입각한 가치평가(mark-to-model valuation)도 기재해야 한다.

보고 책임은 거래상대방 모두에게 있다. 따라서 바이사이드인 펀드매니저도 거래보고를 책임져야 한다. 바이사이드에게 이는 큰 부담이기 때문에 EMIR는 바이사이드가 제3자(예: 청산 브로커, IT 업자, 미들웨어 제공업자)에게 보고를 위임하고 정확성에 대한 최종책임만 부담하는 방식도 허용했다.[284] 보고 기한은 거래 후 다음날(T+1)로 Dodd-Frank Act보다는 시간적 여유가 좀 있다.

---

284 거래상대방 양쪽 모두 거래 내용을 보고하므로 데이터나 TR이 서로 다를 수 있다. 데이터 간 불일치를 예방하고자 바이사이드에 최종책임을 부과했다. Mills, D., 2017. "Financial Regulatory Reform: EMIR—Dodd-Frank Comparison". **Mansion House Consulting**, (January).

〈그림 10-3〉 장외파생상품 계약 축약 예

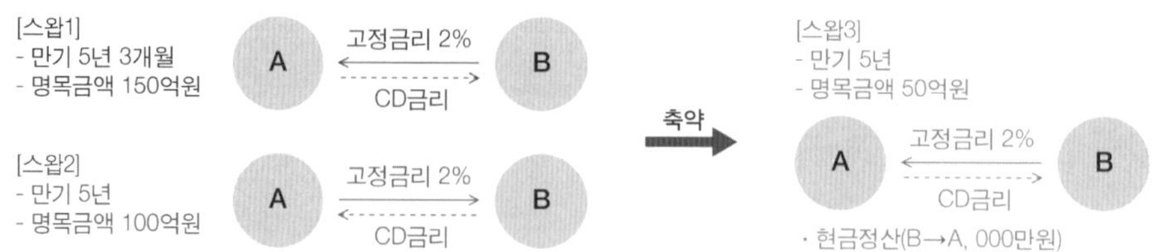

※ [스왑 1] 을 ① 만기 5 년 명목금액 100억원인 스왑, ② 만기 5년 명목금액 50억인 스왑, ③ 만기 3개월(5년~5년 3개월) 명목금액 150억인 스왑으로 분해하여, ①은 [스왑2]와 상계, ②는 그림의 [스왑3], ③은 현금으로 청산

* 자료: 홍승빈, 2021. "거래소, 장외파생상품계약 축약제도 연내 시행". **한국금융신문**, (6월 9일).

(3) 비청산의무 대상 계약 운영위험 완화 조치 요구

EMIR에서는 비청산의무 대상 계약 운영위험을 낮출 목적으로 계약 당사자 양방 모두에게 다음과 같이 여러 가지 위험 완화 조치(risk mitigation technique)를 취하도록 했다(Article 11)(엄경식, 2019).

〈FC, NFC+, NFC- 등 모든 거래상대방에 적용〉

- **적시 거래 확인(Timely Confirmation)**—비청산의무 대상 계약체결 양방은 모든 계약 조건에 대한 동의를 (가능하면 전자수단으로) 서면화해야 함.
- **포트폴리오 대사(對査. Portfolio Reconciliation)**—각 체결 당사자는 주요 계약 조건(예: 가치평가, 자산 유형, 기초자산)에 불일치가 없도록 계약체결 시작부터 함께 검토하며 일치화 작업을 해나가야 함. 대사 주기는 체결 당사자 간 오간 계약 건수/(거래량)에 따라 결정. 예를 들어, 구성 계약 수가 500건 이상의 포트폴리오면 일별, 51~499건이면 주별, 1~50건이면 분기별로 수행.
- **포트폴리오 축약(Portfolio Compression)**—축약은 거래상대방 위험을 감축하는 서비스로 장외파생상품시장 네팅(netting. 차감. 〈그림 2-4〉 참조)을 의미. 다수의 시장 참가자가 자신의 순포지션을 유지한 채 총포지션을 줄이려고 계약 만기 도래 전에 계약을 수정/종료하고 새로운 계약을 생성(장외파생상품 계약은 표준화되어 있지 않아 상계

가 어려움. 이에 신규 계약이 발생할수록 계약 잔고는 누적·증가해 위험이 커짐. 〈그림 10-3〉 참조). 포트폴리오 축약은 기존 포트폴리오(체결된 계약으로 구성)의 일부 또는 전부를 추가 손실 없이(즉, 포트폴리오 시장위험[market risk]을 변경하지 않고) 종료하거나 기존 액면보다 적은 액수로 대체(즉, 비시장위험[non-market risk]을 감축)(데리코·루크니[D'Errico and Roukny], 2017). 구성 계약 수가 500건 이상의 포트폴리오면 적어도 연 2회 정기적으로 포트폴리오를 축약해야 함.

- **분쟁조정(Dispute Resolution)**—계약 당사자는 계약 인식, 가치평가, 담보 교환 등과 관련한 분쟁을 파악해 기록, 사후관리(monitoring)하고 이를 해결하는 절차(procedure)와 처리방식(process)에 동의해야 함. 또한 분쟁이 15일 이상 계속되거나 규모가 1,500만 유로(200억 원) 이상이면 감독 당국에 통지해야 함.

〈FC, NFC+ 거래상대방에 적용〉

- **일일 평가(Daily Valuation)**—체결 당사자는 해당 계약을 일일정산 방식으로 평가해야 함. 만일 일일정산 방식을 사용할 수 없으면 "신뢰할 만한"(reliable and prudent) 가치평가모형을 활용해 일일 평가를 해야 함.
- **증거금 요건(Margin Requirements)**—계약 당사자 간 초기증거금(IM: initial margin)과 변동증거금(VM: variation margin)을 교환해야 함. 시장참여자 간 이해가 첨예하게 얽힌 부분이라 EMIR에서 가장 늦게(2017년 2월에 시작해 2022년 9월까지 단계적으로) 시행(〈그림 10-2〉 참조).[285]
- **담보 교환과 자본금 요건(Exchange of Collateral and Requirements regarding Capital)**—체결 당사자는 담보를 제때 정확하고 적절하게 교환해야 함. 특히, FC는 이 방법으로 위험을 방지할 수 없다면 적절한 자본금을 추가로 보유해야 함(비담보위험 관련 자본금 요건).

285 2016년 10월 4일에서야 관련 RTS가 채택됐다. RTS 규정 내용은 증거금 교환에 사용할 수 있는 담보 목록, 담보 분산 기준, 담보 할인율(haircut) 결정방법, 면제조항, 초기증거금 상계 금지, 재담보계약 제한, 운영 절차와 서면화, 증거금 제공 방법과 시점 등이다. European Commission, 2016b. "Commission Delegated Regulation (EU) 2016/2251 of 4 October 2016".

다. EMIR Refit — 일명 "EMIR II"

앞서 개요에서 살펴봤듯이(제10장 2절 가항 (2) 참조), EC는 2010년대 중반 EMIR에 대한 평가를 광범위하게 수행한 후 2017년 5월과 6월 연이어 EMIR 수정안을 공표했다. EMIR Refit(일명 "EMIR II". 개정 EMIR)은 이들 수정안에 바탕을 두고 만들어져 2019년 6월 17일 발효했다.

EMIR Refit은 EU 금융 안정성을 해치지 않으면서도 규정을 좀 더 단순하고 균형 있게 조정해 시장참여자의 비용부담을 줄이는 데 규제목적이 있다. 더 나아가 글로벌 표준(특히, 미국 규정)과 조화를 이루고 보고 데이터 질적 수준(data quality)을 높이려는 목적도 있다.[286] EMIR Refit에 담겨 있는 '주요'[287] 내용은 다음과 같다(〈표 10-3〉 참조).

- **〈CCP 청산의무〉** 일정 조건을 충족하는 AIF(alternative investment fund. 대체투자펀드)를 FC에 추가해 FC 개념을 확장하며 CCP 청산의무를 강화. 거래상대방에 SFC (small financial counterparty. "소형금융기관")라는 신개념을 도입하고 여기 속하는 기관은 청산의무에서 제외(그러나 SFC도 증거금 요건을 포함해 위험완화 조치는 계속해야 함).
- **〈TR 거래보고 의무와 국제 정합성 제고〉** NFC- 거래는 상대방 FC가 대신 보고하고, 거래상대방이 제3국 기관이면 보고의무를 없앰. 데이터(예: 정의, 포맷[format]) 국제 정합성과 질적 수준을 높임(대신 보고 필드[reporting fields] 수는 203개로 증가). 예를 들어 거래상품 정의, "상품 식별자"(UPI: Unique Product Identifier. TR 보고에 필요한 장외파생상품 식별 데이터 체계), UTI("거래 식별자") 등을 CPMI-IOSCO(지급결제와 시장인프라 위원회-국제증권감독기구) 글로벌 가이드(global guide)에 맞춤. 일정 NFC 그룹 내 거래는 보고의무 면제.
- **〈제3국 CCP 감독 강화〉** EU CCP 감독을 좀 더 응집력 있게 하려는 시도. 예를

286 EMIR Review 내용을 잘 활용해 이참에 주식시장 규제 권한(regulatory power)을 강화해보려는 ECB(European Central Bank. 유럽중앙은행)의 숨겨진 목적 하나가 더 있다고도 한다.

287 자세한 내용은 〈표 10-3〉 자료에 적힌 영어 문건을 참조하기 바란다.

〈표 10-3〉 장외파생상품 관련 Dodd-Frank Act와 EMIR 간 주요 내용 비교

	Dodd-Frank Act (제7편) (2010년 7월 21일 효력 발생)	EMIR (2012년 8월 16일 효력 발생) (EMIR Refit은 2019년 6월 17일 효력 발생)
청산	**〈접근방식〉** 거래 활동에 따라 등록 의무 기관을 다음과 같이 정의 - **스왑 딜러(swap dealer)**—거래 활동이 최소허용기준(현재 30억 달러) 이상이면서 자신을 스왑 딜러라고 칭하거나, 또는 시장을 조성하려는 자 - **"주요 스왑 참여자"(MPS: major swap participant)**—주요 스왑(이자율, 신용, 주식, FX, 상품)에 대해 "별도로 정한 상당 포지션"의 스왑을 거래하는 기관	**〈접근방식〉** 거래상대방을 금융기관(FC), 비금융기관(NFC)으로 구분해 의무 적용 - FC—EU 규제를 받는 투자회사, 은행, 보험/재보험회사, EU 인가 매니저의 UCITS(집합투자기구. 즉, 펀드), 기업연금. **〈비고—EMIR Refit〉 일정 AIF(대체투자펀드)도 FC에 추가** - NFC—FC는 아니지만, EU에서 장외파생상품을 거래하는 기관. 투기적 장외파생상품 노출 상한(threshold) 넘으면 NFC+, 아니면 NFC- **〈비고—EMIR Refit〉** 거래상대방에 SFC(소형금융기관)를 새로 정의하고 SFC를 청산의무에서 제외
	〈규제〉 주로 스왑 딜러와 MPS에 적용. 등록 의무가 없는 기관은 규제를 아주 덜 받지만 그래도 "청산 가능 스왑"은 의무청산(mandatory clearing)을 해야 함. CFTC, SEC는 청산의무 대상 상품에 관한 결정 책임을 짐 - EMIR와는 달리 의무청산에 거래량 요건 같은 개념은 없음	**〈규제〉** EMIR 거래량 요건(clearing threshold)을 초과하면, FC와 NFC 둘 다 모든 청산 가능 스왑 거래를 EMIR 인가 CCP에서 집중거래상대방 방식으로 청산해야 함 - FC, NFC '그룹 내 거래'는 일정 조건을 갖추면 의무청산이 면제되지만 보고는 해야 함 **〈비고—EMIR Refit〉** 일정 NFC '그룹 내 거래'는 보고의무 면제
거래 보고	**〈책임 주체〉** 양방 중 일방만 보고 책임. 보고 책임을 지는 일방인 **"보고 상대방"(RCP: reporting counterparty)**은 스왑 거래 시작부터 종료까지 전 기간(life)에 걸쳐 책임을 짐 - 바이사이드 고객이 SDR(스왑데이터저장소. TR)에 거래보고 하는 부담을 최소화	**〈책임 주체〉** 양방 모두 보고 책임 - 바이사이드인 펀드매니저도 보고 책임을 짐. 이 때문에 EMIR에서는 바이사이드 고객이 제3자(청산 브로커, IT 업자, 미들웨어 제공업자 등)에게 보고의무를 위임할 수 있음. 이때에도 보고 정확성에 대한 최종책임은 바이사이드가 짐 - 데이터 매칭 문제가 발생할 수 있음. 즉, 당사자 모두 데이터를 보고해야 하므로 데이터가 일치하지 않을 수 있고 TR(거래정보저장소)도 다를 수 있음 **〈비고—EMIR Refit〉** NFC- 거래는 상대방 FC가 대신 보고, 상대방이 제3국 기관이면 보고의무 제거
	〈시점〉 (거의) 실시간(real-time or as real-time as practical)으로 보고해야 함	**〈시점〉** 보고 기한은 T+1
	〈보고 범위—대상 상품과 데이터〉 모든 장외파생상품. 거래상대방, 거래 활동 데이터, 담보 여부 등을 포함. 되도록 최소한의 데이터 필드(data field) 요구	**〈보고 범위—대상 상품과 데이터〉** 모든 장내·외파생상품. 미국과 거의 겹치나, 125개 데이터 필드에 달할 정도로 세부 사항 요구 - 예: 담보 여부가 아니라 무슨 담보를 어떻게 제공했는지 등을 서술해야 함. 일일정산, 가치평가모형을 사용한 평가도 기재해야 함 **〈비고—EMIR Refit〉** 국제 정합성과 데이터 질적 수준을 높이면서 필드 수는 203개로 증가
비고	거래상품 정의, 거래 식별자(UTI), 상품 식별자(UPI) 등을 CPMI-IOSCO 기준에 맞춤	

* 자료: 엄경식(2019). FCA, 2014. "One Minute Guide: EU Regulation on OTC Derivatives (EMIR)". (December 9). **Lexology**, 2019. "EMIR Refit Regulation: (Re)fit for Purpose?" (June 5). Finberg, R., 2020. "EMIR Refit Final Report Reveals Changes in Store for the Regulation". (December 30). **Societe Generale**, 2021. "EMIR REFIT (EMIR Review)". (May 2).

들어, 제3국 CCP를 EU 금융 안정성에 미치는 중요도에 따라 위계를 **"그룹 1 CCP"("tier 1 CCP"**. 시스템적으로 중요하지 않은[non-systemically important] CCP)와 **"그룹 2 CCP"("tier 2 CCP"**. 시스템적으로 중요한[systemically important] CCP)로 구분하고, tier 1 CCP는 기존 EMIR 규정으로 계속 감독하지만, tier 2 CCP는 강화된 요건(예: EU 개별 회원국 중앙은행이 정한 요건 준수)으로 감독.

2022년 10월 RTS와 ITS를 새롭게 확정했으며 2024년 4월 29일부터 최종 실행에 들어갈 예정이다.

3. MiFID II/MiFIR

MiFID II/MiFIR(2018년 1월 시행)는 MiFID(2007년 11월 시행) 2.0 버전이다. MiFID 시행 후 3년 넘게 경험한 법제의 자연스러운 진화나 투자자 보호, 시장 투명성, 인프라 등에 나타난 문제점을 해결해 반영한 수정 지침/규정이다. 여기에다 피츠버그 G20 정상회의(2009년) 합의사항 중 매매체결기능 관련 EU 측 대응을 추가함으로써 EMIR(후선업무기능 관련 EU 측 대응)와 함께 장외파생상품시장의 위험관리 의무도 완결하였다.

MiFID II와 MiFIR는 실질로는 하나의 규제체계이다. 단지 EU 법제의 특수성과 행동 강령을 주식 외 금융상품으로 확장해야 했기에 분리 제정됐을 뿐이다(제3장 3절 나항 (2) 참조). 따라서 이하에서는 MiFID II를 중심으로 두 법제를 총괄해 논의한다. 〈부록 표 10-1〉과 〈부록 표 10-2〉는 MiFID II와 MiFIR 주요 구성체계를, 〈부록 그림 10-1〉은 MiFID II 주요 시행 일자를 거래시장에 한정해 각각 요약 제시한다.

가. 개요

어떠한 지침을 시행하든 EU는 3년 후부터 리뷰(Review. 검토·평가)를 통해 해당 지침의 진화를 준비한다. MiFID가 그랬고, 현행 지침인 MiFID II/MiFIR도 리뷰(MiFID II

〈표 10-4〉 MiFID Review 주요 내용

구분	주요 내용
전반적 평가	MiFID 장점이라 주장하며 추구했던 사항 대부분이 2008년 글로벌 금융위기를 겪은 후에도 여전히 강건하게 유효하다고 평가. 그렇지만 MiFID II/MiFIR에서는 다음 〈개선사항〉 서술 내용을 〈개선 지향점〉에 초점을 맞춰 수정해나가길 조언
개선 사항	시장 분할로 거래환경이 한층 더 복잡해지고 투명성은 악화 - 시장 간 경쟁에 따른 혜택이 모든 시장참여자에게 효율적으로 확산하지 않음. 특히 소매투자자에게 제대로 전달되지 않음 - 소매투자자와 도매투자자 간에 정보 비대칭이 심해지면서 기관투자자가 포트폴리오 내 회사채 구성 종목 가치를 제대로 평가할 수 없게 되자 금융위기가 발생했다고 평가. 이 같은 위기 상황에서 불확실성을 줄이려면 회사채 거래의 사후적 투명성을 개선해야 함 - 유럽의회 보고서는 시장 분할 현상에 대해 매우 적대적 현행(즉, MiFID) 거래시장 분류는 ICT의 혁신적 발전 효과를 적절히 반영하지 못해 시장 간 규제차익 문제를 노출 - EC "기술적 조언" 보고서가 특히 강조 급변하는 거래 관련 ICT의 혁신과 거래시장의 복잡성으로 말미암아 보다 높은 수준의 투자자 보호가 절실해짐 규정이 주식에만 치중되어 관련 금융상품 범위를 확대해야 함. 예상만큼 거래비용이나 상품 거버넌스(product governance)가 개선되지 않아 이에 대한 개선 필요 글로벌 금융위기 상황에서 비지분형상품시장과 장외파생상품시장은 효율적으로 작동하지 않음 - 예를 들어, 비지분형상품시장에서는 무엇보다 투명성과 유동성 간 균형이 중요하다고 주장 제3국에 대한 규제가 회원국에 맡겨져 대부분 국가에서 제3국 기관이 회원국 기관보다 규제상 우위에 놓임 - 왜냐하면 규제상 어려움으로 대개 제3국 기관에 대해서는 쉬운 규제·감독을 택하기 때문
개선 지향점	한층 더 안전하고 건전하며, 투명성과 효율성, 책임감 있는 자본시장 시스템을 추구 - 장외파생상품 거래에 대한 사전적·사후적 투명성을 강화하고, 장외파생상품시장을 규제시장 영역에 포함해 거래 비용을 줄이고 유동성을 높임으로써 유럽자본시장 효율성과 안정성 증진 - 혁신적으로 변모하는 ICT와 이에 따른 거래시장의 복잡성을 적절히 반영하며 규제가 자연스럽게 진화하도록 함. (예를 들어, 바이사이드 투자자는 MiFID 요건이 없던 수년 전부터 이미 자체 판단에 따라 최신 ICT를 선제적으로 활용하며 거래비용 측정, 주문 제출과 회송, 최선체결 등을 가능한 한 효율적으로 수행해옴. 법제는 시장의 이 같은 움직임을 마땅히 객관적으로 표준화하며 진화해야 함)

* 엄경식(2019)을 참고해 수정

Review) 최종안을 공표(2021년 3월. **제10장 3절 라항** 참조)하며 MiFID III(2025년 시행 예상)로 넘어가는 중이다. 위에서 잠깐 언급했듯이, 3년간 시행 경험에서 나타난 자연스러운 진화와 시행착오 사항 외에 특수 상황 전개도 Review에 막대한 영향을 끼친다. MiFID는 2008년 글로벌 금융위기가, MiFID II는 2020년 초 코로나19 팬데믹이 특수 요인으로 작용했다.

여하튼, EC는 상황을 종합해 2010년 12월 **"MiFID 리뷰에 관한 공개 협의"(Consultation on the MiFID Review)** 결과를 공표한다. 준비 단계에서 관련 증거를 확보하려고 CESR(유럽증권규제위원회. 現 ESMA)은 EC에 "기술적 조언"(Technical Advice) 보고서(2010년 7월)[288]를 제출했고, 유럽의회도 자체 발의 보고서(2010년 11월)[289]를 채택해 의견을 개진했다. 일련의 이 모든 개혁 논의를 합쳐 **MiFID Review**라고 부른다 (Ferrarini and Saguato, 2013). Review는 장외파생상품 거래의 사전적·사후적 투명성을 강화하고, 장외파생상품시장을 규제시장 영역으로 대폭 끌어들여 거래비용과 유동성을 개선해, 궁극에는 유럽자본시장의 효율성과 안정성을 증진하는 데 초점을 맞췄다(〈표 10-4〉 참조).

공청회를 거쳐 2011년 10월 20일, EC는 MiFID 개정안을 지침(Directive. MiFID II)과 규정(Regulation. MiFIR) 형태로 채택했다. 2년여 토론 끝에 2014년 7월 2일 유럽의회와 **유럽이사회(European Council)**는 MiFID II(**Directive 2014/65/EU**)와 MiFIR(**Regulation [EU] No 600/2014**)를 발효하며 MiFID를 대체했다. 원래 2017년 1월 3일 예정했으나, 회원국의 ICT 시스템 미비로 1년을 연기해 2018년 1월 3일 본격 시행에 들어갔다.[290]

288 CESR 보고서의 주요 내용은 ① 다크풀 사전적 투명성 면제조항(pre-trade transparency waiver)과 회원국 재량권 존속(단, 면제조항 체제는 원칙중심[principle-based]에서 규칙중심[rule-based]으로 변경), ② 투명성 요구 대상 증권을 지분형상품(equity-like instrument. 예: DR, ETF)으로 확대, ③ 미국처럼 통합호가·체결정보시스템(예: CTA Plan["통합테이프 협의회 제도"]) 개발 적극 추진, ④ 일정 거래량 요건을 초과할 때 BCN을 MTF로 전환(MiFID II/MiFIR에 최종 반영되지 않음) 등이다. CESR, 2010. "Technical Advice to the European Commission in the Context of the MiFID Review—Equity Markets". (July 29).

289 브로커/딜러 소유 다크풀을 MTF/SI로 재분류하고 이들 거래량을 제한하는 것을 골자로 한다. The European Parliament, 2010. "On Regulation of Trading in Financial Instruments—'Dark Pools' etc." (November 16).

290 다른 규제와는 달리, MiFID II는 순차적으로 시행되지 않았다(준비가 덜 된 몇몇 규정에 한해 몇 개월씩 시행을 늦추기는 했다. 〈부록 그림 10-1〉 참조). 이에, 대상 기업은 2018년 1월 3일 시행과 함께 즉시 대응해야 했다.

〈그림 10-4〉 MiFID와 MiFID II/MiFIR 주요 개정 내용 비교

	MiFID I (Equities / Other Products)	MiFIR/MiFID II (Equity-like products / Fixed Income / Commodities / Energy / Structured Products / Derivatives)
Market Structure	Market structures RMs, MTFs, SIs	Addition of OTFs (broker crossing networks, dark pools)
		Treatment of SDPs/MDPs/dark pools; treatment of SME growth markets
		Treatment of algorithmic trading provisions (including HFT)
Market Transparency	Transparency-Pre and Post Trade	Extends to other asset classes
		Extends regulatory transpsrency requirement tailored to asset classes
	Waivers to large-scale trade reporting	Conditions for waivers will be revised per all asset classes
		European Consolidated Tape solutions being considered
Investor Protection	Best Execution	Greater formalisation expected/applied for quote-driven and OTC markets
	Reporting to clients	Greater formalisation expected for all investors (not just retail-classified)
		Complex product focus (to be treated alongside PRIPs)
	Treatment of inducements	Extends to other asset classes (revision of independent advice)
	Req. on marketing and sales material	Extends consistently to cover other asset classes (complex products)
	Suitability and appropriateness tests	Extends consistently to other asset classes including treatment of EXO
Internal & External Controls		Third country access and reciprocity
		Product intervention (banning of products by ESMA)
		Position limits for products
	Passporting	Extends to other asset classes and new services
		Governance/strengthening internal compliance functions

* 자료: [https://www.leaprate.com/experts/richard-craddock/mifid-ii-brokers-guide/].

* SDP: single-dealer platform. MDP: multi-dealer platform. 위 그림 내용은 이 절 본문 곳곳에 거의 다 반영되어 있기에 굳이 영어 내용을 번역하거나 설명하지 않음. 단지, MiFID에서 MiFID II/MiFIR로 개정이 상당히 세세했음을 시각적으로 이해하면 충분함.

나. 주요 내용

MiFID II/MiFIR는 빅뱅과 같은 엄청난 기폭제는 아니었다. 하지만 EEA 내 거래시장과 투자회사(제3국 기관 포함)의 활동 전반에 걸쳐 규제를 확대·강화했기 때문에, EU 자본시장에 끼친 영향은 상당히 크고 광범위했다(〈그림 10-4〉 참조). 다음에서는 MiFID II/MiFIR의 주요 개정사항을 적용 대상별로 나누어 서술한다. (1)~(2)는 거래시장, (3)~(5)는 거래시장/(CCP)와 투자회사, (6)은 투자회사와 TR, (7)은 투자회사, (8)은 모

든 금융거래 상대방, (9)는 EU 자본시장에 접근하려는 모든 기관에 각각 적용한다.[291] 마지막 (10)은 MiFID II/MiFIR에 속하지는 않지만 MiFID II/MiFIR 논의 시기에 EU에서 함께 전개된 중요 사안으로, FTT(Financial Transaction Tax. 금융거래세) 채택과 범유럽 단일증권결제시스템 T2S(Target2-Securities) 도입에 관한 내용이다.

(1) 규제거래시장 영역 대폭 확대와 규정 보완

(가) OTF, 신규 거래시장으로 등장

MiFID II/MiFIR에서는 OTF를 "RM과 MTF 외에 금융상품 매매가 다자간 조직적으로 이루어지는 모든 시장"이라고 정의하며 새롭게 거래시장에 포함했다(〈표 5-2〉 참조). BCN을 규제시장/규제거래시장으로 끌어들여 그동안 일었던 규제차익 논란을 시정하려 든 것이다. 이제 유럽에서 규제거래시장은 RM, MTF, OTF 등 3개 유형으로 나누어진다.

원래 BCN은 다자간이든 양자 간이든 투자회사가(즉, 장외에서) 고객의 주식 주문이나 청산의무 대상 장외파생상품 주문을 연결해 체결해주는 자체 내 조직화한 시스템이었다. MiFID를 시행한 후에도 SI[292]로 등록한 일부 양자 간 매매체결시스템을 제외하고는 대부분 BCN으로 그냥 남아 규제를 비켜 갔다. 아니 그보다는 규제받지 않으려 SI를 선택하지 않았다. 하지만 MiFID II/MiFIR 체제에서 BCN은 MTF, OTF, SI 중 하나를 선택해야 하니까 이제는 무엇을 선택해도 규제를 받아야 한다.

OTF는 다른 거래시장(RM, MTF)과 마찬가지로 인가를 받아야 한다. 따라서 거래 절차

---

291 본문에 서술하는 9개 주요 개정 내용 외에 금융상품 거버넌스(product governance)와 적합성, AT(algorithmic trading. algo. 알고리즘 거래. HFT 포함)와 상품파생상품(commodity derivatives) 관련 규제도 강화했다.

292 SI는 투자회사의 양자 간 단일 딜러 플랫폼(SDP: single-dealer platform)으로 거래시장이 아니다. 내부주문집행(internalization)을 기관화한 것으로 체결시장이면서 규제시장이다(Gresse, 2017). 하지만 MiFID 체제 당시 투자회사의 양자 간 매매체결시스템 대부분은 SI로 등록하지 않았다. 대신, 사전적 투명성 면제조항(제10장 3절 나항 (2) 참조)을 활용해 거래정보를 공개할 필요가 없는(dark) 장외시장, 즉 BCN으로 활동했다(Ferrarini and Saguato, 2013). MiFID 체제에서 SI가 9개에 불과할 정도로 유명무실했던 상황이 이를 잘 대변한다.

와 감시 규정을 적절히 갖춰야 한다. 반면에 다음과 같은 특징으로 이들과 구별된다. 첫째, 매매체결을 재량적(discretionary) 방식으로 수행한다. 덕분에, 고객(OTF 거래자) 이익을 최우선으로 고려하며 유연하게 체결 협상을 벌일 수 있다. 또한 특정 주문이 자신의 시스템에 접근하지 못하게 통제할 수도 있다. 그러나 다른 OTF나 SI에 체계적으로 연계해 거래할 수는 없다. 둘째, 채권, 구조화상품, 장외파생상품, 탄소 배출권 등 비지분형상품만 거래할 수 있다. 거래시장이지만, 주식과 DR, ETF 등 지분형상품을 거래할 수는 없다. 거래방식이 재량적이어서 투자자가 혼란에 빠질 수 있기 때문이다. 이러한 이유로 OTF를 유럽판 SEF(스왑거래설비)라 부른다.

한편, 양자 간 시스템인 SI와는 달리, 고객 주문을 자신의 고유계정으로 매매체결 할 수는 없다. 거래상대방이 될 수 없으니까 매수/매도 관련 스프레드를 수익원으로 가질 수 없게 되었다. MiFID II/MiFIR 시행 후에 SI가 급증하고 관련 규제에 논란이 분분해진 원인으로 작용했다.

(나) 규정 보완 — MTF로 중소·성장형시장 규정

MiFID II/MiFIR는 기존 MiFID 거래 관련 규정을 조정하거나 수정·보완해 정비했다. 그중에서도 중소·성장형시장(SME market. 예: AIM)을 MTF 하위범주(sub-category)로 신규 도입한 것은 시장구조에 관심 있는 사람들의 이목을 끌었던 사항이다. 이 밖에도 MTF 규정을 RM에 맞춰 조정하고, SI 관련 규정도 좀 더 명확하게 수정·보완했다.

(2) 다크풀 규제 강화 — (DVC)/SVC 적용

(가) DVC 적용

MiFID에서는 일정 수준의 사전적·사후적 투명성을 거래시장의 전제조건으로 삼는다. 따라서 정의상 사전적 투명성을 적용받지 않는 다크풀은 사전적 투명성 면제조항(pre-trade transparency waiver)을 두어 규정한다.[293] MiFID Review 결과, EC는 다크풀이 시장 분할의 부정적 측면을 우려할 만큼 수가 많아졌다고 평가했다. 즉, 거래량은 리트풀 가격발견을 저해할 정도로 커졌고 시장 공정성과 건전성에도 위험 요소가 깃들기 시작했다고 본 것이다. 이러한 판단을 근거로 EC는 MiFID II/MiFIR에서 다크풀 규제를 강화했다. 대량매매같이 사전적 투명성이 없어야 좋은 거래는 당연히 허용해야 하지만 이상한 형태로 과도하게 발생하게 놔둬서는 안 된다는 취지였다. '과도한' 거래량이 어디까지일지는 시장참여자의 예지를 모아야 했다.

MiFID II/MiFIR에서는 다크풀 거래량 상한 기준을 개별 다크풀 거래량과 EU 전체 다크풀 총거래량으로 나누어 규제를 강화했다. 이 때문에 강화된 사전적 투명성 면제조항을 DVC(Double Volume Caps[또는 DVCM: Double Volume Cap Mechanism]. "다크풀 거래량 이중 상한제도")라 부른다. DVC에서 개별 다크풀은 종목당 직전 12개월(12-month rolling period) 거래량이 EU 전체 거래시장 총거래량의 4%를 초과할 수 없고, EU 전체 다크풀 총거래량은 종목당 8%를 초과할 수 없다. 만일 4%[8%] 상한을 위반하면 해당 개별 다크풀[EU 모든 다크풀]은 6개월간 해당 종목을 거래할 수 없다. EU 전체 다크풀 거래 비중이 2020년 말 기준으로 8% 상한(4.5조 유로. 〈그림 3-2〉 참조)에 육박하니까 그동안 꽤 많은 종목이 다크풀에서 거래정지(suspension)를 당하지 않았을까 짐작해볼 수 있다. 실제로 2022년 12월 시점 ESMA 통계를 보면 개별 다크풀에서는 112개 종목, EU 전체 다크풀에서는 439개 종목이 각각 거래정지를 받은 상태였다.[294]

한편, LIS(Large-In-Scale. 대량매매)와 일중 단일가매매(trading in auction)는 DVC 적용을 받지 않는다. 어느 나라건 정책담당자는 대량매매가 대부분 비정보거래이기 때문에 시장에서 이를 가격충격 없이 소화할 수 있어야 한다고 생각한다. EC도 예외가 아니어서 다크풀에 이 기능을 맡겼다. 따라서 LIS에 DVC 적용 면제는 경제적으로 당연한 조치이다. MiFID II/MiFIR에서 LIS로 인정받을 수 있는 최소주문수량은 일중 거래시간대를 5개 구간으로 나누어 시간대마다 일평균 거래량(ADT: average daily turnover)을 달리하며 결정한다. 반면, 일중 단일가매매에 DVC 적용 면제는 다크풀 규제 강화조치이

293 사전적 투명성 면제조항은 다크풀이 취하는 가격결정 방식에 따라 RPW(reference price waiver. 기준가격 면제조항. 예: 가장 적합하다고 판단한 거래시장의 최우선매수·매도호가 중간값으로 거래하는 방식)과 "협상거래 면제조항"(NTW: negotiated trade waiver. 협상거래 방식)으로 구분해 정해져 있다.

294 ESMA 웹사이트. [https://www.esma.europa.eu/double-volume-cap-mechanism].

다. 그동안 MTF(특히, 다크풀)에 시장을 크게 잠식당한 RM에게 DVC 시행(2018.3.12. MiFID II 주요 시행 일자는 〈부록 그림 10-1〉 참조)[295]은 점유율 만회에 좋은 기회였다. 일중 단일가매매로는 온디맨드(on demand. 투자자의 수요/주문이 있을 때 서비스 제공)와 일중 정기 단일가매매 형태가 있는데 둘 다 LIS 수요(즉, 다크풀 수요)를 거래소로 끌어들이려는 전략에 활용한다. 실제로 유럽 주요 거래소는 자신만의 단일가매매 메커니즘을 고안해 각자 꽤 성공적으로 운영하고 있다. 전략에 잘 들어맞는 것이다. 이는 미국에도 영향을 끼쳤다. Cboe Global Markets(미국)는 유럽 자회사 Cboe Europe Equities("씨보유럽주식시장")에서 일중 온디맨드 단일가매매가 큰 성공을 거두자 SEC 허가하에 2021년 4월부터 이를 미국주식시장(BYX)에도 도입하였다(제12장 2절 다항 참조).

(나) DVC에서 SVC로 재차 강화

2021년 11월 25일 EU는 다크풀 규제를 재차 강화했다. 기존의 8% 기준(EU 전체 다크풀 기준)을 7%로 낮추고, 4%를 적용하던 개별 다크풀 거래량 상한 기준을 아예 없애버렸다. 이제는 DVC로 부를 수도 없고, 그냥 SVC(single volume cap. "단일 거래량 상한제도")로 명칭을 바꿔 부르기도 한다.

브렉시트로 EU와 규제체제를 달리하게 된 영국은 이참에 DVC 제도 자체를 폐지하는 중이다(제5장 4절 라항 참조). EU로 넘어간 유동성을 되찾아 오는 데 다크풀이 좋은 수단일 수 있다고 판단한 것이다.[296]

(3) 거의 모든 비지분형상품으로 투명성 요건 확대·강화

투명성(정보공개)에 관한 한 MiFID II/MiFIR는 모든 거래시장(RM[시장운영자], MTF·OTF[투자회사/시장운영자])에 같은 규정을 적용한다. 새로 규제 영역에 들어온 OTF도 당연히

295 Basar, S. 2018. "Europe Readies for Dark-Pool Caps". **Markets Media**, (March 9).

296 Smith, A., 2021. "European Regulators Make Sweeping Changes to MiFID in Bid to Fortify Lit Markets". **The Trade**, (November 25). BNY Pershing, 2022. "MiFID II and MiFIR Reviews". (May 15).

투명성을 제공해야 하므로 OTF 거래상품인 다양한 비지분형상품(예: 채권, 구조화상품, [특정] 장외파생상품, 탄소 배출권) 거래에도 사전적·사후적 투명성이 의무화됐다. 이 결과, MiFID 체제하에서 RM과 MTF, 그리고 SI(거래시장은 아니나 규제시장. 제한적 적용)의 주식(지분형상품 포함)과 몇몇 비지분형상품 거래에만 적용하던 투명성 요건이 이제는 거의 모든 금융상품 거래로 확대되었다(유동성이 극히 낮거나 고객 맞춤형 장외상품만 제외). 이 때문에 유럽에서 사적 자본시장 영역이 너무 쪼그라들었다며 시장전문가 사이에 우려와 논란이 일기도 했다(Ferrarini and Saguato, 2013).

대상 상품 확대뿐만 아니라 정보공개 수준도 높아졌다. 규제시장을 예로 들면, 지분형과 비지분형상품 모두 사전적으로는 현시점의 매수·매도호가와 관심 주문량(depth of trading interest. 시장 깊이/호가 잔량)을 개장 시간 중에 연속 공표해야 하며,[297] 사후적으로는 체결가격, 거래량, 시간 등을 가능한 한 실시간으로 아니면 늦어도 거래일 다음 날(T+1)까지 공표해야 한다. 공표할 때 필요한 데이터 필드가 기존 23개에서 65개로 늘어났고 기존 23개 중 10개도 변화에 맞춰 고쳐졌다.

참고로, 사후적 투명성에 대한 MiFID II/MiFIR 규정은 EMIR와 다소 차이가 있다. MiFID II/MiFIR에서는 "특정"(예: 표준화했거나 청산의무 대상으로 정해진. 바로 다음 (4) 참조) 장외파생상품에 한하지만, EMIR에서는 "모든" 장외파생상품 거래를 TR에 보고해야 한다. 장외파생상품 거래보고 의무에 관한 한 EMIR(거시건전성) 규제범위가 MiFID II/MiFIR(미시건전성)보다 넓다. 규제 간에 나타나는 이러한 틈은 계속 조정·해소해 나가는 중이다.

297 새롭게 투명성 요건에 맞춰야 하는 대상 상품은 대부분 시장 분할이 심하거나 유동성이 아주 낮다. 따라서 거래 전 정보(사전적 투명성)를 파악하기가 무척이나 어렵다. 이와 관련해 **넵튠네트워크스(Neptune Networks**. 딜러업계 소유 비영리 독립기관[즉, 거래시장과 소유 관련 없음])의 활약은 아주 중요하다. Neptune Networks는 셀사이드와 바이사이드를 연계하며 은행의 "거래 의도가 다분한 채권 호가"(actionable **axe** indication)를 표준화해 실시간 제공하는 비차별적 공개접근(open-access) 플랫폼이다. 2021년 10월 현재, 29개 주요 글로벌 은행이 참여하고 있고 사전적 호가 제공 대상 회사채는 일별 30,000여 개에 달한다.

(4) 거래시장 거래 의무 강화와 CCP 상호운영성 허용

(가) 거래·(체결)시장 거래 의무 강화

투자회사가 주식/지분형상품을 거래할 때는 반드시 RM, MTF, SI, 또는 이와 동등하다고 평가받는 제3국 시장에서 매매해야 한다. 단, 거래가 비체계적이고 비정기적이거나, 적격/전문투자자 간 거래거나, 가격발견에 공헌할 필요가 없는 거래에는 이러한 의무를 적용하지 않는다.

특정 장외파생상품도 반드시 RM, MTF, OTF, SI에서 매매해야 한다. 피츠버그 G20 정상회담(2009년) 합의를 반영해 의무화한 부분이다. ESMA는 EMIR에 정해놓은(**주석 282** 참조) 표준화 및 청산 가능 여부에다가 유동성(평균 거래량, 평균 거래횟수 등으로 기준 세분), 거래 참여자 수와 유형 적합성 등을 추가로 고려해 해당 장외파생상품을 선정한다.

(나) 거래시장과 CCP 간 상호 비차별적 접근 허용

CCP는 금융상품이 '어느' 거래시장에서 체결됐든지 간에 반드시 비차별적이고 투명한 방식으로 해당 거래를 청산해야 한다. CCP 청산의 이 같은 **"상호운영성"**(interoperability)에 맞춰 거래시장도 CCP가 (해당 거래시장의 금융상품을 청산하려고) 거래정보를 요청하면 반드시 비차별적이고 투명한 방식으로 응해줘야 한다. 이처럼 EC는 청산의 상호운영성을 활용해 FMI 제공기관(예: 거래시장, CCP) 간 경쟁을 유도함으로써 오랫동안 공고화된 거래시장과 CCP 간 독점적 연계를 허물면서 투자자의 거래비용을 낮추려 했다.

(5) Best Execution 요건 강화와 대상 금융상품 확대

MiFID에서 Best Execution을 완수하려면 거래시장/투자회사는 "합리적으로 가능한 모든 조치"를 취해 고객 주문을 체결해야 했다(제10장 1장 다항 (4) 참조). MiFID II/MiFIR에서는 이 요건을 "충분한 모든 조치"(all sufficient steps)를 취하는 것으로 크게 강화했다.

충분하다는 표현이 너무 추상적이어서 문제가 될 수 있었다. 그래서 ESMA는 두 가지

RTS를 공표해 거래시장/투자회사가 자신이 수행한 매매체결이 투자자에게 실제로 최선이었는지를 증명하도록 했다. 먼저 **RTS 27("분기별 체결 보고")**이다. 분기 보고로, 거래시장(RM, MTF 및 OTF), SI, 시장조성인, 유동성제공자가 자신이 수행한 매매체결의 질적 수준(execution quality. 명시적·암묵적 거래비용도 포함)을 9개 사항으로 표준화한 일별 정보를 담고 있다. 다른 하나는 **RTS 28("주요 체결시장 연차 보고")**이다. 투자회사가 작성해야 하는 연차 보고로, 고객 주문을 체결하려 지난 1년 동안 자신이 선택한 거래시장/(브로커) 중 상위 5개를 공표해야 한다.[298]

Best Execution 대상 금융상품도 확대되었다. MiFID에서는 주식만 적용했으나, MiFID II/MiFIR에서는 주식 외에도 비지분형상품(예: 채권, 파생상품, 파생결합증권, FX) 등 거의 모든 금융상품을 망라한다. 예를 들어, 펀드매니저가 고객 주문과 관련해 FX를 거래할 때도 고객에게 최선의 결과를 낼 수 있도록 충분한 모든 조치를 취해야 한다.

(6) 거래보고 의무 대폭 강화 — APA, CTP 추가 등장

EMIR와 MiFID II/MIFIR 시행으로 유럽 투자회사가 규제당국이나 투자자에게 제공해야 하는 거래정보는 어마어마하게 증가했다. 특히, 투자회사는 규제당국이 요청하면 언제든 해당 거래를 그대로 재구성할 수 있을 만큼 정보를 제공해야 한다. 이러려면 미국의 CAT(**제9장 4절 라항 (1) 참조**)에 필적하는 시스템이 있어야 한다. 그러나 현실적으로 유럽이 이 같은 공적 기관을 갖추기란 매우 어려웠다. 거래시장 분산이야 그렇다 쳐도, 개별시장마다 전통과 관행이 너무나 달라 이들 개별시장을 연계하려면 천문학적 비용을 부담해야 했다. 아예 시작할 엄두가 나질 않았을 것이다. 이에 EU는 다음 두 가지 방식을 MiFID II/MiFIR에 규정하며 난관을 극복하려 했다.

첫째, DRSP(data reporting service provider. "데이터 보고 서비스 제공업자")라는 상업기관을 추가로 허용해 거래보고와 공표를 대행할 수 있도록 했다. APA(Approved

---

298 RTS 27과 28은 Best Execution 준수에 대한 거래시장/투자회사의 전반적인 수준을 나타낸다. 물론 건별로 매매체결 정보(사전적·사후적)와 관련 비용 및 수수료도 해당 고객에 당연히 제공해야 한다.

Publication Arrangement. 인정공시기관. 매도측 기관이 거의 실시간으로 거래정보 공개[**trade reporting**])와 CTP(Consolidated Tape Provider. 체결정보통합제공업자. 거래시장과 APA 정보를 통합해 최종 사용자에 필요 정보 제공)가 바로 추가된 기관이다. 이로써 MiFID 체제에서 비슷한 기능을 담당해온 거래시장과 ARM(인정보고기관. 정책당국에 T+1 내로 거래정보 제공[transaction reporting])에 APA와 CTP가 새롭게 가세하며 해당 서비스 시장 내 경쟁을 가속했다. 둘째, 거래시장과 시장 참여기관에 거래시간(business clock)을 동기화(synchronization)하도록 해, 보고 시간 정확도를 강화했다. 거래시간은 **"협정세계시"**(**UTC**: Universal Time Coordinated 또는 Coordinated Universal Time)에 맞추고, 거래시장과 시장 참여기관의 매칭 엔진, 호가관리시스템, 주문관리시스템, 데이터베이스(DB) 서버 등의 시간도 UTC 기준으로 똑같게 하였다.

(7) 체결과 리서치 서비스 비용 분리 — Research Unbundling

MiFID II/MiFIR 체제에서 바이사이드 운용사(투자회사)는 기존 셀사이드 증권회사(투자회사)의 매매수수료(위탁매매/크로씽[crossing]수수료)에 포함돼 있던 리서치(애널리스트 분석보고서[analyst's report]) 서비스 비용을 떼어내(unbundling. 언번들링), ① 이를 직접 부담하든지(**손익방식[P&L method]**) 아니면 ② 고객이 부담토록 하든지 해야 한다. 후자의 경우에는 고객과 미리 약정해놓은 **"리서치 지급계정"**(**RPA**: research payment account)을 활용해야 한다. 지금까지는 손익방식(①)이 대세이다.

업계 관행상 그동안 증권회사는 운용사에 체결과 리서치 서비스를 한 가격에 묶어(bundling. **번들링**), 즉 소프트달러(soft dollar)[299] 형태로 판매·제공했다. 소프트달러로

299 당시 소프트달러 계약 형태로 유럽에는 **CSA**(Commission Sharing Agreement. **"수수료공유계약"**)가 있었다. 미국에서는 **CCA**(Client Commission Agreement. **"고객수수료계약"**)로 불렀다. CSA에서는 매매수수료와 리서치 서비스 비용이 미리 약속한 비율로 정해져 있다. 운용사는 브로커·딜러한테 소프트달러를 지불하고 브로커·딜러가 이를 리서치 서비스 제공자에게 대신 분배해주길 요청한다. 꽤 진일보한 소프트달러 계약이지만, 문제는 리서치 서비스 비용 몫으로 지급한 현금이 브로커·딜러의 재무상태표(B/S)상에 존재해 운용사가 상대방위험에 노출되는 약점이 있다. 이를 개선하려 MiFID II/MiFIR에서는 RPA를 도입했다.

지급하면 운용사는 고객자산 운용에 필수적인 조사연구비를 절약하면서도 종목 선택 능력을 높일 수 있다(호란·존슨[Horan and Johnsen], 2008). 하지만 이는 선관의무(due diligence. 선량한 관리자 의무. 고객자산을 운용사 자신의 이익을 위해 사용할 수 없음) 위배이다. 이뿐만이 아니다. 소프트달러 구조상 대리인 문제 발생으로 고객과 운용사 간 이해가 충돌할 가능성도 상당히 농후하다(에델른·에반스·카들릭[Edelen, Evans, and Kadlec], 2012). MiFID II/MiFIR에서는 소프트달러의 부정적 효과에 주목하며, 매매수수료를 별도로 떼어내(즉, 하드달러[hard dollar]로 변경해) 이 같은 이해상충 문제를 해결하려 했다.[300]

시행 전 예상대로, MiFID II/MiFIR 체제에서 증권회사 애널리스트 분석은 큰 폭으로 감소했다. 놀랍게도 이러한 변화는 대기업에서 특히 심했다. 하지만 그렇다고 해도 EU 대기업과 중기업을 대상으로 한 애널리스트 분석은 미국보다는 여전히 꽤 많다고 한다. 비록 리서치 서비스는 감소했지만, 시장의 질적 수준(유동성과 가격효율성으로 측정)도 MiFID 체제와 차이가 거의 없다고 한다. 안셀미·페트렐라(Anselmi and Petrella, 2021)는 이 모든 결과를 종합해 MiFID 체제에서 셀사이드 리서치 서비스 공급이 과잉이었다고 추론한다. MiFID II/MiFIR 시행으로 최적 수준에 다가갔다고 보는 것이다. 앞으로 자료가 축적되면 좀 더 확고한 결과를 알아낼 수 있지 않을까?

(8) 법인식별기호 — LEI

MiFID II/MiFIR 체제에서 EU 내 금융거래에 참여하는 전 세계 모든 법인은 규제당국이 파악할 수 있는 자신만의 "(글로벌) **법인식별기호**"(**LEI**: legal entity identifier)를 의무적으로 사용해야 한다(2018년 6월 3일 시행). LEI는 영문과 숫자를 섞은 20자리 기호(alpha-numeric code)와 참조 데이터(예: 법인명, 주소, 지배구조)로 구성돼 있다. 2022년 12월 현재 전 세계 43개 발급기관에서 약 2.28백만 LEI를 관리한다(〈그림 10-5〉 참조).

300 EU는 BCN(다크 장외시장), 특히 셀사이드 브로커·딜러 BCN을 겨냥해 소프트달러에 손을 댔다. MiFID II/MiFIR 시행으로 이제 셀사이드 브로커·딜러는 SI로 위험을 부담하며 거래해 스프레드와 수수료를 취하든지, 아니면 OTF/(MTF)로 수수료만을 취하는 선택을 해야 한다. 어떤 형태를 취하든 MiFID 체제에서 얻었던 높은 수익을 기대할 수는 없을 듯하다.

〈그림 10-5〉 전 세계 국가별 LEI 발급 건수

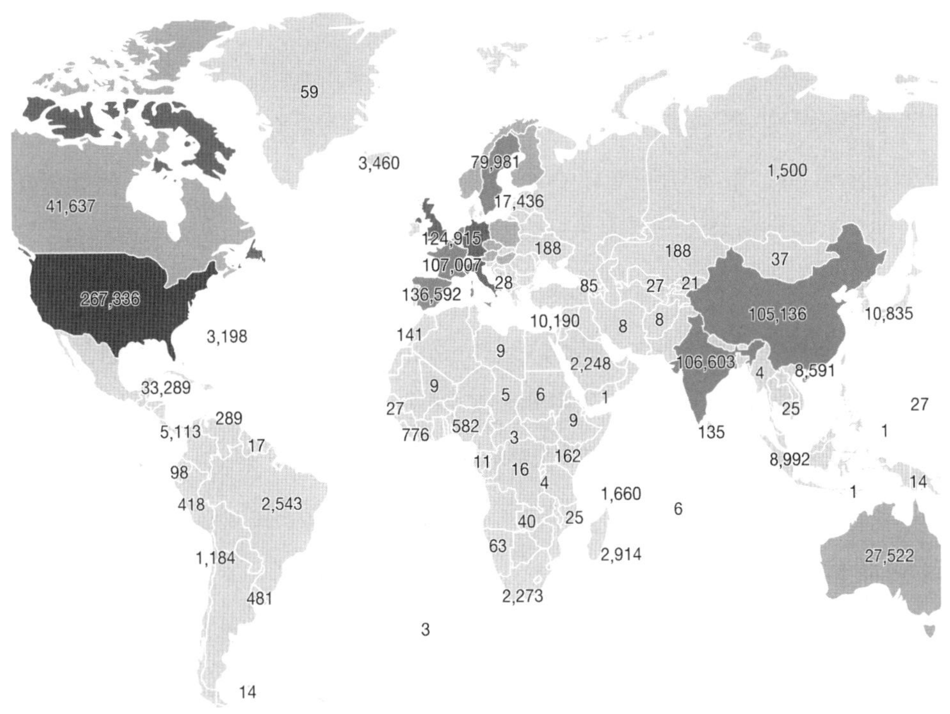

* 자료: GLEIF(Global Legal Entity Identifier Foundation. "글로벌 LEI 재단").
[https://www.gleif.org/en/lei-data/global-lei-index/lei-statistics#]

* 2022년 12월 기준. 원본 크기를 확대하면 한국의 LEI 발급 건수가 1,906개로 나타남.

국내에서는 2015년부터 KSD((Korea Securities Depository. 한국결제예탁원)가 유일한 발급기관으로 서비스를 시작해 2022년 12월까지 총 1,906건을 발급하였다.

LEI는 개별 금융거래 상대방을 파악하거나 총위험액을 산정하는 데 어려움을 겪던 차에 2008년 글로벌 금융위기가 발발하자 도입 필요성이 공식 제기되었다. 2011년 칸(2011 G20 Cannes Summit), 2012년 로스카보스 G20 정상회담(2012 Los Cabos Summit)을 거쳐 도입되었고, 2012년 12월 첫 LEI가 등장했다. EU는 2014년 청산의무 대상 장외파생상품에 적용할 목적으로 EMIR에 처음 도입했고 이후 MiFID II/MiFIR에 대상 자산을 주식·채권, 상품 등으로 확대·적용했다(엄경식, 2019).

(9) 제3국 기관의 EU 자본시장 접근 명확화

MiFID에서는 제3국 기관에 대한 규제가 개별 회원국에 맡겨져 이들 대부분 국가에서 제3국 기관은 EU 또는 회원국 기관보다 규제 우위를 누렸다(〈표 10-4〉 참조). 규제하기 어렵다는 이유로 제3국 기관에 대해서는 대개 쉬운 규제·감독을 선택했기 때문이었다. MiFID II/MiFIR에서는 투자 서비스 부문에 **동등성 원칙**(principle of equivalence)[301]을 적용해 이러한 규제차익을 시정하려 했다.

동등성 원칙은 EU 시장 전반에 걸쳐 적용되는 원칙으로 EC의 **동등성 결정**(equivalence decision)을 통해 구현된다. EC는 제3국 규제체계가 EU 규정과 동등한지 평가하고, 그렇다고 판단하면 해당 부문(예: 투자 서비스 산업)에서 해당국 기관의 EU 시장(예: 자본시장) 접근(예: EU 회원국에 지점을 설립하지 않아도 EU에서 서비스 활동 제공)을 허용한다. EC의 일방적 의사결정이다.

EC는 EU에서 투자 서비스 활동을 하는 제3국 기관 때문에 EU 기관이 떠안아야 하는 규제·감독 부담을 덜어주고자 MiFID II/MiFIR에 동등성 원칙을 도입했다. 제3국 규제·감독구조를 EU 규제·감독 목적에 봉사할 수 있도록 해두면 이를 달성할 수 있다고 본 것이다. EU 투자 서비스 활동을 자유화하려는 목적이 아니었다.

(10) MiFID II/MiFIR 외 주요 법제와 시장 전개 사항

(가) 금융거래세 — FTT

2008년 글로벌 금융위기 이후 금융시장 불안정 해소와 (잠재적) 세수 확보 수단으로 FTT(일명 "로빈후드세"[Robin Hood tax])를 도입하자는 움직임이 전 세계적으로 일어났다. 유럽은 그중에서도 가장 적극적이었다. 2011년 9월 EC는 EU에서 행해지는 일정 금융거래에 토빈세(Tobin tax. 국제 투기자본의 무분별한 자본시장 왜곡을 방지하려 단기 FX 거래에 부과하는

301 동등성 원칙은 EU 규제·감독의 보편적 원칙이다. 투자 서비스 부문만이 아니라 EU가 필요로 하는 산업부문 어디에나 적용할 수 있다.

세금) 방식과 유사한 세금(FTT) 부과 방안을 제시했다. 글로벌 금융위기로 투여된 공적자금 대부분에 업계가 마땅히 책임져야 하고 이번 기회에 자본시장에 해악을 끼치는 일부 투기 거래도 억제해야 한다는 취지였다. 주식, 채권, 파생상품(선물·옵션, 스왑 등)을 대상으로 하며, 자원배분 왜곡을 최소화한다는 목표하에 주식과 채권거래는 거래대금의 0.1%, 파생상품거래는 거래대금의 0.01%를 FTT 최소세율로 제안했다.[302] 물론 회원국은 자율적으로 이보다 높은 세율을 부과할 수 있다(〈표 10-5〉 참조). 여러 차례 회원국 간 협상을 시도했으나 합의가 이루어지지 않아 EU 차원의 정책에 이르지는 못하였다(엄경식, 2019).[303]

논의 초기부터 도입한 프랑스와 이탈리아를 예로 해 좀 더 구체적으로 살펴보자. 프랑스는 2012년 8월부터 일부 주식과 CDS 거래, 그리고 특정 HFT를 대상으로 FTT 제도를 시행했다. 주식은 자국에 본점을 두고 시가총액 10억 유로(1조 3천억 원) 이상인 상장주식을 매수할 때 거래대금의 0.3%를 부과한다(0.2%에서 2017년 1월 0.3%로 강화). 또한 일정 요건에 해당하는 CDS(EU 회원국 국채에 대한 '무담보' CDS)를 매수하거나, 어느 한 주식에 1개월 주문량의 80%를 초과하며 정정·취소한 주문을 낼 때도 해당 금액의 0.01%를 부과한다(꼴리아르·호프만[Colliard and Hoffmann], 2017). 그러나 2018년 1월 예정이었던 "일중 거래세"(Intraday Transaction Tax)는 2017년 10월 시행을 취소하였다.[304] 이탈리아도 프랑스와 비슷한 방식으로 FTT를 부과한다. 구체적으로 자국에서 법인화한 기업

302 EU의 FTT는 다음 2개 원칙에 기반을 두고 부과한다. 하나는 "거주지원칙"(Residence Principle)으로, EU 관할 내 '거주자'의 거래에 FTT를 부과한다. 따라서 거래기관이 회원국 내에서 법인화 또는 지점으로 설립됐으면 FTT를 적용한다. 거래가 발생한 지역(location)은 중요하지 않다. 다른 하나는 "발행원칙"(Issuance Principle)으로, 회원국 내 발행증권 거래는 거래상대방 모두가 비회원국이어도 FTT를 적용한다. Skadden, Arps, Slate, Meagher & Flom LLP., 2013. "European Council's Lawyers Opine That Proposed EU Financial Transaction Tax Is Unlawful". (September 10).

303 당시 최소 9개 회원국 찬성이 필요했다. Reuters Staff, 2017. "Macron Says European Financial Transaction Tax Must Make Sense". **Reuters**, (July 13). 자본시장 관련 세금 논의에서 찬성론자는 단기 투기거래 억제와 세수 확대를, 반대론자는 거래비용 상승, 유동성 감소, 변동성 증가에 따른 자산가격 하락과 시장 효율성(가격발견기능) 저하를 주장한다. 유럽의 FTT 논의는 여기에 정치 경제적 요인(예: 런던으로부터 금융센터 이전 가능성, 국제 공조 어려움)도 추가로 작용했다. 결국 실증분석에 귀를 기울일 수밖에 없는데 FTT 반대론을 지지하는 결과가 압도적이라 한다(예: 발타기·리·리[Baltagi, Li, and Li, 2016]. 포머래네츠·위버[Pomeranets and Weaver, 2018]).

304 Societe Generale, 2018. "FR—Decision Not to Extend the French Financial Transaction Tax (FTT)". (January 18).

〈표 10-5〉 유럽 FTT 채택 현황

국가	FTT 세율(%)
벨기에(BE)	0.12~1.32
스위스(CH)	0.15~0.30
스페인(ES)	0.20
아일랜드(IE)	1.00
영국(GB)	0.50~1.50
이탈리아(IT)	0.02~0.20
터키(TR)	0.00~1.00
핀란드(FI)	1.60~2.00
폴란드(PL)	1.00
프랑스(FR)	0.01~0.30

* 자료: Asen, E., 2021. "Financial Transaction Taxes in Europe. **Tax Foundation**". (February 4).

으로 시가총액 5억 유로(6천 600억 원) 이상인 주식/지분형상품을 매입하면 거래대금의 0.1~0.2%(RM과 MTF에서 거래할 때 0.1%, 그 외 0.2%. 2014년 1월부터 기존의 0.12%와 0.22%에서 변경)를, 이탈리아 주식이 기초자산인 파생상품/파생결합증권을 매매하면 건당 계산한(상품 종류, 거래시장, 계약금액 등에 따라 세율이 다양) FTT를 각각 부과한다. 2013년 9월부터 0.5초(500*ms*) 이하 속도로 발생하는 정정·취소주문 비율이 총주문량의 60%를 초과하면 그날 정정·취소주문에 0.02% FTT를 부과한다. '실질적으로' 유럽 최초 HFT 세금이라 할 수 있다. 물론 시장조성인에게는 이를 적용하지 않는다.[305]

(나) 유럽중앙은행 범유럽 단일증권결제시스템 — T2S

T2S(TARGET2—Securities. **"타켓투-증권"**. 단일증권결제시스템)[306] 이해를 돕고자 논의에

305 Ashurst, 2020. "Financial Transaction Tax in Italy: An Overview". (December 02). [https://ibkr.info/article/2104].

306 TARGET2-Securities라는 명칭을 알아보는 것도 이해에 큰 도움이 된다. TARGET은 "자동화된 범유럽 실시간총량결제 고속 송금시스템"(Trans-European Automated Real-time Gross Settlement Express Transfer System)의 약자이다. 2는 차세대를 의미하니까 TARGET2 이전에 TARGET이 존재했고 증권(Securities)이라 부연했으니 또 다른 무엇이 있다는 의미일 것이다. 여기서 또 다른 무엇은 '현금'(Cash)이며 보통은 생략해 TARGET2로 부르지만 TARGET2-Cash라고도 한다.

앞서 EU 지급결제시스템을 먼저 개관해보자. 1999년 유로화(1999년 전자화폐로 유로화 도입. 2002년 실물화폐 등장) 사용을 시작하면서 EU는 역내 국경 간 투자 증대와 금융시장 통합(EU 단일 금융시장)을 촉진할 목적으로 지급결제제도(payment and settlement system) 전반에 걸쳐 광범위한 개혁을 추진했다. 그 결과 현재 나타난 주요 상황은 다음과 같다.

- **TARGET2** 또는 **TARGET2—Cash**(**"타겟투-현금"**)—역내 (각국 중앙은행의) 국가 간 거액결제시스템. RTGS(real-time gross settlement. 실시간총량결제) 시스템으로 2007년 11월부터 순차적으로 운영. 기존의 **TARGET**(**타겟**. 1999년 도입)은 각국 중앙은행의 거액결제시스템을 단순 연계한 분산형 시스템임. 이를 단일공유플랫폼(SSP: single shared platform)을 기반으로 한 통합형 시스템으로 개선.
- **SEPA**(Single Euro Payments Area. "유로지역 단일 지급결제". **세파**)—역내 국가 간 소액결제시스템. 유로존(Eurozone) 경제 주체(개인·기업)에게 역내 국가 간 유로화 소액지급결제(자금이체, 카드 사용)를 국내 거래와 같은 조건으로 제공하려 구축. 2008년 1월 서비스 시작으로 공식 출범.
- **T2S** 또는 **TARGET2—Securities**—범유럽 단일증권결제시스템. RTGS 시스템으로 2015년부터 순차적으로 운영해 2017년 도입 완료. 역내 각국의 CSD(central securities depository. 중앙예탁기관)가 이를 통해 국내외 증권거래 결제업무를 수행.

T2S를 부연 설명하면 다음과 같다. T2S는 **유로시스템**(**Eurosystem**. "유로존 통화정책 결정체계")[307]이 유럽(비유로존도 포함) 국경 간 증권거래 결제 관행과 절차를 표준화해 일치시켜 만든 범유럽 단일 RTGS 플랫폼이다. T2S에서는 해당 금융기관 중앙은행의 **"전용결제계좌"**(**DCA**: designated cash account. 중앙은행에서 운영하는 일반은행/금융기관 계좌. **CeBM**[**central bank money**] 계정[중앙은행의 부채/대변 계정]임) 1개 계좌를 사용하기만 하면(〈그림 10-6〉 TARGET2 참조), 유럽 내 국경 간, CSD 간, 통화 간 모든 종류의 증권거래 결제를

307 ECB와 유로존 19개 **회원국 중앙은행**(**NCB**: national central bank)이 참여하며, 미국 연방준비제도(FRS: Federal Reserve System)와 같은 역할을 담당한다.

〈그림 10-6〉 EU 증권거래 결제구조—TARGET2와 TARGET2-Securities

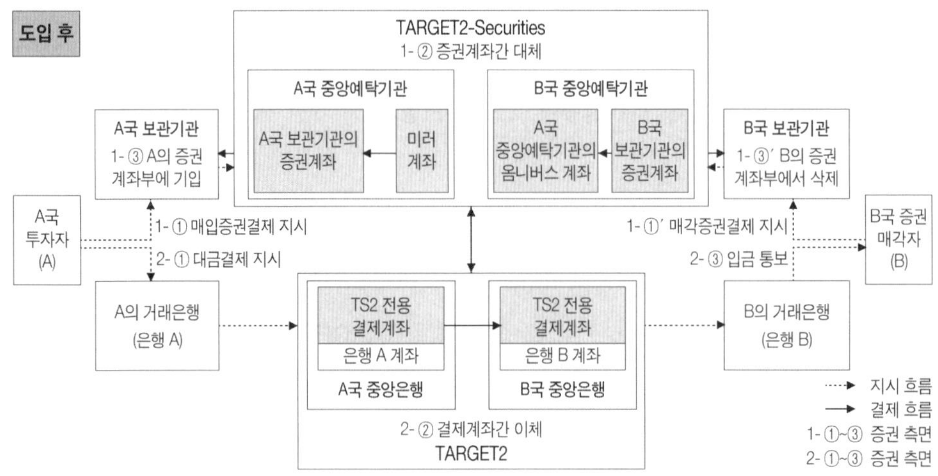

* 자료: 김선임, 2008. "유럽의 지급결제제도 대변혁과 향후 전망". **한국은행 금융결제국**, (5월).

* 옴니버스계좌(omnibus account): CSD가 고객에게 국제 증권거래 결제 서비스를 제공하려고 상대방 CSD에 상호 개설한 증권계좌. 미러계좌(mirror account): CSD가 옴니버스계좌 내 증권 세부 내용을 관리하려고 보유하는 계좌. 옴니버스계좌와 1:1로 대응. 즉, 옴니버스계좌 대·차변은 미러계좌 차·대변과 일치. DvP(delivery vs. payment): (증권)인도와 대금지급.

해낼 수 있다. 증권거래 대금 결제를 해당 금융기관의 중앙은행 내 계좌에서 하니까 거래 이행 위험이 없다고 봐도 무방하다. 또한 모든 T2S 연계 거래시장에 대해 1개 DCA만 사용하므로 T2S 참여자 자신이 유동성과 담보를 집적·관리하고[308] 지급결제상의 네팅도 최적화할 수 있다(관련 용어에 대해서는 〈제2장 1절 다항〉 참조). 그동안 이들 거래에 비효율성과 위험을 초래했던 복잡하고 이질적인 관행과 절차를 종식해 유럽 증권 결제를 획기적으로 변모시켰다는 평가를 받는다.[309]

T2S의 근원은 2001년과 2003년 죠반니니 그룹(Giovannini Group)이 제출한 2개 보고서로 거슬러 올라간다(엄경식, 2019).[310] Giovannini 보고서는 유럽 국가 간 증권거

308 거래시장 간 거래시간 동기화가 이루어졌으므로(제10장 3절 나항 (6) 참조) 이러한 관리가 가능하다.

309 ECB 웹사이트. [https://www.ecb.europa.eu/paym/target/t2s/html/index.en.html].

래 결제 효율성을 가로막는 요인("Giovannini 장벽"이라 함)을 제거하고자 3개년 계획안을 제안하였다. 2008년 EU **"경제재정위원회"**(ECOFIN: Economic and Financial Affairs Council. EU 회원국 경제·재무·[예산] 장관으로 구성)가 보고서 최종안을 확정했고, 이를 바탕으로 ECB는 2008년 T2S 프로젝트를 착수해 2015년부터 순차적으로 플랫폼을 운영하기 시작하였다. 2017년 9월 스페인 이베르클리어(Iberclear)와 Nasdaq(나스닥)의 라트비아-리투아니아-에스토니아 CSD가 마지막 제5차 이전을 완료하며 EU 증권거래 결제기능은 마침내 완전 통합을 이루었다.[311]

다. MiFID II Quick Fix Directive — 코로나19 팬데믹 응급처방 지침

2020년 3~4월 코로나19 팬데믹 초기, 무역 급감, 소비 위축, 주가 폭락 등으로 글로벌 경제와 금융시장은 심한 타격을 받았다. 사태 장기화가 예상되고 금융산업 전반에 재택근무가 가속하자 EU는 2020년 7월 **"MiFID II 응급처방 지침"**(MiFID II Quick Fix Directive. 줄여서 Quick Fix Directive. **"MiFID 2.5"**라고도 함)을 제안했고 2021년 2월 26일 최종안을 공식 관보(Official Journal. Directive [EU] 2021/338)에 게재했다. 지침 목적은 코로나19 팬데믹이 EU 자본시장에 끼치는 악영향을 완화하려 MiFID II를 재빨리 수정하는 데 있었다. 그렇다고 해서 진행 중인 **MiFID II 리뷰**(MiFID II Review. **〈제10장 3절 라항〉** 참조)를 대체하지는 않는다. 응급처방은 두 가지 사안에 초점을 맞췄다. 첫 번째는 투자자 보호를 해치지 않는 선에서 규제 요건을 간솔히 하거나 완화해 투자회사/금융기

310 Giovannini Group은 EC 주재하에 진행된 관계 전문가 기획팀(task force. 태스크포스)으로 당시 죠반니니(Alberto Giovannini)가 의장이었다. 보고서 내용 중 특히, EU에서는 증권거래 결제가 분할되어 EU 내 국경간 거래비용이 미국이나 회원국 내 거래비용보다 엄청나게(미국: 7~10배, 회원국: 최소 10배 이상) 높다는 지적은 모든 관계자의 이목을 집중시켰다. 2개 보고서는 다음과 같다. Giovannini Group, 2001. "Cross-border Clearing and Settlement Arrangements in the European Union". (November). Giovannini Group, 2013. "EU Clearing and Settlement Arrangements". (April).

311 Basar, S., 2017. "T2S Completes Migrations". **Markets Media**, (September 19).

관의 행정적 부담을 덜어준다. 두 번째는 도매투자자(적격 상대방과 전문 고객)의 투자활동에 유연성을 더해 경제가 되도록 빠르게 회복하도록 지원한다. EU 회원국은 2021년 11월 28일까지 해당 국가 법률에 Quick Fix Directive를 이식·구현하고 2022년 2월 28일부터 시행하기 시작하였다. 주요 내용을 살펴보면 다음과 같다.[312]

(1) 비용과 수수료 공개 의무 및 Research Unbundling 적용 면제

- **〈비용과 수수료 정보 사전 제공 의무 면제〉**—투자회사가 적격 상대방과 전문 고객에게 해야 하는 비용과 수수료 정보 사전 제공 의무를 포트폴리오 관리와 투자자문을 제외하고는 면제(즉, 안 해도 됨). 소매 고객의 원격 금융상품 매매 때에도 고객이 정보 제공 지연(delay option)에 동의하면 면제(거래 후 터무니없이 늦지 않게 정보를 제공하면 됨).
- **〈체결과 리서치 서비스 비용 분리 적용 면제〉** 중소기업(애널리스트 분석보고서 제출 직전 36개월간 시가총액이 10억 유로[약 1조 3천억 원]를 초과하지 않는 발행기업) 주식에는 체결과 리서치 서비스 비용 분리(research unbundling) 적용을 면제(즉, 소프트달러 허용). 투자회사는 이 사실을 고객에게 공지해야 함.

(2) 금융상품 거버넌스 의무 면제와 몇몇 보고의무 경감

- **〈금융상품 거버넌스 의무 면제〉** MiFID II 체제에서 투자회사는 금융상품 고안과 판매에 거버넌스 규칙을 따라야 함. Quick Fix Directive에서는 여기에 2개 면제 규칙을 도입.
  - 적격 상대방만을 대상으로 고안해 판매하는 금융상품에는 면제 적용.

312 Clifford Chance, 2021. "MiFID Quick Fix and What's Next for the MiFID2 Review". (March). Groot, M., 2021. "MiFID II Quick Fix Directive—**Part 1 of a 4-Part Series on the Upcoming Changes**". (February 22). 그루트(Matthijs Groot) 연재 중 나머지 3개는 3월 1일(Part 2), 3월 9일(Part 3), 3월 16일(Part 4)로 이어진다. BNY Pershing, 2022. "MiFID II and MiFIR Reviews". (May 16).

- "원금조기상환조항 채권"("make-whole clause bond". "MWC[make-whole call] 채권")에도 면제 적용. Make-whole clause bond란 발행자가 채권 만기 전에 '일정' 가격으로 원금을 상환할 수 있는(callable) 권리를 조항에 명시해놓은 회사채임. 조기 상환 때 발행자는 대개 채권 원금에 잔여기간 이자액이나 쿠폰 금액 현재가치를 합해 채권자(주로 소매 고객)에 지급.

- **〈적격 상대방과 전문 고객 보고의무 경감〉** MiFID II/MiFIR에서 강화했던 보고의무 중 적격 상대방(고객)과 전문 고객이 유용하지 않거나 역효과가 발생한다고(예: 금융 자산/포트폴리오 가치가 10% 하락하면 보고("'10% loss' reporting requirement") 판단하는 사항은 예전 상태로 경감. 대신, 전문 고객에는 선택할 수 있는 옵션(opt-in. 옵트인)을 부여. 하지만 적격 상대방에는 이러한 옵트인 없이 해당 보고의무를 완전 폐지.

(3) 적합성 평가, 의사소통 수단 및 Best Execution 관련 보고 부담 경감

- **〈전문 고객 금융상품을 변경할 때 비용-효익 분석 면제 가능〉** MiFID II/MiFIR 체제에서 금융상품 변경을 수반하는 투자자문이나 포트폴리오 관리를 수행할 때 투자회사는 비용-효익 분석(cost-benefit analysis)을 이용해 해당 고객에게 변경에 따른 효익과 비용을 미리 고지해야 함. Quick Fix Directive에서는 전문 고객에 한해 고객이 이를 원치 않으면 면제.
- **〈고객과 의사소통 기본 수단을 서면에서 전자통신으로 전환〉** 소매 고객 또는 잠재적 소매 고객은 옵트인을 통해 서면으로 정보(paper-based information)를 받을 수도 있음.
- **〈Best Execution에 따른 보고의무 한시적 정지〉**
  - RTS 27—거래·(체결)시장의 분기별 체결 보고의무: RTS 27은 매매체결 질적 수준 관련 보고임. 2023년 2월 27일까지 2년 정지. 하지만 정지 효력이 Quick Fix Directive가 회원국 법률에 이식·구현된 다음 시작하므로 실제 정지 기간은 2022년 2월 28일부터 2023년 2월 27일까지임. 이에 비해, RTS 28(투자회사의 "주요 거래시장 연차 보고의무")는 일시 정지하거나 없애지 않음.[313]

(4) 상품파생상품 요건 부담 완화

- **〈보조 활동 테스트[ancillary activity test] 요건 완화〉** MiFID II/MiFIR에서 시장참여자 대부분은 투자회사 인가를 받고 거래해야 함. 이때 보조 활동(예: 그룹 회사의 주 영업활동이 아닌데 상품파생상품을 거래) 테스트를 통과하면 투자회사 인가를 면제받음. 그러나 테스트 정량적 항목(RTS 20)이 너무 기술적이고 복잡함. Quick Fix Directive에서는 기존 보조 활동 테스트를 없애거나 복잡하지 않게 기준을 새롭게 설정. 관련 권한도 EC로 위임.
- **〈포지션 한도[position limit] 완화〉** 기존의 포지션 한도(RTS 21)로는 코로나19 팬데믹 사태에 유연하게 대처할 수 없었고 심지어 부작용까지 발생. 농산물파생상품(agricultural commodity derivatives)과 "필수적이거나 중요한 상품파생상품"(critical or significant commodity derivatives)에만 포지션 한도를 설정. "필수적이거나 중요한"에 대한 기준은 ESMA가 별도로 설정.
- **〈거래시장별 "포지션 관리 통제"[position management control] 통일〉** 거래시장은 투자회사의 상품파생상품 포지션 동향을 점검하여 필요하다고 판단하면 포지션을 줄이거나 마감하도록 요청할 수 있어야 함. MiFID II/MiFIR에서는 이 규칙이 회원국마다 다름. Quick Fix Directive에서는 관련 내용을 지정해 RTS(규제기술표준) 방식으로 통일.

라. MiFID II Review

MiFID II 시행 후 3년이 지나면서 관행대로 ESMA는 **MiFID III**로 진화하는데 필요한 항목별 리뷰 보고서(review report. EC에 제출) 준비에 여념이 없다. 애당초 계획은 2020

313 BNY Pershing, 2022. "MiFID II and MiFIR Reviews". (May 16).

〈그림 10-7〉 MiFID III 전환 예상 일정

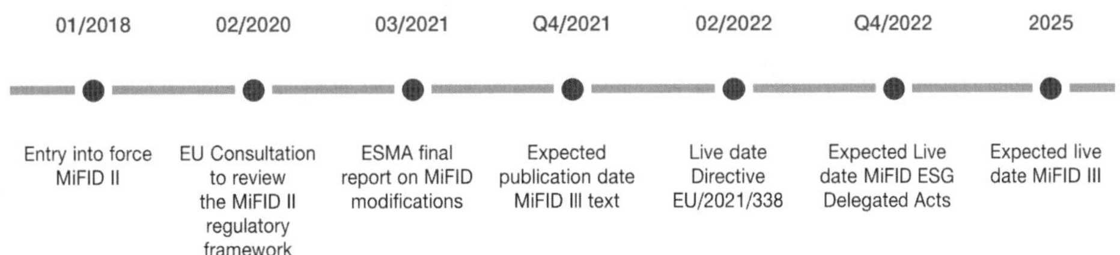

* 자료: Ramos, S., Messini, F., Demeyer, K., Sauvage, B., 2021. "Three Roads to MiFID III: What Lies Ahead for the Upcoming Regulatory Review?" **Performance Magazine** 36, Deloitte, (June 14).

* 그림에서 "MiFID ESG Delegated Acts"의 예상 시행일이 Q4/2022로 표시됐지만, 2022년 8월 2일로 발효 확정.

년 내 공개 협의(consultation)를 완료해 이를 바탕으로 2021년 말 MiFID II Review를 공표한 후 MiFID III 전환을 추진하려 했다. 그러나 코로나19 팬데믹이 발생하는 바람에 Best Execution, 투명성, 투자자 보호 등 일부 요건에서 예상보다 협의가 좀 늦어졌다. 그렇다 해도 다행히 2022년 5월 최종보고서가 EC에 제출되었다. 따라서 그사이 예기치 않게 등장한 Quick Fix Directive와 **ESG(environmental, social, and governance. 환경·사회·지배구조)** 관련 **"MiFID II 위임법률"(MiFID II delegated acts.**[314] 2021년 8월 2일 발효) 영향을 반영한다 해도, 지금대로라면 2025년 예정된 MiFID III 시행 일정에서 크게 벗어나지는 않을 듯하다(〈그림 10-7〉 참조).

상당 부분 확정되기는 했어도 MiFID II Review 핵심 사항 중 일부는 아직 논의가 한창이다. 따라서 이 항에서는 현재 무리 없이 예상할 수 있는 선에서 특징과 내용을 간단히 소개한다.

314 위임법률(delegated act)은 EC가 위임받은 권한 범위 내에서 Level 1 법률/지침(예: MiFID II)을 구체화할 목적으로 제정한 법이다. 따라서 MiFID II delegated act는 MiFID II의 일반적 의무를 변경하지는 않고 수행 방식만을 변경한다. 여기서 말하는 ESG 관련 MiFID II 위임법률은 "Commission Delegated Regulation (EU) 2017/565"와 "Commission Delegated Regulation (EU) 2017/593"이며, 2021년 8월 2일 함께 개정되었다. 〈그림 10-7〉에서처럼 "MiFID ESG Delegated Acts"라 부르기도 한다.

- **〈기존 법제의 자연스러운 진화〉** EC가 MiFID II 개정 중점 사안이라 판단한 영역은 ① 거래 데이터 정보 제공 강화(예: 통합호가·체결정보시스템 확립), ② 거래시장 간 공평하게 투명성 요건 강화 적용, ③ 투자자(특히, 소매 고객) 보호임. 코로나19 팬데믹으로 뜻하지 않게 꽤 많은 내용이 이미 Quick Fix Derivative에 반영됨. ①~③의 중요 관련 내용을 예를 들어 살펴보면 다음과 같음.
  - 어떠한 형태더라도 미국처럼 호가·체결정보를 실시간으로 통합해 제공하는 기관을 확립해야 함.
  - 청산의무 대상 장외파생상품의 정의와 사후적 투명성이 ESMA와 MiFID II에 서로 달리 규정되어 있음(제10장 3절 나항 (3) 참조). 이 차이를 해소해야 함.
  - "**슈퍼 소매 고객**"(super retail. 적격투자자[qualified investor] 개념)이라는 새로운 고객 범주를 도입. Quick Fix Derivative 발효로 적격 상대방과 전문 고객 간 경계가 모호해지는 상황을 고려한 조치. 기존 소매 고객보다는 투자자 보호 수준이 낮음. 따라서 소매 고객 지위로는 접근할 수 없는 금융상품(예: AIF[대안투자펀드], 유럽장기투자펀드[ELTIF: European long-term investment funds])에 투자 가능. 이로써 실물경제를 지원하는 자본시장 본연의 역할을 증대하는 데 더욱 공헌.
- **〈MiFID II Quick Fix Directive 재조명〉** 예기치 않은 상황 변화로 MiFID II Review와 별개로 진행된 ④ MiFID II Quick Fix Directive 조치 중 논란이 큰 사항을 재조명.
  - 예: 증거 부족을 근거로 중소기업 주식에 "리서치 unbundling"(체결과 리서치 서비스 비용 분리) 적용을 면제하는 것이 부당하다는 주장이 강함. 이에 대한 재조명 예상.
- **〈ESG 고려〉** ⑤ 고객 프로파일(profile)에 의무적으로 ESG 선호를 추가. 투자회사가 MiFID II 체제에서 수행하는 모든 업무에 고객의 ESG 선호를 일정 조건 아래 추가로 고려해야 함. MiFID II와 ESG 관련 MiFID II 위임법률을 연계하는 조치로서 ESG를 EU 자본시장 시스템 핵심 요소로 장착하려는 노력임. (현행 MiFID II에서는 적합성[suitability]을 평가할 때 재무적 정보[예: 투자 목적, 위험 선호도]만을 고려).
  - ESG란 기업활동이 환경(E)과 사회(S), 지배구조(G)에 끼치는 영향/기여를 의미.

2006년 유엔(UN)과 글로벌 자산보유자·자산운용사는 투자 결정에 ESG를 통합·반영하는 원칙(**UN PRI**: UN Principles for Responsible Investment. **유엔 책임투자원칙**)을 공공-민간 동반관계로 구체화함.[315] 글로벌 기관투자자가 이에 적극 동참하며 전 세계적으로 이른바 **지속가능투자**(sustainable investment)가 빠르게 확산. MiFID II Review에서는 이러한 현실을 반영.

- **〈FX 현물과 신탁, 탄소중립〉** MiFID II 확정 당시 포함하지 못했던 FX 현물(FX spot)과 신탁(custody)을 MiFID III에 포함할지 여부. 결과에 따라서는 운영이나 투명성과 관련해 고객 범주별 개정 사안이 상당히 복잡해짐. 한편, 2050년 **탄소중립(carbon neutrality)**[316] 목표를 달성하고자 한다면 상품 거버넌스(product governance)도 전면 개정해야 함.
- **〈영국〉** Quick Fix Directive와 MiFID II Review는 브렉시트 이후 발효됐기 때문에 영국에 효력을 미치지 못함. 물론 영국도 이와 비슷한 국내 조치를 취하고는 있지만 차이 나는 부분도 많아 불확실성이 상존(**제5장 4절 라항 참조**). 왜냐하면 브렉시트 자체가 코로나19 팬데믹을 포함해 그 어떤 사태보다 불확실성을 가중하는 사건이기 때문임.

315 UN PRI는 글로벌 민간자본을 동원해 지속할 수 있는 성장을 추구하는 **UNEP FI**(UN Environment Programme Finance Initiative. **"유엔 환경 프로그램 금융 이니셔티브"**. **유네프 에프아이**) 일환으로 추진됐다. UN PRI에서 ESG로 지정한 주요 구체적 요인은 다음과 같다. 환경 요인—기후변화, 온실가스 배출, 식수 등 자원고갈, 쓰레기와 오염, 숲 파괴 등. 사회 요인—노동 조건(예: 아동 고용), 지역공동체와 갈등, 치안과 보건, 고용 관계와 다양성 등. 지배구조 요인—임원 임금, 부패와 뇌물, 정치적 로비와 기부금, 이사회 구조와 다양성, 세금 등.

316 기후변화 위기에 대응해 안전하고 지속 가능한 사회를 만들고자 2050년까지 온실가스 배출을 최대한 줄이고 남은 부분은 모두 흡수해 실질적인 배출량을 영(0)으로 만든다는 개념이다. **"기후변화에 관한 정부 간 협의체"**(**IPCC**: Intergovernmental Panel on Climate Change) 합의 결과이다.

▮부록▮ MiFID II/MiFIR 주요 구성과 시행 일자 ▮

〈표 부록 10-1〉 MiFID II 주요 구성—거래시장을 중심으로

〈Title I. Scope and Definitions〉
(범위와 정의)

〈Title II. Authorisation and Operating Conditions for Investment Firms〉
(투자회사[IFs. 투자서비스업자] 인가와 운영 요건)

Chapter I Conditions and procedures for authorisation (인가 요건과 절차)

Article 17 Algorithm trading (알고리즘 거래)

Article 18 Trading process and finalisation of transactions in an MTF and an OTF (MTF와 OTF에서 거래 절차와 거래 종결)

Article 19 Specific requirements for MTFs (MTF에 대한 특수 요건)

Article 20 Specific requirements for OTFs (OTF에 대한 특수 요건)

Chapter II Operating conditions for investment firms (투자회사 운영 요건)

Section 1 General provisions (일반조항)

Article 23 Conflicts of interest (이해상충)

Section 2 Provisions to ensure investor protection (투자자 보호 규정)

Article 24 Assessment of suitability and appropriateness and reporting to clients (투자회사의 적합성과 적정성 평가 및 대고객 보고)

Article 27 Obligation to execute orders on terms most favourable to the client (고객에게 최선의 조건으로 주문을 체결해야 하는 의무)

Article 28 Client order handling rules (고객 주문 처리 규칙)

Article 29 Transactions executed with eligible counterparties (적격 상대방과 매매체결)

Section 3 Market transparency and integrity (시장 투명성과 건전성)

Article 31 Monitoring of compliance with the rules of the MTF or the OTF and with other legal obligations (MTF/OTF 규칙과 그 외 법적 의무사항에 대한 컴플라이언스 사후관리)

Article 32 Suspension and removal of financial instruments from trading on an MTF or an OTF (MTF/OTF에서 금융상품 거래 정지와 퇴출)

Section 4 SME growth markets (중소·성장형시장)

Chapter III Rights of investment firms (투자회사 권리)

Article 36 Access to regulated markets (정규거래소 RM에 접근)

Article 37 Access to CCP, clearing and settlement facilities and right to designate settlement system (CCP, 청산·결제기관 접근 및 결제 시스템 지정 권리)

Article 38 Provisions regarding CCPs, clearing and settlement arrangements in respect of MTFs (MTF 관련 CCP, 청산·결제 준비 규정)

Chapter IV Provision of investment services and activities by third country firms (제3국 투자회사의 투자 서비스 제공과 활동)

Section 1 Provision of services or performance of activities through the establishment of a branch (지점 설치를 통한 투자 서비스 제공 또는 활동 수행)

Section 2 Withdrawal of authorisations (인가 철회)

〈Title Ⅲ. Regulated Markets〉
(정규거래소/[규제시장]/RM)

Article 48 System resilience, circuit breakers and electronic trading
(시스템 원상복구 탄력성, 서킷브레이커 및 전자거래)
Article 49 Tick sizes (호가단위)
Article 50 Synchronisation of business clocks (거래시간 동기화)
Article 51 Admission of financial instruments to trading (금융상품 거래 승인)
Article 52 Suspension and removal of financial instruments from trading on a regulated market
(RM에서 금융상품 거래 정지와 퇴출)
Article 53 Access to a regulated market (RM에 접근)
Article 54 Monitoring of compliance with the rules of the regulated market and with other legal obligations (RM 규칙과 그 외 법적 의무사항에 대한 컴플라이언스 사후관리)
Article 55 Provisions regarding CCP and clearing and settlement arrangements
(CCP, 청산·결제 준비 규정)

〈Title Ⅳ. Position Limits and Position Management Controls in Commodity Derivatives and Reporting〉
(상품파생상품에 대한 포지션 제한과 관리 및 보고)

〈Title Ⅴ. Data Reporting Services〉
(데이터 보고 서비스)

Section 1 Authorisation procedures for data reporting services providers
(데이터 보고 서비스 제공기관 인가 절차)
Section 2 Conditions for APAs (APA 요건)
Section 3 Conditions for CTPs (CTP 요건)
Section 4 Conditions for ARMs (ARM 요건)

〈Title Ⅵ. Competent Authorities〉
(관계 당국)

Chapter Ⅰ *Designation, powers and redress procedures* (지정, 권한 및 시정 절차)
Chapter Ⅱ *Cooperation between the competent authorities of the Member States and with ESMA* (EU 회원국 관계 당국과 ESMA 간 협력)
Chapter Ⅲ *Cooperation with third countries* (제3국과 협력)

〈Title Ⅶ. Delegated Acts〉
(위임입법)

Annex Ⅰ-Ⅳ
(부칙 Ⅰ-Ⅳ)

* 자료: The European Parliament and the Council of the European Union, 2014. "Directive 2014/65/EU of the European Parliament and of the Council of 15 May 2014 on markets in financial instruments and amending Directive 2002/92/EC and Directive 2011/61/EU". (June 12).

* 우리말 번역은 오성근(2015)을 참조.

〈표 부록 10-2〉 MiFIR 주요 구성—거래시장을 중심으로

〈Title Ⅰ. Subject Matter, Scope and Definitions〉
(대상, 범위 및 정의)

〈Title Ⅱ. Transparency for Trading Venues〉
(거래시장 투명성)

Chapter 1 Transparency for equity instruments (지분형상품에 대한 투명성)

Article 3 Pre-trade transparency requirements for trading venues in respect of shares, depositary receipts, ETFs, certificates and other similar financial instruments (주식, DR, ETF, [주식] 증서 및 기타 유사 금융상품에 대한 거래시장의 사전적 투명성 요건)

Article 5 Volume cap mechanism (거래량 제한 기제)

Article 6 Post-trade transparency requirements for trading venues in respect of shares, depositary receipts, ETFs, certificates and other similar financial instruments (주식, DR, ETF, [주식] 증서 및 기타 유사 금융상품에 대한 거래시장의 사후적 투명성 요건)

Article 20 Specific requirements for OTFs (OTF에 대한 특수 요건)

Chapter 2 Transparency for non-equity instruments (비지분형상품[¶]에 대한 투명성)

¶ 비지분형상품은 채권, 구조화 금융상품(structured finance products), 탄소배출 할당량, 파생상품을 의미

Chapter 3 Obligation to offer trade data on a separate and reasonable commercial basis (상업적으로 합리적 범위에서 분리하여 거래 데이터 제공 의무)

Article 12 Obligation to make pre-trade and post-trade data available separately (사전적·사후적 데이터의 분리 획득 가능 조치 의무)

〈Title Ⅲ. Transparency for Systematic Internalisers and Investment Firms Trading OTC〉
(SI와 장외거래 투자회사[IFs. 투자서비스업자] 투명성)

Article 14 Obligation for systematic internalisers to make public firms quotes in respect of shares, depositary receipts, ETFs, certificates and other similar financial instruments (주식, DR, ETF, [주식] 증서 및 기타 유사 금융상품에 대한 SI의 확정호가 제시 의무)

Article 15 Execution of client orders (고객 주문 체결)

Article 17 Access to quotes (호가 접근)

Article 18 Obligation for systematic internalisers to make public firms quotes in respect of bonds, structured finance products, emission allowances and derivatives (채권, 구조화 금융상품, 탄소배출 할당량, 파생상품에 대한 SI의 확정호가 제시 의무)

Article 20 Post-trade disclosure by investment firms, including systematic internalisers, in respect of shares, depositary receipts, ETFs, certificates and other similar financial instruments (주식, DR, ETF, [주식] 증서 및 기타 유사 금융상품에 대해 SI를 포함한 투자회사의 사후적 공시)

Article 21 Post-trade disclosure by investment firms, including systematic internalisers, in respect of bonds, structured finance products, emission allowances and derivatives (채권, 구조화 금융상품, 탄소배출 할당량, 파생상품에 대하여 SI를 포함한 투자회사의 사후적 공시)

Article 23 Trading obligation for investment firms (투자회사 거래 의무)

〈Title Ⅳ. Transaction Reporting〉
(정책당국에 거래보고)

〈Title V. Derivatives〉
(파생상품)

Article 28 Obligation to trade on regulated markets, MTFs or OTFs (RM, MTF, OTF 상에서 거래 의무)
Article 28 Clearing obligation for derivatives traded on regulated markets and timing of acceptance for clearing (RM에서 거래되는 파생상품의 청산의무와 청산 승인 시점)
Article 31 Portfolio compression (포트폴리오 축약)

〈Title Ⅵ. Non-discriminatory Clearing Access for Financial Instruments〉
(금융상품 청산의 비차별적 접근)

〈Title Ⅶ. Supervisory Measures on Product Intervention and Positions〉
(금융상품 개입과 포지션에 대한 감독 수단)

Chapter 1 Product monitoring and intervention (금융상품 사후관리와 개입)
Chapter 2 Positions (포지션)

〈Title Ⅷ. Provision of Services and Performance of Activities by Third-country Firms Following an Equivalence Decision with or without a Branch〉
(지점 유무를 불문하고 동등성 결정을 획득한 제3국 기관의 서비스 제공과 거래 활동 수행)

Article 47 Equivalence decision (동등성 결정)

〈Title Ⅸ. Delegated and Implementing Acts〉
(위임 및 적용 입법)

Chapter 1 Delegated acts (위임입법)
Chapter 2 Implementing acts (적용 입법)

〈Title X. Final Provisions〉
(부칙)

* 자료: The European Parliament and the Council of the European Union, 2014. "Regulation (EU) No 600/2014 of the European Parliament and of the Council of 15 May 2014 on markets in financial instruments and amending Regulation (EU) No 648/2012". (June 12).
* 우리말 번역은 오성근(2015)을 참조.

〈부록 그림 10-1〉 MiFID II—주요 시행 일자

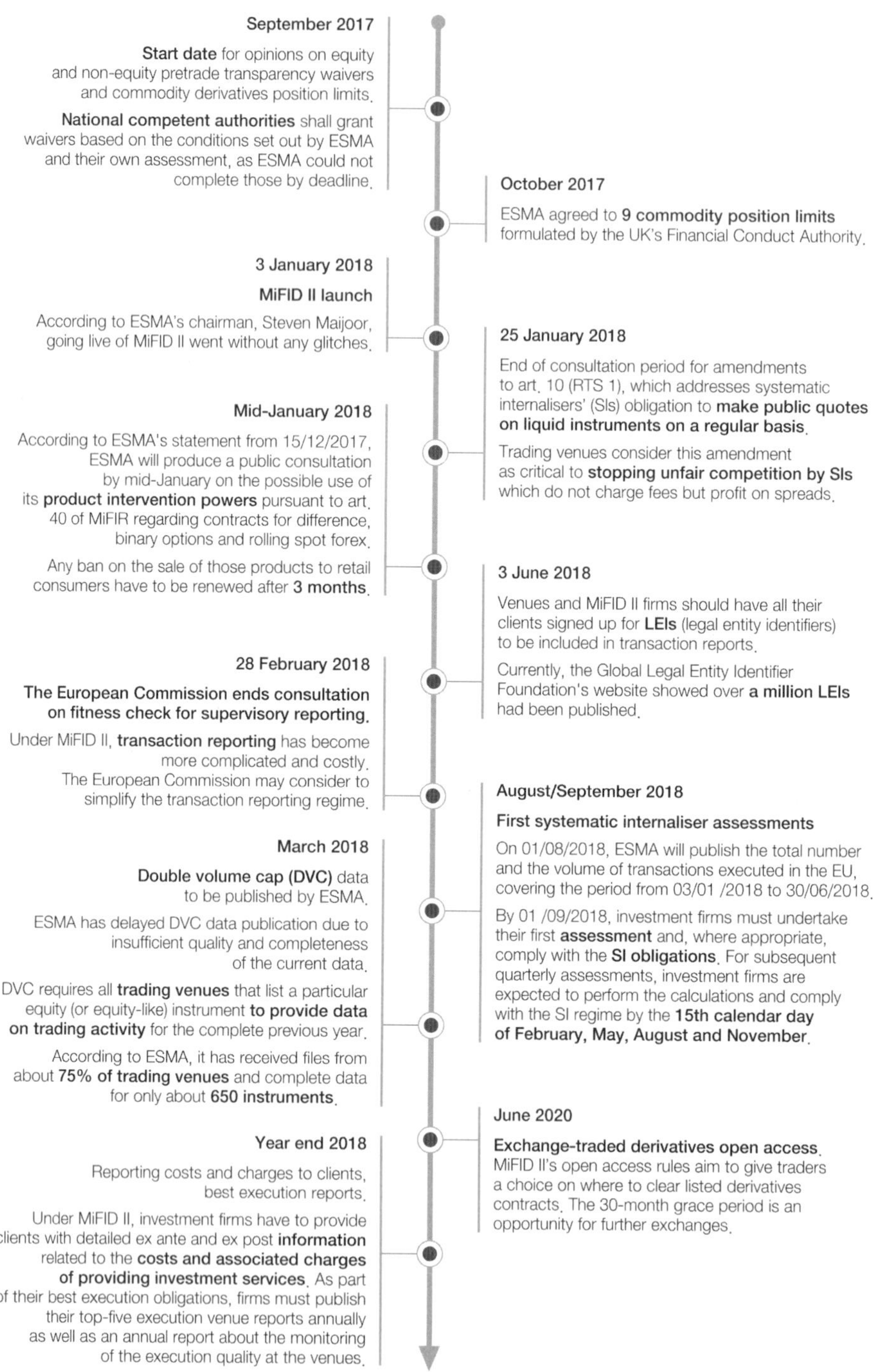

September 2017
Start date for opinions on equity and non-equity pretrade transparency waivers and commodity derivatives position limits.
National competent authorities shall grant waivers based on the conditions set out by ESMA and their own assessment, as ESMA could not complete those by deadline.
October 2017
ESMA agreed to 9 commodity position limits formulated by the UK's Financial Conduct Authority.
3 January 2018
MiFID II launch
According to ESMA's chairman, Steven Maijoor, going live of MiFID II went without any glitches.
25 January 2018
End of consultation period for amendments to art. 10 (RTS 1), which addresses systematic internalisers' (SIs) obligation to make public quotes on liquid instruments on a regular basis.
Trading venues consider this amendment as critical to stopping unfair competition by SIs which do not charge fees but profit on spreads.
Mid-January 2018
According to ESMA's statement from 15/12/2017, ESMA will produce a public consultation by mid-January on the possible use of its product intervention powers pursuant to art. 40 of MiFIR regarding contracts for difference, binary options and rolling spot forex.
Any ban on the sale of those products to retail consumers have to be renewed after 3 months.
3 June 2018
Venues and MiFID II firms should have all their clients signed up for LEIs (legal entity identifiers) to be included in transaction reports.
Currently, the Global Legal Entity Identifier Foundation's website showed over a million LEIs had been published.
28 February 2018
The European Commission ends consultation on fitness check for supervisory reporting.
Under MiFID II, transaction reporting has become more complicated and costly. The European Commission may consider to simplify the transaction reporting regime.
August/September 2018
First systematic internaliser assessments
On 01/08/2018, ESMA will publish the total number and the volume of transactions executed in the EU, covering the period from 03/01 /2018 to 30/06/2018.
By 01 /09/2018, investment firms must undertake their first assessment and, where appropriate, comply with the SI obligations. For subsequent quarterly assessments, investment firms are expected to perform the calculations and comply with the SI regime by the 15th calendar day of February, May, August and November.
March 2018
Double volume cap (DVC) data to be published by ESMA.
ESMA has delayed DVC data publication due to insufficient quality and completeness of the current data.
DVC requires all trading venues that list a particular equity (or equity-like) instrument to provide data on trading activity for the complete previous year.
According to ESMA, it has received files from about 75% of trading venues and complete data for only about 650 instruments.
June 2020
Exchange-traded derivatives open access.
MiFID II's open access rules aim to give traders a choice on where to clear listed derivatives contracts. The 30-month grace period is an opportunity for further exchanges.
Year end 2018
Reporting costs and charges to clients, best execution reports.
Under MiFID II, investment firms have to provide clients with detailed ex ante and ex post information related to the costs and associated charges of providing investment services. As part of their best execution obligations, firms must publish their top-five execution venue reports annually as well as an annual report about the monitoring of the execution quality at the venues.

자료: [https://news.pwc.ch/wp-content/uploads/2018/01/MIFID-2-timeline.pdf].

제4부

선도자본시장 특징과 신경향

제11장

시장 패러다임 변화

지금까지 10개 장에 걸쳐 오늘날 자본시장이 갖는 경제·사회적 의미와 역할, 거기서 취급하는 다양한 금융상품, 각종 거래시장과 FMI(financial market infrastructure. 자본시장 인프라) 제공기관, 그리고 이를 둘러싼 시장구조와 법제 환경을 살펴봤다. 일반적인 내용은 제1부에서, 구체적인 내용은 제2부와 제3부에서 미국·유럽 선도자본시장을 대상으로 해서(일본과 중국자본시장 거시구조도 간략히 소개). 이제 제4부에서는 이 모든 내용을 종합해 지난 20여 년간 선도자본시장에 확고하게 뿌리 내린 주요 특징과 추세, 신경향을 시장 패러다임 변화(제11장)와 시장거시·미시구조의 질적 변화(제12장)로 나누어 논의하고, 이어지는 제5부에서는 제4부 내용을 준거 삼아 한국자본시장의 상황을 되짚고 이를 더욱 바람직하게 가꿔 나아갈 수 있는 방향을 모색한다(제13장~제16장). 결국, 제1부에서 제3부는 제4부와 제5부 내용을 이해하는데 필수적인 설명이며, 제4부와 제5부는 이 책에서 필자가 독자와 소통하려는 이야기의 결정체라 할 수 있다.

맞든 틀리든 제4부와 제5부에 해당하는 내용은 어느 학자든 국내외 자본시장 변화를 오랜 기간 주관적 시선으로 면밀히 관찰한 후에야 비로소 언급할 수 있다. 필자 역시 매우 두렵고 굉장히 조심스러운 작업이 아닐 수 없다. 게다가 자본시장을 둘러싼 환경은 1~2년조차 어렴풋하게나마 내다볼 수 없을 정도로 급변하고 있다. 그렇다 해도 저 밑 어딘가에 큰 물줄기는 도도히 흐르지 않을까? 이를 희망 삼아 용기를 내, 힘에 부치는 일이지만 그동안 필자가 발표했던 주장(엄경식·장병훈[2007], 엄경식[2013a, 2013b, 2019], 엄경식·강형철[2013], 강형철·엄경식·이지혜·이진호[2017])을 곱씹으며 의견을 개진해보고자 한다.

1. 알고리즘 활용 초단타매매 일반화

가. AT와 HFT 거래량 급증, DMA와 Co-lo 서비스 이용 보편화

거래 관련 ICT(information and communications technology. 정보통신기술)의 혁신적 발전으로 이제 주문 제출에서 매매체결, 또는 회송이나 정정·취소에 걸리는 시간은 마이크로초(*μs*. 1/1,000,000초), 심지어 나노초(*ns*. 1/1,000,000,000초) 단위로까지 짧아졌다. 우리가 흔히 말하는 눈 깜작할 사이가 300밀리초(*ms*. 1/1,000초)라고 하니 ICT 발전에 입이 떡하니 벌어진다. 이에 따라 AT(algorithmic trading. algo. 알고리즘 거래)와 AT에 기반을 둔 HFT(high frequency trading. 고빈도거래/초단타매매), DMA(direct market access. 투자자가 증권회사 전용회선과 서버를 사용해 거래시장에 직접 접속)와 co-lo(co-location. [HFT] 증권회사/거래자가 거래시장 데이터 센터의 일정 공간과 회선을 임대받아 자신의 서버를 설치할 수 있는 서비스. 일반투자자보다 호가 정보를 더 빨리 얻을 수 있음) 등이 전에 없이 엄청 활발해져[317] 증권거래에 "[초]**저지연**"([ultra-] **low latency**. "**지연속도**"[**latency**. 주문 결정 후 체결해 그 결과를 해당 투자자에게 보고하기까지 걸리는 시간]가 낮음)/초고속 현상이 어느새 일반화되었다(제3장 3절 나항 (2) 참조).

초고속 거래의 이 같은 일반화로 영향을 직접 가장 많이 받은 영역은 시장미시구조이다. 오랜 기간 유지해온 거래 관행에서 벗어나 질적으로 완전히 달라진 여러 변화에 다시금 틀이 맞춰져야 했기 때문이다. 예를 들어, 이제는 "거래방식을 결정"(how-to-trade)하는 AT와 "거래시장을 결정"(where-to-trade)하는 **SOR**(smart order routing. "**지능형 주문 회송**") AT를 결합해 주문 결정에서 제출, 매매체결, 거래 후 업무까지 증권거래 전 과정을 순식간에 처리할 수 있다. 이 결과, 시장 간 연계와 관련된 주문유형(예: ISO["시장 간 싹쓸이 주문"]. **제9장 1절 다항** 참조)이나 체결 방식의 공정성(fairness) 여부가 어느 때보다 중요해졌다. 또 다른 예로, 전통적으로 딜러 메커니즘을 사용해온 미국과 영국 거래시

---

317 정의나 집계방식에 따라 달라지기는 하지만, 미국에서 거래량 기준으로 2022년 말 현재 AT는 60~75%, HFT는 50% 비중을 차지한다.

장도 전자주문장을 사용하는 순수/수정경쟁매매 메커니즘(pure/modified auction mechanism)으로 대부분 변모했다(엄경식[2013a], **제2장 1절 나항 (2)** 참조). 과거 스페셜리스트(specialist)나 시장조성인(market maker)의 역할과 경제적 비중이 크게 줄어들며, 글로벌 선도자본시장 메커니즘은 거의 모두 경쟁매매로 수렴했다.

나. AT와 HFT — 정의, 특성, 활용 거래전략, 현재 추세

지금까지 이 책에서는 HFT에 대한 설명을 최소화하며 용어를 사용했다. 그렇다고 해도 사실 용어 자체가 설명하는 부분이 꽤 커서 문맥을 이해하는 데 그다지 문제가 되지는 않았다. 게다가 HFT는 Flash Crash(플래시 크래시, 2010.5.6.) 이후 전 세계 거래시장에서 아주 뜨거운 감자였기에 일반독자에게도 익숙한 용어라 짐작한다. 하지만 정책/정책적 시사점과 관련해 논의하려면 HFT를 정확히 이해하지 않으면 안 된다. 다음에서는 AT와 HFT의 정의, 특성, 활용 거래전략, 현재 추세 등을 HFT를 중심으로 살펴본다. 관련 서술은 엄경식·빈기범·정순섭(2010), 엄경식(2019) VI장을 참조·인용한다.

(1) 정의와 특성

HFT/AT는 대개 질적/서술적 방식으로 정의한다. 예를 들어, "종목당 하루 10,000회(임의로 정함) 이상 주문 활동을 하는 거래자(계좌)"를 HFT라 부른다. 이 경우 9,999회 주문 활동을 하는 거래자는 HFT가 아니게 되는 태생적 한계가 있다. 하지만 투자자가 직접 HFT라 밝히지 않는 한 지금으로서는 질적/서술적 방식에 의존할 수밖에 없으며,[318] 선도자본시장 정책담당자도 여기에 예외는 아니다. 예를 들어, 미국 SEC(Securities and

---

318 정량적/수리적으로 HFT를 정의하는 방식은 아직 시작 단계이다. 이에 대해서는 Eurex 방식을 소개한 에홀저·로트(Eholzer and Roth, 2017)를 참조하기 바란다. 한편, 극소수(예: 브로가아드·헨더쇼트·리어든[Brogaard, Hendershott, and Riordan], 2014)를 제외하고, 재무학계 모든 연구는 질적/서술적 방식으로 HFT/AT를 정의했다.

Exchange Commission. 증권거래위원회)는 **컨셉 릴리즈(Concept Release. "개념설명")**를 활용해 특성만 확인해 줄 뿐 HFT를 공식적으로 정의하지 않는다.[319] SEC보다는 구체적이지만 ESMA(European Securities and Markets Authority. 유럽증권시장청. 에스마)도 HFT는 AT 부분집합이며 다음 세 가지 특성을 띤 "초단타 알고리즘 거래 기법"(high-frequency algorithmic trading technique)이라고 MiFID II(Markets in Financial Instruments Directive II. 금융상품투자지침2. 미피드2)/MiFIR(Markets in Financial Instruments Regulation. 금융상품투자규정. 미피르)에다 명문화하는 선에 그친다.[320]

① 미리 정해놓은 알고리즘으로 주문을 자동 제출할 때 co-lo, 이와 유사한 근접 호스팅(proximity hosting), 또는 DMA 중 하나를 사용해 거래 지연을 최소화
② 주문 설계부터 제출, 회송, 매매체결에 이르기까지 각 절차를 시스템이 결정하며 수행. 즉, 인적 개입을 전혀 안 하거나 최소화
③ 주문 제출, 취소/정정과 관련해 일중 엄청난 양의 메시지(message traffic) 활용

한편, 현실(특히, 미디어)에서는 초단타매매 방식이나 테크놀로지 수단은 물론이고 이를 동원해 여러 전략을 구사하는 증권회사(즉, HFT 증권회사)를 망라해 통틀어 HFT라 부른다. 이해하는 데 별 무리는 없으니까 문맥에 따라 독자 힘으로 행간의 의미를 파악하면 된다.

이상, 선도자본시장 정책담당자의 시각과 현실 용어 사용 방식을 종합해 질적/서술적 방식으로 HFT와 AT를 정의하면 다음과 같다.

- **〈HFT〉** 증권투자나 거래를 할 때 보유기간을 초단기(주로 1일)로 잡아 놓고 그사이 순간적(예: *ms*, *μs* 단위로) 거래를 반복 구사하는 전략에 동원하는 거래방식이나 세련

319 예를 들면 다음과 같다. "[...] acting in a proprietary capacity that engage in strategies that generate a large number of trades on a daily basis." SEC, 2010. "Concept Release on Equity Market Structure". (January 14).

320 AT에 대한 정의도 HFT와 마찬가지로 MiFID II/MiFIR에 특성만 간단히 서술한다.

〈표 11-1〉 AT와 HFT 공통 및 고유 특성

<table>
<tr><th colspan="2">〈AT와 HFT 공통 특성〉</th></tr>
<tr><td colspan="2">- 전문투자자(professional trader)가 활용
- 인적 개입 없이 자동으로 주문 확정(모수 포함), 제출, 회송, 정정/취소 등을 결정
· 미리 정해놓은 방식으로 주문 결정
· 시장 데이터를 실시간으로 관측하며 거래
- DMA(direct market access. 투자자가 증권회사 전용회선과 서버를 사용해 거래시장에 직접 접속) 사용</td></tr>
<tr><th>〈AT 고유 특성〉</th><th>〈HFT 고유 특성〉</th></tr>
<tr><td>- 위탁매매(agent trading)
- (대량매매) 시장충격 최소화
- 거래 목적: 특정 벤치마크 달성
- 보유기간: 수개월 또는 1년을 넘기기도 함
· 주문을 여러 거래시장에 걸치면서 시간을 두고 처리

⇒ AT를 “HFT를 제외한 모든 자동 주문 거래”로 일반화해 정의하기도 함</td><td>- 고유계정거래(proprietary trading. 자기자본거래/프랍트레이딩)
- 대상 종목: 유동성이 풍부한 종목
- 당일 거래 종료와 함께 가능한 한 포지션을 해소(flat position)
· 보유기간: 초단기(주로 1일)
- 엄청나게 많은 주문 건수, 순식간에 주문 취소/정정. 95% 이상이 ‘시장조성 전략’에 사용
· (시장조성인으로서) 매수·매도거래 양방향에 걸쳐 수익 획득. 거래 건당 수익은 아주 적으나 워낙 거래 건수가 많아 이를 다 합치면 상당함
- 저지연(low latency. 즉, 초고속) 필수
· Co-lo([HFT] 증권회사/거래자가 거래시장 데이터 센터의 일정 공간과 회선을 임대받아 자신의 서버를 설치할 수 있는 서비스), 개별 데이터 피드(data feeding) 등 동원</td></tr>
</table>

* 자료: 프란치오니·곰버(Francioni and Gomber, 2017), 엄경식(2019).

된 형태의 테크놀로지 수단. HFT 자체가 전략은 아님. 당연히 속도 우위가 절대 중요하며, 대개 건당 아주 작으나 계속 발생하는 수익을 놓고 경쟁. 주식과 ETF, 그 밖에 유동성이 풍부하고 전자거래 비중이 높은 일부 채권이나 선물·옵션, FX(foreign exchange. 외환) 거래에 활용.

- **〈AT〉** 증권투자나 거래를 할 때 특정 매매기법을 ‘컴퓨터 프로그램으로 완전 자동화해 거래’하는 방식.

정의에서 알 수 있듯이 AT는 개념상 HFT를 포함한다. 따라서 둘 사이 공통점도 있고 차이점도 있다(〈표 11-1〉 참조).

- **〈공통점〉** 인적 개입을 최소화하며 주문에서 매매체결까지 일부 또는 모든 과정을 미리 정해놓은 알고리즘을 활용해 자동으로 처리.

- **〈차이점〉**

  AT—주로 기관투자자가 고객의 대량주문을 시장충격을 최소화하며 성사시키려고 여러 거래시장에서 시간을 두고 처리할 때 사용. 보유기간이 수개월을 초과하기도 함.

  HFT—위에서 언급한 바와 같이 보유기간을 하루 정도 잡고 일중에 주문 제출과 취소/정정을 순간적으로 반복하며 거래를 집행. 레버리지(즉, 빚)는 거의 활용하지 않고 일중 포지션(exposure)도 가능한 한 평균에 회귀하도록(mean-reversion) 하다가 장 마감 직전 대부분 청산(초단기 데이트레이딩. 린튼·마무자데[Linton and Mahmoodzadeh], 2018).

(2) 활용 거래전략

HFT를 활용해 구사할 수 있는 전략은 무척이나 다양하다. 들여다보는 목적에 따라 분류 또한 달라져 어떤 방식으로 하든 정확히 하나의 유형에 속하게끔 묶어놓기는 어렵다. 이를 염두에 두고 CFTC and SEC(2010) 분류에다 앙헬·해리스·스팻(Angel, Harris, and Spatt, 2011) 등 여러 연구자의 방식을 종합·절충해 HFT 활용 거래전략을 간략히 구분해 살펴보면 다음과 같다.

- **〈유동성 제공/시장조성(Liquidity Providing/Market Making) 전략〉** (시장조성인으로서) 매수·매도 양방향으로 주문을 동시에 제출해 유동성을 제공하며 이익을 취하는 전략. 거래 건당 이익은 아주 적으나 건수가 워낙 많아 다 합치면 상당한 이익을 얻음. HFT 활용 거래전략에서 대부분(약 95%)을 차지. 이 전략을 구사하는 HFT 증권회사는 전통적 시장조성인이 얻었던 매수·매도 스프레드(spread)뿐 아니라 근래 거래시장이 제공하기 시작한 리베이트도 수익으로 취할 수 있음. 후자는 시장 간 경쟁이 심해지자 거래시장이 maker-taker(메이커-테이커)/taker-maker(테이커-메이커. inverse pricing) 수수료 체계를 도입함으로써 발생. 예로써, maker-taker[taker-maker] 수수료 체계에서는 HFT 증권회사가 유동성

을 제공(수동적인 지정가주문 제출)[소비(공격적인 시장가주문 제출)]하면 거래시장한테 인센티브로 리베이트를 받음(**제3장 3항 나절 (2) 참조**). 거래 속도는 이들 시장조성 전략 HFT 증권회사가 재고위험을 관리하는 데 필수(여기서 '재고'는 시장조성 대상 증권임).

- **〈차익거래(Arbitrage) 전략〉** 둘 이상의 종목/금융상품 또는 거래시장 가격 간에 순간적 차이가 발생할 때 즉시 구사해 이득을 취하는 전략. 선도자본시장에서 시장분할(market fragmentation)이 심해지면서 적극 활용하기 시작. 차익거래 기회가 순간적이어서 당연히 속도가 생명. HFT 차익거래 활동으로 시장가격은 훨씬 더 정확해지고, 이로써 일반투자자도 거래 전에 모든 거래시장을 일일이 비교할 필요가 없어짐. HFT를 활용한 차익거래 전략은 다음과 같음. 이 중 몇몇은 추세 전략(**두 번째 다음 서술**)과 특성이 꽤 많이 겹침.
  - **"페어트레이딩"(pairs trading)**—예: 과거 주가가 비슷하게 움직인 두 종목 중 한 종목이 고평가 구간에 진입하면 이를 매도하고 동시에 다른 종목을 한 쌍으로 매수.
  - **"교차시장거래"(cross-market trading)**—예: 현물시장과 선물시장 간 가격 차이 이용.
  - **"사건 차익거래"(event arbitrage)**—기업의 이벤트(사건) 발생과 관련한 차익거래.
  - **"통계적 차익거래"(statistical arbitrage)**—펀더멘털(fundamental. 본질가치) 분석에 따른 기댓값과 현재 실제 가격 간 차익거래. 컴퓨터를 사용한 계량적 접근에 기반.
  - **"속도 차익거래"(latency arbitrage)**—다른 투자자와 거래 속도 차이로 발생하는 가격 차이를 이익으로 삼는 거래(**두 번째 다음 상술**).
- **〈유동성 추적(Liquidity Detection) 전략〉** 다른(대부분 HFT) 투자자의 거래 동기나 은닉주문(hidden/iceberg order. 예: 대량주문[**parent order**]의 분할주문[**child order**]. **제2장 1절 가항 (2) 참조**)을 찾아내 이들의 매매체결 알고리즘을 역이용하려는 전략. **"핑잉"(pinging**. 소량의 유인용 주문을 던져봄) 또는 **"스니핑"(sniffing the tape**. 유동성 추적기[liquidity detector]로 네트워크 트래픽 도청)으로 HFT/(AT) 알고리즘 정보를 취합·복원. **쿠오트-매칭(quote-matching**. 다른 투자자의 유동성을 추적해 선행매매[front-running]) 전

략이 대표적. 이를 통해 HFT 증권회사는 시장이 하락할 때 손실을 최소화하고, 상승할 때 이익을 극대화(해리스[Harris], 2003). 다른 투자자의 손실을 유발하므로 상당히 약탈적인 전략(predatory strategy)임.

- **〈추세(Trend) 전략〉** 크게 다음 두 가지 전략으로 구분.
  - **"단기 모멘텀/뉴스 추적"(short-term momentum/news reader) 전략**—기존의 데이트레이딩(day trading. "단타매매") 전략과 비슷. 일중 형성되는 주가 움직임, 추세, 거시경제나 특정 기업 관련 뉴스 등을 세세히 쫓아가며 공격적으로 투자. 이 중에서도 **"모멘텀 촉발"(momentum ignition)** 전략은 단기 모멘텀을 조작·촉발해 이익을 취하려는 약탈적 전략임.
  - **Latency arbitrage("속도 차익거래") 전략**—거래시장 가격 데이터를 조금이라도 먼저 받아 거래정보 우위를 활용하려는 전략(앞서 차익거래 전략에서 언급). 거래시장에서 데이터를 직접 받거나(direct data feed), co-lo, DMA 등을 동원하므로 다른 투자자(특히 바이사이드)의 거래 가격에 악영향을 미칠 가능성이 농후. HFT 증권회사의 이 같은 활동이 많아지면 지정가주문 제출(유동성 공급)에 따른 위험성이 커지고 위험 대비 보상도 감소. 거래시장 간 속도 경쟁을 유발하며 사회적 자원 낭비 초래. 소위 **"속도가 느린 주문을 저격"(stale quotes sniping)**한다고 하여 사회적으로 분란을 가장 크게 일으킨 약탈적 전략임(루이스, 2014. 부디쉬·크램튼·존 심[Budish, Cramton, and Shim], 2015). 연속경쟁매매 메커니즘(예: KRX 접속매매)하에서 이 전략의 발생은 불가피함. 글로벌 주식시장에서 HFT가 이를 구사해 연간 거둬들이는 이익은 약 50억 달러(6조 원)로 추산되며, 이는 거래 건당 0.5bp(베이시스 포인트. 1bp = 0.01%[1/10,000]) 세금 부과와 맞먹는 액수임(아퀼리나·부디쉬·오닐[Aquilina, Budish, and O'Neill], 2022). 약탈적 전략의 원인 제공자라 고소당한 주요 거래소들은 2022년 3월 혐의를 벗음(주석 252 참조).

(3) 현재 추세

HFT가 주식거래에서 차지하는 비중은 2019년 중반 미국 50%, 유럽 24~43%라고 한다(브로켄펠더[Brockenfelder], 2019).[321] 미국은 2009년을 정점으로 조금씩 내림세로 돌아섰고 유럽은 그동안 서서히 증가하다가 이제 둘 다 균형에 다다른 느낌이다. 거래 관련 ICT야 계속 발전할 것이다. 그런데도 HFT가 이 정도 선에 머물지 않겠나 하는 데에는 몇 가지 이유가 있다. 물론 변수는 있다. 코로나19 팬데믹처럼 아주 예외적 상황이 전개되고 그 영향이 구조적 변화를 몰고 오면 추세 자체가 변할 수 있기 때문이다.

첫째, 이제 주식시장에서 HFT 거래자가 속도만으로 비교우위를 갖기란 무척 어렵다. 빠르기만 하면 쉽게 이익을 내던 초기와는 상황이 크게 달라졌다. 왜냐하면 모든 HFT 거래자가 더는 유의미하게 속도를 개선할 수 없을 정도로 이미 관련 설비를 갖췄기 때문이다. 여기서 조금이라도 비교우위를 가지려면 최첨단 ICT를 장착해야 하는데 이러려면 천문학적 비용을 감내해야 한다.

둘째, 높은 변동성과 풍부한 유동성, 더 나아가 저금리는 HFT 거래자의 수익성에 필수 요건인데, 2010년대 초반부터 코로나19 팬데믹 발발 전까지 관련 환경이 계속 나빠졌다. 이는 수요 감소와 과당경쟁으로 이어졌고 수익성 악화를 경험한(〈그림 11-1〉 참조) HFT 증권회사는 구조조정과 사업영역 확대로 대응하기 시작했다. 예를 들어, 시장조성 HFT 증권회사 Virtu Financial(버투)은 동종업계 케이씨지(KCG Holdings)를 합병해(2017년 7월)[322] KCG의 최대 강점이던 "도매 시장조성"(wholesale market making. 제3장 3절 나항 (2) 참조) 부문에 진출하며 시너지 확대를 꾀했다. 더 나아가 자산운용사(티로우프라이스[T. Rowe Price]) 매매체결을 대행해 준다든지 은행(제이피모건체이스[JP Morgan Chase & Co])의 재무성증권 거래 집행을 신속·정확하게 해주는 등 새로운 전략적 서비스

321 참고로 2017년에는 미국 56~73%, 유럽 38~40%였다(엄경식, 2019).

322 약어에서 엿볼 수 있듯이 KCG Holdings는 오랫동안 Nasdaq 최대 시장조성인이었던 나이트캐피탈(Knight Capital Group) 후신이다. Knight Capital Group은 2012년 8월 1일 주문 실수로 4억 6,100만 달러(6,000억 원) 손실을 보는 바람에 겟코(Getco)에 합병되며 이름도 KCG Holdings로 바뀌었다. Virtu Financial은 Citadel(시타델), 지티에스(GTS)와 함께 시장조성 HFT 증권업계를 대표한다.

〈그림 11-1〉 시장조성 전략 HFT 증권회사 수익 추세—미국

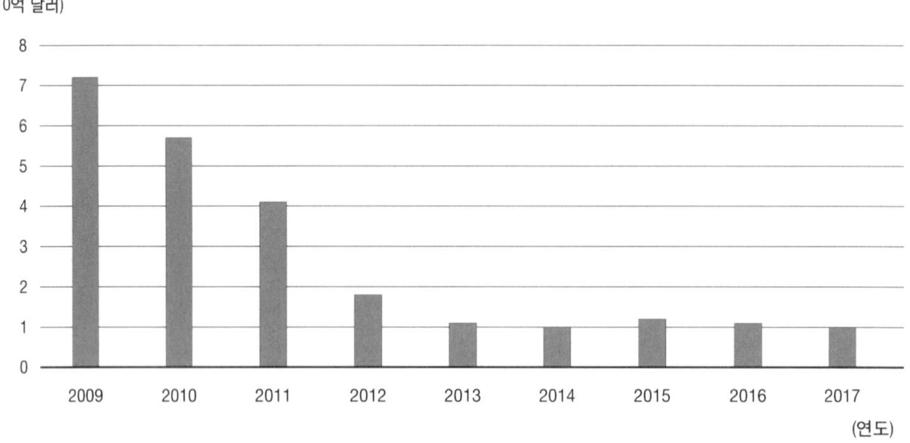

* 자료: Warner, J., 2018. "High-frequency Trading Explained: Why Has It Decreased?". **IG**, (October 10).

도 제공하기 시작했다. 아직은 그 효과를 예단할 수 없지만, HFT 증권회사나 HFT 거래 환경이 더는 녹록지 않다는 점만은 확실해 보인다.[323]

셋째, 약탈적 전략같이 HFT가 야기하는 폐해에 사회적 압박이 거세졌다(루이스, 2014). 이러한 정서를 반영해 일부 거래시장은 speed bump("과속방지턱". 스피드 범프)나 일중 단일가매매(periodic call auction) 등을 제도화하기 시작했고(제12장 2절 다항 참조), 정책담당자도 HFT 폐해를 보다 근본적으로 시정하고자 시장구조 개혁과 관련한 여러 조치를 도모하고 있다. 시장참여자 모두가 이제는 HFT 장단점을 합리적으로 이해하기 시작했기에 나타난 상황 변화이다. HFT 폐해와 부작용을 억제하려는 이 같은 전방위적 노력은 점점 더 강화되리라 생각한다.

323 Meyer, G., Bullock, N., 2017. "Race for Speed among Algo Traders Hits Peak". **Financial Times**, (March 30).

다. HFT 평가 및 우려 사항에 대한 정책적·실무적 반응

(1) 학계, 업계, 정책담당자 견해

HFT에 대한 평가는 Flash Crash 전후로 엇갈린다.[324] 사태 전까지만 해도 HFT는 학계나 업계 모두에서 자본시장 유동성(거래비용)과 호가 정보성(가격발견)을 향상한다는 꽤나 우호적인 평가를 받았다(예: 하스부룩·싸르[Hasbrouck and Saar], 2013. 브로가아드·헨더쇼트·리어든[Brogaard, Hendershott, and Riordan], 2014). 예나 지금이나 HFT에서 시장조성(유동성 제공) 전략이 압도적(95% 이상) 비중을 차지하는 현실을 감안하면 쉽게 수긍할 수 있는 대목이다. 그러나 정책담당자(CFTC and SEC, 2010)가 Flash Crash 발생 주원인의 하나로 HFT를 지목하자 분위기가 싹 바뀌기 시작했다. 게다가 루이스(Michael Lewis. 파이낸셜 저널리스트. 2014) 책 "플래시 보이스"가 공전의 히트를 하면서 HFT에 대한 세간의 시선은 극히 부정적으로 변했다.[325]

냉정히 말해 CFTC and SEC(2010)나 루이스(2014)는 엄밀한 연구라 할 수는 없다. 전자의 경우, **"호가와 체결 데이터"(TAQ data**: trade and quote data. **택 데이터**)에 계좌정보까지 동원하기는 했지만, 세간의 정서에 재빨리 대응해야 했던 관계로 기초통계량 분석에 그쳤다. 원인 관계에 대한 학계의 더욱 엄밀한 연구 결과를 기다려야만 했다. 후자의 경우에는 저널리스트 접근 방식과 시각에 편중됐다. 설령 루이스(2014) 주장이 사실

---

324 AT에 대한 평가는 뵈머·퐁·우(Boehmer, Fong, and Wu, 2021. 한국 포함 세계 42개국 분석. 헨더쇼트·존스·멘크벨드[Hendershott, Jones, and Menkveld, 2011] 변수[거래량으로 메시지 건수를 정규화]를 AT 대용변수[proxy]로 사용)를 참조하기 바란다. 이들 연구 결과에 따르면 AT로 말미암아 유동성과 가격효율성(가격발견)은 좋아지지만(긍정적 효과는 대형주에서 특히 강함), 단기 변동성은 높아진다. 단기 변동성 악화가 가격발견이 빨라져서인지(긍정적) 아니면 AT가 변동성이 높을 때 시장에 진입해서인지는(부정적) 자신들의 연구로는 알 수 없다고 한다. AT는 또한 바이사이드 기관투자자의 **"묵시적 거래비용"(execution/implementation shortfall**. 벤치마크 가격[예: 시초가, 주문 도달 가격]에서 체결[매도/매수]가격 차이를 활용해 추정)을 낮춘다고도 한다.

325 책에서 루이스는 미국 거래시장이 HFT 위주의 영업과 운영을 할 수밖에 없고 이로부터 발생하는 손해는 일반투자자가 떠안게끔 법제와 시장구조가 짜여 있다며 정책담당자를 호되게 나무란다. 루이스의 주요 주장은 추후 SEC가 진행한 Reg NMS(Regulation National Market System. 전국시장시스템규정) 개정 프로젝트(예: CAT 설립, 수수료 체제 개선. **제9장 4절 참조**)에 진지하게 반영됐다.

이라 해도 이를 정책에 반영하려면 과학적인 세부 연구로 확증받는 절차가 반드시 수반되어야 했다.

엄밀한 연구는 시간이 걸릴 수밖에 없다. 여러 각도에서 과학적 방법을 동원하며 신중히 짚어가야 하기 때문이다. Flash Crash와 같이 사회적 파장이 심한 사태라면 더욱더 그렇다. Flash Crash 이후 진행된 학계 연구에 의하면 첫째, HFT는 정책담당자의 주장과는 달리 Flash Crash를 야기하지 않았다. HFT 증권회사의 위험 감수 능력 자체가 그 정도로 대단하지 않았을 뿐 아니라(Kirilenko, Kyle, Samadi, and Tuzun, 2017),[326] 당시 Flash Crash 도화선이라 지목받은 Waddell and Reed Financial(워델앤드리드파이낸셜. 대형 펀드회사)의 HFT 선물 주문도 사실이 아니었기 때문이다(멘크벨드·유에셴[Menkveld and Yueshen], 2019).[327] 둘째, 정상적인 시장 상황이라면 Flash Crash 이전·이후를 가릴 것 없이 '대부분의' HFT는 시장의 질적 수준(market quality. 예: 유동성, 가격발견)에 유용하다는 데 학계와 시장참여자 모두 이견을 보이지 않는다.[328] 셋째, 바로 위에서 언급한 바와 같이 '일부' HFT 전략(예: quote-matching 전략, "모멘텀 촉발 전략", latency arbitrage 전략)은 시장과 일반투자자에게 해악을 끼친다. 특히 비정상적인 시장 상황과 맞물리거나 HFT 간 경쟁이 격화될수록 투기적 전략을 구사하는 HFT 거래자의 영향력이 커져 해악은 더 심해진다. 시장의 질적 수준은 당연히 악화할 것이다(Brockenfelder, 2019). 또한 일군의 HFT 거래자는 HFT 외 투자자(non-HFT 거래자. 예: 연기금, 뮤추얼펀드)의 주문/거래를 예측·활용("예측 거래"[anticipatory trading])해 이들에게서 이익을 일관성 있게 얻어내기도 한다(허쉬[Hirschey], 2021[초고 2012]). 즉, 암묵적으로 non-HFT 투자자의 거래비용을 높이고 시장의 질적 수준을 낮추는 역할을 한다.

---

326 그렇지만 이들 HFT 증권회사는 Flash Crash 동안 재고자산을 다이내믹하게 조정하지는 않았고, 또 이른바 "속도가 느린 주문의 저격자"(stale quote sniper. Budish, Cramton, and Shim, 2015)로서 약탈적 전략을 일부 구사하기도 했다.

327 직접적 원인이었던 선물가격 급락은 Waddell and Reed Financial 주문보다 오히려 300*ms* 늦게 도착한 다른 강력한 순매도 주문과 맞물려 있었다고 한다.

328 예를 들어, 브로가아드·헨더쇼트·리어든(Brogaard, Hendershott, and Riordan, 2017)에 따르면, HFT는 공적정보와 이를 바탕으로 한 가공 정보에 우위를 보이고 주로 지정가주문을 사용하며, HFT 지정가주문은 시장 전체 지정가주문 가격발견 중 30%를 차지할 정도로 기여도가 크다고 한다.

HFT 전략의 일부 부정적 측면에 사회적 우려가 커지고 이를 실증연구가 속속 뒷받침해주자, 여기서 한 걸음 더 나아가 HFT가 시장참여자나 자본시장 전체 후생(welfare)에 어떠한 영향을 미치는지에 관한 연구가 본격 등장하기 시작했다. 최근 HFT 연구 추세라고 할 수 있다. 대부분 이론연구로 주요 논의를 살펴보면 다음과 같다.

- **〈Budish, Cramton, and Shim(2015), 비애·푸코·모니아즈(Biais, Foucault, and Monias, 2015)〉** Latency arbitrage 전략을 구사하는 HFT 증권회사로 말미암아 유동성제공자는 손해를 보고 관련 ICT에 사회적으로 과대 투자(over-investment)가 발생. Speed bump를 설치해 거래 속도를 인위적으로 늦추면서 동시에 거래 메커니즘을 기존의 연속경쟁매매(접속매매)에서 **FBA**(frequent batch auction. "**일중 반복적 정기 단일가매매**". "이산적 단일가매매")로 바꾸거나, 아니면 HFT 거래세(일종의 피구세[Pigouvian tax. 외부효과 제공자가 해소 방법을 선택해 사회 비용을 최소화])를 부과해 원인 제공자에게 사회적 비용을 부담시키는 방책을 제안.
- **〈부디쉬·리·존 심(Budish, Lee, and Shim, 2021)〉** Latency arbitrage 전략을 없애면 사회적 후생이 증가하는데 이러한 혁신(제거 방법)을 사적인 개별 경제주체(거래시장)와 공적인 정책담당자 중 누가 담당해야 하는지를 연구. 여기서 거래시장은 HFT 증권회사의 latency arbitrage 전략 구사로 이미 이득을 보는 상태임(예: co-lo, 맞춤형 데이터 제공). 중요한 사안이라 이들의 논리를 좀 더 구체적으로 살펴보도록 함.
  - 거래 탐색비용(search cost)이 들지 않고 미국·유럽처럼 거래시장 간 경쟁이 상당하다고 가정. 이러한 상황에서는 거래시장이 speed bump나 FBA 같은 "시장설계상 혁신적 조치"(market design innovation)를 자발적으로 도입해 어떻게든 경쟁 우위를 확보하려는 유인이 매우 큼. 그러나 최초 거래시장(entrant/de novo exchange)이 이렇게 (사회적) 혁신을 도모해 이득을 보기 시작하면 기존 거래시장(incumbent)도 최초 거래시장을 따라 비용부담 전혀 없이 편승하기 때문에 문제가 발생.
  - 모방·편승하는 거래시장이 많아지면 시장 전체 후생(예: 시장의 질적 수준, 투자자 편

익)은 증가하지만, 경쟁 심화로 최초 거래시장은 오히려 손실을 볼 수 있음(혁신에 필요한 초기 [매몰]비용이 상당한데 혁신 관련 이익은 영[0]에 수렴). 결국, 반복적 죄수의 딜레마(repeated prisoner's dilemma)에 빠져 현상 유지(status quo)가 균형일 수 있음(이른바 "베르트랑 역설"[Bertrand trap]에 빠짐). 이 경우, 당초에 거래시장은 자진해서 시장 설계상 혁신적 조치를 도모할 유인이 아예 없음.

- 이상을 논거로 Budish, Lee, and Shim(2021)은 시장이 자체 왜곡 현상을 제힘으로 치유할 수 있으려면 "정책담당자의 밀어붙임"(regulatory push)이 필요하다고 주장. 즉, ① 최초 거래시장이 혁신을 몰고 올 수 있도록 충분한 유인(예: 어떤 식으로든 보상/보조[금], 또는 일정 기간 혁신 독점 사용 허용)을 적극적으로 제공하거나, ② 기존 거래시장 모두가 혁신을 함께 채택하도록 정책을 강하게 추진해야 함. 그리고 이때 ①과 ② 사이에서 자세를 모호하게 취하지 말고 어느 쪽이든 한쪽으로 밀어붙여야(tipping) 함. 물론 합리적인 정책담당자를 가정하므로 당연히 막무가내로 밀어붙여서는 안 됨.

- **〈파뇨타·필리폰(Pagnotta and Phillipon, 2018)〉** 거래시장 간 경쟁(즉, 시장 분할)이 일어나면 이론상 수수료는 감소하고 시장참여자와 거래량은 증가. 이때 거래 속도(HFT) 개선에 비용이 엄청나게 들지 않는 한 이들 간 속도 경쟁은 분배 효율성도 개선. 그러나 경쟁 가열로 시장 분할이 과해지면 속도 경쟁(개선)은 분배 효율성에 언제나(generically) 비효율적임. 파뇨타와 필리폰은 HFT 급성장으로 미국과 유럽주식시장의 시장 분할이 이미 후자에 가깝게 변했다고 봄. 따라서 Reg NMS(Regulation National Market System. 전국시장시스템규정)와 MiFID II의 Best Execution(최선체결의무. 베스트 엑시큐션) 규정은 이들 자본시장 분배 효율성을 악화시켰다고 주장.

더욱 엄밀한 학계 연구가 축적되면서 HFT에 대한 업계와 정책담당자의 견해 또한 학계 평가에 맞춰 수렴했다. 특히 미국과 유럽 정책담당자 모두 HFT가 지닌 부정적/위험 요소를 가능한 경계·억제하면서 장점은 보존·유지하려는 자세를 취하고 있다. 이 과정에서 매칭(matching) 분야 이론 경제학자 부디쉬(Eric Budish)는 사계(斯界) 주목을 한 몸에 받고 있다. SEC도 그가 참여한 연구에서 주장한 내용을 정책에 반영하고 있다.

예를 들어, 중소형/비유동성 종목 거래에 FBA 적용을 권장하고 이를 도입하는 거래소 상장종목에 대해서는 UTP Plan(Unlisted Trading Privileges Plan. "비상장주식 거래권 부여 제도")을 적용하지 않는 안을 긍정적으로 검토 중이다.

(2) 부정적 요소에 대한 업계와 정책담당자 반응

재차 강조하지만, 정의상 HFT는 그 자체로 전략이 아니다. 전략을 수행하는 방식이나 테크놀로지 수단이다. 사실 어느 시대건 HFT는 존재했었다. 요즘처럼 첨단 ICT로 무장하지 않아도 어떤 식으로든 당대 기준으로 빠르게(예: 오래전 비둘기로 정보를 빨리 전송해 활용) 거래하면 HFT라 할 수 있기 때문이다. 따라서 HFT 자체를 좋다, 나쁘다고 말할 수는 없다. 대신, 시장 공정성이나 효율성을 해치는 HFT 활용 전략을 찾아내서 이를 금하거나, 그러한 전략으로 영업하는 HFT 증권회사를 규제해야 한다. 이는 미국과 유럽 정책담당자가 취하는 자세이기도 하다. 국내에서 거듭 왈가왈부하듯이 HFT를 통째로 뭉뚱그려 허용하느냐 마느냐로 논쟁하는 것은 논점을 흐릴 뿐 아니라 잘못된 난상토론이다.

정책 기조를 위와 같이 잡았어도 제도로 구현하는데 이들 정책담당자는 신중할 수밖에 없었다. 엄밀한 실증 결과로 뒷받침을 받아 정치적 부담에서 벗어나야 했기에 무턱대고 빠르게 추진할 수만은 없었다. 이때 미국에서 놀라운 일이 벌어졌다. SEC에 앞서 업계가 먼저 HFT 폐해를 시정하려 나섰다. IEX(Investor Exchange. "[개인]투자자 이익에 봉사하는 거래소". **제6장 1절 가항 (1) 참조**)가 speed bump를 도입하겠다고 SEC에 신청한 것이 바로 그 사건이다. 루이스(2014)는 HFT 폐해를 목도한 증권회사 직원들이 의기투합해 IEX를 설립하고 speed bump를 도입하는 과정을 흥미진진하게 서술한 책이다. Budish, Cramton, and Shim(2015)은 IEX speed bump의 정당성을 이론적으로 확인해줬고, Budish, Lee, and Shim(2021)은 이러한 혁신을 통해 업계(IEX)가 시장에 나타나는 왜곡 현상을 제힘으로 치유할 수 있는지에 대한 대답이다.[329] 미국과 달리, 유

---

329 IEX는 2020년 10월에도 SEC 허락을 받아내 새로운 주문유형 D-limit 주문(D-지정가주문)을 채택했다. 가히 거래시장 혁신의 아이콘(icon)이라 할 수 있다. 이에 대해서는 **12장 2절 나항**에 후술한다.

럽에서는 HFT를 대상으로 FTT(Financial Transaction Tax. 금융거래세)를 상당히 적극적으로 채택했다(제10장 3절 나 (10) (가) 참조). 이하에서는 IEX가 도입한 speed bump와 유럽의 FTT에 대해 간단히 논의한다.

(가) Speed Bump — 과속방지턱

Speed bump는 IEX가 세계 최초로 아이디어를 제공했다. IEX는 2013년 10월 다크풀로 출범했다. 2015년 4월 top-of-book(톱-오브-북. 최우선매수·매도호가와 해당 수량만 제공) 방식의 리트풀 기능을 추가로 장착하다 2016년 6월 아예 미국 13번째 정규거래소(registered exchange)로 전환했다.[330] 다크풀 당시 IEX는 접수한 peg order("페그 주문". 특수 형태 지정가주문. 지정가가 해당 거래시장 주문장 내 최우선매수·매도호가[BBO]를 계속 추적하며 자동으로 조정되며 결정. 제2장 1절 가항 (2) 참조)를 최우선호가(best price)를 게시한 거래시장과 체결하려는 바로 그 순간 상대방 주문이 사라져 체결하지 못하는 상황을 수도 없이 경험했다. 조사 결과, 다른 브로커·딜러(즉, 다크풀)가 자신의 매칭 엔진(matching engine)을 상장거래소(NYSE[New York Stock Exchange. 뉴욕증권거래소. 나이씨], Nasdaq[나스닥]) 데이터센터 내부/주변에 설치하고 IEX가 맞체결하려 한 주문을 이미 앞서 저격했기(sniping) 때문이었다(루이스, 2014). 다시 말해, IEX는 거래정보를 SIP(Securities Information Processor. "증권정보프로세서". 증권정보제공회사. 구식이어서 전송속도가 느림. 제6장 4절 가항 참조)를 통해 얻고 다른 브로커·딜러는 co-lo(최신일 뿐만 아니라, 물리적 전송 거리도 가까움)를 통해 얻기에 IEX가 참고한 상대방 주문 정보는 많은 경우 오래돼(stale) 이미 낚아채어진(과거) 정보였기 때문이었다. 이렇듯 IEX는 latency arbitrage 전략을 구사한 HFT에 계속해 체결을 빼앗긴 것이다.

부당하다고 판단한 IEX는 자기 시장에서만이라도 전통적 투자자(예: 개인, 은행, 연기금)를 보호하고 싶어 했다. 이에, 정규거래소 전환을 신청하면서 매칭 엔진 앞에 광섬유 코일 38마일을 감아 주문접수와 호가/체결정보 송출을 일부러 350μs 늦춰 HFT 증권회사의

---

330 일반적으로 다크풀은 가격보다 시간을 더 우선한다. IEX는 다크풀 시절에도 거래소처럼 가격 우선원칙을 사용했다(후[Hu], 2019).

〈표 11-2〉 Speed Bump 도입 현황

구분	거래시장	도입 일자	지연 목표	지연 시간
실행중	**IEX** [주식]	2016년 6월	페그 주문 외 모두	350*μs*
	Nasdaq [주식]	2017년 9월	M-ELO 주문 [Midpoint Extended Life Order]	500*ms*
	Refinitiv Matching* [LSEG. FX]	2016년 6월	비청산 주문	0-3*ms*
	NEO* [Aequitas Innovations. 캐나다/Cboe. 주식]	2015년 3월	유동성 소비자	3-9*ms*
	TSX Alpha* [토론토증권거래소. ATS]	2015년 9월	유동성 소비자	1-3*ms*
	Eurex* [파생상품]	2019년 6월	유동성 소비자	1 또는 3*ms*
	EBS Market* [FX]	2013년 7월	유동성 소비자	3-5*ms*
	ParFx* [FX]	2013년 3월	유동성 소비자	10-30*ms*
	Moscow Exchange* [미달러-루블 FX]	2019년 4월	유동성 소비자	2-5*ms*
	ICE Futures U.S. [금·은 선물]	2019년 5월	유동성 소비자 [POP: passive order protection]	3*ms*
	London Metal Exchange [금속]	2020년 3월	n/a	n/a
시도 및 중지	CHX [現 NYSE Chicago. 주식]	신청 철회 [NYSE에 합병. 2018년 7월]	유동성 소비자	350*μs*
	Cboe EDGA [주식]	신청 기각 [2020년 2월]	유동성 소비자	4*ms*
	NYSE American [주식]	도입(2017년 7월) 후 폐기(2019년 11월) [시장 질적 수준 악화 이유]	페그 주문 외 모두 (중소형주)	350*μs*

* 자료: 오시포비치(Osipovich, 2019), 아오야기(Aoyagi, 2021. Table 1)를 참고해 작성.
Osipovich, A., 2019. "More Exchanges Add 'Speed Bumps,' Defying High-frequency Traders". **Wall Street Journal**, (July 29).

* 지연 시간 구간 내에서 임의로 speed bump를 실행(random speed bump).

latency arbitrage 전략을 방지하겠다고 선언하였다.[331] 물론 매칭 엔진 내에서는 "직접 전송받은 데이터"(direct feed data)로 주문 정보를 사용해 접수한 peg order(IEX 접수 주문의 대부분 차지)가 부정확한 가격이나 stale price("정보 반영 속도가 늦은 가격")에 체결되지 않도록 빈틈없이 처리해놓았다. NYSE, Nasdaq 등 정규거래소의 격렬한 반대로 두 차례나 연기한 끝에 SEC는 IEX를 정규거래소로 허가하고 speed bump 시행도 허용했다.

신생 정규거래소 IEX가 혁신적 speed bump를 설치하며 치고 나가자 기존의 자이언트 거래소 NYSE, Nasdaq도 처음에는 어쩔 수 없이 동참하는 분위기였다. 하지만 시간이 지나며 speed bump가 시장의 질적 수준을 낮춘다는 자사 통계를 제시하며 실행을 중단하거나(NYSE American[NYSE 아메리칸]), 추가 설치에 소극적 자세로 돌아섰다(Nasdaq). Speed bump가 혁신이 아니라 co-lo 수익을 방해하는 조치라는 처음의 상업적 입장을 앙심을 품고 유지했던 것이다. 주식 거래시장에 나타난 이 같은 반전과는 달리, 파생상품 시장에서는 FX 관련 거래를 중심으로 점점 더 많은 거래시장이 speed bump를 설치하고 있다(〈표 11-2〉 참조).[332]

(나) FTT — 금융거래세

유럽 10개국에서는 글로벌 금융위기 재발을 방지할 목적으로 주식, 채권, 파생상품(선물·옵션, 스왑 등)을 거래할 때 FTT를 부과한다(〈표 10-5〉 참조). 이 중에서도 이탈리아와 프랑스는 특정 조건을 넘어서는 HFT 거래에는 별도 세금을 징수한다. 미국에서도 이 같은 HFT 과세를 왕왕 논의하기는 했지만, 아직 긍정적인 것 같지는 않다.

---

331 수많은 시뮬레이션을 거친 후 IEX는 350μs 정도의 speed bump면 현행 시장구조에서 HFT 증권회사의 latency arbitrage 전략이 야기하는 왜곡 현상을 무력화할 수 있다고 판단했다.

332 Speed bump를 사용하는 거래시장의 증가로 바이사이드 투자자도 이에 분주히 대응하고 있다. 당연히 HFT 증권회사만큼 세련된 테크놀로지를 갖춰야 했고, **"원자시계"**(**atomic clock**. 1,000억 분의 1초[100 billionth of a second] 미만의 정확도)를 사용하기까지도 한다. 이 경우 바이사이드 투자자는 수많은 주문을 저격당하지 않고 동시다발적으로 여러 거래시장에서 정확히 원하는 시간에 체결할 수 있다. Flannery, P., 2016. "Low-Latency Renaissance? High-speed Data Tools Aren't Just for High-Frequency Traders". **MayStreet**, (July 12).

유럽의 FTT 효과에 대해서는 아직 밝혀진 바가 없다. 캐나다의 **"메세지 수수료"**(message fee. 일종의 HFT 과세제도. 2012년 4월 도입) 도입 효과를 분석한 연구에 비춰보면(말리노바·팍·리어든[Malinova, Park, and Riordan], 2018) 오히려 거래비용이 증가하고 이에 대한 최종 부담도 소매투자자에 귀속되는 등 의도했던 효과와는 반대로 나타날 가능성도 있다. 도입 취지를 잘 살릴 수 있도록 제도 설계에 최선을 다해야 한다.

이외에도 HFT의 부정적 요소를 없애려는 업계와 정책담당자의 대응으로는 IEX의 D-limit 주문(D-지정가주문)과 Cboe U.S. Equities("씨보미국주식시장")의 일중 단일가매매, PFOF(payment for order flow. "주문흐름 대가". 소매 브로커가 도매 브로커에게 주문을 몰아주고 받는 리베이트)에 대한 미국과 유럽 정책담당자의 제도 개선 등이 있다. 이에 대해서는 제12장에서 각각 후술한다.

2. Flash Crash처럼 느닷없이 자주 발생하는 유동성 증발

Flash Crash(2010.5.6.)는 그 누구도 예상치 못한 상태에서 발생했다. 이전의 비슷한 사건으로 보통 Black Monday(블랙먼데이. 1987.10.19.)를 말하는 걸 보면 정말 드문 사태였음이 틀림없다. 블랙스완(black swan. 극히 드물게 갑작스레 발생하지만 일단 발생하면 피해가 엄청나게 큰 사건)이라는 용어에 걸맞다고나 할까.

최근 들어 이처럼 원인은 분명치 않은데 유동성이 갑자기 증발·고갈되어 버리는 현상이 예전보다 훨씬 자주 발생하곤 한다. 물론 아직도 여전히 간헐적이기는 하지만 비관론자는 주기적(periodic illiquidity. non-linearity in liquidity provision)이라고까지 말할 정도이다. 왜 그럴까? 이에 대한 주원인으로 전문가들은 이른바 "자기강화 환류"(self-reinforcing feedback loops) 현상에 주목한다(The Government Office of Science, 2012). 이는 "작은 변화가 자가 발전으로 큰 변화를 촉발하고 계속 환류하며 이를 증폭하는 효과"(the effect of a small change looping back on itself and triggering a bigger change, which again loops back and so on)를 말한다. HFT/AT 없이는 일어날 수 없는 현상이다(엄경식, 2013a).

주식, 채권, 파생상품 가리지 않고 자기강화 환류가 예상보다 자주 발생하자 전문가들은 증권거래시장에 "예외적 현상의 일상화"(normalization of deviance)가 시작된 게 아니냐며 우려한다. 이는 "예측지 못한 위험한 사건이 이미 발생했는데 어느덧 일상화되어 재앙처럼 커질 때까지 이를 인식하지 못하는 사회현상"(unexpected and risky events come to be seen as ever more normal until a disaster occurs)을 말한다(The Government Office of Science, 2012). 바꿔 말하면, Flash Crash와 같은 시스템 차원의 안정성 위기가 느닷없기는 하나 예전과 비교해보면 거의 일상적이라 할 만큼 자주 발생한다는 의미이다.

Flash Crash 이후 미국에서는 이와 비슷한 우려를 낳은 사건을 여러 차례 경험했다. 예를 들면 2014년 10월 15일 미국 재무성 중기채권(10-year T-Note) 수익률[가격]이 단 몇 분 사이에 2.20%에서 1.86%로 34bp 급락[급등]하는 Flash Rally(플래시 랠리. Flash Crash in U.S. Treasuries)가 발생했다. 미국채권시장 구조 개혁을 촉발한 사건이다(Department of the Treasury, Board of Governors of the FRS, FRB NY, SEC, and CFTC, 2015). 2015년 8월 24일 NYSE 개장 시간에는 너무나 많은 종목에서 LULD(Limit-Up/Limit-Down. 개별종목 시장안정화장치)가 한꺼번에 발동하는 바람에 30여 분간 시가를 형성하지 못하기도 했다. 이 사건은 파생상품시장까지 여파를 크게 미쳐 "미니 시장붕괴"(mini-Crash)라고도 부른다(안일찬·라성채·박종호·엄경식, 2017). 계속해 2018년 12월 6일 CME(Chicago Mercantile Exchange. 시카고상품거래소)에서는 주가지수 선물가격이 개장 직후부터 6분간 1.8% 급락하는 바람에 매매체결 일시 중단조치(Stop Logic Functionality. 긴급 시장안정화장치)가 발동했다(Eom, Kwon, La, and Park, 2021). 그리고 성격은 좀 다르지만, 2020년 봄 코로나19 팬데믹 초기 글로벌 주식시장에서 발생한 수많은 주가 급변동도 그 맥락은 위 미국 사태와 같다고 볼 수 있다(알데리기·구롤라-페레즈·린·스페쓰[Alderighi, Gurrola-Perez, Lin, and Speth], 2021). 자본시장에 예외적 현상의 일상화가 이미 하나의 패러다임으로 자리 잡은 듯하다.

〈그림 11-2〉 네트워크 효과 관련 시장 속설 변화

Panel A: Traditional Platform Competition

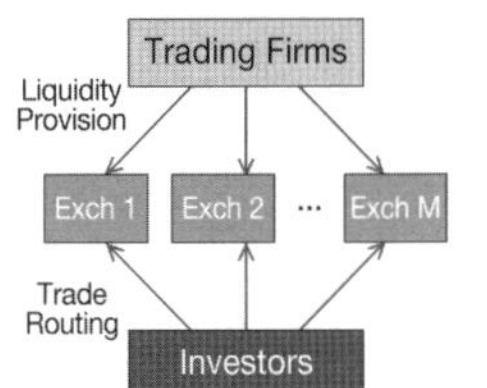

- One or both sides single-home
- Meaningful search frictions
- Result: Network effects, supra-competitive trading fees, possibly tipping

Panel B: Virtual Single Platform (VSP)

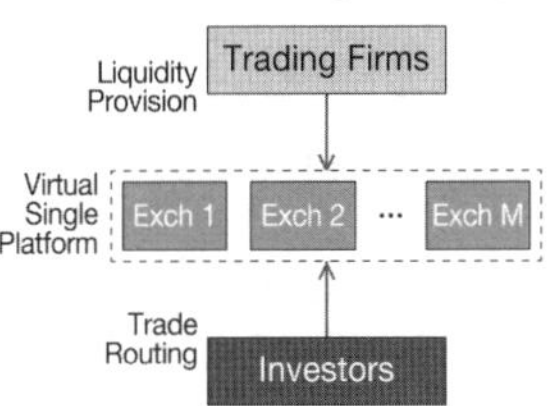

- All participants multi-home
- Search is very low friction
- Participants "stitch together" fragmented exchanges into single market. Investors automatically route trades to exchanges with best prices.
- Result: Network effects nullified, perfectly competitive trading fees, no tipping

Panel C: VSP + Sniping Rents

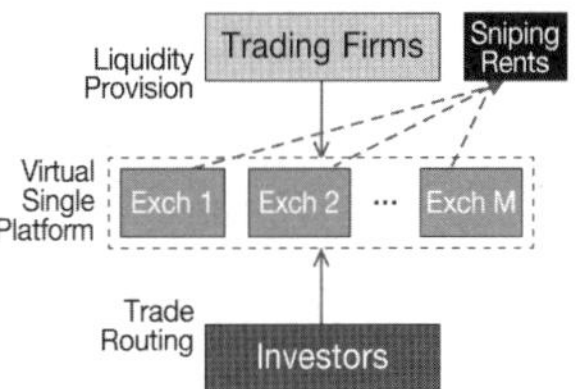

- Market design generates exchange-specific sniping rents
- Trading fees still perfectly competitive – bound below by zero
- Exchanges capture sniping rents by selling exchange-specific speed technology to trading firms – not dissipated due to zero lower bound on trading fees

* 자료: Budish, Lee, and Shim(2021).

* **Panel A**: 전통적 플랫폼에서 경쟁(유동성 외부효과/네트워크 효과 존재). 여러 거래시장이 연계 없이 경쟁. **Panel B**: VSP(가상 단일시장). 여러 거래시장이 경쟁하되, 시장 간 연계를 통해 하나의 시장인 양 경쟁(유동성 외부효과/네트워크 효과 없음). 물리적으로 시장은 분할됐으나 네트워크로 연계되어 경쟁과 독점의 장점만을 얻을 수 있음. **Panel C**: VSP + "주문 저격을 통한 이익"(Sniping Rents) 존재. 저격 전략 투자자뿐만 아니라 거래시장도 co-lo, 맞춤형 데이터 제공 등으로 이익 획득(현재 미국주식시장 상황).

3. 시장 속설 변화 — 유동성 외부효과/네트워크 효과 무효화

주식시장에서는 흔히들 "유동성은 유동성을 부른다"(liquidity begets liquidity. 유동성 외부효과/네트워크 효과[liquidity externality/network effect]), "일단 유동성이 어느 정도 형성되면 다른 거래시장으로 이동하지 않는다"라고 한다. 하지만 이러한 시장 속설(market wisdom)은 이제 과거 이야기일 뿐이다. 2000년대 중·후반 이후 유동성 외부효과/네트워크 효과는 적어도 선도주식시장에서 사라졌다. 여러 거래시장이 물량을 놓고 개별적으로 치열하게 경쟁하지만, 주식시장 자체는 이들을 네트워크로 한데 엮어 마치 하나의 시장인 양(**VSP**: virtual single platform. "**가상 단일시장**") 작동하기 때문이다. VSP 체제에서는 특정 거래시장(특히 리트풀)의 유동성이 풍부한지는 큰 의미가 없다. 주식시장 전체의 유동성 크기만이 중요할 뿐이다(Budish, Lee, and Shim, 2021. 〈그림 11-2〉, 〈패널 B〉 참조). 두 번째 속설도 바뀌었다. VSP 체제에서는 "비록 유동성이 풍부하게 형성돼 있다

해도 언제든지 쉽게 다른 거래시장으로 이동할 수 있다"(엄경식, 2013a).[333]

오랫동안 철칙처럼 여겨지던 시장 속설이 봄날 눈 녹듯 이같이 변한 데는 ① 거래시장(특히 리트풀) 간 경쟁에 따른 시장 분할, ② 엄청나게 빠른 거래 속도, ③ 분할된 거래시장의 순간적 연계 가능이 무엇보다 중요한 역할을 했다. 여기서 더 파고 들어가면 2000년대 초반부터 가속한 거래 관련 ICT의 혁신적 발전과 2007년 시행한 Reg NMS와 MiFID 등 법제 변화가 원천 동인으로 작용하였다.

4. 거래소, 완전한 형태의 민간기업 — 상장 지주회사

가. 현황

오늘날 (거의) 모든[334] 글로벌 주요 거래소는 상장 지주회사 소유·지배구조를 가진 민간기업이다(엄경식[2015, 2019], 〈표 11-3〉, 〈그림 11-3〉 참조). 한국에서야 아직도 공적 설비를 강조하며 마치 공기업인 듯 여기고 활동도 하지만, 글로벌 자본시장에서 거래소는 벌써 오래전부터 다른 민간 ICT 업체나 데이터/정보서비스업체처럼 그저 하나의 상장회사일 뿐이다. 단지 자본시장과 경제에 미치는 영향력이 크고 업무 특성상 다른 상장회사와 이해상충 가능성이 크다 보니 적절한 감시·감독 아래 정책담당자와 자신의 행보를 긴밀히 조율해야 할뿐이다.

전 세계 거래소의 소유·지배구조 변화는 유럽이 주도했다. 1993년 SSE(Stockholm Stock Exchange. 스톡홀름증권거래소. 現 Nasdaq Nordic[나스닥 노르딕])와 DB(Deutsche

333 시장 속설이라고 할 수는 없지만, 별도로 언급하기에는 모호한 사항이 하나 있다. 그것은 글로벌 금융위기를 겪고 난 후 정책담당자의 목표가 강화됐다는 점이다. 기존에는 시장 건전성(market integrity)과 투자자 보호(investor protection)가 금과옥조였는데, 이제는 여기에 시스템 안정성(system stability)이 하나 더 추가됐다(Park, Binh, and Eom, 2016).

334 KRX(Korea Exchange. 한국거래소)와 SWX(Swiss Exchange. 스위스증권거래소) 정도가 예외라고나 할 수 있다. 물론 서로 이유는 완전 다르다(KRX 관련 논의는 **제14장 1절**에 후술).

〈표 11-3〉 글로벌 주요 거래소 상장 지주회사 전환

〈패널 A〉 미국과 유럽						
	DB	Euronext	LSEG	Nasdaq	NYSE (현재 ICE 산하)	CME (미국 최초 주식회사로 전환)
IPO	2001	2001/ 2014*	2001	2002	2006	2002 (NYSE 상장. 2008년 6월 Nasdaq으로 상장 이전)
지주회사 전환	1993	2000/ 2014*	2000	2006	2006	2007

〈패널 B〉 아시아				
	ASX	HKEX	JPX	SGX
IPO	1998	2000	2013	2000
지주회사 전환	2006	2000	2007	1999

* 자료: IOSCO(2000), 엄경식(2019).

* Euronext는 일찍이 지주회사 전환(2000)과 IPO(2001)를 완료했으나, 2007년 NYSE와 합병해 NYSE Euronext 지주회사로 변신. 2014년 NYSE에서 분리 독립(spin-off)했기 때문에 재차 상장 지주회사로 전환해야 했음. 유럽 주요 거래소 중 아직 IPO를 하지 않은 거래소는 SWX(스위스거래소)가 유일. 아시아에서는 **필리핀증권거래소(PSE**: Philippine Stock Exchange)와 **말레이시아증권거래소(Bursa Malaysia)**도 2003년과 2005년에 각각 자체 상장함.

Börse. 독일거래소)를 필두로 그동안 증권업계의 한낱 클럽(협동조합)처럼 운영되던 거래소들이 잇달아 이익을 추구하는(for-profit) 주식회사로 변신했다(IOSCO, 2000). 특히 2000년을 전후로 LSE(London Stock Exchange. 런던증권거래소. 現 LSEG 산하)와 Euronext(유로넥스트)가 주식회사에서 한 걸음 더 나아가 상장 지주회사(그룹)로 기업구조를 탈바꿈하면서 유럽거래소 조직 형태는 공기업도 사기업도 아닌 모호한 상황에서 벗어나 완전한 형태의 민간기업으로 탈바꿈하기 시작했다.

유럽거래소의 변신이 대세라 판단한 아시아 주요 자본시장도 이에 재빨리 대응했다. 2000년을 전후로 ASX(Australian Securities Exchange. 호주증권거래소), HKEX(Hong Kong Exchange. 홍콩거래소), SGX(Singapore Exchange. 싱가포르거래소)는 모두 주식회사 전환과 함께 자체 상장(IPO[initial public offering. 최초상장])을 완료했고, 앞서거니 뒤서

거니 하며 지주회사가 되었다. 금융 부문 고도화가 더디었던 JPX(Japan Exchange. 일본거래소)만이 2007년 지주회사 체제를 갖춘 후 2013년 우여곡절 끝에 IPO를 일궈냈다(제7장 부록 1 참조). 2000~2001년 한국자본시장도 아시아의 이 같은 시류에 한껏 편승하는 분위기였다. 논의도 엄청 활발했다(〈그림 11-4〉 참조). 하지만 정책담당자의 확신 부족, FMI 기관 간 심각한 자사주의, 학계·연구기관의 논리 박약[335] 등의 이유로 안 하느니만 못한 용두사미 미봉책으로 마무리됐다. 안타깝게도 이는 지금도 여전히 풀기 힘든 한국자본시장의 구조적 문제점으로 남아 자본시장 발전에 걸림돌로 작용하고 있다(제14장 1~4절 참조).

한편, 미국의 두 자이언트 거래소 NYSE와 Nasdaq은 내부적으로 자연독점 혜택을 포기할 생각이 전혀 없었다. 2005년으로 예정됐던 Reg NMS가 설령 시행된다 해도 자신들 독점력을 당해내지는 못하리라 내심 배짱을 가졌을 정도였다. 이에 겉으로는 Reg NMS 시행을 준비한다고 했지만 사실상 태업에 가까운 행보를 보였다. 그러다가 SEC한테 자신들 준비 상황과는 상관없이 2년간 유예 후 Reg NMS를 무조건 시행한다고 최후통첩을 받았다(제9장 1절 가항 (3) 참조). 발등에 불이 떨어지자 두 거래소는 부랴부랴 Reg NMS 대비를 완료한 관련 기업(ECN)을 M&A(인수·합병) 하기 시작했다(제6장 1절 가항 (2)~(3) 참조). 그렇지만 클럽 지위로는 M&A에 효과적이고 신속하게 대처할 수 없었다. 주식회사로 전환해야 했고, 이어 2007년 Reg NMS 시행 전까지 IPO, 지주회사 등으로 조직을 정비해야 했다(엄경식, 2015).

나. 의미와 특징

강조하건데 글로벌 주요 거래소 거의 다가 이미 오래전에 소유·지배구조를 상장 지주회사로 바꿨다. 그 의미와 특징은 무엇일까? 다음과 같이 정리해볼 수 있다.

---

335 연구진의 한 명이었던 필자 역시 이러한 비난에서 벗어날 수 없다.

〈그림 11-3〉 거래소 변모—1980~2018년

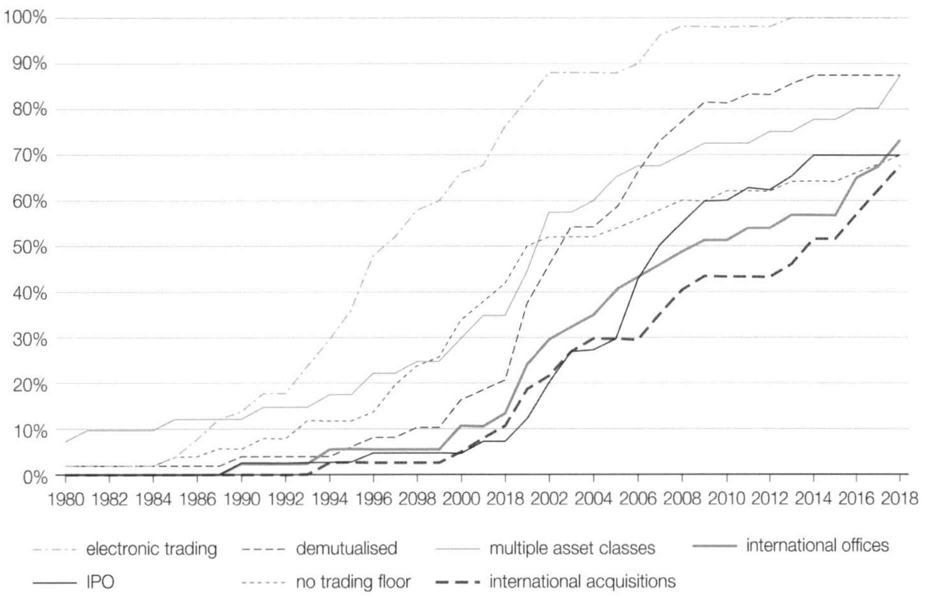

* 자료: 페트리(Petry, 2021).

* 가로축 2018년 맨 위 선부터 내려오면 다음과 같음: 전자거래(electronic trading), 주식회사화(점선. demutualised), 주식 외 여러 금융자산 거래(회식 실선. multiple asset classes), 외국 주재 오피스 보유(회색 굵은 실선. international offices), IPO(검은 실선), 입회장 중개인 없음(가는 점선. no trading floor), 거래소 산업 관련 외국 기업 인수(굵은 점선. international acquisitions). 중요 사실은 이 모든 항목이 60%를 상회한다는 점임.

첫째, 증권업계 클럽에서 주식회사로 소유구조 전환은 거래소시장이 자연독점에서 벗어나 '어떤 식으로든' 경쟁에 돌입한다는 의미를 내포한다. 미국은 거래소가 주식회사로 전환하기 몇 년 전부터 이미 ECN(electronic communications network. "전자거래시스템")의 등장으로 Nasdaq 시장을 놓고 경쟁이 어느 정도 진척된 상태였다. 그 상황에서 거래소의 주식회사 전환은 이제 경쟁이 본격화했음을 의미한다. 당시 유럽과 아시아 국가는 1국 1거래소를 보유했었다. 독점거래소인데도 상장 주식회사로 전환한 것 역시 경쟁 때문이었다. 범유럽주식시장이 등장하면서 EU 회원국 거래소는 역내 다른 국가대표 거래소와 경쟁이 불가피했고 이에 소유구조를 민간기업으로 바꿔 효율적으로 대응해야 했다. 아시아에서는 당시 국가 간 경쟁이 구체화하지는 않았다. 그러나 역내 국제거래소 지위를 놓고 벌어지는 물밑 경쟁을 선도하거나 적극적으로 대비해둘 필요는 있었다. 당시 한국 정책담당자와 거래소는 이 같은 역내 경쟁에 지극히 냉소적이었고, 학자들도 주장은 했지만 논리에 자신 없어 했다. 20여 년이 지난 지금 HKEX, SGX 국제적 위상을 KRX, JPX와 비교해보면 그 차이는 불문가지이다. 아시아에서 **"글로벌 선도거래소 그룹"**(GEG: global exchange group)이 되려는 동남아 두 거래소의 실제 목표 의식과 국제적 감각이 참으로 대단하다.

둘째, 글로벌 선도거래소는 상장 주식회사에 머물지 않고 궁극적으로 지주회사 체제를 지향했다. 무엇보다도 이는 선도거래소가 거래소 지배구조의 본질이 자본시장 전 기능(주문 제출에서 예탁·데이터 제공까지)을 사용자 편에서 유기적으로 자동 연계하는 체계(즉, STP[straight-through process. "직통처리"/"일괄처리"] 체계. 제2장 1절 다항 (3)(가) 참조)를 구현하는 데 있다고 봤기 때문이다. 지주회사-자회사라는 법인격 형식과 조직 효율성을 갖추는 것은 그다음 일이었다. 따라서 STP 체계를 구현하는 데 조직과 인력의 초점을 맞춘 다음, 자본시장 기능별로 자회사를 만들고 이들 자회사를 마치 지주회사(단일 회사)의 한 기능인 양 탄력 있게 운영하고자 했다(〈그림 11-4〉 참조).

이뿐만 아니라, 상장회사가 되면 거래소는 자기 시장에 상장한 경쟁시장이나 기업을 자율적으로 규제해야 하는 모순적 상황에 맞닥뜨린다. 지주회사 체제는 영리성과 공공성 간에 벌어지는 이 같은 이해상충 요소를 해소(예: SRO[self-regulatory organization. 자율규제기구] 독립성 확보)하고, 또 앞으로 국내·외에서 다양하게 전개될 수 있는 합병의 편의성을 확보하려 할 때 굉장히 유리하다.

셋째, 상장 주식회사가 되면서 그동안 거래소가 수행한 **자율규제기능**(self-regulatory function. 예: **시장감시[market surveillance], 강제집행[enforcement], 상장기준 준수 감시**)을 누가 떠맡아 수행해야 하는지가 아주 중요한 쟁점으로 떠올랐다. 바로 위에서 언급했듯이 영리성과 공공성이 마찰을 일으키는 대표적 상황이다. 자본시장과 관련해 모든 민감 사항이 그렇듯이 이 또한 미국의 변화 방식이 전 세계 자본시장에 영향을 미치며 선도한다 할 수 있다.

미국에서는 2010년경부터 개별 거래소가 해오던 시장감시와 강제집행 기능을 모두 FINRA(Financial Industry Regulatory Authority. 금융산업규제국. 핀라. 비영리 SRO)에 외주(outsourcing)해야 했다. SEC가 이런 정책을 취한 데에는 민간 영리법인 거래소가 자신에게 상장한 경쟁 거래시장이나 기업(예: 거래소 산하 ICT 자회사와 경쟁 관계에 있는 상장기업)을 규제하면 이해상충 발생 가능성이 아주 크다고 판단했기 때문이다. 더군다나 거래소는 자율규제와 관련해 그릇된 행위를 해도 규정상 면책 대상이어서 SEC로서는 더욱더 보수적 태도를 보여야 했다. 그러나 2013년 Nasdaq이 현장 감시 중요성을 강조하며 SRO 역할을 하겠다고 주장하고 SEC가 이를 일부 수용하면서 미국주식시장의 SRO 체제는 또다시 변모했다. 그 결과, Nasdaq은 2013년 8월부터 단주 관련 주가조작(odd-lot manipulation)이나 소규모 주가조작(mini-manipulation)같이 현장에서 훨씬 더 효율적으로 감시할 수 있는 사안에 대해서는 제한적이나마 시장감시기능을 되찾아와 담당·수행하고 있다. NYSE도 마찬가지이다.[336]

상장거래소 자율규제는 누가 담당해야 할까? ICT 수준이 요즘같이 급변하는 상황에서 답변하기 매우 까다로운 주제이다. 미국의 변천 과정을 통해 유추해보면, 한동안 패러다임으로 자리 잡았던 독립형 규제기관(예: FINRA)이 계속해서 그 많은 모든 거래시장의 자율규제기능을 통합해 실시간으로 홀로 감당하기란 불가능에 가깝다고 생각한다(엄경식, 2019). ICT의 혁신적 발전으로 여러 형태의 거래시장이 통합/연계되어 거래 자체가 엄청 복잡해졌을 뿐만 아니라, HFT 거래 비중이 50%를 넘을 정도로 시장 전체로 거래 속도 또한 너무 빨라졌기 때문이다. 전문적인 식견과 경험을 바탕으로 현장에서 즉시 대처하지 않으면 기회를 놓쳐버리는 상황이 점점 더 많아졌다. 실제로 최근 FINRA는 NYSER, Nasdaq, Cboe Global Markets(舊 BATS Global Markets) 등 자이언트 거래소와 합동으로 **"교차 시장감시"**(cross-market surveillance)를 하기 시작했다. 그러나 한편에서는 **"미국 브로커·딜러협회"(SIFMA**. Securities Industry and Financial Markets Association. **시프마**)처럼 거래소가 자율규제기능을 되찾아가는 현상에 반대 목소리를

336 NYSE는 2005년부터 비영리법인 **NYSER**(NYSE Regulation Inc. NYSE 산하 SRO)이 자율규제를 전담하다 Nasdaq과 마찬가지로 2010년 FIRNA로 시장감시와 강제집행 기능을 넘겨줬다. 그러다 2015년을 끝으로 이를 되찾아와 지금은 NYSER이 다시 NYSE 자율규제를 담당하고 있다. 이에 대해서는 SEC 규정 변경(2013년 8월)이 물론 결정적 역할을 했지만, 자율규제에 대한 NYSE의 높아진 자신감도 큰 몫을 했다고 한다. 부연하면, NYSE 모회사 ICE(Intercontinental Exchange. 인터콘티넨털거래소)는 NYSE와 이어지는 여러 합병을 통해 사업 범위를 크게 확대했고, 주식에 치우쳤던 NYSE도 자연스레 여러 다른 금융상품과 연계 업무를 하기 시작했다. 이 과정에서 NYSE는 시장 내/시장 간 자율규제를 공정하고 확실하게 해낼 수 있다는 자신감을 얻었고, 마침 SEC가 일부 자율규제기능을 허용하자 이를 선뜻 되찾아왔다는 게 업계 평가이다. McCrank, J., 2014. "NYSE to Take Back Policing Duties from Wall Street Watchdog". **Reuters**, (October 6).

〈그림 11-4〉 2001년 한국자본시장 통합 논의 당시 KSE 상장 지주회사 안(案)

〈패널 A〉 모든 기능을 자회사로 존속

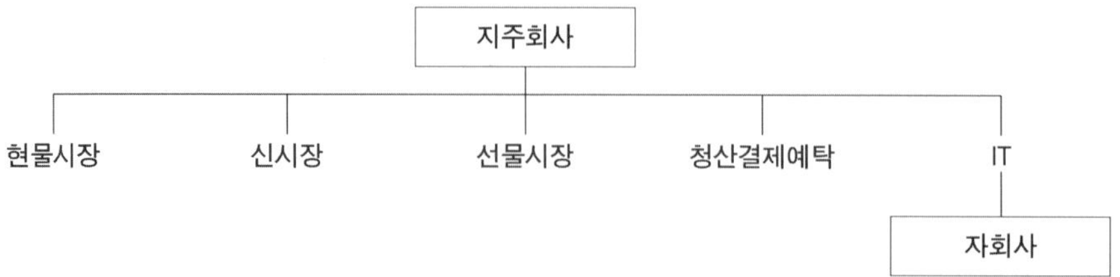

〈패널 B〉 예탁기능을 제외하고 모든 기능을 자회사로 존속

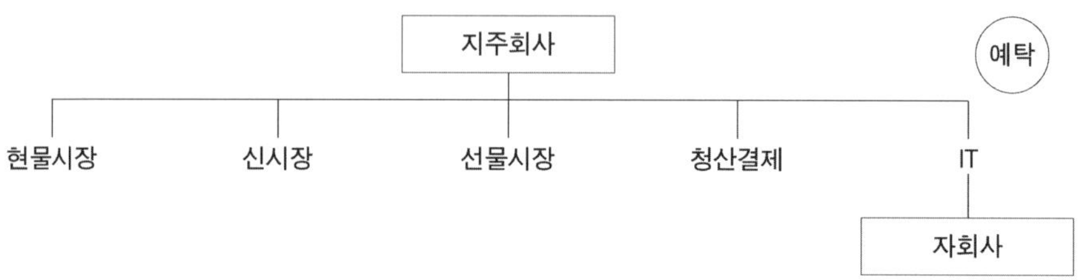

〈패널 C〉 매매체결기능을 중간지주회사 형태로

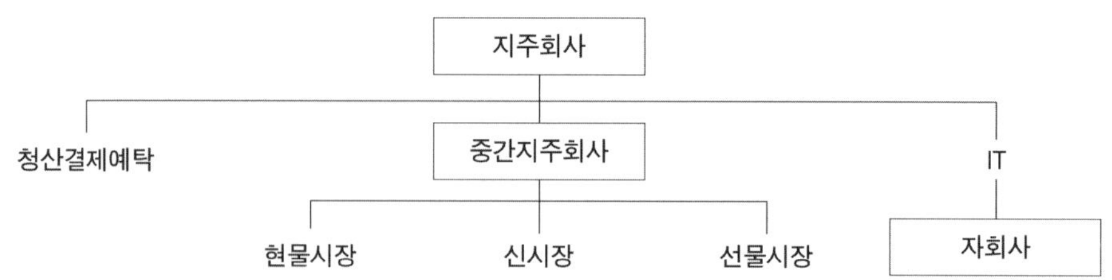

〈패널 D〉 예탁기능을 분리하고 매매체결기능을 중간지주회사 형태로

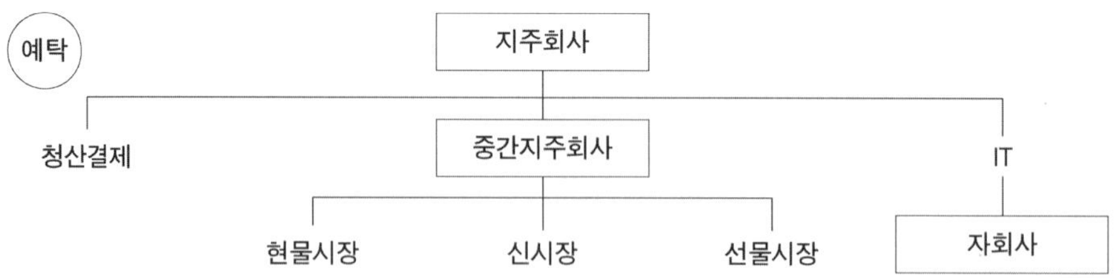

* 자료: 한국증권연구원(現 자본시장연구원, 2001).

* 그림에는 자율규제기능(예: 시장감시, 강제집행, 상장기준 준수 감시)을 담당·수행하는 기관이 빠져 있음. 이에 대해서도 논의는 꽤 활발했지만, 정책담당자와 각을 세우는 상황이 될 수 있다고 판단해 포함하지 않음.

높이기도 한다. 위에서 언급한 이해상충 문제가 시장이 복잡해질수록 더욱더 심각해진다는 이유 때문이다.

다. 민간기업 전환 이후 성장전략과 수익구조 변화

(1) 성장전략

상장 지주회사 전환 후 글로벌 주요 거래소는 사업 다각화, 인프라 강화, 글로벌화를 성장전략 축으로 삼았다. 이를 세부 전략으로 구분해 살펴보면 다음 6가지로 정리할 수 있다.[337]

① 장내·외파생상품시장 진출/강화
② 청산·결제 등 거래 후 업무 분야 진출/확대
③ ICT 기능 상업성 강화
④ 지수·데이터/거래시장 간 연계 관련 사업 진출/확대
⑤ 새싹기업(신생기업)에서 대기업까지(전통산업과 성장형산업 불문) 기업의 모든 성장단계에서 해당 기업 금융상품의 유통 활성화(예: 비상장주식 거래플랫폼 제공. ATS 적극 활용) 추구
⑥ ①~⑤ 사항에 국제화 요소 가미

한국자본시장이 지향하는 성장전략도 이 틀을 벗어나지는 않을 것이다. 앞으로 국내 거래소시장의 거시구조를 결정짓는 외생변수임이 분명하다(엄경식, 2015). 예를 하나 들어 보자. 캐나다 TMX는 TSX(토론토증권거래소)를 산하에 둔 상장 지주회사(민간 그룹)이

337 열거한 성장전략 대부분(①~⑤)은 제12장에서 항목별로 다루어진다.

〈표 11-4〉 2015년 TMX 핵심 추진 전략

구분	주요 내용
기본 철학	고객에게는 더 큰 가치를, 주주에게는 더 높은 수익률을 제공하고, 우리 자신(TMX)의 지속 성장을 위해서는 차별적 경쟁력을 확립
전략 축	**〈자본조달, Capital Formation〉** 모든 투자자를 아우르며, 설립 초기부터 성숙 단계에 이르기까지 모든 기업이 가능한 한 모든 형태의 금융상품을 활용해 자본을 조달하는 데 공헌 **〈(파생상품) 신상품개발, Creating New Products〉** 국내·외를 막론하고 급증하는 파생상품 수요를 맞추는 데 필요한 신상품 적극 개발 **〈통합 데이터 제공, Delivering Integrated Data Sets〉** 고객(특히, 기관투자자나 다양한 분석기법을 동원하는 온갖 투자자)이 더 나은 투자의사 결정을 내릴 수 있도록 맞춤형 고부가가치 데이터(proprietary data)나 전문적인 분석(third party analytics) 정보 같은 데이터까지지도 통합해 제공 **〈자본시장 생태계 지원, Leveraging TMX Capabilities and Available Technologies〉** TMX의 역량과 기술을 이용해 새로운 산업부문이나 자산군을 창출해내려는 온갖 외부 노력에 도움 제공 **〈효율적 시장 운영, Operating Markets Innovatively, Efficiently, Reliably, Fast, and Easily〉** 거래와 청산 활동을 혁신적이고, 효율적이며, 믿고, 빠르고, 쉽게 운영

* 자료: [https://www.tmx.com/newsroom/press-releases?id=323].

다. 국제적으로 KRX와 비슷하거나 약간 높은 위상을 갖는다. 하지만 여러 면에서 훨씬 강하고 세련됐다. TMX는 위에서 언급한 6가지 세부 전략을 캐나다 실정에 맞게 조정해 이미 7년 전(2015년 6월)부터 "핵심 추진 전략"(strategic pillar. 〈표 11-4〉 참조)으로 시행하고 있다. 내용 하나하나가 ICT 혁신적 발전과 자국 법제 환경변화(**UMIR**[Universal Market Integrity Rules. **유미어**. 캐나다판 Reg NMS] 도입. 2008년 6월 시행)로 비즈니스 생태계(ecosystem)가 급변했음을 직시하고 전략적 방향성을 확고히 했음을 알 수 있다. 이웃나라 미국의 거대 거래시장과 경쟁(예: TSX－미국 17번째 거래소 BSTX 설립. Nasdaq－차이엑스캐나다[Chi-X Canada. 현 Nasdaq Canada] 인수. Cboe Global Markets－캐나다 NEO exchange 인수)에 노출된 TMX는 이렇듯 체질을 강화하며 국제 중견거래소로서 탄탄한 활약을 하고 있다. 여러 면에서 한국자본시장과 비교되는 것은 필자만의 느낌일까?

(2) 수익구조 변화

IPO 이후 추진하기 시작한 성장전략 결과, 글로벌 주요 거래소는 이전보다 균형이 훨씬 더 잘 잡힌 수익구조를 갖게 되었다고 한다(아가왈[Aggarwal], 2002). 이는 〈표 11-5〉

〈표 11-5〉 IPO 이후 세계 주요 거래소 수익구조 변화

	거래소	IPO 당시 비교시점 (%)		2014년 (%)		2020년 또는 2021년 (%)	
미국	**ICE** (2013년 NYSE 합병)	매매수수료 정보서비스 **[2004년]**	83.9 8.9	매매/청산수수료 정보서비스 상장서비스	60.9 20.4 11.9	매매/청산수수료(에너지, **선물·옵션**, OTC, 주식 순) 정보서비스 상장서비스 **[2021년 3분기]**	65.5 21.7 12.8
	Nasdaq	매매/청산수수료 정보서비스 상장서비스 **[2001년]**	47.7 28.1 18.2	매매/청산수수료 정보서비스 상장서비스 IT서비스	39.4 22.9 11.5 26.2	매매/청산수수료 정보서비스 상장서비스 IT서비스 **[2021년 2분기]**	36.9 31.1 18.2 13.8
	CME	매매/청산수수료 정보서비스 접속서비스 **[2001년]**	75.5 12.5 5.5	매매/청산수수료 정보서비스 상장서비스	84.1 11.4 2.7	매매/청산수수료 정보서비스 **[2021년 3분기]**	79.9 13.2
유럽	**LSE**	매매수수료 정보서비스 상장서비스 **[2000년]**	31.6 40.0 21.8	시장서비스 청산서비스 정보서비스 IT서비스	24.1 37.6 27.0 4.8	시장서비스 청산서비스 정보서비스 IT서비스 **[2020년]**	20.1 35.4 41.5 2.9
	DB	Xetra Eurex 정보서비스 IT서비스 **[2000년]**	39.6 22.8 11.7 16.5	Xetra Eurex Clearstream 정보서비스 (지수, 분석 포함)	7.9 39.3 34.2 18.6	Xetra Eurex Clearstream 정보서비스(지수, 분석 포함) **[2020년]**	24.8 65.1 7.2 1.8
아시아	**HKEX**	매매수수료 청산서비스 상장서비스 예탁/보관서비스 정보서비스 **[1999년]**	23.6 10.8 11.3 7.9 12.6	매매수수료 청산서비스 상장서비스 예탁/보관서비스 정보서비스	41.2 21.9 12.1 7.9 8.4	매매수수료 청산/예탁/보관서비스 상장서비스 정보서비스 **[2021년 2분기]**	51.6 38.8 4.7 4.8
	JPX	시장서비스 청산서비스 상장서비스 정보서비스 **[2013년]**	42.6 14.8 12.2 18.2	시장서비스 청산서비스 상장서비스 정보서비스	45.9 18.9 11.5 15.4	시장서비스 청산서비스 상장서비스 정보서비스	n.a.
	SGX	청산서비스 계좌서비스 상장서비스 정보서비스 IT서비스 **[2000년]**	57.7 17.5 6.1 3.0 11.5	증권서비스 파생상품서비스 상장서비스 예탁서비스 정보서비스	33.0 30.4 11.4 13.8 11.2	주식, 파생상품 매매서비스 FICC서비스(채권, 외환, 상품) 상장서비스 DCI서비스(정보) 예탁서비스 **[2021년 2분기]**	66.4 20.1 1.4 13.6 n.a.

* 자료: 엄경식(2015), 2020년, 2021년 해당 분기 재무제표.

* 비교 시점이 오래전이라 같은 거래소라도 항목 간 비교가 어려움. ICE와 LSE가 그나마 일반적 추이를 보여주는 편임. 일반적 추이는 주식 매매체결 수익 비중이 점점 하락했고, 대신 파생상품의 매매체결과 청산·결제, 데이터 판매/ICT 서비스 수익 비중은 대폭 증가(Geranio, 2016. 〈그림 12-1〉, 〈패널 B〉 참조).

와 〈그림 12-1〉, 〈패널 B〉에서도 어렵지 않게 확인할 수 있다. 무엇보다 IPO 이전에 주를 이뤘던 주식시장의 매매수수료와 상장수수료 수익 비중이 대폭 감소했다. HKEX처럼 대폭 증가한 거래소도 있지만, 이는 통계를 세부적으로 제시하지 않아서 나타난 허상으로 실제로는 파생상품이나 상품시장(commodity market)의 수익 증가에 기인한다. 대신, 정보, ICT, 청산서비스 부문의 수익 비중은 꾸준히 증가해 IPO 이후 거래소 수익구조 저변이 바람직하게 변한 것을 알 수 있다.

제12장
시장거시·미시구조 질적 변화와 세련화

1. 거래시장 간 경쟁 심화와 시장거시구조 질적 변화

가. 미국주식시장 거시구조 총체적 변모 돌입

오랫동안 세계주식시장 거시구조는 주시장(전통산업에 속하는 대기업·중견기업 시장), (신시장)/성장형시장(ICT 기반의 혁신형 중소기업 시장),[338] 조직화한 장외주식시장(정규시장에 상장할 수 없거나 상장하지 않은 기업 시장), 순수 장외시장의 위계가 일반적 형태였다(이하 "전통적 개념의 거시구조"). 그러나 이제 세계자본시장을 선도하는 미국주식시장 거시구조는 이 같은 전통적 위계만으로 구분하기가 매우 어렵게 되었다. 여기에는 2000년을 전후로 대거 등장해 모든 위계를 넘나들며 거래 경쟁을 벌이는 ATS(alternative trading system. 대체거래시스템)의 활약이 자리 잡고 있다.

현재 미국주식시장 거시구조를 정형화해 간단히 정리하기는 어렵다. 즉, 예전처럼 조직체로서 '시장 간 위계'(거시구조)를 명확하고 기계적으로 구분(예: NYSE는 주시장, Nasdaq은 성장형시장, OTC Markets Group[오티씨마케츠그룹]은 조직화한 장외시장)할 수가 없다. 제목에서 알 수 있듯이 필자는 거시구조가 총체적으로 변하기 시작했다고 보기 때문이다. 어떤 근거로 그렇게 주장하는 걸까? 근래 미국주식시장에서 거시구조와 관련해 나타난 다음

338 Nasdaq은 2006년 OTC(over-the-counter. 조직화한 장외시장)에서 정규거래소로 지위가 변경되자 "growth market"(성장형시장)이라는 용어를 시장 정체성으로 공식 사용하기 시작했다. 이후 유럽에서도 성장형시장이 신시장(new market)이라는 용어를 대체해 나갔다.

의 특징적 현상을 서로 연결해보면 이를 이해할 수 있다.

- **〈주시장, 성장형시장 구분 모호〉** 주시장과 성장형시장을 구분할 필요성이 아주 약해짐. 성장형시장 대상 기업이었던 "ICT 기반 혁신형 기업"이 이제 미국 산업의 중심이 되었기 때문임. 이들 기업의 IPO에서 NYSE가 25%를 차지할 만큼 성장형시장을 놓고 NYSE와 Nasdaq 간 경쟁이 본격 진행 중.[339] 게다가 ATS로 주시장과 성장형시장에 진입했던 Cboe U.S. Equities(舊 BATS)도 거래 규모가 Nasdaq과 2~3위를 다툴 정도로 성장.
- **〈다양한 목적의 신생 주시장 대거 등장〉** 2016년 IEX(Investor Exchange. "[개인]투자자 이익에 봉사하는 거래소"), 2020년 가을 MEX(Members Exchange. "개인투자자뿐 아니라 기관투자자도 아우르며 봉사하는 회원용 거래소"), MIAX Pearl(MIAX Pearl Equities Exchange. "마이애미 펄 주식거래소". 옵션거래 편의 도모용 주식거래소), LTSE(Long Term Stock Exchange. "장기투자자용 거래소")가, 2022년 1월 BSTX(개명 전 이름은 Boston Security Token Exchange. 블록체인 활용 예정)가 정규거래소로 등장(제6장 1절 가항 (1) 참조). 주시장이나 성장형시장이 목표가 아니라 특정 거래자(개인투자자, 기관투자자, 옵션투자자, 장기투자자, 주식형 토큰 투자자)에 서비스 제공을 목표로 삼음.
- **〈위계를 넘나드는 ATS의 광범위한 비즈니스 영향력〉** ATS는 이제 거의 다 다크풀(dark pool)이며, 내부화 IB(internalizer. 내부화투자은행)와 합치면 다크 거래시장(dark market)은 전체(주시장과 성장형시장) 거래량 35%를 차지할 정도로 성장(〈그림 3-2〉, 〈패널 A〉 참조). 조직화한 장외시장이나 사적 거래시장의 급성장에 큰 역할을 함. OTC Markets Group(舊 Pink Sheets), **글로벌오티씨(Global OTC.** NYSE [Group] 자회사 ATS. 글로벌 블루칩과 미국 신흥기업 장외거래), NPM(Nasdaq Private Market. 나스닥사적시장)이 호가 제공에 그치지 않고 거래까지 가능한 데에는 ATS를 통하거나

339 2013년 11월 Twitter(트위터)가 ICT 기업 최초로 NYSE에 상장하면서 Nasdaq과 경쟁이 본격화됐다. 특히 2018년 4월 NYSE가 직상장(direct listing. 예: 스포티파이[Spotify] 직상장)이라는 새로운 방식을 도입해 주요 유니콘 상장을 앞지르면서 경쟁은 더욱더 치열해졌다.

ATS이기 때문임. 한편, 주요 정규거래소(Nasdaq, Cboe Global Markets)는 ATS를 합병(그룹 내 자회사 형태)하며 대량매매시장에도 적극 진출하는 중.

- **〈조직화한 장외주식시장의 적극적 행보〉** OTC Markets Group은 2021년 11월 이후 미국에서 유일하다시피 한 조직화한 장외주식시장임. 조직화한 장외주식시장 위계를 유지한 채 상위시장(주시장/신시장. 성장형시장보다 신시장에 더 가까움)과 사적 자본시장 양방향으로 사업영역 확대를 시도하는 중.
- **〈사적 자본시장 역할 증대〉** 사적 자본시장은 2010년대 중반 자생하던 비상장주식 거래 전용 ATS/브로커·딜러를 정규시장(Nasdaq)이 흡수합병하며 새롭게 분화하기 시작(NPM 등장). 시장을 선점당한 NYSE가 유니콘 대상 직상장제도를 도입(2018년 4월)해 만회에 성공하자 다급해진 Nasdaq이 여러 IB(investment bank. 투자은행)와 합작해 NPM을 분사·독립시키며 맞대응(2021년 11월). 정규거래소 간 유니콘 상장 통로로 경쟁이 치열해짐.

거래시장별로 위계를 정리해보면, NYSE와 Nasdaq은 사적 자본시장부터 주시장, 거기다 ATS까지 아우르며 거시구조상 전 영역을 비즈니스 범위로 삼는다. Cboe Global Markets는 ATS와 옵션시장에서 출발한 관계로 아직은 주시장과 성장형시장 거래에 집중하고, 신생 거래소(IEX, MEX, MIAX Pearl, LTSE, [BSTX])는 시장과 관계없이 특정 투자자에 특화된 서비스를 제공하는 데 초점을 맞추는 모습이다. OTC Markets Group은 기존의 조직화한 장외주식시장을 중심으로 거시구조 전 영역에 진출을 꾀하고, ATS는 위계 불문 모든 시장에서 비즈니스 영향력을 확대하고 있다. 또한 사적 자본시장은 짧은 시간 내 중요성이 급상승해 시장거시구조의 한 위계로 확실히 자리 잡았다. 결국, 대형 거래시장은 거시구조를 구성하는 모든 위계 시장을 가치사슬로 구축하고, 소형/신생 거래시장은 일부 투자자에 특화된 시장을 지향하는 듯하다. Reg NMS Best Execution 시행으로 수많은 거래시장이 위계 불문 실시간 연계되며 미국주식시장이 '실질적으로 단일시장'(VSP. 제11장 3절 참조)이 된 결과이다(Budish, Lee, and Shim, 2021).

참고로, 유럽주식시장은 법제 환경(MiFID II/MiFIR)이 미국과 맥을 같이 하기는 하지만 거래시장 간 연계가 완전치 않아 아직 미국처럼 VSP라 말하기 어렵다. 이 때문에 전통적 개념의 거시구조가 회원국별로 여전히 유효하다. 영국주식시장만이 LSE(주시장), Cboe Europe Equities("씨보유럽주식시장". 주시장), AQSE(Aquis Stock Exchange. 아퀴스증권거래소. 중소/성장형시장), AIM(Alternative Investment Market. "대체투자거래소". 성장형시장. 조직화한 장외시장 역할도 일정 부분 담당. MTF[mutlilateral trading facility. 다자간거래설비]), ELITE(엘리트. 영국판 사적 자본시장[LSE 산하]), Turquoise(터퀴이스)를 비롯한 여러 형태의 ATS(광의로 MTF, SI[systematic internaliser. 시스템적 내부체결기능제공자], OTF[organized trading facility. 조직적 거래설비]를 포괄)가 전통적 개념의 거시구조 위계상 다소 뒤얽혀 있기는 하다. 하지만 브렉시트(Brexit) 때문에 앞으로 어떻게 변할지 예단조차 해볼 수 없다. 특이 사항으로 영국과 EU(European Union. 유럽연합) ATS는 다크(dark. 사전적 투명성이 없는)보다는 리트(lit. 사전적 투명성이 있는)가 여전히 대세이다(〈그림 3-2〉, 〈패널 B〉 참조).

나. 다크 거래시장 점유율 급증과 적정성 논란

(1) 현황, 필요성, 정의와 거래방식

(가) 현황

Reg ATS(Regulation ATS. ATS 규정. 1998년)로 제도 정비를 마치고 2000년대 초·중반에 이르자 미국주식시장에서 ATS는 다크풀이 그동안 대세였던 ECN(리트풀)을 압도하기 시작했다. 더 나아가 이제는 ATS 하면 다크 거래시장[340]을 의미할 만큼 일방적이다. 주식시장 점유율도 2020년 7월 기준 약 35%(다크풀 12%, 내부화 IB 23%. 〈그림 3-2〉, 〈패널 A〉 참조)로 아주 대단하다. 2009년 11월 9.6%(Angel, Harris, and Spatt, 2011), 2016년 6월 35.1%(강형철·엄경식·이지혜·이진호, 2017)와 비교해보면 2010년대 중반까지 급성

340 이 책에서 다크 거래시장은 다크풀과 내부화 IB를 합친 용어이다. 하지만 다른 문헌에서는 간혹 여기다 정규거래소 다크 주문(hidden order[비공개 지정가주문], iceberg order[빙산의 일각처럼 일부만 공개하는 주문])을 추가하거나, 아니면 그냥 협의로 다크풀만을 의미하기도 한다.

장한 후 안정세에 접어든 듯하다.

이에 비해 유럽주식시장에서 ATS는 2021년 3월 기준 다크 MTF(다크풀) 7.9%, 리트 MTF(리트풀) 18.9%, SI([제한적] 리트풀. 법적으로 ATS는 아니지만, 이 책에서는 광의로 포함) 14%로 리트풀 비중이 훨씬 크다(〈그림 3-2〉, 〈패널 B〉 참조). 다크풀 비중이 8%에 밑도는데 이는 DVC(Double Volume Caps. "다크풀 거래량 이중 상한제도". MiFID II/MiFIR. 2018년 3월 시행) 때문인 듯하다. 2021년 11월 상한을 7%로 낮췄으니 조만간 비중은 더 낮아질 것이다(제10장 3절 나항 (2) 참조). 한편, 유럽 정규거래소 거래 비중은 총 44.6%로 절반이 채 되질 않는다. 대부분의 정규거래소(LSE 제외)가 자국 내 상장기업 주식거래에 중점을 두는 데 비해 MTF와 SI는 범유럽 거래시장을 지향해 나타나는 현상이라고 한다.[341]

(나) 대량매매, 다크풀 존재 이유

원래 다크풀은 기존의 대량매매(block trading) 체결 메커니즘이 지닌 한계를 극복하고자 도입됐고 이 목적은 언제나 유효하다. 대량매매란 보통 1만 주/1백만 달러(13억 원) 이상의 주문을 의미한다(예: 기관투자자/대주주 거래, 인수·합병 시도/포기 거래, 주식매수청구권 행사 거래. 제2장 1절 나항 (2), 제6장 1절 다항 참조). 이 같은 대량매매를 사전적 투명성(pre-trade transparency)이 높은 장내 일상적 거래 메커니즘을 통해 체결하면 시장에 대규모 매수세/매도세가 존재한다는 사실이 그냥 노출되어 버린다. 체결가격이 대량매매 거래자에게 아주 불리하게 형성되고 최악에는 대량매매 정보만 빼앗긴 채 체결조차 못 할 수도 있다.[342] 대량매매 거래자에게는 아주 심각한 시장충격비용(market impact cost. 암묵적 비용[implicit cost])이자 위험이다.

과거 글로벌 주요 거래소는 정보누출이나 시장충격 같은 문제를 해결해 대량매매를 활성화하고자 upstairs market(업스테어스 마켓. 입회장 위층에 별도로 설치한 시장)이라 불리는

341 Hills, R., 2021. "Microbites #3—Dark Trading in Europe". **big xyt**, (March 25). 다크풀은 특성상 관련 통계가 일률적이지 않다. 미국 다크풀 통계는 로젠블랏(Rosenblatt Securities) 집계를 주로 사용한다.

342 애당초 대량매매는 당사자 간 서로 정보를 숨긴 채(double hidden type) 거래를 시도한다. 따라서 일반적으로 거래 자체가 성사되기 매우 어렵다. 효율적 거래 메커니즘이 절실한 거래이다.

대량매매 전용시장을 도입했었다. 이 시장에서는 "대량매매 중개인"(BT: block trader. 예: 장내브로커)이 자신의 지식과 경험, 고객 정보 등을 바탕으로 "대량매매 개시자"(BI: block initiator)와 잠재 수요자/거래상대방인 "대량매매 유동성공급자"(BLS: block liquidity supplier) 사이에 효율적으로 개입해 이들 간 접촉을 최소화하며 거래를 성사시켰다(베쎔빈더·벤카타라만[Bessembinder and Venkataraman], 2004). 하지만 고가 수수료와 낙후된 체결 서비스(예: 익명성 보장 미비, 주문 노출) 때문에 투자자의 불만도 상당했다.

다크풀은 바로 upstairs market과 장내브로커를 혁신적으로 발전한 ICT로 시스템화해 진화시킨 거래시장이다(Angel, Harris, and Spatt, 2011). 이로써 대량매매 주문의 존재와 투자 주체에 대한 정보누출을 방지하고 수수료도 크게 낮출 수 있었다. 2000년대 접어들며 IB 대형화, 헤지펀드의 고속 성장과 대형화, 연기금 주식투자 확대 등으로 질 좋은 대량매매 서비스에 대한 수요가 매우 높아졌다. 다크풀 등장은 단비와도 같았다. 여기에 더해 사전적 투명성을 꺼리는 다른 투자 수요도 흡수하며 다크풀은 2000년대 중반 이후 미국·유럽 거래시장의 한 축으로 급부상했다.

(다) 정의와 거래방식

〈정의〉 코머튼-포드·푸투닌스(Comerton-Forde and Putniņš, 2015)는 다크풀을 "사전적 투명성 없이 주문을 시스템적으로 매칭하는 ATS"라 했다. ① 사전적 투명성 부재, ② 인적 개입 없이 시스템적 매매체결, ③ ATS 등 일반에게도 잘 알려진 다크풀 핵심 특징을 정의로 활용하였다.

이에 비해, 부티·린디·베르네르(Buti, Rindi, and Werner, 2017)는 시장의 역학 관계와 제도적 상황을 좀 더 강조했다. 이들 정의에 따르면 다크풀은 "접수한 최우선호가 주문을 CQS(Consolidated Quote System. "통합호가정보시스템". 리트풀 정보망)에 포함하지 않고 대신, 익명의 시스템 사용자(구독자)가 제출한 비공개 주문끼리 별도로 묶어 NBBO(National Best Bid and Offer. 전국 최우선매수·매도호가)보다 최소 같거나 아니면 더 좋은 가격에 매매체결 하는 ATS"이다.

〈거래방식〉 일반적으로 다크풀에서 사용하는 거래방식은 매수·매도를 원하는 다수의 거래자(BI)가 다크풀 매칭시스템에 **IOI**(indication of interests. "**주문의향서**")를 제출하면 시스템이 합치 조건을 갖춘 상대편(BLS. 즉, 반대편 BI) 주문을 자동으로 탐색해 매매를 체결한다. IOI란 (대량)매매 종목에 대한 BI의 거래 의향(관심)이나 온전하지 않은(대개 조건부거나 구속력이 없는) 거래 관련 정보(채권거래 액스[axe]와 비슷)를 말한다. 수량과 가격을 명시한 거래소 호가와 비교할 때 비슷한 성격이지만 매우 불완전한 정보이다. 만일 IOI가 **"신뢰할 수 있는 호가 정보"**(actionable IOI. 일정 수준 구체적 정보를 포함)라면 BI와 BLS 모두 다크풀 (대량)매매를 통해 상당한 혜택을 얻을 수 있다. 다크풀 관련 규제를 논의할 때마다 IOI, 특히 소량매매 IOI를 정식 호가로 인정해야 한다는 주장이 나오는 이유이다.

대부분 다크풀은 리트풀 가격(예: NBBO 중간값[mid-price])을 체결가격으로 활용한다(크로씽 방식). 따라서 체결확률을 높이려 가격이 아니라 물량을 찾아다녀야 한다. 다크풀 매매의 이러한 특성을 **"물량발견"**(size discovery. 더피·주[Duffie and Zhu], 2017)이라고 한다.

(2) 현실 분위기와 정책적 대응

(가) 현실 분위기

거래 비중은 상당했지만, 그동안 선도자본시장 거래소와 정책담당자들 사이에서 다크풀은 신규 수요를 창출하지 못하고 기존 물량만 잠식해 정규거래소(리트풀)의 가격발견을 저해할 뿐이라는 우려가 팽배했었다.[343] 더군다나 다크풀 내에서 대량매매보다 소량매매가 주를 이루며[344] HFT가 횡행하자 다크풀 존재 자체를 의문시하는 상황도 벌어졌다. 물론 대부분 다크풀은 자신들이 리트풀 NBBO 중간값으로 매매체결 하므로 대량이든 소량이든 문제 될 것이 없다고 강하게 반박했다. 하지만 다크풀 주장이 어떻든 간에 현재 미국과 유럽 정책담당자는 상장주식 가격발견은 당연히 리트풀에서 이루어져야 하며,

343 White, M.J., 2016. "Chairman's Address at SEC Speaks—'Beyond Disclosure at the SEC in 2016'". **SEC**, (February 19).

344 2014년 6월 미국 상위 5개 다크풀 건당 평균 거래량은 불과 187주로 대량매매와는 거리가 멀었다. McCrank, J., 2014. "Report Sheds Light on Activity in U.S. Dark Pool Trading". **Reuters**, (June 2).

다크풀은 이를 저해해서는 안 되고 오직 대량매매라는 본연의 목적에만 충실하게 기능해야 한다고 생각을 굳힌 듯하다.

유럽에서 진행 중인 Plato Partnership(플레이토파트너십)은 현재 다크풀을 대하는 업계 분위기를 잘 대변한다. Plato Partnership은 비영리법인으로 2016년 6월 바이사이드, 셀사이드, 거래시장이 합동으로 설립했다. 대량매매 기능을 강화해 갈수록 강도가 세지는 다크풀 규제에 업계가 잘 적응하고, 다른 한편으로는 시장구조를 단순화해 최종 투자자(end-investor)의 거래비용을 절감하고자 결성됐다. 2016년 9월 협력 대상 다크풀로 Turquoise를 지정했고, 이에 Turquoise는 자신의 기존 다크풀을 Turquoise Plato Block Discovery(터쿼이스 플레이토 블록 디스커버리)와 Turquoise Plato Uncross(터쿼이스 플레이토 언크로스)로 개명까지 했다(**제5장 3절 가항 (4)** 참조). 더 나아가 Turquoise는 HFT가 약탈적 전략을 구사하지 못하게 단일가매매 메커니즘을 새로이 장착하며 정책담당자의 정책 방향에도 적극 화답했다. 자본시장의 바람직한 공공재를 이렇듯 시장 하부구조 구성원(투자자, 중개기관, 시장운영자)이 합심해 가꿔나갈 수도 있음을 보여주는 훌륭한 예이다.[345]

(나) 정책적 대응 — 규제 강화

현재 미국과 유럽은 다크풀이 단기간 내 비약적으로 성장하며 초래한 부정적 효과를 억지하려 규제를 계속 확대·강화하는 분위기이다. 규제 강화의 초점은 다크 거래시장에서 이루어지는 소량매매와 이에 편승한 HFT/AT 활동(예: 속도가 느린 주문 저격. **제11장 1절 나항 (2)** 참조)에 맞춰져 있다. 다크 거래시장이 가능한 한 대량매매(설립 취지)에 전념하게끔 비즈니스를 유도한다고 볼 수 있다. 미국과 유럽의 관련 조치를 간략히 살펴보면 다음과 같다.

〈미국—투명성 강화〉 첫째, '다크'(즉, 사전적 투명성이 없음)라 해도 공개 주문에 가까운 '특정' 주문은 일정 수준 사전적 투명성을 제공해야 한다. Actionable IOI(거래가 즉시

345 Basar, S., 2017. "Plato Aims to Go Global". **Markets Media**, (May 31).

이루어질 수 있을 정도로 믿을 만한 의사표시)가 대표적 예이다. 둘째, 정규거래소처럼 다크풀도 매매체결 후 자사 명의 거래정보를 실시간에 가깝게 집계·배포해야 한다. 투자자에게 정보를 확대·제공하려는 목적뿐 아니라, 규제담당자가 다크풀 거래정보를 실시간 파악할 수 있도록 하려는 조치이다. 셋째, 같은 조건이라면 일반 주문을 다크 주문에 우선해 처리/체결해야 한다.

〈미국—Reg ATS 수정. 다크풀 운영사항 공개 강화〉 2018년 10월 **"NMS 주식을 거래하는 ATS[다크풀]에 관한 규정"**("Regulation of NMS Stock Alternative Trading Systems")을 시행했다. 이 규정에 따르면 다크풀 운영자는 자신, 또는 자회사 운영과 활동에 관해 상세 정보를 공개해야 한다. 공개 대상 주요 정보는 서비스 이용자와 협상 내용, 주문유형, 매매처리와 우선순위 절차, 시가·종가 결정 방침, 사용 중인 거래시장 데이터, 차별적 서비스 제공 때 이용자 구분 등이다. Reg ATS도 이에 맞춰 수정했다.

〈미국—Trade-at Rule 검토 중〉 Trade-at Rule(일명 "Price Improvement Rule". 가격개선 규칙)에 따르면, 다크 거래시장은 "주가를 의미 있게 개선했다"라고 증명하지 못하면 접수 주문을 NBBO 게시 리트풀에 회송해야 한다. 상장주식 거래에 정규거래소 비중을 늘리겠다는 의도이다(바틀릿·맥크래리[Bartlett and McCrary], 2019).[346] 2018년 9월 28일 맛보기 프로그램 시험운용을 종료했으나, 아직 시행 여부는 결정하지 않았다(제3장 3절 나항 (2), 제9장 4절 라항 (2)(가) 참조).[347]

〈EU—DVC 규제 도입과 SVC로 재차 강화〉 EU는 2018년 3월부터 DVC("다크풀 거래량 이중 상한제도") 규제를 시작했다. DVC에 따르면 종목별 단일 다크풀[EU 전체 다크풀] 거래량은 EU 총거래량(전체 거래시장 합계)의 4%[8%]를 초과할 수 없다. 이와 함께 LIS(Large-In-Scale. 대량매매), 일중 단일가매매 등 사전적 투명성 예외 조항을 두어 다크풀 본연의 목적에 부합하면 DVC를 적용하지 않는다. 즉, 다크풀에서 LIS 주문이거나

346 이는 당시 SEC 의장 화이트(Mary Jo White)의 시각을 반영한 조치이다. 그녀는 일부 HFT 증권회사가 미국자본시장의 안정성과 공정성에 일으키는 폐해를 시정하는 것도 중요하지만, 이보다는 다크 거래시장에서 발생하는 공정성과 시장 효율성 이슈가 더 중차대하다고 보았다(엄경식, 2019).

347 시험운용에 대한 자세한 설명은 지스킨드(Zyskind, 2016)를 참조하기 바란다.

리트풀에서 일중 단일가매매를 활용하면 DVC에 구애받지 않고 (대량)매매를 체결할 수 있다. 일중 단일가매매 허용으로 정규거래소는 다크풀에 빼앗긴 거래 수요를 되찾을 방도 하나를 확보하였다(제3장 3절 나항 (2) 참조).

DVC로는 약하다고 판단했을까? EU는 2021년 11월 25일 다크풀 규제를 강화했다. 기존의 8% 기준을 7%로 낮추고 4%를 적용하던 단일 다크풀의 거래량 상한 기준을 없애 버렸다. 이제는 제도명도 DVC가 아니라 SVC(single volume cap. "단일 거래량 상한제도")로 부르곤 한다(제10장 3절 나항 (2) 참조). 한편, 브렉시트로 EU와는 별도 규제체제를 갖게 된 영국은 아예 DVC 제도 자체를 없애려고 한다. EU로 넘어간 유동성을 되찾는 수단으로 다크풀을 강력히 활용하겠다는 움직임이다.

(3) 학계 평가

다크풀 관련 연구는 2010년대 중반부터 논문이 나오기 시작했다. 그러나 많은 수는 아니다. 다크풀 최적 거래 집행전략(예: 체리디토·세핀[Cheridito and Sepin], 2014), 다크풀의 시장 분할(예: 드흐라이저·데용·판케르벌[Degryse, de Jong, and van Kervel], 2015. 그레쎄[Gresse], 2017) 또는 시장의 질적 수준(예: 폴리·푸티닌스[Foley and Putniņš], 2016. Buti, Rindi, and Werner, 2017)에 미친 영향 등 여러 주제가 다뤄졌지만, 그중 다크풀·리트풀 사이에서 정보거래자의 거래시장 선택 문제는 다크풀이 가격발견에 미치는 영향력을 파악하는 데 아주 중요한 논제였다. 정보거래자는 다크풀과 리트풀 중 어디를 무슨 이유로 선택할까?

〈다크풀 이론연구〉 실증분석을 하면 궁금증을 좀 더 직접적으로 확인할 수 있을 것이다. 하지만 사회적 논쟁이 불거졌을 당시 다크풀 데이터를 구하기 어려웠던 관계로 예·주(Ye and Zhu, 2020)[348]와 주(Zhu, 2014)의 이론연구가 먼저 등장했다. 재밌게도 이들 결과

348 Ye and Zhu(2020)는 이론과 실증분석을 함께한 연구이다. 사용한 이론모형은 Ye의 2012년 독자 연구에 바탕을 둔다. 그러나 그 논문은 발간되지 않았고 Ye의 워킹 페이퍼(working paper. 학술지 게재 전 단계 논문) 목록에서도 사라져 여기서 따로 인용하지는 않는다. 짐작건대, 2012년 Ye의 이론모형에 회계학자 Zhu의 실증분석이 합쳐져 Ye and Zhu(2020)로 재등장한 듯하다(참고로, 두 논문에 나오는 Zhu는 서로 다른 학자이다).

는 정반대이다. Ye and Zhu(2020)에 따르면 다크풀은 가격발견에 부정적 영향을 끼치지만, Zhu(2014)에 따르면 긍정적 영향을 끼친다.

먼저, 긍정적 효과를 주장한 Zhu(2014)에서 정보거래자('infinitesimal' informed traders. 무수히 많아 개별적으로는 가격에 영향을 끼치지 못한다고 가정)는 자신의 주문을 시장가로 리트풀에 제출해야 한다. 만일 정보를 숨기려고 다크풀에 제출한다면 다크풀에는 '무수히 많은' 정보거래자의 한 방향 주문만 있게 되어[349] 매매체결이 이루어질 수 없다(즉, 매매체결 불확실성[execution uncertainty] 상존). 거래 전 이미 이 같은 상황을 파악하고 있는 무수히 많은 정보거래자는 리트풀로 시장가주문을 보내고(시장충격 비용 상존) 이들의 새 정보가 리트풀 가격에 반영되며 가격발견은 좋아진다.

반면, Ye and Zhu(2020)에서 정보거래자('large' informed trader. 주문량이 매우 커 개별적으로도 가격에 영향을 끼친다고 가정)는 정보를 감추려고 사전적 투명성이 없는 다크풀로 시장가주문을 제출한다. 좀 더 직관적이다. 이때 정보거래자의 정보가치가 높을수록 다크풀에서 거래는 증가하고 이와 반비례해 리트풀에서 가격발견은 나빠진다.

두 연구 결과가 정반대로 나온 데는 모형 설정과 가정을 수반해야 하는 이론연구 특유의 차이 때문이다. Ye and Zhu(2020)는 Kyle(1985)의 "연속 단일가매매"(continuous call auction) 모형과 주문량이 매우 큰 정보거래자 가정을, Zhu(2014)는 Glosten and Milgrom(1985)의 "딜러 주도 연속매매"(sequential trading) 모형과 무수히 많은 정보거래자 가정을 각각 사용했다(제3장 3절 나항 참조). 이 중에서 특히 정보거래자에 대한 가정은 다크풀 주문제출 결정과 리트풀 가격발견에 동시 영향을 끼치는 요소로, 가정을 어떻게 하느냐에 따라 결과가 달라질 수밖에 없다. 결국 적절한 데이터를 구하기 힘들지라도 실증분석을 통해 다크풀이 리트풀 가격발견에 미치는 영향을 검증·확인해줘야 한다(Comerton-Forde and Putniņš, 2015).

〈다크풀 실증연구〉 다크풀이 가격발견에 미치는 영향에 대한 실증분석 결과 역시 일률적이지는 않다. 하지만 현재까지 결과만 놓고 보면 리트풀 가격발견에 좋지 않은 영향을

349 다른 정보거래자도 모두 똑같은 생각이므로 다크풀에 주문을 제출할 것이다.

준다는 연구가 우세해 보인다.[350] 먼저, 호주주식시장에서 다크풀 거래는 리트풀보다 정보거래 정도가 낮고 다크풀 비중이 증가할수록 정보거래자는 리트풀에 집결한다고 한다. 또한 다크풀에서 대량매매는 리트풀 가격발견에 해를 끼치지 않는다. 여기까지는 Zhu(2014)의 이론 결과와 일치한다. 이에 비해, 다크풀에서 소량매매는 다크풀 거래량이 낮은(10% 정도) 단계에서는 리트풀 가격발견에 해롭지 않지만, 그 이상을 넘어가면 해롭다고 한다(Comerton-Forde and Putniņš, 2015).

이외 실증분석 결과에 따르면 다크풀 대량매매는 가격발견에 악영향을 끼친다. Ye and Zhu(2020)는 기업사냥꾼(hedge fund activist. 주문량이 큰 정보거래자) 자료를 활용해 다크풀 거래가 리트풀 가격발견에 해를 끼친다는 결과를 보여준다. Degryse, de Jong, and van Kervel(2015)도 이와 비슷한 결과를 보고하는데 정규거래소의 대량매매가 다크풀로 이동하기 때문에 거래소의 시장 깊이(market depth)는 얕아지고 일시적 변동성은 커지면서 정보 효율성(즉, 가격발견)이 악화한다고 한다. 한편, 브로가아드·판(Brogaard and Pan, 2022)은 다크풀 거래가 증가할수록 다크풀에서 새 정보 획득이 증가한다고 한다. 그러나 이것이 리트풀 가격발견 저해까지 연결되는지는 언급하지 않았다.

〈Trade-at Rule〉 미국은 아직 Trade-at Rule 시행 여부를 최종결정하지 않았다. 아마도 이미 같은 제도를 시행하고 있는 캐나다의 경험이 미국에 도움이 되지 않을까 싶다. 캐나다는 Trade-at Rule에 해당하는 제도를 **MPIR**("Minimum Price Improvement Rule". "**최소가격개선규칙**")이라는 이름으로 세계 최초(2012.10.15.) 도입하였다. 이를 실증분석한 코머튼-포드·말리노바·팍(Comerton-Forde, Malinova, and Park, 2018) 보고에 따르면, MPIR 시행으로 그동안 다크풀에서 체결되던 (공격적) 소량주문이 수수료를 제일 낮게 책정한 리트풀로 대거 이동했고 시장조성 중개기관도 이와 함께 옮겨갔다. 그 결과 리트풀 유동성은 풍부해졌고 가격도 개선됐으나, 그 효과가 소매투자자에까지 돌아가지는 않았다고 한다. Maker-taker 수수료 체계(제9장 4절 라항 (2)(나) 참조) 때문으로 다크

350 학계에서는 가격발견을 "새 정보가 가격에 반영되는 과정"이라 정의하고(O'Hara, 1995), 새 정보 획득(information acquisition)과 기존 정보의 효율적 가격 반영(information efficiency)이라는 요소로 구성된다고 한다(브로가이드·판[Brogaard and Pan], 2022). 그렇지만 용어 자체가 거의 모든 것을 설명한다.

풀에서 브로커는 주로 '시장을 조성해'(maker) 리베이트를 받았지만, 리트풀로 이동해서는 오히려 '지정가주문을 취해야 해서'(taker) 수수료를 내는 경우가 많아졌고 이 비용을 소매투자자에게 전가했기 때문이다. 미국이 Trade-at Rule로 경제적 효과를 보려면 결국 maker-taker/taker-maker 수수료 체계를 함께 개선해야 할 것이다. 그런데 개선에 필요한 맛보기 프로그램을 시험운영하던 도중 SEC가 패소하는 바람에 개선할 방도가 없어졌다(제9장 4절 라항 (2)(나) 참조). 궁지에 빠진 SEC는 시장 간 경쟁을 수수료 대신 체결 성과로 하게끔 규칙을 선보이려 하고 있다.

다. 시장 분할에 대한 분분한 논란

시장 분할, "같은 주식이 여러 시장에서 거래되어 거래량이 분산되는 현상"을 말한다(SEC, 2013). 가치중립적 용어로 새로운 형태/패러다임의 경쟁시장이 등장할 때마다 중요 쟁점으로 부각하곤 했다. 하지만 Reg NMS와 MiFID II/MiFIR 시행 이후에 시작된 요즈음 시장 분할(또는 시장 간 경쟁) 논의는 기존 연구 결과를 활용할 수 없을 만큼 이전과는 차원이 크게 다르다.[351] '급성장한 수많은 다크풀'과 Best Execution 때문이다. 이하에서는 기존 결과를 포괄하면서 요즈음 논의에도 활용할 수 있는 연구에 한정해 시장 분할 효과를 설명하려 한다. 결론부터 말하면, 아직 연구가 많지 않고 그나마 결과도 상이해 경제적 의미와 정책적 시사점을 제대로 파악해내기는 어려운 실상이다.

- **〈첸·더피(Chen and Duffie, 2021)〉** 이론연구(현실 기관투자자의 거래행태에 착안). 투자자가 가격충격을 줄이려 (대량)주문(parent order)을 수많은 소량주문(child order)으로 쪼개 여러 거래시장에 분산·제출하고, 거래시장별 가격충격은 서로에게 영향을 끼

351 Reg NMS와 MiFID II/MiFIR 시행 전에 이루어진 연구는 시장조성인끼리 아니면 리트풀끼리 발생한 시장 분할만 분석했다. 다크풀이 없던 당시 특성 때문이다. 결과는 긍정적(예: 스프레드 감소, 전체 시장의 깊이 증가), 부정적 효과(예: 정보 비대칭 비용 증가로 유동성 감소)가 뒤섞여 나타났다(관련 참고문헌은 해슬랙·링겐버그[Haslag and Ringgenberg, 2022] 참조).

치지 못하는 상황을 상정. 이러한 시장 분할에서는 개별시장의 깊이와 가격효율성은 낮아짐. 그러나 시장충격이 그 시장에만 영향을 끼치고 이 효과가 매우 강해, 전략적 투자자는 한 시장에 대량주문을 내지 않고 아주 공격적으로 여러 시장에 걸쳐 자신의 전체 주문을 쪼개 분산·제출함. 뿐만 아니라 이 같은 시장환경에서는 원치 않는 포지션도 더 효과적으로 재조정(rebalancing. 투자 비중 재조정. 리밸런싱)할 수 있음. 따라서 모든 거래시장의 영향력을 합치면 시장 분할로 투자자의 사적 정보는 가격에 더 효과적으로 반영되고 단일 거래시장보다 (사회적) 후생(welfare)도 개선된다고 주장.

- 자연독점 해체(즉, 시장 분할)에서 오는 네트워크 효과 감소와 (사회적) 후생 손실(deadweight loss) 감소 사이에서 후자의 영향이 훨씬 커 시장 분할이 (사회적) 후생을 개선한다는 기존 이론(예: 이코노미데스[Economides, 1996])을 재확인. 그러나 최근 논의의 핵심인 '다크풀로 인한 시장 분할 효과'와 HFT의 부정적 효과(예: 속도가 느린 주문 저격)를 고려하지 않음. 이 때문에 시장 분할에 대한 정책적 시사점을 제공하지 못함.
- 한편, HFT가 여러 시장에 걸쳐 느린 속도의 주문을 저격할 수 있다면 시장 분할은 (사회적) 후생에 악영향을 끼친다는 상반된 연구 결과도 있음(발다우프·몰너[Baldauf and Mollner], 2021).

- **〈해슬랙·링겐버그(Haslag and Ringgenberg, 2022)〉** 실증연구. 리트풀과 다크풀 간 시장 분할은 투자자의 거래행태(trading behavior)를 변화시켜 시장의 질적 수준도 상장기업 규모별로 달리 나타나게끔 영향을 끼침. 구체적으로, 시장 분할로 대기업 종목에서는 거래가 좀 더 작은 규모로 더 자주 발생해 이들 종목 관련 시장의 질적 수준은 좋아지지만(예: 거래비용 감소, 체결 속도 개선, 가격효율성 개선), 소기업 종목에서는 거래가 좀 더 큰 규모로 덜 자주 발생해 이들 종목 관련 시장의 질적 수준은 다소 나빠짐. 즉, 기존 연구(예: 오하라·예[O'Hara and Ye, 2011])에서 보여준 시장 분할의 긍정적 효과는 대기업 종목에서만 발생. 한편, 소기업 종목에 나타나는 부정적 효과는 HFT의 공격적 전략으로부터 자신을 보호하려 유동성공급자가 호가를 보수적으로 (스프레드를 크게) 책정해 비롯한다고 주장.

- 〈Gresse(2017)〉 풋치 100 지수(FTSE 100 index. LSE), 까끄 40 지수(CAC 40 index. Euronext Paris), 에스베에프 80 지수(SBF 80 index. Euronext Paris 중소형주 지수) 구성 종목을 대상으로 시장 분할이 유동성에 미치는 영향을 분석. 종목별로 리트풀과 다크풀을 추적하며 분석했기에 굉장히 엄밀한 분석임. 시장 분할로 거래량은 증가했거나 최소한 악영향을 끼치지는 않았다고 보고.
- 〈Degryse, de Jong, and van Kervel(2015)〉 네덜란드 주식시장의 리트풀과 다크풀을 분석. 다크풀은 시장 깊이에 악영향을 끼침.[352] 이에 비해 리트풀은 '총체적으로'(즉, 여러 리트풀을 다 합치면) 유동성을 개선하지만, 정규거래소 유동성은 악화. 리트풀 결과만 놓고 보면 Chen and Duffie(2021)와 같음.

라. 범위의 경제 적극 추구

거래시장 간 경쟁으로 선도주식거래소 매매체결 부문의 자연독점이 무너지며 철옹성 같았던 유동성 외부효과가 사라졌다(제11장 3절 참조). 오랫동안 당연시했던 규모의 경제(economies of scale)를 이제 더는 누릴 수가 없게 되었다. 그러자 선도주식거래소는 범위의 경제(economies of scope)를 강화하거나 확대하는 쪽으로 눈을 돌리기 시작했다. 파생상품으로 매매체결기능을 넓힌다거나, 청산·결제기능을 추가 또는 강화하거나, 정보와 핀테크(FinTech/ICT) 부문을 확충해 수익 다변화를 적극 도모하기도 하였다. 이러한 현상은 글로벌 주요 거래소의 부문별 수익 비중 변화 추이에서도 쉽게 확인할 수 있다. 구체적으로, 이들 거래소에서는 치열한 경쟁으로 기존의 주 수익원이던 주식 매매체결 비중은 크게 하락하고, 대신 파생상품 매매체결, 청산·결제와 데이터 판매 비중은 대폭 증가했다(Geranio, 2016. 〈그림 12-1〉, 〈표 11-5〉 함께 참조).

352 다크 거래시장의 가격발견 효과에 관한 연구(제12장 1절 나항 (3) 참조)도 궁극에는 시장 분할의 경제적 효과에 관한 연구라 할 수 있다.

〈그림 12-1〉 글로벌 주요 거래소 부문별 평균 수익 비중

〈패널 A〉 2014년 횡단면 비중

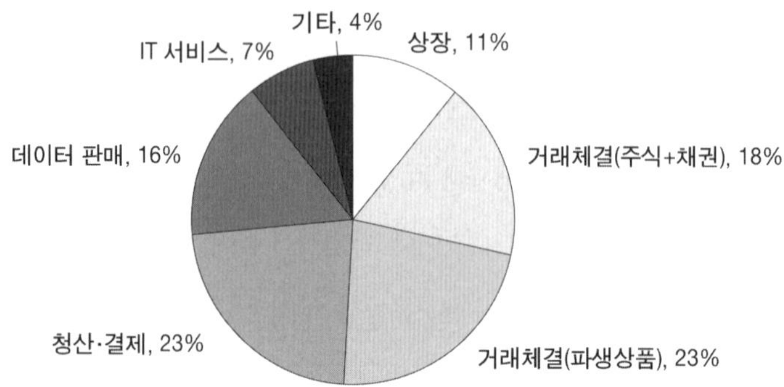

* 자료: Geranio(2016).

* Geranio(2016)가 평균을 내는 데 사용한 글로벌 주요 거래소는 ASX, CME, DB, Euronext, HKEX, ICE, JPX, LSE, Nasdaq OMX(現 Nasdaq), TMX임. KRX는 포함하지 않음. 각 거래소의 2014년 재무상태표 자료를 사용. 〈표 11-5〉와 함께 참조하기 바람.

〈패널 B〉 1998~2020년 시계열 비중

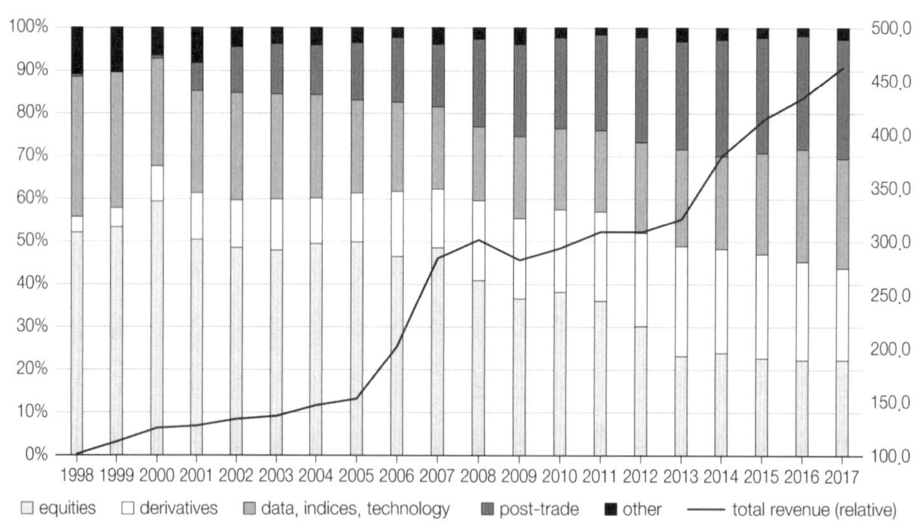

* 자료: Petry(2021).

* 막대그래프 밑에서부터 주식(equities), 파생상품(derivatives), 데이터·지수·ICT(data, indices, technology), 청산·결제(post-trade), 기타(other). 선 그래프는 자료를 제공한 거래소 수와 총수익을 표시. 전 세계 상위 20개 거래소를 대상. 이 중 13개(독립 분사 후 포함한 Euronext를 합치면 14개) 거래소만 평균에 포함(NYSE/Euronext/ICE, Nasdaq, B3, BME, JSE, JPX, LSE, DB, TMX, SIX, SGX, HKEX, ASX). 연간 재무제표 비교가 어려운 6개(NSE, BSE, SSE, SZSE, KRX, TWSE) 거래소는 포함하지 않음.

(1) 현·선 거래소 간 양방향 통합 진출

2000년대 초반부터 주식거래소는 파생상품시장으로 파생상품거래소(상품거래소[commodity exchange] 포함)는 주식시장으로 합병/신설 진출이 아주 활발히 진행됐다(〈표 부록 6-1〉, 〈그림 12-2〉 참조). 그 결과 이제 웬만한 거래소 지주회사는 주식거래소와 파생상품거래소를 거의 다 산하에 두고 있다.

현·선 거래소 간 상호 통합 진출은 대개 몸집이 훨씬 큰 주식거래소가 파생상품거래소를 합병하거나 신설하며 이루어졌다(예: Euronext, Nasdaq, 아시아 주요 거래소[ASX, HKEX, KRX, SGX])[353]. 주식시장의 독점적 지위가 흔들리자 그동안 파생상품 부문에 별 신경을 쓰지 않던 글로벌 선도주식거래소가 파생상품시장에 진출하는 것은 당연한 순서였다. 게다가 파생상품은 특성상 거래소가 매매체결부터 청산·결제까지 거래 전 과정에서 수익을 창출할 수 있어 더욱더 매력적이었다. 대표적 예로 Nasdaq은 PHLX(2007년. 필라델피아거래소), BX(2008년. 보스턴거래소), ISE(2016년. 인터내셔널증권거래소) 등 미국 내 주요 옵션거래시장 6개를 꾸준히 인수·합병한 결과, 지금은 약 32% 시장을 점유하는 '미국' 최대 옵션거래소로 우뚝 섰다.[354] 반면, LSEG는 Nasdaq과는 전혀 다른 결과를 보였다. 2019년 CurveGlobal Markets(커브글로벌마케츠)를 확대 개편하며 파생상품시장에 본격 진출했지만, 거래량 부족으로 2022년 1월 28일 폐쇄했다. 그렇다고 해서 여기서 끝내지는 않고 M&A를 통해 재차 파생상품시장에 진출해본다고 한다. 일반적으로 파생상품은 대체 불가능한(non-fungible) 특성이 있어 파생상품거래소가 해당 상품거래에 독점력을 갖는다. 상장주식 거래에 독점력을 잃은 주식거래소와는 처지가 다르다. LSEG 상황은 파생상품시장에 유동성 외부효과/네트워크 효과가 여전히 존재해 다른 거래시장의 유동성을 뺏어오기가 몹시 어렵다는 전통적 시장 속설을 다시금 확인해준다.

353 진출 전에 (자국에 2개 이상 주식거래소가 있었다면) 다른 (보통은 소형) 주식거래소를 합병해 주식시장에서 규모의 경제를 미리 공고히 해두었다.

354 NYSE를 산하에 둔 ICE(Intercontinental Exchange. 인터콘티넨털거래소)는 '글로벌' 제5위 파생상품거래소이다(글로벌 4~5위를 두고 Nasdaq과 엎치락뒤치락 다툼. 〈그림 14-10〉 참조).

〈그림 12-2〉 글로벌 주요 거래소 주요 M&A 일지

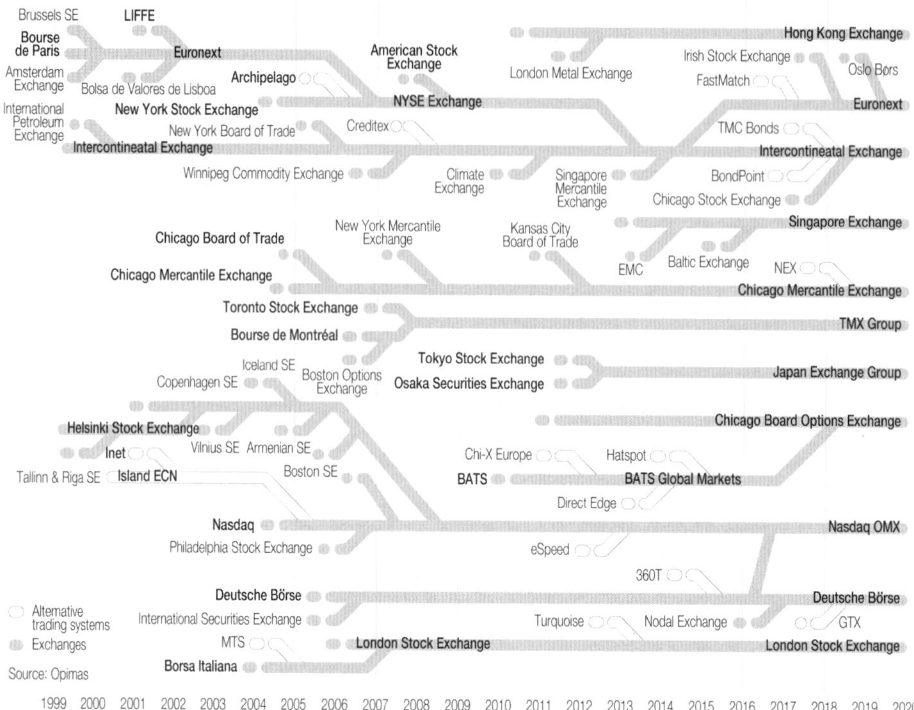

* 자료: Marenzi, O., 2020. "Exchange and Market Data: How Much Money Is Being Made?" (March 17).

* 2021년에 완료된 Euronext의 LSE Borsa Italiana 인수, Cboe Global Markets의 Chi-X Asia Pacific 인수가 누락. 개별 M&A에 대한 자세한 일지는 〈표 부록 6-1〉 참조.

한편, 파생상품거래소가 주식시장에 진출한 대표적 예는 CBOE(글로벌 최대 옵션거래소. 씨보)의 BATS Global Markets(배츠글로벌마케츠) 합병(2017년 4월)이다. ICE의 NYSE-Euronext 합병(2014년 11월)도 물론 중요한 예이다. 그러나 글로벌이기는 했지만 ICE 규모가 상대적으로 작았고, 주식시장 진출 이상으로 NYSE-Euronext의 자회사 LIFFE(London International Financial Futures and Options Exchange. 런던국제금융선물·옵션거래소. 라이프. 유럽 제2위 파생상품거래소)에 합병의 전략적 비중을 더 두었다고 할 수 있어 전자와는 성격이 좀 다르다.[355] 어쨌든 두 경우 모두 주식거래소 주도의 일반적 합병과는 달리 파생상품거래소가 합병을 주도했을 뿐만 아니라 합병·피합병 거래소 모

두 글로벌 선도거래소여서 합병과 함께 단숨에 글로벌 자본시장의 막강 플레이어(player)가 되었다. 이제 주요 글로벌 선도거래소는 취급하는 금융상품의 범위를 현물과 파생상품으로 모두 확대했다.

(2) 거래소 비즈니스에 청산·결제 부문 중요성 전면 부각

청산·결제 부문은 오랫동안 이런저런 이유(바로 다음에 설명)로 글로벌 선도 주식거래소(DB는 예외)의 주요 비즈니스 영역이 아니었다. 상장 지주회사로 전환하고 거래시장 간, 청산·결제 비즈니스 간 경쟁이 촉진되자 수익성이 높은 거래 후 업무 분야에 관심이 증폭됐다. 바로 위에서 언급했듯이 거래소의 파생상품시장 진출은 시장 특성상 자연스레 청산·결제 영역에서 각축으로 이어졌다.[356]

미국에서 주식시장의 청산·결제/예탁기관은 비영리법인 DTCC(Depository Trust & Clearing Corporation. "미국 중앙예탁·청산회사". 사용자 소유)로 수직 통합되어 있다. 개별 주식거래소가 이 영역으로 확장할 여지가 전혀 없다. 반면, 파생상품은 매매체결에서 청산·결제까지 거래소가 비즈니스를 영위해 수익을 낼 수가 있다. 미국 선도주식거래소가 국내·외 청산·결제기관을 보유하려 상당히 공을 들이는 이유이다.

미국과 달리, 유럽주식시장은 개별 거래소가 거래 전 과정을 수직 통합하는 분위기이다. 원래 유럽주식시장은 기능별 수평 통합을 추구했기에 2~3개 글로벌 기관이 유럽 전역의 청산·결제/예탁기능을 담당했었다. 그러나 글로벌 금융위기를 겪으면서 유럽 자본시장정책은 거래소가 자체 청산/청산·결제기관을 보유하는 수직 통합(사일로) 모형 쪽

---

355 NYSE는 에너지 파생상품거래소 ICE에 합병되며 산하의 주식거래소가 되었다. 그렇기에 NYSE와 ICE Futures Europe("ICE선물 유럽". 舊 LIFFE)이 함께 ICE(지주회사) 비즈니스 전략의 양대 축이 된 것은 당연했다. 하지만 지금은 파생상품 부문으로 그 축이 조금씩 옮겨가는 모습이다. 파생상품시장이 장내뿐만 아니라 장외파생상품, 매매체결뿐만 아니라 청산·결제까지 고수익 업무영역으로 언제든지 쉽게 확장될 수 있기 때문일 것이다.

356 세계적으로 거래소의 CCP 보유 비중은 2006년 55%에서 2014년 83%로 증가했다(도만스키·감바꼬르따·피실로[Domanski, Gambacorta, and Picillo], 2015). 이후 발생한 Cboe Global Markets의 EuroCCP(2020년. 現 Cboe Clear Europe) 인수, LSEG의 LCH.Clearnet(現 LCH) 지분 상향(2018년. 57%→82.6%. 〈표 부록 6-1〉 참조)을 추가하면 비중은 더 높아진다.

으로 기운 듯하다(제3장 2절 나항 (2) 참조). 그렇다 해도 무조건 사일로를 허용하지는 않았다. 상호운영성(interoperability. 제10장 3절 나항 (4)(나) 참조)[357]을 도입해 CCP(중앙청산기구) 간 경쟁을 촉진했다. 청산·결제기관을 소유하지 않던 LSEG가 2012년 LCH.Clearnet(엘시에이치.클리어넷) 대주주가 되고, 독립기업으로 재출발한 Euronext가 Borsa Italiana(이탈리아거래소. 보르사이탈리아나)를 인수(2021년 1월)해 산하의 CC&G(이탈리아 중앙청산기구. 2024년 하반기부터 Euronext Clearing["유로넥스트 청산"]으로 재탄생할 예정)를 확보한 사실이 이를 대변한다. 이제 유럽주식시장의 청산·결제 영역은 선도거래소 청산·결제기관 간 경쟁으로 변모했다. 한편, 파생상품시장은 미국과 마찬가지로 파생상품거래소가 거래 전 과정을 수직 통합해 청산·결제기능을 수행할 수 있다. 단지, 유럽에서는 미국과 달리 청산기관이 현물과 파생상품 청산을, 결제·예탁기관이 현물과 파생상품 결제를 각각 함께 취급한다(제7장 3절 참조). 이러한 상황 속에 유럽 선도거래소가 모두 파생상품시장에 진출했고 유럽 진출 미국 글로벌 거래소마저 이에 가세하면서 유럽의 청산·결제서비스 시장에서 경쟁은 주식·파생상품 가릴 것 없이 매우 치열해졌다.

(3) 정보와 핀테크/ICT 부문 강화로 수익 다변화 추구

정보와 핀테크 부문은 이제 관련 글로벌 제공업체를 소유하지 않으면 해당 거래소를 이른바 GEG("글로벌 선도거래소 그룹")라 부르지도 않을 정도로 중요해졌다.[358] 위상뿐 아니라 엄청난 고수익을 창출하기에 더욱 그렇다. 여기서 정보는 데이터와 지수를, 핀테크는 거래플랫폼을 위시해 금융거래 전 과정에 걸친 ICT를 의미한다.

357 상호운영성은 청산·결제가 거래시장(매매체결기관) 소유거나 계약관계에 있는 청산·결제기관에서 자동으로 연계 처리되지 않고 거래 당사자가 선택한 기관에서 이루어지게끔 한 MiFID II/MiFIR 규정이다. 유럽자본시장 청산·결제 부문의 효율성을 높이고 경쟁을 유도하고자 도입됐다. 이를 실행하려면 모든 청산·결제기관이 네트워크로 연계되어 청산·결제시장이 사실상(virtually) 수평 통합 상태여야 한다. 이 경우 하나의 CCP만 통하면 여러 매매체결 플랫폼에 접근할 수 있어 청산회원이 여러 CCP에 여기저기 담보자산을 예치하지 않아도 된다. 반면, 개별 CCP가 맞닥뜨릴 위험은 커질 수 있다(엄경식, 2019).

358 글로벌 정보·핀테크 업체에 더해 글로벌 청산·결제기관까지 포함한다. 이들 부문이 취약한 Euronext를 GEG가 아니라 지역거래소(regional player)로 취급하기도 할 정도이다(Petry, 2021).

2005년에서 2019년까지 글로벌 주요 거래소의 정보서비스 부문 수익 성장률은 연간 무려 12.6%이며 최근에 올수록 가파른 상승세를 보인다(〈표 11-5〉 참조). 이를 핀테크 부문과 합쳐 거래소의 다른 부문과 비교하면 그 성장세는 더욱 놀랍다. 예를 들어, 정보·핀테크 부문 수익 비중은 2000년 1~2%에서 2020년에는 30%에 육박한다. 주 수입원이던 주식 부문(매매체결서비스+상장서비스)[359]이 근 60%에서 이제는 22% 정도로 하락했음을 보면 최근 거래소 비즈니스에서 정보·핀테크 부문이 얼마나 중요해졌는지 잘 알 수 있다(〈그림 12-1〉, 〈패널 B〉 참조). 게다가 평균 수익률 또한 약 76%로 거래소 전체 부문 평균(약 50%)보다 훨씬 높다(〈그림 12-3〉, 〈패널 C〉 참조). 2000년대 초반 이미 거래 관련 ICT 발전이 가져다주는 혁신성을 꿰뚫어 보고 "앞으로 거래소는 데이터 제공 서비스를 주 수입원으로 하는 미디어 회사 같은 특징을 보일 것"이라고 설파한 리(Ruben Lee)의 예지에 그저 감탄의 박수를 보낼 뿐이다(리[Lee], 2002).

정보(·핀테크) 부문의 수익 비중 급성장 뒤에는 몇 가지가 중요 요인으로 작용했다. 먼저 시장 요인이다. 주식거래소에서 지수를 활용한 간접금융상품(예: ETF) 거래 비중이 커졌고 파생상품 거래도 엄청나게 늘어났다(〈그림 12-1〉, 〈패널 B〉 참조). 이에 비례해 자연스럽게 데이터와 지수 관련 서비스 수요(특히, 원자료를 즉시 활용하며 실시간 분석하려는 맞춤형 자료 수요, 블록체인 기술 적용 시도 중)도 많아졌고 거래소는 이를 수익 창출의 중요한 기회로 내다봤다. 다음은 제도적 요인이다. Reg NMS(미국)와 MiFID II/MiFIR(EU) 시행으로 (장내·외)시장 간 경쟁이 격화돼 시장 분할이 심해진 상황에서도 Best Execution은 준수해야 했다. 어떤 식으로든 산발적으로 공표되는 데이터를 통합해야만 했다. 여기에다 글로벌 금융위기 이후에는 장외파생상품 관련 자료를 의무적으로 보관·제공해야 했다. 거래소로서는 자생적이든 M&A를 통하든 데이터와 지수, ICT/핀테크 부문을 강화하지 않을 수 없었다.

359 상장서비스 부문의 비중 약화가 상장기능의 중요성 감소를 의미하지는 않는다. 시장 간 경쟁이 아무리 치열해도 주가 발견은 거의 다 상장거래소에서 이루어지기 때문이다(외스뛰르크·반데어웰·반다이크[Ozturk, van der Wel, and van Dijk], 2017). 특히 종가를 기준으로 가격을 결정하는 간접금융상품(예: 펀드) 거래가 급성장하며 상장거래소의 중요성은 되레 더 커졌다.

〈그림 12-3〉 글로벌 주요 거래소 정보서비스 부문 수익

〈패널 A〉 지역별, 거래소별 추이

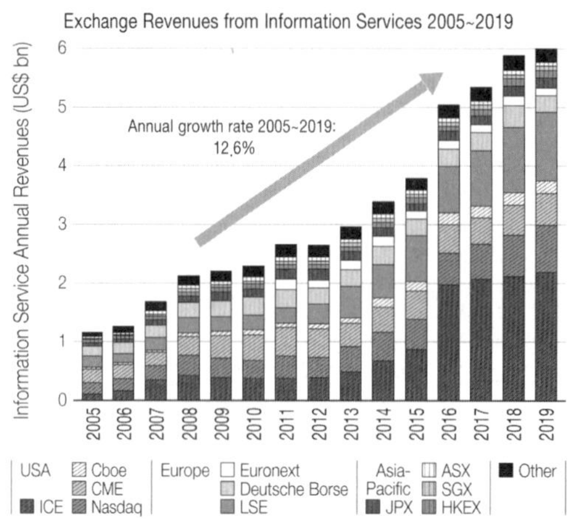

Source: Company reports, Opimas analysis

〈패널 B〉 LSE 추이

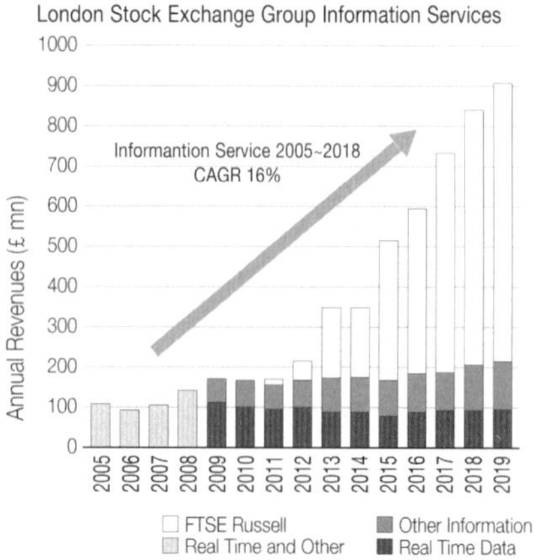

Source: Company reports, Opimas analysis

〈패널 C〉 주요 거래소(왼쪽)와 전문 정보 제공업체(중앙), IB(오른쪽) 간 정보 수익성 비교

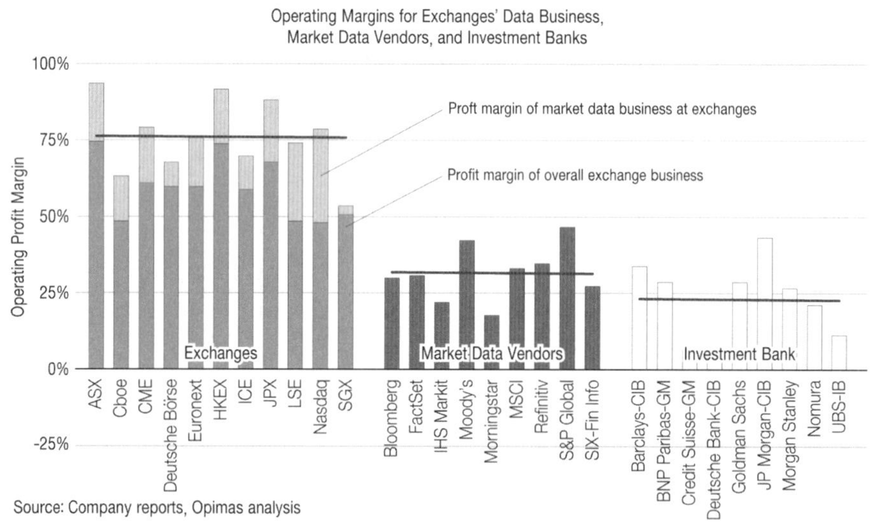

Source: Company reports, Opimas analysis

* 자료: Marenzi, O., 2020. "Exchange and Market Data: How Much Money Is Being Made?" (March 17).

* 2016년 ICE 수익 급증(〈패널 A〉)은 IDC(비상장증권 평가와 실시간 시장 데이터 제공업체. 세계 3위) 인수에 기인. 2012~2013년, 2015년 LSE 수익 급증(〈패널 B〉)은 FTSE 완전 인수, Russell 인수에 각각 기인. LSE는 2020년 Refinitiv 인수(2019년) 효과가 반영되면 훨씬 더 가파른 상승세를 보일 것으로 예상(**〈부록 표 6-1〉** 참조).

그렇지만 이에 따른 부작용도 만만치 않다. 첫 번째는 76%에 달하는 정보서비스 수익률이다. 거래소의 다른 부문이나 IB, 그리고 전문 정보 제공업체에 비해 수익률이 심하게 높다는 지적이다(〈그림 12-3〉, 〈패널 C〉 참조). 데이터나 지수는 기본적으로 거래 활동이라는 거래소 본연의 업무 부산물이다. 한계비용이 무척 낮은 데도 수익률은 엄청나, 이를 거래비용으로 부담해야 하는 투자자들이 사회적 부정의를 느끼고 정책담당자는 거래소 정보서비스(특히 고유정보[proprietary data]) 가격에 회의적 시각을 곤두세우는 형국이다. 두 번째는 갈수록 벌어지는 선도자본시장과 후발자본시장 간 거래 관련 ICT/핀테크 부문 격차이다. 그런데 문제는 기술력 격차가 커지는 데에만 그치지 않는다. 자본시장 고도화가 수반되지 못하면 설령 기술력 격차를 줄일 수 있다 해도 후발자본시장이 글로벌 주요 거래소로 진화하기란 불가능에 가깝다는 점이다. 제아무리 ICT 강국이라 해도 자본시장 수준이 뒷받침해주지 못하면 선도자본시장 비즈니스를 ICT에 적용하거나 영위해볼 수 없기 때문이다. 두드러진 성과를 내는 실물경제에 비해 아직 아시아의 지역 중심 거래소로도 올라오지 못한 한국자본시장과 KRX에 주어진 시간이 얼마 남지 않았음을 시사한다.

마. 비지분형상품 거래 프로토콜과 인프라, 주식시장 방식으로 수렴

채권, FX, 그리고 관련 장외파생상품의 거래 프로토콜과 인프라가 주식시장처럼 전자거래플랫폼에 맞춰 수렴하고 있다. 이들 금융상품시장은 전통적으로 D2D(딜러간시장/은행간시장)와 D2C(대고객시장) 2단계(two-tier)로 이루어져 전화나 이메일/메신저로 양자 간 협상을 통해 거래하던 장외시장이다(헨더쇼트·마더반[Hendershott and Madhavan], 2015. 김한수, 2021. **제7장 1절 다항 (2)** 참조). 그러다 2008년 글로벌 금융위기 이후 SEF(Swap Execution Facility. 스왑체결설비. 미국), OTF(유럽)의 등장과 함께 장외파생상품 전자거래가 먼저 의무화됐다. 비지분형상품 전자거래의 기폭제 역할을 했지만, 글로벌 공조에 따른 강제적 측면이 강했다. 반면, 채권은 육성(voice)과 RFQ(request-for-quote. "호가 요청")[360]를 선호하는 거래 특성상 전자 거래플랫폼화가 쉽사리 진행되지는 못했다. 거래 자체가 복잡하거나 유동성이 낮아 개별 협상에 의존하는 경우가 많기 때문이다. 그런데 코로나

〈그림 12-4〉 재무성증권 전자 거래플랫폼 시장점유율

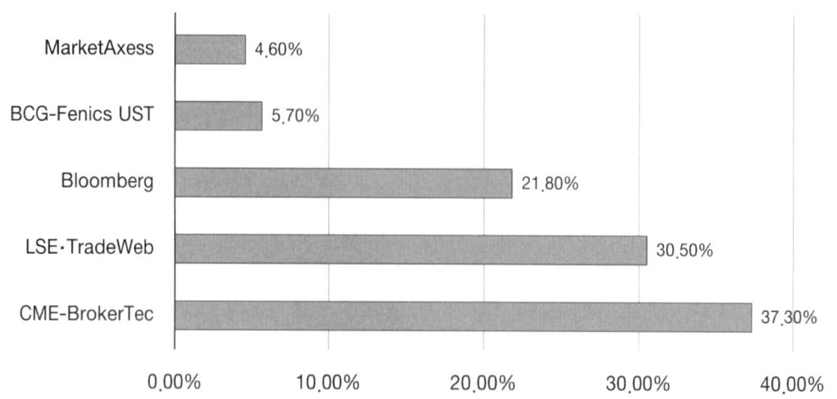

* 자료: Chappatta, B., 2021. "The Bond-Trading Revolution Is Real This Time". **Bloomberg**, (February 9).
* 주의: 전자 거래플랫폼 거래량(전체 거래량의 약 70%)만 사용한 통계임. 미국·유럽 채권거래 전체 거래량을 기준으로 하면 Tradeweb, MarketAxess, Bloomberg가 선두임. 기관투자자는 육성과 전통적 RFQ 방식을 선호.

19 팬데믹을 겪으면서 이 부문에도 플랫폼을 통한 전자거래가 일정 궤도(tipping point)에 올라 이제는 자리를 잡았다는 평가이다.[361]

재무성증권은 채권거래 전자화를 선도한다. 코로나19 팬데믹 동안 원격근무(WFH: work-from-home)에 힘입어 이들 증권의 전자거래 비중은 70% 선에 도달했다고 한다.[362] CME 브로커텍(BrokerTec. 37.3%), TradeWeb(LSEG 산하 Refinitiv가 대주주. eSpeed[이스피드]와 합쳐 30.5%), Bloomberg(21.8%), **BCG 페닉스유에스티(Fenics UST**, 5.7%), MarketAxess(4.6%)가 재무성증권 전자 거래플랫폼이다(〈그림 12-4〉 참조). 수년 전까지만 해도 D2D 또는 D2C별로 특화된 영업을 했지만, 지금은 다양한 전자 주문방식을

360 매수자[매도자]가 매수[매도] 의사를 표하며 호가를 요청하면 (양자든 다자든) 상대방이 호가를 제시해 거래가 연결·성사되는 방식이다. "실시간 호가"(real-time quote), "스트리밍 호가 프로토콜"(streaming quote protocol)이라고도 부른다. 한편 **RFM(request-for-market)**은 매수/매도 의사를 표하지 않고 호가를 요청하면 (양자든 다자든) 상대방이 호가를 제시해 거래가 연결·성사되는 방식이다.

361 Chappatta, B., 2021. "The Bond-Trading Revolution Is Real This Time". **Bloomberg**, (February 9).

362 Roisman, E.L., 2020. "Remarks at U.S. Treasury Market Conference". **SEC**, (September, 2020).

〈표 12-1〉 미국채권시장 주요 전자 거래플랫폼

IDB (플랫폼)	주요 거래 대상
TradeWeb Markets (Dealerweb)	**재무성증권**, 유럽 정부채, **IRS**(금리스왑), 회사채(미국, 유럽, 아시아), 신흥시장채, U.S. Repo(환매채), ETF (MBS[주택저당증권], ABS[자산유동화증권], 지방채, 미국 정부기관채* 등은 육성[voice]으로)
	LSEG 산하 Refinitiv가 53.4% 지분 보유
(eSpeed)	**재무성증권**, 미국 정부기관채, 유럽/아시아 국채, 초국가채*, **IRS**, MBS
	2021년 2월 Nasdaq에서 인수하기 이전 정보. 현재 Nasdaq은 채권시장에서 철수한 상태
MarketAxess (Open Trading)	**회사채**, 재무성증권, 미국 정부기관채, MBS, ABS, IRS, 신흥시장채, 유로본드
	2019년 8월 재무성증권 특화 전자거래 플랫폼 LiquidityEdge 인수
CME (BrokerTec)	재무성증권, 유럽 정부채, 미국·유럽 Repo
	2018년 11월 NEX Group(舊 ICAP)에서 인수. EBS(전자 FX 플랫폼), Traiana, TriOptima(장외거래 위험관리와 인프라 서비스 제공[현재 CME와 IHS Markit의 합작기업 OSTTRA 소유])도 함께 인수
Bloomberg (FIT)	재무성증권, 미국 정부기관채, 유럽/아시아 정부채, 신흥시장채, 초국가채, CD, CP, 단기금융채, IRS, CDS(신용부도스왑), Repo, 회사채(우량/고수익/담보부)
BGC (Fenics UST)	**재무성증권**
	2013년 4월 eSpeed를 Nasdaq에 매각. 2018년 6월 Fenics USTreasuries 운용 시작

* **거래 방법**—CLOB("전자주문장"), RFQ/RFM(주로 기관투자자 대상), 클릭-거래(CTT: click-to-trade. 여러 딜러에게 조회해 매매체결), 세션 거래(session-based trading) 등 딜러, 기관투자자, 도매투자자, 소매투자자에 맞춰 가능한 많은 거래방식을 제공. 정보는 실시간으로 제공

* 자료: 한국거래소(2010), 엄경식(2019)에 최신 변화를 반영해 보충.

* 미국에서 채권시장 전자거래 플랫폼을 운용하는 IDB(딜러 간 브로커)는 대부분 명칭에 상관없이 SEF도 함께 운용. Nasdaq은 eSpeed 매각으로 현재 채권시장에서 철수했고, NYSE는 NYSE Bonds를 운용하나 점유율은 미미함. "미국 정부기관채" 예: Fannie Mae, Freddie Mac, the Federal Home Loan Banks. "초국가채" 예: 다자간 개발은행(multilateral development bank) 발행 채권

제공해 시장참여자 전체를 아우르며 거래 편의를 제공한다(〈표 12-1〉 참조). 주요 주문방식으로는 ① (명시적 또는 익명) RFQ와 RFM, ② **"전자주문장"(CLOB**: central limit-order book), ③ "클릭-거래"(CTT: click-to-trade. 여러 딜러에게 조회해 매매체결), ④ "세션 거래"(session-based trading) 등을 활용한다.

"포트폴리오 거래"(portfolio trading)처럼 창의적 거래방식도 최근 채권시장에서 전자거래가 급증하는 데 큰 역할을 했다. ETF 설정·환매 공식을 활용한 이 거래로 투자자는 여러 채권을 바스켓에 담아 재빨리 매수·매도할 수 있게 되었다. 포트폴리오 거래는 그렇지 않아도 지난 10여 년 채권 전자거래 시장에 깊숙이 진입한 PTF(principal/proprietary trading firm. "고유계정거래회사"/"자기자본거래회사"/"프랍트레이딩회사")의 HFT/AT 활동을 더욱 고조시켰다.

최근 채권시장에 나타나는 주요 특징을 살펴보면 다음과 같다(엄경식, 2019). 채권시장 IDB(inter-dealer broker. 딜러 간 은행/브로커)는 대부분 SEF/OTF도 보유·운영한다. 따라서 정도 차이는 있지만, 이들 특징은 장외파생상품시장에서도 비슷하게 나타난다(FX에 관해서는 김한수(2021)와 **제7장 1절 다항 (2)** 참조).

- TradeWeb, Bloomberg 등 글로벌 데이터 제공업자가 거래와 보고를 플랫폼화해 채권거래시장의 강력한 FMI 제공기관으로 부상.
- 글로벌 선도거래시장은 앞다퉈 채권 전자거래 시장에 진출했으나 성과는 극명하게 갈림. 선발주자라 할 수 있는 **NYSE 본즈**(NYSE Bonds)는 거래량이 미미하고, 2013년 4월 야심차게 eSpeed를 인수했던[363] Nasdaq은 2021년 2월 TradeWeb에 이를 매각하며 채권시장에서 철수. 반면, 다양한 종류의 채권 전자거래가 어느 정도 궤도에 오른 후에 전자 거래플랫폼을 인수한 CME(BrokerTec)와 LSEG(TradeWeb)는 글로벌 플레이어로 자리 잡음.
- 위에서 언급한 바와 같이 D2D 또는 D2C별로 특화했던 전자 거래플랫폼이 이제는 딜러, 기관투자자, 도매투자자, 소매투자자 등 시장참여자별로 각자 적합한 다양한 전자 주문방식을 아울러 제공하며 특화의 경계를 허물어트려 버림. 이로써 부티크(boutique) 전자 거래플랫폼은 사라지고 대형 전자 거래플랫폼이 시장을 접수.
- 2020년대 들어서며 재무성증권 '전자거래 시장'에서는 PTF(50~70% 거래 비중)가 은행이나 브로커·딜러를 압도하기 시작. 이들 업체는 브로커·딜러보다 규제를 약하게 받고 익명에다 CCP 청산도 하질 않아[364] 현재 정책담당자가 이들의 행보를

363 인수 당시 Nasdaq은 재무성증권시장이 거의 주식거래소처럼 전자거래 시장이 되어서 eSpeed를 활용하면 자사의 주식 위주 사업 포트폴리오에 큰 시너지가 있을 것으로 판단했다. Sukumar, N., 2013. "Nasdaq to Buy eSpeed Platform from BGC for $750 Million". **Financial Times**, (April 1).

364 PTF는 50~70% 거래 비중을 차지하며 IDB를 통해 양자 간 청산을 수행한다. Hintze, J., 2021. "Treasury Market Upheavals Bring Calls for Operational Fixes". **GARP**, (July 23).

예의 주시하고 있음.[365]

- 전자거래가 정착하며 시장 투명성과 시장조성시스템이 점점 좋아지자 가격발견, 유동성 등 채권시장 전반의 질적 수준도 더불어 향상.

2. 시장미시구조 확충, 복잡·세련화

가. 세련된 형태의 종목별 시장안정화장치 보편화

종목별/개별종목 시장안정화장치(제2장 1절 나항 (3)(다) 참조)로는 거래정지(trading halt)와 거래중단(trading pause), 가격제한폭(price-limit) 같은 제도가 있다.[366] 거래정지(예: 불성실공시법인에 대해 지정 당일 하루 동안 매매정지)는 어떠한 거래 활동도 허용되지 않지만, 거래중단은 주문은 허용되고 매매체결만 이루어지지 않는다(예: VI[volatility interruption. 변동성완화장치] 발동). 가격제한폭제도는 일중 변동폭을 '명시적'으로 설정해놓고 개별주가를 제한한다.

VI는 종목별 시장안정화장치 중 가장 세련된 형태로 동적(dynamic. 주문 1건이 초래한 가격 급등락 때 발동. 예: ±2~6%)과 정적(static. 여러 건의 주문/거래가 누적해 발생한 가격 급등락 때 발동. 예: ±10%) 요소로 구성된다. '암묵적' 가격제한폭제도라고도 불린다. 시장 과민반응으로 주가가 일시 급등락할 때 VI는 가격제한폭제도보다 투자자 보호와 시장 안정성

365 Roisman, E.L., 2020. "Remarks at U.S. Treasury Market Conference". **SEC**, (September, 2020). 학계에서는 현재 5~6개 기관이 느슨하게 관여하는 재무성증권 감독을 FSOC(금융안정감시위원회)를 중심으로 공식 조정해 강화하고, 청산도 양자 간 방식이 아니라 CCP 방식으로 할 것을 제안하기도 한다(야다브[Yadav], 2021).

366 시장 전체 안정화장치(market-wide stabilization mechanism)도 있다. 종목별 시장안정화장치와는 달리 몇몇 국가(예: 미국, 이스라엘, 태국, 한국)만 채택한 제도이다. 서킷브레이커(circuit breakers)가 대표적으로 시장 전체 거래를 일시 정지한다. Black Monday(1987.10.19.) 직후 주식시장 폭락 방지 차원에서 브래디 위원회(Brady Commission)가 제안해 미국이 처음 도입했다(1988.10.1.). 이외 사이드카(sidecar. 선물시장 급등락 때 프로그램매매 호가 효력 일시 정지)와 **"컬러"(trading collar**. 차익거래와 관련해 프로그램매매 가격 제한)도 함께 도입했으나 실효성이 적어 금방 폐지됐다. KRX는 서킷브레이커와 사이드카를 시장 전체 안정화장치로 시행하고 있다(엄경식, 2019. 제15장 5절 참조).

확보에 훨씬 더 효과적이라 한다(엄경식·강형철·이윤재, 2008). 심지어 두 제도를 함께 사용하면 정적 VI가 먼저 효과를 발휘하기 때문에 가격제한폭제도는 쓸모없이 중복적일 뿐이라는 주장까지 있다(엄경식·권경윤·라성채·박종호[Eom, Kwon, La, and Park], 2022).

VI는 유럽 선도거래소(DB, Euronext, LSEG)가 고안·시행한 후 효력이 알려지면서 그 외 유럽과 아시아 주요 거래소로 확산했다. 설립 이래 가격제한폭제도를 사용해온 KRX도 2014년 9월 동적, 2015년 6월 정적 VI를 순차 도입해 현재는 두 제도를 병행하고 있다. 대체로 선진자본시장은 VI를, 후발/신흥자본시장은 가격제한폭제도를 사용하는 세계적 추이를 놓고(시파트·모하마드[Sifat and Mohamad], 2019) 볼 때 이는 매우 특이한 운용 형태이다.

2013년 4월 미국이 LULD(Limit-Up/Limit-Down. 유럽형 VI 단순 버전)를 시험운용(2019년 4월 정식 채택)하면서(제9장 3절 가항 (3)(나) 참조) VI는 글로벌 주식시장의 보편적 안정화장치로 자리 잡았다. SEC는 원칙적으로 개별종목에 가격 제한을 가하지 않는다.[367] 미국주식시장의 기저를 이루는 시장의 힘과 효율성을 강하게 믿기 때문이다. 그러나 이러한 미국조차 Flash Crash를 경험하고 난 후 LULD를 도입할 수밖에 없었다. 이는 Black Monday 직후 서킷브레이커(주석 366 참조)를 신규 도입한 것과 같은 맥락이다. Flash Crash가 미국자본시장과 SEC에 얼마나 충격적 사건이었는지 미루어 짐작할 수 있다.[368]

VI가 보편화하면서 시장 분할이 심한 미국과 유럽에서는 거래시장마다 제각각이던 종목별 시장안정화장치를 조화롭게 하려는 노력도 함께 진행했다. 거래시장 간 안정화장치가 잘 연계되지 않아 Flash Crash 당시 혼란에 빠졌던 경험에서 얻은 교훈으로부터 비롯한 결과이다(제9장 3절 가항 (2) 참조).

367 종목별로 세련된 VI를 가진 유럽거래소나 매우 세밀하게 가격제한폭제도를 구사하는 일본은 시장 전체 안정화장치가 제도상 중복이라고 판단한 듯하다.

368 비록 도입은 했지만, SEC는 종목별 시장안정화장치에 계속해 소극적 태도를 견지했다. Flash Crash 정도의 사건만 재경험하지 않으려는 선에서 제도를 설계했기 때문이다. 이런 이유로 유럽형 VI의 단순 버전이라고 평가받는다.

나. 과도할 정도로 많은 신규 주문유형 등장

거래시장 간 경쟁 격화로 미국과 유럽주식시장은 심하게 분할됐다. 이에, 정책담당자는 투자자 편의와 보호, 시장 효율성을 높이려 어떤 식으로든지 연계시스템을 갖춰야 했다. 법제적/정책적 틀을 바꿨고, 거래시장은 바뀐 틀 안에서 자신의 수익을 지키고 창출해야 했다.

새로운 주문유형 활용은 거래시장이 가장 쉽게 해볼 수 있는 시도였다. 이러한 현상은 시장을 물리적으로 연계해놓은 미국에서 특히 강하게 나타났다. 구체적으로, 거래시장 미시구조를 선도하는 주요 거래소들은 "플래시 주문"(flash order),[369] D-지정가주문(D-limit order), ISO, peg order 등 여러 가지 새로운 유형의 주문을 적극 도입해 Best Execution과 유동성 경쟁에 대처했다. 각 시장이 경쟁적으로 새 주문을 도입하다 보니 주문유형이 너무 많아(예: Reg NMS 시행 초기 NYSE 주문유형은 무려 130여 개에 이를 정도였음) 투자자가 혼란에 빠지기도 하고, 일부는 이 틈을 타 시장 효율성과 공정성을 훼손하는 데 악용(예: Flash Crash 당시 상황)하기도 했다.

이 대목에서 또다시 IEX가 등장한다. Speed bump를 고안해 변혁을 이끈 IEX는 거래소 이름이 대변하듯 주문유형과 관련한 문제에서도 사회적 가치 변화를 주도한다. 일단 주문은 시장가주문, 지정가주문, peg order를 조합해 10개만 허용한다. 또한 약탈적(예: latency arbitrage) 전략 HFT로부터 투자자(특히 소매투자자)를 보호하는 획기적 주문(D-limit 주문[Discretionary-limit order. "D-지정가주문". 조심해 다루는 지정가주문])도 고안해 시행(2020년 9월)하고 있다. D-limit 주문이란 투자자의 지정가주문에 악영향을 미치는 상황(예: 약탈적 주문 등장)이 발생했다고 자체 개발 인공지능(AI: artificial intelligence)[370] 장치

369 (N)BBO를 게시하지 않았음에도 시장가주문을 접수한 거래시장은 구독자에게 전자장치로 0.5초 간 깜박거려(flashing) 이 주문의 존재를 신호해줄 수 있다(플래시 주문. 즉, 플래시 거래[flash trading] 관련 주문). 서비스를 구독하는 투자자들은 그렇지 않은 투자자들보다 앞서 상황을 파악해 거래 우위를 점할 수 있다. 플래시 주문과 거래는 Flash Crash 발생 직후 해당 거래시장이 자발적으로 폐지했다(플래시 거래에 대해서는 **제9장 1절 다항** 참조).

370 현재 재무학에서는 AI를 "불확실한 동적 상황/환경에서 자동으로 의사결정과 예측을 해내는 통계적 수단/솔루션(solution)"으로 정의한다(깔바노·깔쫄라리·데니꼴로·파스토렐로[Calvano, Calzolari, Denicolò, and Pastorello], 2020).

가 판단하면 해당 주문가격을 자동으로 조정해 주문을 순간적으로 잠시 안전하게 피신시키는 주문유형이다. IEX가 SEC 허가를 받아낼 때 기존 대형 거래소의 반대는 상당했다.

다. 각광받는 일중 단일가매매

다크 거래시장이 시장을 급속히 잠식하면서(〈그림 3-2〉, 〈그림 6-1〉 참조) 미국과 유럽에서 리트풀(대부분 정규거래소)의 위기감은 상당하다. 특히 LSE를 제외한 모든 거래소가 국내 기업 위주 거래여서 자국 우량주 거래 태반을 범유럽 다크 거래시장에 빼앗긴 유럽은 상황이 더더욱 심각하다. 이와 더불어 ESMA의 고민도 커질 수밖에 없었다.

결국 ESMA는 MiFID II/MiFIR에 다크 거래시장 규제를 강화했다(제10장 3절 나항 (2) 참조). 이제 유럽에서 다크풀은 전체 거래량의 7%를 상회할 수 없다. 물론, LIS 주문과 일중 단일가매매를 이용한 거래량은 예외(즉, 사전적 투명성 면제조항에 따라 다크 거래 허용)로 한다. LIS는 다크풀을 본연의 목적에 걸맞은 서비스(대량매매)를 제공하도록 유도하며, 일중 단일가매매는 리트풀 경쟁력을 강화해 다크풀에 맞서게 하려는 조치이다. 일중 단일가매매는 DB, LSE처럼 점심시간에 맞춰 정기적으로 실행하거나, Cboe Europe Equities, Nasdaq Nordic처럼 온디맨드(on-demand. 투자자의 수요/주문이 있을 때 수시로 서비스 제공)로 실행한다. 이 중에서도 Cboe Europe Equities는 일중 온디맨드 단일가매매로 유럽에서 상당한 성공을 거뒀다. 이에 Cboe US Equities 산하 거래소 BYX에도 도입해 2022년 4월 14일 시행에 들어갔다. 일중 단일가매매는 정기적이든 온디맨드든 유형에 상관없이 유럽과 미국 선도주식시장의 다크풀과 리트풀 경쟁에 핵심 수단으로 활용되고 있다.

일중 단일가매매에 대한 관심은 이에 그치지 않는다. 글로벌 금융위기 이후 미국에서는 중소형/비유동성 주식에 대한 거래 부진이 사회적 화두였다. 2012년 JOBS Act(잡스법. "새싹기업활성법") 시행에도 개선될 기미가 안 보였기 때문이다. 최근 미국은 이에 대한 타개책으로 중소형/비유동성 주식거래에 FBA(일중 반복적 정기 단일가매매) 도입을 진지하게 고려하고 있다(제11장 1절 다항 (1) 참조).

라. 생소하고 복잡한 수수료 체계 성행과 논란 종식

시장 간 경쟁 심화로 거래시장은 저마다 아주 이질적인 수수료 체계를 내세우며 유동성 경쟁을 벌이고 있다. 각종 리베이트로 무장한 이들 수수료 체계는 연계시스템이 좋은 미국에서 특히 논란이 심했다. Maker-taker/taker-maker 수수료 체계에 대한 공방이 대표적이다. Maker-taker 체계에서는 유동성을 제공(지정가주문을 제출)하는 거래자는 리베이트를 받고, 유동성을 소비(기존 지정가주문에 매매)하는 거래자는 이보다 좀 비싼 수수료를 내며, 거래시장은 수수료와 리베이트 차이를 수익으로 가져간다. 거꾸로 taker-maker 체계에서는 유동성을 제공하는 거래자는 수수료를 내고 유동성을 소비하는 거래자는 리베이트를 받는다(제9장 4절 라항 (2)(나) 참조).[371]

Flash Crash는 maker-taker/taker-maker 수수료 체계를 되돌아보게 했다. 최선이 아니더라도 브로커는 리베이트를 많이 주는 거래시장으로 주문을 제출할 수 있다. 왜냐하면 가격에 리베이트가 포함되지 않기 때문이다(주석 266 참조). 게다가 리베이트나 수수료 혜택은 브로커에게만 돌아갈 뿐 정작 최종 투자자는 별 혜택을 받지 못 한다는 시각이 강했다. 이에, SEC는 Transaction Fee Pilot Program("거래수수료 맛보기 프로그램")을 2019년 4월 하순부터 2023년 말까지 시행할 예정이었다. 엄청난 이해가 걸린 이 맛보기 프로그램을 놓고 거래시장은 SEC가 월권을 행사한다고 고소했고 2020년 6월 Federal Court of Appeals(연방항소법원)는 권한 남용을 이유로 SEC 패소 판결을 내렸다(제9장 4절 라항 (2)(나) 참조). 오랜 기간 논란의 중심에 섰던 maker-taker/taker-maker 수수료 체계는 이제 거래시장의 전략상 권리로 인정받으며 견제 없이 시행되고 있다.[372]

---

371 BYX, EDGA(둘 다 Cboe Global Markets 산하 거래소)가 대표적이다. 시장에 지정가 매도주문이 많이 대기 중일 때 투자자/거래자는 taker-maker 수수료 체계를 시행하는 거래시장을 활용한다.

372 말리노바·팍(Malinova and Park, 2015)은 TSX(토론토증권거래소) maker-taker 수수료 체계를 실증 분석한 결과, 사회적 비난과는 달리 소액투자자(최종 투자자. 주로 고정수수료 사용)가 손해를 보지는 않는다고 한다. 덧붙여, 제도 시행 2개월 후 순거래비용(net trading cost)은 되레 감소했다고 한다.

마. 직상장, SPAC 상장 — 존재감 보이며 거시구조 변모에 일조

(1) 직상장, 유니콘 상장방식으로 전면 등장

전통적으로 직상장(direct listing)은 구주(기발행주식)에 유동성을 부여하려 상장하는 기업공개 방식이다. IPO와 달리 신주발행(primary offering)을 하지 않아 신규 자본조달과 IB 인수업무(underwriting)를 필요치 않는다(제6장 1절 가항 (2) 참조). 공모가격이나 배정물량을 정하지 않아도 되니까 수요예측(book building)도 하지 않는다.[373] 간단히 말해, 날짜 정해놓고 거래소에서 구주를 공식적으로 매매하면 된다.[374] 상장과정이 단순하고 신속하며 관련 비용[375]도 훨씬 적게 든다. 오래된 제도고 장점도 많지만 최근까지 글로벌 선도거래소에서 제대로 활용된 적은 거의 없다. 왜냐하면 거의 모두가 대규모 자본을 조달하려고 기업을 공개하기 때문이다.

2018년 4월 스포티파이(Spotify)의 NYSE 직상장은 이에 대한 기존의 모든 패러다임을 바꿔놓았다. 그 배후에는 사적 자본시장의 급성장이 자리하고 있다. 이제 미국에서 유니콘은 급성장한 사적 자본시장 덕에 경영권 보호를 받으며 장기간에 걸쳐 충분한 자금을 조달할 수 있다. 이 때문에 중견/대형 비공개기업으로 일단 자리를 굳혀 명성을 쌓은 다음, 직상장을 통해 NYSE나 Nasdaq에 진출하는 경향을 보인다. 사적 자본시장에서 이미 자금을 충분히 조달해 비축한 상태라 신주를 발행할 필요가 없는 상태에서 말이다. 불과 지난 10여 년 사이에 일어난 일이다.

좀 더 부연해보자. 미국 사적 자본시장은 2012년 5월 페이스북(Facebook. 現 메타[Meta]) IPO를 기점으로 급성장한다(제6장 1절 나항 (2) 참조). ATS, NPM, 투자회사(예: PEF, 벤처캐피털), 소프트웨어회사 간 플랫폼 경쟁 속에 비공개기업의 자본조달은 예전과는

373 미국과 영국의 최근 사례를 보면 IB는 자문 서비스를 제공하며 직상장에 참여한다.

374 사적 자본시장에서 형성됐던 가격정보를 거래소가 제공해주지만, 이는 참고용일 뿐이다.

375 IPO에서는 IB에 지급하는 수수료와 "저가 발행에 따른 가격할인"(IPO underpricing. 공모가 할인율이 평균 20% 정도임) 등 직·간접비용이 소요된다.

비교할 수 없을 정도로 편리하고 쉬워졌다. **차등의결주식**(dual class stock)을 활용해 경영권도 확실히 보장받는다. 기존 주주(예: 종업원, 기관투자자[벤처캐피털])에게 유동성 편의를 제공한다거나 기업의 전략적 성장을 도모하는 목적 말고 오직 자본조달만을 위해 IPO를 할 유인은 거의 사라졌다. 이렇게 되기까지 사적 자본시장의 대표적 존재 양식은 Nasdaq이 ATS 형태로 비공개주식 유통시장(NPM)을 소유하고 이를 정규거래소(Nasdaq Stock Market)로 연계해 IPO 하는 방식이었다. 외부의 시각에서 볼 때 성장형시장을 표방한 Nasdaq의 유니콘 선점은 매우 당연해 보였다. 하지만 이는 ICT라는 실물경제 핵심 성장동력 부문의 기업 상장을 애초부터 놓쳐버린 NYSE에게는 넋 놓고 삼킬 수만은 없는 너무나도 아쉬운 실패였다. 절치부심하며 사적 자본시장을 기웃기웃하던 NYSE는 상황 변화가 감지되자 사문화되다시피 한 직상장 카드를 전격 꺼내 들었다. Spotify를 시작으로 슬랙(Slack. 2019년), 팔란티어(Palantir. 2020년), 로블록스(Roblox. 2021년) 등 유명 유니콘(엄밀히 말해, **데카콘**[**decacorn.** 시가총액 100억 달러 이상 비공개기업])을 연이어 직상장시키며 단숨에 Nasdaq의 비즈니스 전략을 무너뜨렸다. 동시에 숙원이던 ICT 부문도 손에 넣기 시작했다. Nasdaq은 뒤늦게 코인베이스(Coinbase. 2021년. 당시 사상 최대 **헥사콘**[**hexacorn.** 시가총액 1,000억 달러 이상 비공개기업]) 직상장 성공으로 일단 사적 자본시장을 수성하는 한편, 골드만삭스(Goldman Sachs), 시티(Citi) 등 굴지의 IB와 조인트벤처로 NPM을 분사 독립시켜 사적 자본시장 공략 전략을 재정비하는 중이다. 이에 대한 반격으로 NYSE는 직상장임에도 신주를 발행할 수 있도록 규칙을 개정했다(2020년 8월). 시장미시구조 변화(직상장 활성화)로 말미암아 미국주식시장 거시구조는 시장 간 구분이 더욱더 모호해지는 국면을 맞이했다.

한편, 브렉시트와 함께 EU에 빼앗긴 거래량을 되찾으려 고민하는 LSE에게 직상장은 꽤나 훌륭한 전략적 수단으로 보이는 것 같다. LSE는 2021년 7월 와이즈(Wise. 국경 간 지급결제시스템 핀테크 기업)를 유럽 핀테크 기업으로는 최초로 직상장시켰다. 핀테크 부문 글로벌 허브 거래소를 목표로 하는 LSE가 직상장을 마케팅 전략에 전면 등장시킨 사건이다.

(2) 지속성 관심 속에 (과도한) SPAC 상장 열풍

(가) SPAC 상장방식과 장단점

기업인수목적회사(**SPAC**: Special Purpose Acquisition Company. **스팩**)는 **스폰서**(**sponsor**. 풍부한 경험의 전문가 출신 개인/운영팀)가 IPO로 자금을 공개 모집한 후 대략 2~3년(미국·유럽 2년, 한국 3년) 내 유망/저평가 비공개기업을 인수·합병해 재상장할 목적으로 설립한 명목회사(paper company)이다. 정해진 기간 내 M&A 성사가 설립의 유일한 목적이며, 다른 영업활동은 하지 않는다. 이 때문에, "백지수표 회사"(blank check company)/"현금만 보유한 껍데기 회사"(shell company)로도 불린다. IPO 할 때는 실체가 없다가 합병을 완료해 재상장하면서 영업 실체를 갖춘 상장기업이 된다.[376]

미국과 유럽의 전형적인 SPAC에 나타나는 구조상 특징과 생명주기(life cycle)는 다음과 같다(〈그림 12-5〉, 특히 〈패널 B〉 참조).

① **〈스폰서, SPAC 설립〉** 경험 많은 전문경영인, M&A 전문가, 헤지펀드 매니저, 특정 산업 전문가 출신 개인이나 운영팀을 스폰서라 함. 규정상 M&A 목표기업(target company. 피합병기업)을 IPO 전에 확정할 수 없으므로 SPAC 공모에 참여하는 투자자에게 스폰서의 명망이나 과거 실적(track record)은 핵심 투자지표 역할을 함.

② **〈SPAC IPO. 전형적 특징〉** SPAC은 **유닛**(**unit**)을 발행해 투자금을 모집. 유닛은 보통주 1주에 워런트(warrant. 신주인수권) n개를 묶어 구성되며 IPO 이후 분리·거래 가능(유럽은 불가. 한국은 보통주 신주만 발행). 이때 스폰서는 공모자금(IPO proceeds)의 20%를 "보수"(promote. 소액[예: 25,000달러] 투자를 수반하기도 함)로 받음. 공모가는 10달러(한국 2,000원)이며, 공모자금은 신탁계좌에 예치·투자(예: 단기 재무성증권에 투자)되어 목표기업을 합병하거나 합병 실패로 SPAC을 청산하기 전까지는 출금 불

376 SPAC과 유사한 상장방식으로 우회상장(RTO: reverse takeover. 역인수합병)을 종종 언급하곤 한다. 우회상장은 비상장기업이 상장기업을 인수해 상장심사절차를 거치지 않고 상장기업 지위를 얻는 것으로 정의한다(엄경식·박종호·이진호, 2011). SPAC과는 합병·피합병 주체, 공모 주체 기업의 영업활동 여부 등에서 서로 차이가 난다.

〈그림 12-5〉 미국과 유럽 SPAC의 구조상 특징과 생명주기

〈패널 A〉 생명주기—일반

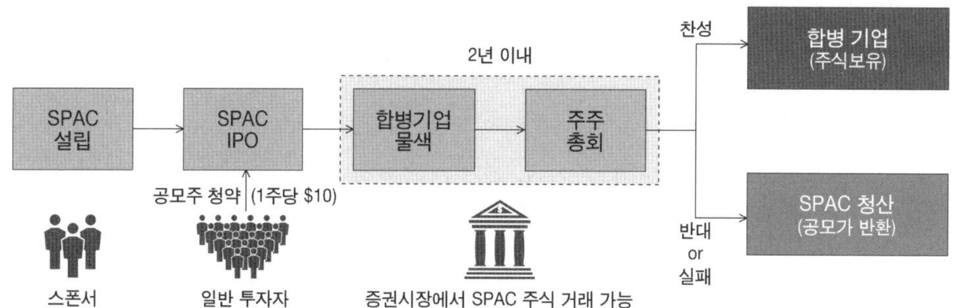

* 자료: 코리얼티USA, 2021. "미국 SPAC 주식 총정리 (상장 절차, 리스트, 투자 방법 등)". (1월 26일).
* "합병기업"보다 "목표기업 합병"이 더 적절한 표현임.

〈패널 B〉 구조상 특징과 생명주기—미국

Trust account - invest in treasury bills

IPO proceeds

Capital ~$25k

Shares ~20% of SPAC

Extra $$$

Warrants

Sponsor

SPAC

$10/share

Shares+warrants

IPO investors

Find a deal

Max 18~24 months

Buy/sell shares/warrants in market with existing and new investors

Deal found?

YES NO

Shareholders have right to redeem shares for **$10 + interest** paid from trust

Shareholders grant extension?

YES NO

* 자료: Lamont, D., 2021. "The Pros, Cons and Incentives behind the SPAC-craze Sweeping Markets". **Schroders**, (March 31).

가. M&A 목표기업이나 자산군에 대한 정보는 정확히 알 수 없음.

③ **〈목표기업 물색 후 주주총회에서 찬반 결정〉** 2년(한국 3년) 내 M&A 목표기업을 선정해 주주총회에서 최종 결정. 합병에 찬성하면 SPAC 주식을 일정 비율에 따라 피합병기업 주식과 교환하고, 피합병기업을 재상장. 합병 찬성 후 피합병기업 주식과 교환 전까지 투자자는 투자금(공모가+이자) 환매/반환(redemption)을 요청할 수 있음. 합병기업을 찾지 못했거나(연장 가능) 합병에 반대하면 청산. 청산 때 투자자는 투자금(공모가+이자)을 돌려받음. SPAC 투자에 하방 위험이 없다는 논리로 작용. 그러나 IPO 이후 공모가 이상으로 투자해 주가가 하락하면 당연히 손실 발생.

④ **〈추가 자금조달. 주주총회 찬성 후 피합병기업 주식과 교환 전까지〉 디-스패킹(de-SPACing)**이라고도 함. 공모액 중 일부가 환매/반환에 사용되고, 목표기업 규모도 대부분 SPAC보다 커 스폰서는 SPAC 공모액의 2~5배 자금을 추가 조달해야 함. 이른바 **파이프(PIPE**: private investment in public equity. "일군의 적격투자자에 신주·구주 사모") 투자자의 신규 투자(한국의 제3자배정[특정한 자] 유상증자와 비슷) 발생. PIPE 투자자는 대형 사적 투자자(예: 헤지펀드, 뮤추얼펀드. 대기업 내 사적 투자)로 스폰서 초청에 의해서만 투자에 참여. 공모가 또는 그보다 조금 낮은 가격으로 투자 요청을 받는 경우가 많으며 합병 전 목표기업의 주요 기밀 정보(예: 비재무적 정보)에도 접근할 수 있음. "헤지펀드 마피아"라 불릴 정도로 PIPE 투자에 헤지펀드 참여가 활발.[377]

SPAC 생태계는 스폰서, 일반투자자, PIPE 투자자, M&A 목표기업(비공개 유망/저평가기업)으로 이루어진다. 여느 제도와 마찬가지로 SPAC도 제도 도입 목적을 순조롭게 잘 구현할 때 나타나는 장점과 예상치 못한 제도상의 허점이나 시장참여자의 악의적 행태로 인해 불거지는 단점이 맞물려 있다. 둘 중 어느 게 더 강하게 발현되는지에 따라서 SPAC 제도의 평가가 달라질 것이다. 2020~2021년 작금의 SPAC 열풍 전까지만 해도 SPAC에

377 **보호예수(lock-up. 락업.** 예: IPO 때 일정 지분 이상을 소유한 주주의 거래를 일정 기간 제한) 해제 시점에 PIPE 투자자의 대규모 매도 물량이 나오며 주가 폭락을 유발하곤 한다. SPAC에 투자한 일반투자자는 매도 시점을 정할 때 이를 꼭 참고해야 한다.

대한 평가는 그다지 좋지 않았다. 비공개 유망/저평가 기업이 실제로 SPAC에 인수·합병될 가능성이 아주 작다는 인식이 컸다. 그 정도로 유망한 기업이면 좀 더 기다렸다 IPO를 하고 싶어 할 것이기 때문이다. 실증분석으로 확인해봐야 하는 주제지만 밖에서는 이를 SPAC 구조상의 문제점으로 봤다.

여하튼, SPAC의 장점은 이렇다. 성장 잠재력은 높지만 가까운 시기에 수익/이익을 낼 수 없는 비공개기업(예: 전기차, 수소트럭, 우주여행, 블록체인 핀테크 기업)이더라도 비교적 덜 엄격한 방식에 따라 빠르고 적은 비용에 자본을 조달할 수 있다. SPAC IPO로 이미 모집해둔 자금을 받게 되므로 공모 불확실성도 일반 IPO 방식보다는 훨씬 낮다. 일반투자자는 SPAC을 통해 그동안 거의 불가능했던 유망 비공개주식 투자에 낮은 위험으로 쉽게 접근할 수 있고 투자금도 상장거래소를 통해 손쉽게 회수할 수 있다. 한편, 스폰서와 PIPE 투자자는 위험을 거의 떠안지 않고 굉장한 이익을 낼 기회를 가질 수 있다. 스폰서는 공모액의 20%를 보수로 받으니 더 설명할 필요가 없다. PIPE 투자자도 그에 견줄만하다. 합병기업 내부정보를 합병 전에 알 수 있고 가격도 할인받는다. 이러고도 합병에 반대하면 원금에 이자까지 보장받는다. 거의 채권(전환사채) 투자에 가깝다.

장점을 조금 나쁜 상황으로 돌리면 단점/문제점이 된다. 먼저, 공모액의 1/5이나 되는 스폰서 보수 문제이다. 자금을 조달해주는 대가치고는 상대적으로나(IB의 IPO 인수업무 수수료: 약 7%) 절대적으로나 과도하다. 합병기업 가치를 그만큼 희석(dilution)할 것이다.[378] PIPE 투자자의 역할 또한 SPAC에 부정적 영향을 끼칠 수 있다. 위험이 거의 없는 상태에서 공모가 이하로 할인까지 받으며 de-SPACing(IPO 이후 M&A 하는 과정)에 참여하지만, 실익이 없다고 판단하면[379] PIPE 투자자는 합병 전 어느 때곤 투자액과 이자를 환급받을

378 퍼싱스퀘어탄틴홀딩스(PSTH: Pershing Square Tontine Holdings. 미국 역사상 최대 SPAC, 2022년 7월 청산) 설립·운영자 애크먼(Bill Ackman)은 희석 문제를 일반투자자에 좀 더 우호적으로 해결해볼 요량으로 **스파크(SPARC**: Special Purpose Acquisition Rights Company)라는 변형 SPAC을 제안했었다. SPARC의 "딜 구조"(deal structure)는 "skin-in-the-game"("스킨 인 더 게임". 자신이 책임을 안고 직접 사안[문제]에 참여)처럼 스폰서가 SPAC과 일반투자자의 이해에 더 집중해 애쓰도록 설계된다. 예를 들어, IPO 때 워런트를 발행하고 목표기업을 확정하면 그때서야 워런트 투자자는 이를 행사하며(opt-in) 투자금을 지급한다. ("파생상품화한 SPAC"이라 할 수 있다).

379 앞서 언급한 바와 같이 PIPE 투자자는 합병 전에 피합병기업에 대한 내부정보를 얻을 수 있다.

〈그림 12-6〉 SPAC IPO 이후 합병 성공비율

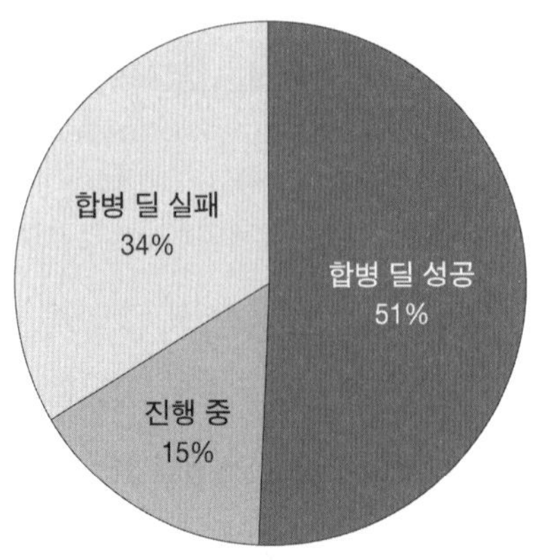

* 자료: Aliaj, O., Indap, S., Kruppa, M., 2020. "Can Spacs Shake off Their Bad Reputation?" **Financial Times**, (August 12).

* 기간: 2015~2019년. 총 145건(성공: 74건, 진행 중: 23건, 실패: 49건)

수 있다. 시장 상황이 좋지 않으면 이러한 유인은 특히 강해진다. 주요 PIPE 투자자인 헤지펀드가 절대 이익을 추구하는 투자자임을 상기하면 쉽게 와닿으리라 생각한다. 2011년 필자는 NYSE와 Nasdaq을 방문한 적이 있다. 당시 상장부서 담당자는 상장방식으로서 SPAC에 매우 회의적이었다. 딜 구조상 결함 때문이었다. 시장 상황이 극히 좋지 않던 그때에도 헤지펀드는 투자해놓고 합병에 참여만 하지 않으면 수익(투자금+이자)을 보장받았다. 2011년 규칙 변경(이후를 SPAC 2.0이라 함)으로[380] 나아지기는 했지만, 부정적 영향의 불씨는 여전히 살아 있다. 참고로 미국에서 IPO 이후 SPAC 합병 성공 비율은 SPAC 열풍이 불었던 2020년에도 66% 정도였다(〈그림 12-6〉 참조. "진행 중"까지 포함 66.2%). 또 하나 주요 문제점은 투명성과 관련돼 있다. 스폰서 보수, IB 인수업무 수수료, 법률 자문 수수료 등 SPAC의 가치 희석 비용에 관한 정확한 정보는 IPO 이후 진입한

380 Mullin, S., 2011. "SPACs 2.0: New SPAC Rules Changes Approved by Nasdaq and NYSE AMEX and New Market Features Make SPACs a More Attractive Investment Vehicle in 2011". **SheppardMullin**, (March 21).

일반투자자에게 특히 중요하다. 왜냐하면 딜 구조 내 장착된 이러한 비용을 제대로 고려하면 SPAC이 IPO보다 비싼 자본조달 방식일 수 있기 때문이다. 만일 정보가 정확하게 제공됐다면, SPAC 생태계에서 손해 볼 가능성이 제일 큰 이들 후발 투자자는 더 싸게 SPAC에 투자하거나 아예 투자하지 않았을 수도 있다(클라우스너·올로거·루안[Klausner, Ohlrogge, and Ruan], 2022). 마지막으로, 피합병기업은 비공개기업이어서 합병 때 예측정보(forward-looking statement)를 사용해 정보를 제공할 수 있다.[381] 이 같은 사실을 제대로 인지하지 못하면 일반투자자는 오도당할 수 있다.

(나) 뜻밖의 열풍과 전망에 대한 견해

딜 구조상 SPAC은 의심스러운 자본가가 순진한 일반투자자를 혹하게 해 확실치 않은 사업에 운을 걸며 이득을 꾀하는 상장방식이라는 평판을 줄곧 받았다.[382] 과거에는 그렇다 쳐도 2019년 말부터 2021년 말에 이르기까지 미국 SPAC에 불어닥친 폭발적 열풍은 도대체 어떻게 설명할 수 있을까?

미국에서 SPAC 상장은 글로벌 금융위기 직전(2007년) 반짝했던 증가를 제외하고는 2019년 후반까지 오랫동안 연간 50건이 채 되지 않았다(〈그림 12-7〉, 〈패널 A〉 참조). 2020년 급등하면서 놀랍게도 심지어 일반기업 IPO 건수까지 넘어섰다. 이 과정에서 SPAC을 활용한 ETF도 등장했다(2020년 10월. ETF 상품명: SPAK). 2021년은 더욱 놀랍다. 무려 613건으로, 미국자본시장은 IPO 역사상 최초로 연간 1,000건(총 1,058건)을 넘기며 기록적인 한 해를 보냈다. 금액 면에서도 일반기업 IPO를 크게 역전했다(〈그림 12-7〉, 〈패널 B〉 참조). 후반부에 들어서며 증가세는 둔화했지만, 상대적일 뿐 다른 연도와 비교해보면 이마저도 사실 엄청나게 높은 수준이다.

전문가들은 앞으로 일정 기간에 걸쳐 증가세는 계속 둔화하겠지만, 대신 SPAC의 건전

381 Lamont, D., 2021. "The Pros, Cons and Incentives behind the SPAC-craze Sweeping Markets". **Schroders**, (March 31).

382 Aliaj, O., Indap, S., Kruppa, M., 2020. "Can SPACs Shake off Their Bad Reputation?" **Financial Times**, (August 12).

〈그림 12-7〉 미국주식시장 연도별 IPO 건수, 금액 및 성과

〈패널 A〉 IPO 건수—SPAC vs. 일반기업

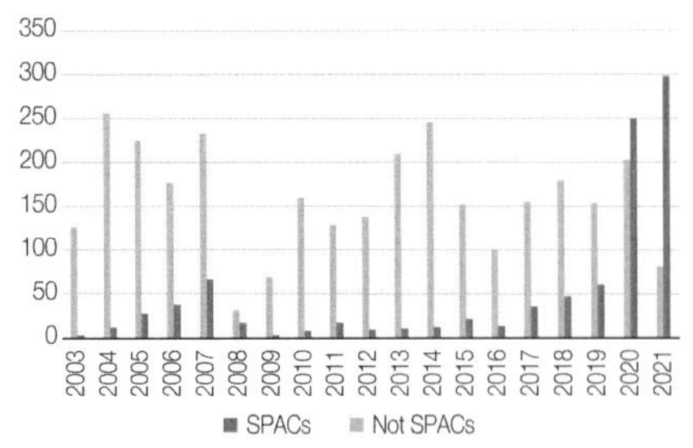

〈패널 B〉 IPO 금액—SPAC vs. 일반기업

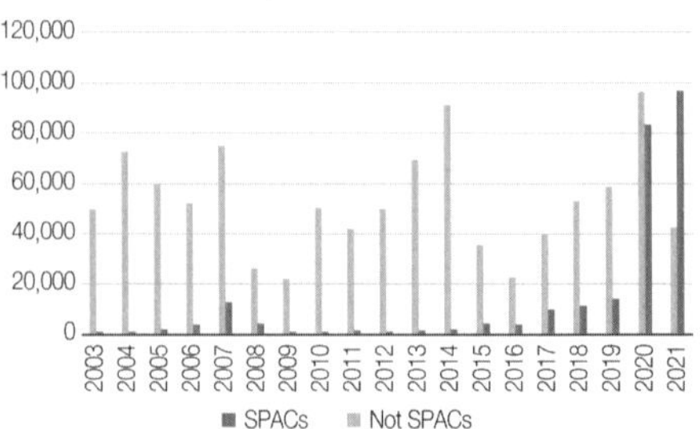

* 자료: Lamont, D., 2021. "The Pros, Cons and Incentives behind the SPAC-craze Sweeping Markets". **Schroders**, (March 31).

* **〈패널 A〉** 도표에서 2021년 SPAC IPO 수치(298건)는 2021년 3월 31일 기준임. 참고로 2021년 IPO 총계는 1,058건(미국주식시장 역사상 최초로 1,000건 초과), SPAC IPO는 613건임. 2020년 IPO 총계는 480건, SPAC IPO는 248건임. **〈패널 B〉** 단위: 100만 달러.

〈패널 C〉 연도별 SPAC 상장 평균 금액

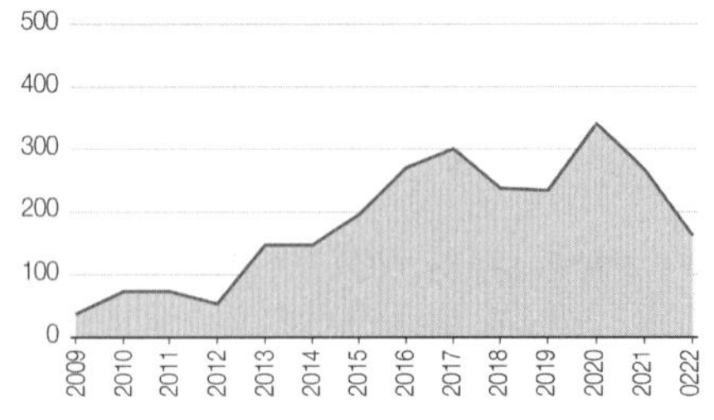

〈패널 D〉 SPAC vs. IPO-IPO 후 성과

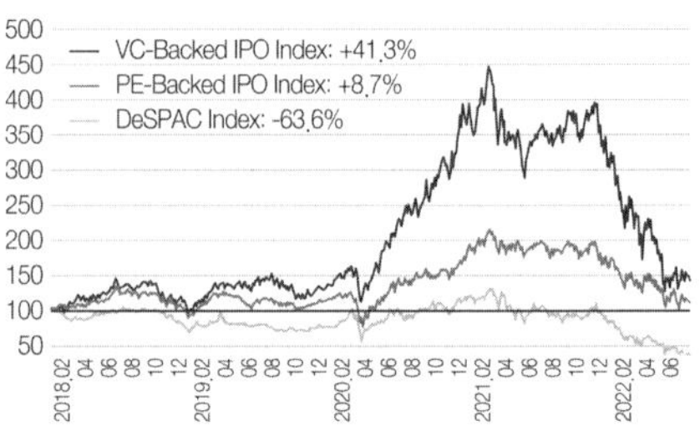

* 자료: **〈패널 C〉** SPACInsider. [https://spacinsider.com/stats/]. **〈패널 D〉** DeChesare, B., 2022. "SPAC vs IPO: Performance, Excel Model Differences, Trade-offs, and Retail Investors". **Mergers & Inquisitions**, (July 22).

* **〈패널 C〉** 단위: 100만 달러. **〈패널 D〉** 연도: 2018년 1월~2020년 8월. 그래프 위에서부터 VC 주선 IPO(VC-backed IPO), PE 주선 IPO(PE-backed IPO), SPAC IPO(DeSPAC) 성과를 나타냄.

성과 신뢰성은 개선될 것이라 '조심스레' 전망하고 있다. 실리콘 밸리(Silicon Valley)도 지금의 현상을 지나가는 열풍으로 치부하지 않고 SPAC에 향했던 부정적 시선(gimmick)을 거두며 자본조달의 한 수단으로 인정하는 분위기라 한다.[383] SPAC에 대한 평가가 이처럼 바뀐 데에는 다음 요인이 한몫했다 할 수 있다.

첫째, SPAC 질적 수준에 구조적 변화가 보인다는 점이다. 규모가 커졌고(〈그림 12-7〉, 〈패널 C〉 참조) IPO나 합병 후 공모가를 계속 웃도는 경우도 훨씬 많아졌다. 예를 들어, 이목을 끌며 성공을 거뒀던 SPAC 합병은 대부분 최근 발생했고 상장 후 거래 가격이 공모가를 넘어서는 추세는 2017년 중반 이후 강해졌다고 한다.[384] 워런트 혜택이 낮아졌으며 합병기업 가치 희석 문제도 점점 개선됐다. (언제나 긍정적이라고는 말할 수 없지만) 내로라하는 전문투자자들이 스폰서로 적극 참여하기 시작했다. 그렇다 하더라도 2021년 들어 SPAC 상장 대부분이 공모가를 밑돌며 일반기업 IPO 대비 성과도 크게 떨어지는 현실에 크게 주의할 필요가 있다(〈그림 12-7〉, 〈패널 D〉 참조).

둘째, 현재와 미래경제 주도 산업군과 SPAC의 M&A 목표기업군의 일치이다. SPAC을 통해 자본을 조달하는 기업은 대부분 **기술·미디어·통신**(**TMT**: technology, media, and telecom), 건강·생명과학, 에너지·환경·지속가능성 관련 산업에 속한다. 제조업과 소매·여행업 소속 기업도 미래지향적 부문(예: 전기차, 자율주행차, 우주여행)에 집중돼 있다(〈그림 12-8〉 참조). 이들은 모두 현재와 미래경제를 이끌어가거나 이끌어갈 주력 산업이다. 거꾸로, SPAC을 통한 자본조달 방식이 엄청난 속도로 변모하는 현대산업의 패러다임 양상과 시의적절하게 잘 들어맞았다고도 할 수 있다.

셋째, 정책담당자의 감시·감독 강화와 SPAC 업계 내부의 혁신 움직임이다. SEC 시각에서 보면 코로나19 팬데믹 상황에서 때아닌 SPAC 열풍은 예의 주시해야만 하는 현상이었다. De-SPACing 후 피합병기업의 영업 성과가 바람직하지 않은 추세를 보이던 차에 2021년 우려하던 대로 유명 피합병기업에서 사기, 예상 실적 부풀리기, 규정 위반, 이해상충 등이 발생했고 관련 SPAC은 공시를 위반해 투자자 보호 문제가 크게 불거졌다.[385]

---

383 Batsev, D., Katz, J., 2021. "How SPAC Skepticism Has Given PIPE Investors and Edge". **Lazard Insights**, (May).

384 Aliaj, O., Indap, S., Kruppa, M., 2020. "Can SPACs Shake off Their Bad Reputation?" **Financial Times**, (August 12).

385 예를 들면, 니콜라(Nikola. 수소·전기트럭)와 모멘터스(Momentus. 우주 관련 기업)는 기술검증 사기, 루시드(Lucid Motors. 전기차)는 기술검증 사기와 예상 전망 부풀리기, 트럼프 미디어앤드테크놀로지그룹(TMTG: Trump Media & Technology Group. 소셜미디어)은 사전 합병 논의 규정 위반 등으로 고소/고발당했다. 관련 SPAC 역시 공시 위반으로 함께 고소/고발당했고, 유사 이래 최대 SPAC인 PSTH는 이해상충 문제로 고발당했다.

〈그림 12-8〉 SPAC 합병기업 산업별 분포와 평균 기업가치—미국주식시장

〈패널 A〉 SPAC 합병기업 산업별 분포와 평균 기업가치—2018~2020년

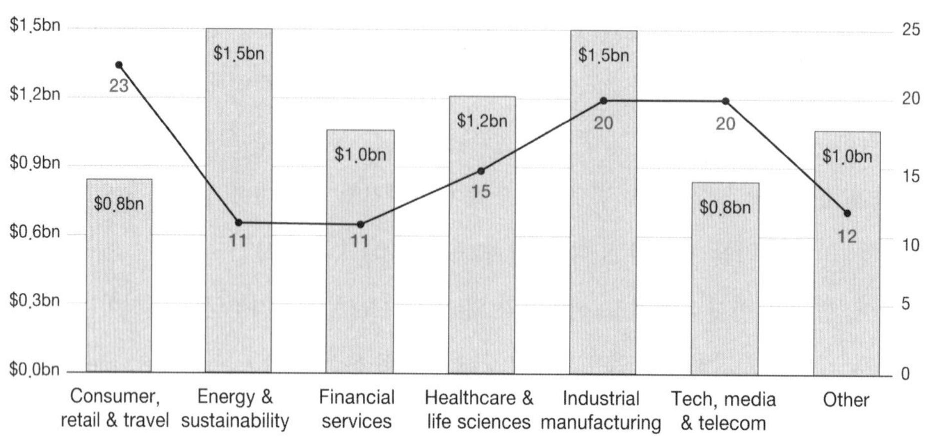

〈패널 B〉 SPAC 합병기업 산업별 분포와 평균 기업가치—2021년 예상

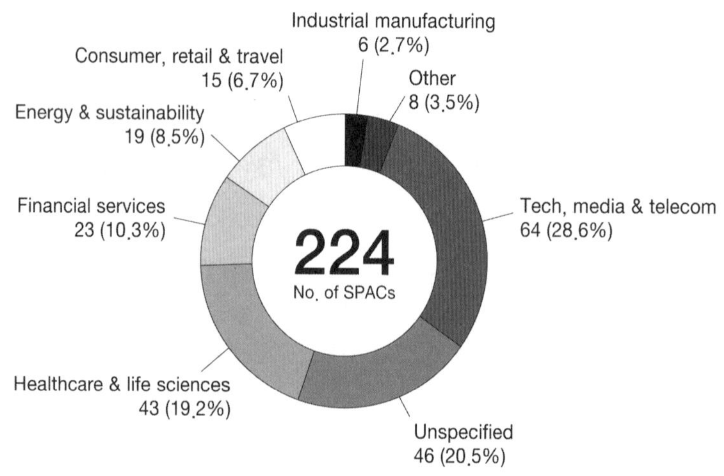

* 자료: Lambert, J., Malik, S., 2021. "SPAC Insights: Why So Many Companies Are Choosing SPACs over IPOs". **KPMG**, (August 12).

SEC는 규제 강화(예: 공시 강화[낙관적 예측정보 남용 방지], **"1940년 투자회사법"**[The Investment **Company Act of 1940**]에 SPAC 귀속)를 검토하고 있다.[386] 규제가 정비되면 확실치 않은 사업체의 시장접근을 제도적으로 상당 부분 걸러낼 수 있어 SPAC의 질적 수준(생존성, 건전성, 신뢰성) 제고에 도움이 될 것이다. 또한 업계 내부에서 자생적으로 딜 구조의 나쁜 점을 개선/혁신하려는 움직임(예: SPARC)도 촉발해줄 수 있으리라 기대한다.

한편, 유럽 SPAC 시장은 미국을 반년 정도 뒤따른다고 한다. 미국이 2021년 봄 정점을 찍은 데 비해, 유럽은 2021년 가을이 열풍의 정점이었다. 업계 관계자들은 궁극적으로 유럽도 미국과 비슷한 경험을 하지 않겠냐고 전망하는 분위기이다.[387]

바. 그 밖의 주요 흐름

(1) HFT, 전통적 시장조성인 대체

거래시장의 법제 환경 패러다임 변화(Reg NMS와 MiFID II)와 ICT 혁신, 이에 따른 시장 간 경쟁 심화로 전자주문장 제도(협의의 순수경쟁매매 메커니즘)[388]는 이제 글로벌 주식시장의 주 거래 메커니즘으로 자리 잡았다. 오랫동안 딜러 메커니즘 전통을 유지했던 LSE도 주요 상장종목(FTSE[풋치] 지수 구성 종목)은 SETS(Stock Exchange Electronic Trading

---

386 이와 관련해 SEC는 2022년 3월 30일 "프로포절"(proposed rules)을 발표했고 업계에서는 SEC가 2023년 상반기(2022년 내에서 연기됨) 내로 이를 최종 확정지을 것으로 예상한다. Sorkin, A.R., 2022. "Rewriting Blank Checks". **New York Times**, DealBook, (March 31). Celarier, M., 2022. "Nearly Half of SPACs Are Likely to Liquidate If SEC Rules Are Adopted". **Institutional Investor**, (August 9). Ho, S., 2022. "SEC Provides Extra Time to Comment on 12 Rulemaking Releases Because of a Technical Glitch in Receiving Letters". **Thomson Reuters**, (October 10).

387 Schetze, A., Ramnarayan, A., Sterling, T., 2021. "Analysis: Europe's IPO Market Roars Back to Life But Where Are the SPACs?" **Reuters**, (September 27).

388 거래 메커니즘의 중심이 시장조성인(예: 스페셜리스트, 딜러)이 아니고 경쟁매매여서 순수경쟁매매 메커니즘이라 부른다(거래 메커니즘에 대해서는 **제2장 1절 나항 (2)** 참조).

Service. 세츠)라는 전자주문장 제도를 사용한다. 글로벌 선도주식시장 중 NYSE와 Nasdaq만이 여전히 시장조성인(market maker), 즉 딜러의 중요성을 강조하고 있지만, 이들 시장 역시 경쟁매매 메커니즘 요소를 대폭 가미해야 했다.

미국을 대표하는 두 거래소가 이처럼 하이브리드(hybrid. "혼합") 메커니즘을 갖게 된 데에는 SEC 핵심 정책철학에 기인하는 듯하다. SEC는 무엇보다 1934년 증권거래법(The Securities Exchange Act of 1934)에 명기된 대로 시장을 질서 정연하고 공정하게 유지해 가격이 순조롭고 정확하게 발견될 수 있도록 뒷받침해줘야 한다. SEC 제1의무이다. 예를 들어, 개장과 종장, 또는 돌발 상황에서처럼 주문 불균형이 심할 때 시장 효율성을 유지(변동성과 유동성을 개선)한 채 Best Execution 요건을 충족하려면 누군가(즉, 시장조성인)가 세밀한 조정(high-touch)을 해줘야 한다. 시장조성인에게 부여한 이 같은 역할은 전자 거래플랫폼을 사용한다 해서 별로 달라질 이유가 없다는 게 SEC 입장 같다. 단지, 시대적 흐름이 바뀌면서 시장조성 주체가 IB(전통적 시장조성인)에서 시장조성 전략 HFT 증권회사로 바뀌었을 뿐이다. 구체적으로, NYSE는 2008년 스페셜리스트 제도를 DMM(Designated Market Maker. "지정시장조성인") 제도로 바꿔, 이제는 Citadel(시타델), 지티에스(GTS. 최대 시장조성인), Virtu 등 3개 HFT 증권회사가 DMM으로서 시장조성 기능을 떠맡아 수행한다. Nasdaq도 2004년 시가와 종가 결정을 단일가매매(경쟁매매)로 바꾸면서 기존 시장조성인 제도를 재정비했고, 이 결과 HFT 증권회사 시장조성 비중이 크게 증가했다.

NYSE와 Nasdaq이 전통적 시장조성인 제도를 이같이 변경한 데에는 주식시장에서 종가 단일가매매(시장미시구조) 영향력이 대폭 증대한 게 중요한 역할을 했다. 근래 미국에서 종가 단일가매매는 거래량은 물론이고 경제적으로도 중요성이 엄청나게 커졌다. 우스갯소리로 거래량 기준 국가별 세계 제5위 시장이라고까지 할 정도이다.[389] 게다가 뮤추얼펀드, 파생상품, ETF와 주가지수 가치평가, 기관투자자 성과 보고, 증거금(margin)과

389 2018년 미국주식시장 '종가' 단일가매매의 일평균 거래량은 152억 달러이다. 이 금액만으로도 미국(1,300억 달러), 중국(620억 달러), 일본(230억 달러), 인도(190억 달러) 주식시장의 '하루종일' 일평균 거래량 다음가는 규모이다. 한국(130억 달러)이 6위로 뒤를 잇고, 그다음은 영국(100억 달러), 홍콩(90억 달러), 유로넥스트(80억 달러) 순이다(보고우슬라브스키·뮤라비예프[Bogousslavsky and Muravyev], 2021).

〈그림 12-9〉 S&P 500 지수 편입 당일(2020.12.18.) 테슬라(Tesla. TSLA) 주가와 거래량

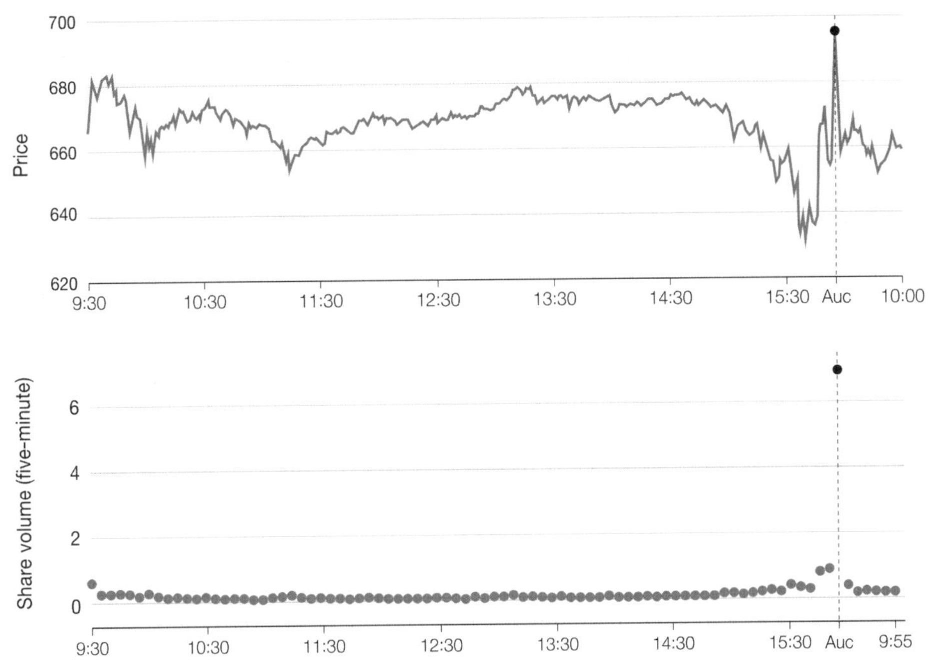

* 자료: Bogousslavsky and Muravyev(2021).

* **주가(위 그래프):** 1분 간격으로 계산한 최우선매수·매도호가 중간 값.

거래량(아래 그래프): 5분 간격으로 계산한 구간별 누적 거래량.

수직 점선은 종가 단일가매매(Auc)에서 가격과 거래량을 의미. 편입한 날 종가 단일가매매 가격과 거래량이 크게 증폭했다가 그 이튿날 시가 단일가매매에서 정상으로 되돌아옴.

결제 비용 계산 등에 종가는 필수 요소이다. 뿐만 아니라, 종가 단일가매매 그 짧은 시간 동안 변동성이 급등락하기도 한다(〈그림 12-9〉 참조). 오류라도 발생하면 후폭풍을 감당해낼 엄두가 나질 않을 것이다. 종가 단일가매매에서 시장조성인 역할은 이처럼 오늘날 더욱 막중해졌다. 시장조성인 역시 오늘날 환경에 맞게 변모해야 했고, 자연스레 이 역할은 시대적 흐름을 탄 시장조성 전략 HFT 증권회사 몫으로 돌아갔다.

한편, NYSE DMM의 의무와 혜택은 예전보다 많이 약해졌다. 과거 주문을 접수할 때 스페셜리스트는 매수·매도 주문자를 식별할 수 있었지만, 현재 DMM은 매매체결 전까지 이를 식별할 수 없다. DMM이라 해도 여느 투자자와 똑같이 역선택 위험에 맞닥뜨려야 한다.

미국을 제외하고 세계 주요 주식시장 대부분은 유동성이 아주 낮은 주식에만 제한적 형태의 시장조성인(예: LP[liquidity provider. 유동성공급자. 시장조성 증권회사]) 제도를 둔다.[390] 그러나 제도 참여에 적극적이질 않아 유동성 개선에 그다지 도움이 안 된다는 평을 받는다. 무엇보다 시장조성에 필요한 비용과 위험(예: 인적·물적 비용, 재고자산 비용, 재고자산 관련 주가 변동 위험)은 상당한데 경제적 유인이나 실익은 턱없이 작다. 또한 거래량이 아주 적은 종목에만 시장조성을 허용함으로써 애초에 거래수수료를 통한 이익을 기대할 수 없는데다가 이를 보완해줄 별다른 혜택도 마련하기 힘들다. 딜러 메커니즘을 택하지 않는 한, 이는 (LP) 제도 설계상 어쩔 수 없는 근원적 문제이다.[391] KRX, 특히 코스닥시장도 매번 부딪치는 난제가 아닐 수 없다.

(2) 결제 주기 단축—T+2 정착과 T+1 현실화 논의 시작

세계 주요 자본시장 결제 주기(settlement cycle/period)는 T+2(T는 trade date[거래일] 약어)이다. 매매체결에서 (증권)인도(delivery)와 대금지급·결제(payment and settlement)까지 거래를 완료하는 데 3영업일이 걸린다(제6장 3절 참조). 한국은 2013년 9월, EU 각 회원국은 2014년 10월, 미국은 2017년 9월, 일본은 2019년 7월 각각 T+2를 도입했다. T+2 결제 주기가 글로벌 자본시장 규범으로 정착하자마자 세계자본시장 이목은 일제히 미국 중앙예탁·청산회사 DTCC로 쏠렸다. 2021년 2월 DTCC가 2023년까지 미국 자본시장 결제 주기를 T+1로 단축할 것을 제안했기(DTCC, 2021) 때문이다. 이에 SEC가 동의하며 미국은 2024년 5월 28일까지 T+1로 결제 주기를 단축할 예정이다. 유럽과 아시아도 뒤따라가지 않을 수 없을 것이다.

주식시장 결제 주기를 T+1로 단축하면 어떤 효과가 있을까? 무엇보다 상대방위험과 운영위험을 크게 낮춰 증거금을 상당히 절감할 수 있다.[392] 이러한 긍정적 효과는 시장

390 일찍부터 경쟁매매 메커니즘에 기반을 두고 전자 거래플랫폼을 주 거래방식으로 사용했기 때문이다.

391 NYSE DMM, Nasdaq 딜러 체제에서는 전체 상장종목에 대해 시장조성을 할 수 있다. 유동성이 낮은 종목에서 입는 손실을 유동성이 높은 종목에서 얻는 이익으로 보전하고도 이익을 낼 수 있다.

변동성이 급등하는 상황(예: 코로나19 팬데믹, **"밈 주식"[meme stock]** 사태)에서 더욱 커진다. 반면, 단축에 따른 위험도 존재한다. 오늘날 금융거래는 글로벌 연계성이 아주 높다. 거래 당사자 간 시간대가 다르고 FX 거래를 수반해야 한다. 세계자본시장이 모두 T+1 결제 주기를 갖지 않는 한, 서로 다른 결제 주기에 따른 시장 분할, 운영상의 복잡함, 규제 불일치 등으로 오히려 결제위험이 증대할 수 있다. 또한 시스템 구축에 드는 비용은 엄청난데 증거금 수익은 되레 줄어드는 FMI 제공기관의 현실적 어려움도 해결해 주어야 한다. 어쨌든 미국에서 시작한 결제 주기 단축 논의는 이제 유럽으로 옮겨져 글로벌 자본시장 간에 현실화해가는 분위기이다.[393]

(3) FMI에 블록체인/DLT 접목

블록체인(blockchain. 신뢰 보장 기술의 일종)/DLT(distributed ledger technology. 분산원장기술)를 증권거래 전 과정에 접목하는 시도는 이제 글로벌 선도자본시장을 넘어 전 세계적 현상이 되었다. 또한 아직은 초기 단계지만 **"증권형 토큰"**(security token/tokenized security["토큰형 증권", 더 포괄적인 용어], **바로 다음 바항 (4)(가) 참조)**의 "정규 **디지털자산거래소(DEX: decentralized exchange. 가상자산거래소**. 예: 바이낸스[Binance], Coinbase) **발행과 청약 권유"(STO**: security token offering), 유통도 전 세계 주요 자본시장의 동시다발적 현상이 되었다.

블록체인으로 대표되는 DLT는 **암호화폐**(cryptocurrency. **가상화폐/디지털 자산**[digital asset. 보다 포괄적 용어])에 적용되며 처음 일반에 알려졌다. 보안성, 효율성, 투명성, 경제성(비용 절감)[394]에 강점이 커 FMI 제공기관(사업자)은 결제와 데이터 보관을 중심으로 증권거

---

392 미국은 핵심 서비스(중앙집중결제[CCP]와 위험관리)를 훼손하지 않은 채 41%까지 비용감소 효과를 볼 수 있다고 한다(DTCC, 2021).

393 Clarke, M., Johnson, E., 2021. "Accelerated Settlement: The Move towards T+0". **Deutsche Bank**, (September 2021). 이미령, 2022. "거래소 '주식 결제일 단축, 논의된 적 없다'". **연합뉴스**, (7월 12일).

394 해킹 위험이 낮아 보안 비용이 적게 들고, 중개자가 없어 수수료가 매우 낮으며, 데이터 정합성이나

래 전 과정에 걸쳐 접목하려 애쓰는 중이다(제2장 1절 다항 (3)(나) 참조). 예를 들어, 2015년 미국 사적 자본시장에서는 블록체인을 활용해 채권과 비공개주식을 이미 사모 발행했고(제6장 1절 나항 (2) 참조) 지금은 미국과 유럽을 중심으로 유통도 하고 있다(제7장 1절 나항 (3) 참조).

그동안 업계에서는 기술적 특성상 블록체인/DLT를 상장주식이나 장내파생상품 실시간 거래에 적용하기가 매우 어렵다고 생각했다. 하지만 현재 기술(지금껏 사용했던 기술[legacy technology]이든 블록체인/DLT이든)로도 이들 금융상품의 실시간 거래에 T+0(당일결제)[395]을 구현할 수 있다고 한다(DTCC, 2021). 그런데도 실용화는 여전히 어려운 것 같다. 2022년 11월, 호주증권거래소 ASX는 기존 청산·결제 플랫폼(체스[CHESS])을 블록체인/DLT와 **스마트 계약**(smart contract)[396] 탑재 신형으로 대체하려 했던 야심 찬 시도(2023년 4월 전면 실행 목표)를 전격 중단했다.[397]

(4) 디지털 자산 파생상품 제도권 진입 시작

(가) 증권형 토큰 등장

증권형 토큰은 "증권 성격을 가진 암호화폐"이다. 주식, 채권, 부동산 등 실물자산을 블록체인/DLT 기반의 암호화폐에 고정해놓은(pegging, 주로 자산유동화 목적) 자산을 말한

무결성(integrity. 데이터 조작을 피하는 방법) 검증에 걸리는 시간이 짧다. 또한 계약이 투명해 규제 비용이 낮고 이중지불 위험이 없으며 시스템 구축비용도 상대적으로 적다.

395 RTGS(real-time gross settlement. 실시간총량결제), "**원자결제**"(atomic settlement)라고도 한다. 매매체결과 동시에 증권과 대금을 맞바꾸는 것이다. 기술적으로 가능은 하지만, T+0은 네팅(차감) 과정이 없고 무담보로 지급보증을 해야 하며 글로벌 거래를 할 때 서로 다른 시간대 때문에 FX 관리가 어려워 득보다 실이 더 많다는 반론이 훨씬 우세하다.

396 스마트 계약은 "계약 주체가 사전에 협의한 내용(계약 조건)을 미리 프로그래밍하여 전자 계약서에 넣어두고 이를 모두 충족하면 자동으로 계약이 실행되는 시스템"을 말한다.

397 Markets Media, 2021. "ASX Starts Testing DLT Clearing and Settlement System". (November 30). Markets Media, 2022. "ASX Reassesses CHESS Blockchain Replacement". (November 17).

다. 이 개념은 2018년 3월 SEC가 "암호화폐 형식으로 증권을 발행하려면(즉, STO 하려면) 증권성 여부를 확인한(이른바 **하위 테스트[Howey Test]** 실시) 후 1933년 증권법에서 정한 절차와 규제를 따라야 한다"라고 공식 성명을 발표하며 등장했다. 현재 미국에서 거래되는 디지털 자산은 증권형 토큰이 아니라면 상품(commodity)으로 분류해 **"1936년 상품거래법"(The Commodity Exchange Act of 1936)** 규제를 받는다. 한편, 이와 구분해 자금조달 목적의 암호화폐는 유틸리티 토큰(utility token)이라 한다.

증권형 토큰, 유틸리티 토큰 등 디지털 자산은 IPO를 할 수 없는 새싹기업이나 블록체인 관련 기업의 자금조달 수단으로 이제 막 관심을 받기 시작했다. 아직은 법제 환경이 제대로 갖춰져 있지 않다. 단지 대부분 세계 주요 국가가 미국처럼 증권형 토큰만을 증권에 갈음해 증권거래와 같거나 비슷하게 규제하는 실정이다.[398] 한편, 2022년 7월 현재 한국은 모든 종류의 코인(즉, 디지털 자산) 발행(**STO**와 **ICO[initial coin offering. "최초[유틸리티] 코인 공개"/"암호화폐공개"]**)을 금지한다. 단, STO는 금융**규제 샌드박스**(regulatory sandbox. "신기술/신산업 분야에서 새로운 제품/서비스를 내놓을 때 일정 기간/일정 지역 내에서 기존 규제를 면제/유예해주는 제도". 금융위원회 혁신금융서비스 제도)를 활용해 아주 제한적으로 허용된다(김갑래, 2022).

(나) 파생상품거래소와 디지털자산거래소 간 상호 진출 현상화?

2017년 10월 **레저엑스**(LedgerX. DCM[designated contract market. 파생상품거래소. 미국])가 비트코인 스왑(Bitcoin swap) 거래를 시작하고, 12월 CME와 CBOE(現 Cboe Global Markets)가 비트코인 선물(Bitcoin futures)을 상장·거래하며 디지털 자산 관련 파생상품은 미국 제도권에 진입했다. 2019년 3월 CBOE가 거래를 중단하며 주춤했던 시장은 CBOE가 9월에 재진입하고 2020년 10월 LedgerX가 비트코인 선물과 선물옵션

398 위키피디아[https://en.wikipedia.org/wiki/Security_token_offering] 도표 참조(방문 일자: 2022.11.1.). 증권형 토큰을 제외한 다른 디지털 자산에 대한 규제는 더욱더 정비돼 있지 않다(이들 디지털 자산시장은 굉장히 투기적이며 여전히 규제 영역 밖에 있음). 증권형 토큰 규제에 관한 한 EU가 가장 구체적이면서 앞서 있다. MiFID II 부속(pendant) 규정으로 **마이카(MiCA**: Markets in Crypto-Assets. 입법예고: 2020.9.24.)를 도입해 디지털 자산시장을 증권시장과 유사한 방식으로 규제할 예정이다(2024년 목표).

(options on futures)을 거래하며 활기를 되찾았다. 여기에 2021년 10월과 11월 CME와 Cboe Global Markets가 각자의 "비트코인 전략 ETF"(Bitcoin Strategy ETF)를 거래하면서 방점을 찍는다.[399] 어느 ETF든 마찬가지겠지만 디지털 자산과 관련해 ETF 거래는 특히 중요한 의미를 갖는다. 그동안 디지털 자산에 투자를 극히 꺼리던 소극적 투자자(기관·일반투자자)의 시장 참여를 끌어낼 수 있기 때문이다.

디지털 자산이 정규거래시장과 사업적으로 긴밀히 연계되자, DEX와 정규거래시장 간 M&A가 일어나기 시작했다. 처음에는 사업 기회를 엿본 정규거래시장이 DEX를 합병하리라 예상했으나, 현재 진행 상황을 보면 역으로 DEX가 합병에 더 적극적인 것 같다. 구체적으로 2021년 10월 DEX인 "**에프티엑스-미국**"(**FTX US**)이 LedgerX를 합병해 이름까지 "**FTX US 파생상품**"(**FTX US Derivatives**)으로 바꿔 산하에 두었다. 이로써 DEX인 FTX US는 일거에 DCM, SEF, DCO(derivatives clearing organization. 파생상품청산소. 미국) 등 정규시장과 장외파생상품 체결설비, 청산기관을 보유하게 되었다. 하지만 이렇게 초고속으로 정규시장에 진출한 데에는 FTX US의 모기업 FTX의 좋지 않은 경영 의도가 숨어 있던 것 같다. 2022년 11월 11일 갑자기 파산을 맞이했기 때문이다.[400] 또 다른 주요 DEX인 Coinbase 역시 2022년 1월 DCM인 **페어엑스**(**FairX**) 인수작업에 들어갔다. 한편, 정규거래시장 측에서는 Cboe Global Markets가 2022년 5월 **에리스엑스**(**ErisX**)를 보유한 "**에리스디지털지주회사**"(**Eris Digital Holdings**) 인수하였다.[401] ErisX는 DEX이면서 DCM, DCO이기도 하다. 글로벌 선도자본시장[402] 제도권에 발을 들인 디지털 자산 관련 파생상품이 정규 거래소시장 구조에 어떠한 변화를 초래할지 귀추가 주목된다.

---

399 SEC가 승인한 ETF는 비트코인 선물에 대한 ETF(ETF on Bitcoin futures)이다. 비트코인 현물에 대한 ETF(spot Bitcoin ETF)는 아직 허락하지 않는다.

400 Yaffe-Bellany, D., 2022. "Embattled Crypto Exchange FTX Files for Bankruptcy". **New York Times**, (November 11).

401 Cboe Global Markets, 2022. "Cboe Global Markets Completes Acquisition of ErisX, Entering Digital Asset Market". (May 2).

402 미국 외 국가로는 독일, 스웨덴, 스위스, 캐나다가 비트코인 관련 ETP(exchange-traded product. 상장지수상품[예: ETF])를 거래한다. Basar, S. 2021. "Cboe Applies to List First US Bitcoin ETF". **Markets Media**, (March 2).

제5부

한국자본시장

구조, 인프라, 법제 및 관련 쟁점

₩ $ € £ ¥ ₴ ₽ ₹

Understanding Korean Capital Markets
Function, Structure and Legal Environment

제13장
논의에 들어가며
한국, 시장중심 금융시스템으로

경제개발 초기 개발도상국 대부분이 그러하듯이 한국금융시장도 오랫동안 정부 주도 은행 대출과 정책보증에 의존하며 발전·진화했다(**은행중심 금융시스템**[bank-based financial system]). 그러다 아시아 금융위기(Asian financial crisis. 1997년)로 자본시장이 느닷없이 대폭 개방되며 한국은 한달음에 (자본)시장중심 금융시스템(market-based financial system)에 성큼 다가서 버렸다. 1990년대 들어서며 우리 힘으로 조금씩 추진해 나가고는 있었지만, 외환위기로 상황이 어쩔 수 없이 돌변했기 때문이다. 이후 계속된 소용돌이를 극복하고 2000년대 중반 경제가 일정 궤도에 오르자 정책담당자는 시장중심 금융시스템을 지향하고픈 의중을 강하게 드러냈다. 자본시장법 시행(2009년 2월)은 바로 이러한 의지의 구현이라 할 수 있다. 한국은 이제 **국제통화기금**(**IMF**: International Monetary Fund) **"자본시장·금융기관 개발지수"**(**FDI**: Financial Development Index)[403] 순위에서 7위에 오를 만큼 인정받고 있다(〈그림 13-1〉 참조).

이처럼 시장중심 금융시스템에 안착한 듯하지만, 내실을 들여다보면 아쉽게도 꼭 그렇지만은 않다. 자본시장이든 은행이든 한국경제 중추를 이루는 중소기업(종사자 수 기준 85% 이상 차지)의 자금조달에 어느 편도 안정적인 도움을 주지 못하는 실정이다. 예를 들어, 2010년대를 통틀어 기업의 외부 자금조달 중 직접금융(주식/회사채 발행)이 차지하는 비중은 평균 35% 정도이다. 시장중심 금융시스템이라 하기엔 낮을뿐더러(〈그림 13-2〉 참조)

403 IMF가 전 세계 국가별(183개국. 2022년 2월)로 자본시장과 금융기관의 개발 정도가 깊이(규모와 유동성), 접근성(금융서비스에 대한 기업과 개인의 접근성 정도), 효율성(낮은 비용, 지속 가능한 수익과 자본시장 활동을 유지하면서 금융서비스를 제공할 수 있는 능력) 측면에서 얼마만큼인지를 총괄해 계산하는 지수이다. 1980년부터 1년에 한 번 공표한다.

〈그림 13-1〉 IMF "자본시장·금융기관 개발지수"(FDI)

〈패널 A〉 2020년 IMF FDI 상위 20개국

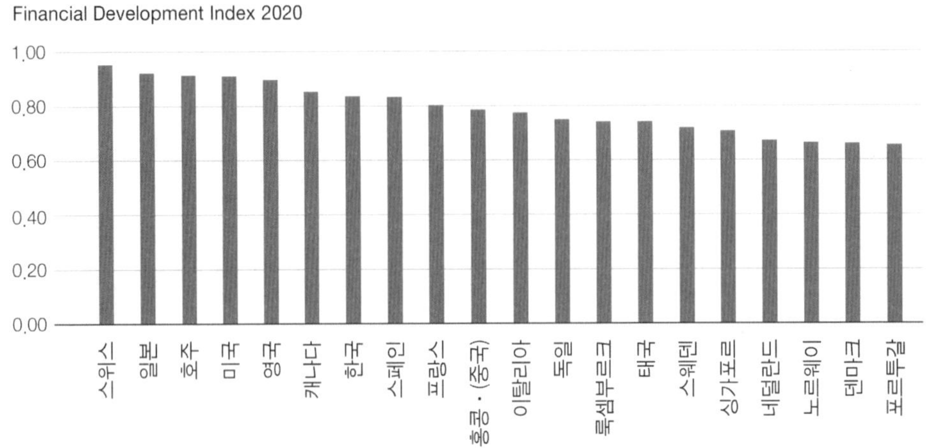

〈패널 B〉 한국의 IMF FDI 추이 (1990~2020년)

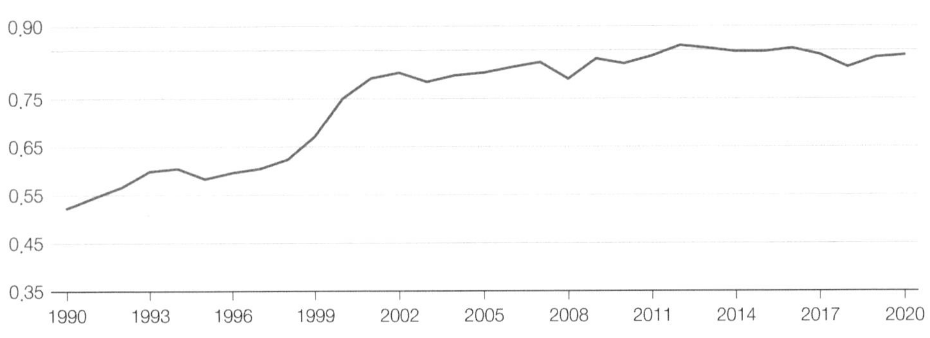

* 자료: IMF DATA 웹사이트.

이마저도 안정적이지 않고 95% 이상 대기업에 편중돼 있다.[404] 규모가 작고 신용등급도 낮아 외부 자금조달을 담보/보증 위주 간접금융(은행 대출)에 의존할 수밖에 없다는 사실을 인정하더라도, 중소기업에 직접금융시장 문턱은 여전히 너무 높다. 그렇다고 해서

404 김용덕, 2018. "중기금융, 직접대안금융 활성화 절실하다". **아시아투데이**, (11월 8일).

〈그림 13-2〉 한국 기업 외부 자금조달 중 직접금융 비중 추이

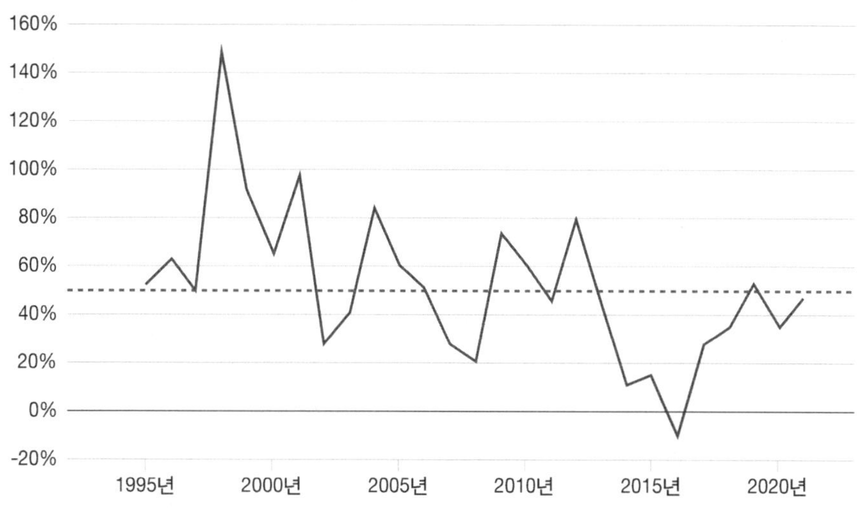

* 자료: ① **〈1981~2002년〉** 김현정(2003). ② **〈2003~2013년〉** 한국금융투자협회, 2014. "국내 기업의 직간접금융을 통한 자금조달규모 및 미국과의 비교". **보도자료**, (12월 23일). ③ **〈2014~2021년 11월〉 산은조사월보-KDB Monthly** 1월호에 게재된 해당 연도 기업금융시장 분석 및 전망.

* 위 문헌들의 원자료는 한국은행 자금순환계정과 금융감독원 자료임. 100%에서 직접금융을 뺀 수치가 간접금융 비중임. 가운데 점선은 직접금융과 간접금융 비중이 각각 50%임을 의미. **〈①과 ② 계산〉** 기업 자금조달 자료 중 기업 간 신용, 해외 차입, 기타 자료를 제외하고 직접금융과 간접금융 비중만 떼어내 백분율로 다시 환산. **〈③ 계산〉** 직접금융: 회사채 순발행액 + 주식 발행액. 간접금융: 은행대출잔액 증감액. 그래프에 사용한 수치는 〈부록 표 13-1〉에 수록.

간접금융시장이 질적으로 나아진 것도 아니다. 중소기업과 관련해 은행중심 금융시스템의 핵심인 "**관계형 금융**"(relationship banking. "**관계 금융**")은 2021년 6월 1.3%에 불과하다.[405]

405 "관계형 금융"은 은행이 기업(고객)과 서로 신뢰를 쌓으며 얻은 "독자/사적 정보"(proprietary information)를 바탕으로 고객에 장기대출, 컨설팅(신용위험 통제·관리) 등을 해주는 금융서비스를 말한다. 여기서 더 나아가 은행이 고객의 이익을 공유할 수도 있다. 이러려면 둘 사이 오랫동안 지속해서 다양한 거래 관계를 유지해야 한다. 여기서 독자/사적 정보란 기업의 정량적 정보(예: 재무비율)뿐 아니라 정성적 정보(내부정보. 예: 경영상태, 지속 성장 가능성)까지 포함한다. 역선택 문제를 완화할 수 있는 제도로서, 한국은 2014년 11월 24일 도입했다. 김은경, 2021. "中企위기 '관계형 금융'으로 극복을". **한국경제**, (9월 12일). 이기만, 2015. "관계형 금융(Relationship Banking)과 기업금융전문가(RM)의 역할". **금융**, (2월호).

〈표 13-1〉 은행중심 금융시스템과 시장중심 금융시스템 비교

구분	은행중심 금융시스템	시장중심 금융시스템
특징	- 기업이 주로 은행을 통해 외부 자금조달. 영향력이 센 몇몇 상업은행(CB: commercial bank)이 기업금융 주도 - 은행이 관계(형) 금융을 통해 독자/사적 정보(proprietary information)를 생성해 금융서비스(장기대출, 컨설팅 등)를 제공하고, 재협상 가능성을 통해 기업을 감시. 은행과 기업(고객) 간 관계가 밀접하고, 은행 임직원이 해당 기업 이사 역할을 담당하는 경우도 많음 - 대표 국가: 독일, 스페인, 일본, 프랑스	- 기업이 주로 자본시장을 통해 외부 자금조달. 투자은행(IB: investment bank)이 기업금융 주도 - 투자자 보호 체계, 유동성 및 정보 효율성을 갖춘 자본시장 존재가 필수 - 자본시장에서 투자자가 직접 정보를 생성하고 기업을 감시. 상업은행의 기업지배구조 관련 역할은 미약 - 대표 국가: 미국, 스위스, 영국, 캐나다, 호주
장점	- 은행의 경기변동 조절 기능 - 경제위기 국면에서 기업이 일시적 유동성 위기를 겪을 때 안정적 경영 가능(관계[형] 금융) - 상대적으로 경영정보 투명성이 낮은 중소기업에 대한 자금공급과 이미 알려진 기술로 성장하는(즉, 수익성이 어느 정도 보이는) 경제발전 초기 단계에서 자본 배분에 유리	- 대규모 자금조달과 재무위험 분산 가능. 기업 관련 정보 접근성과 투명성이 높음 - 시장 메커니즘을 통해 신기술에 대한 투자자의 다양한 의견과 전망이 가격에 반영되어 수렴할 수 있어 혁신산업 자금조달에 유리 - 고위험·고수익 기업에도 효율적 자본 배분 가능
단점	- 기업지배구조 투명성이 낮고 비공식적 사업관계에 의존하여 부실 대출 가능성 상존 - 약한 시장규율	- 소유와 경영 분리에 따른 대리인 문제 발생 가능성 상존 - 경기변동에 더 큰 폭으로 반응하는 (procyclical) 측면이 있음

한국금융시장 시스템을 자본시장을 중심으로 구축해나가려는 정책 방향은 세계 학계 연구 결과와 맥을 같이 한다. 근래 이론과 실증연구를 종합해보면, 금융 부문이 발전하면 자원을 효율적으로 배분하고 투자를 확대해 경제발전에 공헌한다고 대체로 인정하는 분위기이다(레빈[Levine], 2005).[406] "은행이냐 자본시장이냐"와 같이 특정 금융시스템 선택이 경제성장의 전제조건은 아니다. 하지만 경제가 발전할수록, 경제는 은행보다 자본시장 발전과 연결고리가 더 높아진다는 얘기이다. 이러한 논리는 특히 경제에서 고위험·고

406 연구 초기에만 해도 금융 부문은 실물경제가 성장하면 자연스레 뒤따라 발전한다는 로빈슨(Joan Robinson)류의 견해와 금융발전에 따른 효율적 자원배분과 투자 확대가 경제발전에 기여한다는 슘페터(Joseph Schumpeter)류의 견해가 팽팽했었다.

수익 성장형기업이 차지하는 중요성이 커지면서 더욱더 설득력을 얻었다. 왜냐하면 자본시장에는 공시에 바탕을 둔 시장/(가격) 메커니즘이라는 강력한 장치가 있기 때문이다. 이를 통해서 신기술(미래 수익성이 아주 불확실함)에 대한 투자자의 다양한 의견과 전망이 가격에 반영되고 수렴할 수 있어 자본시장은 성장형기업이 속하는 혁신산업의 자본조달에 은행보다 강점이 훨씬 크다(권오식·김도한, 2014. 〈표 13-1〉 참조).[407]

자본시장을 중심으로 한 금융시스템을 지향한다 해서 은행의 중요성이 낮아지지는 않는다. 기업금융 측면에서 보면 자본시장과 은행산업은 서로 보완적이다. 자본시장에 접근하기 어려운 중소기업의 자본조달을 위해서라도 자본시장 발전과 함께 은행산업 발전도 당연히 함께 이루어져 한다.

407 이에 비해 은행은 상대적으로 경영정보 투명성이 낮은 중소기업에 자금을 공급하거나, 또는 이미 알려진 기술을 바탕으로 성장하는(즉, 수익성이 어느 정도 보이는) 경제발전 초기 단계에서 자본을 배분하는 데 유리하다.

▮부록▮ 한국 기업 외부 자금조달 규모 시계열자료 ▮

〈부록 표 13-1〉 한국 기업 외부 자금조달 규모 추이

연도	직접금융(%)	간접금융(%)
1981~1985 평균	43.08	56.92
1986~1990 평균	53.99	46.01
1991~1995 평균	52.63	47.37
1996	62.63	37.37
1997	50.07	49.93
1998	147.93	-47.93
1999	91.94	8.06
2000	64.23	35.77
2001	97.15	2.85
2002	27.30	72.70
2003	40.07	59.93
2004	85.13	14.87
2005	59.92	40.08
2006	50.92	49.08
2007	27.25	72.75
2008	20.29	79.71
2009	73.39	26.61
2010	59.53	40.47
2011	45.15	54.85
2012	79.21	20.79
2013	44.20	55.80
2014	10.50	89.50
2015	14.51	85.49
2016	-10.92	110.92
2017	27.34	72.66
2018	34.91	65.09
2019	51.98	48.02
2020	65.13	34.87
2021. 11	46.86	53.14

* 자료: ① 1981~2002년. 김현정(2003). ② 2003~2013년. 한국금융투자협회, 2014. "국내 기업의 직간접금융을 통한 자금조달규모 및 미국과의 비교". **보도자료**, (12월 23일). ③ 2014~2021년 11월. **산은조사월보-KDB Monthly** 1월호에 게재된 해당 연도 기업금융시장 분석 및 전망.

* 위 문헌들의 원자료는 한국은행 자금순환계정과 금융감독원 자료임. ①과 ② 계산: 직접금융, 간접금융 비중만을 백분율로 다시 계산함(기업 자금조달 자료 중 기업 간 신용, 해외 차입, 기타 자료는 제외). ③ 계산: (직접금융) 회사채 순발행액 + 주식 발행액. (간접금융) 은행대출잔액 증감액.

제14장
시장거시구조

1. 한국주식시장 거시구조 형성 과정

1956년 3월 3일, 금융단, 보험단, 증권단 등 3개 연합단체(영단제[營團制]) 주도로 **대한증권거래소**(現 KRX 유가증권시장본부)가 상장주식 12종목과 건국국채 3종목을 거래하기 시작했다(정희준, 2004. 〈그림 14-1〉 참조). 이에 앞서 거래소 설립을 뒷받침하는 인프라로서 **대한증권업협회**(現 한국금융투자협회[舊 **한국증권업협회**]. 1953년 11월)와 (주)한국연합증권금융(現 (주)한국증권금융. 1955년 10월)이 결성되었다. 6.25가 끝나고 핍절해진 경제 속에서도 한국자본시장이 구색을 갖추며 첫발을 내딛는 순간이었다.

그로부터 65년이 지난 지금(2021년) 한국경제와 주식시장(상장기업 시가총액 기준)은 글로벌 10위와 13위(개별 거래소[코스닥시장 포함]로는 15위)에 각각 올라섰다(〈그림 14-2〉, 〈그림 14-3〉 참조). 하지만 사회적으로 인정받고 또 제대로 증권시장이라 불리기까지는 시간이 꽤 걸려야 했다. 필자의 기억으로 증권회사나 증권 관련 회사(예: 투자신탁)가 은행과 종합상사를 제치고 처음으로 대학 졸업생 직장 선호 1순위로 된 때가 1980년대 초·중반이다. 사태와 파동으로 점철된 그 이전까지 증권회사·증권산업에 대한 사회적 인식은 아주 좋지 않았다. 1980년 1월 4일은 **코스피지수**(KOSPI. 舊 **한국종합주가지수**) 기준일이다. 이때가 한국주식시장의 실질적 출발점이라 할 수 있다. 그 사이 한국증권거래소(KSE: Korea Stock Exchange. 現 KRX 유가증권시장본부)는 **(주)한국증권대체결제**(現 한국예탁결제원. 현재 KRX 75.06% 보유. 1974.12.6.)와 **(주)증권전산**(現 코스콤. 현재 KRX 76.6% 보유. 1977.9.20.)을 설립해 자본시장 인프라를 강화했다.

시장구조와 인프라 측면에서 바라본[408] 한국자본시장은 1990년대 중·후반에 이르러

〈그림 14-1〉 대한민국 최초 거래소 "대한증권거래소"(現 KRX 유가증권시장본부) 명동 사옥

* 자료: 『여의도: 방송과 금융의 중심지』(2020), 서울역사아카이브.

* 영단제(금융·보험·증권단 출자)로 설립. 명동 소재. 상장주식 12개 종목과 건국국채 3종목 상장. 경성방직(現 경방), 대한해운공사(現 유수홀딩스), 대한조선공사(現 HJ중공업) 등 세 곳은 지금도 상장유지.

서야 지금과 비슷한 골격을 갖추기 시작했다. 1996년 7월 1일 한국증권업협회가 중소형 신생·IT 기업의 자금조달을 돕고자 **(주)코스닥증권**(現 KRX 코스닥시장본부)을 설립해 운영에 들어갔다. 형식상 협회 내 증권회사로 조직화한 장외주식시장이었지만, 실제 역할은 이들 기업 주식을 등록해[409] 거래하는 정규거래소였다. KSE는 1996년 5월 3일 주가지수 선물시장을, 1997년 1월 3일 주가지수 옵션시장을 잇달아 개설하였고,[410] 1999년 2월

408 앞서 언급했듯이 이 책의 목적은 한국자본시장을 '기능, 구조, 인프라, 법제 환경'측면에서 이해하는 데 있다. 시장 상황에 대해서는 필요한 때에만 언급한다.

409 정규 주식거래소가 아니어서 당시 상장 대신 '등록'이라는 용어를 사용했다. 같은 이유로, 현재 한국금융투자협회가 운영하는 **K-OTC**(조직화한 장외주식시장)도 상장 대신 '진입'이라는 용어를 사용한다.

410 2004년 1월 2일부터 KOFEX가 코스피200선물과 코스피200옵션을 KSE에서 이관해 거래하기 시작했다. KRX로 통합하기 전에 일어난 사건으로 당시 KSE와 KOFEX, 서울과 부산 등으로 나뉘어 이해가 첨예하게 충돌해 정치적, 사회적으로 시끌벅적했었다. 지금도 틈만 나면 등장하는 거래소 부산 이전 논쟁도 이때부터 본격화했다.

〈그림 14-2〉 글로벌 10대 국가 경제

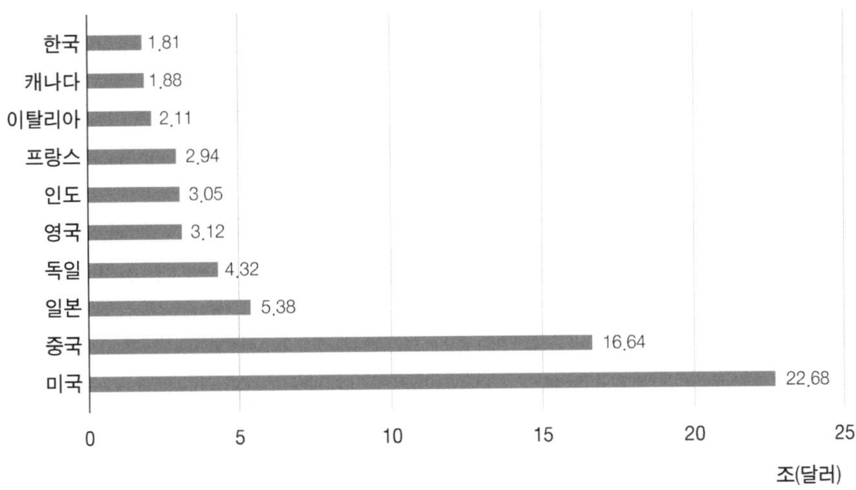

* 자료: IMF. 2021년 12월 말 기준.

〈그림 14-3〉 글로벌 20대 주식거래소

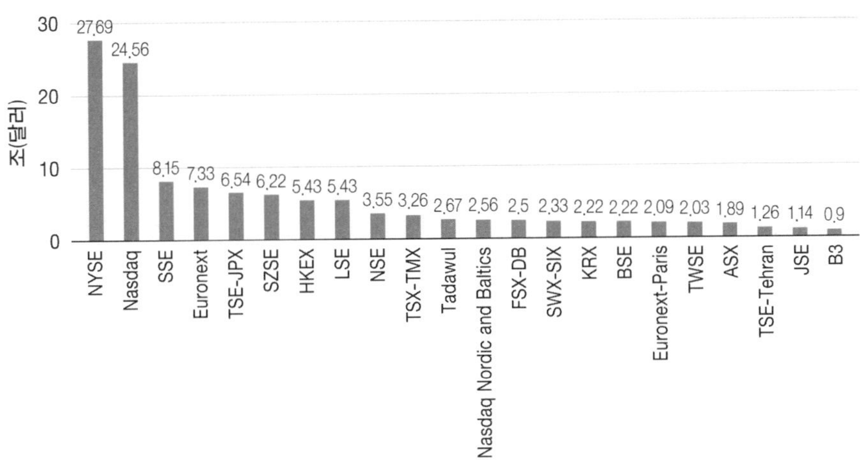

* 자료: 스태티스타(Statista).

* 2021년 12월 말 상장기업 시가총액 기준.
NSE: 내셔널증권거래소(National Stock Exchange. 인도). Tadawul: 사우디증권거래소(Saudi Stock Exchange. 타다울). FSX: 프랑크푸르트증권거래소(Frankfurt Stock Exchange). SWX: 스위스거래소(Swiss Exchange). BSE: 舊 봄베이증권거래소(Bombay Stock Exchange. 인도). TWSE: 대만증권거래소(Taiwan Stock Exchange). TSE-Tehran: 테헤란증권거래소(Tehran Stock Exchange. 이란). JSE: 요하네스버그증권거래소(Johannesburg Stock Exchange. 남아공). B3: Brasil, Bolsa, Balcão(舊 BM&FBOVESPA. 브라질). KRX는 코스닥시장을 포함한 통계임.

6일에는 11개 선물회사가 **한국선물거래소(KOFEX**: Korea Futures Exchange. **코펙스**. 특별법인. 現 KRX 파생상품시장본부)를 부산에 설립했다. 1999년 3월 29일 KSE 내 국채전문유통시장을 개설하여 장내채권시장도 갖췄다. 기존의 KSE(주시장. [청산기능 수행]), (주)한국증권대체결제(결제·예탁), (주)증권전산(거래 관련 데이터와 IT 서비스 제공기관), (주)한국증권금융(증권회사 대상 금융 전담)에다가 (주)코스닥증권([신시장]/성장형시장), KSE와 KOFEX(파생상품시장), KSE(장내채권시장) 등 새로운 기관과 시장이 속속 탄생하며, 한국자본시장은 1990년 중·후반 증권거래 전 과정에 걸쳐 대략 인프라 구비를 완료했다.

이후 전개된 상황은 법인명, 소유·지배구조만 달라졌을 뿐 20년 넘게 이 구조에서 크게 벗어나지 않는다. 예를 들어, 2005년 1월 27일 KSE, (주)코스닥시장, KOFEX를 통합해 **한국증권선물거래소**가 출범했다. 2000년을 전후로 휩쓸던 글로벌 선도주식거래소의 상장지주회사화 열풍에 뒤늦게나마 한국도 동참하는 듯했으나(〈표 부록 6-1〉, 〈그림 11-4〉 참조), 이는 매매체결기능만 통합한 미봉책 산물이었다(제11장 4절 가항 참조). 한국증권선물거래소는 2009년 2월 4일 자본시장법이 발효·시행되며 한국거래소(KRX)로 이름이 바뀌었다. 2010년대 중반 **코넥스시장(KONEX**: Korea Next Exchange. 중소(·벤처)기업[창업 후 5~10년] 전용. 코스닥 하위시장), **KSM**(KRX Startup Market. "**한국거래소스타트업마켓**". 창업 초기기업. 조직화한 장외주식시장)을 잇달아 개설해 매매체결과 관련한 한국자본시장의 거시구조 위계 전체를 조직화했다. 2021년 4월 1일 **거래정보저장소(KRX-TR)** 운영을 시작으로 장외파생상품 거래 세부 정보를 중앙 집중하였고, 4월 16일에는 청산결제부서를 본부로 격상하며 청산·(결제)부문을 조직화했다. 2022년 11월 현재 한국주식시장의 주요 거시구조는 다음과 같다(KRX 주요 일지는 〈표 14-1〉, 〈그림 14-4〉 참조).

- **매매체결기능—주식**
  - **〈주시장〉** KRX 유가증권시장본부
  - **〈(신시장)/성장형시장〉** KRX 코스닥시장본부
  - **〈조직화한 장외주식시장〉** KRX 코넥스시장과 KSM, 한국금융투자협회 K-OTC/K-OTC BB, 다수의 민간 서비스 제공업체(예: 38커뮤니케이션, 증권플러스 비상장)

- **매매체결기능—파생상품**
  - **〈장내파생상품시장〉** KRX 파생상품시장본부
- **청산·(결제)기능**
  - KRX 청산결제본부
- **결제·예탁기능**
  - KSD(Korea Securities Depository. 한국예탁결제원)
- **시장감시기능**
  - **〈KRX 내 SRO[self-regulatory organization. 자율규제기구]〉** 시장감시위원회(집행기관: 시장감시본부)
- **그 외 기능—거래 관련 IT, 데이터, 거래정보저장, 증권금융**
  - 코스콤(Koscom), KRX 거래정보저장소(KRX-TR)
  - 다수의 민간 서비스 제공업체(예: 연합인포맥스)
  - (주)한국증권금융(고객 예탁금 독점 운용, 금융투자업자 증권 담보 대출, 대차·대주)

〈표 14-1〉 시장구조 관련 KRX 주요 일지

회사명	일자	주요 사항
-	1953.11.18.	- **대한증권업협회**(사단법인. 現 **한국금융투자협회**) 설립
	1955.10.	- **(주)한국연합증권금융**(5개 증권회사 공동출자) 설립 · 1962년 7월 지금 회사명 **(주)한국증권금융**으로 개명
대한증권 거래소	1956.3.3.	- **영단제**(금융·보험·증권단 출자)로 출범(2월 설립) · 명동 소재. 상장주식 12개 종목과 건국국채 3종목 상장. (경성방직[現 경방], 대한해운공사(現 유수홀딩스), 대한조선공사(現 HJ중공업) 등 세 곳은 지금도 상장유지)
	1962.4.1.	- **주식회사제**로 개편 · 증권파동(1962년 5월)
한국증권 거래소 (**KSE**: Korea Stock Exchange)	1963.5.3.	- **공영제**(정부 출자. "증권거래법" 개정[1963.4.27. 제정: 1962.1.15.])로 전환·개명
	1968.11.11	- "자본시장육성에 관한 법률" 시행
	1970년대	- "기업공개촉진법"(일정 요건을 갖춘 기업 상장 의무화) 시행(1973.1.5.) · **(주)한국증권대체결제**(現 **한국예탁결제원**. 현재 KRX 75.06% 보유) 설립(1974.12.6.) · **(주)한국증권전산**(現 코스콤. 현재 KRX 76.6% 보유) 설립(1977.9.20.) · 여의도로 이전(1979.7.2.) · 국제증권거래소연맹(FIBV) 가입(1979.9.24.)
	1980년대	- **회원제**로 전환(1988.3.1.) - 기존 포스트 매매(수작업. 1975년 도입)에 전산매매 도입·병행(1988.3.3. 21개[5%] 종목 시작. 주식매매체결시스템으로 전 종목 전산매매 시행[1997년 9월]) · 코스피지수(KOSPI. 舊 한국종합주가지수. 1980년 1월 4일 100으로 시작) 1,007.77 기록(1989.4.1.)
	1990년대	- 증권시장 부분 개방(1992.1.3. 외국인 국내 주식 직접투자 허용[일반기업: 10%, 공공기업: 8%], 1998년 대부분 기업에서 한도 폐지) - 한국증권업협회(現 **한국금융투자협회**)와 증권회사들이 **(주)코스닥증권**(現 **코스닥시장본부**) 설립(1996.7.1.) · 코스닥지수(1996년 7월 1일 1,000으로 시작) 장중 2,925.20 기록(2000.3.10.) - **주가지수 선물시장**(1996.5.3.), **주가지수 옵션시장**(1997.1.3.) 개설 · 2004년 1월 2일 KSE에서 한국선물거래소로 이관돼 거래 시작 - **한국선물거래소**(**KOFEX**. 독립 특별법인) 부산 설립(1999.2.6. 現 **파생상품시장본부**) · 국채선물에 시장조성자제도(MM: market maker) 도입(1999년 9월) - 국채전문유통시장 설립(1999.3.29.)
한국증권 선물거래소 (**KSE**)	2000년대	- 한국증권선물거래소 주식회사로 출범(2005.1.27.) · KSE, (주)코스닥시장, 한국선물거래소 통합 - 유동성공급자(LP)제도 도입(2006.1.2. ELW[2005.12.1.]) · 코스피지수 2004.22 기록(2007.7.25.) - 외국기업 최초 상장(2007.8.17. 중국 IT업체[3노드디지탈] 코스닥시장 상장) · 코스닥지수 사상 최저 261.19 기록(2008.10.27.) - **공공기관**으로 **지정**(2009.1.29.) - **통합** 차세대 매매체결시스템 엑스추어(EXTURE) 도입(2009년 3월)
한국거래소 (**KRX**: Korea Exchange)		- "자본시장법" 발효·시행(2009.2.4.)에 따라 개명(2009.2.4.) · 한국 증시 FTSE "선진지수"(Developed Index) 편입(2009.9.21.) - **CME 연계 KOSPI200선물 야간(한국) 거래시장** 개설(2009.11.16. 매매체결은 CME Globex 이용. 규정 위반으로 중단·종료[2020.12.18.]) · 2014년 12월 8일 CME 연계 달러선물 야간시장 개설(2020.12.18. 종료)

회사명	일자	주요 사항
한국거래소 (**KRX**: Korea Exchange)	2010년대	- **Eurex 연계 KOSPI200옵션 야간(한국) 거래시장** 개설(2010.8.30. Eurex에 상장해 매매체결과 청산. 최종결제는 KRX 장 개시 전 협의거래) · Eurex 연계 미니KOSPI200선물은 2016년 11월 28일 거래 시작 - 석유전자상거래시장 개설(2012.3.30. 거래대상 상품: 자동차용 휘발유와 경유, 난방용 등유) - **라오스증권거래소(LSX**: Lao Securities Exchange) **개설**(2011.1.11. 지분 49% 출자. 11개 기업 상장[2022년 2월]) - 옵션승수 인상(2012.3.9. 10만 원→50만 원) - **캄보디아증권거래소(CSX**: Cambodia Securities Exchange) **개설**(2012.4.18. 지분율 45% 출자. 9개 기업 상장[2022년 2월]) - **코넥스시장** 개설(2013.7.1.) · 중소기업 전용 조직화한 장외주식시장. 공모·사모·직상장 모두 가능. 지정자문인 1개사 선임이 상장요건. 유가증권시장/코스닥시장으로 이전 장려 - **공공기관 지정 해제**(2015.1.29. 해제 조건: 복수거래소/ATS 설립 허용) - **원화이자율스왑**(KRW IRS)에 대한 **CCP 의무청산 실시**(2014.3.3.) - KRX 금시장 개설(2014.3.24.) - 변동성완화장치(**VI**: volatility interruption) 중 동적 VI 도입(2014.9.1.) - CME 연계 미국달러선물 야간시장 개설(2014.12.8.), 종료(2020.12.18.) - 아제르바이잔 **바쿠증권거래소(BSE**: Baku Stock Exchange)에 매매, 시장감시, 공시, 정보분배, 청산·결제 등 증시 제반 IT시스템을 일괄 제공(2014년 12월) · 캄보디아(2006년), 라오스(2008년), 베트남(2009년), 우즈베키스탄(2010년)에 이어 5번째로 종합시스템 패키지 수주·판매 - 배출권시장 개설(2015.1.12.) - **정적 VI 추가 도입**하며 **가격제한폭도 ±30%로 확대**, 동적·정적 VI에 임의종료(**RE**: random-end. 30초) 방식 적용(2015.6.15.) - **한국거래소스타트업마켓(KSM**: KRX Startup Market) 설립(2016.11.14.) · 창업 초기기업(크라우드펀딩 성공 기업, 정책금융기관(예: 기보·신보) 및 창조경제혁신센터 추천기업)으로 거래대상을 특화한 조직화한 장외주식시장 - 옵션승수 인하(2017.3.27. 50만 원→25만 원) - **공매도 과열종목 지정제도**(2017.9.25. 유가증권시장, 코스닥시장, 코넥스시장) - 시가단일가와 장 개시 전 시간외시장 운영시간 단축(2019.4.29.) - **증권세율** 1차 **인하**(2019.6.3. 유가증권시장·코스닥시장[0.05%↓])
	2020년대	- 증권세율 2차 인하(2021.1.1. 유가증권시장·코스닥시장[0.02%↓]) · 증권세율 3차 인하(2023.1.1. 유가증권시장·코스닥시장[0.08%↓]). 이로써 2023년 1월부터 유가증권시장은 농어촌특별세 15%, 코스닥시장은 증권세 15%만 부담 · 코스피지수 3,031.68 기록(2021.1.7.), 2021년 7월 6일 종가기준 역사상 최고가(3,305.21) 기록 · 코스닥지수 장중 1,000.05 기록(2021.1.27.) - **Eurex 연계 KOSPI200선물**(2021.3.22.), **미국달러선물**(2021.7.26.), -**KOSPI200위클리옵션**(2022.3.28.) **야간(한국) 거래시장** 개설 - 거래정보저장소(**KRX-TR**) 출범(2021.4.1. 장외파생상품 거래 세부 정보를 중앙 집중) - **청산결제본부 설립**(2021.4.16.) - 개정 자본시장법 시행(2021.10.21.) · 사모펀드를 '운영목적'이 아니라 '투자자' 기준으로 분류하고, 사모펀드 자산운용 규제를 일원화

* 자료: 초기 내용은 다음을 참조. 위키백과(한국거래소). 한국거래소 웹사이트. 한국거래소 2016년~2022년 주요 사업계획. 박상재, 2016. "[한국 증권시장 60년] 연대별 국내 증시 변천史". **한경**, (3월 16일). 이국영, 2018. "[한국경제 비화 ㉔~㉗]증권파동 사건①~④". 윤재수(2021).

〈그림 14-4〉 코스피지수와 코스닥지수 추이와 주요 일지

〈패널 A〉 코스피지수—1980년 1월~2021년 1월

■ **코스피 사상 첫 3000 마감**

날짜	지수	내용
1980년 1월 4일	100.00	코스피(유가증권시장) 첫 발표
1987년 8월 19일	500.73	저금리 · 저유가 · 저환율 등 '3저(低) 호황'
1989년 3월 31일	1003.31	① '3저 호황' 지속되며 코스피 첫 **1000선** 돌파
1998년 6월 16일	280.00	② 외환위기 발생, 코스피 11년 만에 280선으로 하락
2007년 4월 9일	1501.06	코스피, 지수 산출 이후 27년 만에 1500선 돌파
7월 25일	2004.22	③ 1000선 진입 후 18년 3개월 만에 코스피 **2000 돌파**
2017년 5월 22일	2304.03	반도체 호황으로 '박스피' 탈출하며 2300선 진입
10월 30일	2501.93	④ 코스피 2000 진입 후 10년 3개월만에 **2500 시대 개막**
2020년 3월 19일	1457.64	⑤ 코로나19 확산세에 경기침체 우려 커지며 1400대로 급락
11월 23일	2602.59	코로나19 백신 기대감으로 종전 최고치 경신
12월 4일	2731.45	2600선 진입 후 9거래일 만에 2700 돌파
12월 24일	2806.86	코스피, 2700 터치 14거래일 만에 2800선 진입
2021년 1월 4일	2944.45	저금리, 풍부한 유동성, 경기회복 기대감 이어지며 2900 돌파
1월 6일	2968.21	코스피, 사상 첫 장중 3000 터치
1월 7일	3031.68	⑥ 코스피, 사상 첫 **3000 돌파해 마감**

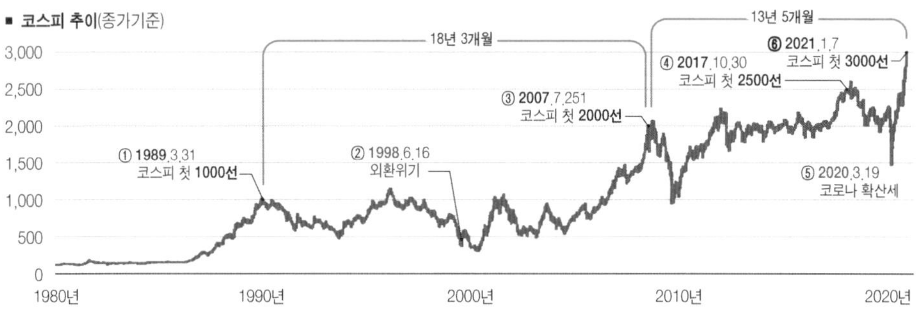

* 자료: 류병화, 2021. "[증시 3000시대] '레벨업' 코스피…역사적 의미". **뉴시스**, (1월 7일).

* 2021년 7월 6일 종가기준 역사상 최고가(3,305.21) 기록. 2022년 12월 13일 현재 2,372.40.

〈패널 B〉 코스닥지수-1996년 7월~2021년 6월

* 자료: 한국거래소 코스닥시장부(2021).

* 지수 출범 당시(1996년 7월) 100으로 시작, 2004년부터 1,000으로 변경. 2022년 12월 13일 현재 715.16.

2. 주식시장 매매체결

가. KRX — 새싹기업시장부터 주시장까지 한 아름에!

KRX(Korea Exchange. 한국거래소)는 자본시장법(제7편)에 근거해 금융위원회 허가를 받은 주식회사이다. 정규 증권거래시장(유가증권시장, 코스닥시장, [코넥스시장])과 파생상품시장을 개설·운영해 증권 매매체결과 청산,[411] 장내파생상품 매매체결과 청산·결제를 담당하며[412] 한국자본시장 거시구조 (거의) 전 범위를 수직적·수평적으로 홀로 관장한다. 시장 건전성과 투자자 보호 등 시장감독기능(한국에서는 공적 기능)을 가진 시장감시위원회도 조직 내 두고 있어 특이한 형태의 주식회사라 할 수 있다(〈그림 14-5〉 참조).

영단제로 출범해(1956.3.3.) 주식회사제(1962.4.1.), 공영제(1963.5.3.), 회원제(1988.3.1.)를 거쳐 통합거래소(2005.1.27. 한국증권선물거래소) 출범과 함께 주식회사제로 소유구조를 전환했다. 그러나 이는 회원제에서 각 회원(증권회사)이 (균등) 보유했던 지분을 주식으로 형식만 바꿨을 뿐이다. 갑자기 공공기관으로 지정(2009년 1월)해도 당시 크게 쟁점조차 되질 않을 정도였다. 이후 여기저기 논란이 일자 2015년 1월 공공기관 지정에서 해제되며 또다시 지금의 형식적 민간기업(실질은 회원제처럼)으로 되돌아갔다. 공직자윤리법상 공직유관단체로 지정돼 있고 시장감독기능을 위탁 수행해서 그런지 외부에서는 실체와는 다르게 준(準)공공기관으로 인식하는 분위기가 꽤 강하다(제14장 5절 가항 참조).

KRX 5개 시장(유가증권시장, 코스닥시장, 코넥스시장, 파생상품시장, 채권시장) 매매체결시스템은 **엑스추어플러스**(EXTURE+. 2014년 3월 가동)이다(〈그림 14-13〉 참조). 매매체결 처리 성능(latency)은 70μs(70/1,000,000초)이며 초당 처리 건수는 2만 건, 일일 처리용량은 1억 6,000만 건이다. 현재 **넥스트 엑스추어플러스**(Next EXTURE+)로 시스템 개선을 추진하

---

411 증권거래 결제기능은 KSD가 담당·수행한다. KRX(자회사 코스콤 포함)가 약 75% 지분을 보유하므로 '형식적으로는' KRX 자회사이다(**제14장 4절 다항** 참조).

412 KSM(조직화한 장외주식시장)을 통해 새싹기업의 자금조달과 유통시장 기능도 담당하고, 원화이자율스왑(KRW IRS)과 미달러이자율스왑(USD IRS) 의무청산도 수행한다.

〈그림 14-5〉 KRX 조직구성

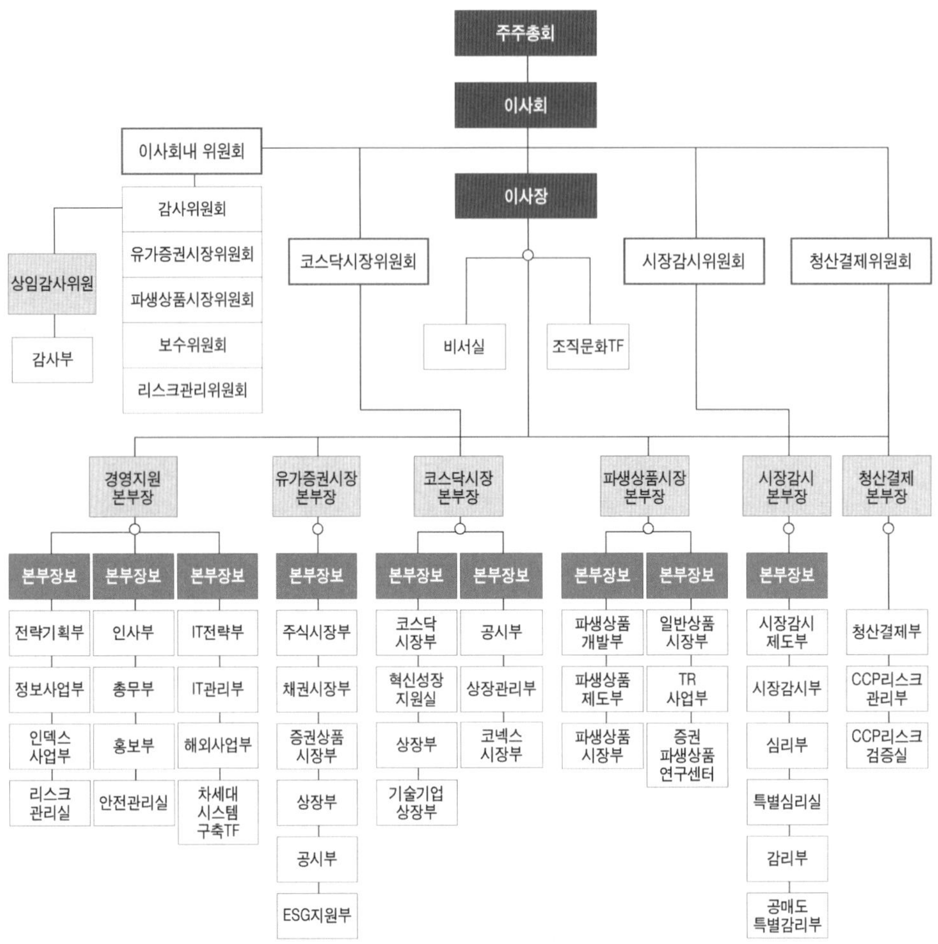

* 자료: KRX 웹사이트(2022년 12월).

는 중이다. 넥스트 엑스추어플러스는 매매체결시스템, 매매정보시스템(매매통계·정보분배·지수산출시스템으로 구성), 청산·결제시스템 등 KRX가 운영하는 거래 관련 모든 시스템의 속도 향상을 목표로 하고 있다. 현행 엑스추어플러스가 매매체결 속도만을 낮추는(즉, low latency) 데 초점을 맞췄던 것과는 대조적이다. 2023년 1월부터 매매체결시스템과 정보분배시스템을 시작으로 해서 10월 초까지 순차적 가동 완료를 목표로 한다.[413]

〈그림 14-6〉 유가증권시장 시가총액과 상장기업 수 추이

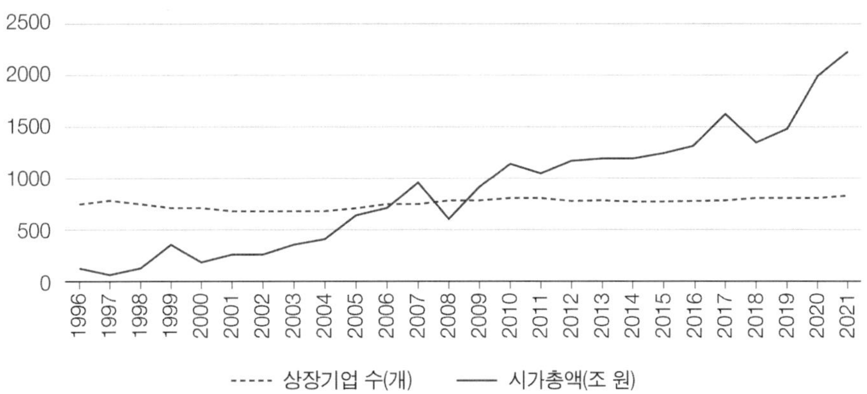

* 자료 자료: KRX 웹사이트.

* 외국기업: 엘브이엠씨(LVMC)홀딩스(2010년 11월), 피비파마(프레스티지바이오파마. 2021년 2월).

나. 주시장 — 유가증권시장

유가증권시장은 한국자본시장 주시장이다. 2021년 12월 말을 기준으로 상장기업 824개사(943개 종목), 시가총액 2,203조 3,660억 원, 연평균(2012년 1월~2021년 11월 평균) 직접 자금조달(코스닥시장 포함) 32조 3,000억 원의 세계 15위권 거래소이다(〈그림 14-3〉, 〈그림 14-6〉 참조). 개인투자자 거래 비중이 50%를 오르내릴 정도로 높다.[414] 코스닥시장이 세계적 성장형시장이지만 각종 통계나 문건, 미디어에서 한국자본시장을

413 이상일, 2021. "한국거래소, 넥스트 엑스추어+ 본사업 발주, 메인프레임 교체". **디지털데일리**, (1월 15일).

414 지난 10년간 유가증권시장 개인투자자 거래 비중은 연평균 49.8%였다. 이른바 "동학개미운동"으로 요란했던 2020년 봄부터 2021년 9월까지 18개월 동안은 줄곧 60%를 넘기도 했다. 같은 기간 외국인투자자와 기관투자자 거래 비중은 30%와 20%를 오르락내리락했다. 홍승민, 2021. "'개미가 떠난다'…힘 빠지는 국내 증시". **뉴데일리**, (12월 21일). 참고로, 미국주식시장 개인투자자 거래 비중은 17.0%(2021년 3월 기준)이고 영국은 13.5%(2020년 12월 기준. 〈표 5-1〉 참조)이다. 노요빈, 2021. "한은 '최근 미주식시장 개인투자자 거래 다소 부진해'". **연합인포맥스**, (5월 17일).

논할 때 KRX는 유가증권시장(대개 코스닥시장도 일괄 포함)을 의미한다.

유가증권시장 특징은 상장기업 특성이 변하는 시점에 따라 대략 3 기간으로 나눠볼 수 있다. 엄밀한 분석 결과는 아니고 필자의 경험과 식견에 따른 구분이다.

- **〈협회중개시장(現 코스닥시장) 개설 이전(~1996년 7월). 전통산업〉**—한국 유일의 정규 주식시장이어서 주시장, (신시장)/성장형시장과 같은 구분이 있을 수 없음. 한국 유수의 모든 기업(대기업, 중소기업 망라)이 상장 대상. 경제 상황에 따라 대표 종목군이 바뀌곤 했지만 지금 우리 모두 전통산업이라 말하는 산업이었음(성장형산업이란 용어도 없었음).
  - 1부와 2부로 구분해 시장 관리.
  - 〈1~2부 구분 기준〉 소액주주 주식분산, 재무 상태(예: 자본금, 부채비율), 상장 기간 (1년).
- **〈협회중개시장(現 코스닥시장) 개설 이후(1996년 7월)~카카오·셀트리온 상장 이전 발생 이전(2017년 중반/2018년 초반). 전통산업 위주〉**—엔씨소프트(2003년 5월), 네이버(2008년 11월. 당시 NHN) 등 코스닥시장을 대표하던 성장형기업(이른바 대장주)이 유가증권시장으로 이전해 그때마다 시장에 충격을 주기는 했지만, 네이버 상장 이전 이후 오랫동안 소위 코스닥시장 대장주의 이전은 없었음.[415] 글로벌 금융위기 이후 유가증권시장, 코스닥시장 모두 정체가 오래가(〈그림 14-4〉 참조) 상장 이전 후 실익이 크지 않았기 때문(Park, Binh, and Eom, 2016). 유가증권시장은 여전히 전통산업 위주의 상장기업 특성을 보였음.
- **〈카카오·셀트리온 상장 이전 발생 이후(2017년 중반/2018년 초반~). 전통기업과 우량 성장형기업〉**—"상장을 통한 중소·혁신 성장형기업의 자본조달", 이는 코스닥시장 설립 주목적임. 이러려면 코스닥시장 상장기업이 그곳에서 엄청나게 성장하더라도 코스닥시장에 상장을 유지한 채 시장 전체 유동성을 이끌며 성장형시장으로서 기

415 엔씨소프트와 네이버 외에 다른 대기업의 상장 이전도 있었다. 하지만 이들 기업 대부분은 유가증권시장에 더 적합한 특성을 가졌었다.

능을 유지·강화해 주어야 함(예: Nasdaq에서 마이크로소프트[Microsoft] 역할. **제6장 1절 가항 (3)** 참조).

카카오(다음커뮤니케이션[1999년 11월 코스닥시장 상장]을 우회상장 하며 2014년 10월 코스닥시장 진입)와 셀트리온(오알켐[2005년 7월 코스닥시장 상장]을 우회상장 하며 2008년 8월 코스닥시장 진입), 코스닥시장에서 성장한 두 대장주가 2017년 7월과 2018년 2월 잇달아 유가증권시장으로 상장을 이전. 이유야 어쨌든 두 회사의 상장 이전은 그동안 세계적(독립형) 성장형시장이라 제아무리 칭송을 받았어도 코스닥시장은 유가증권시장에 상장하기 위한 디딤돌일 뿐이라는 안타까운 결과를 보여주는 사건이었음. 게다가 이전 경우와 달리, 이들 주가는 상장 이전 이후 크게 개선. 이를 기점으로 유가증권시장은 전통기업에다 우량 성장형기업까지도 상장 대상으로 삼는 주식거래소로 특성이 변함.

전통기업에다 우량 성장형기업까지 포괄하는 특성만 놓고 본다면, 이제 유가증권시장 모습은 미국주식시장에서 NYSE가 보이는 행보와 결이 매우 비슷하다. 그러나 한국주식시장에는 간과해서는 안 되는 중요한 문제가 하나 걸려 있다. 미국은 Nasdaq이 성장형시장으로서 굳건히, 아니 오히려 예전보다 더 훌륭히 뻗어나가는데, 코스닥시장은 빠져나간 대장주 공백을 메꾸기에도 역부족이라는 사실이다. 왜 그럴까? 여러 가지 이유가 있겠지만 무엇보다 한국자본시장 거시구조에 대한 정책적 비전이 확립되지 않은 게 근원적 문제라 생각한다. 유가증권시장과 코스닥시장 간에 위상 설정이 아직도 명확하지 않다는 것이다. 물론 겉으로 유가증권시장은 "월드클래스 선진시장", "동북아 금융 허브"를, 코스닥시장은 Nasdaq을 지향한다고는 한다. 쉽게 짐작할 수 있듯이 둘 다 매우 추상적이다. 게다가 정태적이어서 이제는 모순이기까지 하다. 코스닥시장이 목표로 삼는 Nasdaq은 성장형시장이지만 환경변화에 따라 역동적으로 진화하는 시장이다. 미국경제 내 성장산업의 진화와 변모로 이제는 주시장이라 해도 과언이 아니다. 유가증권시장과 코스닥시장 관계를 떼어낸 채 코스닥시장만 Nasdaq을 지향한다면 이 같은 역동성(예: 과거 성장형에 속했던 ICT 산업이 경제의 중추를 이루면서 Nasdaq은 NYSE보다 오히려 더 주시장 변화를 선도)에 어떻게 대처하며 발전해갈 수 있을까? 유니콘 상장을 유치하려 유가증권시장이

〈그림 14-7〉 KRX 사옥 전경

〈패널 A〉 서울 여의도 사옥

〈패널 B〉 부산 문현동 사옥

상장요건을 낮추며 코스닥시장과 '경쟁 아닌 경쟁'을 벌이는 한국주식시장 현 상황은 두 시장의 위상에 일관성이 없음을 보여준다.

한편, "동북아 금융 허브"란 당찬 목표를 내세우면서 유가증권시장에 상장한 외국기업은 엘브이엠씨(LVMC)홀딩스(2010년 11월)와 피비파마(프레스티지바이오파마. 2021년 2월) 2개사(전체 상장기업 수의 0.24%)에 불과하다. SGX(Singapore Exchange. 싱가포르. 53.9%), TWSE(Taiwan Stock Exchange. 대만. 10.3%), HKEX(Hong Kong Exchange. 홍콩. 7.8%)에 비하면 턱없이 적다.[416] "서학개미"(국내 주식이 아닌 외국 주식 위주로 투자하는 개인투자자)가 늘어나는 현상이 이해가 간다. 원화가 경화가 아니라는 점을 고려해도 한국자본시장 주시장의 국제적 위상이 어느 정도인지를 대변해준다.

416 김영배, 2021. "코스피 시장에 외국계는 1곳뿐?" **한겨레**, (2월 5일). 황선중, 2021. "코스피 상장 외국계기업 10년째 '1% 미만', '서학개미 이유 있네'". **뉴스핌**, (2월 8일).

다. 성장형시장 — 코스닥시장

(1) 위상과 시장 운영

코스닥시장은 세계 1~3위를 다툴 만큼 대외적 명성을 얻은 한국자본시장의 (신시장)/성장형시장이다(Park, Binh, and Eom, 2016). 출범 후 지금까지 80조 가까이(IPO: 34.2조 원, 유상증자: 45.5조 원) 국내 중소·벤처기업의 모험자본 조달을 도왔고, 2021년 12월 현재 상장기업 수는 1,532개사(1,536개 종목), 시가총액은 446조 2,960억 원이며, 일평균 11조 8,500억 원의 거래량을 보인다(〈표 14-2〉 참조).

시작은 이랬다. Nasdaq을 본받아 유럽 모든 주요 국가가 앞다퉈 신시장(new market)을 개설하자 아시아 주요 국가도 이에 서둘러 동참했다. 유럽 국가는 각자 언어로 신시장이란 이름을 붙였지만, 아시아 국가는 "~스닥"("딜러[증권회사]협회 자동호가시스템"이라는 의미)이라 불렀다(제3장 2절 가항 (2) 참조). 한국도 1996년 7월 1일, 한국증권업협회(現 한국금융투자협회)와 증권회사들이 중소·벤처기업에 자금을 조달해줄 목적으로 (주)코스닥증권(現 KRX 코스닥증권본부)을 설립하고 이들 기업 주식의 장외 거래시장인 **협회중개시장**(現 코스닥시장)을 개설했다.[417] 바야흐로 '코스닥 시대'가 펼쳐졌다.

출범 후 곧바로 아시아 금융위기를 겪었음에도 코스닥지수는 순식간에 불이 났다. 전 세계에 몰아친 닷컴(.com) 열풍(1995~2000년) 덕이었다. 거품이 꺼지며 유럽 신시장은 말 그대로 풍비박산 났다. 후발주자로 별 볼 일 없던 AIM(Alternative Investment Market. LSEG 산하. 예임)만 살아남고 모두 파산했다. 코스닥시장은 견뎌냈지만 2020년 코로나19 팬데믹 발생까지 기나긴 횡보 국면을 겪어야 했다(〈그림 14-4〉, 〈패널 B〉 참조).

장외, 장내, 법인격이 어떻게 변했든 코스닥시장은 출범부터 지식기반산업을 중심으로

---

417 법적으로 '장외'였던 코스닥시장은 닷컴(.com)/IT 열풍에 편승한 코스닥시장 활성화 정책으로 1999년 4월 1일 '장내'라고 표현해도 되는 주식시장이 되었다(아주 모호한 표현이다). 증권거래법(現 자본시장법) 개정안이 국회를 통과하며 KSE(現 KRX 유가증권시장본부)가 2004년 2월 1일부로 운영권을 한국금융투자협회(舊 증권업협회)에서 인수(매입)했다. 같은 해 4월 1일 KSE, 코스닥시장, 한국선물거래소(現 KRX 파생상품시장본부) 3사를 합병하며 한국증권선물거래소가 출범했다.

〈표 14-2〉 코스닥시장 시가총액과 일평균 거래대금 추이

구분	1996.7.1.	2000년	2005년	2010년	2015년	2020년	2021년
시가총액	7.6	29.0	70.9	95.8	201.6	385.6	446.3
일평균 거래대금	23억 원	2.4	1.8	1.9	3.5	10.8	11.9

* 자료: 한국거래소. (단위: 조 원).

변하기 시작한 한국경제 산업구조를 뒷받침하며(〈표 14-3〉 참조) 국내 산업 고도화와 신경제 패러다임 형성에 일조해왔다. 시장 상황이 어려울 때마다 숱한 비난을 받았지만, 부여받은 위상에 걸맞게 성장형시장 역할을 적절히 잘 담당하고 시장 자체 짜임새도 상당히 훌륭한 데서 온 결과이다. 시장 통계량을 주시장인 유가증권시장과 비교해 의미를 새겨보면[418] 이를 확인할 수 있다.

2021년 12월 현재, 코스닥시장 시가총액은 주시장 대비 약 20%로 글로벌 중소·성장형시장(SME market: small and medium market) 중 가장 크다.[419] 변동성(시장 위험)은 유가증권시장보다 50%가량 더 높다. 과도한지 아닌지는 의견이 갈릴 수 있지만, 성장형시장 특징을 반영한다는 사실이 중요하다. (단순히 유가증권시장과 비교해 변동성이 높은 시장이라 말할 수는 없다). 상장기업 수는 주시장 대비 1.9배, 일평균 거래대금은 77%이다. 그 밖에 여러 시장 통계량에서도 주시장과 견줄 수 있을 만큼 성숙한 시장이다. 반면, 거래량 회전율은 너무 높다. 유가증권시장의 2.6~3.3배나 된다.[420] 가뜩이나 개인투자자(비중: 88%. 2020년 12월 기준)가 외국인·기관투자자를 압도하는 상황에서 단기/투기성 투자

418 성장형시장은 주시장에 비해 위험(변동성)이 클 수밖에 없다. 이에 각국은 성장형시장에 대개 자국만의 독특한 위계/위상을 부여해놓는다. 따라서 시장의 질적 수준과 성과를 논할 때면 성장형시장의 이러한 고유 특성과 각국의 위계/위상적 특성을 반드시 함께 염두에 둔 다음에 주시장과 비교해야 한다. 성장형시장 단독 통계량이나 주시장과 단순 비교로 성장형시장을 평가하면 아무런 의미가 없다(박종호·남상구·엄경식, 2007).

419 국내에서는 무턱대고 코스닥시장을 자꾸 Nasdaq과 비교해 논하는데 그러지 말아야 한다(**제14장 2절 다항 (2)** 참조). 성장형시장이라는 지향점이 같다고는(실은 코스닥시장이 추종하는, 또는 그러고 싶어 하는) 해도 Nasdaq은 이미 오래전에 NYSE와 함께 엄연히 미국을 대표하는 주시장이다. 참고로, 성장형시장이라는 용어는 2006년 6월 Nasdaq이 정규거래시장이 되면서 시장 표어(slogan)로 처음 사용했다.

420 차지연, 2020. "코스피는 다섯 달 만에, 코스닥은 한 달 만에 판다". **연합뉴스**, (9월 28일).

〈표 14-3〉 코스닥시장 주도산업 추이

	구분	~ 2005년	2010년	2014년	2018년	2021년 6월
주도산업	통신장비/서비스	11.9%	6.1%	4.3%	3.1%	3.1%
	인터넷/SW/컴퓨터	18.8%	8.2%	11.4%	4.1%	5.6%
	IT 부품/전기전자	12.0%	12.9%	8.6%	8.5%	6.6%
	반도체	7.6%	12.6%	9.8%	7.7%	11.5%
	문화컨텐츠	6.0%	6.5%	11.1%	10.4%	9.6%
	바이오·헬스	4.7%	9.6%	15.7%	26.5%	16.7%

* 자료: 김사랑, 2019. "코스닥시장, 바이오종목이 주도한다". **팜스탁**, (7월 2일). 한국거래소 코스닥시장부(2021).
* 음영 칠한 부분은 주도산업을 의미. 이외, 정부가 바뀔 때마다 코스닥시장을 이용해 신성장/미래성장산업을 육성한다며 강조한 산업도 있음. 예를 들어, 2009~2011년 녹색기술 녹색인증으로 17개 신성장동력산업을 인위적으로 부양하려 함. 이들 기업은 녹색기술 분야 6개(신재생에너지, 탄소저감에너지, 고도물처리, 발광다이오드(LED) 응용, 그린수송시스템, 첨단그린도시), 첨단융합산업 분야 6개(방송통신융합, IT융합시스템, 로봇 응용, 신소재·나노융합, 바이오제약·의료기기, 고부가식품산업), 고부가서비스산업 분야 5개(글로벌 헬스케어, 글로벌 교육서비스, 녹색금융, 콘텐츠·소프트웨어, 마이스[MICE: meetings, incentives, conferences, and exhibitions. 기업회의·보상관광·국제회의·전시회 연계산업], 관광산업)임.

자 비중마저 너무 높아 구조적으로 이를 개선하려는 노력이 절실한 상황이다.

"성장형시장의 거시구조상 위계와 성과는 상장요건과 상장폐지/유지요건을 어떻게 설계하고 운영하는지에 따라 결정된다"고 해도 과언은 아니다. 그만큼 상장·상장폐지기준은 시장구조에서 아주 중요한 제도이다. 이와 관련해 코스닥시장은 성장형시장이 갖는 일반적 요건(예: 주시장보다 낮은 정량적·정성적 요건) 외에 다음과 같은 보완적·특징적 제도를 갖추고 있다.

- **〈기술특례상장〉** 현재 영업성과(예: 매출, 이익)는 부족하지만, 기술력과 성장성을 갖춘 기업이 다음 3가지(①~③) 특례 사항 중 하나를 충족하면 코스닥시장에 상장할 수 있도록 한 제도(〈표 14-4〉 참조). 바이오 기업 상장을 도우려 2005년 3월 도입한 후 2014년 6월 전 업종으로 확대. 2015년 이후 코스닥시장 상장경로의 한 축으로 활용되며 상장 증가에 공헌(바이오 기업이 전체 64%로 압도적 비중 차지하며 쏠림현상을 보임).
  - **〈기술성장기업〉** ① 전문 평가기관의 기술평가 또는 ② 상장주선인(주관 증권회사) 추천(2016년 12월 도입).

〈표 14-4〉 코스닥시장 "기술특례상장제도" 주요 사항

<table>
<tr><th colspan="2">일반기업(벤처 포함)</th><th colspan="2">기술성장기업</th></tr>
<tr><td colspan="2">③ 시장평가·성장성 기준
(이익 미실현 특례. 속칭 "테슬라 요건")</td><td>① 기술평가 특례</td><td>② 성장성 추천</td></tr>
<tr><td colspan="2" rowspan="2">(택일)
- 시가총액 500억 & 매출액 30억 & 최근 2사업연도 평균 매출액 증가율 20% 이상
- 시가총액 300억 & 매출액 100억 원[벤처 50억 원] 이상
- 시가총액 500억 원 & PBR 200%
- 시가총액 1,000억 원
- 자기자본 250억 원</td><td colspan="2">자기자본 10억 원 또는 시가총액 90억 원</td></tr>
<tr><td>- 전문 평가기관 두 곳의 기술 등에 대한 평가를 받고, 평가 결과가 A와 BBB 등급 이상일 것(외국기업은 A와 A 등급 이상일 것)
- 소부장기업은 전문 평가기관 한 곳에서 A 등급 이상일 것(2019년 8월 도입)</td><td>- 상장주선인이 성장성을 평가해 추천한 중소기업일 것
- 투자자 보호를 강화하고자 상장주선인에게 '풋백옵션'(환매의무 옵션) 부과</td></tr>
<tr><td>시행 후 누적 상장기업 수</td><td>8개사
(2021.5.17.)</td><td>15개사
(2021.5.17.)</td><td>143개사
(바이오 기업 수: 92개사.
2021.12.31.)</td></tr>
<tr><td>최대주주 등 지분 매각 제한</td><td>상장 후 6개월</td><td colspan="2">상장 후 1년</td></tr>
</table>

* 자료: KRX 코스닥시장 웹사이트. 한국거래소 코스닥시장본부(2021).

* 더욱 구체적인 사항에 관해서는 해당 웹사이트를 참조하기 바람.

- **〈일반기업[벤처 포함]〉** ③ 일반 상장처럼 시장평가와 성장성을 상장요건(예: 시가총액, 매출액/매출액 증가율)으로 하지만, 이익 관련 요건은 없음(이익 미실현 특례상장. 속칭 "**테슬라 요건**". 2016년 12월 도입).

- **〈코넥스에서 신속 이전상장〉** 코넥스시장(중소기업 전용 자금조달과 중간 회수 시장) 활성화 대책의 하나로 도입(2014년 6월. 2022년 4월 27일 개선, 5월 2일 시행[421]). 총 6개 경로(트랙)로 질적 심사를 일부 면제하는 대신, 비교적 높은 재무요건을 적용(코스닥시장 상장 요건과 어느 정도 맞춰줘야 하기 때문. 〈표 14-7〉 참조).
  - 도입 후 2022년 12월까지 이 제도를 활용해 코스닥시장에 상장한 기업은 19개사에 불과.
- **〈상장폐지 실질심사〉** 성장형시장의 역동성을 확보하려면 부실기업이 적시에 퇴출당할 수 있어야 함. 2008년 이전까지 코스닥시장의 대다수 한계기업은 정형화한 상

421 이창호, 2022. "코넥스 상장기업 코스닥 이전상장 길 넓힌다". **중기이코노미**, (1월 10일).

〈표 14-5〉 코스닥시장 IPO와 상장폐지 기업 수 추이

구분	2007년	2008년	2009년	2010년	2011년	2012년	2013년	2014년
IPO	22	38	55	76	60	22	37	67
상장폐지	1	23	65	74	58	48	33	15
상장기업수	1,022	1,037	1.027	1,029	1,031	1,005	1,009	1,061
구분	2015년	2016년	2017년	2018년	2019년	2020년	2021.5.17.	누계
IPO	109	70	78	90	97	86	37	944
상장폐지	18	13	20	34	15	23	5	445
상장기업수	1,152	1,209	1,267	1,323	1,405	1,468	1,500	-

* 자료: 한국거래소 코스닥시장본부(2021).

장폐지기준을 편법으로 피해 가며 시장에 남아 있을 수 있었음(이른바 상장폐지기준이 옥석을 구분하지 못했음). 금융위기로 기업 재무 상황은 더욱 나빠졌지만, 부실/한계기업 잔류 문제는 나아질 기미가 없었음. 2009년 2월 시장 건전성과 투자자 보호를 확보하려 이 제도를 도입.

- 각계 인사(거래소 임원, 변호사, 회계사, 학계 등)로 구성된 "상장폐지 실질심사위원회"를 열어 실질심사를 통해 상장 적합성 여부 판단.
- 기존의 형식적 상장폐지기준에다 기업경영 계속성과 투명성, 기업 재무 내용, 경영현황 등 기업 실질에 관한 판단을 더 해 상장 적합성을 종합적으로 심사.
- 부실/한계기업 조기 퇴출 가능.
- 도입부터 2013년까지 부실/한계기업 상장폐지가 큰 폭으로 증가(〈표 14-5〉 참조).

(2) 국내·외 정반대 평가 — "거래소 2중대?", 글로벌 선도성장형시장

2021년 5월 미디어에서는 "코스닥시장 출범 이후 시총 50배, 거래량 5,000배 이상으로 시장 규모 확대, 상장기업도 1,500개사 돌파"라는 식의 표제로 한동안 떠들썩했다. 하지만 그렇다 해도 그때뿐 코스닥시장에 대한 국내 평가는 대개 비판이 앞선다. 성장

〈그림 14-8〉 글로벌 성장형시장/(중소기업 전용 시장) 상장기업 수(2016년 12월 기준)

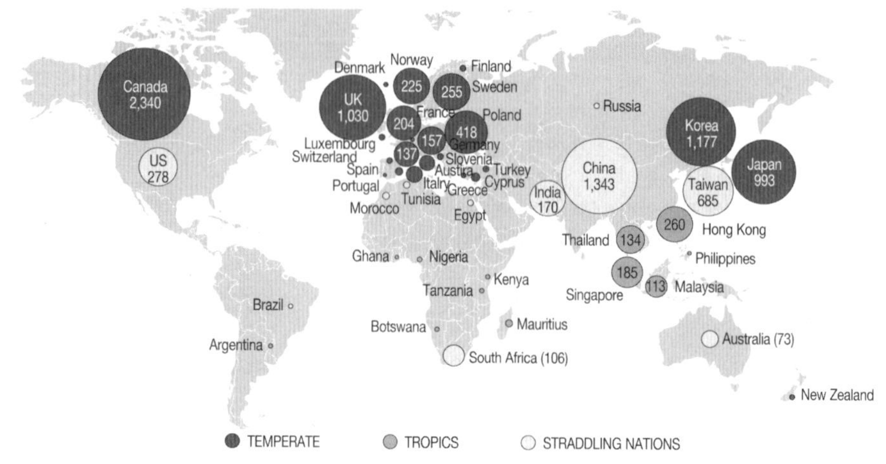

* 자료: 위인·차이에치·이글렉·로우(Nguyen, Chaiechi, Eaglec, and Low, 2020).

* 캐나다(Canada)는 **TSX-V**(1,646개사. 2021년 3월. TMX 산하), 중국(China)은 **ChiNext**(차이넥스트. 951개사. 2021년 5월. SZSE 산하)와 **STAR Market**(스타마켓. 311개사. 2021년 7월. SSE 산하), 한국(Korea)은 **KOSDAQ**(코스닥시장. 1,506개사. 2021년 6월), 영국(UK)은 **AIM**(에임. 852개사. 2022년 2월. LSEG 산하)을 의미. 일본(Japan)은 **JASDAQ**(자스닥. 693개사)과 **Mothers**(마더스. 424개사)로 2021년 12월 기준이며 둘 다 JPX 산하임. 논문에 명기하지는 않았지만, 미국(US)은 수치상 NYSE American(舊 AMEX)으로 짐작함. 해당 분야에서 글로벌 성장형시장을 논할 때 Nasdaq은 포함하지 않음. ChiNext와 STAR Market의 중국도 또 다른 이유로 논외로 함. 결국, 세계적 성장형시장으로는 KOSDAQ과 AIM을 들고, 좀 처져서 TSX-V를 듦. JASDAQ과 Mothers는 기업 성격이 성장형시장이라기 보다는 TSE **시장 제2부**와 비슷. TSE 시장 제2부와 JASDAQ, Mothers를 합해 **Growth**로 통합(2022년 4월).

형시장이라면 당연히 가질 수밖에 없는 특징을 헤아리지 않은 채 코스닥시장 자체로 또는 유가증권시장과 단순 비교하며 직선적으로만 논의한다. 글로벌 성장형시장에서 코스닥시장이 지닌 위상이나 성과를 보고 칭찬과 격려, 건설적 비판을 하는 데는 아주 인색하다.

코스닥시장은 상장기업 시가총액이 전 세계에서 유일하게 주시장 대비 10%(코스닥시장: 20%)를 넘는 성장형시장이다. 코스닥시장과 세계 1~3위를 다투는(〈그림 14-8〉 참조),[422]

422 필자는 코스닥시장의 대외적 위상을 다음과 같은 이유로 세계 1~3위라고 판단한다. 성장형시장의 표본이기는 하지만, 글로벌 성장형시장을 논할 때 언감생심 Nasdaq을 포함하지는 않는다(〈그림 14-8〉 참조). 주시장·성장형시장 통틀어 상장기업 시가총액 세계 2위이자(〈그림 14-3〉 참조) 이미 오래전에 주시장이 됐기 때문이다. 질적 수준에 상관없이 규모가 클 수밖에 없는 중국 ChiNext(차이넥스트. SZSE 산하)와 STAR Market(스타마켓. SSE

한국에서 그렇게 부러워하는[423] AIM조차 최근 LSE(London Stock Exchange. 런던증권거래소. 주시장)의 3.6%(2021년 12월 기준)에 불과하다. 코스닥시장에 대한 평가는 여기서 출발해야 한다. "주시장 대비 20%와 3.6%, 그런데 3.6%인 AIM을 부러워한다?", 이 속에 코스닥시장에 대한 적절한 평가가 깃들여 있는 것이 아닐까? 먼저, AIM의 3.6%가 적절하다면(부러우니까) 20%는 비상식적으로 높은 수치이다. 분모에 문제는 없을까? 그런 경우라면, 유가증권시장이 글로벌 선도거래소인 LSE보다 상장기업 시가총액에 한참 못 미친다는 얘기이다. 한국과 영국경제 규모를 고려하고도, 유가증권시장 가격 할인(이른바 코리아 디스카운트)이 너무 크거나 국제적 역량이 너무 모자란다는 말로 바꿀 수도 있다. 코스닥시장에 비난이 쏠릴 이유가 없다. 다음, 상대 규모 면에서 압도적이며 괜찮은 코스닥시장을 두고 국내에서는 맞수인 AIM을 왜 부러워할까? 구체적이고 명확하게 말하는 전문가는 매우 드물지만, 대다수가 그렇게 얘기하니까 틀림없이 무슨 이유가 있을 것이다. 다음에서는 AIM 견지에서 바라본 코스닥시장의 부족한 부분과 그동안 국내에서 언급한 건설적 비판을 합해 간단히 논의해보자.

첫째, 모험자본 조달에서 코스닥시장과 AIM 간 차이는 꽤 크다. 출범 후 지금까지 코스닥시장 상장기업이 조달한 자금 규모는 약 80조 원이고, 코스닥시장보다 1년 앞서 출범한 AIM은 약 210조 원(1,300억 파운드)으로 2.6배가 좀 넘는다.

둘째, 자본조달액 차이는 국제화 차이에서 오는 듯하다. AIM은 상장기업 1/3 이상이 외국기업일 정도로 국제화한 시장이다. 이에 비해 1,500개사가 넘는 코스닥시장에서 외국기업은 22개사(미국 6개사, 중국 13개사, 일본 3개사)에 불과하다.

셋째, 일평균 거래대금으로 유동성을 비교해보면 코스닥시장과 AIM은 엇비슷하다.

산하)도 경제적 의미에 관한 한 논외로 한다(**제7장 부록 2** 참조). 결국, 글로벌 성장형시장의 선두주자는 AIM과 코스닥시장만이 남으며, 그다음으로 TSX-V가 뒤처져 따라온다. TSX-V는 상장기업 수로 세계 1위이지만, 개별기업 규모가 매우 작아 시가총액으로는 순위가 많이 밀린다. 일본 JASDAQ(자스닥. JPX 산하)과 Mothers(마더스. JPX 산하)는 기업 성격이 성장형시장이라기 보다는 TSE 시장 제2부와 비슷했다. 2022년 4월 초 이 세 시장을 통합해 Growth(그로쓰)로 재출범했다(2022년 4월 4일. **제7장 부록 1** 참조).

423 몇 년 전까지만 해도 필자는 전공 특성상 외국거래소에서 실무진과 토론할 기회가 꽤 많았다. 그들의 눈에 한국을 대표하는 자본시장은 상대적으로 코스닥시장이었다. 어떻게 그런 성장형시장을 가꿔냈는지 무척이나 부러워하며 방법을 알고 싶어 했다. 국내 반응과 평가와는 정반대였다.

코스닥시장이 11조 8,500억 원인데 비해, AIM은 5조 8,320억 원(24억 파운드. 2022년 1월 기준)이다. 이는 시가총액 규모 비율과 비슷하다(코스닥시장[446.3조 원]. AIM[218.7조 원, 1,350억 파운드]). 유동성이 시장의 질적 수준을 나타내는 주요 통계량임을 고려할 때 코스닥시장의 질적 수준은 상당하다 할 수 있다. 그러나 큰 문제가 있다. 높은 거래량 회전율과 낮은 외국인·기관투자자 비중은 절대적으로나 AIM과 비교해 상대적으로나 코스닥시장의 질적 수준을 낮추는 큰 걸림돌이다. 이에 대한 비판은 정당하다. 쟁점이 될 때마다 지수를 잘 개발해 (패시브 펀드를 통한) 외국인·기관투자자를 유치해야 한다든지, 선물·옵션 파생상품을 마련해 현재 1~2% 수준인 연기금의 코스닥 투자 비중을 늘려야 한다든지, 코스닥시장의 정보 비대칭을 줄일 방안을 세워야 한다든지 등 여러 의견이 오가는 실정이다.

넷째, 이른바 코스닥시장 대장주가 유가증권시장으로 상장을 이전하는 현상이 반복해 일어난다. 본디 AIM은 이전을 장려하는 시장("이전시장")으로서 위상을 추구한다. 반면, 코스닥시장은 출범 후 줄곧 'Nasdaq'을 지향점으로 삼는다고 했다. 그런데 Nasdaq과는 반대로 코스닥시장 상장 후 대장주가 되면 예외 없이 유가증권시장으로 상장을 이전한다.[424] 이는 시장거시구조 측면에서 가장 중요한 쟁점이다(제14장 2절 다항 (1) 참조). 코스닥시장을 유가증권시장과는 성격을 달리하는 또는 어느 정도 서로 경쟁하는 시장으로서 위상을 가꿔나가느냐, 아니면 유가증권시장 징검다리 시장으로서 위상을 가꿔나가느냐 하는 선택의 문제에 마주 서게 한다. 코스닥시장 위상에는 시장거시구조에 대한 정책담당자의 철학이 고스란히 반영되어야 하는데 지금까지 정책담당자는 상황에 따라 편의대로 둘 다 포섭하는 모호한 태도를 보였다. 더군다나 이 문제는 코넥스시장(코스닥시장 하위 이전시장)과 (곧 나타날) ATS(alternative trading system. 대체거래시스템) 위상과도 연계돼 있어 정책담당자의 전문적 식견과 판단, 확고한 비전이 어느 때보다도 절실한

424 상장 이전은 NYSE와 Nasdaq 간에도 자주 일어난다. 한동안은 Nasdaq에서 NYSE로 일방적 이전이었지만, 최근 들어서는 NYSE에서 Nasdaq으로 더 자주 이전하는 듯하다(Nasdaq에서 NYSE로 상장 이전: 265개사[2005년~2022]. NYSE에서 Nasdaq으로 상장 이전: 303개[2000년~2017]). 그렇다고 해서 각 거래소 대장주/대표기업이 상장을 이전하지는 않는다. 2017년 12월 NYSE에서 Nasdaq으로 상장을 이전해 시장을 떠들썩하게 한 펩시(PepsiCo)가 예외라 할 수 있다.

시점이다. 왜냐하면 한동안 사라졌던 "거래소 2중대"라는 비아냥을 다시 듣게 된 코스닥 시장의 운명이 바로 여기에 놓여 있기 때문이다.

라. 조직화한 장외주식시장과 그 밖의 장외주식시장

한국의 조직화한 장외주식시장은 주로 주시장인 유가증권시장과 성장형시장인 코스닥시장으로 이전을 꿈꾸거나, 아니면 계속해 비상장 상태를 유지하려는 대기업/우량기업의 주식 유통을 지원하는 생태계이다(상장폐지 기업의 주식 유통은 주요 관심사가 아님). 한국금융투자협회(KOFIA: Korea Financial Investment Association) 산하 제3시장(現 K-OTC [舊 프리보드]와 K-OTCBB)이 2000년 3월부터 이 역할을 홀로 담당하다가, 비교적 최근에 KRX 코넥스시장과 KSM이 등장해 순수 장외주식시장인 여러 사설 장외주식 사이트(예: 38커뮤니케이션, 증권플러스 비상장)와 함께 각축을 벌이는 양상이다(〈표 14-6〉 참조). 경제력 차이가 큼에도 '외견상'으로 한국은 다른 주요국들과는 달리 미국과 매우 흡사한 시장거시구조를 갖췄다(강형철·엄경식·이지혜·이진호, 2017).

(1) KRX 산하 코넥스시장과 KSM

〈코넥스시장, KONEX(Korea Next Exchange)〉 자본시장을 통한 "초기 중소·벤처기업" 성장지원과 모험자본 선순환 체계를 구축하려 "창조경제" 정책하에 개설한 중소기업 전용 성장형시장이다(〈표 14-6〉 참조). 초기 단계에 중점을 둔다고 하지만 실상은 중기 이상 단계 중소·벤처기업을 대상으로 한다. **"중소기업기본법"**에 근거해 2013년 7월 코스닥시장 하위시장으로 개설하였고, 신속 이전상장 제도를 갖춰 코스닥시장으로 이전을 장려한다(〈표 14-7〉 참조). 상장요건을 최소화한 시장 특성상 원칙적으로 위험 감수 능력을 갖춘 전문투자자와 모험자본 투자자(예: 벤처캐피털, 전문엔젤투자자, 개인투자조합, 창업기획자 [accelerator. 엑셀러레이터]), 자금력 있는 개인투자자로 시장 참여를 제한했었다. 하지만 시장 활성화를 이유로 출범 이후 개인투자자 예탁금 규모는 최초 3억 원에서 점차 인하

〈표 14-6〉 코넥스시장, K-OTC, KSM 및 K-OTCBB 주요 특징

구분		코넥스시장	K-OTC	KSM	K-OTCBB
상장/지정 대상 기업		창업 초기 중소·벤처기업 - 중소기업 전용	모든 비상장기업 - 중소·벤처기업뿐 아니라, "**비신청 지정제도**"에 따라 공모실적 있는 사업보고서 제출대상 비상장 대기업, 중견기업 등 포함	비상장기업 중 크라우드펀딩 성공기업, 정책금융기관 (예: 기보, 신보), 창조경제혁신센터 추천기업 등	K-OTC 등록·지정종목을 제외한 비상장기업
법적 지위	거래 시장	**정규(장내)시장** - KRX가 "중소기업기본법"에 근거해 코스닥시장 내 하위 이전시장으로 설립(2013.7)	**조직화한 장외시장** - 한국금융투자협회가 "자본시장법"에 근거해 설립(2014.8) - 舊 프리보드(2005.7.[舊 제3시장, 2000.3])	조직화한 장외시장 (매매중개플랫폼. 2016.11.14.)	**조직화한 장외시장**
	기업	상장법인	비상장법인	비상장법인	비상장법인
상장/지정 요건		상장 외형요건 폐지 - 지정자문인(증권회사) 선임 필수 - 직전년도 감사의견 '적정' - 기타요건(예: 양도 제한 없을 것) (크라우드펀딩기업 특례상장 때 KSM 등록기업이면 그렇지 않은 기업보다 외형요건 낮게 적용)	**등록기업부** 등록요건 - 최근 사업연도 매출액 5억 원 이상(특례 적용 기업은 3억 원) - 감사인의 감사의견 '적정' - 자본 전액 잠식 아닐 것 - 기타요건(예: 양도 제한 없을 것) **지정기업부** 신규 지정요건 - 사업보고서 제출법인 - 모집/매출 공모실적 등	-	주식 유통에 필요한 최소 요건
정규 거래시간		오전 9시~오후 3시 30분	오전 9시~오후 3시 30분	-	K-OTC와 같음
거래방식		접속매매 - 지정가, 시장가 주문 2종류 - 대량매매 때 경매매도 활용	**다자간 상대매매** - 매수호가와 매도호가가 일치하면 자동 체결(매매체결기능 있음)	당사자 협의 (휴대전화 app 거래 가능)	일대일 상대매매 (협의. 매매체결 기능 없음)
시장 참여자		전문투자자, 벤처캐피털 외(전문 엔젤투자자, 개인투자자 조합, 창업기획자), **일반투자자**(소액투자전용계좌 [2015.7.27.] 이용자. 2022년 5월 30일부터 기본예탁금 3,000만 원 이상 조건 폐지, 결국 모든 투자자)	모든 투자자 (제한 없음)	모든 투자자 (제한 없음)	K-OTC와 같음
세금	증권 거래세	0.1%	0.23%	0.43% (2023년부터 0.35%)	0.43% (2023년부터 0.35%)
	양도 소득세	대주주(지분율 4% 이상): 20%	**소액주주(일반투자자) 중견·중소기업 양도세 면제**. (대기업, 대주주 거래는 20% 존속)	대기업: 20% 중소기업: 10%	대기업: 20% 중소기업: 10%
공시의무 사항		사업보고서, 주요사항보고서, 수시공시	등록기업부: 정기공시, 수시공시, 조회공시 (지정기업부: K-OTC에 공시할 의무 없음[†])	-	-

* 자료: 코넥스시장 웹사이트, 코넥스협회 웹사이트, 한국금융투자협회 웹사이트.

† 지정기업이 사업보고서 제출대상 법인이므로 어차피 자본시장법에 따라 금융감독원 전자공시시스템을 통해 사업보고서, 반기보고서, 분기보고서 및 주요사항보고서 등을 의무적으로 제출해야 함.

* "**코넥스시장 활성화 지원사업**": 초기 혁신기업(대상: 바이오, 미래차, 비메모리 반도체 업체)이 자본시장을 통해 성장할 수 있도록 코넥스시장 상장과 유지에 필요한 비용 일부를 정부 예산으로 지원. 2021년 총예산 12억 3,500만 원 한도(기업당 6,500만 원 내)에서 신청순으로 대상 기업을 선정. 이선애, 2022. "'14곳 9억 투입' 꺼져가는 코넥스 불씨 살려라…올해도 상장유지 지원 총력". **아시아경제**, (2월 9일).

〈표 14-7〉 코넥스시장에서 코스닥시장으로 신속 이전상장 유형별 요건

구분	공통요건	트랙별 요건(2022.4.27. 기준)
트랙 1	① 코넥스 상장 후 1년 경과 ② 지정자문인(상장주선인) 추천(지정자문인 선임이 6개월 이상 경과한 기업에 한함) ③ 기업경영의 건전성 등 충족	① 최근 사업연도 영업이익이 있을 것 ② 최근 사업연도 매출액 100억 원 이상 ③ 기준 시가총액 300억 원 이상
트랙 2		① (직전 사업연도) ROE 10% 이상 ② (최근 사업연도) ROE 10% & 계속사업이익 20억 원 이상
트랙 3		① 최근 사업연도 계속사업이익 20억 원 & ROE 20% 이상
트랙 4		① 매출액 증가율 **10%**(20%에서 인하**[2022.5.2.]**) 이상 & 최근 사업연도 매출액 200억 원 이상 ② 최근 사업연도 영업이익 10억 원 이상
트랙 5		① 소액주주 지분율 10% 이상 ② 코넥스시장 시가총액(상장예정주식수×공모가) 2,000억 원 이상 & 자본금 초과 (단 코스닥시장 기준 시가총액 3,000억 원 이상)
트랙 6		① 소액주주 지분율 20% 이상 ② (최근 1 사업연도) 일평균 거래대금 10억 원 이상 ③ 기준 시가총액 1,500억 원 이상 ④ 계속성 보고서 제출

* 자료: KRX 코넥스시장 웹사이트(2022년 12월).

되어, 2022년 5월 30일 전면 폐지됐다(3억 원[2013년]→1억 원[2015년]→3천만 원[2018년]→폐지[2022년]).[425]

코넥스시장에 상장하려면 요건으로 지정자문인(주관 증권회사. AIM Nomad[노마드]를 본따름. 상장 지원, 유동성 공급, 공시업무 자문, 사업보고서 작성 지원 등 수행) 1개사를 선임해야 한다. 주문주도형을 근간으로 하는 KRX 거래 메커니즘 측면에서 보면 갑자기 등장한 예외적 특성을 가진 시장이다. 또한 공모, 사모, 직상장 등 다양한 상장방식을 허용해 정규시장이지만 실질적으로는 비공개주식도 거래할 수 있다. 미국주식시장 거시구조에 견주어 판단해보면, OTC Markets Group이 Pink Sheet 당시 추구했던 전통적 형태의 조직화한 장외주식시장에 가깝다(강형철·엄경식·이지혜·이진호, 2017).

코넥스시장은 21개사, 5,000억 원 시가총액으로 출범했다. 2021년 12월 상장기업

425 금융위원회, 2022. "코넥스 시장 활성화 방안". **보도자료**(별첨), (1월 10일).

〈그림 14-9〉 코넥스시장과 K-OTC 상장/등록기업 수 추이

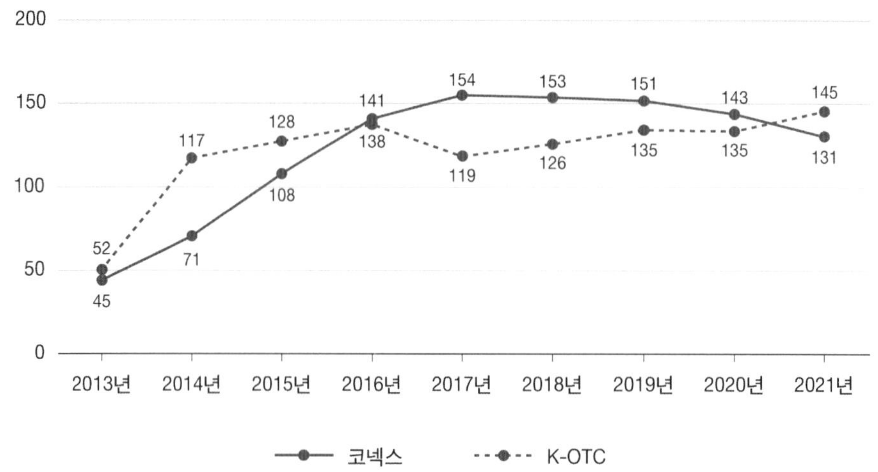

* 자료: 금융위원회, 2022. "코넥스 시장 활성화 방안". **보도자료**(별첨), (1월 10일).

수 131개사, 시가총액 5조 2,000억 원, 일평균 거래대금 74억 1,000만 원으로 커졌고, 그동안 중소기업에 총 1조 8,000억 원의 자금조달을 도왔다(〈그림 14-9〉 참조). (초)·중기 중소기업 자금조달 지원보다는 모험자본 선순환 역할을 더 활발히 수행한 듯하다. 또한 코스닥시장으로 총 81개사가 매년 꾸준히 상장을 이전하기도 했다. 하지만 2017년을 기점으로 상장기업 수가 감소하고 있다. 코넥스시장 부진/위축이라 하면서 매우 부산스럽다. 설왕설래하는 원인을 한번 살펴보자. 먼저 공급자 측면에서 상장 대상 기업들이 최근 들어 코스닥시장 직상장을 선호하기 시작했다고 한다. 기술특례상장(테슬라 요건으로 적자 상장도 가능)이 널리 활용되어 코스닥시장 문턱이 낮아졌고(제14장 2절 다항 (1) 참조), 비용부담이 덜한 K-OTC(경쟁 장외주식시장)에서 거래되어도 괜찮으며, 비상장주식을 포함하는 대체투자(alternative investment)까지 증가했기 때문이다. 다음, 수요자 측면에서는 부담스러운 예탁금(3,000만 원) 때문에 개인투자자가 거래하기를 꺼린다고 모든 관계자가 한마음으로 성토한다.[426] 2022년 5월 30일 예탁금 완전 폐지와 함께 이러한 주장이 더는 수면 위로 떠 오르지는 않겠지만, 과연 이렇게까지 해야 하는지 여러 생각이 든다. 설립 과정에서 전문투자자 시장으로 못 박은 데는 상당한 고민이 있었지 않았을까? ATS

를 활용하면 관련 문제를 좀 더 효율적으로 해결할 수도 있지 않을까? 무리해서라도 일단 시장을 만들어 놓으면 규제를 완화해가면서까지 무조건 활성화해야 하나? 더 나아가 자본시장은 인위적으로 육성해야 하는 대상일까(제16장 4절 다항 참조)? 마지막으로, 가격발견기능이 미흡하다고 한다.[427] 거래가 아주 활발하지 않은 게 어느 정도 영향을 끼쳤겠지만 지정자문인(즉, 증권회사) 역량이 아직 궤도에 오르지 못한 건 아닐는지.

〈KSM. KRX Startup Market(한국거래소스타트업마켓)〉 KSM은 창조경제 정책하에 비상장기업 중 크라우드펀딩 성공기업, 정책금융기관(예: 기술보증기금[기보], 신용보증기금[신보])과 창조경제혁신센터 추천기업 등으로 거래대상을 특화해 2016년 11월 14일 개설한 장외거래 플랫폼이다. 창업 초기 특정 기업을 대상으로 한 사적 자본시장 성격을 갖는다. 투자자는 휴대전화 앱(app)으로 거래대상을 탐색해 협상하며 거래할 수 있고, 협상 완료 후 시스템을 통해 주식과 대금을 즉시 결제할 수 있다.

2021년 11월 KSM 등록기업 수는 총 124개사이다. 출범 초기와 비교해 등록기업 성장세가 둔화했으나 이는 등록대상 기업의 한 축인 크라우드펀딩 성공기업의 영향력이 잦아들었기 때문이다.[428] 운영한 지 5년, 아직 코넥스시장이나 코스닥시장에 상장한 기업은 없다. "크라우드펀딩→KSM→코넥스시장→코스닥시장으로 이어지는 성장 사다리 구축"이란 애초 목표에 물꼬가 트이지 않았다. 시장참여자가 언급한 원인을 종합해보면 다음과 같다. 첫째, 오랫동안 침체했던 K-OTC가 근래 거래(유동성)도 활발하고 세금 혜택도 주는 등 상대적으로 좋은 시장서비스를 제공하기 시작했다(〈표 14-6〉 참조). 이에 해당 기업은 좀 더 시간을 갖고 성장해 K-OTC에 진입하는 편이 낫다고 판단하는 듯하다. 둘째, 등록대상 기업이 성장 초기기업이다. 그러다 보니 단기간에 상장까지 바라볼 수는 없을 것이다. 셋째, 바로 앞에서 코넥스시장과 관련해 간접적으로 소회를 밝혔었는데 이는 KSM에도 해당한다. 사적 자본시장 영역임에도 공적기관(금융위원회)이 앞장서

---

426 박준형, 2021. "한국거래소, 코넥스시장 활성화 위한 세미나 개최". **뉴스토마토**, (10월 28일).

427 금융위원회, 2022. "코넥스 시장 활성화 방안". **보도자료**(별첨), (1월 10일).

428 조윤진, 2021. "스타트업 마켓 KSM, 5년간 코넥스 이전 '0'". **파이낸셜뉴스**, (11월 11일).

영향력을 발휘하고 '자생적 경쟁 요소가 허용되지 않는 상태에서' 준(準)공기업 비슷한 정규거래소(KRX)에 성장형시장 하위시장(코넥스시장)의 하위시장을 만들어 놓고 나서 육성과 활성화를 반복하는 게 큰 문제는 아닐까?

(2) 금융투자협회 산하 K-OTC와 K-OTCBB

〈K-OTC. Korea Over-The-Counter(한국장외시장)〉 2000년 3월 제3시장으로 출범해 2005년 7월 **프리보드(FreeBoard)**로 개명한 후 2014년 8월 이를 다시 확대 개편하며[429] 재출범한 조직화한 장외주식시장이다. 등록요건을 충족하고 자발적으로 절차를 마친 등록기업(등록기업부 소속)과 사업보고서 공시 기업 중 한국금융투자협회가 임의로 선택한 지정기업(지정기업부 소속)을 거래한다.

2021년 12월 현재 총 145개사(등록기업 41개사, 지정기업 104개사), 시가총액 31조 원, 일평균 거래대금 56억 4,000만 원, 누적 자금조달액 3조 4,000억 원이다(〈표 14-8〉 참조). 시장 통계량 대부분이 코넥스시장과 엇비슷하지만, 자금조달액에서 2배 가까이 더 공헌했다(연원이 오래돼 많을 수도 있음). 기업 수와 거래량은 자발적 등록기업보다는 협회 지정기업 영향이 압도적이다. K-OTC 재출범과 함께 도입한 **비신청지정제도**와 **다자간 상대매매**(매수호가와 매도호가가 일치하면 자동 체결. **매매체결기능 존재**), 양도세 면제(소액주주 중견·중소기업 거래일 경우) 등 제도 개선이 긍정적 성과로 연결됐다고 판단한다(〈표 14-6〉 참조).[430]

---

429 2013년 7월 KRX가 성격이 겹치는 코넥스시장을 개설하자 금융위원회로부터 시장 진입(비신청지정제도)과 거래방식(다자간 상대매매), 세금 인하(소액주주 중견·중소기업 양도세 면제) 등 제도 개선을 얻어내 코넥스시장과 경쟁 구도를 갖게 됐다.

430 조직화했든 그렇지 않든, 한국은 장외주식시장이라 하면서도 정책담당자가 이처럼 주기적으로 활성화에 필요한 제도 개선을 일일이 해줘야 하는 상황이다. '장외'란 그 정의상 규제 영역 밖을 의미한다(완곡히 표현하면 규제를 최소화해야 하는 시장이다). 이를 두려워해 정책담당자(금융위원회)는 한동안 장외주식시장 미시구조(시장제도)를 꽉 틀어막고(규제하고) 있었다. 시장이 활발하면 문제가 생길 수 있으니까 거래를 어렵게 해 아예 문제 발생을 원천 봉쇄하려는 것처럼. 예를 들어, K-OTC 재출범 이전까지 정책담당자는 장외주식시장을 가격발견기능이 없는 시장이라 고집해 다자간 매매를 허용하지 않았다. 당연히 거래가 잘 이루어지질 않았다. 그러면서도 활성화 방안 논의는 계속했었다. 장외란 의미를 정확히 인지하고, 시장 대신 해당 시장의 참여자를 규제하면 되지 않았을까? 한편, 2021년 가을 FINRA(Financial Industry Regulatory Authority. 핀라. 미국 금융산업규제국. 비영리 SRO)는 오랫동안 운영하던 OTCBB 운영을 중단했다. ATS가 시장거시구조 전 영역에 걸쳐 활약하며 영향력을 크게 발휘하면서 공공성과

〈표 14-8〉 K-OTC 현황

구분		2014년†	2015년	2016년	2017년	2018년	2019년	2020년	2021년
거래기업 수		117	128	138	119	126	135	135	145
신규기업 수		71	30	16	6	18	16	12	16
	등록	1	2	4	3	4	1	4	9
	지정	70	28	12	3	14	15	8	7
거래대금	일평균	23.9	9.0	6.5	10.9	27.7	40.3	51.5	56.4
	연간	2,054	2,223	1,591	2,637	6,755	9,904	12,766	13,982
거래량	일평균	479	555	1,114	931	645	649	1,050	820
	연간	41,223	137,736	273,973	226,156	157,281	159,549	260,288	203,334

* 자료: 한국금융투자협회.
† 2014년 8월 재출범부터 12월까지 통계량.
* 거래대금: 억 원, 거래량: 천 주.

하지만 지정기업은 사업보고서 제출법인이기 때문에 여러 사설 장외주식 사이트에서도 활발히 거래된다고 볼 때, K-OTC가 실제 제공하는 조직화한 장외주식시장 기능과 서비스는 상당히 취약하다 할 수 있다. 거래 참여자도 개인투자자가 95%에 달해[431] 장외주식시장이 전문투자자 중심 거래구조로 이루어진 선도자본시장(특히, 미국)과는 상반된 모습이다.

〈K-OTCBB. Korea Over-The-Counter Bulletin Board(한국 장외주식 호가게시판)〉 K-OTC의 하위 장외주식시장이다. K-OTC에서 거래하지 않는 모든 비상장주식의 호가를 게시해 투자자에게 필요한 정보를 제공한다. 2015년 4월 개설 당시 75개 종목에서 출발해 2021년 12월 84개 종목(게시 종목 수: 193개)을 거래했다.[432] 연간 3,000~5,000개 종목 약 10조 원을 거래한다고 추정되는 사설 장외주식 사이트보다 시장이 극히 협소하다.[433]

경제성이 약해진 데 따른 조치로 보인다(**제6장 1절 나항 (1)** 참조). OTCBB는 K-OTC가 제3시장 출범부터 목표로 삼던 장외주식시장이다(엄경식·박종호·윤지아, 2009).

431 박이담, 2021. "상장 전에 '대어잡기'…장외주식 손 뻗치는 개인투자자". **헤럴드경제**, (1월 7일).

432 이정형, 2022. "K-OTCBB 거래대금 135.8억 원…알바이오 37.96%". **Prestock News**, (1월 27일).

433 김태일, 2021. "'수조 원 거래' 사설 장외주식시장···'음지에서 양지로 올려야'". **파이낸셜뉴스**, (8월 15일).

〈표 14-9〉 한국자본시장 ATS 설립 관련 일지

연도	주체	특징
2001	(주)한국ECN증권	정규거래시간 이후**(시간외/야간 거래)** 거래 수요를 수용하려 설립. 거래방식 제약(접속매매 허용하지 않음)에 따른 유동성 부족으로 가격발견에 어려움 겪음. 법제 뒷받침을 못 받아 2005년 아쉽게도 청산 - 32개 증권회사 공동출자. 제한적 형태였지만 한국 최초의 ATS라 할 수 있음 - 거래시간: 오후 4:30~오후 9:00 - 거래방식: 초기 당일종가였다가 이후 30분간 임의종료 단일가 매매로 전환
2008	KoreaCross (코리아크로쓰) 내부주문집행 차원	기관투자자 전용 대량매매에 특화한 **내부주문집행(internalization) 플랫폼**. 법제 뒷받침을 못 받아(당시 **증권거래법**상 **"유사시설개설금지"** 조항에 따른 논란. 경쟁대량매매제도[auction-based block trading mechanism]가 없었음) 시도 차원에 머무름 - 국내 최초 자생적 형태의 ATS(point-in-time crossing network) - 삼성증권이 인스티넷(Instinet. 노무라증권 자회사)과 협업해 시도 - **〈시도했던 거래방식〉** 오전 7시 30분부터 오전 8시 30분까지 국내·외 기관투자자에게 대량매매 주문(1억 원 이상)을 받아 오전 8시 30분에 매칭 해놓고 종장 후 오후 3시 10분 그날 **거래량가중평균가격(VWAP**: volume-weighted average price. 브이왑)으로 KRX 대량매매시스템(K-Blox)을 이용해 체결. (문제: K-Blox는 VWAP과 같은 경쟁대량매매 취급을 못 함)
2010	K-Blox (케이-블락스)	**K-Blox**(2003년 3월 가동): **협의대량매매**용 시스템. 상대매매방식(거래 당사자 간 서로 협의한 조건에 따라 매매체결) 중 체결을 제외한 부분을 자동화한 시스템 - 대량매매와 바스켓매매에 필요한 거래상대방 탐색(상대를 지정할 수도, 공개적으로 할 수도 있음), 협상, 매매신청(서로 협의한 거래조건 입력은 K-Blox로 하고, 실제 호가는 KRX 매매체결시스템으로 제출. 이 시스템에서 같은 입력 협상 번호끼리 체결) 등 일련의 과정을 네트워크에서 자동 확인하는 시스템
	A-Blox (에이-블락스)	**A-Blox**(에이-블락스. 2010년 11월 도입): **경쟁대량매매(다크풀 요소)** 체결시스템 - 개장 전 제출 주문은 그날(all-day) VWAP으로, 정규시간 제출 주문은 주문이 체결된 시점부터 종장까지 계산한 매치포인트(match-point) VWAP으로 체결. 시간 우선원칙에 따라 체결. (종목별로 경쟁대량매매 매수·매도호가는 공개, 완전히 다크는 아님). 거래 전무 ⇒ "K-Blox의 거래조건, 입력 방법, [A-Blox] 경쟁대량매매의 가격결정 방식 등의 개선을 검토한다"는 2019년 7월 뉴스를 보면 효율적이지는 않은 듯
2015	한국투자증권 등 7개 증권회사 설립 시도	금융투자협회 주도로 추진하다 중단 - **내부화 IB(internalizer**. "내부주문집행 증권회사") 형태로 설립 시도 당시 자본시장법에는 "거래량 한도를 5% 초과하면 정규거래소로 전환해야 한다"는 규정이 있었음. 정규거래소가 되면 증권회사는 많은 규제가 추가되기에 부담이 클 수밖에 없었음 - 이 규정은 2016년 6월 자본시장법 시행령 개정으로 개선 (ATS 거래량 제한은 시장 전체 5%→15%, 개별종목 10%→30%로 완화)
2019	6개 증권회사 **"ATS 설립검토 위원회" 출범**	금융투자협회 주도로 진행. 2021년 5월 설립 타당성 조사 용역(베인앤드컴퍼니) 실시. 2022년 11월 참여기관을 34개사로 확대해 **넥스트레이드 창립총회**를 엶. 금융위원회에서 예비인가와 본인가를 얻는 대로 운영(2024년 상반기 출범 예상) - ATS 중 **다크풀 형태** 설립 추진 중

* 자료: 엄경식(2001), 엄경식(2019). 이지운, 2022. "대체거래소, 이번엔 '닻' 올릴까…"그 나물에 그 밥?" **MoneyS**, (2월 28일).

* 삼성증권이 미국 블루오션(Blue Ocean ATS. 야간거래 전문)과 1년간 미국주식시장 야간거래 서비스 독점 제휴(2022.2.7.). 이로써 미국주식시장 하루 20시간 30분 거래 가능.

마. ATS — 존재하지 않으며, 20년 넘게 진행 중?

오늘날 선도자본시장이 자신의 거시구조를 효율적으로 가꿔나가는 데 ATS 역할은 정말로 중요하다(제12장 1절 가항~다항 참조). 그런데도 형태가 어떻든 간에 현재 한국자본시장에는 ATS가 존재하지 않는다. 물론 그동안 제대로 된 형태의 ATS가 존재했던 적도 없다. 비슷한 기관이 잠시 운영된 적은 있지만, 그냥 비슷했을 뿐이다(〈표 14-9〉 참조). 한국경제 위상에 걸맞게 한국자본시장이 국제적 존재감을 드러내지 못하는 이유가 여기에 함축돼 있지는 않을까? 왜 없을까? ATS에 대한 사회 전반의 몰이해, 정책담당자의 좁은 비전, KRX·부산 지역 자기중심주의와 이를 이용한 정치적 편승 때문이다.

2019년부터 한국금융투자협회와 대형증권회사가 중심이 돼 다시금 다크풀(dark pool) 설립을 추진하기 시작했다. 2020년 초부터 거세진 "동학개미운동"에 탄력받는 듯했지만, 차일피일 미뤄지다 2022년 11월 참여기관을 34개사로 확대하고 **넥스트레이드(Nextrade)**란 이름으로 창립총회를 가졌다. 예비인가와 본인가를 얻으면 운영에 들어간다고 한다(2024년 상반기 예상). 2000년대 초 한국에서 한창 무르익었던 ATS 설립 시도 상황을 지켜본 필자로서는 20년을 허비한 후 똑같이 진행되는 현실에 그저 성공을 바랄 뿐이다.

3. 파생상품시장 매매체결

가. 성장 과정

한국파생상품시장[434]은 1990년대 중반 KSE에서 코스피200지수를 기초자산으로 하는 선물(1996.5.3.)과 옵션(1997.1.3.)을 거래하며 막이 올랐다.[435] 애초에 파생상품거래소

434 특별한 언급이 없으면, 이 책에서 한국파생상품시장은 정규시장(장내)을 의미한다. 장내가 장외보다 더 중요해서가 아니라 이 책이 시장구조에 초점을 맞추기 때문이다. 참고로, 2020년 12월 파생상품 거래대금은 장내 3경 525조 원, 장외 1경 7,019조 원이다.

〈그림 14-10〉 세계 파생상품거래소 순위

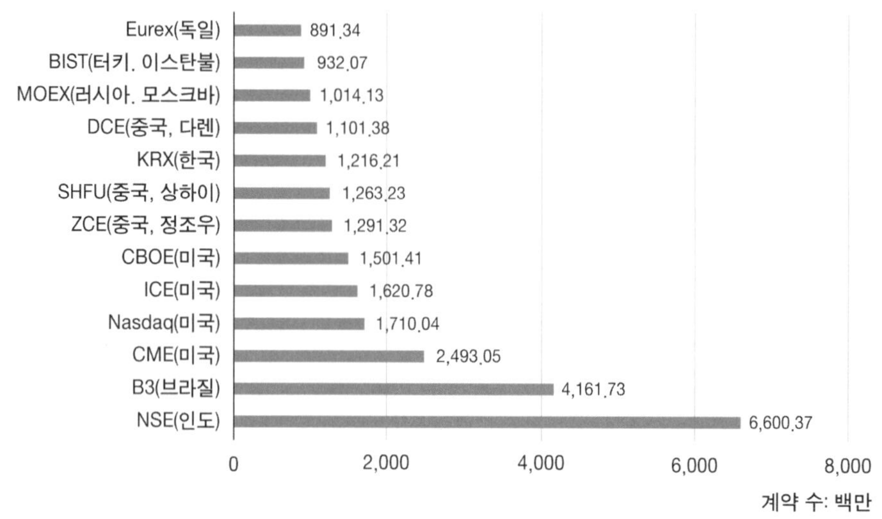

* 자료: Statista. "Largest Derivatives Exchanges Worldwide in the First Half of 2021, by Number of Contracts Traded (in Millions)". 2021년 상반기 계약 수 기준.

를 새로 설립하려 했으나 여의치 않자 KSE에 '과도기적으로' 파생상품시장을 개설했다. 1999년 4월 23일 마침내 KOFEX가 부산에 별도 설립되었고 CD(certificate of deposit. 양도성예금증서) 금리선물, 금선물, 미국달러선물과 미국달러옵션을 첫 상장상품으로 거래하기 시작했다. 당시 KSE와 KOFEX는 서로 별개 법인이었기에 코스피200선물·옵션 소유권과 거래를 놓고 갈등과 마찰이 거셌다. 한국파생상품시장을 단번에 글로벌 금융시장 상단에 올려놓은 상품이어서 두 기관의 이해가 첨예하게 엇갈렸기 때문이다. 사회적 물의를 일으키며 2004년 1월 KOFEX가 두 상품을 이관해갔으나 한국증권선물거래소 출범과 함께 두 기관이 흡수 통합되자(2005.1.27.) 이 논란은 찻잔 속 돌풍으로 끝이 났다. 한국증권선물거래소는 2009년 2월 4일 KRX로 개명했고 KOFEX는 지금 KRX 파생상품시장본부가 되었다(〈표 14-1〉 참조).

435 이에 앞서 1995년 12월 정책당국은 파생상품 거래를 전담·관할하는 **"선물거래법"**(1996년 7월 시행. 現 자본시장법에 통합)을 제정했다.

〈그림 14-11〉 한국파생상품시장 코스피200선물·옵션 일평균 약정대금과 주요 사건 추이

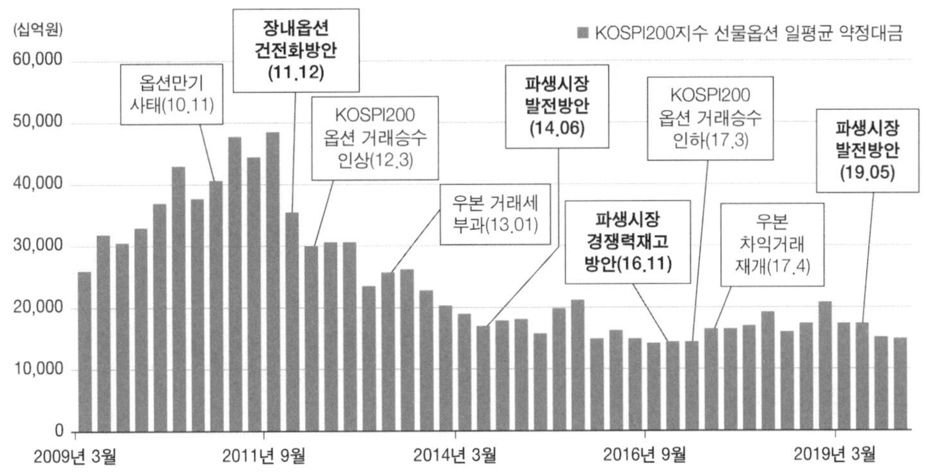

* 자료: 정인지, 2020. "안정적 성장 기대되는 파생상품 시장(요약)". **Yuanta Research, Daily Market View**, (4월 8일).

* 우본: 우정사업본부. 국내 장내 파생상품시장 연간 거래량은 2019년 2경 2,347조 원, 2020년 3경 529조 원, 2021년 상반기 1경 6,364조 원으로 2019년 이후 오름세로 돌아섰음.

코스피200선물·옵션으로 출발한 한국파생상품시장은 그동안 그 밖의 주가지수(유가증권시장과 코스닥시장 관련 지수, Euro STOXX[유로스톡스] 50), 변동성지수, 개별주식, ETF(exchange-traded fund. 상장지수펀드), 국채·금리, 통화(미국달러, 엔, 위안), 상품(금, 돈육) 등 다양한 기초자산 구색을 갖추며 세계 유수(계약 수 기준 세계 9위)의 파생상품거래소로 우뚝 섰다(〈그림 14-10〉 참조). 심지어 개설한 지 6년도 안 돼 2001년 세계 1위(계약 수 기준) 옵션시장에 오를 만큼 폭발적으로 성장했다. 아시아 금융위기와 인터넷 열풍에 따른 급등락 장세, 개인투자자의 과도한 참여가 이어진 결과였다. 가파른 성장세로 영향력이 커진 파생상품시장이 주식시장을 좌우하는(**왝더독**["wag-the-dog", 꼬리(선물)가 몸통(현물)을 흔듦]) 현상이 나타났고 여기에 이른바 **옵션 쇼크**(옵션만기일 도이체방크[Deutsche Bank] 종가조작사건. 2010.11.11. Park, Binh, and Eom[2016] 참조)까지 발생했다. 상황이 이렇게 꼬이자 정책담당자는 2011년 초 옵션시장 건전화 조치(예: 개인투자자의 과도한 투자 억제. 옵션 승수[거래 승수. multiplier] 5배 인상)를 단행했다. 결과는 예상보다 훨씬 나빴다. 파생상품시장 거래량은 급격히 내림세로 돌아섰고 외국인투자자 영향력(거래 비중: 선물 52%, 옵션 66%. 2018년

기준)은 비대칭적으로 커졌다. 돌변한 상황에 화들짝 놀란 정책담당자가 중도(2017.3.27.)에 옵션 승수를 절반(1/2)으로 다시 인하했음에도 이 같은 추세는 이후 10년 가까이 이어졌다. 시장조성기능 강화, 개인투자자 진입 제한 요소 대폭 제거, 위클리 옵션시장 개설(2019.9.23.) 등 2019년 5월부터 또다시 시작한 일련의 활성화 정책[436]과 KRX 관계자의 지속적인 노력이 나름 긍정적 효과를 보이며 파생상품시장 거래량은 비로소 오름세로 돌아설 수 있었다(〈그림 14-11〉 참조).

나. 주요 쟁점

파생상품시장이 한국에 정착·성장하는 과정에서 함께 고민해봐야 하는 사안이 여러 차례 발생했다. 모두 선물·옵션시장이 지닌 특성과 연관되어 있는데 대표적인 사안을 한 번 살펴보면 다음과 같다.

〈개인투자자의 높은 참여 비중〉 레버리지효과(leverage effect. 지렛대효과. "빚투효과")가 엄청난 시장임에도 개인투자자 비중이 너무 높다. 선물·옵션거래에서는 소정의 증거금만 내면 이보다 훨씬 큰 액수에 투자할 수 있다. 주식 미수거래에 비유할 수 있지만 레버리지효과는 대략 2.5~3.3배에 불과한 주식과 비교할 바가 아니다. 증거금 종류가 세분되어 있고 계산도 간단치 않아 선물·옵션, 특히 옵션거래에서는 주식거래처럼 레버리지효과를 일률적으로 말할 수는 없다.[437] '설명 차원'에서 간단하게 예를 하나 들어보자. 현재

---

436 금융위원회·금융감독원·한국거래소·금융투자협회, 2019. "혁신성장과 실물경제 지원을 위한 파생상품 시장 발전방안". **보도자료**, (5월 30일).

437 옵션은 이론가격을 활용하고 행사가격 수도 많아 더욱 그렇다. 참고로 옵션은 기초자산의 시장가격(이하 "시장가격"과 혼용)과 행사가격 차이에 따라 다음과 같이 분류한다.

- **등가격옵션**(ATM: at-the-money)—시장가격과 행사가격이 같음(비슷).
- **내가격옵션**(ITM: in-the-money)—콜옵션[풋옵션]의 경우 시장가격이 행사가격보다 높음[낮음].
- **외가격옵션**(OTM: out-of-the-money)—콜옵션[풋옵션]의 경우 시장가격이 행사가격보다 낮음[높음].

(2022년 9월) 투자자는 코스피200선물이나 코스피200옵션(매도)을 8.25% 증거금만 내면 100% 전체 대금에 거래할 수 있다.[438] 레버리지효과가 무려 12배(1/0.0825)가 넘는다. 1천만 원 증거금만 내면 무려 1억 2,000만 원 상당의 선물·옵션에 투자할 수 있다는 얘기이다. 그러니 손실이나 이익도 이에 맞춰 증폭할 것이다 지렛대라는 의미가 확실하게 다가오지 않는가.

선물·옵션에 레버리지효과가 크다는 것은 그만큼 위험도 크다는 얘기이다. 게다가, 만기가 있고(만기가 주는 일반적 제약에 더해 옵션은 시간가치 감소 위험도 안고 있음) 기초자산의 본질가치까지 파악해 투자해야 한다. 이러한 전문투자자 중심 시장에서 개인투자자는 (레버리지를 사용해[사실상 빚을 내]) 전문투자자와 맞서며 선물·옵션을 거래한다. 선물·옵션거래는 제로섬(zero-sum) 게임이다. 승자가 있으면 반드시 패자가 있는 법이다. 개인투자자에게는 말로 표현할 수 없을 정도의 엄청난 위험이다. 이 같은 선물·옵션시장에 한국은 개인투자자 비중이 26.8%(2022년 8월)에 이른다. 2011년 31.9%에서 조금씩 낮아지기는 했지만, 여전히 높은 수치이다(〈그림 14-12〉 참조. 파생상품시장에서는 계약 수[거래량]가 중요한 시장 통계량임). 더군다나 감소한 비중마저도 대부분이 외국 파생상품시장 움직임을 면밀히 분석하며 투자해오던 개인투자자라고 한다.[439] 이들이 한국을 떠나 외국시장으로 아예

이를 옵션의 **화폐성**(moneyness)으로 설명하기도 한다. 화폐성은 일반적으로 행사가격에 대한 시장가격의 상대비율(시장가격/행사가격)로 계산한다. 콜[풋]옵션의 경우, 1이면 ATM, 1 이상[이하]이면 ITM, 1 이하[이상]면 OTM이라 한다. 한편, 옵션의 화폐성을 옵션 델타의 절대값(|Δ|)을 사용해 구분하면 옵션이 갖는 경제적 의미를 더 잘 파악할 수 있다. 이 경우, |Δ|〈0.35이면 OTM, 0.35≦|Δ|〈0.65이면 ATM, 0.65≦|Δ|이면 ITM이라고 한다(뮤라브예프·피어슨[Muravyev and Pearson, 2021]). 델타란 기초자산의 시장가격(S) 변화에 따른 옵션 프리미엄(옵션 가격, C)의 변화율($\partial C/\partial S$)로, 만기에 해당 상품이 ITM으로 남아 있을 확률을 의미한다. 델타가 0.6인 콜옵션이면 ITM으로 종료될 확률이 60%라는 뜻이다(현 상태에서 옵션 내재가치를 의미한다). 또한 델타는 헤지비율(-1/Δ)을 정할 때(또는 옵션 프리미엄이 얼마나 오르고 내릴지를 판단할 때) 긴요하게 사용한다. 델타의 가장 중요한 특성이다. 예를 들어, 델타가 0.25인 콜옵션으로 현물 100단위를 헤지하려면 400계약 콜옵션을 매도하면 된다. 이처럼 델타값에 따라 기초자산과 옵션의 손익이 서로 상쇄되도록 하는 헷징을 **델타중립헷징**(delta neutral hedging)이라고 한다.

438 여기서 코스피200옵션의 8.25% 증거금은 '매도'에만 해당하며 "옵션가격이 8.25% 변했을 때 기초자산 가치가 입을 수 있는 최대 손실액"을 의미한다. 코스피200옵션을 '매수'할 때는 100% 현금 증거금이 필요하다. 한편, 장내파생상품 증거금률은 월별·상품별 변동성 수준을 감안해 KRX가 매달 정기적으로 변경·고시한다.

439 외국 파생상품에 투자한 국내 투자자 중 개인투자자 비중은 무려 2019년 68.7%, 2020년 74.4%, 2021년 76.9%이다. 우연수, 2021. "국내 증시 조정에 해외 선물·옵션 부추기는 증권회사들…투자주의보". **뉴스토마토**, (10월 14일).

〈그림 14-12〉 한국파생상품시장 옵션 거래량(계약 수) 투자자별 비중 추이

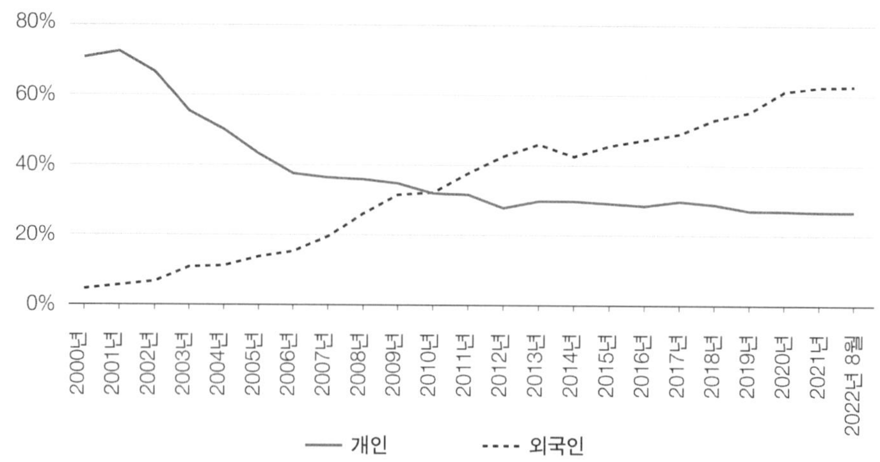

* 자료: KRX 정보데이터시스템.
* 2022년 8월 말 현재 개인투자자 26.80%, 외국인투자자 63.03%, 기관투자자(금융투자, 보험, 투신, 은행, 연기금 등) 10.17%임.

이동해 나타난 결과로 국내 개인투자자의 파생상품 투자 비중 문제는 차원을 달리했을 뿐 여전히 문제로 남아 있다.[440] 한편, 국내 기관투자자 비중은 개인투자자보다 더 심하게 쪼그라들었다(2011년 35.7%에서 2022년 8월 10.17%로). 개인투자자와 기관투자자가 떠난 자리를 외국인투자자가 메우면서 파생상품시장은 특정 투자자 그룹(외국인투자자)이 가격 결정권을 압도하는 시장이 되었다. 주식시장에서보다 훨씬 더 중요한 역할을 해야 하는 파생상품시장에서 기관투자자는 갈수록 시장을 외면하고 있다. 여러 얘기가 오가지만 바로 밑에서 서술하는 옵션 승수의 경우처럼 엄밀하고 냉철하지 못하며 일관성이 부족했던 정책적 판단(예: 옵션 매수 전용계좌 폐지, 기본예탁금 인상 등. 〈그림 14-11〉 주요 사건 참조)이 큰 영향을 끼쳤다는 목소리가 아주 높다.[441]

〈옵션 승수〉 선물·옵션에서는 매매가격을 효과적으로 표준화하려고 모든 상품거래에

440 양성모, 2020. "국내 증시 개인이 이끄는데 파생시장은 '외면'… '회복 어렵다'". **아주경제**, (8월 26일).

441 조호윤, 2018. "韓 파생상품시장 부활하려면…냉온탕식 규제는 그만". **아주경제**, (4월 20일).

승수(거래단위)를 사용한다. 예를 들어, 현재 코스피200선물과 코스피200옵션 승수는 25만 원이다. 따라서 매수호가 280.10인 선물 1계약을 매수하면 실제 7,002만 5,000(=1×280.10×250,000) 원에 증거금률을 곱한 매수대금을, 매수호가 11.00인 콜옵션 1계약을 매수하면 실제 275만(=1×11.00×250,000) 원에 증거금률을 곱한 매수대금을 각각 지급해야 한다. 결국, 선물·옵션 승수 인상[인하]은 투자자가 실제 지급하는 계약당 거래대금 증가[감소]를 의미하기 때문에 선물·옵션시장 전체 거래량 감소[증가]에 연쇄적으로 영향을 끼친다. 문제는 승수 인상·인하가 시장 유동성에 미치는 영향이 비대칭적일 수 있다는 사실이다.

2012년 3월 KRX 파생상품시장은 옵션 승수를 10만 원에서 50만 원으로 가파르게 상향 조정했다. 개인투자자 비중이 너무 높다고 생각한 정책담당자의 판단이었다. 당시 세계 1위 압도적 거래량(계약 수 기준)을 보이던 한국옵션시장은 불과 2~3년 후 10위권 밖으로 밀려났고, 이에 당황한 정책담당자는 2017년 3월 부랴부랴 다시 25만 원으로 인하했지만 사라진 유동성은 아직도 회복되지 않았다. 개인투자자 위주의 한국옵션시장이 세계 최고 거래량을 보였던 현상에 대해서는 여전히 우려의 목소리가 매우 높다. 지극히 타당한 견해이다. 따라서 옵션 승수 인상·인하 조치로 나타난 유동성 감소에 대해서는 신중한 해석이 필요하다. 회복하지 못한 지금 유동성이 사회적으로 바람직한 수준일 수도 있지 않을까? 단지, 이 경험을 좀 더 다른 각도에서도 살펴볼 필요는 있을 것 같다. 시장미시구조(market microstructure)를 공부하는 학자 시각으로 자본시장에 제도를 새로 도입하거나 변경할 때 투자자와 시장의 반응은 정책담당자가 전혀 예상치 못한 방향으로 나타나 고착될 수 있다는 점이다. 옵션 승수 인상·인하 조치는 이처럼 제도를 수립할 때 감성적 판단이나 정략적 계산에 앞서 엄밀한 분석과 냉철한 판단이 얼마나 중요한지를 다시 한번 강조해주는 좋은 본보기이다.

〈"네 마녀의 날"(quadruple witching day)과 왝더독(The tail wags the dog. 꼬리가 몸통을 흔드는 주객전도 상황) 현상〉 KRX 파생상품시장에서 3월, 6월, 9월, 12월 둘째 목요일은 주가지수선물, 주가지수옵션, 개별주식선물, 개별주식옵션 만기가 겹치는 날로 시장에서는 흔히들 네 마녀의 날이라고 한다. 이날은 현물시장(spot market. 주식시장) 주가가 장 마감까지 심하게 요동쳐 서구에서는 마치 마녀가 빗자루로 이리저리 장난치는 것 같다고 해 이름이 붙여졌다. 그러면 이날 주가는 왜 이렇게 요동칠까? 바로 선물·옵션거래자, 그중에서도 특히 차익거래자(arbitrageur)가 포지션을 청산하려 들기 때문이다.

일반적 의미에서 차익거래(arbitrage. free lunch)란 두 개 이상 서로 다른 시장에서 형성되는 가격 차이를 이용해 무위험 이익을 올리는 거래를 가리킨다.[442] 본질가치(fundamental)가 같으면 두 시장의 가격도 같아야 하는데, 만일 다르다면 이익을 낼 수 있기 때문이다. 코스피200선물 거래에 이를 적용하면, 만기일에 차익거래자는 현물가격이 선물가격보다 높[낮]으면 현물을 매도[매수]하고 선물을 매수[매도]함으로써 적은 위험에 비교적 확정된 이익을 낼 수 있다. 이러한 차익거래가 활발할수록 두 시장의 가격은 더 빨리 같아지고 시장은 그만큼 효율적으로 된다.

투자가 목적인 차익거래자는 대개 만기까지는 모든 계약을 청산하려 한다. 만기가 가까워질수록 차익거래는 활발해지고 만기 당일에는 정점에 달한다. 그런데 이런 식으로 마무리하는 상품이 네 개나 몰려 있으면 이와 연계된 현물시장 거래 활동 또한 당연히 대폭 증가할 것이다. 선물과 현물 가격차이인 **베이시스**(basis)는 누구에나 똑같아서 차익거래는 방향성을 띨 수밖에 없고, 이들 거래가 몰리면 현물시장 변동성은 더욱 심해질 것이다. 더군다나 차익거래는 모두 컴퓨터 알고리즘(algorithm)에 따라 프로그램매매로 이루어진다. 따라서 네 마녀의 날이 오면 꼬리(파생상품시장)가 몸통(주식시장)을 뒤흔드는 왝더독 현상이 일어나곤 한다. 이러한 현상이 심해져 주식시장 안정성을 훼손하지 않게끔 하려는 제도로 사이드카(sidecar)라는 게 있다. KRX에서 사이드카는 선물시장이 급변동(코스피200선물은 ±5% 이상, 코스닥시장의 코스닥150선물은 ±6% 이상)해 1분간 지속하면 프로그램매매가 주식시장에 미칠 역효과와 충격을 제한하고자 프로그램매매 호가 효력을 5분간 정지하는 제도이다(〈표 15-3〉 참조).[443]

---

442 반면, 비차익거래는 헤지거래나 지수매매(지수 하락 때 차트[chart]를 이용해 의미가 있다고 판단하는 지점에서 투자종목을 찾아 매매하는 기법) 등 특정 목적에 맞춰 거래하는 것을 의미한다.

443 Black Monday(블랙먼데이. 1987.10.19.)를 겪고 나서 미국은 시장붕괴에 이를 정도로 주가가 이처럼 급락하는 상황을 다시는 맞닥뜨리지 않으려고 몇 가지 시장안정화장치를 도입했다. 사이드카는 그중 하나로 1988년 10월 도입했다가 1999년 2월 폐지했다. 완전경쟁에 가까운 자본시장에 인위적인 개입을 극히 꺼리는 미국 정책당국의 시각을 반영한 조치로 보인다(주석 366 참조).

4. 청산, 결제 및 예탁

가. 청산·(결제)기관 — KRX 청산결제본부

KRX 청산결제본부는 한국자본시장의 독점 CCP(central counterparty. 중앙청산기구)이다(자본시장법 제378조). 증권거래에는 청산업무를, 장내파생상품과 적격 장외파생상품(원화이자율스왑[2014.6.30.]과 미달러이자율스왑[2016.12.26.])거래에는 청산·결제업무를 맡아 수행한다. 청산업무는 매매확인, 채무인수, 네팅(netting. 차감), 결제증권·품목·금액 확정, 결제이행보증, 결제불이행 처리, 결제지시/권유(settlement instruction)까지를, 결제업무는 이후 진행되는 DvP(delivery vs. payment. [증권]인도와 대금지급), 결제이행과 불이행 결과 통지를 의미한다(**제2장 1절 다항** 참조). 이와 더불어 청산·결제과정에서 발생하는 위험을 인지하고 측정·제거한다. 구체적으로, ① 청산·결제회원의 결제이행 능력 상시 살피기(monitoring), ② 증거금과 담보관리, ③ 결제이행재원(예: **결제적립금**[위험 발생에 대비해 KRX가 이익잉여금에서 적립한 금액], **손해배상공동기금**[채무 불이행에 따른 손해 배상에 대비해 청산·결제회원이 공동으로 적립한 금액]) 단계적 활용 등을 통해 위험관리를 담당한다.

글로벌 주요국과 마찬가지로 한국에서도 적격 장외파생상품 CCP 의무청산은 2009년 피츠버그 G20 정상회담 합의를 반영해 의무화한 조치이다(**제9장 2절 다항, 제10장 2절 나항 (1)** 참조). 이로써 CCP는 국내 금융시장 안정성을 보장하는 핵심 인프라 제공기관으로 급부상했다. 바로 위에서 서술한 바와 같이 CCP(집중결제상대방) 방식 청산과 위험관리를 체계적으로 제공하기 때문이다.

한국자본시장에 아직 독립 청산·결제기관은 없다. 이마저도 부서 단위로 운영하다가 2021년 4월에서야 본부 체제로 바뀌었다. 하지만 자연독점 특성을 띤 청산·결제기능을 효율적으로 수행하고 더 나아가 한국자본시장의 안정성과 국제경쟁력을 강화하려면 청산·결제기관 규모의 경제는 반드시 확보되어야 한다. 독점 독립 기관 없이 본부 조직으로 선도자본시장의 막강 청산·결제기관과 경쟁을 벌일 수 있다고 생각하지는 않을 것이다. 거래소 지주회사화가 시급한 또 하나의 이유이다.

나. 결제·예탁기관 — KSD

한국자본시장의 결제·예탁기관으로서 KSD는 증권거래 때 KRX에서 결제지시/권유를 통고받고 DvP, 결제이행 결과 통보 등 결제업무와 거래 마지막 과정인 계좌대체(book-entry delivery),[444] 증권 집중예탁, 담보관리, 증권 대차 중개/주선, LEI(legal entity identifier. [글로벌] 법인식별기호) 발급(제10장 3절 나항 (8) 참조) 등 예탁과 관련 부수업무를 수행한다. 간단히 말해, KSD가 있어 기업(주식회사)은 주식, 채권 등 증권 실물을 KSD에 맡겨두고 장부상으로만 증권을 관리할 수 있다. 예를 들어, KSD가 없다면 투자자는 주식거래를 할 때마다 주권을 들고 다녀야 하고(전자증권제도가 시행되면서[2019.9.16. 제2장 1절 다항 (2) 참조] 이제는 이럴 수도 없겠지만) 그때마다 해당 기업은 주주명부 명의개서를 해야 하는 어려움을 겪을 것이다. 한편, 한국주식시장의 결제 주기(settlement cycle/period)는 선도주식시장 대부분과 마찬가지로 T+2(거래일 포함 3영업일)[445]이다(제2장 1절 다항 (3)(가) 참조).

KSD는 1974년 12월 KSE 자회사인 (주)한국증권대체결제로 설립됐다. 그사이 회사명이 두 번 바뀌었고,[446] 2009년 2월 자본시장법 시행과 더불어 지금의 한국예탁결제원(KSD)으로 또다시 바뀌었다(〈표 14-1〉 참조). KRX가 여전히 대주주(코스콤 합쳐 약 75%)이며, 본사는 부산에 예탁장소는 일산에 각각 두고 있다. 2022년 1월 기타 공공기관 지정에서 해제됐다.

---

444 유가증권을 거래할 때 권리를 이전하려면 원래 실물 증권을 주고받아야 한다. 하지만, 실무에서는 그 대신 중앙예탁기구에 계좌를 개설한 계좌 설정자(증권회사)끼리 계좌 간 대체하며 장부상 처리하는 방식을 따른다. 이를 계좌대체라 한다.

445 참고로 주가지수(미니, 위클리 포함)와 개별주식 선물·옵션 결제 주기는 T+1(거래일 다음 날)이다.

446 1994년 4월 "증권예탁원"으로, 2005년 1월 다시 "증권예탁결제원"으로 바뀌었다.

다. 결제·예탁기능 관련 (소모적) 논쟁, 후선업무기관 거시구조 정비 필요성

어느 나라든 청산·결제·예탁기관의 소유·지배구조는 시장거시구조 논의 중 핵심 사안이라 할 수 있다. 아주 늦긴 했지만, 한국자본시장도 시장 효율성과 안정성, 국제경쟁력 등 경제적 관점에만 초점을 맞춰 후선업무 기능 관련 시장거시구조를 하루빨리 정비해야 한다.

2008년 글로벌 금융위기로 말미암아 일반에 지극히 생소하기만 했던 청산과 CCP의 중요성이 크게 드러났다. 피츠버그 G20 정상회담에서 주요국들이 장외파생상품에 대한 CCP 청산을 의무화했기 때문이다. 바로 위에 언급한 바와 같이, 이로써 한국도 2014년 6월부터 KRX가 원화이자율스왑 거래에 CCP 의무청산을 하기 시작했다. 그렇다고 해도 일반에게 청산·결제·예탁은 여전히 낯선 후선업무이다. 반면, 이른바 전문가에게 이들 기능은 언제나 질문받기를 꺼리는 뜨거운 감자였고 지금도 그렇다. 그 누구도 한국자본시장 거시구조의 바람직한 미래상만을 고민하며 선뜻 합리적 의견을 개진하려 들지 않는다. 왜 그럴까? 아마도 이해가 첨예하게 맞서고 때로는 경제 외적 요인도 작용하는 KRX와 KSD 간 다툼에 얽히고 싶지 않아서일 수도 있다.[447]

더 논의하기에 앞서 KRX는 KSD의 대주주(지분의 약 75% 보유)라는 사실을 강조하고 싶다. 자본주의 경제의 정상적인 주식회사 관계라면 자회사가 모회사와 다른 전략적 포지션을 갖기란 불가능하다. 한국자본시장 거시구조에 대한 본격적 논의 시점을 2000년 전후로 잡는다면,[448] 한국에서는 이 같은 일이 적어도 20년간 발생했다(제3장 2절 나항 (1) 참조).

---

447 웃어넘기기에는 서글픈 에피소드가 하나 있다. 정의상 청산기능의 완결은 결제지시이다. 영어 "instruction"을 "지시"로 지금껏 번역·사용해왔다. KSD는 KRX의 결제지시에 따라 결제를 수행한다. KRX와 KSD 간 다툼에는 "(형식적으로) 같은 주식회사인데 지시받는 게 기분 나쁘다"라는 감정이 개입해 있다. 지시라는 표현에 중립적 의미가 없으면 번역을 달리하면 된다. 하물며 두 기관의 형식적 관계를 보면 KSD는 KRX의 엄연한 자회사이다. 자본주의 경제에서 자회사인데도 왜 이런 다툼이 20년 넘게 계속될까? 두 기관의 수장은 대부분 금융위원회(과거 재정경제부) 출신인데 재직 때 KSD 수장의 직위가 KRX 수장과 비슷했거나 심지어는 더 높았다는 것이다. 더 언급할 필요조차 없을 것 같다.

448 2001~2002년 한국증권연구원(現 자본시장연구원), 금융연구원, 금융감독위원회(現 금융위원회) 특별팀(task force team), 한국개발연구원, 이렇게 4기관이 한국주식시장 (거시)구조 발전 방향에 관한 보고서를 기관의 명예를 걸고 경쟁적으로 작성한 바 있다. 이들 보고서의 주제는 모두 같았다. ① KSE를 어떻게 실질적 주식회사로 전환할지, ② 매매체결, 청산·결제·예탁, IT, 시장감시 등 전체 주식거래과정을 어떻게 아우르고 조정하며 KSE

제2부에서 자세히 살펴보았듯이, 일반적으로 청산/청산·결제는 청산기관/청산·결제기관에서 결제/결제·예탁은 청산·결제기관/결제·예탁기관에서 기능을 수행한다. 현재 국내 상황도 대충 이같이 정리된 듯하다.[449] 하지만 소유·지배구조를 들여다보면 상황은 전혀 변하지 않았다. 따라서 담당기관 획정구분보다 훨씬 더 중요한 논제는 표면에 올라오지도 못했다. 즉, 한국자본시장의 내적 효율성과 국제경쟁력을 고려할 때, ① 결제·예탁기능을 매매체결·청산기능과 합쳐 하나의 지주회사(KRX) 산하에 두어야 할지, ② 결제·예탁기능을 KSD에 맡겨 독립시키고 매매체결·청산기능만을 지주회사(KRX)로 만들어야 할지, ③ 아니면 제3의 다른 대안을 찾아야 할지와 같은 주제이다. 더욱 안타까운 현실은 이러한 논제에 대해 자신의 경제적 관점을 논리적으로 견지하며 올곧게 주장하는 국내 전문가가 '극소수'라는 점이다.

5. 지수·데이터, 정보 분석 및 거래정보저장 서비스

가. 지수서비스 제공기관 — KRX, 에프앤가이드

한 나라의 지수사업시장 발전은 파생상품, 상장지수상품(ETP: exchange-traded product. 예: ETF, ETN[exchange-trade note. 상장지수채권]) 등 지수를 기초로 연계한 금융상품 성장에 크게 영향을 받는다. 그런 면에서 2000년대 후반 이미 세계파생상품시장의 정점을 한차례 찍어봤던 한국이 지수산업도 일정 수준에 올랐으리라고 쉽게 짐작해볼 수 있지만 안타깝게 그렇지는 않다. 파생상품시장이 코스피200지수 한 종목에 압도적으로 의존했고 조직구조상 국제화에 적극적일 수 없어 국제경쟁력이 낮았기 때문이다.

KRX는 한국자본시장을 대표하는 지수서비스 제공기관이다. 그런데도 지수사업은 일

중심의 소유·지배구조를 갖춰야 할지 등이 논의의 핵심 주제였다.

449 김재은, 2006. "거래소·청산, 예탁결제원·결제기관 분리 '합의'". **이투데이**, (8월 31일).

〈표 14-10〉 사업자별 개발 지수 연계 ETF의 NAV 총액과 점유율

지수사업자	개발한 지수와 연계한 ETF의 NAV 총액과 점유율 (조 원, 2020.4.30.)		개발한 지수와 연계한 ETF의 NAV 총액과 점유율 (조 원, 2021.4.30.)	
	NAV 총액	점유율	NAV 총액	점유율
KRX	27.7	60.4%	29.9	51.5%
에프앤가이드	6.2	13.4%	10.4	18.0%
KIS채권평가	3.0	6.7%	3.1	5.5%
한국자산평가	2.7	6.0%	3.1	5.4%
외국기관 총합	6.2	13.5%	11.4	19.7%

* 자료: 김정호, 2021. "지수사업 점유율 높이는 에프앤가이드". **파이낸셜뉴스**, (5월 13일).

개 부서 단위(경영지원본부 내 인덱스 관련 2개 부서와 1개 해외사무소)에서 이루어진다. 산하 자회사에서 수행하는 글로벌 선도거래소와는 아예 차원이 다르다. KRX가 진정한 의미의 주식회사, 즉 상장 지주회사가 아닌 데서 오는 무기력의 소산이다.

예를 하나 들어보자. 한국 ETF 시장은 2015년을 기점으로 폭발적으로 성장했다. 2015년 20조 원였던 NAV(net asset value. 순자산가치. 나브)가 2021년 말 534개 종목 약 74조 원(5년간 연평균 24% 성장)이 되었다.[450] 관련 지수를 개발한 지수서비스 제공기관 역시 더불어 성장했다. 특히, 에프앤가이드(FnGuide) 성장세가 눈에 띈다(〈표 14-10〉 참조). 자사가 개발한 지수(예: FnGuide 미래차, FnGuide 신재생, FnGuide 퓨처모빌리티, FnGuide 친환경자동차밸류체인) 연계 상품 NAV가 크게 불어났기 때문이다. 성장요인을 전하는 신문기사는 다음과 같이 관계자의 말을 전한다. "민간지수 사업자이기 때문에 거래소보다 시장의 요구에 신속하게 대응할 수 있다"라고.[451] 금융계에서 잔뼈가 굵은 관계자분 눈에도 KRX는 여전히 공기업이나 적어도 준(準)공기업으로 보이는 것 같다. 지수사업, 더

450 이슬기, 2022. "쑥쑥 크는 국내 ETF 시장…올 순자산총액 90조 달할 듯". **한국경제**, (2월 7일).

451 김정호, 2021. "지수사업 점유율 높이는 에프앤가이드". **파이낸셜뉴스**, (5월 13일).

〈그림 14-13〉 KRX 매매체결시스템 발전 연혁

	1980년대	1990년대	2000년대	2010년대	
거래소 시장	수작업 처리	주식매매체결시스템 (1988-2009)		EXTURE (2009~2014)	EXTURE+ (2014~)
		수작업 처리	코스닥매매시스템 (1996~2009)		
			지수선물시스템 (1996~2009)		
			지수옵션시스템 (1997~2009)		
			KOFEX (1999~2009) - 미국달러선물/옵션 ('99~) - CD금리선물 ('99~) - 금선물 ('99~) - 코스닥50선물/옵션 ('01~) - 국채선물옵션 ('02~) - 주식옵션 ('02~)		
	수작업 처리		채권매매시스템 (1966~2009)		
					장외CCP (2014~)
환경 변화	전산매매 개시 (1987)	자본시장개방 (1991)	한국선물거래소 설립 (1999) / 한국증권 선물거래소 합병 (2005)	한국거래소 상호변경 (2009)	

* 자료: 코스콤 웹사이트.

* 기존 포스트 매매(수작업)에 전산매매 도입·병행(1988.3.3. 21개[5%] 종목으로 시작. 주식매매체결시스템을 통해 전 종목 전산매매 시행[1997년 9월]. 〈표 14-1〉 참조).

나아가 금융정보사업은 거래소 미래 성장전략의 한 축일 정도로(〈표 11-4〉, 제12장 1절 라항 (3) 참조) 거래소 사업영역과 밀접하게 연결되어 있을 뿐만 아니라, 성장세 또한 아주 높은 분야이다. 더군다나 외국기업(예: MSCI)의 시장 잠식이 점차 거세지는 현실을 놓고 볼 때(〈표 14-10〉 참조) KRX 소유·지배구조 현실화는 더 이상 미룰 수 없는 과제가 아닐까?

나. 금융정보·인프라 제공기관 — 코스콤, (연합인포맥스)

1977년 9월 (주)한국증권전산(당시 KSE 100% 자회사)으로 출범한 (주)코스콤(Koscom. 2005년 5월 회사명 변경)은 한국자본시장 인프라 관련 IT 구축과 운용 역사의 산증인이다.

〈그림 14-14〉 코스콤 사업 분야

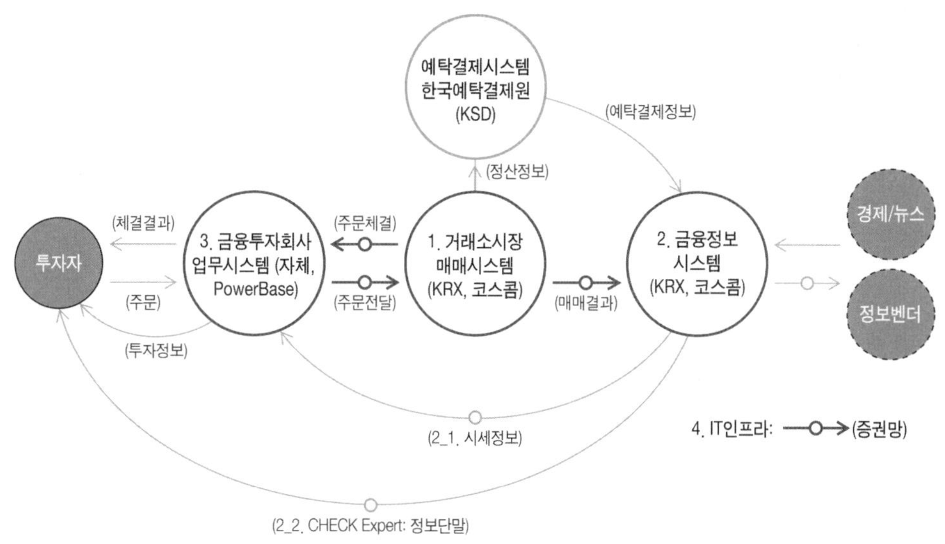

* 자료: 코스콤 웹사이트.

2010년대 중반 이후 외부 영업활동(예: 금융 솔루션 사업)에 뛰어들며 이를 강화하고 있지만, 핵심사업은 뭐니 뭐니 해도 KRX 매매체결시스템(EXTURE+. 〈그림 14-13〉 참조), 금융정보시스템(**체크 단말기**[CHECK Expert+]) 등 FMI(financial market infrastructure. 자본시장 인프라) 관련 IT 개발과 서비스 제공이다.[452] 좀 더 구체적으로, 코스콤은 KRX가 개설·운영하는 모든 시장의 매매체결, 체결 결과 통보, 청산·(결제), 지수산출, 장외파생상품 청산·결제 등을 처리하는 IT 구축과 운용을 도맡아 수행한다(〈그림 14-14〉 참조). 또한 동남아시아와 중앙아시아 국가에 FMI 관련 IT를 수출하는 데 KRX와 공동으로 참여한다.[453]

452 증권거래 전산화 초기 단계부터 국내 증권회사(특히 중소형 증권회사)에 제공해온 각종 업무처리시스템 관련 IT 서비스(예: 증권회사 거래원장을 코스콤 중앙시스템에 위탁받아 수수료를 받고 운영)도 코스콤의 무시할 수 없는 수입원이다.

453 2007년 2월 **말레이시아거래소(BM**: Bursa Malaysia) 채권매매·감리시스템 개발을 시작으로, 코스콤은 **라오스증권거래소(LSX**: Lao Securities Exchange), **캄보디아증권거래소(CSX**: Cambodia Securities

코스콤이 영위하는 사업은 KRX가 핵심 기능을 수행하는데 필요한 IT를 구현해주는 일이다(〈그림 14-14〉 참조). 다른 차원의 KRX 핵심 기능이라 할 수 있다. 어떻게 한 회사의 핵심 기능을 다른 회사가 수행할까? 이는 KRX가 상법상 자회사(지분율 76.6%)인 코스콤에 위탁했기에 가능하다. 그 결과, 코스콤 총수익 중 약 70%(2016년 말 기준)가 KRX가 위탁한 금융정보서비스 부문 수익에서 비롯한다. 정상적인 모회사-자회사 관계라면 이러한 업무 수행에 문제가 있을 수 없다. 그러나 실상을 들여다보면 KRX와 코스콤 관계는 그렇게 간단하지 않다. 자회사라 해도 형식상일 뿐 KRX가 코스콤에 실질 경영권을 행사하기는 어렵다. 이 때문에 잊을 만하면 업무상 마찰과 분란이 공공연히 드러나곤 한다.[454] 수익성 없는 거래수수료 위주 경영에서 탈피해 전도양양한 ICT와 정보서비스 시장에 진출하고픈 KRX 전략(제11장 4절 다항 참조)과 형식적 자회사의 생존이 부딪쳐 나타난 결과이다. 이해상충뿐만 아니라 인력 중복에 따른 비효율성도 언제나 등장하는 문제이다. 상장 지주회사로 소유·지배구조가 바뀌어 진정한 민간기업으로 거듭날 가능성이 요원하다고 판단한(또는 그러고 싶지 않은) KRX가 ICT와 정보서비스 영역 인력을 조금씩 강화하기 때문이다. 정책담당자, 정치권의 역할 방기일 뿐, KRX, 코스콤 누구의 잘못도 아니다.

코스콤이 국내에서 독점하는 매매체결시스템 분야와는 달리, 금융정보시스템 분야는 과점 상태이다. 기존의 코스콤(체크[CHECK] 단말기. 점유율 12.5%)에 Bloomberg(블룸버그 터미널[Bloomberg Terminal]. 점유율 57.3%), 연합인포맥스(인포맥스[INFORMAX] 단말기. 점유율 21.6%), Refinitiv(레피니티브. 점유율 8.6%) 등이 속속 참여해 각축을 벌이고 있다.

정보와 핀테크(FinTech) 분야 서비스를 글로벌 차원에서 제공할 수 없으면 이제 소위 GEG(global exchange group. "글로벌 선도거래소 그룹")라 부를 수도 없다(제12장 1절 라항 (3) 참조). 경쟁력 있는 금융정보·인프라 제공기관을 보유한다는 것은 거래소 자체 경쟁력

Exchange), **태국증권거래소(SET**: Stock Exchange of Thailand), 베트남 **호찌민증권거래소(HOSE**: Ho Chi Minh Stock Exchange. 진행 중), 아제르바이잔 **바쿠증권거래소(BSE**: Baku Stock Exchange) **우즈베키스탄타슈켄트증권거래소(UZSE**: Uzbekistan Republican Stock Exchange Tashkent)의 매매체결 또는 청산·결제시스템 개발사업에 참여했다(코스콤 웹사이트 참조).

454 김해원, 2016. "증권회사·거래소에 치이는 코스콤…'신의직장' 옛말". **이데일리안**, (12월 19일).

에 그만큼 필수적이다. 코스콤은 형식적 자회사로서 KRX와 독점 위탁 관계에서 영업을 수행한다. 코스콤의 국제경쟁력을 지구촌을 대상으로 영업하는 GEG 산하의 FMI 제공기관과 비교할 수 있을까? 혹자는 동남아시아와 중앙아시아 국가의 FMI 개발과 구축사업에 참여한 성과를 가리키며 KRX와 코스콤의 역량을 내세우기도 한다. 물론 훌륭하다. 그러나 모두 자본시장 초기/(중기) 단계의 틈새시장 시스템 구축이었다. 제약적인 여건에서도 최선을 다한 실무진의 노력에 박수를 보낸다. 하지만 KRX, 더 나아가 한국자본시장이 목표로 하는 대외적 위상은 어디일까? 이 문제를 심각하게 고려한다면 틈새시장 공략이 능사와 최선은 아닐 것이다.

다. 거래정보저장소 — KRX-TR

TR(Trade Repository. 거래정보저장소)은 특성상 흩어져 이루어지는 장외파생상품 거래의 세부 정보를 한 곳에 집중해 수집·보관·관리하는 새로운 FMI 제공기관이다. 2009년 피츠버그 G20 정상회담에서 각국은 거래저장소 설치를 의무화했다. 한국은 2015년 8월 KRX를 거래정보저장소로 선정한 후, 선도자본시장은 물론 아시아 주요 거래시장보다도 꽤 늦은 2021년 4월에야 **KRX-TR**을 출범해 운영을 시작했다(**제2장 2절 라항 참조**).

한편, KRX가 독점 정규거래소인 관계로 미국·유럽처럼 장내시장에 대한 통합정보 제공기관이 지금 당장 필요하지는 않다. 최근 수면 위로 올라온 ATS 설립이 열매를 맺는다면, KRX와 신설 ATS 거래정보를 실시간 연계하는 통합정보시스템/제공기관(예: 미국 CAT[Consolidated Audit Trail. "통합검사추적시스템"], 유럽 APA[Approved Publication Arrangement. 인정공시기관] 등)을 ATS 설립 전에 반드시 구축해야 할 것이다.

6. 증권금융 — 한국증권금융

가. 개요와 주요 기능

사전에서 증권금융(securities finance 또는 SFT[securities financing transaction])은 유가증권과 관계된(또는 유가증권을 담보로 한) 모든 금융/자금조달 활동이라고 정의한다. 너무 광범위해서 두루뭉술한 느낌마저 든다. 범위를 좁혀 구체화해보면, 유가증권 발행시장에서 발행 주체의 (해당 증권을 담보로 한) 자금조달, 유통시장에서 투자자의 매수/매도에 필요한 신용융자/주식 대여, 유가증권 담보를 통한 증권소유자의 자금조달 등이 이에 해당한다.

(주)한국증권금융(KSFC: Korea Securities Finance Corp.)은 국내에서 유일하게 증권금융을 전담하는 회사이다. 증권산업 관계자를 제외하면 아는 사람은 아주 적을 것이다. 어떤 회사인지, 왜 설립됐는지, 시장중심 금융시스템으로 가려는 한국자본시장 구조에 얼마나 적합한지, 심지어 공기업인지 민간기업인지? 요즘 같은 시대에도 객관적 정보를 얻기가 꽤나 어렵다.

한국증권금융 전신은 (주)한국연합증권금융으로 1955년 10월 5개 증권회사가 공동출자해 설립했다. 이보다 앞서(1953년 11월) 결성된 대한증권업협회(現 한국금융투자협회)와 함께 대한증권거래소(現 KRX 유가증권시장본부) 출범(1956년 3월)에 필요한 자금과 준비를 담당했다. 당시 거의 모든 주요 제도·인프라가 그랬듯이, 일본(**(주)일본증권금융**. JSF[Japan Securities Finance]. 1950년 이미 TSE 시장 제1부에 상장)을 본떠 만든 기관으로 1962년 7월 (주)한국증권금융으로 개명해 지금에 이른다(〈표 14-1〉 참조).

한국증권금융은 자본시장법에 근거해 금융위원회 인가를 받은 상법상 주식회사이다. 이름과 달리 "주요 고객이 증권회사인 좀 별난 은행"으로 보면 된다. 이러한 업무 특성 때문에 은행과 똑같은 자기자본비율(바젤 II. 2022년 5월 기준) 적용을 받는다. 지분율은 은행업계(35.57%)와 증권업계(34.86%)가 서로 엇비슷하며, KRX(11.14%. 2021년 6월)가 1대 주주이다. 민간기업이지만 공적 기능을 수행한다는 이유로 금융위원회 영향을 강하게 받는다. 인사철마다 "낙하산 인사"라고 시끄러운 기업 중 한 곳이며 심지어 "신이 숨겨놓은 직장"이라는 말도 듣는다.[455] '주요' 업무는 다음과 같다.

① **〈(발행시장) 증권인수금융〉** 증권인수자금 대출. 발행시장에서 인수업자에게 증권을 담보로 해당 인수대금 일부를 융자.

② **〈(유통시장) 증권유통금융〉** 상장증권 대차/대주거래("**신용거래대주**"[margin trading short. security lending]) 중개.

- 대차거래는 외국인·기관투자자가 증권회사·KSD·한국증권금융(도매시장)에서, 대주거래는 개인투자자가 증권회사(소매시장)에서 빌려오는 거래. 이때 증권회사는 주식 대부분을 한국증권금융에서 빌려와 개인투자자에 대여.
- 개인투자자의 대주거래는 거의 다 차입공매도(covered short sale) 수요 때문에 발생(제1장 3절 마항, 바로 다음 제14장 6절 나항 참조).

③ **〈증권담보금융〉** 증권을 보유한 개인과 법인투자자에게 증권을 담보로 자금 대출. 특히 증권회사에 단기자금을 공급하며 유동성 지원. 이 중 증권회사의 "**신용거래융자**"(margin trading long. "개인투자자의 빚투") 자금과 연계된 부분은 증권유통금융에도 해당.

- 금리는 기준금리에 증권회사별 신용등급과 자기자본비율 등을 고려해 0.1~0.5% 포인트 선에서 차등하며 추가 책정.[456]

④ **〈"투자자예탁금 별도예탁제도" 독점 수행—투자자예탁금 "집중예탁"〉** 투자자가 주식 매수 또는 선물·옵션 결제 등을 하려고 금융투자업자에게 일시 맡겨놓은 예탁금(대기성 자금)을 법률상 집중해 독점 관리.

- 이를 다시 금융투자업자에 대출하고 이자를 받거나 안전자산에 투자하는 방식으로 수익 창출.

455 이지운, 2020. "한국증권금융, 유증에 직원 보너스 끼워 넣어 '아전인수'에 소액주주 분통". **프라임경제**, (12월 21일). 장봄이, 2020. "'숨겨진' 한국증권금융, 폭넓은 자본시장 업무 '강점'". **뉴스핌**, (5월 1일).

456 송태화, 2020. "'빚투' 수혜 증권회사 뭇매…숨죽인 '한국증권금융'". **Metro**, (9월 10일).

- 투자자예탁금 별도예탁제도는 1978년 4월에 시작. 금융환경에 따라 집중예탁(전액 의무예탁→임의예탁[수시로 비율 변경])→분산예탁(1998년 5월)→현재 집중예탁(전액 의무예탁. 1999년 5월 IMF 권고)으로 제도 변경(정대섭, 2017).[457]
- 투자자예탁금에 대한 차단벽(Chinese Wall)과 금융투자업자에 대한 단기자금 공급 역할 때문에 미디어에서는 "증권업계 안전판", "자본시장 (중앙)은행"이라고까지 과장해 부르기도 함.

⑤ **〈기타 업무〉** 증권금융 고유업무(①~③) 외에 장외시장 채권매매에 대한 결제이행보증업무, 우리사주제도 지원, 일반고객 대상 예금과 대출업무 등을 취급.

나. 공매도 논쟁 속에 역할 재조명 필요성 대두

(1) 공매도 논쟁과 제도 개선

최근 공매도 금지·재개(금지: 2020.3.16. 부분 재개[코스피200지수와 코스닥150지수 구성 종목]: 2021.5.3.)와 맞물려 개인투자자의 불공평한 공매도 여건이 또다시 도마 위에 올랐다. 공매도란 주가 하락이 예상될 때 '주식을 빌려서'(대차/대주거래를 해) 일단 매도하고 일정 기간 내 해당 주식을 매수해 되갚는 투자기법이다(〈그림 14-15〉 참조).[458] 예상대로 주가가 하락하면 매도 때보다 싼 가격에 매수해 갚으며 차익을 얻는다. 물론 예상과 달리 주가가 상승해버리면 손해를 보게 된다.

국내에서 벌어진 공매도 논쟁의 핵심은 크게 두 가지로 요약할 수 있다. 하나는 공매도가 가격하락을 부추기고 변동성을 증폭한다며 공매도 제도 자체를 부정하거나 폐지하라

---

457 "자본시장법상 투자자예탁금을 예탁받을 수 있는 자는 [한국증권금융]뿐만 아니라 은행 및 보험회사 등 예탁기관과 거래소 등 기타 예탁기관이 있지만, [한국증권금융] 이외의 예탁기관은 예외적인 경우에만 인정되고 있으므로 여전히 [한국증권금융]에의 집중예탁제도가 유지되고 있다고 볼 수 있다"(정대섭, 2017).

458 차입공매도를 말한다. 무차입/순수공매도(naked short sale. 빌려온 주식도 없이 먼저 매도)는 한국을 포함 전 세계 모든 국가에서 금지한다.

〈그림 14-15〉 한국증권금융 신용거래융자와 신용거래대주 구조

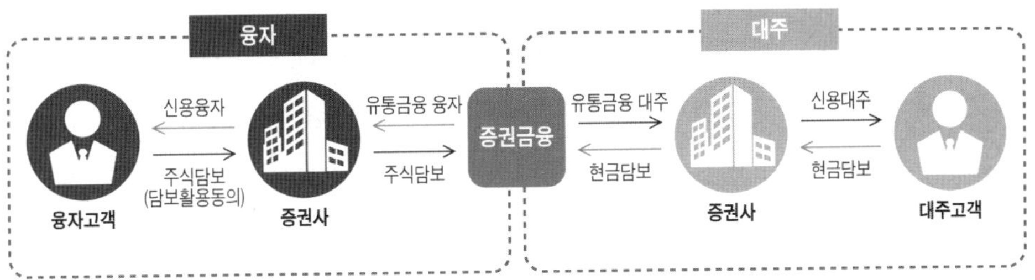

* 자료: 장윤서, 2021. "공매도는 왜 개인투자자에게 '기울어진 운동장'일까?" **민중의소리**, (1월 25일).

* 한국증권금융을 통한 '대주'(신용거래대주)와 '융자'(신용거래융자) 거래는 서로 맞물려 설계. KSD는 개인투자자에 대주거래를 허용하지 않음. 증권회사가 대주 또는 융자를 증권금융을 통해 할 때(증권유통금융) KRX와 KSD가 어떻게 연계해 청산·결제를 하는지는 황세운(2019, 〈그림 II-2〉)을 참조하기 바람.

는 매도에 가까운 주장이다. 국내·외 재무학계 연구 성과와는 정반대로 근거가 매우 빈약한 비난이다(Jiang, Habib and Hasan, 2020). 그뿐만이 아니라, 선도자본시장 정책담당자의 태도와도 결을 달리한다. 실제로 한국이 금지했던 기간에도 선도자본시장(예: 미국, 영국, 독일)과 일본자본시장에서는 공매도를 금지하지 않았다. 이제 국내에서도 이 같은 비난을 일삼지는 않는 것 같다.

다른 하나는 구조적 문제로, 개인투자자는 외국인·기관투자자와는 달리 현실적으로 공매도를 행사하기가 매우 힘들며, 심지어 외국인·기관투자자가 저지르는 불법 순수공매도 조작에 피해를 본다는 비난이다. 하나하나 들여다보자.

먼저, 순수공매도가 일어나 피해를 본다는 측면을 살펴보자. 순수공매도는 불법이기에 어느 투자자라도 이를 의도해서 하기란 쉬운 일이 아니다. 그런데도 만일 순수공매도가 횡행한다면 일단 이는 바깥에서 이렇게 믿게끔 원인(예: 시스템적 오류, 솜방망이 처벌)을 제공한 감독 당국의 잘못이 클 수밖에 없다.[459] 하지만 증권시장에서 조작은 고의(intent)를 입증해야 하기에 적발해내기가 무척 어렵고 시간도 오래 걸린다(예: 옵션 쇼크 당시 도이체방

459 양희동, 2020. "불법 공매도 95% 외국인…처벌은 '솜방망이'". **이데일리**, (10월 12일). 김정현, 2021. "금융위, 불법 공매도한 해외 금융사 10곳 적발". **한국일보**, (2월 24일).

크 사건. 제14장 3절 가항 참조). 게다가 (무한) 반복게임인 증권 투자에서 외국인·기관투자자가 불법을 조직적으로 활용한다면 업계에서 살아남을 수도 없을 것이다. 따라서 순수 공매도 관련 비난은 가능성이 극히 희박한 주장이다. 어쨌거나 시스템적 오류를 줄이고 적발할 때 처벌을 크게 강화해 감독 당국에 대한 신뢰를 높여야 한다.

다음은 개인투자자가 대주 서비스를 받기 너무 힘들고 대주 조건도 훨씬 까다롭다는 구조적 문제이다(황세운, 2019). 이른바 "기울어진 운동장"[460]이라 하며 공매도 폐지나 (한국증권금융과 증권회사의) 대주제도 개선에 대한 요구가 빗발쳤다. 특히 공매도라는 위험스러운 투자 방식을 개인투자자가 심히 경계하도록 해야겠지만 접근 자체를 불공평하게 해서는 안 된다고 강조하며 비난의 소리가 거세자 정치권에서도 '정치적인 방식'으로 이를 처리하려 함께 목소리를 높였다. 최근 들어 한국자본시장의 여러 참여자 그룹이 시끌벅적하게 개선하려는 부분이 바로 이 문제였다. 실제로 금융위원회는 2021년 5월 공매도 제도를 개선하며 개인투자자에 대한 대주(차입공매도) 서비스 확충 조치[461]도 이에 포함시켰다. 공매도에 대한 비난이 초반 막무가내식에서 돌고 돌아 건전한 목소리로 수렴했다고 할 수 있다.

(2) 국내 증권금융 분야 경쟁 도입 필요성

공매도와 대차/대주거래 문제점을 제기하고 해결하는 과정을 보면서 이제 한국사회도 한국증권금융이 그동안 도맡아온 역할에 대해 공개적으로 진지하게 한번 고민해봐야 할 때가 되지 않았느냐는 생각이 들었다. 역할 대비 너무 비공개적이고 수동적이라 할까? 한국자본시장 구조 개혁이 KRX에만 집중되어 그 외 자의반 타의반 자신을 준(準)공공기

460 2019년도 연간 공매도(103.5조 원) 중 개인투자자 비중은 1.1%(1.2조 원. 외국인투자자[62.8%, 65조 원], 기관투자자[36.1%, 37.3조 원])이다. 20%가 넘는 일본에 비해 턱없이 낮은 수준이라 하며, 이는 대주거래 구조와 여건이 개인투자자에 불리한 데서 비롯했다는 주장이다.

461 ① 개인투자자를 대상으로 한 주식 대여 물량 확충, ② 개인투자자에 증권회사의 적극적인 주식 대여 유도, ③ 개인투자자에 최장 60일의 차입 기간 보장, 사전교육과 투자 경험에 따라 차입 한도 차등화 등이 이에 해당한다. 금융위원회, 2021. "5월 3일부터 공매도를 부분 재개한다". **보도자료**, (4월 30일).

관이라고 내세웠거나 내세우는 FMI 제공기관(코스콤, 한국예탁결제원, 한국증권금융)에 대한 논의가 그동안 줄곧 비켜나 있었기 때문이다. 그중에서도 특히 한국증권금융은 언급조차 된 적이 없다. 이제 한번 논의의 물꼬를 터보도록 해보자.

첫 번째는 증권금융 분야에서 한국증권금융의 실질적 독점과 성과이다. 한국금융시장은 자본시장 위주의 시스템(시장중심 금융시스템)을 지향한다(제13장 참조). 이를 달성하려면, 추진 과정에서 시장거시구조 각 기능에 내포된 자연독점 특성의 장점과 경쟁이 가져다주는 효율성을 얼마만큼 조화롭게 끌어내는지가 관건이다. 이러한 관점에서 보면, 증권금융 분야(기능)에도 경쟁이 도입돼 규모의 경제에다 효율성을 더해야 한다. 선도자본시장은 대차/대주, 담보금융 등 증권금융을 상업성 원칙에 근거해 대형 민간금융기관(예: 수탁은행[custodian bank], IB[프라임 브로커 역할])을 중심으로 실행한다.[462] 혹자는 경제적 협상력에서 은행업에 크게 밀리는 국내 현실에서는 증권업이 성장할 때까지 법적 독점을 지켜줘야 한다고 한다. 하지만 이제 한국은 경제 규모 세계 10위, 주식시장 규모 세계 13위, IMF FDI(자본시장·금융기관 개발지수) 세계 7위(2021년/2020년 기준. 제13장과 제14장 1절 참조)일 정도로 성장했다. 구태의연한 논리에서 이미 벗어났어야 하지 않았을까? 보호가 아니라 증권업계 자신이 힘을 기를 수 있도록 도와줘야 하지 않을까? 한국증권금융은 1950년대 국내 최초 거래소 설립이라는 특수 목적하에 (주)일본증권금융을 본떠 출범했고, 이후 별다른 조직 변화 없이 조용히 국내 증권금융시장을 실질적으로 독점해왔다. 그런데도 2020년 코로나19 팬데믹 이후 연이어 발생한 대주/대차거래 논쟁과 ELS(equity-linked securities. 주가연계증권. 제1장 3절 바항 참조) 마진콜(margin call. 추가증거금 납부 요청) 사태 때에도 수동적·소극적 자세로 일관했다고 한다.[463] 오랫동안 주어진 독점에 익숙해져 주체적으로 규모의 경제를 갖추지 않았던 결과는 아닐까?

두 번째는 투자자예탁금 집중예탁이다. 세계 모든 주요 국가에서는 투자자예탁금을

462 이 책에서 시장거시구조를 논할 때 그 어떤 선도자본시장에서도 증권금융을 따로 떼어 설명하지 않았다(제2부 참조). 민간 금융기관 고유업무의 일부니까 그럴 필요가 전혀 없었다. 한국자본시장과 이들 선도자본시장의 상황 차이를 반영한다.

463 송태화, 2020. "'빚투' 수혜 증권회사 뭇매…숨죽인 '한국증권금융'". **Metro**, (9월 10일).

금융투자업자 고유재산과 구분해 예탁·관리한다. 이러한 "**별도예탁제도**"는 금융투자업자의 파산, 유용 등의 위험으로부터 투자자의 대기성 자산을 완전히 분리해 이를 안전하게 관리하는 사전적 보호제도이다(정대섭, 2017). 방식으로는 집중예탁과 분산예탁이 있으며, 한국은 한국증권금융이 집중예탁을 실질적으로 도맡아 수행한다. 별도예탁제도의 핵심은 투자자예탁금을 금융투자업자 고유계정에서 완전히 분리해 보호하는 건데, 이러한 근본 취지를 지킨다면 굳이 예탁기관을 법으로까지 지정하며 독점하도록 할 이유는 많아 보이지 않는다. "예탁기관을 복수[/다수]로 하면 예탁금융투자업자의 자기이익 극대화 수단으로 활용될 가능성이 있다"(정대섭, 2017)라는 주장도 있으나 이 정도는 법제화 과정에서 충분히 통제할 수 있지 않을까? 게다가 바로 위에서 언급한 바와 같이, 선도자본시장에서는 증권금융업무를 수탁은행, IB 등 여러 민간기업이 경쟁적으로 참여해 수행한다. (반면에 증권금융이라는 기관은 일본, 대만, 중국, 한국에만 한정돼 있다고 한다. 역사적 이유 같아 보인다). 국내 증권금융 부문, 더 나아가 자본시장 수준을 한 차원 더 높이려면 FMI 제공기관의 경쟁력 배가가 무엇보다 중요하다. 언제까지 '준(準)공공기관'과 보호 영역에 머물러야 할까? 그렇게 머물러 있으면 한국자본시장 발전을 위해 '선제적으로' 바람직한 기능을 수행할까? 자본시장법은 영국·호주법을 따라가고 시장은 미국 자본시장을 바라보면서, FMI 제공기관의 세부 제도는 엉뚱하게도 전혀 다른 일본을 따라간다. 동태적으로 변하는 글로벌 금융환경 속에서 투자자 보호를 견지하며 한국자본시장의 국제경쟁력을 높일 수 있도록 투자자예탁금 예탁방식을 재검토해야 할 시점이라는 생각이 든다.

제**15**장

시장미시구조

1. 들어가는 말

시장미시구조는 재무학의 한 전문분야인데 지금은 “모든 금융자산의 거래 관련 제도나 메커니즘, 현상 등을 가리키는 용어”로까지 일상화가 되었다”(제3장 3절 가항). 하지만 대다수 독자에게 아직은 익숙지 않은 것 같아 용어가 제목에 등장할 때마다 한국자본시장 미시구조를 예로 들며 이해를 돕고자 했다. 그러다 보니 책 이곳저곳(제2장 1절 가항~나항, 제3장 3절 참조)에다 이미 많은 설명을 해놓은 상태이다.

중복 서술과 중언부언을 피해 이 절에서는 KRX 주식시장/“**거래소시장**”(이하에서는 두 용어를 혼용함. 엄밀하게는 자본시장법상 “**거래소가 개설하는 금융투자상품시장**”)의 규정과 제도를 중심으로 주요 내용과 특징, 내포한 의미만을 간추려 논의한다. 자세한 논의에 관심 있는 독자는 엄경식(Eom, 2011)을 참조하기 바란다. 10년 넘은 서베이(survey) 논문이지만 2022년 한국주식시장 미시구조를 설명/이해하는 데 아무 문제없을 정도로 여전히 유효하다. 사실 이 같은 상황 자체가 현재 한국자본시장이 처해 있는 미시·거시구조의 실상을 많은 부분 대변해준다고 할 수 있다. 한편, 거래소시장의 구체적인 현행 미시구조는 KRX 웹사이트 내용을 참조하였다.

2. 매매거래 일반절차와 시간 및 매매체결방식

가. 매매거래 일반절차

거래소시장에서 유가증권 매매는 자본시장법에 따라 거래소 회원(투자매매업과 투자중개업 인가를 받은 회원 금융투자회사[증권회사]. 거래권 소유)만이 할 수 있다. 이에 일반투자자가 거래소시장에서 매매거래를 하려면 반드시 증권회사(회원)를 통해야 한다.[464] 이러려면 먼저 증권회사에 매매거래계좌를 개설한 후 주문을 해당 증권회사에 제출해야 한다. 증권회사는 접수순서에 따라 투자자 주문을 해당 거래소시장에 전달, 즉 호가하고, 거래소시장은 체결원칙(시장가주문 우선원칙, 가격·시간·수량 우선원칙, 위탁매매 우선원칙. 제2장 1절 나항 (1) 참조)에 따라 매매체결 한 후, 한편으로는 결과를 해당 증권회사에 통보하고 다른 한편으로는 KSD와 연계해 필요한 후선업무(청산, 결제·예탁)를 계속 진행한다(제2장 1절 다항 참조).

증권회사는 통보받은 결과를 해당 투자자에게 보고한다. 투자자는 자신의 체결분에 대해 T+2일(체결일 포함 3영업일) 정해진 시간까지 증권회사에 매수대금/매도증권을 납부해야 하며, 이를 증권회사(청산/결제회원[clearing member])가 거래소시장·KSD와 결제하며 매매거래를 완료한다.

나. 매매거래 시간과 매매체결방식

거래소시장에서 주식 매매거래는 정규시장 거래와 시간외시장 거래로 구분한다(〈표 15-1〉 참조). "시간외"란 정규시장이 열리는 시간 외를 말한다.

---

464 거래소 회원이 아닌 '비회원' 증권회사는 투자자 주문을 회원 증권회사에 위탁 제출해야 한다. 한편, 외국인투자자 주문은 금융감독원 "외국인투자관리시스템"을 경유해야 한다.

〈표 15-1〉 KRX 주식시장 매매거래 시간과 매매체결방식

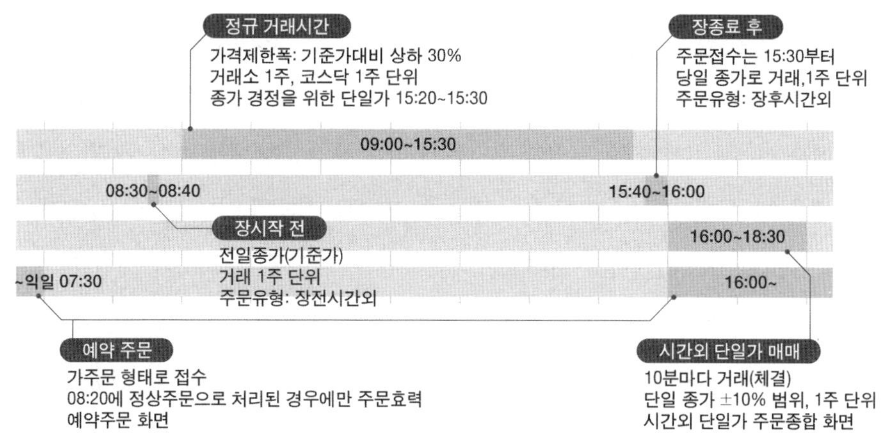

거래 구분		미시구조	유가증권시장	코스닥시장	코넥스시장
정규시장 거래 (일반거래)		매매거래 시간	09:00~15:30		
		매매수량단위	1주		
		주문유형	(보통)지정가주문, 시장가주문 최유리지정가주문, 최우선지정가주문 조건부지정가주문 IOC/FOK 조건		지정가주문 시장가주문
		가격제한폭	±30%		±15%
		매매체결방식	시가·종가: **단일가매매(임의종료[RE] 방식)** 예상체결가격 정보 제공 시간—시가: 08:40~09:00. 종가: 15:20~15:30 장중: **접속매매**		
시간 외 시장 거래	장개시 전 시간외 (종가매매)	매매거래 시간	08:30~08:40 (주문·체결)		경매매(Dutch auction) 08:00~08:30
		매매수량단위	1주		
		매매가격	전일종가 또는 기준가(**크로씽 방식**)		**최저 입찰가격**
	장종료 후 시간외 (종가매매)	거래시간	15:40~16:00 (15:30~15:40는 주문접수만 가능)		
		매매수량단위	1주		
		매매가격	당일종가(**크로씽 방식**)		
	시간외 단일가 매매	매매거래 시간	16:00~18:00		해당 사항 없음
		매매단위	1주		
		매매가격	당일종가 대비 ±10%		
		매매체결방식	약 10분 단위 **단일가매매 (임의종료[RE] 방식)**		
경쟁대량매매 (A-Blox)		장중	09:00~15:30 **(체결시점[match point] 후 VWAP)**		09:00~15:30 **(매수·매도 쌍방 합의 가격)**
		시간외	08:00~09:00 **(당일[all day] VWAP)** 장종료 후 시간외대량매매에는 미도입		08:00~09:00. 15:40~18:00 **(매수·매도 쌍방 합의 가격)**

* 자료: KRX와 키움증권 웹사이트. 관련 매매체결방식은 **〈표 2-1〉**을 참조하기 바람.

* 이외에도 유가증권시장과 코스닥시장에는 장중대량/바스켓매매와 시간외대량/바스켓매매가 있음. "매수·매도 쌍방 합의 가격"으로 체결(가격범위: 정규시장에서는 호가 제출 직전까지 형성된 당일 최고가와 최저가 이내, 시간외시장에서는 당일 상·하한가 이내). 코넥스시장에서는 미수와 신용거래를 허용하지 않음.

정규시장 거래는 9시에서 15시 30분까지이다.[465] 하지만 호가는 8시 30분부터 접수한다. 이는 밤새 일어난 여러 정보가 시초가(9:00+)에 느닷없이 반영되지 않고 시간을 두고 가격발견(price discovery)을 할 수 있도록 하려는 조치이다. 오랫동안 8시부터 호가를 접수했으나, 2019년 4월 29일부터 8시 30분으로 변경했다(박영석·안일찬, 2023). 변경 전에도 8시 30분 이전의 호가는 오히려 투기성을 내보이며 가격발견을 방해한다는 평을 받곤 했다(Eom, Kwon, and Park, 2021). 시초가는 9시부터 30초 내 임의종료(RE: random-end) 단일가매매(call auction)로 결정한다. 시초가 결정부터 15시 20분까지는 접속매매(continuous trading)로 가격을 결정하며, 15시 20분부터 15시 30분까지 호가를 접수해 30초 내 임의종료 단일가매매로 종가(15:30+)를 결정한다(제2장 1절 나항 (2) 참조).

시간외시장 거래에는 장개시 전 시간외 종가매매(크로씽. crossing), 장종료 후 시간외 종가매매(크로씽), 16시에서 18시까지 10분 단위로 진행하는 시간외 단일가매매(30초 내 임의종료방식)가 있다. 이외 정규시장과 시간외시장에서 VWAP(volume-weighted average price. 거래량가중평균가격. 브이왑)을 활용한 경쟁대량매매(A-Blox. 익명 투자자용 대량매매. 장중에 호가 수량과 체결정보는 미공개, 호가 유·무는 공개. 일종의 다크풀), 매수·매도 쌍방 합의 가격에 따른 장중대량/바스켓매매와 시간외대량/바스켓매매 등이 있다(구체적 내용은 〈표 15-1〉 참조).

3. 주문유형

거래소시장은 시장가주문, 지정가주문, 조건부지정가주문, 최우선지정가주문, 최유리지정가주문 등 5개 주문유형과 IOC(immediate-or-cancel. 전량이든 일부든 즉시 매매체결하

465 KRX 파생상품시장에서 주가지수선물·옵션 정규 매매거래 시간은 9시에서 15시 45분까지이며, 최종거래일(만기일)에는 9시에서 15시 20분까지이다. 그 외 파생상품 매매거래 시간도 큰 틀에서는 대부분 이와 같으나 최종 거래일에는 조금씩 달리한다.

고 나머지는 취소), FOK(fill-or-kill. 전량 매매체결 하지 못하면 전량 즉시 취소) 등 2개 체결조건(execution condition)을 사용한다. 이 중 몇 가지는 제2장(1절 가항 (2))에서 언급했지만 새로운 유형이 있어 간단하게 함께 설명한다.

- **〈시장가주문〉** 투자자가 종목과 수량만 지정하고 가격은 지정하지 않는 주문. 거래소시장에 주문을 제출할 때 형성된 가격(또는 가장 유리한 가격조건)에 즉시 매매체결을 원하는 주문.
  - 일반적으로, 지정가주문에 우선하며(시장가주문 우선원칙), 주문 전량이 해소될 때까지 상대방 최우선 주문부터 순차적으로 매매체결.
- **〈지정가주문〉** 투자자가 종목, 수량, 가격을 지정하는 주문. 조건부지정가주문과 비교해 "보통지정가주문"/"보통가주문"/"보통주문"이라고도 함. 가장 일반적인 주문유형으로 투자자가 지정한 가격이나 그보다 유리한 가격에 매매체결을 원하는 주문.
- **〈조건부지정가주문〉** 투자자가 지정가주문으로 제출했다가 매매체결이 이루어지지 않으면 종장 단일가매매 때 시장가주문으로 자동 전환되는 주문.
- **〈최우선지정가주문〉** 주문접수 시점에 '자기 주문 방향'의 최우선호가와 같은 가격으로 지정되어 제출되는 주문.
  - 매도[매수]의 경우 주문접수 시점에 가장 낮은[높은] 매도[매수]주문 가격으로 지정했다고 간주해 매매체결에 참여하는 주문.
- **〈최유리지정가주문〉** '상대방' 최우선호가로 즉시 체결할 수 있도록 주문접수 시점의 상대방 최우선호가와 같은 가격으로 지정되어 제출되는 주문.
  - 매도[매수]의 경우 주문접수 시점에 가장 높은[낮은] 매수[매도]주문 가격으로 지정했다고 간주해 매매체결에 참여하는 주문.

4. 매매체결원칙, 매매수량단위와 호가단위 및 호가공개범위

가. 매매체결원칙

매매체결원칙이란 주가를 공정하고 합리적으로 결정하려는 거래시장의 운영방침이다. 세계 주요 거래시장 모두 비슷비슷하다. 거래소시장도 이들처럼 매우 보편적인 매매체결원칙을 사용한다. 먼저, "시장가주문 우선원칙"으로, 지금 시장에 형성된 가격에 가능한 한 빨리 체결하기를 원하는 시장가주문을 지정가주문에 앞서 체결한다. 다음, 지정가주문 중에서는 가격, 시간, 수량순으로 우선권을 둔다("가격·시간·수량 우선원칙"). 구체적으로, 매수[매도]의 경우 높은[낮은] 가격의 지정가주문을 우선 체결한다. 만일 지정가격이 같다면 조금이라도 일찍 도착한 주문을, 지정가격과 시간마저 같다면(장중에 이럴 경우는 거의 없겠지만) 수량이 많은 주문을 우선 체결한다. 마지막으로, 가격, 시간, 수량이 모두 같다면, 고객 위탁주문을 증권회사 자기매매 주문에 앞서 체결한다("위탁매매 우선원칙". 이상 제2장 1절 나항 (1) 참조).

나. 매매수량단위와 호가단위

매매수량단위는 투자자가 주문을 제출할 수 있는 최소단위 수량이다. 거래소시장에서는 거의 모든 상장 금융상품에 대해 1주 또는 1증권이다. 물론 주식워런트증권(ELW)처럼 아주 드물게 10증권도 있다.

호가는 회원 증권회사가 투자자 주문을 위탁받아 거래소시장에 말 그대로 "가격을 불러주는" 즉, 전달·제출하는 것을 의미한다. 이때 매매체결을 원활히 하려고 호가할 수 있는 최소단위를 표준화해놓는다. 이를 호가단위(tick size/minimum tick size. 최소호가단위)라고 한다. KRX는 가격대를 구분해 주가가 높은 가격대에 속할수록 호가단위를 높게 설정해놓았다. 이른바 "다층적 구조"이다. 예를 들어, 주가가 5,000원 이상 10,000원 미만이면 호가단위는 10원, 500,000원 이상이면 유가증권시장은 1,000원, 코스닥시

〈그림 15-1〉 KRX 상대호가단위—2010년 10월 이전

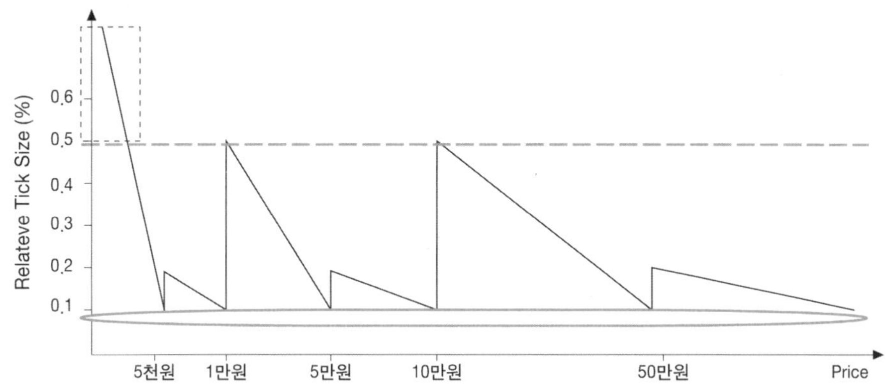

* 자료: 강형철·박종호·엄경식(2009)을 수정.

* 거래소시장에서 채택한 호가단위는 〈표 2-2〉를 참조. **〈유가증권시장 호가단위[상대호가단위]—2010년 10월 4일 이전〉** 5,000원 미만: 5원[0.1% 이상], 5,000원 이상~10,000원 미만: 10원[0.1~0.2%], 10,000원 이상~50,000원 미만: 50원[0.1~0.5%], 50,000원 이상~100,000원: 100원[0.1~0.2%], 100,000원 이상~500,000원 미만: 500원[0.1~0.5%], 500,000원 이상: 1,000원[0.2% 이하]. **〈2010년 10월 4일 이후 변경사항〉** 5,000원 미만을 2단계로 세분. 1,000원 미만(가는 점선 네모): 1원[0.1% 이상], 1,000원 이상~5,000원 미만: 5원[0.1~0.5%].

장은 100원이다(〈표 2-2〉, 〈그림 15-1〉 주석 참조). 이에 비해, 미국주식시장 호가단위는 2000년 7월 이후 1센트이다(〈표 9-1〉 참조). 한국과 달리 "일률적 구조"(다층적 구조로 변화 시도 중. 2022.12.14.)로 서로 다른 화폐단위 특성에 맞춰 고안했을 뿐 어느 구조가 더 우위에 있다고 말할 순 없다.

호가단위에서 중요한 개념은 가격당 호가단위비율(호가단위/가격)인 상대호가단위(%)이다. KRX 주식시장의 현행 상대호가단위는 0.1~0.5%로 글로벌 주요 주식시장(예: 미국[0.09%], 독일·일본[0.01~0.05%], 영국[0.02~0.1%])보다 높다. 0.1%인 최저 상대호가단위(〈그림 15-1〉 굵은 선 타원)조차 이들 시장의 최고 상대호가단위보다 높다. 특히 3개 가격대에서는 0.5%나 되어(〈그림 15-1〉 굵은 회색 점선), KRX는 조만간(2022년 여름 현재 아직 예정) 이 구간을 낮출 계획이라 한다. 호가단위를 낮추면, 일반적으로 스프레드율(거래비용)이 낮아지고 거래량은 증가하지만, 시장 깊이(market depth. 최우선매수·매도호가 잔량)는 악화한다(강형철·박종호·엄경식, 2009). 시장의 질적 수준을 반영하는 이들 통계량에 상쇄 효과가 나타난다. 호가단위 축소에 일장일단이 있으니 진지하게 고민해야 한다는 얘기이다(제2

〈표 15-2〉 유가증권시장 호가공개범위 변천

변경 시점	주요 변경 내용
~ 1992.3.31.	최우선호가만 공개
1992.4.1.	최우선호가와 잔량, 주문호가 잔량으로 확대
1995.4.1.	전산종목에 한해 차차선 우선호가와 잔량, 총수량으로 확대 - 1995년 11월 25일부터 전 종목 적용
2000.3.6.	호가공개범위를 5단계로 확대하고 총수량도 공개 - 총수량 공개가 부작용으로 작용. 허수주문으로 가격 조작이 빈번하게 발생
2002.1.2. ~	호가공개범위를 10단계로 확대하고, 총수량 공개를 없애는 대신 10개 우선호가 합산 수량을 공개

* 자료: 박종호·엄경식(2005).

장 1절 나항 (3)(가) 참조). 게다가 호가단위를 축소하겠다는 KRX 의도가 설립 추진 중인 ATS에 대한 견제 차원이라는 해석도 있다.[466] 경쟁이 가시화하자 매매체결서비스를 개선하려는 것 같아 좀 아쉽다. 그러나 현재 시장거시구조에서는 그다지 이상한 일도 아니다.

다. 호가공개범위 — 사전적 투명성

거래소시장(특히 유가증권시장)은 몇 차례 제도 개선을 거쳐(〈표 15-2〉 참조) 2002년 1월 2일부터 현행 호가공개범위를 시행하고 있다. 구체적으로, 10단계 우선호가와 잔량, 10개 우선호가 합산 수량을 공개한다(〈그림 2-3〉, 〈패널 A〉 참조).

5. 시장안정화장치

거래소시장은 시장안정화장치(market stabilization mechanism)로 서킷브레이커(circuit breakers. 전 종목 매매거래 [일시] 정지),[467] "개별종목 매매거래정지 및 재개", 가격

466 조진형, 2019. "주식 호가단위 촘촘하게 바뀐다". **한국경제**, (7월 9일).

467 업계와는 달리, 국제재무학계에서는 서킷브레이커라는 용어를 "전 종목 매매거래 (일시) 정지"만을 가리

제한폭(price limit), VI(volatility interruptions. 변동성완화장치), 사이드카("프로그램매매 호가 효력 일시 정지"), "단기과열완화장치" 등을 두고 있다.[468] 한번 간단히 살펴보자. 일반적 논의는 제2장 1절 나항 (3)(다)를, 구체적인 사항은 〈표 15-3〉을 참조하기 바란다.

- **〈서킷브레이커〉** 유가증권시장은 **"매매거래중단제도"**, 코스닥시장은 **"시장 일시중단 제도"**라고 부름(KRX는 '정지' 대신 '중단'으로 표현. 제12장 2절 가항 참조). 코스피지수(KOSPI)/코스닥지수(KOSDAQ)가 전일종가(직전 거래일 종가)보다 8%/15%/20% 이상 하락하면 1/2/3단계 매매거래중단 발동조치를 예고하고, 이 상태가 1분간 지속하면 해당 주식시장 모든 종목 매매거래를 중단(즉, 정지).
- **〈개별종목 매매거래정지와 재개〉** 투자자 보호와 시장 관리상 거래소시장이 필요하다고 판단하면 특정 종목(예: 풍문 등으로 주가와 거래량이 급변하는 종목) 매매거래를 일시 정지해 조회한 다음, 결과에 따라 재개.
- **〈가격제한폭〉** 개별주가가 하루에 ±30%(상한가·하한가) 이상 변할 수 없도록 '명시적'으로 제한. 주가가 상·하한가에 닿더라도 거래 자체를 중단하지는 않음.
- **〈변동성완화장치, VI〉** 단일 호가가 초래하는 일시적인 주가 급등락(동적 VI. 종목에 따라 ±2~6%)이나 여러 호가가 누적해 발생하는 주가의 큰 등락(정적 VI. 모든 종목에서 ±10%)에 2분간 냉각시간(즉, 중단 후 단일가매매로 재개)을 부여. 가격발견에 인위적 요소를 최소화하며 '암묵적'으로 가격을 제한하는 매우 세련된 제도. 동적/정적 VI 발동 후 단일가매매로 재개할 때 30초 내 임의종료 방식으로 재개.

제도가 지닌 특징으로는[469] 첫째, 오랫동안 가격제한폭을 사용하고 있는데도 비슷

키지 않고 개별종목 매매거래정지 및 재개, 가격제한폭, 변동성완화장치 등 비슷한 관련 조치를 모두 아우르는 포괄적 용어(즉, 시장안정화장치와 동의어)로 주로 사용한다(Eom, Kwon, La, and Park, 2022).

468 이외, 시장조성자(market maker. 시장조성인)와 LP(liquidity provider. 유동성공급자)도 두고 있다. 둘 다 개별종목에 유동성을 공급해 주가와 거래 연속성을 유지하려는 제도이다. 시장조성자가 더 일반적인 용어이고, LP는 유동성이 낮은 종목만을 대상으로 할 때 사용하며, 국내에서는 계약체결 주체로도 용어를 구분한다(〈표 15-3〉 참조).

469 KRX VI의 이 같은 특징이 가격안정과 가격발견에 미치는 효과에 관한 논의는 엄경식·라성채·박종호·안일찬(2015), 안일찬·라성채·박종호·엄경식(2017), Eom, Kwon, and Park(2021), Eom, Kwon, La, and Park(2022)을 참조하기 바란다.

한 성격의 VI(특히 정적 VI)를 또다시 도입. 둘째, 동적 VI를 먼저 도입하고 정적 VI와 단일가매매 재개 때 RE 방식 적용은 나중에 도입. 셋째, 파생상품 최종 거래일(결제월 두 번째 목요일) 종가 단일가매매 때 관련 기초자산 주식의 동적 VI 발동률은 ±1%로 낮춰 적용.

- **〈사이드카〉** 선물시장이 급등락할 때 해당 현물(주식)시장의 프로그램매매(program trading)[470] 호가 효력을 일시(5분간) 정지해 주식시장을 보호하려는 제도. 선물시장에서 거래량이 가장 많은 선물(최근월물) 가격이 코스피(즉, 코스피200선물)는 ±5%, 코스닥(즉, 코스닥150선물)은 ±6% 이상(+코스닥150지수가 전일 대비 ±3% 이상) 변동해 그 상태가 1분 이상 지속되면 프로그램매매를 5분간 차단. 프로그램매매만 제한하고 직접매매는 허용하므로 효과는 제한적. 이를 고안했던 미국에서는 일찌감치 폐지했고 현재는 몇몇 나라에서만 활용(제12장 2절 가항 참조).
- **〈단기과열완화장치〉** 특정 종목(예: 테마주)에 이상 급등/과열 현상(단기과열기준: 주가 상승률, 회전율 증가율, 변동성 증가율 사용. 〈표 15-3〉 참조)이 최초 발견된 후 10거래일 내 재차 발견되면 지정예고, 이후 10거래일 내 또다시 발견되면 단기과열종목으로 지정(최장 20거래일간 위험 환기). 3거래일간 접속매매 대신 30분 단위 단일가매매로 바꿔 매매체결 후 자동 해제(과열 상태가 여전하면 1회에 한해 3거래일간 지정 연장 가능. 최장 6거래일 지정 가능). 과도한 추종 매매나 투기 행위를 조기에 진정시켜 투자자 피해를 예방하고 불공정거래를 사전에 차단해 주가를 균형가격에 좀 더 효율적으로 도달할 수 있도록 기존 "시장경보제도"를 개선해 도입(2012.11.5.).

470 프로그램매매는 컴퓨터 프로그램으로 여러 주식을 묶어(바스켓[basket]에 넣어) 자동 매매하는 거래 기법이다. 기관투자자나 외국인투자자가 할 수 있다. 국내에서는 프로그램매매를 지수차익거래(index arbitrage)와 비차익거래(non-index arbitrage)만으로 좁게 사용한다. 비차익거래는 한 사람이 유가증권시장/코스닥시장 종목(주로 우량주가 집중된 코스피200지수 구성 종목) 중 15종목 이상을 동시에 거래하는 행위이다. 선물시장과 관계없이 현물만을 거래한다. 지수차익거래는 예를 들어 코스피200지수[코스닥150지수]와 코스피200선물·옵션[코스닥150선물·옵션] 가격 차이를 이용해 '무위험 이익'(arbitrage)을 얻으려 지수구성 종목 현물바스켓과 선물·옵션을 연계해 거래한다.

〈표 15-3〉 유가증권시장과 코스닥시장 주요 시장안정화장치

시장안정화장치	주요 내용
서킷브레이커 (circuit breakers. 유가: **매매거래중단제도**. 코스닥: **시장 일시중단제도**) (시장 전체 적용)	- **1단계**: 코스피지수(KOSPI)[코스닥지수(KOSDAQ)]가 최초로 전일종가 대비 **8% 이상 하락**해 1분간 지속하면 발동. 유가증권시장[코스닥시장]의 모든 종목 매매거래중단(즉, 정지) - **2단계: 1단계 매매거래중단·재개 후** KOSPI[KOSDAQ]가 전일종가 대비 **15% 이상 하락**하고 **1단계 발동 지수 대비 1% 이상 추가 하락**해 1분간 지속하면 발동. 유가증권시장[코스닥시장] 모든 종목 매매거래중단 - 1, 2단계 매매거래중단을 발동하면, 20분간 ① 장내 호가 접수와 매매거래중단, ② 현물시장(채권시장 제외) 연계 선물·옵션시장의 호가 접수와 매매거래중단. 매매거래중단 중에는 신규 호가 제출 불가능, 그러나 매매거래중단 전에 접수한 호가는 취소주문 제출 가능 - 1, 2단계 매매거래중단 후 20분이 경과하면 매매거래 재개. 이때 재개가격은 재개시점부터 10분간 호가를 접수하여 단일가매매로 결정 - 단계별로 발동은 1일 1회로 한정. 당일종가 결정 시간 확보 때문에 장종료 40분 전 이후에는 매매거래중단 조치를 내리지 않음 - **3단계: 1, 2단계 매매거래중단·재개 후** KOSPI[KOSDAQ]가 전일종가 대비 20% 이상 하락하고 **2단계 발동 지수 대비 1% 이상 추가 하락**해 1분간 지속하면 발동. 그날 유가증권시장[코스닥시장]의 매매거래는 종료**(장운영 종료)** - 모든 호가 접수(취소호가 포함) 불가능. 3단계 매매거래중단은 장종료 40분 전 이후에도 발동 가능
개별종목 매매거래정지 및 재개	- 거래소시장이 투자자 보호와 시장 관리상 필요하다고 판단하는 경우 특정 종목의 매매거래를 일시 정지했다 재개 - 〈예〉 어음/수표 부도 발생, 은행과 거래정지/금지, 영업활동 전부/일부 정지 등과 같이 상장법인 존폐에 관한 풍문 등의 사유로 주가와 거래량이 급변하거나 급변이 예상되는 종목 - 〈매매거래 재개〉 중단 사유에 대한 조회 결과를 공시한 시점부터 30분이 경과하면 재개. 단, 14시 30분 이후 공시했을 때는 다음날부터 매매거래 재개. (만일 공시 후에도 해당 풍문 등이 해소되지 않거나, 공시내용이 상장폐지기준이나 관리종목 지정 사유에 해당할 때는 매매거래 재개를 연기할 수 있음)
가격제한폭제도 (개별종목 적용)	- 개별주식 가격이 하루에 ±30%(상한가·하한가) 이상 변할 수 없도록 명시적으로 제한. 상·하한가에 도달해도 거래를 중단하지는 않음
변동성완화장치 (VI: volatility interruptions) (개별종목 적용)	**〈동적 VI.** 이하 엄경식·라성채·박종호·안일찬(2017) 참조**〉** - 목적: **단일호가**가 순간적으로 수급 불균형이나 주문 착오 등을 초래해 발생하는 일시적 변동성을 완화 - 정의: 직전체결가와 비교해 예상체결가가 일정 비율(±2~6%로 다음에서 기술하는 발동요건에 의해 정해짐) 이상 변동할 것으로 예상되면 VI 발동 - 〈발동요건〉 소위 "일시적 주가 급변"에 해당하는 일정 비율은 KOSPI200 지수 구성 종목(접속매매 3%, 종가 단일가매매 2%), KOSPI 일반종목 및 KOSDAQ 종목(접속매매 6%, 종가 단일가매매 4%) 등으로 구분하여 차별 적용 - 〈적용 시간〉 접속매매, 종가 단일가매매, 시간외 단일가매매 **〈정적 VI〉** - 목적: **여러 호가**가 누적해 일중에 초래하는 큰 가격변동을 완화 - 정의: 직전 단일가매매 체결가와 비교해 예상체결가가 일정 비율(±10%) 이상 변동할 것으로 예상되면 VI 발동 - 〈발동요건〉 모든 종목에 대해 "주가 급변"에 해당하는 일정 비율은 ±10%로 동일 - 〈적용 시간〉 시가 단일가매매, 접속매매, 종가 단일가매매 **〈기타 사항〉** - 종가 단일가매매에서 VI가 발동하면 단일가매매 시간 2분을 추가 - 주식 관련 **파생상품 최종 거래일**(결제월 두 번째 목요일) 종가 단일가매매 경우에는 기초자산 주식에 대해 동적 VI 발동률을 **±1%**로 낮춰 적용 - 코스피200지수, 코스닥150지수, 섹터지수, 개별주식 선물·옵션 구성 종목이 이에 해당

시장안정화장치	주요 내용
변동성완화장치 (VI: volatility interruptions) (개별종목 적용)	**(계속)** - 장종료 후 시간외 단일가매매에도 VI 적용 - 1,000원 미만 저가주는 최소 3호가 가격단위(3원)를 초과하여 변동할 때만 발동 - 정리매매종목, 단기과열종목, 장중 특정 시간 단위로 단일가매매하는 종목에는 적용하지 않음. 매매거래중단 후 재개하는 단일가매매에도 적용하지 않음

사이드카
(sidecar. **프로그램 호가 효력 일시 정지**)
 	
(프로그램매매에만 적용)
	선물시장이 급등락할 때 해당 현물(주식)시장의 프로그램매매 호가 효력을 일시(5분간) 정지해 주식시장을 보호하려는 제도
	- 선물시장에서 기준종목(거래량이 가장 많은 선물[주로 최근월물]) 가격이 코스피[코스피200선물]는 ±5% 이상, 코스닥[코스닥150선물]은 ±6% 이상+코스닥150지수가 전일 대비 ±3% 이상 변동해 그 상태가 1분 이상 지속되면 프로그램매매를 5분간 차단
	  - 사이드카를 발동할 때 프로그램매매만 5분간 제한. 직접매매는 허용
	  - 시장별로 1일 1회만 발동
	  - 사이드카 발동 후 5분이 지나면 프로그램매매 접수순서에 따라 매매체결이 다시 이루어짐
	  - 장종료 40분 전 이후에는 발동조건에 닿더라도 발동하지 않고, 이미 발동한 경우라도 장종료 40분 전에는 거래 재개
	  - 사이드카 발동 중 서킷브레이커가 발동하면 서킷브레이커가 해제된 후에 매매 재개

단기과열완화장치 (개별종목 적용)	**〈지정예고〉** 다음 ①~③ 요건에 모두 해당하여 최초 적출일 다음 거래일부터 10거래일 이내에 같은 요건으로 재적출되는 경우(단, 재적출 여부 판단일 종가가 직전 거래일 종가와 기준일 종가보다 높은 경우에 한함) ① (주가 상승률) 당일종가가 직전 40거래일 종가 평균 대비 30% 이상 상승 ② (회전율 증가율) 최근 2거래일 평균 회전율이 직전 40거래일 회전율 평균 대비 500% 이상 증가. 회전율: (당일 거래대금)/(당일종가기준 시가총액) ③ (변동성 증가율) 최근 2거래일 평균 일중 변동성이 직전 40거래일 일중 변동성 평균 대비 50% 이상 증가. 일중 변동성: (고가–저가)/{(고가+저가)/2} **〈지정〉** - 지정예고 ①~③ 요건에 모두 해당하고 지정예고일부터 10거래일 이내에 다시 같은 요건을 충족하는 경우(최장 20거래일간 위험 환기. 단, 당일종가가 예고일 전일과 직전 거래일 종가보다 높은 경우에 한함) **〈지정내용〉** 3거래일간 정규시장 접속매매방식이 30분 단위 단일가매매방식으로 변경 - 시간외단일가매매에서도 체결 주기가 10분에서 30분으로 변경 **〈해제와 연장기준〉** - 해제기준: 지정기간(3거래일) 경과 후 다음 거래일부터 자동 해제 - 연장기준: 지정종료일 종가가 지정 전일종가 대비 20% 이상 상승한 상태일 때에는 해제일을 3거래일간 연장(1회) ※ **종류주식(우선주, 후배주, 혼합주)**은 별도 '괴리율' 기준을 사용해 지정·해제·연장(KRX 웹사이트 참조 바람) ※ **코스닥시장 특이종목**(예: 품절주)은 지정요건이 다름(KRX 웹사이트 참조 바람)

이외 개별종목에 유동성을 공급해 주가와 거래의 연속성을 유지하고자 **시장조성자**(**market maker**. 시장조성인), **LP**(**liquidity provider**. **유동성공급자**)를 둠. 둘 다 같은 기능을 하나 시장조성자가 더 일반적인 용어임. LP는 시장조성자의 부분집합으로 '매매거래 비활발종목'만을 대상으로 할 때 구별해 사용

- 시장조성자: 거래소 회원(금융투자회사)과 거래소시장이 시장조성계약을 체결. 사전에 정한 종목에 대해 지속적으로 매수·매도 양방향 호가를 제시하여 유동성을 높임
- LP: 상장법인과 거래소 회원(금융투자회사)이 시장조성계약을 체결. 매매거래가 부진한 종목에 대해 LP(금융투자회사)가 지속적으로 매도·매수호가를 제시하여 안정적인 가격형성을 유도

* 자료: KRX 웹사이트(2022.4.2.).

6. 한국주식시장 (미시)구조에 대한 단상

개별 거래시장은 자국 자본시장 거시구조에 바탕을 두고 미시구조를 설계한다. 즉, 거시구조가 개별 거래시장 미시구조 경쟁력을 결정짓는다. 이 때문에 정책담당자가 자신의 중·장기 철학과 비전을 얼마나 잘 세우고 반영해 시장거시구조를 가꿔나가느냐가 정말 중요하다.

앞서(제12장, 제14장) 몇 차례 언급했듯이 한국자본시장은 거시구조가 오랜 기간 경제 외적 요인에 휘둘려져 온 탓에 이러한 측면에서 그다지 성공적이지 않다. FMI 제공기관을 여전히 공기업으로 생각해 '관'(官)의 시각에서 '치'(治)하려는 경향도 크게 사그라지지 않았다.[471] 그 결과, 한국자본시장 거시구조는 상장 지주회사로서 증권거래 각 기능에서 날렵하게 '경쟁과 자연독점의 장점을 동시에 확보'하려는 글로벌 선도자본시장과는 크게 동떨어져 있다. FMI 제공기관의 소유구조는 형식상으로만 주식회사이며 지배구조 역시 정상적으로 작동하지 않는다. ATS 도입은 20년 넘게 '논의 중'일 뿐 매매체결기능조차 최소한의 경쟁이 허용되지 않는다.[472] 거시구조가 이럴진대 당연히 독점거래소 KRX의 미시구조는 답보상태일 수밖에 없고, 거래 관련 ICT 혁신도 미시구조에 (충분히) 내재화/제도화될 수 없었다. 글로벌 선도자본시장 미시구조와는 아예 진행 방향 자체가 달라졌다. 구조적인 문제로 너무나 안타까운 일이다. KRX의 미시구조 현실을 좀 더 쉽게 파악할 수 있도록 비교 차원에서 글로벌 선도거래시장 미시구조 특징(제12장 2절 참조)을 한 번 더 요약해보면 다음과 같다.

① 세련된 형태의 종목별 시장안정화장치 보편화

---

471 김지훈, 2022. "금융위의 황당 관치… 'T+1 도입 검토 없다 하라' 압박: 한국거래소 T+1 도입 계획은 어떻게 어그러졌나". **국민일보**, (7월 13일).

472 엄경식(2019)은 제VII장("한국자본시장의 과제") 2절("시장거시구조 이슈와 정책담당자의 책무")에서 "KRX 소유·지배구조", "ATS의 실질적 도입 여부와 허용 범위", "한국 자본시장의 거시구조 설계"에 관해 자세한 의견을 내놓았다. 이 책 여기저기서(제12장, 제14장) 언급한 논지도 이와 같으니, 한 곳에 정리된 의견을 원하는 독자는 참조하기 바란다.

② 수많은 신규 주문유형 등장

③ 각광받는 일중 단일가매매

④ 이질적이고 복잡한 수수료 체계 성행과 논란 종식

⑤ 직상장, SPAC(Special Purpose Acquisition Company. 기업인수목적회사. 스팩) 상장—존재감 보이며 거시구조 변모에 일조

- 직상장, 유니콘 상장방식으로 전면 등장
- 지속성 관심 속에 (과도한) SPAC 상장 열풍

⑥ HFT(high-frequency trading. 고빈도거래/초단타매매), co-lo(co-location. 증권회사/거래자가 거래시장 데이터 센터의 일정 공간과 회선을 임대받아 자신의 서버를 설치할 수 있는 서비스), DMA(direct market access. 투자자가 증권회사 전용회선과 서버를 사용해 거래시장에 직접 접속), 시장연계 등 서비스를 제공하려 관련 제도 적극 도입

⑦ HFT, 전통적 시장조성인 대체

⑧ 다크 거래시장 관련 사전적·사후적 투명성 강화

⑨ 결제 주기 단축—T+2 정착과 T+1 현실화 논의 시작

⑩ FMI에 블록체인/DLT(distributed ledger technology. 분산원장기술) 접목

⑪ 디지털 자산 파생상품 제도권 편입

- 증권형 토큰 등장
- 파생상품거래소와 디지털자산거래소 간 상호 진출 현상화?

위 11개 글로벌 선도거래시장 미시구조 특징 중 KRX도 갖고 있다고 말할 수 있는 항목은 ①, ⑤의 일부(SPAC), ⑨ 정도이다. 이마저도 ①에 해당하는 조치가 2015년 중반을 전후로 2~3년간 집중적으로 이루어져 가능했다.[473] 시장거시구조가 오랫동안 명확하

473 KRX 시장안정화장치 신규 도입/개선은 유가증권시장이 선도했다. 유가증권시장의 노력을 예로 들면, ① 유럽형 동적 VI(2014년 9월)와 정적 VI(2015년 6월) 순차적 도입, ② 가격제한폭 ±30% 확대(2015년 6월), ③ "단기과열완화장치" 개선(2012년 11월 도입 이후 2013년 4월, 2015년 12월 개선), ④ 서킷브레이커 세분 강화(2015년 6월), ⑤ "호가일괄취소제도"(kill switch)와 "착오매매 구제제도" 도입(2016년 6월), ⑥ "공매도 과열종목 지정제도" 도입과 개선(2017년 3월 도입. 8월 개선), ⑦ "시장조성자제도" 도입과 개선(2016년 3월 도입. 2017년 9월 개선) 등이다

지 않아 시장운영자에게는 우호적이지 않은 환경임에도 전력을 다한 KRX 관계자의 분투가 다행스럽고도 고마울 따름이다. 그렇다면 KRX는 왜 나머지 특징을 공유하지 못했을까?[474] 지금 공유하는 특징(①, ⑤의 일부[SPAC], ⑨)은 선도거래시장과 견줄 수 있는 수준인가? 몇 가지 단상을 엄경식(2019)에 근거해 서술하며 이에 대한 답변으로 갈음한다.

가. KRX는 왜 선도자본시장 미시구조 특징 대부분을 공유하지 못할까?

첫째, 정책담당자는 증권거래과정 각 기능이 지닌 자연독점 특성을 거의 맹신했고, FMI 제공기관은 경쟁 필요성에 적극적이어야 할 이유가 없었으며, 연구기관이나 학계는 (목소리 없이) 지리멸렬했다. 기회가 전혀 없던 건 아니다. 아주 단초적이었지만 현재 선도자본시장이 보이는 미시구조 특징을 닮은 몇몇 시도가 국내 업계에서도 일어난 적이 있다. 예를 들어, 초기 형태의 co-lo, 리트풀(lit pool. ECN), 다크풀이 국내에도 등장했었다. 중소형 증권회사가 KRX 사옥(서울) 바로 옆 여의도 전화국에 자신들 서버를 설치했었고, **(주)한국ECN증권**은 야간 거래에 특화한 영업을 했었다. 또 KRX는 10여 년 전부터 **A-Blox**(경쟁대량매매)라는 일종의 다크풀을 운영하고 있다. 물론 국내에 다크풀이 실재한다고 말할 수는 없다. A-Blox에서 거래가 이루어진 적이 없기 때문이다. A-Blox 운영은 국내에 ATS 도입이 조금씩 구체화하자 이러한 외부 경쟁 압력을 선제적 내재화(in-house)로 대응하려 했던 움직이었을 뿐이다. 명목상이기는 해도 상업적 주식회사니까 KRX로서는 당연히 자기 이익을 지키려 한 것이다. 그러면 균형 잡힌 시각을 가져야 하는 정책담당자의 제도적 노력은 어떠했을까? 자세한 내부 실상은 알 길이 없으나, 결

(엄경식, 2019. 설명은 〈표 15-3〉 참조).

474 물론 글로벌 선도자본시장 미시구조 특징을 공유하는 것이 항상 바람직한 것만은 아니다. 예를 들어, 너무 많은 신규 주문유형의 등장으로 투자자는 오히려 혼란에 빠지기도 하고 또 일부는 이를 시장 효율성과 공정성을 훼손하는 데 악용하기도 한다(**제12장 2절 나항** 참조). 그렇지만 이런 전후 상황을 알고 투자자를 위해 적절한 주문유형을 갖추는 것과 처음 만들어 놓은 몇몇 주문유형을 수십 년 그대로 사용하는 것과는 서로 질적으로 비교할 수 없다.

과만 놓고 보면 거래 관련 ICT 혁신에 따른 글로벌 미시구조 추세를 한국자본시장 미시구조에 대부분 제도화할 수 없었다. 법제를 통해 새로운 시장거시구조를 뒷받침 못 했으니 당연한 결과이다(제16장 참조). 연구기관이나 학계 목소리는 아주 가늘었고 정확하지도 않았다. 그 결과, KRX 미시구조는 현재 선도자본시장은 고사하고 주요국 자본시장에 나타나는 특징이나 경향과는 거리가 먼 모습을 띠게 돼버렸다.

둘째, 이미 고착해버린 한국자본시장의 악순환적 상황이다. 시장거시구조는 시장미시구조의 필요조건이다. 그런데 한국은 자본시장 구조의 근본을 이루는 시장거시구조의 중요 쟁점(예: 한국자본시장 거시구조/KRX 소유·지배구조 설계, ATS 도입)에 대해 정책담당자와 독점적 시장운영자가 언제나 '선제적'이고 '균형 잡힌 시선'으로 대비해주기만을 기다릴 수밖에 없는 상황에 놓여 있다. 엄청나게 어려운 상황이다. 20년 넘게 글로벌 대세에 적극 동참하지 못했던 까닭이다. 이유가 어쨌든 지금이라도 잘 대비하려면 전제조건으로 정책담당자나 KRX 임직원 모두 글로벌 선도자본시장 법제와 ICT 환경변화를 국내 누구보다 객관적이고 철저하게 이해해야 한다. 한국자본시장 발전만을 마음속에 갖기를 기대하는 것은 그다음 일이다. 문제는 시장은 독점인데다 국내에 전문가가 거의 없어 이들의 행동을 지켜보며 올바르게 시스템적으로 제어해줄 방법이 없다는 사실이다. 경쟁이 조금이라도 있다면 어떻게 해서라도 이의를 제기하는 시장참여자가 나타나겠지만, 그렇지 않은 상태에서 독점적 FMI 제공기관이 자신에게 불리한 객관적 사실을 드러낼 리 만무하다. 전문가 그룹은 극소수인데다가 목소리를 낼 기회나 여건도 갖지 못 한다. 누군가가 물꼬를 터야 하는데 무슨 꼬리에 꼬리를 무는 악순환 같아 보인다. 상황이 이럴진대 KRX에 글로벌 선도자본시장 미시구조를 선제적으로 준비해내라고 바랄 수 있을까? 바로 앞에서 "열악한 환경임에도 고군분투한 KRX 관계자의 노고가 다행스럽고도 고마울 따름이다"라고 했던 의미가 여기에 있다.

셋째, 시장미시구조를 가꿔나가는 KRX 관행상 어려움이다. 우선, 대부분 제도가 시장에서 문제가 발생하면 이를 시정하려는 차원에서 도입이나 변경이 이루어진다. 물론 이러한 조치도 중요하고 필요하다. 하지만 글로벌 선도자본시장과 결이 다른 시장거시구조로 말미암아 KRX는 좀 더 힘든 일을 해야 한다. 앞서 언급한 바와 같이, 바로 제도를 선제적으로 도입하고 개선해야 한다. VI 도입은 아주 좋은 예이다. KRX 관련 부서 담당자가 2006년부터 노력했고 2014년 적극 추진해 도입할 수 있었다. 가격제한폭과 일부 중첩되는 아쉬움은 있지만, 이들 관계자의 오랜 노력은 참으로 대단했다. 하지만 안타깝게도 KRX에서 이 같은 시도는 예외라 할 만큼 드문 일이다. 다음은 제도를 신규 도입하거나 변경/폐지할 때 좀 더 엄정한 연구에 기반을 두어야 한다.[475] 물론 촉박한 시간과 인력 제약으로 어쩔 수 없는 현실적 부분이 있다. 그렇다 해도 주어진 거시구조를 충분히 고려해 최선의 방식으로 분석하고 그 결과에 근거해 객관적으로 판단·확정한 후,[476] 시장참여자에게도 널리 알려야 한다(엄경식·강형철, 2013).

나. KRX가 현재 공유하는 특징은 선도자본시장과 견줄만한가?

결론부터 말하면 KRX가 현재 공유하는 특징 ①("세련된 형태의 종목별 시장안정화장치 보편화")은 글로벌 선도자본시장과 비교할 때 중복적이고 다소 미흡한 실정이다. 다른 공유특징(⑤의 일부[SPAC]와 ⑨)은 여기서 더 논의할 사안은 아니다. 구체적인 제도 두 개를 예로 들어 설명해보자.

첫째, VI이다. 이 중 정적 VI는 누적 가격변동범위(10%)를 사용하므로 기존의 가격제한폭제도(30%)와 제한폭만 다를 뿐 경제적 기능은 거의 같다(상·하한가 발생일 88%에서 정적 VI도 발동[안일찬·박종호·라성채·엄경식, 2017]). 그런데도 KRX에서는 이 두 제도를 병행한다.

---

475 한국주식시장 미시구조 연구에서도 방법론에 따라 결과가 뒤바뀌는 경우는 꽤 있다. 예를 들어, 호가공개범위를 5개에서 10개로 확대(제도 변경)한 효과를 분석할 때 잔차항에 대한 고려를 달리하면, 6~8개 정도가 최적이거나(박종호·엄경식, 2005), 10개도 훌륭한 공개범위이기도 하다(Eom, Ok, and Park, 2007). 자세한 논의는 엄경식(2013b)을 참조하기 바란다.

476 이와 관련해 엄경식(2013b)은 관련 재무학계에도 다음과 같은 연구 성찰을 당부한다. "재무론의 다른 분야에 비해, 시장거시·미시구조 연구는 증권시장 정책과 제도에 직결되어서 시장참여자에게 현실적으로 특히 중대한 영향을 끼친다. [...] 계량분석 방법마다 일정한 한계가 있기에 어느 한 방법이 일률적으로 최선이라 얘기할 수는 없다. 하지만 이 같은 한계에도[...], 연구자는 학계 현 수준에서 가장 엄밀한 분석 방법을 사용하려고 노력한 후 제도를 평가하고 변경을 논의해야 하는 책무를 지닌다. 연구자가 이를 소홀히 할 경우, 연구 결과가 왜곡되어 시장참여자의 일부 또는 모두가 커다란 사회적 비용을 치러야 하기 때문이다. 여기에 연구자의 옳지 못한 의도가 더해진다면 그 비용은 훨씬 더 막대한 수준에 이르게 될 것이다".

비슷한 제도를 중복 사용하면 투자자가 혼란스러워할 수 있고 무엇보다 제도 효율성이 낮아진다. 실제로 정적 VI가 가격발견에는 어느 정도 공헌하지만, 가격제한폭 확대와 맞물리는 바람에 가격 안정성에 도움 되지는 않는다고 한다(안일찬·박종호·라성채·엄경식, 2017). VI 설계 과정에서 KRX도 이를 우려해 VI가 정착하면 '자연스레' 가격제한폭을 폐지하려 했다고 한다. 가격제한폭이 자신을 보호해 준다고 오랫동안 믿어온 개인투자자의 반발이 사그라들기를 기다리면서. VI 도입 때부터 공개적으로 투자자를 설득했으면 더 좋지 않았을까 하는 생각이 든다.

둘째, 시장조성자제도이다. 시장조성자/시장조성인(market maker)과 LP(liquidity provider. 유동성공급자)는 둘 다 관련 종목에 유동성을 제공하는 증권회사이다. 도입 시기가 달라 번역 과정에서 이름이 달라지고 의무와 혜택이 다를 뿐이다. '전체' 상장종목에 유동성을 제공하지만, 한국 시장참여자는 시장조성자를 LP처럼 '유동성이 낮은 종목'에만 필요한 제도라 여기는 듯하다. '조성', '공급'이라는 단어에서 풍기는 말맛 때문인 것 같은데 이익을 내야 하는 '증권회사'임을 상기하면 쉽게 이해할 수 있다. 유동성이 낮은 종목에만 시장을 조성하면 수지타산을 맞추기 어렵다. LP 제도가 국내에서 별 효과가 없는 이유이다. 원래 시장조성자는 설령 유동성이 낮은 종목에서 손실이 나도 유동성이 높은 종목에서 수익을 내 이를 보전할 수 있다. KRX의 현행(2017년 9월 개선) 시장조성자제도는 유동성이 낮은 종목에만 적용하던 과거 제도와는 달리 앞으로 등장할 "시장조성 전략 HFT 증권회사"를 염두에 두고 멀리 내다본 것 같다. HFT 거래 비중이 아주 낮은 한국주식시장 현실에서 제도를 선제적으로 설계하려는 시도인 것 같아 바람직하다고 생각한다. 유동성 상위종목은 대상이 아니어서 여전히 미흡하기는 하지만 아마도 생소한 딜러 메커니즘을 KRX 경쟁매매 메커니즘에 단번에 결합하기가 꽤 어려웠으리라 짐작한다.

▌부록▐ 글로벌 선도자본시장과 한국자본시장 특징 비교 ▐

〈부록 표 15-1〉 글로벌 선도자본시장 특징과 한국 상황—시사점과 토의 사항

	주요 특징	한국 상황, 시사점 및 토의 사항
패러다임 변화	**알고리즘을 통한 초단타매매 일반화** - AT와 HFT 거래량 급증, DMA와 co-lo 서비스 이용 보편화 **거래시장 간 저지연(low latency) 서비스 경쟁적 일반화** - 속도가 거래시장 경쟁력의 (가장) 중요한 수단이 됨. (HFT/AT, DMA/co-lo, SOR 서비스 등) - 채권, 장내·외파생상품, FX 시장으로 급속히 파급 중 **Speed bump("과속방지턱") 설치로 약탈적 HFT 견제** - IEX 최초 도입 후 Nasdaq 합류. NYSE American은 합류했다 폐기 - 파생상품시장에서는 FX 관련 상품을 중심으로 속속 설치	2014년 3월 KRX 5개 시장의 매매체결시스템을 **EXTURE+**로 업그레이드(70μs). AT와 HTF는 파생상품시장에서는 꽤 진행되었지만, 주식시장시장에서는 거래세 부담이 큼 - HFT 비중—코스피200선물(2009.4~2010.3): 주문 32%, 체결 24%(이은정[Lee], 2015) - AT 비중—코스피200옵션(2014년 이전): 거래 41% - HFT 비중—주식시장: 거래세로 인해 제한적(거래량 비중: 2012년 4.7%, 2015년 8.7%) - 일반적으로 HFT의 매매당 기대수익률은 0.1% 이하로 알려져 거래세를 하회 2023년 10월을 목표로 **Next EXTURE+**로 격상을 추진 중
	Flash Crash처럼 느닷없이 자주 발생하는 유동성 증발(periodic illiquidity. self-reinforcing feedback loop) - 자본시장 시스템 차원의 안정성 위기가 갑자기 그러나 생각보다 자주 발생(normalization of deviation)	지금까지 Flash Crash와 비슷한 상황은 발생하지 않음 - 2015년 7월 6일 중국 증시 영향으로 코스피지수가 하루 50.48pt 급락한 것 같은 현상은 국내에서도 자주 일어남(박종호·엄경식, 2016) - 일중 초단기 붕괴 현상은 아직 경험하지 않음
	유동성 관련 시장 속설 변화 - **유동성 외부효과/네크워크 효과**("유동성은 유동성을 부른다") **무효화** - "유동성이 풍부히 형성돼 있다 해도 언제든지 쉽게 다른 거래시장으로 이동할 수 있다"(주식시장)	* **〈시사점〉 전통적인 유동성 관련 시장 속설이 모두 무너짐** - 개별 거래시장 차원의 유동성 외부효과는 사라졌고 유동성은 언제든지 쉽게 이동할 수 있음을 명심
	거래소, 완전한 형태의 민간기업—상장 지주회사 - 글로벌 주요 거래소 거의 다 소유·지배구조를 상장 지주회사(그룹)로 바꿈 - **자율규제**: 독립형규제기관(예: FINRA)과 거래소가 합동으로 "교차 시장감시"하기 시작 - **〈IPO 이후 성장전략〉** ① 장내·외파생상품시장 진출/강화 ② 청산·결제 등 거래 후 업무 분야 진출/확대 ③ ICT 기능의 상업성 강화 ④ 데이터(지수 포함)/시장 간 연계와 관련한 산업에 진출/확대 ⑤ 새싹기업에서 대기업(전통·성장형산업 불문)까지 기업의 모든 성장단계에서 금융상품의 유통 활성화(예: 비상장주식 거래플랫폼 제공) 추구 ⑥ ①~⑤ 사항에 국제화 요소 가미	거래소의 실질적 주식회사화, 지주회사 전환, 이와 관련해 거래소의 기능과 범위에 관한 정책당국의 일관성 있는 비전 부족(엄경식, 2015). * **〈토의 사항〉 좌측 〈IPO 이후 성장전략〉은 국내 거래소시장의 거시구조를 결정짓는 외생변수임** - 선도거래소가 소유·지배구조를 개선할 때 추구한 본질은 지주회사-자회사라는 법적인 형식이 아니라, 주문에서 예탁까지 이용자 측면에서 자본시장의 모든 기능을 유기적으로 자동 연계하는 STP(직통/일괄처리) 체계 구현임 - 자본시장 경쟁은 국내뿐 아니라, 국외/역내 경쟁도 있음을 명심

주요 특징	한국 상황, 시사점 및 토의 사항
시장 간 경쟁 심화 (1)—일반적 논의 - 다크 거래시장 점유율 급증과 적정성 논란 - 범위의 경제 적극 추구로 수직적 경쟁도 활발: ① 현·선 거래소 간 양방향 통합 진출 ② 거래소산업에서 청산·결제 중요성 전면 부각 ③ 정보와 핀테크/ICT 부문 강화로 수익 다변화	국내에 경쟁 없음. ATS(리트풀/다크풀 모두) 미등장(진행 중이라 함) - 사회 전반의 몰이해, 정책당국 비전 부족, 자기중심 지역주의와 정치적 악용 - 시장분화 가능성—시기상 문제일 뿐 KRX: 코스콤(ICT 회사)과 한국예탁결제원은 형식적 자회사. 2021년에서야 중앙청산기구(CCP)를 부서 단위에서 본부 체제로 전환
시장 간 경쟁 심화 (2)—미국주식시장 거시구조, 총체적 변모 돌입 - 주시장, 성장형시장 구분 모호 - 다양한 목적의 신생 주시장 대거 등장 - **위계를 넘나드는 ATS의 광범위한 영향력** - 조직화한 장외주식시장의 적극적 행보 - 사적 자본시장 역할 증대(시장미시구조의 중요성 대두) ⇒ "개별 FMI의 선도적 노력으로 시장미시구조 개선이 가능할까?" 논의 활발	* **〈시사점〉** 한국주식시장 거시구조는 이와 다른 방향으로 전개 중(강형철 외, 2017) - 예를 들어, KRX는 어떠한 경쟁도 없이 KSM(새싹기업 시장)에서 시작해 코넥스시장, 코스닥시장, 유가증권시장으로 연계되는 한국자본시장 거시구조의 처음과 끝을 (거의) 빼곡히 독점 - 자본시장법을 통해 정책의 큰 틀로는 "시장 간 경쟁을 추구한다"라고 하면서, 대안이 될 수 있는 ATS는 출현하지도 않은 채 국내 자본시장 거시구조의 처음부터 마지막 단계까지 KRX가 독점하게 되는, 정책적으로 앞뒤가 맞지 않는 상황 발생 * **〈시사점〉 정책이 갖는 외부성을 직시**해야 함 - 예를 들어, 국내에 사적 자본시장 가능성을 논할 때 운영 주체, 대상 종목 등 표피적 현상에 초점을 맞춰서는 안 됨. 미국·유럽 주식시장에서 이루어진 거시구조 자체의 변모와 그 동인을 종합적으로 신중히 검토해 한국자본시장에 적용해야 함
미시구조 확충·세련화 - 세련된 형태의 종목별 시장안정화장치 보편화 - 수많은 신규 주문유형 등장 - 각광받는 일중 단일가매매 - 이질적이고 복잡한 수수료 체계 성행과 논란 종식 - 직상장, SPAC 상장 등 시장미시구조 요소가 존재감을 보이며 시장거시구조 변모에 일조 - HFT 증권회사가 전통적 시장조성인 대체 - 결제 주기 단축(T+2 정착과 T+1 현실화 논의 시작) - FMI에 블록체인/DLT 접목 - 디지털 자산 파생상품 제도권 편입	거시구조 전반이 답보 상태라 거래 관련 ICT 혁신이 미시구조로 제도화되지 못한 상태—구조적 문제 - VI 순차적 도입. 가격제한폭제도와 병행하기 때문에 효과 중첩 - 시장조성자제도 시행(2016.1.4.). 저유동성 종목 강조. 시장조성자(증권회사)는 이익을 내야 하는 기업임. 유인이 충분하지 않음. 게다가 뚜렷한 잘못 없이 과징금 부과 통보를 당해(2021.9) 제도 유지 가능성 논란 야기 - 제한적 주문유형 * **〈토의 사항〉** 장·단점 존재 - 제도 개선이 항상 선제적이어야 함. 이는 사실상 매우 어려운 작업임 - 반면, 제한적 주문유형이 언제나 단점이지는 않음. 시장거시구조 틀 내에서 논의해야 함
비지분형상품의 거래 프로토콜과 인프라, 주식시장 방식으로 수렴 - OTC 상품에 제도권 인프라 SEF(미국), OTF(유럽) 활용. (거래 방법은 각 상품의 시장 특성에 맞춰 다양하게 고안해 적용)	국고채 장내거래 비중이 이미 82%(2020.9) - 회사채 장내거래 비중은 1.35% 한국금융투자협회—장외 채권거래전용시스템(K-Bond. 2017.7) - 트레이딩 보드, 전용 메신저 - 채권장외시장 관리(수익률·채권지수 발표 및 장외거래 호가 집중)
정책담당자의 목표: **시장 건전성, 투자자 보호, 시스템 안정성**	* **〈시사점〉** 전통적인 2개 축에서 시스템 안정성이 추가되고 이에 대한 비중이 각종 제도에 중요해짐

* 자료: 박종호·엄경식, 2016. "국내주식 액티브 직접 위험 관리 개선방안에 관한 연구". **국민연금공단 제출보고서**, (11월). 엄경식(2015). 강형철·엄경식·이지혜·이진호(2017). 엄경식(2019).

제16장

법제

"자본시장과 금융투자업에 관한 법률"

1. 도입 배경, 취지 및 제정과정

1997년 아시아 금융위기를 극복하는 과정에서 한국은 골드만삭스(Goldman Sachs), 론스타(Lone Star Funds. 미국 부동산투자 전문 PEF[private equity fund. 사모펀드]) 등 글로벌 IB와 PEF가 쑥대밭이 된 국내 금융시장의 취약성을 틈타 손쉽게 막대한 이득을 챙겨가는 상황을 넋 놓고 목도했다. 이를 타개하고 우리도 글로벌 IB를 키우자는 바램에서 2003년 3월 정부는 "자본시장통합법"(일명 "자통법")에 관한 구상을 발표한다.[477] 자본시장과 금융투자업에 관한 법률(FISCMA: The Financial Investment Services and Capital Markets Act. 약칭 "자본시장법")의 출발이다. 물론 동태적으로 급변하는 글로벌 금융시장 환경변화에 유연하게 대응할 수 있는 법제를 갖추는 일도 시급하였다.

여러 주요 국가(예: 미국, 싱가포르, 영국, 일본, 호주, EU)의 금융시장통합/금융시장 관련 입법례를 참조했으나, 최종적으로 자본시장통합법은 영국 FSMA(The Financial Services and Markets Act 2000. 2000년 금융서비스시장법. **제5장 4절 나항 참조**)와 이에 영향 받은 호주 "**금융서비스개혁법**"(**The Financial Services Reform Act 2001**)을 본으로 했다(benchmark).[478] 이는 자본시장통합법이 개발 시대 업권별 규제에서 **기능별 규제**

477 당시 국내에서는 이른바 "한국판 골드만삭스"가 나올 수 있도록 새로운 법을 만들어야 한다는 말이 끊이지 않았다.

478 영국과 호주 금융개혁법은 규제 유연화의 신기원을 이뤄냈다는 평가를 받는다. 그만큼 혁신적이었다. 자본시장법은 투자자, 금융투자상품, 금융투자업 분류에 영국과 호주 금융개혁법의 접근방법과 구분 체계를 따랐다. 특이 사항으로, 일본도 일본판 금융통합법인 금융상품거래법(金融商品取引法. FIEA: The Financial Instruments and

(functional approach/supervision. cross-sectoral legislation. 경제적 기능이 같으면 규제도 똑같이 적용)로 금융규제체계를 획기적으로 전환하려 했기 때문이다.

2005년 기획재정부는 자본시장통합법 얼개를 공식 선보였다. 그때까지만 해도 증권업, 은행업, 보험업 등 관련 업종의 벽을 허무는, 말 그대로 통합법 성격이 강했다. 그러나 은행과 보험업계 저항이 너무나도 격렬해 결국 이들 업종을 제외한 채 증권업 관련 7개 법률만 통합했다(〈그림 16-1〉 참조). 자본시장통합법은 이렇게 자본시장법으로 쪼그라들었다.[479]

국회 의결(2007.7.3.)과 1년 6개월 준비기간을 거친 후, 2009년 2월 4일 마침내 자본시장법이 발효·시행되었다. 쉽게 말해, 자본시장법은 증권회사, 선물회사, 자산운용사, 신탁회사, 종합금융회사(종금사) 등 자본시장을 이루는 여러 금융회사를 "금융투자업자"라는 이름으로 한데 묶어 규율하는 법이다. 여기에 당시 규제법이 없던 비정형 간접투자(예: 투자계약[여러 사람이 공동 투자한 후 수익을 나누는 계약]), 일부 파생금융상품(예: 장외파생상품, FX[foreign exchange. 외환] 마진거래) 등에 규제를 더하고 투자자 보호도 강화했다(〈그림 16-1〉 참조). 이전까지만 해도 규제법은 이들 회사 고유의 상품과 영역을 엄격히 구분해 보호했다. 예를 들어, 증권회사는 주식 매매와 중개에, 자산운용사는 펀드 운용에 집중해야 했다. 그러나 자본시장법은 그 칸막이를 걷어냈다. 이로써 금융투자회사는 매매와 중개는 물론이고 자산운용, 투자자문, 투자일임, 자산보관 등 자본시장 모든 업무를 폭넓게 겸영하며, 한층 더 창의적이고 혁신적으로 다양한 금융상품[480]을 개발해 경쟁력을 키울 수 있게 됐다. 더불어, 자본시장법은 겸영화에 뒤따르는 이해상충을 방지하는 체제와 낯선 금융상품을 적절히 설명하고 자격을 갖춘 투자자가 투자하게끔 단속하는 조치

Exchange Act) 제정(2006년 6월) 작업을 한국과 거의 동시에 진행했다. 이 때문에 한국이 예전처럼 일본 법제를 마냥 본뜰 수는 없었다고 한다. 정순섭, 2007. "영국·호주의 금융개혁법, 규제 유연화의 신기원 이뤄". **나라경제**, (8월호).

479 이정흔·최은석, 2019. "'절반의 성공·절반의 실패'…자본시장법 10년 현주소". **한국경제매거진** 제1209호, (1월 30일).

480 예를 들어, 기후나 경제성장률처럼 지수화/계량화할 수 있으면 모두 금융상품으로 설계해 판매할 수 있다.

〈그림 16-1〉 자본시장법 시행 이전과 이후 금융법 체계

〈자본시장법 이전 금융법 체계〉

은행법	증권 거래법	선물 거래법	비정형 간접 투자*	자산 운용업법	파생상품 거래 (장외파 생거래, FX마진 거래 등)	신탁업법	종금업법	한국 증권 선물 거래소법	보험업법	서민 금융 관련 금융법

[ ] 부분은 당시 투자자 보호 법제가 없던 부분

⇓

자본시장법 시행

⇓

〈자본시장법 이후 금융법 체계〉

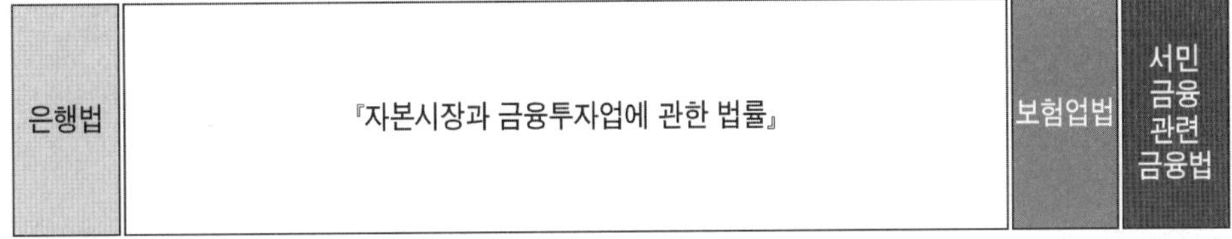

* 자료: 재정경제부, 2006. "'금융투자업과 자본시장에 관한 법률(가칭)' 제정 방안". **발표 자료**, (2월 17일).

* **비정형 간접투자**: 상법상 익명조합, 민법상 조합, 유한회사 등 당시 간접투자 관련 법률에서 허용하지 않은 방식(vehicle)을 이용한 간접투자. 예: 투자계약(여러 사람이 공동 투자한 후 수익을 나누는 계약). 자본시장법 제정으로 **"증권거래법"**, **"선물거래법"**, **"간접투자 자산운용업법"**, **"신탁업법"**, **"종합금융회사에 관한 법률"**, **"한국증권선물거래소법"**, **"기업구조조정투자회사법"**(그림에는 미포함) 등 기존 7개 법률은 폐기됨. 또한 "여신전문금융업법", "부동산투자회사법", "선박투자회사법", "산업발전법", "벤처기업 육성에 관한 특별조치법", "중소기업 창업 지원법", "사회기반시설에 대한 민간투자법", "부품소재 전문기업 등의 육성에 관한 특별조치법", "문화산업진흥 기본법" 등 9개 법률은 일부 개정됨.

(예: 설명의무, 적합성원칙) 등 사전적 투자자 보호장치도 강화했다.

정부는 국내 '금융회사'의 체질과 경쟁력을 높여, 늦었지만 싱가포르와 홍콩을 넘어서는 동북아 자본시장 허브(hub)를 건설하겠다고 야심에 찬 포부와 법 제정 취지를 드러냈다. 자본시장법 시행으로 이에 부합하는 법적 토대가 일차로 만들어지기는 했지만, 그 시도는 아쉽게도 '일부'[481]에 그치고 말았다.

481 '금융회사'와 '일부'라는 표현을 강조하는 이유는 자본시장 기능 제고와 경쟁 촉진을 목표로 한다고 하면서도 법 제정에서는 FMI(특히 ATS[다자간매매체결회사]) 관련 논의가 제외됐기 때문이다. 다자간매매체결회사 조

2. 기본방향과 주요 내용

자본시장법은 다음과 같이 시작한다.

> **제1조(목적)** 이 법은 자본시장에서의 금융혁신과 공정한 경쟁을 촉진하고 투자자를 보호하며 금융투자업을 건전하게 육성함으로써 자본시장의 공정성·신뢰성 및 효율성을 높여 국민경제의 발전에 이바지함을 목적으로 한다.

큰 항목부터 조문을 읽어 보면 자본시장법은 자본시장 기능을 제고하고 금융투자업 성장을 도모해 국민경제 발전에 이바지하려는 목적을 가진다. 그러려면 세부적으로 투자자 보호를 더욱 염두에 두면서 자본시장에서 금융혁신과 공정경쟁을 촉진해야 한다고 규정한다. 문제는 이를 제대로 달성하기에는 기존 법제가 너무 구태의연했다는 점이다. 정부가 그 패러다임을 바꿔야겠다고 판단했을 정도이다. 무엇이 문제였고 이를 어떻게 해결하려 했을까?

정부는 〈그림 16-2〉에 제시한 바와 같이 4개 기본방향을 축으로 삼아 자본시장법을 제정했다. 기본방향과 관련 주요 내용을 하나씩 살펴보면 다음과 같다.[482]

- **〈기능별 규제체계로 전환〉** 규제체계를 업권별(기관별) 규제에서 기능별 규제로 전환. "금융기능"을 "투자자를 상대로 하는 금융투자상품의 금융투자업"으로 개념 구조를 정리하고, 구성요소인 투자자, 금융투자상품, 금융투자업을 경제적 실질에 따라 재분류(앞서 언급한 바와 같이 영국과 호주 금융개혁법을 본으로 함. **바로 다음에 제시한 예시와 그림 참조**). 법제 패러다임 변화의 핵심으로서[483] 자본시장법 체제와 형식에 중대한

항은 2013년 5월에서야 자본시장법 개정을 통해 신설됐다(제16장 3절 참조).

482 세부 내용은 다음 문건을 참조한다. 재정경제부, 2006. "'자본시장과 금융투자업에 관한 법률 제정(案)' 입법예고 시행". **보도자료**, (6월 29일).

483 업권별 규제에서 기능별 규제로 전환은 금융감독체계(예: 통합형 모형, 쌍봉형[twin peaks] 모형)의 혁신과

〈그림 16-2〉 자본시장법 제정 기본방향

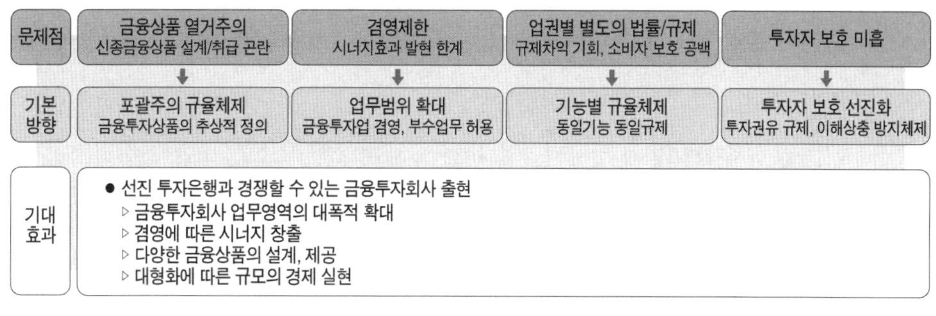

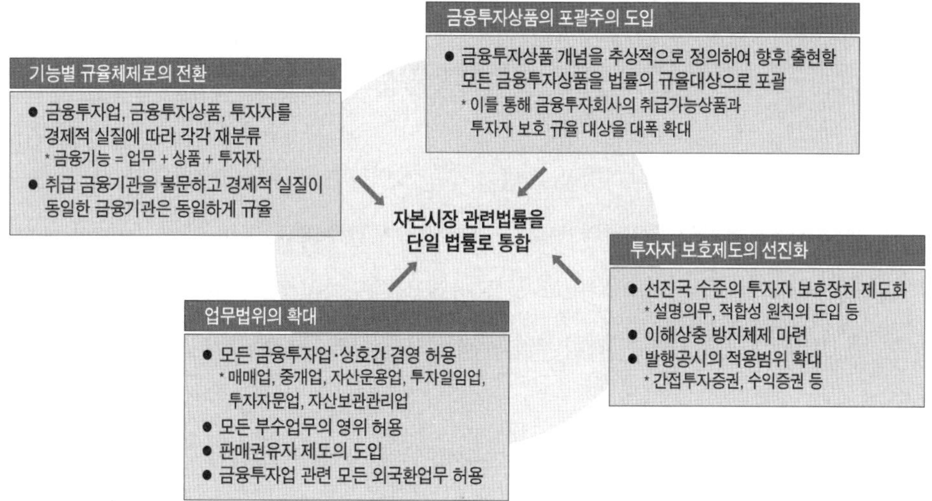

* 자료: **〈위 그림〉** 조성훈, 2019. "자본시장법 도입 이후 증권산업의 변화와 미래". **자본시장연구원 세미나 발표자료**, (5월 14일). **〈아래 그림〉** 재정경제부, 2006. "금융투자업과 자본시장에 관한 법률(가칭)" 제정 방안. **발표자료**, (2월 17일).

영향을 끼침.

- 업권별 규제는 해당 업권 금융상품을 중심으로 규제체계를 만들어 규율(예: 증권업, 선물업, 은행업, 보험업, 연금업 등 각각에 개별법 존재). 규제차익 기회가 발생하거나

맞물려 있다(제5장 4절 다항 참조).

투자자(금융소비자) 보호에 공백이 나타날 수 있음.

- 기능별 규제는 업무 기능에 근거해 동일 업무(경제적 실질)에 대해서는 동일 감독 당국이 규율(취급 금융기관을 불문하고 "동일 금융기능에 동일 규제" 적용. 예: 매매업, 중개업, 투자자문업).

  〈기능별 규제체계 예시〉 금융기능을 다음 그림의 3개 요소를 조합해 정의. 예: "일반투자자"를 상대로 하는 "장내파생상품"의 "중개업".

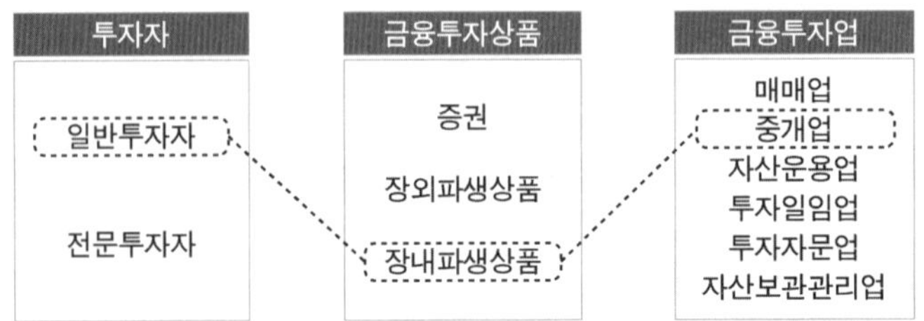

- **〈포괄주의 도입〉** 금융투자상품 개념을 추상적으로 정의. 열거주의(positive system. 법령에 나열한 상품만을 금융기관에서 취급 허용)에서 포괄주의(negative system. 원칙적 모두 허용, 예외적 제한)로 전환. 다양한 상품 출현을 유도하고 이들 모든 상품을 규율대상에 포함. 포괄주의에 입각한 자본시장법의 금융투자상품 정의는 다음과 같음.

  (제3조1항 본문) 이 법에 "금융투자상품"이란 이익을 얻거나 손실을 회피할 목적으로 현재 또는 장래의 특정(特定) 시점에 금전, 그 밖의 재산적 가치가 있는 것(이하 "금전 등"이라 한다)을 지급하기로 약정함으로써 취득하는 권리로서, 그 권리를 취득하기 위해 지급하였거나 지급해야 할 금전 등의 총액(판매수수료 등 대통령령으로 정하는 금액을 제외한다)이 그 권리로부터 회수하였거나 회수할 수 있는 금전 등의 총액(해지수수료 등 대통령령으로 정하는 금액을 포함한다)을 초과하게 될 위험(이하 "투자성"이라 한다)이 있는 것을 말한다. 다만, 다음 각호의 어느 하나에 해당하는 것을 제외한다.

  원론적으로, 원본 손실 가능성이 있는 금융상품은 모두 금융투자상품에 해당할 수 있음.

- 이로써 금융투자업자가 취급할 수 있고 투자자도 보호받을 수 있는 금융상품 수가 대폭 증가. 예를 들어, 자본시장법의 금융투자상품 정의에 따르면 파생상품과 파생결합증권의 기초자산 범위를 "계량화가 가능한 모든 종류의 위험"으로 확대할 수 있음.

- **〈겸영 허용〉** 금융투자업을 투자매매업, 투자중개업, 집합투자업, 투자자문업, 투자일임업, 신탁업으로 구분하고 6개 업별로 진입요건을 갖춰 모두 겸영할 수 있도록 함. 금융투자회사 업무 범위를 크게 확대해 대형 IB 출현과 시너지 창출 기반을 마련. 부수업무도 포괄주의 방식으로 모두 허용.
  - 부수업무란 금융업이 아닌 업무로서 금융투자업에 부수하는 업무(예: M&A 중개, 경영상담·조력, 자기매매[principal investment. 고유계정거래/자기자본투자], 조사분석, 외국환업무, 유가증권 평가업무, 보호예수업무)를 말함. 이로써 증권회사도 은행처럼 계좌이체, 결제, 현금자동지급기 수시입출금 등 다양한 금융서비스를 제공할 수 있게 됨. 실제로, 제약은 좀 있지만 2009년 7월부터 증권회사가 "**소액지급결제 서비스**"를 제공하기 시작.

- **〈투자자 보호장치 강화/선진화〉** 투자자 보호 대상을 확대하고 수준도 엄격히 함. 위험감수 능력(예: 전문성, 경험, 보유자산 규모)에 따라 투자자를 일반투자자와 전문투자자로 구분. 일반투자자를 상대로 하는 금융투자업에는 투자자 보호 규제를 집중·적용하고 전문투자자를 상대로 하는 금융투자업에는 완화.

  고객 신원 확인(KYC: Know Your Customer), 적합성원칙(suitability), 설명의무(product guidance), 요청하지 않은 투자권유 금지(unsolicited call) 등 제도를 신설 도입.
  - KYC 제도: 투자를 권유하기 전에 고객의 신원과 실제 소유 여부, 거래목적, 자금 원천을 확인·검증해 자금세탁 위험성을 최소화.
  - 적합성원칙: 일반투자자에게만 적용. KYC로 파악한 일반투자자의 특성에 맞게 투자를 권유해야 함. 장외파생상품처럼 위험이 큰 금융투자상품을 무분별하게 권유하지 못하게 방지하는 차원.
  - 설명의무 제도: 금융상품 투자를 권유할 때 내용과 위험을 투자자에게 상세히

〈표 16-1〉 자본시장법 구성—총 10편, 449개 조문

편	장	주요 내용
제1편 **총칙**	–	목적 정의 - 금융투자상품, 금융투자업, 금융투자업자, 금융투자상품시장 등[제8조의2] ※ 제8조의2제5항: 다자간매매체결회사 정의[본조신설 2013.5.28.]
제2편 **금융투자업**	제1장	인가 및 등록-진입규제 - 요건 및 절차
	제2장	지배구조
	제3장	건전경영 유지 - 경영건전성 감독, 대주주와의 거래제한 등
	제4장	영업행위 규칙 - 공통 영업행위 규칙(예: 신의성실의무 등[이해상충의 관리, 정보교류의 차단], 투자권유 등), 금융투자업자별 영업행위 규칙(예: 최선집행의무[전문개정 2013.5.28.], 임의매매의 금지, 불건전 영업행위의 금지, 투자자예탁금의 별도예치, 다자간매매체결회사에 관한 특례, 수시공시, 선관의무 및 충실의무)
	제5장	온라인소액투자중개업자 등에 대한 특례〈신설 2015.7.24.〉
제3편 **증권의 발행과 유통**	제1장	증권신고서-발행공시 규제
	제2장	기업의 인수·합병 관련 제도 - 공개매수, 주식 등의 대량보유 상황의 보고, 의결권 대리행사의 권유 제한
	제3장	상장법인의 사업보고서 등-유통공시 규제 - 주권상장법인에 대한 특례
	제4장	장외거래 등 - 장외파생상품의 매매 등, 장외거래의 청산의무[본조신설 2013.4.5.]
제4편 **불공정거래의 규제**	제1~2장	내부자 거래 등, 시세조종 등
	제3장	부정거래행위 등 - 포괄적 사기금지, 공매도 제한〈신설 2016.3.29., 2021.1.5.〉
제5편 **집합투자기구**	제1~11장	총칙, 구성(투자신탁, 회사 형태의 집합투자지구, 조합 형태의 집합투자기구), 종류, 환매, 평가 및 회계(예: 기준가격 산정), 집합투자재산의 보관 및 관리, 사모집합투자기구 등에 대한 특례, 감독·검사, 관계회사 등
제6편 **금융투자업관계 기관**	제1~8장	한국금융투자협회, 한국예탁결제원(예: 금융투자상품거래청산회사, 〈신설 2013.4.5.〉), 증권금융회사, 신용평가회사〈신설 2013.5.28.〉, 종합금융회사, 자금중개회사, 단기금융회사, 명의개서대행회사, 금융투자 관계 단체
제7편 **거래소**	제1~6장	총칙(예: 무허가 시장개설행위 금지[제373조][전문개정 2013.5.28.], 거래소의 허가), 조직(예: 청산기관 및 결제기관〈개정 2013.5.28.〉), 시장(예: 개설·운영, 회원[예: 결제회원, 매매전문회원], 상장규정, 공시규정, 손해배상공동기금, 위탁증거금 및 거래증거금, 시세의 공표), 시장감시(예: 심리, 감리) 및 분쟁조정 등
제8편 **감독 및 처분**	제1~4장	금융위원회의 명령 및 승인 등, 검사 및 조치(예: 외국 금융투자업자의 지점등의 인가·등록의 취소 등에 대한 특례), 조사, 과징금
제9편 보칙	–	예: 외국금융투자감독기관과의 정보교환 등
제10편 벌칙	–	예: 형벌, 과태료

* 자료: 자본시장과 금융투자업에 관한 법률[시행 2021.12.30.] [법률 제17799호, 2020.12.29., 타법개정].
* 시장구조와 FMI 관련 중요 조항에 대해서만 신설/개정 일자 표시.

설명해야 함. 위반(불완전판매)으로 손해가 발생하면 배상해야 함.

- 요청하지 않은 투자권유 금지 제도: 위험이 큰 금융투자상품(장외파생상품)에만 적용. 투자자 요청 없이 실시간 대화(예: 방문, 전화)를 통해 투자를 권유할 수 없음.

이해상충 방지 체제(예: 내부관리시스템 구축, 조직 분리, 임직원 겸직 제한) 마련.

- 이해상충은 특정 투자자의 이익을 희생하여 금융투자회사 또는 다른 투자자의 이익을 추구하는 행위를 말함.

이처럼 새로운 패러다임을 활용하며 제정된 자본시장법은 여러 차례 개정을 통해 2022년 4월 현재 총 10편 449개 조항으로 이루어져 있다(〈표 16-1〉 참조).

3. ATS 관련 주요 개정 내용 — 다자간매매체결회사와 내부주문집행업무

금융혁신과 공정경쟁을 지침으로 내세웠지만 2009년 자본시장법은 금융혁신을 통한 금융투자업 발전에만 치우쳤다. 늘 그랬듯이, 숱하게 논의했음에도 금융위원회는 자본시장 기능 제고, 특히 공정경쟁을 통한 FMI 제공기관의 개혁과 발전은 애써 외면했다. 하지만 FMI 제공기관과의 관계를 현실화해놓지 않으면 한국판 골드만삭스든 뭐든 정부가 그리는 금융투자업(자)의 성장 또한 이룰 수 없다는 사실을 곧바로 인정해야만 했다. 금융투자업자와 FMI 제공기관이 시장거시구조상 이해가 서로 뒤엉켜 점점 더 경쟁 관계로 진화하고 있었기 때문이다. 글로벌 선도자본시장에서는 이미 오래전에 명확해진 현상으로, 이 한복판에 ATS가 자리 잡고 있다(제12장 1절 가항~다항 참조).

ATS와 관련해 금융위원회는 2013년 자본시장법을, 2016년과 2017년에는 두 차례에 걸쳐 시행령을 각각 개정했다. 각 개정의 주요 내용을 요약·정리하면 다음과 같다(〈표 16-2〉 참조).

〈표 16-2〉 ATS 관련 자본시장법과 시행령 주요 개정 사항

개정 구분	주요 내용*	비고
자본시장법 (2013.5.28.)	**〈거래소 허가제 도입〉** 거래소 법정설립주의 폐지와 거래소 허가요건(시장개설 단위별 최저자기자본 요건, 사업계획 타당성, 이해상충 방지체계 구축 등) 신설 - **제373조의2(거래소의 허가)** "① 금융투자상품시장을 개설하거나 운영하려는 자는 다음 각호의 사항을 구성요소로 하여 대통령령으로 정하는 시장개설 단위의 전부나 일부를 선택하여 금융위원회로부터 하나의 거래소 허가를 받아야 한다". **〈다자간매매체결회사(ATS) 도입〉** - **제8조의2(금융투자상품시장 등)** "⑤ 이 법에서 '다자간매매체결회사'란 정보통신망이나 전자정보처리장치를 이용하여 동시에 다수의 자를 거래상대방 또는 각 당사자로 하여 다음 각호의 어느 하나에 해당하는 매매가격의 결정방법으로 증권시장에 상장된 주권, 그 밖에 대통령령으로 정하는 증권(이하 '매매체결대상상품'이라 한다)의 매매 또는 그 중개·주선이나 대리 업무(이하 '다자간매매체결업무'라 한다)를 하는 투자매매업자 또는 투자중개업자를 말한다" - 투자매매업자와 투자중개업자에게 기존의 시장매매의무 대신 투자자 주문에 대한 **최선집행의무**(Best Execution. **제68조**)를 신규 부과하여 투자자 보호 제도를 정비	**〈종합금융투자사업자 도입—투자은행 활성화〉** - **제8조의2(금융투자상품시장 등) ⑧** - 지정요건 신설(예: 자기자본[3조 원 이상] 요건, 위험관리·내부통제 기준), 기업에 대한 신용공여 한도(자기자본의 100% 이내) 설정과 자신의 계열회사에 대한 신용공여 금지 - 전담중개업무(프라임 브로커리지) 대상 확대: 전문사모집합투자기구(헤지펀드) 외에 금융회사, 연기금, 외국 헤지펀드 등 **〈이후 시행령 개정**(2017.5.8.)**〉** - 자기자본 4조 원 이상 증권회사는 단기금융업무(예: 만기 1년 이내 어음 발행)를, 자기자본 8조 원 이상 증권회사는 종합투자계좌(IMA: investment management account) 업무 허용
시행령 (2016.6.29.)	**〈"경쟁매매의 방법"을 따르는 다자간매매체결회사에 대한 거래량 제한 상한선 확대〉** - **제7조의3(금융투자상품시장 등) ② 1.** "증권의 구분별"(즉, **주식시장 전체**. 매월 말 기준)로 "과거 6개월간 해당 다자간매매체결회사의 경쟁매매의 방법을 통한 매매체결대상상품[...]의 평균거래량(매매가 체결된 매매체결대상상품의 총수량을 매매가 이루어진 일수로 나눈 것을 말한다.[...])이 같은 기간 중 증권시장에서의 매매체결대상상품의 평균거래량의 100분의 15 이하일 것" - **2.** "과거 6개월간 해당 다자간매매체결회사의 경쟁매매의 방법을 통한 **종목별** 매매체결대상상품의 평균거래량이 같은 기간 중 증권시장에서의 그 종목별 매매체결대상상품의 평균거래량의 100분의 30 이하일 것"	그 외에는 기존대로 시장 전체 5%, 종목별 10% 이하여야 함 - 예를 들어, "매매체결대상상품이 상장증권인 경우 **해당 거래소가 개설하는 증권시장에서 형성된 매매가격을 이용하는 방법**" 또는 다자간 상대매매의 경우
시행령 (2017.5.8.)	**〈종합금융투자사업자의 주식거래시장 개설 허용〉** - **제77조의6(종합금융투자사업자의 업무)** ① "종합금융투자사업자의 건전성, 해당 업무의 효율적 수행에 이바지할 가능성 등을 고려하여" "'종합금융투자사업자에만 허용하는 것이 적합한 업무로서 대통령령으로 정하는 것'이란 다음 각호의 어느 하나에 해당하는 업무를 말한다. 1. 증권시장에 상장된 주권, 증권시장에 상장되지 아니한 주권, 그 밖에 금융위원회가 정하여 고시하는 금융투자상품에 관하여 동시에 다수의 자를 거래상대방 또는 각 당사자로 하는 장외매매 또는 그 중개·주선이나 대리업무로서 다음 각 목의 기준에 적합한 업무 가. 해당 금융투자상품의 매매주문이 금융위원회가 정하여 고시하는 매매금액 또는 매매수량 기준을 초과할 것"	이로써, **종합금융투자사업자**(종투사. 자기자본 3조 원 이상 증권회사)는 (1) **비상장주식의 내부주문집행 업무**(고객과 직접매매 또는 내부시스템을 통해 매수·매도자를 직접 중개)**를 영위**할 수 있고, (2) **상장주식도 제한적인 "비경쟁매매"**(예: 거래소시장에서 형성된 가격을 이용해 체결) **시장을 개설**할 수 있음

* 자료: 정순섭·엄경식(2011). 자본시장과 금융투자업에 관한 법률[시행 2021.12.30.] [법률 제17799호, 2020.12.29., 타법개정].

* 훨씬 더 많은 조항(특히 2013년 자본시장법)에서 개정이 이루어졌으나, 주요 사항만 서술.

가. 2013년 자본시장법 개정

2013년 자본시장법 개정(이하 "개정법". 개정 일자: 2013.5.28.)의 기본방향은 자본시장 경쟁력 제고에 필요한 기반을 강화하는 데 있었다. 크게 FMI 제공기관과 IB에 초점을 두었다. FMI 제공기관의 경쟁력 제고와 관련해서는 ① 거래시장 간 경쟁을 촉진하려 **다자간매매체결회사**(ATS 대신 유럽 MTF[mutlilateral trading facility. 다자간거래설비]를 활용해 용어 선정)를 신규 도입하고 ② 이에 맞춰 기존 거래소 법정설립주의를 허가제로 전환했다. IB 경쟁력 제고와 관련해서는 ③ IB 활성화를 돕고자 **종합금융투자사업자**를 신설했다.

(1) 다자간매매체결회사 도입

개정법에서는 금융투자업자가 금융위원회 인가를 받아 다자간매매체결회사를 거래시장으로 운영할 수 있도록 했다. 다자간매매체결회사는 전자적 방법으로 "동시에 다수의 자를 거래상대방 또는 각 당사자로 하여 [...] 어느 하나에 해당하는 매매가격의 결정방법으로 증권시장에 상장된 주권, 그 밖에 대통령령으로 정하는 증권[...]의 매매 또는 그 중개·주선이나 대리 업무[...]를 하는 투자매매업자 또는 투자중개업자"로 정의했다. 다자간매매체결회사는 과거 6개월간 평균 거래량이 개별종목 10%, 시장 전체 5%를 넘으면 거래소로 전환해야 한다. 매매체결된 거래의 청산과 시장감시업무(이상거래 심리와 시장참여자 감리)는 거래소가 담당한다. 매매체결에 다양한 거래조건과 상황이 새롭게 등장할 것에 대비해 **최선집행의무**(Best Execution. 선도자본시장의 최선체결의무)를 신규 도입함으로써 투자자 보호 제도도 정비해 두었다. 그 외 최소자기자본, 소유주의 주식 보유 한도, 거래소와 이해상충 문제에 대한 보완장치 등을 시행령으로 정할 수 있도록 했다.

다자간매매체결회사는 미국 Reg ATS(Regulation Alternative Trading System. ATS 규정)의 리트풀/다크풀, EU MiFID(Markets in Financial Instruments Directive. 금융투자상품지침)/MiFIR(Markets in Financial Instruments Regulation. 금융투자상품규정)의 MTF(lit MTF와 dark MTF로 구성)에 해당한다. 개정법은 매매체결기능을 경쟁체제로 두어 자본시장 효율성을 증진하고 이 경쟁에 IB/(금융투자업자)도 참여할 수 있도록 기반을

마련했다는 데 의의가 있다. 하지만 글로벌 선도자본시장의 ATS와는 몇 가지 다른 특징을 보였다. 첫째, 매매거래 대상이 실질적으로 상장주권에 머물고 거래량 한도(개별종목 10%, 시장 전체 5%)도 너무 빠듯해 다자간매매체결회사의 수익성 확보를 무척 어렵게 했다. 둘째, 매매체결기능은 자연독점이다. 여기에 경쟁을 더해 효율성을 높이겠다고 했지만, 기능 자체의 자연독점을 유지하는 방안(예: 거래시장 간 실시간 연계 네트워크)을 구체화하지는 못했다. 또한 개정법은 최선집행의무의 "최선"에 대한 정의를 유럽처럼 가격 외 다른 조건도 폭넓게 허용했다. 한계/단점(제10장 1절 다항 (4) 참조)이 꽤 있는 이 방안에 대해 좀 더 구체적이고 심도 있게 논의했어야 했다. 셋째, IB 경쟁력을 높일 수 있는 중요 업무임에도 금융투자업자의 내부화주문집행업무(internalization. 내부화)를 허용하지 않았다. 개정법의 이 같은 특징은 지금까지도 국내 자본시장에 ATS가 등장하지 못하는 제약요인으로 작용했고 나중에 이와 관련해 시행령을 또다시 개정해야 하는 상황을 야기했다.

(2) 거래소 설립 법정주의에서 허가제로 전환

2009년 자본시장법은 금융투자상품시장 개설 주체로서 KRX만을 규정해놓았다("거래소 법정설립주의"). 이에 따라 매매체결기능 관련 제도는 KRX 독점을 전제로 구축되었고 다른 거래시장의 추가 등장 가능성은 완전히 봉쇄당했다.

개정법은 거래소 설립에 대한 허가제를 채택하여 둘 이상의 거래소가 등장할 가능성을 열어두었다. 구체적으로, 금융투자상품(예: 상장주권, 장내파생상품)을 구성요소로 하는 시장 개설 단위를 설정하고, 이 단위의 전부나 일부를 선택해 금융위원회에게 하나의 거래소로 허가받는 방식이다. 최저자기자본 요건, 사업계획 타당성, 이해상충 방지체계 구축 등 거래소 허가요건을 신설했고, 허가받은 거래소는 상장, 시장감시, 심리·감리, 징계/징계 요구 등 자율규제기능을 수행해야 한다는 점도 명확히 규정했다.

한편, 앞서 언급한 바와 같이, 개정법은 매매체결기능 수행 주체인 거래시장의 개설 주체를 거래소와 다자간매매체결회사로 확대했다. 이 때문에 기존 증권시장이나 파생상품시장 개념도 금융투자상품시장(글로벌 선도자본시장 용어로 말하면 거래시장[trading

〈그림 16-3〉 2013년 개정 자본시장법상 "시장" 개념 변화

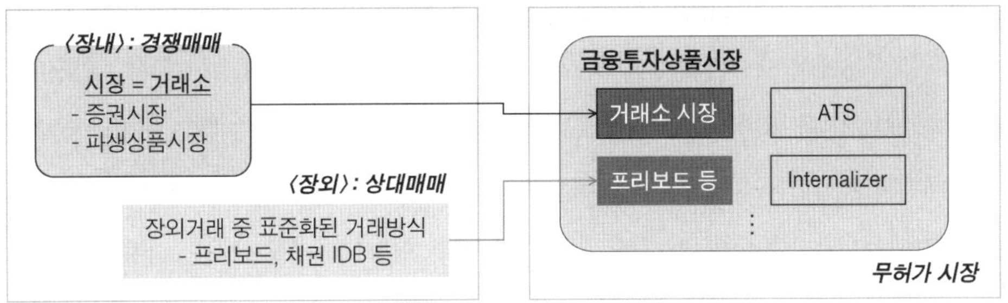

* 자료: 정순섭·엄경식(2011).

* 금융투자상품시장: 증권 또는 장내파생상품을 매매거래하는 시장. 글로벌 선도자본시장 용어로 말하면 거래시장(trading center/trading venue)임. 거래소시장: 거래소가 개설하는 금융투자상품시장. 프리보드: 現 K-OTC.

center/trading venue]임) 개념을 도입해 대체했다. 또한 개정법에서는 개설 주체를 시장의 개념 요소로 규정하던 2009년 자본시장법 조항을 삭제하고, 이에 따라 "거래소 유사시설 개설금지" 조항(2009년 자본시장법 386조 2항)도 "무허가 시장개설행위 금지" 조항(373조)으로 대체했다(〈그림 16-3〉 참조).

(3) 종합금융투자사업자 신설

개정법은 국내 IB를 활성화할 목적으로 종합금융투자사업자(종투사)를 신설하여 일반 증권회사보다 기업금융 관련 업무(IB 업무)를 더욱 원활히 수행할 수 있도록 했다. 지정요건(예: 자기자본[3조 원 이상] 요건, 위험관리·내부통제 기준)을 신설하고, 기업에 대한 신용공여 한도(자기자본의 100% 이내[2018년 200%로 확대]) 설정과 자신의 계열회사에 대한 신용공여 금지를 규정했다. 신용공여 범위는 대출, 지급보증, 어음할인·매입 등으로 정하고, 전담중개업무(프라임 브로커리지[prime brokerage]) 서비스 대상도 기존의 전문사모집합투자기구(헤지펀드) 외에 금융회사, 연기금, 외국 헤지펀드 등으로 확대했다(유영휘·정승기, 2013).[484]

나. 2016년 시행령 개정 — 다자간매매체결회사 거래량 한도 확대

2016년 시행령 개정(6월 29일)은 다자간매매체결회사의 등장을 현실화하는 데 초점이 맞춰졌다. ATS에서 매매거래는 대개 두 가지 가격결정 방식을 따른다. 하나는 경쟁매매로 거래소시장에서 일반적으로 사용하는 방식이다. 다수의 매수자와 매도자가 서로 경쟁하며 매매를 체결한다. 다른 하나는 비경쟁매매로 예를 들어, 매매체결 대상 상품이 상장증권이면 해당 거래소가 개설한 증권시장에서 형성된 체결가격을 사용하는(크로씽[crossing]) 방식이다.

2016년 시행령 개정은 이 중에서 경쟁매매를 사용하는 다자간매매체결회사에 대한 거래량 한도를 확대했다. 바로 위에서 언급한 바와 같이 개정 전 다자간매매체결회사는 과거 6개월간 평균 거래량이 개별종목 10%, 시장 전체 5%를 넘으면 거래소로 전환해야 했다. 이 경우 최소 1,000억 원의 자기자본이 필요하고 설립과 운영에도 훨씬 더 강한 규제를 받아야 했을 것이다. 이를 개별종목 30%, 시장 전체 15%로 확대해 거래소시장의 거래량을 상당 부분 잠식하더라도 다자간매매체결회사로 머물 수 있게끔 했다. 한편, 경쟁매매를 사용하지 않는 다자간매매체결회사는 그대로 계속해 개별종목 10%, 시장 전체 5% 한도를 적용한다.

거래량 한도는 확대했지만 다자간매매체결회사의 매매체결 대상 금융상품은 여전히 상장주식과 예탁증서(DR: depositary receipts)뿐이다. 비상장주식(특히 유니콘 주식) 전용 거래시장으로 미국자본시장 거시구조를 질적으로 변모시키고 채권이나 FX 등 금융상품의 경계를 넘나드는 글로벌 선도자본시장의 ATS 또는 SEF(swap execution facility. 스왑체결설비. 미국)/OTF(organized trading facility. 조직화한 거래설비. 유럽)와 비교해보면,

484 이와 관련해서는 2017년 다음과 같이 시행령을 개정했다(5월 8일). 종합금융투자사업자를 3단계로 구분해 자기자본 4조 원 이상 증권회사(초대형 투자은행)는 단기금융업무(발행어음업무)를, 자기자본 8조 원 이상 증권회사는 종합투자계좌(IMA: investment management account)업무를 허용했다(**제2장 2절 가항** 참조). 2021년 여름 미래에셋증권이 자기자본 10조를 넘어서며 IMA 업무 여건을 충족했으나, 2022년 5월 현재에도 당국의 시행세칙 미비로 아직 실현되지 못한 상태이다. 신하연, 2022. "종투사 외엔 의미 없다?…배보다 배꼽이 큰 '초대형IB' 인가". **이뉴스투데이**, (5월 12일).

〈그림 16-4〉 내부주문집행업무 흐름도

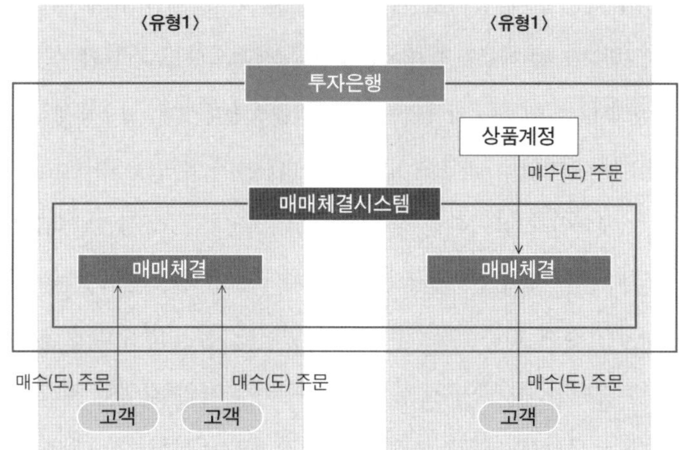

* 자료: 금융위원회, 2015. "금융투자업자의 기업금융 기능 강화 등 경쟁력 강화방안 추진". **보도자료**, (10월 14일).

국내 다자간매매체결회사는 그 운영이나 역할에 정말 큰 제약을 받고 있음을 알 수 있다. 게다가 다크풀은 여전히 미지의 세계로 남아 있다. 논란의 여지는 있지만, 글로벌 선도자본시장에서 다크풀은 경쟁매매와 비경쟁매매를 한껏 동원하며 대량매매에 시장충격을 줄이면서도 유동성을 제공하는 긍정적 역할을 담당한다. 어쨌든, 예정대로라면, 2024년 상반기에는 상장주식에 한정된 다자간매매체결회사가 국내에 등장한다고 한다(제14장 2절 마항 참조). 만시지탄이나 그나마라도 다행이라고 해야 할까.

다. 2017년 시행령 개정 — 종합금융투자사업자 주식거래시장 개설 허용

2017년 시행령 개정(5월 8일)은 종합금융투자사업자가 일정 조건하에 주식거래시장을 개설할 수 있도록 허용했다. 이로써 오랫동안 논의만 무성했던 증권회사의 비상장주식 거래나 내부주문집행업무 쟁점이 부분적으로나마 해소되었다.

구체적으로 살펴보면 첫째, 종합금융투자사업자는 비상장주식의 내부주문집행업무를 영위할 수 있다. 방식은 고객과 직접 매매하거나 내부시스템을 통해 매수자와 매도자를 직접 중개한다(〈그림 16-4〉 참조). 둘째, 상장주식 거래시장도 개설할 수 있으나, 매매체결방식을 비경쟁매매(즉, 거래소시장에서 형성된 가격을 이용해 체결. 크로씽 방식)로 국한한다.

내부주문집행업무는 미국의 내부화 IB(internalizer)나 유럽의 SI(system internaliser. 시스템적 내부체결기능제공자)가 영위하는 사업에 해당한다(각각 제6장 1절 다항, 제5장 3절 나항 (2) 참조). 그러나 국내에서는 이들과는 달리 매매체결 대상 금융상품이나 매매체결방식을 특정 형태만 지정해 허용했다. 수익성이 없거나 떨어질 수밖에 없어 간접적으로 사업 자체에 진입 제한을 둔 셈이다. 종합금융투자사업자의 경쟁력 제고에 얼마나 도움이 될지 궁금하다. 코로나19 팬데믹 동안 개인투자자의 비상장주식 거래 열기 속에 비상장주식 전용 중개 플랫폼(순수 장외주식시장. 사설 장외주식 사이트)이 몇 개 등장했지만,[485] 매매체결시스템이 필요한 내부주문집행업무에 진출한 종합금융투자사업자는 아직 나타나지 않았다.

4. 10여 년간 시행에 따른 성과 평가

자본시장법 시행으로 증권회사(금융투자업자)는 겸영이 가능해졌다. 그만큼 업무와 금융투자상품의 범위가 확대됐다. 자기자본을 확충해 많아진 사업 기회로부터 수익을 창출하려 애썼을 것이다. 결국, 자본시장법의 성과는 시행 후 증권회사 자기자본 규모가 커졌는지, 수익구조는 어떻게 변했으며 이 같은 양적·질적인 변화가 증권회사 간 차별적으로 이루어졌는지, 이 과정에서 기업의 자금조달과 투자자 보호 기능은 예전보다 더 잘 작동하고 효과적이었는지 등을 통해 어느 정도 확인해볼 수 있다고 생각한다.

485 우연수, 2020. "비상장주식 열풍에 대형 증권사 동참…KB증권·미래에셋 등 채비". **뉴스토마토**, (9월 17일). 이종은, 2022. "비상장주식 거래 플랫폼의 대두". **자본시장포커스**, (6월 14일~6월 27일).

가. 증권회사 규모 확충과 수익구조 질적 변화

자본시장법 시행 후 10년, 국내 증권회사 자기자본 규모는 꾸준히 증가했다. 국내 5대 증권회사(미래에셋대우, 삼성증권, 한국투자증권, KB증권, NH투자증권) 평균 자기자본은 2008년 2조 2,900억 원에서 2018년 5조 3,300억 원으로 2.3배 증가했고, 이 비율은 증권회사 전체로도 비슷하게 나타났다(〈그림 16-5〉, 〈패널 A〉 참조). 그러나 그 규모는 정부 선전 표어 중 하나였던 골드만삭스(약 120조 원)는 말할 것도 없고, 국내 5대 시중은행(KB국민은행, 신한은행, 하나은행, 우리은행, NH농협은행. 약 25조 원)과 비교해도 2008년 이후 줄곧 1/4을 넘나들 정도로 제자리여서 아직은 엄청나게 분발해야 하는 상황이다.

다음으로 한때 70%를 웃돌며 위탁매매(일명 "브로커리지") 부문에 치우쳤던 수익 비중이 40% 초반대로 떨어졌다. 대신 IB 부문과 자기매매(고유계정거래/자기자본투자) 부문은 2008년 6.8%와 16.8%에서 2018년 19.7%와 27.8%로 각각 높아졌다(〈그림 16-5〉, 〈패널 B〉 참조). IB 부문을 제외하고, 모든 증권회사에서 규모와 상관없이 비슷하게 벌어진 현상이다. IB 부문은 대형 증권회사보다 중소형 증권회사에서 훨씬 더 커졌고 또 부문 내 중점 업무도 이들 간 서로 달라지기 시작했다. 예를 들어, 대형 증권회사는 대기업 딜(deal. 거래)이나 M&A 자문에, 중소형 증권회사는 중소기업 딜이나 부동산금융에 특화했다.[486] 국내 증권회사의 수익 변동을 좌우하는 주 업무가 위탁매매에서 자기매매업무로 바뀌는 양상이다. 물론 자본시장법 시행 후에도 증권회사 자기자본수익률(ROE: return on equity. 수익성. 당기순이익/자기자본)은 여전히 낮은 수준에 머물러 있긴 하다. 그렇지만 수익구조는 새롭게 좋은 방향으로 변하고 있다 할 수 있다.

486 한편, 자산관리 부문과 상품판매 부문은 자본시장법 시행을 전후로 수익 비중이 증가하거나 감소한 회사 수가 서로 엇비슷하다고 한다. 조성훈, 2019. "자본시장법 도입 이후 증권산업의 변화와 미래". **자본시장연구원 세미나 발표 자료**, (5월 14일).

〈그림 16-5〉 국내 증권회사 평균 자기자본 규모와 수익구조 추이

〈패널 A: 평균 자기자본 규모 추이〉

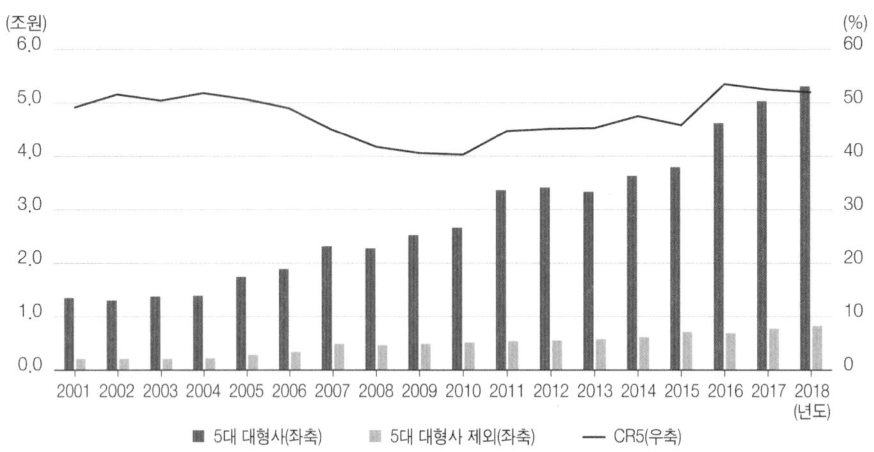

〈패널 B: 5대 증권회사 수익구조 추이〉

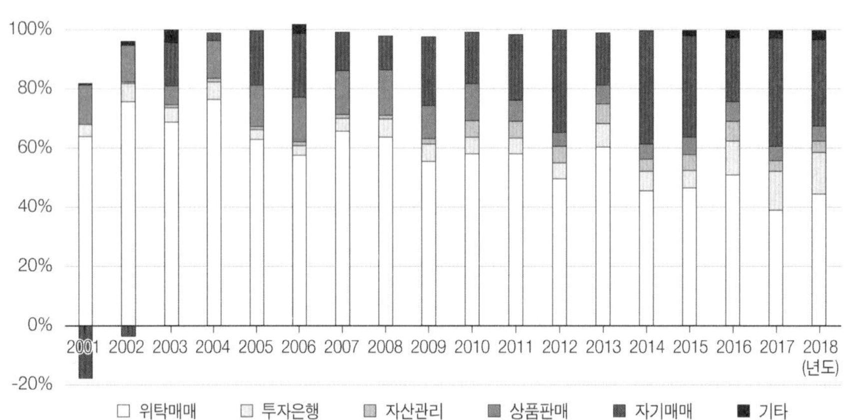

* 자료: 조성훈, 2019. "자본시장법 도입 이후 증권산업의 변화와 미래". **자본시장연구원 세미나 발표 자료**, (5월 14일).

* **CR5**: 전체 증권회사에서 **5대 증권회사**(미래에셋대우, 삼성증권, 한국투자증권, KB증권, NH투자증권. 자기자본 4조 원 이상[2018년도 말 기준] 초대형 IB)가 차지하는 비중. **〈패널 B〉** 5대 증권회사를 제외한 나머지 증권회사도 추이는 〈패널 B〉와 비슷하지만, 위탁매매 부문 비중은 좀 더 낮아졌고 투자은행 부문은 훨씬 더 높게 변함.

나. 달리 개선되지 않은 기업 자금조달 기능

금융투자업자 측면에서 보면 자본시장법 시행 이후 10여 년간 기업에 대한 자금조달 기능이 좋아졌다고 강하게 말할 수 없다. 몇 가지 이유가 있는데 첫째, 기업의 외부 자금조달에서 직접금융이 차지하는 비중이 감소했다(〈그림 13-2〉 참조). 물론 자본시장법 시행이 공교롭게도 2008년 글로벌 금융위기와 맞물려서 통계 숫자에 두 사건의 효과를 떼어내 의미를 부여하기는 매우 어렵다. 게다가 기업의 자금조달 활동은 경기변동과 긴밀히 연계되어 언제나 등락이 심하기도 하다. 이를 감안하더라도 자본시장법 시행 이후 10여 년간 직접금융을 통한 기업의 자금조달 활동은 시행 이전 10여 년보다 구조적으로 낮았음을 알 수 있다. 2010년대 후반에 보이는 상승세가 어떤 추진력을 가질지는 더 지켜봐야 할 것이다.

둘째, 기업의 외부 자금조달 중 직접금융 비중 감소가 자본시장 기능 약화 때문에 일어난 일이 아닐 수 있다는 반론이 있다. 기업(특히 대기업)에 축적된 내부자금이 외부 자금조달 자체를 하지 않아도 될 만큼 많아 직접금융 비중 감소가 경제적 실질을 반영하지 못 할 수 있다는 것이다.[487] 수긍할 만한 논리지만, 이는 주로 대기업에만 적용할 수 있다. 대부분 외부 자금조달에 의존해야 하는 중소/새싹기업의 상황을 이러한 설명으로 설득하기는 어려워 보인다.

셋째, 국내에 ATS가 전무하다는 사실이다. 이 자체만으로도 자본시장법의 기업 자금조달 기능에 대한 효과는 처음부터 부정적 결말을 내비친 채 출발할 수밖에 없었다. 최근에서야 개정하며 제정 당시 제외했던 다자간매매체결회사와 내부주문집행업무를 허용했지만 그나마도 너무 제약적이다. 종합금융투자사업자/(증권회사)가 '다양한' 형태의 ATS를 설립해 창의적인 방식으로 틈새시장을 공략하면 두 가지 경로를 통해 기업의 자금조달 기능을 개선할 수 있다. 하나는 거래소시장과 경쟁을 벌여 상장기업의 유동성을 촉진할 수 있다. 이는 연쇄적으로 기업의 자본시장 접근성을 높인다(SEC, 2017). 다른 하나는

487 조성훈, 2019. "자본시장법 10년: 자본시장과 금융투자업의 변화". 자본시장연구원, **자본시장포커스** 4호(1월 29일~2월 11일).

혁신형 중소/새싹기업 전용 ATS 설립을 통해 이들 모험기업에 자본시장 접근성을 높인다. 둘 다 한국경제 발전에 효과적으로 이바지할 수 있을 것이다. 문제는 잇따른 자본시장법 개정으로도 이러한 ATS가 국내에 출현할 수 없다는 점이다. 자본시장법의 기업자금조달 기능에 긍정적 점수를 주기가 더욱 힘든 이유이다.

다. 투자자 보호 강화? 주기적으로 여전한 금융 범죄

자본시장법은 여러 사전적 투자자 보호장치를 신규 도입했다. 그런데도 굵직한 금융사고와 범죄는 연례행사처럼 발생했다. 심지어 최근 들어 더 심해지는 느낌이다. 예를 들어, 신종 장외파생상품이나 파생결합증권 등 이른바 중위험-중수익 상품과 연계된 불완전판매나 불공정거래(예: 라임자산운용[사모펀드 운용사] 환매중단 사태, 독일국채 10년물 금리연계 DLS 사태. 제1장 3절 라항과 바항 참조. [이 책 발간 중에 터진 CFD[contract for difference, "차액결제거래"] 사태] 등)가 여전히 큰 사회적 파장을 야기하곤 한다.

투자자 보호 문제가 등장할 때마다 무엇보다 먼저 "일반투자자가 어떻게 이런 금융상품에 접근할 수 있었을까"라는 근원적 질문을 하게 된다.[488] 전문투자자 영역에 일반투자자가 너무 쉽게 진입할 수 있다는 게 가장 중요한 문제이다.[489] 자본시장을 실물경제와 동반자 관계로 발전시켜보려는 과정에서 정부가 조급한 나머지 '육성'에 너무 초점을 맞추지 않았느냐는 생각이 든다. 게다가 중위험-중수익, 고위험-고수익 상품은 설계와 운용에서 진화하는 속도가 엄청나게 빠르다. 이와 관련해 일일이 세세하게 규제하며 따

---

488 물론 그렇다고 해서 중위험-중수익에서 수익만 쳐다본 채 앞뒤 가리지 않고 들어오는 일반투자자를 무조건 선의의 투자자라 옹호할 생각은 없다. 이래서 적절한 규제가 필요하지만 급변하는 자본시장 환경에서 이를 구체화하기란 쉽지 않을 것이다. 투자자 보호를 위해 필요한 원칙이나 제도가 무엇이든 간에 "투자는 투자자 자신의 책임"이라는 사실을 제도의 처음부터 끝까지 투자자 눈높이에서 명시적으로 강조해야 하지 않을까?

489 최근 이와 관련해 자본시장법(2021년 4월)과 시행령(2021년 6월)이 개정됐다. 사모펀드 체계를 개편해 라임자산운용(2019년 7월)과 옵티머스자산운용(2020년 6월)에서 연달아 터진 환매중단 사태의 법적 허점을 고치는 작업이었다. 예를 들어, 사모펀드를 기존의 "경영참여형"와 "전문투자형"에서 투자자를 기준으로 하는 "일반 사모펀드"와 "기관전용 사모펀드"로 구분했고, 운영 규제, 복층구조 펀드의 투자자 수 산정방식 등도 개선했다(제1장 3절 라항 참조).

라갈 수는 없을 것이다. 유연하고 탄력 있는 규제가 필요하며, 이는 정부가 자본시장법에 포괄주의 '정신'을 채택한 이유이기도 하다. 하지만 시행 직후 글로벌 금융위기와 코로나19 팬데믹으로 말미암아, 세부 규제에 포괄주의 정신을 제대로 확산하지 못한 듯하다. 마지막으로, 금융 범죄에 대해 훨씬 더 엄중한 책임을 물어야 한다. 이것이야말로 가장 강력한 투자자 보호장치이다. 미국에서 "폰지 사기"(Ponzi scheme. 2018년 12월 당시 투자자에게 총 648억 달러[84조 2,400억 원] 상당의 손실을 입힌 다단계 금융사기)를 벌인 메이도프(Bernard Medoff)는 150년 형량을 받았다. 한국 금융 범죄자의 경우와 이를 비교한다면 비교 자체가 크나큰 실례일 것이다.

라. 성과 평가에 대한 추가적 단상 — 시장거시구조 정비와 선진화는 어디에?

시행 10주년을 맞이한 2019년은 자본시장법에 대한 평가로 왁자지껄했다. 새로운 법제가 한 나라의 산업에 끼친 영향을 평가하는 데 10년은 길다면 길고 짧다면 짧다. 그렇지만 영향의 방향성을 알기에 부족하지 않은 기간이다. 여기저기 제일 많이 들리는 질문은 "한국판 골드만삭스가 출현했는가? 적어도 출현 가능성은 있는가?"였고, 대답은 "아직 요원해 보인다"로 비관에 가까웠다. 아마 제정 당시 정부 선전 표어와 설명이 골드만삭스에 심하게 치우쳤기에 이런 과도한 질문과 평가가 우선시되지 않았나 싶다. 일반적인 평가도 "양적인 성과는 있으나 질적인 성과는 미진하다"라든가, "제정 당시 기대만큼 성과를 보이지 못했다"가 주를 이뤘다.[490] 그렇지만 봇물 터지듯 쏟아냈던 이러한 비판적 평가도 간과했던 중요한 부분이 하나 있다. 자본시장법 제정 목적의 다른 한 축이었던 시장거시구조 정비나 선진화에 대해서는 평가의 눈길조차 없었다. 전문적이고 냉철한 평가보다 모두 골드만삭스라는 허황하고 이상한 그림자만 바라보는 듯했다.

자본시장통합법에서 자본시장법으로 바뀐 자체가 출발부터 어려움을 예고하지 않았

490 이정환, 2006. "한국판 골드만삭스, 그 무모한 꿈". **한겨레신문**, (3월 3일). 김현정, 2019. "자본시장법 도입 10년…업계 전문가 '법 내용 질적으로 미흡'". **매일경제**, (5월 14일).

나 싶다. 그 와중에 온갖 노력을 다한 정책 실무담당자와 여러 시장참여자 집단의 노력으로 방향 자체는 옳게 돌려놓았다고 생각한다. 자본시장은 그 어느 분야보다 정신없을 정도로 순식간에 변하며 진화한다. 3년 가까이 이 책을 끌어안고 끙끙대고 있는 필자가 발간도 하기 전에 그새 또 바뀌어버린 글로벌 선도자본시장의 제도와 현상을 고쳐 써야만 할 정도이다. 급변하는 시장환경에 규제가 기민하게 대응하려면 어렵게 채택한 포괄주의 정신을 더욱더 강하게 펼쳐 나가야할 것이다.

〈부록 표 16-1〉 글로벌 선도자본시장 법제 환경변화 특징과 한국 상황—시사점과 토의 사항

	주요 특징	한국 상황, 시사점 및 토의 사항
	법제 환경에 새로운 패러다임 등장—자연독점에 경쟁 요소를 가미하되 상충적인 두 요소의 장점만을 추구 - 미국—Reg NMS - 유럽—MiFID - 거래 관련 ICT의 혁신적 발전과 맞물려 자본시장은 유례없이 동태적으로 급변 **2008년 글로벌 금융위기와 Flash Crash 여파로 여러 문제점이 드러나며 잇따라 새로운 법제 등장** - 미국—Dodd-Frank Act, JOBS Act, Reg NMS 개정(Reg NMS II), 시장미시구조 관련 SEC 수정 시도(실패 포함) - 유럽—EMIR, MiFID II/MiFIR, EMIR Refit, MiFID II Quick Fix Directive	자본시장법 개정(2013.5.28.). 법 정신에 글로벌 선도자본시장의 새 패러다임을 반영하고는 있으나 잇단 시행령 개정에도 아직 이를 구현하지 못함 **〈시사점〉** Reg NMS 예외 조항 대부분이 Flash Crash 단초로 지목되었음을 명심 - 시장미시구조 설계할 때 참조 **〈토의 사항〉** Flash Crash와 같은 글로벌 선도자본시장의 여러 부정적 사건이 국내에 발생하지 않았다고 해서 긍정적인 것은 절대 아님 - 자본시장은 태생적으로 글로벌임
미국	**Dodd-Frank Act 시행에 따른 거래시장 관련 규정 변화** - 장외파생상품시장 규제—유동성과 표준화가 충분히 이루어진 스왑은 SEF 또는 DCM에서 CCP 청산·(결제)하고, 모든 거래 관련 데이터는 SDR에 보고해야 함 - Volcker Rule과 은행 규제—은행의 고유계정거래 금지 **JOBS Act에 따른 거래시장 관련 규정 변화** - 〈발행시장〉 〈표 부록 9-2〉 참조 - 〈유통시장〉 비공개기업의 SEC 등록요건을 주주 수 500명에서 2,000명까지 확대. 사적자본시장에 큰 영향을 미침 **Reg NMS 개정** - "Reg NMS II"—Market Data Infrastructure("시장데이터 인프라". Rule 614). NMS 시장 데이터 통합 내용 확대와 인프라 현대화 규칙 신설 - CAT("통합검사추적시스템". Rule 613). 투자자와 SEC를 위한 투명성 제고 차원에서 추가 **실패로 끝난 SEC/CFTC 개혁 시도** - 소형주 호가단위 5센트 확대 시도—Tick Size Pilot Program. 수준 높은 소기업시장 확립 차원에서 고려. 다크풀 관련 Trade-at Rule도 함께 진행. 둘 다 2021년 말 현재 아직 최종 결정을 내리지 않음 - Maker-taker/taker-maker 수수료 체계 수정 시도—Transaction Fee Pilot Program. 브로커 이해상충 경감 차원에서 시도했으나 폐기 - 파생상품시장 관련 규정—Regulation AT 시도했다 철회	2009년 피츠버그 G20 정상회담 합의사항인 관계로 Dodd-Frank Act, EMIR의 장외파생상품시장 관련 주요 규제는 한국도 구비 - 2015년 10월 KRX는 CFTC에서 등록면제 형식으로 DCO 인정받음 - 2016년 4월 KRX는 ESMA의 동등성 결정에 따라 적격 CCP로 공인받음 - 2021년 4월 KRX-TR 출범 **〈시사점〉** 데이터 제공업자가 거래소의 강력한 경쟁자로 부상 **〈JOBS Act 토의 사항〉** 현재 한국자본시장 모습과는 다른 방향으로 미국자본시장 거시구조가 진행되는 데 촉매 역할. (이 방향은 유럽도 동일) - 2편(공개 청약 권유 허용), 4편(소액공모 한도 확대)는 2019년 10월 도입(案) 확정 - 3편(crowdfunding)은 2016년 1월 자본시장법에 반영 **〈시장미시구조 관련 시사점/토의 사항〉** - KRX는 미국형 서킷브레이커와 유럽형 VI에다가 심지어 가격제한폭제도도 갖춤. 가격제한폭 중복 적용에 따른 효능 저하 부분 개선 필요 - 한국과 미국의 호가단위 체계가 다름. 미국이 취한 맛보기 프로그램 동기도 한국과는 다소 이질적임. 국내 특징에 맞게 숙고해야 함 - 2024년 상반기 ATS가 등장할 수 있다고 함. 거래시장 간 연계시스템과 미국 CAT과 같은 "통합검사추적시스템"을 사전에 구축해놓아야 함
미국	**기타** - 시장 불안정성 방지 규정 신설(LULD Rule, Reg SCI) - T+2 시행, T+1 이행 진행 중	–

	주요 특징	한국 상황, 시사점 및 토의 사항
유럽	**EMIR 관련 규정 변화** - "특정" 장외파생상품 거래에 청산의무 부여, 이들 청산의무 대상 장외파생상품 거래는 반드시 EMIR 인가 CCP에서 청산 - "모든" 장외파생상품 거래의 TR 보고의무 - 비청산의무 대상 계약의 운영위험 완화 조치 요구 **MiFID II/MiFIR 관련 규정 변화** - 규제시장 영역 대폭 확대와 규정 보완—OTF 신규 거래시장으로 등장, MTF로 중소·성장형시장 규정 - 다크풀 규제 강화—DVC(Double Volume Caps) 적용했다가 SVC(single volume cap)로. Large-In-Scale(LIS) 예외 조항. 일중 단일가매매(periodic call auction)로 거래소가 다크풀 수요 잠식 중 - 거래시장 거래 의무 강화, 거래시장과 CCP의 상호 비차별적 접근 허용 - Best Execution, 요건 강화와 대상 금융상품 확대 - 거래보고 의무 대폭 강화—기존 ARM에 APA, CTP 추가 등장 - 체결과 리서치 서비스 비용 분리—research unbundling - 기타—T2S와 LEI **MiFID II/MiFIR 외 주요 법제** - 금융거래세—FTT - 유럽중앙은행 범유럽 단일증권결제시스템—T2S	**〈시사점/토의 사항〉** "Dodd-Frank Act", "글로벌 금융위기"와 "Flash Crash" 이후 관련 변화, "MiFID II/MiFIR 관련 규정 변화"는 미국·유럽만의 사안이 아니고 글로벌 자본시장 비즈니스 관행의 변화이므로 한국 자본시장과 절대 무관할 수 없음. 이 모든 변화에 대해 시장운영자인 KRX는 대부분 선제적으로 대응할 수밖에 없음(엄경식, 2013b. 엄경식·강형철, 2013). - 이 과정에서 KRX는 자사중심주의라는 외부 비평 소리를 가급적 듣지 않게끔 균형 있게 의견을 정리해야 함[엄경식·강형철, 2013] - 주식시장의 경우, 과거에는 ① "유동성은 유동성을 부른다", ② "일단 유동성이 어느 정도 형성되면 다른 거래시장으로 이동하지 않는다"가 중요한 시장 속설이었음. 하지만 시장 간 경쟁이 심한 현재 VSP(가상 단일시장) 체제에서는 특정 거래시장의 유동성이 풍부한지, 즉 ①은 중요하지 않음(유동성 외부효과[liquidity externality] 무효화). ②도 "비록 유동성이 풍부하게 형성돼 있다 해도 언제든지 쉽게 다른 거래시장으로 이동할 수 있다"로 바뀌었음 - KRX든 2년 내 들어설지도 모를 ATS든 국내 거래시장이든 이러한 시장 속설의 변화를 늘 명심하고 시장을 운영해야 함(제11장 3절 참조)
	EMIR Refit(일명 "EMIR II". "개정 EMIR" - EMIR 요건(특히 보고의무) 단순화, 금융기관 규제 비용부담 경감. **제10장 2절 다항** 참조	
	MiFID II Quick Fix Directive와 MiFID II Review - **제10장 3절 다~라항** 참조	
	〈참고〉 SFTR(그림자금융 규제. 시행: 2021.1.11.) - SFT(securities financing transaction)는 리포(repo), 대주/대차거래, 증권담보 대출 등 보유 증권을 이용한 자금조달 거래를 의미. SFTR은 이들 시장의 투명성과 감시·감독을 강화해 시스템적 위험을 줄이려는 목적 - TR 거래보고 의무, 담보물 재사용 계약 때 기록과 통지 의무, 펀드가 그림자금융을 운용할 때 보고와 공시 의무	

* 자료: 엄경식(2011b, 2013b, 2019), 엄경식·강형철(2013). 금융위원회, 2019. "자본시장을 통한 혁신기업의 자금조달체계 개선방안". **보도자료**, (10월 7일). 금융감독원, 2021. "EU의 Shadow Banking 규제 시행 동향". **프랑크푸르트사무소 조사연구자료**, (3월).

참고문헌

• 국내 문헌

강형철, 박종호, 엄경식, 2009. 한국주식시장에서 호가단위의 적절성: 시장깊이를 중심으로. **재무연구** 22(2), 71~102.

강형철, 엄경식, 이지혜, 이진호, 2017. 성장형 중소기업 발전을 위한 "사적 자본시장" 도입 가능성: 시장거시구조 관점의 탐색적 논의. **한국증권학회지** 46(3), 651~687.

권경윤, 양유진, 엄경식, 2015. '비자발적' 애널리스트 보고서가 지닌 정보로서의 가치: 코스닥시장의 KRP 제도 효과 분석. **한국증권학회지** 43(3), 485~515.

권오식, 김도한, 2014. 금융시스템 구조변화와 경제발전의 관계 및 시사점. **BOK 경제리뷰**, 4월호.

금융감독원, 2022. **중국의 금융업 감독제도 편람**. 금융중심지지원센터, Finhub Country File Series 2022-1, (1월).

김갑래, 2022. 국내 ICO 시장과 STO 시장의 당면 과제와 발전 방향. **자본시장연구원 이슈보고서** 22-13.

김한수, 2021. 전자거래 확대에 따른 외환시장의 변화 및 시사점. **자본시장연구원 이슈보고서** 21-01.

김현정, 2003. 외환위기 이후 기업대출 위축의 원인과 정책과제. **금융경제연구** 146호 29~53.

김홍기, 2010. 미국 도드-프랭크법의 주요 내용 및 우리나라에서의 시사점. **금융법연구** 7(2), 45~90.

남희경, 2012. 금융투자상품거래청산회사를 통한 장외파생상품의 청산 및 결제. **증권법연구** 13(2), 149~186.

루이스 (이재용 옮김), 2014. **플래시 보이스**. 비즈니스북스.

박영석, 안일찬, 2023. 시가 단일가매매 호가접수시간 단축과 가격발견 효과 관계 분석. **한국증권학회지** 52(2), 213~237.

박용린, 김종민, 남재우, 장정모, 천창민, 2017. 국내 모험자본시장의 현황 분석과 발전 방향. **자본시장연구원 연구총서** 17-01.

박종호, 남상구, 엄경식, 2007. KOSDAQ의 시장효율성: 영구적 요소와 일시적 요소의 분해를 통한 주시장과 신시장의 변동성 비교분석. **증권학회지** 36(4), 533~566.

박종호, 엄경식, 2005. 한국주식시장에서 사전적 투명성과 질적 수준과의 관계: 호가공개범위 확대를 중심으로. **재무연구** 18(1), 157~198.

안일찬, 라성채, 박종호, 엄경식, 2017. KRX 정적 VI (종목별 변동성완화장치) 도입의 가격안정화 및 가격발견 효과: 동적 VI와 비교 분석". **재무연구** 30(2), 103~142.

엄경식, 2011a. 해외 자본시장 하부구조 제도 조사: 주식시장. 〈Part I〉 시장운영, 시장구조 및 시장관리. 코스콤 용역보고서.

엄경식, 2011b. 해외 자본시장 하부구조 제도 조사: 주식시장. 〈Part I〉 시장관리, 〈Part II〉 세계 주요국 증권거래와 관련한 큰 흐름: 법제적 환경변화와 증권거래제도에 미치는 영향. 코스콤 용역보고서.

엄경식, 2013a. 대체거래시스템(ATS) 도입에 따른 과제. **기업법연구** 27(3), 9~42.

엄경식, 2013b. 증권시장 구조 관련 정책결정에 있어 엄정한 분석의 중요성. **KRX Market** 3월호, 8~26.

엄경식, 2015. 거래소의 지주회사 전환 및 IPO 당위성에 대한 소고. **KRX Market** 10월호, 14~24.

엄경식, 2019. **미국·유럽 자본시장의 환경변화와 대한민국의 과제: Post-Crisis, Post-Crash, 시장미시구조 관점**. KRX/지식과감성.

엄경식, 강형철, 2013. 한국자본시장의 거시구조 측면에서 고찰한 코스닥의 경제적 의의와 가치제고 방안. **재무관리연구** 30(2), 203~235.

엄경식, 강형철, 이윤재, 2008. KRX 가격제한폭제도의 유효성에 관한 연구. **자본시장연구원 연구보고서** 08-01.

엄경식, 강형철, 이진호, 이지혜, 2016. 사적 자본시장 발전방안. 한국증권학회 학술연구용역 보고서.

엄경식, 라성채, 박종호, 안일찬, 2015. KRX 종목별 변동성완화장치의 특징과 가격안정화 및 가격발견 효과: 동적 가격변동범위를 중심으로. **한국증권학회지** 44(5), 1067-1090.

엄경식, 박종호, 2015. 시가·종가 단일가매매에서 KRX 임의종료 거래 메커니즘의 특징, 가격안정화 및 허수주문 연계성. **재무연구** 28(4), 15~36.

엄경식, 박종호, 윤지아, 2009. 한국의 장외주식시장 '프리보드'의 미시구조 및 거시구조 분석. **재무연구** 22(4), 33~61.

엄경식, 박종호, 이진호, 2011. 시장의 관점에서 본 우회상장의 정책 효과: 2006년 코스닥시장의 규제강화조치를 중심으로. **한국증권학회지** 40(1), 141~170.

엄경식, 빈기범, 정순섭, 2010. 증권거래시장의 환경변화와 대응방안, 한국거래소 용역보고서.

엄경식, 윤지아, 2001. 시간외 주식거래: 주요국의 거래 메커니즘별 역할 및 교훈. **자본시장연구원 연구보고서** 01-04.

엄경식, 이진호, 최운열, 2011. 글로벌 투자은행의 불법적 투자전략: 골드만삭스의 합성CDO상품 ABACUS 사례를 중심으로. **KBR** 15(3), 47~70.

엄경식, 장병훈, 2007. 미국주식시장의 재개편: Regulation NMS의 도입 및 시사점. **자본시장연구원 연구보고서** 07-01.

오성근, 2015. EU의 제2차 금융상품시장지침(MiFID II)과 금융상품시장규정(MiFIR)의 기본구조 및 주요 내용. **증권법연구** 16(2), 239~277.

유영휘, 정승기, 2014. 2013년 중 주요 금융관계법령 정비내용. 한국은행 해설자료, 77~86.

윤석헌, 고동원, 빈기범, 양채열, 원승연, 전성인, 2013. 금융감독체계 개편: 어떻게 할 것인가? **금융연구** 27(3), 71~126.

윤재수, 2021. **돈이 보이는 주식의 역사**. 길벗.

이용우, 2011. EU 금융서비스 통합 실행계획(FSAP)의 구조와 체계. **자본시장연구원 조사보고서** 11-02.

이종규, 2009. 금융위기 유형 변화와 대응 방식의 진화. 한국금융학회 추계 정책심포지엄 발표 자료, (11월 5일).

정대섭, 2017. 자본시장법상 투자자예탁금 별도예탁제도의 문제점과 개선방안. **국제법무** 9(2), 207~244.

정순섭, 엄경식, 2011. 대체거래시스템(ATS) 제도 도입에 따른 감독방안. 한국증권학회 학술연구용역보고서.

정희준, 2004. 초창기 한국 채권시장에 대하여: 건국국채시장을 중심으로. **증권학회지** 33(3), 241~274.

한국거래소, 2010. **주식시장 매매제도의 이해**.

한국거래소, 2017. **손에 잡히는 파생상품시장: 선물·옵션 투자지침서**. 파생상품시장본부.

한국거래소 코스닥시장부, 2021. 코스닥시장 개장 25주년 성과분석. **KRX Market** 여름호, 53~114.

한국증권연구원(現 자본시장연구원), 2001. 증권시장 구조 연구. 금융감독위원회(現 금융위원회) 제출 연구보고서, (12월).

황세운, 2019. 한국과 일본의 주식 신용거래제도 비교 연구. **자본시장연구원 조사보고서** 19-01.

• 국외 문헌

Aggarwal, R., 2002. Demutualization and corporate governance of stock exchanges. **Journal of Applied Corporate Finance** 15, 105~113.

Agrawal, A., Lim, Y., 2021. Does General Solicitation Improve Access to Capital for Small Business? Evidence from the JOBS Act. Working Paper, University of Alabama.

Alderighi, S., Gurrola-Perez, P., Lin, K., Speth, B., 2021. Circuit Breakers and Other Market Safeguards. Working Paper, World Federation of Exchanges.

Angel, J., Harris, L.E., Spatt, C.S., 2011. Equity trading in the 21st century. **Quarterly Journal of Finance** 1, 1~53.

Anselmi, G., Petrella, G., 2021. Regulation and stock market quality: The impact of MiFID II provision on research unbundling. **International Review of Financial Analysis** 76, 101788.

Aquilina, M., Budish, E., O'Neill, P., 2022. Quantifying the high-frequency trading "arms race." **Quarterly Journal of Economics** 137, 493~564.

Baldauf, M., Mollner, J., 2021. Trading in fragmented markets. **Journal of Financial and Quantitative Analysis** 56, 93~121.

Baltagi, B.H., Li, D., Li, Q., 2006. Transaction tax and stock market behavior: Evidence from an emerging market. **Empirical Economics** 31, 393~408.

Bao, J., O'Hara, M., Zhou, A., 2018. The Volcker Rule and corporate bond market-making in times of stress. **Journal of Financial Economics** 130, 95~113.

Barth, J.R., Prabha, A.P., Wihlborg, C., 2016. The Dodd-Frank Act: Key features, implementation progress, and financial system impact. In: Barth, J.R., Kaufman, G.G. (ed.). **The First Great Financial Crisis of the 21st Century: A Retrospective**. 337~376, World Scientific.

Bartlett, III, R.P., McCrary, J., 2019. Dark trading at the midpoint: Does SEC enforcement policy encourage stale quote arbitrage? **Journal of Law, Finance, and Accounting** 4, 291~342.

Battalio, R., Corwin, S., Jennings, R., 2016. Can brokers have it all? On the relationship between make take fees and limit order execution quality. **Journal of Finance** 71, 2193~2238.

Bessembinder, H., Venkataraman, K., 2004. Does an electronic stock exchange need an upstairs market? **Journal of Financial Economics** 73, 3~36.

Biais, B., Foucault, T., Monias, S., 2015. Equilibrium fast trading. **Journal of Financial Economics** 116, 292~313.

Binder, J.-H., Saguato, P. (ed.), 2021. **Financial Market Infrastructures: Law and Regulation**. Oxford University Press.

Boehmer, E., Fong, K.Y.L., Wu, J., 2021. Algorithmic trading and market quality: International evidence. **Journal of Financial and Quantitative Analysis** 56, 2659~2688.

Bogousslavsky, V., Muravyev, D., 2021. Who Trades at the Close? Implications for Price Discovery and Liquidity. Working Paper, Michigan State University. (Available at SSRN: https://ssrn.com/abstract=3485840).

Bond, P., Edmans, A., Goldstein, I., 2012. The real effects of financial markets. **Annual Review of Financial Economics** 4, 339~360.

Brockenfelder, J., 2019. Competition among High-frequency Traders, and Market Quality. Working Paper, European Central Bank.

Brogaard, J., Hendershott, T., Riordan, R., 2014. High frequency trading and price discovery. **Review of Financial Studies** 27, 2267~2306.

Brogaard, J., Hendershott, T., Riordan, R., 2019. Price discovery without trading: Evidence from limit orders. **Journal of Finance** 74, 1621~1658.

Brogaard, J., Pan, J., 2022. Dark pool trading and information acquisition. **Review of Financial Studies** 35, 2625~2666.

Brugler, J., Linton, O., Noss, J., Pedace, L., 2018. The Cross-sectional Spillovers of Single Stock Circuit Breakers. Working Paper. Bank of England.

Budish, E., Cramton, P., Shim, J.J., 2015. The high-frequency trading arms race: Frequent batch auctions as a market design response. **Quarterly Journal of Economics** 130, 1547~1621.

Budish, E., Lee, R.S., Shim, J.J., 2021. A Theory of Stock Exchange Competition and Innovation: Will the Market Fix the Market? Working Paper 25855, National Bureau of Economic Research.

Buti, S., Rindi, B., Werner, I.M., 2017. Dark pool trading strategies, market quality and welfare. **Journal of Financial Economics** 124, 244~265.

Calvano, E., Calzolari, G., Denicolò, V., Pastorello, S., 2020. Artificial intelligence, algorithmic pricing and collusion. **American Economic Review** 110, 3267~3297.

Cantillon, E., Yin, P.-L., 2011. Competition between exchanges: A research agenda. **International Journal of Industrial Organization** 29, 329~336.

CFTC, SEC, 2010. Findings regarding the Market Events of May 6, 2010. Report of The Staffs of The CFTC and SEC to the Joint Advisory Committee on Emerging Regulatory Issues, (September 30).

Chakrabarty, B., Cox, J., Upson, J.E., 2022. Tick size pilot program and the price discovery in U.S. stock markets. **Journal of Financial Markets** 59, Part B, 100658.

Chakravarty, S., Jain, P., Upson, J.E., Wood, R., 2012. Clean sweep: Informed trading through intermarket sweep orders. **Journal of Financial and Quantitative Analysis** 47, 415~435.

Chaplinsky, S., Hanley, K.W., Moon, S.K., 2017. The JOBS Act and the costs of going public. **Journal of Accounting Research** 55, 795~836.

Chen, D., Duffie, D., 2021. Market fragmentation. **American Economic Review** 111, 2247~2274.

Cheridito, P., Sepin, T., 2014. Optimal Trade Execution with a Dark Pool and Adverse Selection. Working Paper, ETH Zürich. (Available at https://ssrn.com/abstract=2490234).

Chodorow-Reich, G., Nenov, P., Simsek, A., 2021. Stock market wealth and the real economy: A local market approach. **American Economic Review** 111, 1613~1657.

Christie, W.G., Schultz, P.H., 1994. Why do NASDAQ market makers avoid odd-eighth quotes? **Journal of Finance** 49, 1813~1840.

Colliard, J.-E., Hoffmann, P., 2017. Financial transaction taxes, market composition, and liquidity.

Journal of Finance 72, 2685~2716.

Comerton-Forde, C., Malinova, K., Park, A., 2018. Regulating dark trading: Order flow segmentation and market quality. **Journal of Financial Economics** 130, 347~366.

Comerton-Forde, C., Putniņš, T.J., 2015. Dark trading and price discovery. **Journal of Financial Economics** 118, 70~92.

Committee on Capital Markets Regulation, 2021. Enhancing U.S. Equity Market Structure for Retail Investors. (September).

Dambra, M., Field, L.C., Gustafson, M.T., 2015. The JOBS Act and IPO volume: Evidence that disclosure costs affect the IPO decision. **Journal of Financial Economics** 116, 121~143.

Dambra, M., Gustafson, M.T., 2021. Do the burdens to being public affect the investment and innovation of newly public firms? **Management Science** 67, 594~616.

Degryse, H., de Jong, F., van Kervel, V., 2015. The impact of dark trading and visible fragmentation on market quality. **Review of Finance** 19, 1587~1622.

Demsetz, H., 1968. The cost of transacting. **Quarterly Journal of Economics** 82, 33~53.

Department of the Treasury, Board of Governors of the FRS, FRB NY, SEC, CFTC, 2015. Joint Staff Report: The U.S. Treasury Market on October 15, 2014. (July 13).

D'Errico, M., Roukny, T., 2017. Compression Over-The-Counter Markets. Working Paper, European System Risk Board (ESRB).

Divakaruni, A., Jones, H., 2021. Disclosure, Firm Growth, and the JOBS Act. Working Paper, Saïd Business School, University of Oxford.

Domanski, D., Gambacorta, L., Picillo, C., 2015. Central clearing: Trends and current issues. **BIS Quarterly Review**, (December), 59~76.

DTCC, 2021. Advancing Together: Leading the Industry to Accelerated Settlement. A White Paper to the Industry, (February).

Duffie, D., 2020. Still the World's Safe Haven? Redesigning the U.S. Treasury Market after the Covid-19 Crisis. Working Paper no. 62, Hutchins Center.

Duffie, D., Zhu, H., 2017. Size discovery. **Review of Financial Studies** 30, 1095~1150.

Easley, D., López de Prado, M., O'Hara, M., 2011. The microstructure of the "Flash Crash": Flow toxicity, liquidity crashes, and the probability of informed trading. **Journal of Portfolio Management** 37, 118~128.

Economides, N., 1996. The economics of networks. **International Journal of Industrial Organization** 14, 679~699.

Edelen, R.M., Evans, R., Kadlec, G., 2012. Disclosure and agency conflict in delegated investment management: Evidence from mutual fund commission bundling. **Journal of Financial Economics** 103. 294~307.

Eholzer, W., Roth, R., 2017. The role of high-frequency trading in modern financial markets. In: Francioni, R., Schwartz, R.A. (ed.). **Equity Markets in Transition: The Value Chain, Price Discovery, Regulation, and Beyond**. 337~361, Springer.

Eom, K.S., 2011. Market microstructure in the Korean financial markets: A survey. **Asian Review of Financial Research [재무연구]** 24, 525~620.

Eom, K.S., Kwon, K.Y., Park, J.-H., 2021. Effectiveness of the conditional random-end trading mechanism on the Korea Exchange: Normal trade and Option Shock. **Journal of Futures Markets** 41, 1545~1568.

Eom, K.S., Kwon, K.Y., La, S.C., Park, J.-H., 2022. Dynamic and static volatility interruptions: Evidence from the Korean stock markets. **Journal of Risk and Financial Management** 15, 105.

Eom, K.S., Ok, J., Park, J.-H., 2007. Pre-trade transparency and market quality. **Journal of Financial Markets** 10, 319~341.

ESMA, 2020. EU Securities Markets: ESMA Annual Statistical Report. ESMA-50-165-1355, (November 18).

ESMA, 2020. Final Report: Technical Standards on Reporting, Data Quality, Data Access and Registration of Trade Repositories under EMIR REFIT. ESMA 74-362-824, (December 17).

ESMA. 2021. MiFID II Review Report: MiFID II Review Report on the Functioning of Organised Trading Facilities (OTF). ESMA70-156-4225, (March 23).

Farley, R., Kelley, E., Puckett, A., 2018. Dark Trading Volume and Market Quality: A Natural Experiment. Working Paper, University of Tennessee.

Ferrarini, G., Saguato, P., 2013. Reforming securities and derivatives trading in the EU: From EMIR to MiFIR. **Journal of Corporate Law Studies** 13, 319~359.

Foley, S., Putniņš, T.J., 2016. Should we be afraid of the dark? Dark trading and market quality. **Journal of Financial Economics** 122, 456~481.

Fox, M., Glosten, L.R., Rauterberg, G.V., 2019. **The New Stock Market: Law, Economics, and Policy**. Columbia University Press.

Francioni, R., Freis Jr. J.H., Hachmeister, A., 2017. Financial market regulation. In: Francioni, R., Schwartz, R.A. (ed.). **Equity Markets in Transition: The Value Chain, Price Discovery, Regulation, and Beyond**. 239~286, Springer.

Francioni, R., Gomber, P., 2017. High frequency trading: Market structure matters. In: Francioni, R., Schwartz, R.A. (ed.). **Equity Markets in Transition: The Value Chain, Price Discovery, Regulation, and Beyond**. 363~390, Springer.

Garman, M., 1976. Market microstructure. **Journal of Financial Economics** 3, 257~275.

Geranio, M., 2016. **Evolution of the Exchange Industry: From Dealers' Clubs to Multinational Companies**. Springer.

Glosten, L., Milgrom, P., 1985. Bid, ask, and transaction prices in a specialist market with heterogeneously informed traders. **Journal of Financial Economics** 13, 71~100.

Gorton, G., Metrick, A., 2012. Securitized banking and the run on repo. **Journal of Financial Economics** 104, 425~451.

The Government Office of Science, 2012. Foresight: The Future of Computer Trading in Financial Markets. Final Project Report.

Greenwood, R., Scharfstein, D., 2013. The growth of finance. **Journal of Economics Perspectives** 27, 3~28.

Gresse, C., 2017. Effects of lit and dark market fragmentation on liquidity. **Journal of Financial Markets** 35, 1~20.

Grossman, S.J., Stiglitz, J.E., 1980. On the impossibility of informationally efficient markets. **American Economic Review** 70, 393~408.

Harris, L., 2003. **Trading and Exchange: Market Microstructure for Practitioners**. Oxford University Press.

Hart, O., Moore, J., 1996. The governance of exchanges: Members' cooperatives versus outside ownership. **Oxford Review of Economic Policy** 12, 53~69.

Hasbrouck, J., Saar, G., 2013. Low-latency trading. **Journal of Financial Markets** 16, 646~679.

Hasenpusch, T.P., 2009. **Clearing Services for Global Markets**. Cambridge University Press.

Haslag, P., Ringgenberg, M.C., 2022. The demise of the NYSE and NASDAQ: Market quality in the age of market fragmentation. **Journal of Financial and Quantitative Analysis**, forthcoming.

Hendershott, T., Jones, C., Menkveld, A., 2011. Does algorithmic trading improve liquidity? **Journal of Finance** 66, 1~33.

Hendershott, T. Madhavan, A., 2015. Click or call? Auction versus search in the over-the-counter market. **Journal of Finance** 70, 419~447.

Herschey, N., 2021. Do high-frequency traders anticipate buying and selling pressure? **Management Science** 67, 3321~3984.

Hong Kong Stock Exchange, 2006. On the Growth Enterprise Market. Discussion Paper, (January).

Horan, S.M., Johnsen, D.B., 2008. Can third-party payments benefit the principal? The case of soft dollar brokerage. **International Review of Law and Economics** 28, 56~77.

Hu, E., 2019. Intentional Access Delays, Market Quality, and Price Discovery: Evidence from IEX Becoming an Exchange. Working Paper, Securities and Exchange Commission. (Available at https://ssrn.com/abstract=3195001).

IOSCO, 2000. Discussion Paper on Stock Exchange Demutualization. IOSCO Technical Committee Consultant Draft, (December).

ISDA, 2019. Key Trends in the Size and Composition of OTC Derivatives Markets in the First Half of 2019. (November).

Jiang, H., Habib, A., Hasan, M.M., 2020. Short selling: A review of the literature and implications for future research. **European Accounting Review**, DOI: 10.1080/09638180.2020.1788406.

Jiang, J., Petroni, K.R., Wang, I.Y., 2016. Private intermediary innovation and market quality: Evidence from the Pink Sheets® market. **Contemporary Accounting Research** 33, 920-948.

Johan, S., Zhang, Y., 2020. Quality revealing versus overstating in equity crowdfunding. **Journal of Corporate Finance** 65, 1017~1041.

Kirilenko, A.A., Kyle, A.S., Samadi, M., Tuzun, T., 2017. The Flash Crash: High-frequency trading in an electronic market. **Journal of Finance** 72, 967~998.

Klausner, M., Ohlrogge, M., Ruan, E., 2022. A sober look at SPACs. **Yale Journal on Regulation** 39, 228~303.

Kyle, A.S., 1985. Continuous auctions and insider trading. **Econometrica** 53, 1315~1335.

Lastra, R.M., Wood, J., 2010. The crisis of 2007-09: Nature, causes, and reactions. **Journal of International Economic Law** 13, 531~550.

Lee, R., 2002. The Future of Securities Exchanges. Center for Financial Institutions Working Papers 02-14, Wharton School Center for Financial Institutions, University of Pennsylvania.

Lee, E.J., 2015. High frequency trading in the Korean index futures market. **Journal of Futures Markets** 35, 31~51.

Lee, E.J., Eom, K.S., Park, K.S., 2013. Microstructure-based manipulation: Strategic behavior and performance of spoofing traders. **Journal of Financial Markets** 16, 227~252.

Levin, R., 2005. Finance and growth: Theory and evidence. In: Aghion, P., Durlauf, S. (ed.). **Handbook of Economic Growth**. Volume 1, Chapter 12, 865~934, Elsevier.

Linton, O., Mahmoodzadeh, S. 2018. Implications of high-frequency trading for security markets. **Annual Review of Economics** 10, 237~259.

Loon, Y.C., Zhong, Z., 2016. Does Dodd-Frank affect OTC transaction costs and liquidity? Evidence from real-time CDS trade reports. **Journal of Financial Economics** 119, 645~672.

Mahoney, P.G., 2020. Equity market regulation: Time to start over. **Michigan Business & Entrepreneurial Law Review** 10, 1~45.

Mahoney, P.G., Rauterberg, G., 2017. The Regulation of Trading Markets: A Survey and Evaluation. Working Paper, University of Virginia School of Law.

Malinova, K., Park, A., 2015. Subsidizing liquidity: The impact of make/take fees on market quality. **Journal of Finance** 70, 509~536.

Malinova, K., Park, A., Riordan R., 2018. Do Retail Investors Suffer from High Frequency Traders? Working Paper, University of Toronto. (Available at https://ssrn.com/abstract=2183806).

Menkveld, A.J., Yueshen, B.Z., 2019. The Flash Crash: A cautionary tale about highly fragmented markets. **Management Science** 65, 4470~4488.

Moise, C.E. Flaherty, P., 2017. "Limit Up-Limit Down" Pilot Plan and Associated Events. White Paper, Securities and Exchange Commission, (March).

Muravyev, D., Pearson, N.D., 2021. Options trading costs are lower than you think. **Review of Financial Studies** 32, 4973~5014.

Nguyen, T., Chaiechi, T., Eaglec, L., Low, D., 2020. Dynamic transmissions between main stock markets and SME stock markets: Evidence from tropical economies. **Quarterly Review of Economics and Finance** 75, 308~324.

O'Hara, M., 1995. **Market Microstructure Theory**. Blackwell Publishing, U.K.

O'Hara, M., 2015. High frequency market microstructure. **Journal of Financial Economics** 116, 257~270.

O'Hara, M., Ye, M., 2011. Is fragmentation harming market quality? **Journal of Financial Economics**

100, 459~474.

Ozturk, S., van der Wel, M., van Dijk, D., 2017. Intraday price discovery in fragmented markets. **Journal of Financial Markets** 32, 28~48.

Pagnotta, E., Philippon, T., 2018. Competing on speed. **Econometrica** 86, 1067~1115.

Park, J.-H., Binh, K.-B., Eom, K.S., 2016. The effect of listing switches from a growth market to a main board: An alternative perspective, **Emerging Markets Review** 29, 246~273.

Petry, J., 2021. From national marketplaces to global providers of financial infrastructures: Exchanges, infrastructures and structural power in global finance. **New Political Economy** 26, 574~597.

Politico, 2021. Brexit and the City. A Special Report, (March 25).

Pomeranets, A., Weaver, D.G., 2018. Security transaction taxes and market quality. **Journal of Financial and Quantitative Analysis** 53, 455~484.

Rossi, A., Vanacker, T., Vismara, S., 2021. Equity Crowdfunding: New Evidence from US and UK Markets. Working Paper, University of Bergamo.

SEC, 2013. Equity Market Structure Literature Review. Part I: Market Fragmentation. Staff on the Division of Trading and Markets, (October 7).

SEC, 2017. Access to Capital and Market Liquidity. Report to Congress, (August).

SEC, 2019. Report to the Commission: Regulation Crowdfunding, (June 18).

Sifat, I.M., Mohamad, A., 2019. Circuit breakers as market stability levers: A survey of research, praxis, and challenges. **International Journal of Finance and Economics** 24, 1130~1169.

Tobin, J., 1978. A proposal for international monetary reform. **Eastern Economic Journal** 4, 153~159.

Trebbi, F., Xiao, K., 2019. Regulation and market liquidity. **Management Science** 65, 1949-1968.

Williams, R. "Tee", 2011. **An Introduction to Trading in the Financial Markets: Trading, Markets, Instruments, and Processe**s. Academic Press.

Yadav, Y., 2021. The failed regulation of U.S. Treasury markets. **Columbia Law Review** 121, 1173~1250.

Ye, M., Zhu, W., 2020. Strategic Informed Trading and Dark Pools. Working Paper, University of Illinois Urbana-Champaign. (Available at SSRN: https://ssrn.com/abstract=3292516).

Zhu, H., 2014. Do dark pools harm price discovery? **Review of Financial Studies** 27, 747~789.

Zyskind, M., 2016. Fighting for market share: How a trade-at rule can improve market efficiency. **Chicago-Kent Law Review** 91, Article 15, 411~441.

지은이

엄경식 Kyong Shik Eom. 嚴卿植

Affiliated Researcher. CRMR at UC Berkeley

학력

고려대학교 경영학과, 경영학학사

고려대학교 일반대학원, 경영학석사(재무학)

Lehigh University 경영학박사(재무학)

주요 경력

동서경제연구소 산업조사부, 기업분석가

San Francisco State University AMBA, Department of Finance, Lecturer

한국증권연구원(現 자본시장연구원) 자본시장실, 연구위원/자본시장실장

University of California at Berkeley, Department of Economics, Research Fellow

서울시립대학교 경영학과, 교수

주요 저술

「한국주식시장과 채권시장에 있어서 수익률 예측에 관한 실증연구」(1990, 증권학회지 12. 89~116. [석사논문]), *Volume, Number of Trades, and the Price Adjustment Process: Theory and Empirical Properties*(1998, Lehigh University. [Ph.D. Thesis]), *Pre-trade transparency and market quality*(2007, Journal of Financial Markets 10, 319~341), 「KOSDAQ의 시장효율성: 영구적 요소와 일시적 요소의 분해를 통한 주시장과 신시장의 변동성 비교 분석」(2007, 증권학회지 36, 533~566), *Market Microstructure: Survey in Korea*(2011, 재무연구 24, 525~620), *Microstructure-based manipulation: Strategic behavior and performance of spoofing traders*(2013, Journal of Financial Markets 16, 227~252), *The effect of listing switches from a growth market to a main board: An alternative perspective*(2016, Emerging Markets Review 29, 246~273), *Controlling shareholders' value, long-run value and short-term performance*(2017, Journal of Corporate Finance 43, 340~353), 『미국-유럽 자본시장의 환경변화와 대한민국의 과제: Post-Crisis, Post-Crash, 시장미시구조 관점』(2019, KRX/지식과감성), *Effectiveness of the conditional random-end trading mechanism on the Korea Exchange: Normal trade and Option Shock*(2021, Journal of Futures Markets 41, 1545~1568).

한울아카데미 2454

한국자본시장의 이해

기능과 구조, 법제환경

▌ **지은이** _엄경식 ▌ **펴낸이** _김종수 ▌ **펴낸곳** _한울엠플러스(주)

▌ **초판1쇄 인쇄** _2023년 5월 25일 ▌ **초판1쇄 발행** _2023년 5월 30일

▌ **주소** _10881 경기도 파주시 광인사길 153 한울시소빌딩 3층 ▌ **전화** _031-955-0655 ▌ **팩스** _031-955-0656

▌ **홈페이지** _www.hanulmplus.kr ▌ **등록번호** _제406-2015-000143호

Printed in Korea.

▌ **ISBN** 978-89-460-7454-5 93320

※ 책값은 겉표지에 표시되어 있습니다.